독일외교문서
한 국 편
1874~1910
6

이 저서는 2017년 대한민국 교육부와 한국학중앙연구원(한국학진흥사업단)의 한국학 분야 토대연구지원사업의 지원을 받아 수행된 연구임 (AKS-2017-KFR-1230002)

This work was supported by Korean Studies Foundation Research through the Ministry of Education of the Republic of Korea and Korean Studies Promotion Service of the Academy of Korean Studies (AKS-2017-KFR-1230002)

❚ 독일학총서 Bibliothek der Germanistik ❚

독일외교문서 한국편

1874~1910

6

고려대학교 독일어권문화연구소 편

보고사
BOGOSA

개항기 한국 관련
독일외교문서 번역총서 발간에 부쳐

1. 본 총서에 대하여

본 총서는 고려대학교 독일어권문화연구소가 한국학중앙연구원에서 시행하는 토대 사업(2017년)의 지원을 받아 3년에 걸쳐 출간하는 작업의 두 번째 결과물이다. 해당 프로젝트 〈개항기 한국 관련 독일외교문서 탈초·번역·DB 구축〉은 1866년을 전후한 한-독 간 교섭 초기부터 1910년까지의 한국 관련 독일 측 외교문서 9,902면을 탈초, 번역, 한국사 감교 후 출판하고, 동시에 체계적인 목록화, DB 구축을 통해 온라인 서비스 토대를 마련함으로써 관련 연구자 및 관심 있는 일반인에게 제공하기 위한 것이다. 본 프로젝트의 의의는 개항기 한국에서의 독일의 역할과 객관적인 역사의 복원, 한국사 연구토대의 심화·확대, 그리고 소외분야 연구 접근성 및 개방성 확대라는 측면에서 찾을 수 있다.

이번 우리 연구소가 국역하여 공개하는 독일외교문서 자료는 한국근대사 연구는 물론이고 외교사, 한독 교섭사를 한 단계 끌어올릴 수 있는 중요한 일차 사료들이다. 그러나 이 시기의 해당 문서는 모두 전문가가 아닌 경우 접근하기 힘든 옛 독일어 필기체로 작성되어 있어 미발굴 문서는 차치하고 국내에 기수집된 자료들조차 일반인은 물론이고 국내 전문연구자의 접근성이 극히 제한되어 있는 상황이다. 이런 상황에서 우리의 프로젝트가 성공적으로 마무리된다면 절대적으로 부족한 독일어권 연구 사료를 구축하여, 균형 잡힌 개항기 연구 토대를 마련하고, 연구 접근성과 개방성, 자료 이용의 효율성을 제고함과 동시에 한국사, 독일학, 번역학, 언어학 전문가들의 학제 간 협동 연구를 촉진하는 중요한 계기가 될 것이다.

2. 정치적 상황

오늘날 우리는 전 지구적 세계화가 가속화되고 있는 상황 속에 살고 있다. '물결'만으로는 세계화의 속도를 따라잡을 수 없게 되었다. 초연결 사회의 출현으로 공간과 시간,

그리고 이념이 지배하던 지역, 국가 간 간극은 점차 줄어들고 있다. 그렇다고 국가의 개념이 사라지는 것은 아니다. 오히려 국가는 국민을 안전하게 보호하고 대외적으로 이익을 대변해야 하는 역할을 이런 혼란스러운 상황 속에서 더욱 성실히 이행해야 하는 사명을 갖는다.

한국을 둘러싼 동아시아 국제정세는 빠르게 변화하고 있다. 지난 2년 사이에 남북한 정상은 두 번의 만남을 가졌고, 영원히 만나지 않을 것 같았던 북한과 미국의 정상 역시 싱가포르에 이어 하노이에서 역사적 회담을 진행하였다. 한반도를 둘러싼 오랜 적대적 긴장 관계가 완화되고 화해와 평화의 분위기가 조성된 것이다.

하지만 한반도에 완전한 평화가 정착되었다고 단언하기란 쉽지 않다. 휴전선을 둘러싼 남북한의 군사적 대치 상황은 여전히 변한 것이 없다. 동아시아에서의 주변 강대국의 패권 경쟁 또한 현재 진행형이다. 즉 한반도 평화 정착을 위해서는 한국, 북한, 미국을 비롯해서 중국, 러시아, 일본 등 동아시아 정세에 관여하는 국가들의 다양하고 때로는 상충하는 이해관계들을 외교적으로 세밀하게 조정할 필요가 있다.

한국은 다양한 국가의 복잡한 이해관계를 어떻게 조정할 것인가? 우리 프로젝트 팀은 세계화의 기원이라 할 수 있는 19세기 말에서 20세기 초 한반도의 시공간에 주목하였다. 이 시기는 통상 개항기, 개화기, 구한말, 근대 초기로 불린다. 증기기관과 증기선 도입, 철도 부설, 그 밖의 교통 운송 수단의 발달로 인해서 전 세계가 예전에 상상할 수 없을 정도로 가까워지기 시작하던 때였다. 서구 문물의 도입을 통해서 한국에서는 서구식 근대적 발전이 모색되고 있었다.

또 한편으로는 일본뿐만 아니라 청국, 그리고 서구 열강의 제국주의적 침탈이 진행되었던 시기였다. 한국 문제에 관여한 국가들은 동아시아에서 자국의 이익을 유지, 확대하려는 목적에서 끊임없이 경쟁 혹은 협력하였다. 한국 역시 세계화에 따른 근대적 변화에 공감하면서도 외세의 침략을 막고 독립을 유지하려는 데에 전력을 기울였다. 오늘날 세계화와 한국 관련 국제 정세를 이해하기 위해서는 무엇보다 그 역사적 근원인 19세기 후반에서 20세기 초반의 상황을 알아야 한다. 이에 본 연구소에서는 개항기 독일외교문서에 주목하였다.

3. 한국과 독일의 관계와 그 중요성

오늘날 한국인에게 독일은 친숙한 국가이다. 1960~70년대 약 18,000여 명의 한국인은 낯선 땅 독일에서 광부와 간호사로 삶을 보냈다. 한국인들이 과거사 반성에 미흡한 일본을 비판할 때마다 내세우는 반면교사의 대상은 독일이다. 한때는 분단의 아픔을 공유하기도 했으며, 통일을 준비하는 한국에 타산지석의 대상이 되는 국가가 바로 독일이다. 독일은 2017년 기준으로 중국과 미국에 이어 한국의 세 번째로 큰 교역 국가이기도 하다.

한국인에게 독일은 이웃과도 같은 국가이지만, 정작 한국인들은 독일 쪽에서는 한국을 어떻게 인식하고 정책을 추진하는지 잘 알지 못한다. 그 이유는 독일이 한반도 국제정세에 결정적인 역할을 끼쳐온 국가가 아니기 때문이다. 오늘날 한국인에게는 미국, 중국, 일본, 러시아가 현실적으로 중요하기에, 정서상으로는 가까운 독일을 간과하는 것이 아닐까 하는 생각이 든다.

그렇다면 우리는 독일을 몰라도 될까? 그렇지 않다. 독일은 EU를 좌우하는 핵심 국가이자, 세계의 정치, 경제, 사회, 문화를 주도하는 선진국이자 강대국이다. 독일은 유럽뿐만 아니라 동아시아를 비롯한 전 세계의 동향을 종합적으로 고려하는 가운데 한국을 인식하고 정책을 시행한다. 독일의 대한정책(對韓政策)은 전 지구적 세계화 속에서 한국의 위상을 보여주는 시금석과 같다.

세계화의 기원인 근대 초기도 지금과 상황이 유사하였다. 미국, 영국에 이어서 한국과 조약을 체결한 서구 열강은 독일이었다. 청일전쟁 직후에는 삼국간섭을 통해서 동아시아 진출을 본격화하기도 했다. 하지만 당시 동아시아에서는 영국, 러시아, 일본, 청국, 그리고 미국의 존재감이 컸다. 19세기 말에서 20세기 초 한반도를 둘러싼 국제정세에서 독일이 차지하는 위상은 상대적으로 높지 않았다.

하지만 당시 독일은 동아시아 정세의 주요 당사국인 영국, 러시아, 일본, 청국, 미국 등의 인식과 정책 관련 정보를 집중적으로 수집하고 종합적으로 분석하였다. 세계 각국의 동향을 종합적으로 판단한 과정에서 독일은 한국을 평가하고 이를 정책으로 구현하고자 했다.

그렇기 때문에 개항기 한국 관련 독일외교문서는 의미가 남다르다. 독일외교문서에는 독일의 한국 인식 및 정책뿐만 아니라, 한국 문제에 관여한 주요 국가들의 인식과 대응들이 담겨 있는 보고서들로 가득하다. 독일은 자국 내 동향뿐만 아니라 세계 각국의 동향을 고려하는 과정에서 한국을 인식, 평가하고 정책화하였다. 그렇기에 독일외교문서는 유럽 중심에 위치한 독일의 독특한 위상과 전 지구적 세계화 속에서 세계 각국이 한국을 이해한 방식의 역사적 기원을 입체적으로 추적하기에 더할 나위 없이 좋은 자료인 것이다.

4. 이번 번역총서 작업과정에 대해

1973년 4월 4일, 독일과의 본격적인 교류를 위하여 〈독일문화연구소〉라는 이름으로 탄생을 알리며 활동을 시작한 본 연구소는 2003년 5월 15일 자로 〈독일어권문화연구소〉

로 명칭을 바꾸고 보다 폭넓은 학술 및 연구를 지향하여 연구원들의 많은 활동을 통해, 특히 독일어권 번역학 연구와 실제 번역작업에 심혈을 기울여 왔다. 이번에 본 연구소에서 세상에 내놓는 4권의 책은 모두(冒頭)에서 밝힌 대로 2017년 9월부터 시작한, 3년에 걸친 한국학중앙연구원 프로젝트의 1년 차 연구의 결과물이다. 여기까지 오기까지 작업의 역사는 상당히 길고 또한 거기에 참여했던 인원도 적지 않다. 이 작업은 독일어권연구소장을 맡았던 한봉흠 교수로부터 시작된다. 한봉흠 교수는 연구소소장으로서 개항기때 독일 외교관이 조선에서 본국으로 보낸 보고 자료들을 직접 독일에서 복사하여 가져옴으로써 자료 축적의 기본을 구축하였다. 그 뒤 김승옥 교수가 연구소 소장으로 재직하면서 그 자료의 일부를 번역하여 소개한 바 있다(고려대 독일문화연구소 편, 『(朝鮮駐在)獨逸外交文書 資料集』, 우삼, 1993). 당시는 여건이 만만치 않아 선별적으로 번역을 했고 한국사 쪽의 감교를 받지도 못하는 상태였다. 그러나 당시로써 옛 독일어 필기체로 작성된 보고문을 정자의 독일어로 탈초하고 이를 우리말로 옮기는 것은 생면부지의 거친 황야를 걷는 것과 같은 것이었다.

우리 연구팀은 저간의 사정을 감안하여 이번 프로젝트를 위해 보다 철저하게 다양한 팀을 구성하고 연구 진행에 차질이 없도록 하였다. 연구팀은 탈초, 번역, 한국사 감교팀으로 나뉘어 먼저 원문의 자료를 시대별로 정리하고 원문 중 옛 독일어 필기체인 쿠렌트체와 쉬털린체로 작성된 문서들을 독일어 정자로 탈초하고 이를 타이핑하여 입력한 뒤 번역팀이 우리말로 옮기고 이후 번역된 원고를 감교팀에서 역사적으로 고증하여 맞는 용어를 선택하고 필요에 따라 각주를 다는 등 다양한 협력을 수행하였다. 이번에 출간된 4권의 책은 데이터베이스화하여 많은 연구자들이 널리 이용할 수 있을 것이다. 총서는 전체 15권으로 구성될 예정이다.

2018년 9월부터 2019년 8월까지 작업한 2차분 6권을 드디어 출간하게 된 것을 연구 책임자로서 기쁘게 생각한다. 무엇보다 긴밀하게 조직화된 팀워크를 보여준 팀원들(번역자, 탈초자, 번역탈초 감수 책임자, 한국사 내용 감수 책임자, 데이터베이스팀 책임자)과 연구보조원 한 분 한 분에게 감사드린다. 그리고 프로젝트의 준비단계에서 활발한 역할을 한 김용현 교수와 실무를 맡아 프로젝트가 순항하도록 치밀하게 꾸려온 이정린 박사와 한승훈 박사에게 감사의 뜻을 전한다. 본 연구에 참여한 모든 연구원의 해당 작업과 명단은 각 책의 말미에 작성하여 실어놓았다.

2020년 봄날에

고려대학교 독일어권문화연구소장

김재혁

일러두기

1. 『독일외교문서 한국편 1874~1910』은 독일연방 외무부 정치문서보관소(Archives des Auswärtigen Amts)에서 소장하고 있는 근대 시기 한국 관련 독일외교문서를 번역한 것이다. 구체적으로는 1874년부터 1910년에 이르는 시기 독일 외무부에서 생산한 한국 관련 사료군에 해당하는 I. B. 16 (Korea)과 I. B. 22 Korea 1에 포함된 문서철을 대상으로 한다. ※ Peking II 127, 128에 수록된 한국 관련 기사(시기 : 1866~1881)는 별도 권호를 지정해서 출판할 예정임을 알려둔다.

2. 당시 독일외무부는 문서의 외무부 도착일, 즉 수신일을 기준으로 문서를 편집하였다. 이에 본 문서집에서는 독일외무부가 문서철 편집과정에서 취했던 수신일 기준 방식을 따랐다.

3. 본 문서집은 한국어 번역본과 독일어 원문 탈초본으로 구성되어 있다.

    1) 한국어 번역본에는 독일어 원문의 쪽수를 기입함으로써, 교차 검토를 용의하게 했다.
    2) 독일어 이외의 언어로 작성된 문서는 한국어로 번역하지 않되, 전문을 탈초해서 문서집에 수록하였다. 해당 문서가 주 보고서인 경우는 한국어 번역본과 독일어 원문 탈초본에 함께 수록하였으며, 첨부문서에 해당할 경우에는 한국어 번역본에 수록하지 않고, 독일어 탈초본에 수록하였다. ※ 주 보고서에 첨부문서로 표기되지 않은 상태에서 추가된 문서(언론보도, 각 국 공문서 등)들은 [첨부문서]로 표기하였다.

4. 당대 독일에서는 쿠렌트체(Kurrentschrift)로 불리는 옛 독일어 필기체와 프로이센의 쥐털린체(Sütterlinschrift)가 부가된 형태의 외교문서를 작성하였다. 이에 본 연구팀은 쿠렌트체와 쥐털린체로 되어 있는 독일외교문서 전문을 현대 독일어로 탈초함으로써 문자 해독 및 번역을 용이하게 했다.

    1) 독일어 탈초본은 작성 당시의 원문을 그대로 현대 독일어로 옮기는 것을 원칙으로 했다. 그 때문에 독일어 탈초본에는 문서 작성 당시의 철자법과 개인의 문서 작성 상의 특성이 드러나 있다. 최종적으로 해독하지 못한 단어나 철자는 [*sic.*]로 표기했다.

2) 문서 본문 내용에 대한 다양한 종류의 제3자의 메모는 각주에 [Randbemerkung]을 설정하여 최대한 수록하고 있다.

3) 원문서 일부에 있는 제3자의 취소 표시(취소선)는 취소선 맨 뒤에 별도의 각주를 만들어 제3자의 취소 영역을 표시했다. 편집자의 추가 각주 부분은 모두 대괄호를 통해 원주와 구분하고 있다.

4) 독일어 탈초본에서는 연구자들의 편의를 돕기 위해서 각 문건 상단에 원문출처, 문서수발신 정보, 문서의 수신 과정에서 추가된 문구 등을 알아볼 수 있도록 표를 작성하였다.

예)　　　　　　Die Rückkehr Li hung chang's nach Tientsin. ──❶

PAAA_RZ201-018901_162 ──❷			
Empfänger	Bismarck ──❸	Absender	Brandt ──❹
A. 6624. pr. 30 Oktober 1882. ──❺		Peking, den 7. September 1882. ──❻	
Memo	Orig. 1. 11. nach Hamburg ──❼		

① 문서 제목 : 원문서에 제목(문서 앞 또는 뒤에 Inhalt 또는 제목만 표기됨)이 있는 경우 제목을 따르되, 제목이 없는 경우는 "[ ]"로 표기해 원문서에 제목이 없음을 나타냄.

② 원문출처 : 베를린 문서고에서 부여한 해당 문서 번호에 대한 출처 표기. 문서번호−권수_페이지 수로 구성

③ 문서 수신자

④ 문서 발신자

⑤ 문서 번호, 수신일

⑥ 문서 발신지, 발신일

⑦ 문서 수신·전달 과정에서 추가적으로 작성된 문구

이 같은 표가 작성되지 않은 문서는 베를린 자체 생성 문서이거나 정식 문서 형태를 갖추지 않은 문서들이다.

5. 본 연구팀은 독일외교문서의 독일어 전문을 한국어로 번역·감교하였다. 이를 통해 독일어 본래의 특성과 당대 역사적 맥락을 함께 담고자 했다. 독일외교문서 원문의 번역 과정에서 뜻이 분명하지 않은 경우에는 [번역 주석]을 부기하였으며, [감교 주석]을 통해서 당대사적 맥락을 보완하였다. 아울러 독일외교문서 원문에 수록된 주석의 경우는 [원문 주석]으로 별도로 표기하였다.

6. 한국어 번역본에서는 중국, 일본, 한국의 지명, 인명은 모두 원음으로 표기하되, 관직과 관청명의 경우는 한국 학계에서 일반적으로 통용되는 한문의 한국어 발음을 적용하였다. 각 국가의 군함 이름 등 기타 사항은 외교문서에 수록된 단어를 그대로 병기하였다. 독일외교관이 현지어 발음을 독일어로 변환되는 과정에서 실체가 불분명해진 고유명사의 경우, 독일외교문서 원문에 수록된 단어 그대로 표기하였다.

7. 한국어 번역본에서는 연구자들의 편의를 돕기 위해서 각 문건 상단에 문서제목, 문서 수발신 정보(날짜, 번호), 문서의 수신 과정에서 추가된 문구 등을 알아볼 수 있도록 표를 작성하였다.

예)

01
조선의 현황 관련 ─❶

발신(생산)일	1889. 1. 5 ─❷		수신(접수)일	1889. 3. 3 ─❸
발신(생산)자	브란트 ─❹		수신(접수)자	비스마르크 ─❺
발신지 정보	베이징 주재 독일 공사관 ─❻	수신지 정보	베를린 정부 ─❼	
	No. 17 ─❽		A. 3294 ─❾	
메모	3월 7일 런던 221, 페테르부르크 89 전달 ─❿			

① 문서 제목, 번호 : 독일어로 서술된 제목을 따르되, 별도 제목이 없을 경우는 문서 내용을 확인 후 "[ ]"로 구별하여 문서 제목을 부여하였음. 제목 위의 번호는 본 자료집에서 부여하였음.

② 문서 발신일 : 문서 작성자가 문서를 발송한 날짜

③ 문서 수신일 : 문서 수신자가 문서를 받은 날짜

④ 문서 발신자 : 문서 작성자 이름

⑤ 문서 수신자 : 문서 수신자 이름

⑥ 문서 발신 담당 기관

⑦ 문서 수신 담당 기관

⑧ 문서 발신 번호 : 문서 작성 기관에서 부여한 고유 번호

⑨ 문서 수신 번호 : 독일외무부에서 문서 수신 순서에 따라 부여한 번호

⑩ 메모 : 독일외교문서의 수신·전달 과정에서 추가적으로 작성된 문구

8. 문서의 수발신 관련 정보를 특정하기 어려운 문서(예를 들어 신문 스크랩)의 경우는 독일외무부에서 편집한 날짜, 문서 수신 번호, 그리고 문서 내용을 토대로 문서 제목

을 표기하였다.

9. 각 권의 원문 출처는 다음과 같다.

자료집 권 (발간 연도)	독일외무부 정치문서고 문서 분류 방식			
	문서분류 기호	일련번호	자료명	대상시기
1 (2019)	I. B. 16 (Korea)	R18900	Akten betr. die Verhältnisse Koreas (1878년 이전) 조선 상황	1874.1~1878.12
	I. B. 22 Korea 1	R18901	Allgemiene Angelegenheiten 1 일반상황 보고서 1	1879.1~1882.6
	I. B. 22 Korea 1	R18902	Allgemiene Angelegenheiten 2 일반상황 보고서 2	1882.7~1882.11
2 (2019)	I. B. 22 Korea 1	R18903	Allgemiene Angelegenheiten 3 일반상황 보고서 3	1882.11~1885.1.19
	I. B. 22 Korea 1	R18904	Allgemiene Angelegenheiten 4 일반상황 보고서 4	1885.1.20~1885.4.23
	I. B. 22 Korea 1	R18905	Allgemiene Angelegenheiten 5 일반상황 보고서 5	1885.4.24~1885.7.23
3 (2019)	I. B. 22 Korea 1	R18906	Allgemiene Angelegenheiten 6 일반상황 보고서 6	1885.7.24~1885.12.15
	I. B. 22 Korea 1	R18907	Allgemiene Angelegenheiten 7 일반상황 보고서 7	1885.12.16~1886.12.31
	I. B. 22 Korea 1	R18908	Allgemiene Angelegenheiten 8 일반상황 보고서 8	1887.1.1~1887.11.14
4 (2019)	I. B. 22 Korea 1	R18909	Allgemiene Angelegenheiten 9 일반상황 보고서 9	1887.11.15~1888.10.3
	I. B. 22 Korea 1	R18910	Allgemiene Angelegenheiten 10 일반상황 보고서 10	1888.10.4~1889.2.28
	I. B. 22 Korea 1	R18911	Allgemiene Angelegenheiten 11 일반상황 보고서 11	1889.3.1~1890.12.13
	I. B. 22 Korea 1	R18912	Allgemiene Angelegenheiten 12 일반상황 보고서 12	1890.12.14~1893.1.11

5 (2020)	I. B. 22 Korea 1	R18913	Allgemiene Angelegenheiten 13 일반상황 보고서 13	1893.1.12~1893.12.31
	I. B. 22 Korea 1	R18914	Allgemiene Angelegenheiten 14 일반상황 보고서 14	1894.1.1~1894.7.14
	I. B. 22 Korea 1	R18915	Allgemiene Angelegenheiten 15 일반상황 보고서 15	1894.7.15~1894.8.12
	I. B. 22 Korea 1	R18916	Allgemiene Angelegenheiten 16 일반상황 보고서 16	1894.8.13~1894.8.25
6 (2020)	I. B. 22 Korea 1	R18917	Allgemiene Angelegenheiten 17 일반상황 보고서 17	1894.8.26~1894.12.31
	I. B. 22 Korea 1	R18918	Allgemiene Angelegenheiten 18 일반상황 보고서 18	1895.1.19~1895.10.18
	I. B. 22 Korea 1	R18919	Allgemiene Angelegenheiten 19 일반상황 보고서 19	1895.10.19~1895.12.31
	I. B. 22 Korea 1	R18920	Allgemiene Angelegenheiten 20 일반상황 보고서 20	1896.1.1~1896.2.29
7 (2020)	I. B. 22 Korea 1	R18921	Allgemiene Angelegenheiten 21 일반상황 보고서 21	1896.3.1~1896.5.6
	I. B. 22 Korea 1	R18922	Allgemiene Angelegenheiten 22 일반상황 보고서 22	1896.5.7~1896.8.10
	I. B. 22 Korea 1	R18923	Allgemiene Angelegenheiten 23 일반상황 보고서 23	1896.8.11~1896.12.31
	I. B. 22 Korea 1	R18924	Allgemiene Angelegenheiten 24 일반상황 보고서 24	1897.1.1~1897.10.31
8 (2020)	I. B. 22 Korea 1	R18925	Allgemiene Angelegenheiten 25 일반상황 보고서 25	1897.11.1~1898.3.15
	I. B. 22 Korea 1	R18926	Allgemiene Angelegenheiten 26 일반상황 보고서 26	1898.3.16~1898.9.30
	I. B. 22 Korea 1	R18927	Allgemiene Angelegenheiten 27 일반상황 보고서 27	1898.10.1~1899.12.31

9 (2020)	I. B. 22 Korea 1	R18928	Allgemiene Angelegenheiten 28	1900.1.1~1900.6.1
			일반상황 보고서 28	
	I. B. 22 Korea 1	R18929	Allgemiene Angelegenheiten 29	1900.6.2~1900.10.31
			일반상황 보고서 29	
	I. B. 22 Korea 1	R18930	Allgemiene Angelegenheiten 30	1900.11.1~1901.2.28
			일반상황 보고서 30	
10 (2020)	I. B. 22 Korea 1	R18931	Allgemiene Angelegenheiten 31	1901.3.1~1901.7.15
			일반상황 보고서 31	
	I. B. 22 Korea 1	R18932	Allgemiene Angelegenheiten 32	1901.7.16~1902.3.31
			일반상황 보고서 32	
	I. B. 22 Korea 1	R18933	Allgemiene Angelegenheiten 33	1902.4.1~1902.10.31
			일반상황 보고서 33	

10. 본 문서집은 조선과 대한제국을 아우르는 국가 명의 경우는 한국으로 통칭하되, 대한제국 이전 시기를 다루는 문서의 경우는 조선, 대한제국 선포 이후를 다루는 문서의 경우는 대한제국으로 표기하였다.

11. 사료군 해제

I. B. 16 (Korea)와 I. B. 22 Korea 1은 개항기 전시기라 할 수 있는 1874년부터 1910년까지 한국 관련 독일외교문서를 연, 월, 일에 중심으로 분류하여 정리한 사료군이다. 개항기 한국과 독일의 거의 전 분야에 걸친 다양한 관계를 확인할 수 있는 기초적인 사료라 할 수 있다. 한국과 독일의 관계 전반을 확인할 수 있는 편년체식 사료군은 독일이 동아시아정책에 기반을 둔 한국정책을 수립하는 데 기본이 되었다.

• I. B. 16 (Korea) : 1859년 오일렌부르크의 동아시아 원정 이후 베이징과 도쿄에 주재한 독일 공사들이 조선과 독일의 수교 이전인 1874~1878년간 조선 관련하여 보고한 문서들이 수록되어 있다. 이 시기는 조선이 최초 외세를 향해서 문호를 개방하고 후속 조치가 모색되었던 시기였다. 특히 쇄국정책을 주도하였던 흥선대원군이 하야하고 고종이 친정을 단행함으로써, 국내외에서는 조선의 대외정책 기조가 변화할 것이라는 전망이 나오던 시절이었다. 이러한 역사적 배경 속에서 I. B. 16 (Korea)에는 1876년 이전 세계문제로 촉발되었던 조선과 일본의 갈등과 강화도조약 체결,

그리고 조선의 대서구 문호개방에 관련해서 청국, 일본을 비롯해서 조선의 문호개방에 관여한 국가에 주재한 외교관의 보고서 및 언론기사를 비롯한 참고문서들이 수록되어 있다.

• I. B. 22 Korea 1 : 독일 외무부는 조선과 조약 체결을 본격화하기 시작한 1879년부터 별도로 "Korea"로 분류해서 한국 관련 문서를 보관하기 시작하였다. 영국외무부가 한국 관련 문서를 "China"와 "Japan"의 하위 목록에 분류한 것과 비교해보면, 독일외무부는 일찍부터 한국에 대한 중요성을 인식하고 대응했던 것으로 볼 수도 있다.

그 중에서 I. B. 22 Korea 1은 1879년부터 1910년까지 한국에 주재한 독일외교관을 비롯해서 한국 관련 각종 문서들이 연, 월, 일의 순서로 편집되어 있다. 개항기 전시기 독일의 대한정책 및 한국과 독일관계를 조망하는 본 연구의 취지에 부합한 사료군이라 할 수 있다. 그러기에 I. B. 22 Korea 1에는 한국의 국내외 정세 관련해서 한국에 주재한 독일외교관을 비롯해서 청국, 일본, 영국, 러시아 등 한국 문제에 관여한 국가에 관한 보고서 및 언론 기사를 비롯한 참고문서들이 수록되어 있다.

차례

외무부 정치 문서고 조선 관계 문서
1894.8.26~1894.12.31

외무부 정치 문서고 조선 관계 문서
1895.1.19~1895.10.18

외무부 정치 문서고 조선 관계 문서

1895.10.19~1895.12.31

외무부 정치 문서고 조선 관계 문서
1896.1.1~1896.2.29

외무부
A편

외무부 정치 문서고
조선 관계 문서

1894년 8월 26일부터
1894년 12월 31일까지

17권
18권에 계속

조선 No. 1

1894년	목록	수신정보
7월 8일 베이징에서 베를린으로의 보고 No. 85 베베르 러시아 공사의 서울 귀환; 리홍장이 런던 타임즈에 일본에 반대하는 의사 표명.		7909 8월 30일
7월 9일 베이징에서 베를린으로의 보고 No. 86 제물포 앞 청국 군함에서의 상황 관찰 및 사건 경과에 관한 즈푸 주재 부영사의 보고. R. 해군청 9월 2일 원본 첨부문서		7910 8월 30일
7월 11일 베이징에서 베를린으로의 보고 No. 87 이견 조정을 위한 제안과 관련한 일본 정부의 문서 사본; 일본군의 조선 철수 전, 청국은 관련 제안에 논의하기를 거부, 러시아는 청국을 지지함.		7911 8월 30일
7월 18일 서울에서 베를린으로의 보고 No. 52 가드너 영국 총영사에 대한 일본군의 모욕 행위; 이와 관련하여 영국 대표가 일본 공사에게 서한을 보냄; 일본 공사가 무례하게 답변함; 영국 대표를 보호하기 위해 영국 순양함 "Archer"의 일부 부대가 서울에 도착; 외국 대표자들이 가드너 총영사가 겪은 모욕적 행위에 대해 논의하였고, 일부 대표자들이 도쿄에서 이 사안을 표명하려고 함.		8081 9월 6일
7월 21일 베이징에서 베를린으로의 보고 No A. 93 관리들의 호전적인 분위기 및 조선으로의 청국군 출항과 관련, 7월 19일 톈진 주재 독일제국 영사의 보고서 제출; 조선 영사가 외국 대표자들에게 평화 중재를 요청; 조선의 개혁 도입에 관한 청일 협상.		8084 9월 6일
7월 22일 베이징에서 베를린으로의 보고 No A. 95 가드너 서울 주재 영국 영사에게 대한 일본군의 폭행과 관련, 리홍장 총독에게 도착한 전보의 원문.		8086 9월 6일
7월 23일 베이징에서 베를린으로의 보고 No. 97 리홍장과 청국 관리들(하네켄 포함)의 호전적 분위기와 관련, 7월 19일 톈진 주재 독일제국 영사의 보고서 제출; 청국군의 조선 출항; 조선 사절단 톈진 도착.		8087 9월 6일
7월 26일 베이징에서 베를린으로의 보고 No A. 100 영국-일본 간의 사건 해결; 일본이 가드너 서울 주재 영국영사에 대한 일본군의 공격에 대해 일본측이 사과함.		8203 9월 10일

7월 28일 즈푸에서 베를린으로의 보고 No. 27 서한으로 전달받은 서울 주재 독일제국 영사의 전보를 외무부에 전달(A. 6963)	8205 9월 10일
7월 14일 베이징에서 베를린으로의 보고 No A. 88 청국 황제가 평화 유지를 원함; 일본의 개혁안을 조선정부에 전달; 회의 소집 시 개입 중재에 대한 러시아의 태도.	7991 9월 2일
7월 19일 베이징에서 베를린으로의 보고 A. 90 조선 주재 영국 대표자에 대한 일본군의 공격.	7992 9월 2일
7월 18일 베이징에서 베를린으로의 보고 A. 89 청국군이 아직 조선에서 철수하지 않음.	8082 9월 6일
7월 20일 베이징에서 베를린으로의 보고 A. 92 조선 문제로 인한 일본-청국간의 분쟁 문제에서 독일의 입장; 도쿄에서 의 독일의 중재; 조선에 대한 청일 협력을 제안한 청국에 일본이 도발적인 각서로 답변함.	8083 9월 6일
7월 19일 베이징에서 베를린으로의 보고 A. 91 일본이 청국 정부에 보낸 비호의적 내용의 각서의 본문.	7993 9월 2일
7월 23일 상하이에서 베를린으로의 보고 청국이 전쟁 발발 위협으로 인해 상하이 항구를 폐쇄하려 하자, 도쿄 주재 영국 통상담당관이 조치를 취해 일본이 상하이에 대한 전쟁 촉발 행위를 중단하도록 함. (9월 4일 훈령 및 상하이 No. 1)	7996 9월 2일 7996
7월 27일 베이징에서 베를린으로의 보고 A. 101 일본은 전쟁 발발시 상하이를 공격하지 않겠다고 영국 정부에 선언함.	8204 9월 10일
7월 10일 서울에서 베를린으로의 보고 No. 54 서울 주재 외국 대표자들이 제물포 항구지역을 군사행동 지역에서 제외하 기로 한 시도가 실패함.	8511 9월 20일
7월 19일 서울에서 베를린으로의 보고 No. 53 일본이 조선에 제안한 계혁안의 번역본 전달. 개별적 개혁을 도입하기 위 한 구체적 시한이 설정됨.	8510 9월 20일
8월 9일 서울에서 베를린으로의 보고 No. 58 서울의 관료 교체; 조선의 개혁 도입을 위해 설치된 위원회의 제안들.	8560 9월 21일

7월 10일 톈진에서 베를린으로의 보고 No. 59 톈진 주재 독일제국 영사가 조선의 상황과 이로 인해 발생된 청일간의 긴장 관계에 대해 리홍장 총독과 협의함.	7983 9월 2일
8월 23일 서울에서 베를린으로의 보고 No. 62 조선 개혁위원회의 제안들. 새로 임명된 관료 목록. 알현 시의 가마 문제 가 해결됨. 외무부 장관에 김윤식, 차관에 김가진이 임명됨.	9244 10월 11일
10월 12일 서울에서 베를린으로의 보고 No. 75 조선 남부의 폭동; 조일 동맹조약; 조선 특별공사의 도쿄 파견; 가드너 영국 대표; 러시아 대표 배베르가 러시아가 조선 항구에 의도(야욕)를 갖 고 있다는 주장을 반박함.	10917 11월 30일
11월 6일 베이징에서 베를린으로의 보고 A. 186 일본 고문관의 조선 소환과 조선 국왕의 적자가 조선의 공사로서 일본에 파견된 것과 관련한 오토리 서울 주재 일본공사의 활동.	11818 12월 25일
10월 27일 서울에서 베를린으로의 보고 No. 78 조선의 개혁 작업 중단, 조선 남부의 폭동(동학).	11701 12월 22일

베를린, 1894년 8월 28일   A. 7753

주재 외교관 귀중   본인은 조선 정세에 관한 이달 6일 도쿄 주재
1. 런던 No. 688   독일제국 공사의 보고 사본을 동봉하여 삼가 송
2. 파리 No. 396   부해 드립니다.
3. 상트페테르부르크 No. 358
4. 빈 No. 448

연도번호 No. 5183

베를린, 1894년 8월 28일 A. 7756

주재 외교관 귀중

1. 런던 No. 680

2. 파리 No. 390

3. 상트페테르부르크 No. 352

4. 로마(대사관) No. 490

5. 빈 No. 442

6. 워싱턴 A. No. 53

7. 드레스덴 No. 630

8. 칼스루에 No. 497

9. 뮌헨 No. 656

10. 슈투트가르트 No. 624

11. 바이마르 No. 396

————————————

12. 외무부 장관 각하

연도번호 No. 5175

본인은 (조선에 대한 일본의 계획과 관련한) 이달 19일 도쿄 주재 독일제국 공사의 보고 사본을 동봉하여 다음과 같이 삼가 송부해 드립니다.

1-6 해당: 기밀 정보 제공

7-11 해당: 1885년 3월 4일 훈령 참고 및 기밀 정보에 대한 권한 위임

(외무부 장관) 각하께 위와 같은 사안에 관한 이달 19일 도쿄 주재 공사관의 보고 사본을 기밀정보로서 동봉하여 삼가 송부해 드립니다.

베를린, 1894년 8월 28일   A. 7757

주재 외교관 귀중   본인은 (조선의 혼란 상황과 관련한) 이달 19일
1. 런던 No. 682   도쿄 주재 독일제국 공사의 보고 사본을 동봉하
                                     여 다음과 같이 삼가 송부해 드립니다.
2. 상트페테르부르크 No. 354

3. 로마(대사관) No. 492

4. 빈 No. 444   1-5, 11-13 해당: 정보 제공

5. 워싱턴 No. 54   6-10 해당: 1885년 3월 4일 훈령 참고 및 _____
                                     정보에 대한 권한 위임
6. 드레스덴 No. 632

7. 칼스루에 No. 499

8. 뮌헨 No. 658

9. 슈투트가르트 No. 626   (외무부 장관) 각하께 위와 같은 사안에 관한 이

10. 바이마르 No. 398   달 19일 도쿄 주재 공사관의 보고 사본을 _____
                                     정보로서 동봉하여 삼가 송부해 드립니다.
11. 브뤼셀 No. 157

12. 헤이그 No. 25

13. 베른 No. 18

_____

14. 외무부 장관 각하

연도번호 No. 5177

베를린, 1894년 8월 28일   A. 7759

주재 외교관 귀중   본인은 조선 사안에 대한 강대국들의 중재와 관
런던 No. 682   련한 이달 20일 도쿄 주재 독일제국 공사의 보
                                      고 사본을 동봉하여 정보 제공으로서 삼가 송부
연도번호 No. 5178   해 드립니다.

베를린, 1894년 8월 28일   A. 7760

주재 외교관 귀중   본인은 (조선의 혼란 상황에 관한) 이달 21일 도
1. 런던 No. 681   쿄 주재 독일제국 공사의 보고 사본을 동봉하여
2. 파리 No. 391   삼가 송부해 드립니다.
3. 상트페테르부르크 No. 353
4. 로마(대사관) No. 491   1-5 해당: 정보 제공
5. 빈 No. 443   6-10 해당: 1885년 3월 4일 훈령 참고 및 정보
6. 드레스덴 No. 631   에 대한 권한 위임
7. 칼스루에 No. 498
8. 뮌헨 No. 657
9. 슈투트가르트 No. 625   (외무부 장관) 각하께 위와 같은 사안에 관한 이
10. 바이마르 No. 397   달 21일 도쿄 주재 공사관의 보고 사본을 정보
                                      로서 동봉하여 삼가 송부해 드립니다.
11. 외무부 장관 각하

연도번호 No. 5176

베를린, 1894년 8월 28일   A. 7761

주재 외교관 귀중   본인은 청일 분쟁에 대한 영국의 입장 표명과
1. 런던 No. 684   관련한 이달 22일 도쿄 주재 독일제국 공사의
2. 파리 No. 392   보고 사본을 동봉하여 기밀 정보로서 삼가 송
3. 상트페테르부르크 No. 355   부해 드립니다.
4. 로마 No. 493
5. 빈 No. 445

연도번호 No. 5179

베를린, 1894년 8월 28일   A. 7762

주재 외교관 귀중   본인은 조선의 분쟁 및 러시아의 태도에 관한
1. 런던 No. 685   이달 22일 도쿄 주재 독일제국 공사의 보고 사
2. 파리 No. 393   본을 동봉하여 기밀 정보로서 삼가 송부해 드
3. 상트페테르부르크 No. 356   립니다.
4. 로마 No. 494
5. 빈 No. 446

연도번호 No. 5180

베를린, 1894년 8월 28일   A. 7763

주재 외교관 귀중   본인은 조선의 분쟁과 영국의 중재 실패에 관
1. 런던 No. 686   한 이달 23일 도쿄 주재 독일제국 공사의 보고
2. 파리 No. 394   사본을 동봉하여 기밀 정보로서 삼가 송부해
3. 상트페테르부르크 No. 357   드립니다.
4. 로마 No. 495
5. 빈 No. 447

연도번호 No. 5181

조선 문제로 인한 청국과 일본 간의 분쟁

발신(생산)일	1894. 7. 8	수신(접수)일	1894. 8. 30
발신(생산)자	쉔크	수신(접수)자	카프리비
발신지 정보	베이징 주재 독일공사관	수신지 정보	베를린 정부
	No. 85		A. 7909
메모	9월 1일 런던 699, 페테르부르크 359 전달		

A. 7909 1894년 8월 30일 오전 수신

베이징, 1894년 7월 8일

No. 85

독일제국 수상 카프리비 보병장군 각하 귀하

러시아의 임시 대리공사인 베베르[1]는 그저께 조선으로 돌아가기 위해 베이징을 떠났습니다. 그는 베이징의 일본 대리공사인 고무라[2]에게 러시아와 청국이 조선의 개혁에 관심을 갖고 있다고 언급했습니다. 카시니[3]는 아직 베이징에 돌아오지 않았습니다.

어제 청국 대신들과 고무라는 자신들이 조선 사안에 대해 반대 제안을 하겠다고 말했습니다. 그런데 고무라는 이 사안에 대해 일본 정부에 전달만 할 수 있는 권한이 있습니다.

이달 3일 또는 4일 "Londoner Times"[4]에 실린 전보의 원문은 다음과 같습니다 :

"Japan evidently bent gaining supremacy Korea, continues warlike preparations large scale. Summoned King Korea relinquish suzerainty China, declare independence, accept Japanese protection, dismiss Chinese Resident. Japan has answered English Russian pacific representations by sending 3000 more troops

---

1 [감교 주석] 베베르(K. I. Weber)
2 [감교 주석] 고무라 주타로(小村壽太郞)
3 [감교 주석] 카시니(A. P. Cassini)
4 [감교 주석] 더 타임즈(The Times)

Seoul now numbering 9000"

위 전보는, 본인이 톈진에서 들은 바에 의하면, 리훙장[5]의 의도하에 해당 언론에 전했다고 합니다.

쉔크[6]

내용: 조선 문제로 인한 청국과 일본 간의 분쟁

---

5 [감교 주석] 리훙장(李鴻章)
6 [감교 주석] 쉔크(Schenck)

조선 문제로 인한 청일 양국 간의 충돌, 청국 함대

발신(생산)일	1894. 7. 9	수신(접수)일	1894. 8. 30
발신(생산)자	쉔크	수신(접수)자	카프리비
발신지 정보	베이징 주재 독일공사관	수신지 정보	베를린 정부
	No. 86		A. 7910
메모	R. 해군청 9월 2일 서한 및 9월 27일 A. 8743의 원본 첨부문서		

A. 7910　1894년 8월 30일 오전 수신

베이징, 1894년 7월 9일

No. 86

대외비!

독일제국 수상 카프리비 보병장군 각하 귀하

본인은 제물포 앞바다의 청국 군함에 대한 관찰 내용 및 발생 상황과 관련한 이달 5일 즈푸[1] 주재 독일제국 부영사[2]의 보고 사본을 동봉하여 각하께 삼가 전달해 드립니다.

청국 군함들은 그사이 웨이하이웨이[3] 또는 즈푸로 돌아갔으며, 부영사의 보고는 분명 청국 군함에 승선했던 독일 교관들의 신빙성있는 진술에 바탕을 둔 것으로 보입니다.

쉔크

내용: 조선 문제로 인한 청일 양국 간의 충돌. 청국 함대

1　[감교 주석] 즈푸(芝罘)
2　[감교 주석] 렌츠(Lenz)
3　[감교 주석] 웨이하이웨이(威海衛)

No. 86의 첨부 문서

사본

즈푸, 1894년 7월 5일

No. 28.

베이징 주재 독일제국 공사, 쉔크 각하께,

각하께 본인이 확보한 정보에 따라 다음과 같이 삼가 기밀 보고를 드리게 되어 영광입니다.

제물포 앞바다에 정박 중이던 청국 함대의 주력 군함인, "Chen Yuen"호, "Tsi Yuan"호, "Ping Yuan"호 및 "Chao Yung"호는 금년 7월 1일에 이곳을 떠나 웨이하이웨이[4]로 돌아갔으며, 제물포에는 현재 빈약한 규모의 순양함인 "Yagwei"호와 초라한 목조 포함인 "Tsao-Kiang"호만이 남아 있습니다. "Chen yuan"호의 함장인 린타이찡[5] 해군 소장은 거의 일주일 동안이나 아무 훈령도 받지 못한 채로 그곳에 머문 후, 함대를 규합하기 위해 자신의 책임 하에 웨이하이웨이로 떠나기로 결심했는데, 이것은 아마도 그의 독일인 교관 벡만[6]과 플란베르트[7]의 조언에 따른 것 같습니다. 그가 웨이하이웨이에 도착하였을 때, 웨이하이웨이로 돌아오라는 명령이 있었다는 것을 알게 되었습니다. 톈진과 웨이하이웨이에서 조선으로 연결되는 전신선이 두절된 상황에서, 왜 이러한 명령이 파견된 포함을 통해 그에게 전달되지 않았는지 이에 대해서는 자세한 내용을 알 수 없었습니다.

일본 함대 역시 제물포에서 종적을 감추었습니다. 일본 함대가 어디에 있는지 청국에서도 알지 못하고 있습니다. 최근 제물포에는 오직 포함들과 수송함으로 개조된 일본 증기선회사 선박들만이 드나들고 있습니다. 린 해군 소장은 손쉽게 일본 함선들을 모두 격파하고 그들의 초기 상륙을 저지할 수 있었을 것입니다. 그러나 함께 탑승하고 있던 독일인 교관 벡만과 플란베르크가 언급한 바와 같이, 그는 어떤 행위도 하지 않았는데, 그 이유는 그가 리훙장[8] 총독으로부터 어떠한 일이 있더라도 일본인들을 공격하지 말라

4　[감교 주석] 웨이하이웨이(威海衛)
5　[감교 주석] 린타이찡(林泰曾)
6　[감교 주석] 벡만(Wekman)
7　[감교 주석] 플란베르트(Planberk)

는 엄명을 받았기 때문이라는 것이었다. 그때 린 해군 소장은 외국인들이 청국의 정치에 대해 전혀 이해하지 못한다고 생각했습니다. 어쨌든 총독 역시 청국 정부에 통제를 받고 있었습니다. 청국 정부는 황태후가 60세 생일을 앞두고 있기 때문에 금년에는 전쟁을 원하지 않는다고 말했습니다. 그는 일본군의 상륙에 대해 항의한 것만으로 만족했습니다. 일본인들은 이에 대해 정말 악의 없는 변명으로 답하였습니다. 즉 군인들이 충분한 물을 확보할 수 없는 상태여서 상륙을 요청했으며, 이 불쌍한 군인들은 이 때문에 상륙해야만 했습니다. 이에 대해 린타이쩡 제독은 이와 같은 인도주의적 목적을 위해서라면 가까운 일본으로 가라고 그들에게 충고하였습니다. 상륙한 일본 부대들은 제물포로부터 대략 10마일에 배치되었습니다. 상륙은 매우 정확하게 이루어졌습니다. 일본 수송선에는 해군 장교들과 신호 담당 선원들이 탑승하고 있습니다.

적대행위가 일촉즉발 할 경우도 가끔 있었습니다. 일본 포함들은 자신들이 청국 함선을 지나갈 때에는 포신의 어뢰에 발포 준비를 하고 대포를 장전했으며, 청군 함선의 어뢰를 향해 속사포를 겨누고 있었습니다. 또한 수병들은 대포가 있는 곳에 서열하고 있었습니다. 양편 중 그 어느 한 쪽의 함선의 움직임이 오해를 받거나, 포신에서 주시하고 있는 어뢰의 끝이 조금이라도 움직여서 위협을 주었다고 판단했다면, 그 어느 쪽에서든 발포했을 것입니다. 청국 함선들은 확실히 밤이고 낮이고 전투에 대비하고 있었고, 독일인 교관들도 경계 근무에 나갔습니다.

제물포로의 입항은 일본인들의 기뢰로 인해 차단되었고, 마산포도 그랬으며, 아마도 평양도 마찬가지였던 것 같습니다. 청국 해군들은 35 영국식 마일 길이의 전신 케이블을 아산항으로부터 청국군 본영까지 설치해 놓았습니다. 조선 주둔 청국군 사령관 예[9] 장군은 아산에서 일본인들이 그곳에 투하한 기뢰 42개를 취합하여 이것들을 일본군에 대항해 활용하려고 상자 속에 넣어 가져갔습니다.

이미 삼가 올려드린 본인의 6월 24일 No. 23에서 본인은 청국 해군장비가 여러 부분에서 얼마나 부실한지를 언급한 바 있었습니다. 어제(7월 4일) 장갑함 "Chen Yuen"호가 이곳에 입항하였는데, 이 배는 유탄 정전용 탄약 주머니의 판넬을 사려고 웨이하이웨이에서 이곳으로 와서 12,000엘렌(25,000엘레가 필요함) 플란넬을 독일인과 청국인들의 여러 상점에서 비싼 가격으로 매점하였기 때문에, 현재 즈푸 전역에서 이 상품은 조금도 남아 있지 않습니다. 첸유안호는 오늘 아침 기지로 다시 돌아갔지만, 이 배에서는 수병들

---

8   [감교 주석] 리훙장(李鴻章)
9   [감교 주석] 예즈차오(葉志超)

이 탄약 주머니 제작과 유탄 채우는 작업을 하고 있습니다. 다른 나라 어떠한 해군이라 할지라도 군함 그 자체의 뱃전에서는 이러한 일은 있을 수 없을 것입니다. 벡만 교관이 이전에 이러한 것은 미리 준비해 두어야 한다고 중요성을 지적할 때마다 그들은 그에게 전쟁이 일어난 것도 아닌데 그런 일을 서두를 것 없다고 대답하였습니다. 함선들에 배치된 수병 수는 너무 빈약합니다. 예를 들면 "Chen Yuen"호에는 480명이 아닌 360명만이 승선하고 있습니다. 훈련된 예비군은 한 사람도 없기 때문에 현재 각 수병은 귀중한 존재들입니다. 포탄은 충분히 있는 것으로 보이며, 각 대포마다 50발씩이 있습니다.

딩[10] 제독은 다음과 같이 제안하였습니다. 즉 청국 함대들은 일본에 가서 해안 지역에 불안을 조성해야 한다. 이렇게 할 경우에 일본 함대들은 할 수 없이 조선을 포기할 것이다. 따라서 그곳에 주둔하고 있는 일본 부대들은 본국과의 연락이 끊어지게 되어 쉽게 섬멸될 수 있을 것이라고 합니다. 청국은 60,000명을 조선에 파견할 계획입니다.

독일인 교관 벡만은 청국 수병들이 지시를 잘 받게 된다는 전제하에서 그들을 전적으로 신뢰하고 있으나, 이에 반하여 장교들은 전투 지휘를 하기에는 대부분 무능력해서 거의 신뢰를 하고 있지 않습니다. 그는 매우 노골적인 표현을 사용했지만 본인은 오직 지나치지 않게 표현하려고 합니다. 즉 청국 수병 자신들은 자신들의 지휘관들을 신뢰하지 않고 있으며, 외국인 교관이 하선하기만 한다면 즉시 떠날 것이라는 그의 견해는 정확한 판단에 근거해 어느 정도까지 확실한 것 같습니다.

6월 말 제물포 앞바다에 정박 중인 외국 전함들 중에는 "일티스"[11] 외에 러시아 전함 한 척, 미국 전함 한 척("Baltimore") 그리고 프랑스 전함 두 척이 있었습니다. "일티스"호 함장인 바우디신[12]은 6월 30일 서울에 있었습니다.

동시에 청국 전투 함대와 함께 현재 이곳에 와 있는 세관 순양함 "Feihu"호가 전 노르웨이 해군 중위라고 하는 닐센[13] 함장의 지휘 하에 정박하고 있었습니다. 그는 온갖 수단을 동원하여 린 해군소장을 움직여 잘 훈련된 자신의 수병 일부분과 함께 자신을 승선시켜 주기를 요청했습니다. 승선이 허락될 경우, 벡만은 자신이 제독에게 언명한 바와 같이 즉시 청국의 임무를 그만둘 것입니다.

렌츠[14]

---

10 [감교 주석] 딩루창(丁汝昌)
11 [감교 주석] 일티스(Iltis)
12 [감교 주석] 바우디신(Bausissin)
13 [감교 주석] 닐센(Nielsen)
14 [감교 주석] 렌츠(Lenz)

03

조선 문제로 인한 청국과 일본 간의 분쟁, 일본의 제안들

발신(생산)일	1894. 7. 9	수신(접수)일	1894. 8. 30
발신(생산)자	쉔크	수신(접수)자	카프리비
발신지 정보	베이징 주재 독일공사관	수신지 정보	베를린 정부
	No. 87		A. 7911
메모	9월 1일 런던 700, 페테르부르크 360, 빈 455, 워싱턴 A. 56 전달		

A. 7911 1894년 8월 30일 오전 수신, 첨부문서 1부

베이징, 1894년 7월 11일

No. 87

독일제국 수상 카프리비 보병장군 각하 귀하

각하께 일본 외무대신[1]이 베이징 주재 일본 대리공사 고무라[2]에게 보낸 각서 사본을 삼가 보내드리게 되어 영광입니다. 이 각서에는 조선에서의 분쟁 조정을 위한 일본 정부의 공식적인 제안들이 담겨 있습니다.

아울러, 일본 정부가 협상에서 조선의 종주권에 대한 문제를 다루지 않겠다는 것에 동의한다는 내용이 이 제안들에 덧붙여 있습니다.

고무라의 구두 보고에 근거하여 본인은 이 일본의 제안들을 이미 이번 달 28일(A. 78)[3]로 각하께 보고드리는 것을 허락했습니다. 동봉한 각서는 본인의 일본 동료가 이전에 언급한 기밀 정보의 정확성을 완전히 확인해 주고 있습니다.

일본 정부는 또한 협상 초기에 조선에서의 군대 철수 방법과 시기를 추가적으로 이미 표명했습니다.

이전에 청국의 반대 제안에 대한 이야기가 있었지만, 그저께 청국 대신들은 고무라에게 (일본) 군대가 조선에서 철수하지 않으면 어떠한 제안들도 논의하지 않겠다고 밝혔습니다.

---

1 [감교 주석] 무쓰 무네미쓰(陸奥宗光)
2 [감교 주석] 고무라 주타로(小村壽太郎)
3 [원문 주석] A. 7437를 삼가 첨부함.

이러한 청국 정부의 단호한 태도는 러시아의 영향으로 인한 것은 아닌지 추측하는 바입니다.

쉔크

내용: 조선 문제로 인한 청국과 일본 간의 분쟁, 일본의 제안들.

A. No. 87의 첨부문서

첨부문서의 내용(원문)은 독일어본 421쪽에 수록.

베를린, 1894년 9월 1일   A. 7909

주재 외교관 귀중   본인은 조선의 분쟁에 관한 금년 7월 8일 베이
1. 런던 No. 699   징 주재 독일제국 공사의 보고 사본을 동봉하여
2. 상트페테르부르크 No. 359   정보 제공으로서 삼가 송부해 드립니다.

연도번호 No. 5250

베를린, 1894년 9월 1일   A. 7911

주재 외교관 귀중   본인은 청국과 일본 간의 분쟁에 관한 금년 7
1. 런던 No. 700   월 11일 베이징 주재 독일제국 공사의 보고 사
2. 상트페테르부르크 No. 360   본을 동봉하여 정보 제공으로서 삼가 송부해
3. 빈 No. 455   드립니다.
4. 워싱턴 No. 56

연도번호 No. 5255

베를린, 1894년 9월 2일   A. 7910

연도번호 No. 5263   대외비

제물포 앞바다 청국 전함에서의 관찰 내용 및
상황 변화에 관한 금년 7월 5일 즈푸 주재 독일
제국 부영사의 첨부된 보고 사본을 홀만[4] 독일
제국 해군청 차관/해군 중장 각하께 반환 조건
하의 기밀 정보로서 삼가 송부해 드립니다.

---

4   [감교 주석] 홀만(Hollmann)

04

조선의 현황. 리훙장 총독과의 협의에 관한 보고 전달

발신(생산)일	1894. 7. 10	수신(접수)일	1894. 9. 2
발신(생산)자	제켄도르프	수신(접수)자	카프리비
발신지 정보	텐진 주재 독일영사관	수신지 정보	베를린 정부
	No. 59		A. 7983
메모	연도번호 No. 701		

A. 7983 1894년 9월 2일 오전 수신, 첨부문서 1부

텐진, 1894년 7월 10일

No. 59

독일제국 수상 카프리비 보병장군 각하 귀하

각하께 첨부 문서로 본인이 작성한 보고서를 삼가 제출하게 되어 영광입니다. 이 보고서는 조선의 상황과 이로 인해 청국과 일본 간에 발생한 일시적인 긴장 상태에 대해 리훙장[1] 총독과 협의한 내용을 담고 있습니다.

본인은 베이징 주재 독일제국 공사[2]에게 이 보고의 내용을 통지했습니다.

제켄도르프[3]

내용: 조선의 현황. 리훙장 총독과의 협의에 관한 보고 전달

---

1 [감교 주석] 리훙장(李鴻章)
2 [감교 주석] 쉔크(Schenck)
3 [감교 주석] 제켄도르프(Seckendorff)

No. 59의 첨부문서

7월 10일 리훙장[4] 총독과의 회담에 관한 보고

이곳 세관 도대[5]를 통해 본인에게 회담을 요청한 바 있는 총독은 본인이 나타나자 즉시 조선 내부의 현 상황 및 이로 인해 일본과 청국 정부 간에 야기된 긴장 상태에 대해 언급했습니다. 그는 형세가 너무나 중대하기 때문에 일본과의 분쟁을 평화적으로 조정할 수 있는 전망은 지극히 희박하다고 언명하였습니다. 일본의 행동은 모든 국제법에 대한 위반이며 또 공격적이기 때문에, 청국이 그 위신을 상실하지 않으려면 갑작스럽게 도발된 이 분쟁을 무력으로 해결하는 외에는 어떠한 다른 돌파구가 없다는 것입니다.

본국으로서 청국의 조선에 대한 요구권은 오래 지속된 것이어서, 열강과의 조약에 있어서도 인정받는 것입니다. 관리들의 억압에 못 이겨 조선에서 폭발한 무장봉기[6]를 진압하기 위해서 청국이 무력으로 진압을 한 것은 조선 국왕의 분명한 요청에 따른 것이며, 조선의 종주국으로서의 청국 황제의 정당한 권리로서 실행되었습니다. 일본이 이 권리를 인정하지 않더라도 사실 아무런 변화도 없을 것이라고 합니다. 이번 경우라 할지라도 과거 수백 년간의 호의와 우정으로 맺어진 나라에 대해 원조의 권리를 수행한다고 해도 그 어느 누구도 청국의 이 처사를 비난하지 않을 것이라고 말합니다. 태평천국 대반란이 계속되는 동안 지금의 청국 왕조의 상황이 위태롭게 되었고, 황제의 군대가 당시의 반란을 진압하기에는 너무나 위약하다고 인정되자, 영국인들과 프랑스인들의 원조에 대해 이의를 제기한 나라는 하나도 없었다고 합니다.

청국이 진압을 위해 2,800여 명의 군인을 조선에 파견한 반면, 일본 측은 약 14,000명에 달하는 병력을 파병한 사실은 이 섬나라 일본의 전쟁 의도를 증명하는 것입니다. 그 동안 일본은 공동위원회를 통한 조선의 공동 개혁과 국가 세입의 관리에 대해 제안하였으나 청국은 이를 받아들이지 않았습니다.

반란 진압 후 청국 군대가 틀림없이 철수 할 것이라고 리훙장 총독이 일본 정부에 확약한 것은 일본 정부에게 그의 의도를 충분히 보장한 것으로 보입니다.

그는 또한 일본이 동시에 군대를 철수할 경우, 예[7] 장군에게 확실히 철수 명령을 내릴

---

4 [감교 주석] 리훙장(李鴻章)
5 [감교 주석] 도대(道臺)
6 [감교 주석] 동학농민군 제1차 봉기
7 [감교 주석] 예즈차오(葉志超)

것이라고 합니다.

그러나 일본은 이 제안을 거절하였을 뿐만 아니라, 자신들이 청국을 공격할 의도가 없다는 것을 지적하며 영국과 러시아의 끈질긴 중재 노력도 거부했습니다. 일본은 이와 같이 거부 의사를 나타낸 후, 4,000명의 일본 군대를 증파했다고 합니다.

리훙장은 서울 주재 외국 대표들의 외교 조치를 기쁘게 받아들였습니다. 외국 대표들은 조선의 국내 실정과 교역 상황을 언급하며, 오토리[8] 일본 공사와 위안[9] 청국 변리공사에게 군대 철수를 요청한 바 있는데, 리훙장에게 이러한 사실은 서구의 열강들도 조선의 발전에 진심어린 관심을 갖고 있는 것으로 보였기 때문입니다. 리훙장은 처음에 서울 주재 독일 대표자가 이러한 외교적 조치에 동참하지 않은 것에 대해 불쾌하게 여겼으나, 이후 위안스카이가 서울 주재 독일제국 영사[10]도 미국[11], 러시아[12], 프랑스[13] 및 영국[14] 대표들의 조치에 동참했다고 보고하자 만족감을 표시했습니다.

평화를 적극적으로 옹호하는 중국의 계속적인 행동은 이러한 모든 상황이 리훙장 총독으로 인해 갑자기 발생한 것처럼 보였고, 총독은 방어적인 조치 대신 공격적인 조치를 취해야겠다고 생각했지만, 실제로 중국은 이에 대해 준비한 상태가 아닙니다. 리훙장은 중국에 대한 독일이 교역상의 관심을 크게 갖고 있다는 것을 분명히 지적하며, 자신이 북쪽 항구들의 교역 담당자로서 과거 독일의 산업 시기에 지원을 제공했다는 것을 언급했습니다. 이러한 배경에서 그는 도쿄 주재 (독일제국) 공사관이 일본 정부가 군대를 철수시키는데 영향력을 행사하도록 독일 정부에 긴급히 요청했습니다.

리훙장은 이때 이와 같은 요청은 보통의 경우 중앙정부와 담당 독일제국 공사의 중재를 통하여 조정되어야 한다는 것을 충분히 인지하고 있지만, 조선 문제는 전적으로 그가 책임지고 있다는 사실과 총리아문의 관리들은 외국 대표들에게 자유롭게 말할 용기가 없다고 명확히 언급했다(글자 그대로 전달하면, "먹은 것을 늘 몸 속에 지님"). 또한 시간을 낭비하지 않기 위해, 이 경우 예외적인 조치를 요청했다. 동시에 리훙장 자신은 현재 페테르부르크에 머물고 있는 청국 공사 쉬[15]에게 전보로 훈령하여, 어떠한 경우라 할지

---

8 [감교 주석] 오토리 게이스케(大鳥圭介)
9 [감교 주석] 위안스카이(袁世凱)
10 [감교 주석] 크리엔(F. Krien)
11 [감교 주석] 실(J. M. Sill)
12 [감교 주석] 케아르버그(P. Kehrberg)
13 [감교 주석] 르페브르(G. Lefèvre)
14 [감교 주석] 가드너(C. T. Gardner)
15 [감교 주석] 쉬징청(許景澄)

라도 청국에 우호적이었었던 독일제국에 중재를 요청할 것입니다. 본인은 총독이 원하는 바를 들어주겠다고 그 어떠한 약속도 할 의무는 없지만, 이러한 요청의 사유를 고려하여 제국 수상께 관련 내용을 보고해야겠다고 생각했습니다.

톈진, 1894년 7월 10일

독일제국 영사

제켄도르프

조선 문제로 인한 청국과 일본 간의 분쟁

발신(생산)일	1894. 7. 14	수신(접수)일	1894. 9. 2
발신(생산)자	쉔크	수신(접수)자	카프리비
발신지 정보	베이징 주재 독일공사관	수신지 정보	베를린 정부
	No. 88		A. 7991

A. 7991 1894년 9월 2일 오전 수신, 첨부문서 1부

베이징, 1894년 7월 14일

No. 88

독일제국 수상 카프리비 보병장군 각하 귀하

베이징의 일본 대리공사 고무라[1]는 그저께 청국 황제를 알현하는 윤허를 받았습니다. 이는 청국 황제가 일본 군주 내외의 은혼식을 축하해 준 것에 대해 일본 황제가 보낸 감사 친서를 전달하기 위한 것이었습니다.

지금까지 어떤 대리공사들도 청국 황제를 개인적으로 알현한 적이 없었습니다. 고무라는 자발적으로 이를 요청했다고 합니다.

당시 정치적인 상황에 대해서는 아무런 논의가 없었으며, 오직 양국의 평화 유지를 바란다는 청국 황제의 언급만이 있었습니다.

고무라는 현재의 상황이 시급하다고 보고 있으며, 그 이유는 조선에서 군대가 철수하기 전까지 청국 정부가 계속적으로 협상을 거부하겠다는 입장이기 때문입니다.

그동안 오토리[2]는 조선 정부에 25개조 개혁안을 제출했고, 조선 국왕은 이미 그를 관련 위원으로 임명했다고 합니다.

영국 동료의 정보에 의하면, 러시아는 3국(러시아, 청국, 일본)의 중재 개입과 회담을 거부했다고 합니다. 오코너[3]는 카시니[4]가 히트로보[5]의 발의로 3국 회담을 추진하려 했다

1　[감교 주석] 고무라 주타로(小村壽太郎)
2　[감교 주석] 오토리 게이스케(大鳥圭介)
3　[감교 주석] 오코너(N. R. O'Conor)
4　[감교 주석] 카시니(A. P. Cassini)

고 말했습니다.

쉔크

내용: 조선 문제로 인한 청국과 일본 간의 분쟁

---

5 [감교 주석] 히트로보(M. A. Hitrovo)

06

일본 군인들이 조선 주재 영국 외교관을 폭행한 사건

발신(생산)일	1894. 7. 19	수신(접수)일	1894. 9. 2
발신(생산)자	쉔크	수신(접수)자	카프리비
발신지 정보	베이징 주재 독일공사관	수신지 정보	베를린 정부
	No. 90		A. 7992
메모	A. 8086 참고 대외비		

A. 7992 1894년 9월 2일 오전 수신

베이징, 1894년 7월 19일

No. 90

독일제국 수상 카프리비 보병장군 각하 귀하

베이징의 영국 공사[1]가 어제 본인에게 다음과 같이 전했습니다: "일본 군인들이 가드너(조선 주재 영국 영사)[2]를 폭행하고, 이에 대해 아무런 사과를 하지 않았다." 더 자세한 사항은 아직 알려지지 않은 상태입니다. 오코너는 가드너가 일본군이 폐쇄한 길을 지나가려 했을 것이라고 추측하고 있습니다. 세관 관리도 마침 그곳에 있었다고 합니다. 서울 주재 현 영국 총영사 대리인 가드너는 1891년 폭동 발생시 한쿠[3]주재 영사였는데, 그곳에서도 활동적인 사람으로 눈에 띄는 인물이었습니다. 오코너가 매우 비밀스럽게 덧붙여 언급한 바에 따르면, 영국 제독은 제물포에 정박 중인 영국 전함 "Archer"호의 사령관이 (이 사건에 대해 일본에게) 사과를 요구하고, "이에 대한 회답이 없으면 하코다테[4]로 소함대를 파견하라"고 명령했습니다.

쉔크

내용: 일본 군인들이 조선 주재 영국 외교관을 폭행한 사건

---

1 [감교 주석] 오코너(N. R. O'Conor)
2 [감교 주석] 가드너(C. T. Gardner)
3 [감교 주석] 한쿠(漢口)
4 [감교 주석] 하코다테(函館)

07

조선 문제로 인한 청국과 일본 간의 분쟁

발신(생산)일	1894. 7. 19	수신(접수)일	1894. 9. 2
발신(생산)자	쉔크	수신(접수)자	카프리비
발신지 정보	베이징 주재 독일공사관	수신지 정보	베를린 정부
	No. 91		A. 7993
메모	워싱턴 A. 57, 런던 712, 페테르부르크 362, 빈 458 전달 A. 8086 참고 대외비		

A. 7993 1894년 9월 2일 오전 수신

베이징, 1894년 7월 19일

No. 91

독일제국 수상 카프리비 보병장군 각하 귀하

베이징의 일본 대리공사[1]는 일본 정부의 전보 명령에 따라 이달 14일 총리아문에 각서를 전달했습니다. 각서의 내용은 해당 중국어 문서에서 영어로 번역하여 보고서에 동봉하였습니다.

이 각서에는 청국이 조선의 행정 개혁을 공동으로 시행하자는 일본의 제안을 완강히 거부하면서, 당시 혼란을 야기시키려는 의도를 보였다고 언급되어 있습니다. 따라서 일본은 이러한 상황으로 인해 발생되는 결과에 대해 더 이상 책임지지 않겠다고 합니다.

청국 대신들은 이달 16일 자신들을 방문한 영국 공사[2]에게 협상의 중단을 의미하는 이 각서의 적대적인 어조에 대해 매우 격분한 모습을 보였습니다. 하지만, 이들은 오코너가 도쿄에서 이 각서에 대해 문의하고, 상황을 안정시킬 수 있는 확답을 받아오도록 허락했습니다. 그런데 일본 외무대신[3]은 이러한 확답을 주지 않고, 단지 불충분한 설명만을 전했는데, 그것은 바로 중국이 일본의 제안을 받아들이지 않고 계속 일본군의 철수를

---

1 [감교 주석] 고무라 주타로(小村壽太郎)

2 [감교 주석] 오코너(N. R. O'Conor)

3 [감교 주석] 무쓰 무네미쓰(陸奧宗光)

요구하며 일본을 자극했다는 것, 일본이 조선 수도를 점령한 행위는 적절하고 정당했다는 것, 조선이 일본의 제안을 수용했으며 일본은 청국의 개입을 절대로 허락하지 않겠다는 것이었습니다. 이후 청국은 개혁 협상에 참여하길 원하고 있다고 합니다.

오코너는 이곳에서 우호적인 협상이 재개되고, 공동 개혁위원회를 구성하자는 일본의 제안을 청국 대신들이 받아들이도록 노력하고 있습니다.

오코너는 자신이 판단하기에 영국이 현재 별 가능성이 없는 제안을 하고 있다고 말했습니다. 영국은 협상 시간을 벌기 위해 일본군이 조선의 남부로, 중국군이 북부로 각자 철수해서 서울과 제물포를 점령하지 않도록 제안한 바 있습니다.

평화 유지를 위한 공동의 노력에 러시아, 프랑스, 미국 대표 그 누구도 관심을 보이지 않았으며, 이 때문에 본인도 현재까지 표명을 자제하고 있습니다.

총리아문은 그사이 고무라의 각서를 리훙장[4]에게 전달하고, 리훙장 자신이 적절하다고 판단하는 바를 이행하도록 위임했습니다. 아마도 (리훙장) 총독에게 모든 책임을 전가하려는 의도로 보입니다.

톈진에서 본인이 어제 들은 바로는 리훙장이 군대 수송을 위해 청국의 윤선초상국[5]의 증기선이 조선으로 출항하는 것을 보류하고 있다고 합니다.

이곳의 소문에 의하면, 12,000여 명의 청국 군인들이 제물포에 상륙한다고 합니다.

쉔크

내용: 조선 문제로 인한 청국과 일본 간의 분쟁

No. 91의 첨부 문서
첨부문서의 내용(원문)은 독일어본 431~432쪽에 수록.

---

4 [감교 주석] 리훙장(李鴻章)
5 [감교 주석] 윤선초상국(輪船招商局)

08

청일 양국 간의 전쟁 발발 임박으로 인한 상하이 항구 폐쇄

발신(생산)일	1894. 7. 23	수신(접수)일	1894. 9. 2
발신(생산)자	아이스발트	수신(접수)자	카프리비
발신지 정보	상하이 주재 독일영사관	수신지 정보	베를린 정부
	No. 76		A. 7996

A. 7996 1894년 9월 2일 오전 수신

상하이, 1894년 7월 23일

No. 76

독일제국 수상 카프리비 보병장군 각하 귀하

각하께 본인은 베이징 주재 공사[1]의 보고 사본을 동봉하여 삼가 제출하고자 합니다. 이 보고는 청국과 일본 간의 전쟁 발발 상하이 항구를 폐쇄한다는 내용을 담고 있으며, 각하께서 이 사안에 대해 유심히 검토해 주시길 바랍니다.

아이스발트[2]

내용: 청일 양국 간의 전쟁 발발 임박으로 인한 상하이 항구 폐쇄

---

1 [감교 주석] 쉔크(Schenck)
2 [감교 주석] 아이스발트(Eiswaldt)

No. 76의 첨부문서

사본

상하이, 1894년 7월 23일

No. 80

베이징 주재 독일제국 공사 쉔크 각하께,

리훙장의 위임으로 어제 저녁 이곳 관리[3]가 수석 영사에게 찾아와, 일본과의 전쟁 폭발이 임박해졌기 때문에 상하이 항구를 폐쇄할 예정이라고 구두로 전했습니다. 이를 위해 우숭[4]에 모래 언덕에 고정 기둥을 세워 배 한 척만 통과할 수 있는 좁고 직선인 통행 수로 하나만을 열게 할 것이라고 합니다. 이 수로는 일본 함대가 접근해 오면 이미 그곳에 정박해 있는 배를 침몰시켜 봉쇄될 것입니다. 상하이 항구의 부분적으로 폐쇄하더라도 외국의 교역에 막대한 피해를 주기 때문에, 한넨[5] 영국 총영사는 상하이와 인접 지역의 중립화를 요구하도록 영국 정부에 전보를 보내 요청했습니다. 베이징과의 전신 연결이 두절된 이유로 본인은 이 조치에 대해 독일제국 수상님께 전신으로 보고합니다.

한넨이 조금 전 본인에게 전달한 바에 의하면, 그의 외교적 조치로 도쿄 주재 영국 대리공사[6]가 지시를 받아, 만일의 사태에 일본 정부가 상하이에 대한 전쟁 행위를 자제하도록 했다는 것입니다.

도쿄 주재 독일제국 공사가 이러한 조치에 지원을 요청했지만, 본인이 이에 대해 응할 권한이 있다고 판단하지 않았습니다.

여하튼 이곳의 교역 담당자들이 지배적으로 요구하고 있는 바는 청국 정부가 조약상의 항구들을 폐쇄하는 조치에 열강들이 공식적으로 강경하게 항의해야 한다는 것입니다

본인은 이 보고의 사본을 독일제국 수상 각하께 제출하고자 합니다.

아이스발트

---

3 [감교 주석] 도대(道臺)
4 [감교 주석] 우숭(吳淞)
5 [감교 주석] 한넨(Hannen)
6 [감교 주석] 파제트(R. Paget)

베를린, 1894년 9월 4일   A. 7993

주재 외교관 귀중   본인은 조선의 분쟁에 관한 7월 19일 베이징 주
1. 워싱턴 No. 57   재 독일제국 공사의 보고 사본을 동봉하여 참고
2. 런던 No. 712   정보로서 삼가 송부해 드립니다.
3. 상트페테르부르크 No. 362
4. 빈 No. 458

연도번호 No. 5300

베를린, 1894년 9월 4일   A. 7996

주재 외교관 귀중   본인은 올해 7월 23일 독일제국 총영사관의 보
상하이 주재 총영사관   고를 받았습니다. 일본이 상하이를 어떤 상황에
No. 1   서도 공격하지 않겠다고 선언함에 따라, 이 보
                                  고 사안은 이미 마무리된 것으로 간주됩니다.
연도번호 No. 5306   이 보고에서 본인은 독일제국 부영사가 이곳으
                                  로 보내진 암호전보에 대해 언급한 바에 주목했
                                  습니다. 이것은 암호체계 취급에 관한 규정에
                                  위배 되는 사항으로, 규정에 따르면, 이전에 암
                                  호로 공표된 보고를 문서로 작성해서는 안 되기
                                  때문입니다.
                                  암호담당자에게 큰 혼란을 주지 않기 위해서 이
                                  에 대해 아이스발트 총영사에게 주의를 주고자
                                  합니다.

09

가드너 영국 총영사에게 일본 군인들이 가한 부당 행위

발신(생산)일	1894. 7. 18	수신(접수)일	1894. 9. 6
발신(생산)자	크리엔	수신(접수)자	카프리비
발신지 정보	서울 주재 독일 총영사관	수신지 정보	베를린 정부
	No. 52		A. 8087
메모	연도번호 No. 359		

A. 8087   1894년 9월 6일 오전 수신, 첨부문서 3부

서울 1894년 7월 18일

No. 52

독일제국 수상 카프리비 보병장군 각하 귀하

각하께 다음과 같이 삼가 보고드리게 되어 영광으로 생각합니다. 가드너 서울 주재 영국 총영사[1]가 이달 15일 자신의 부인과 엘레렌 폭스[2] 통역관, 브라운[3]과 산책하던 중 일본 군인들에게 폭행을 당했습니다.

따라서 이 사건으로 인해 가드너와 일본 영사가 교환한 서한들을 사본으로 동봉하여 각하에게 삼가 제출하고자 합니다.

영국 총영사는 이달 15일 서한에서 그와 폭스는 이곳에서 양화진에 이르는 거리 옆 보행자 길에서 일본 군인들에게 공격을 당했습니다. 그는 자신의 이름을 묻는 요구에 응하여 이름을 써 주었는데도 아무런 이유 없이 50야드 정도 끌려가서 그 군인들(가드너는 평화 시기에 조선에 군대를 파견한 일본 정부의 권리를 인정하지 않기 때문에, 그들을 "군복을 입은 일본인들"이라고 지칭함)에게 주먹으로 구타를 당하였다고 주장했습니다. 이후 그와 폭스는 (군인들에게서) 풀려 나와, 가드너 부인과 브라운을 다시 만나게 되었습니다.

그러나 그 후 15분 후, 돌아오는 도중 공공 도로에서 재차 다수의 일본 군인들이

---

1   [감교 주석] 가드너(C. T. Gardner)
2   [감교 주석] 폭스(E. Fox)
3   [감교 주석] 브라운(J. M. Brown)

이들을 제지하며 성명을 물었습니다. 그때 군인들이 그의 부인을 떠밀었고, 그녀의 가마가 웅덩이로 떨어졌습니다.

이러한 상황 묘사는 폭스가 본인에게 구두로서 확인해 준 것입니다.

본인이 여기서 삼가 언급하고자 하는 바는 가드너는 매우 활동적이고 재치 있는 사람이지만, 실제로 매우 쉽게 흥분하고 사실 그대로 전하는 사람이 거의 아니라는 것입니다.

일본 공사[4]는 현재 "추정되는" 일본 군인들의 공격을 조사하도록 조치를 취했다고 당일 저녁 가드너에게 답변을 주었습니다.

그런데 어제 일본 공사가 그에게 육군소장 오시마[5]의 보고를 전달하였는데, 이 보고에서는 일본 군인들의 책임은 물론, 이른바 가드너가 당한 폭행도 모두 단호히 부인되어 있습니다. 즉 두 외국인은 보초가 그들을 저지했는데도 부주의하게 일본군 군영으로 침입했으며, 가드너가 자신의 이름을 써준 후 군영 밖으로 이끌려져 나왔다고 합니다.

오토리는 어떤 여자도 괴롭힘을 당한 일이 없으며, 어떤 여자도 목격된 일이 없다고 덧붙여 진술했습니다.

이 조사는 군영 내에서 발생한 상황에만 국한해서 이루어진 것으로 보입니다.

가드너는 자신에게 가해진 모욕과 오토리의 불손한 서한에 대해 매우 격분하였고, 베이징 주재 영국 공사[6]에게 전보로 이에 관해 보고했습니다. 가드너의 견해에 따르며, 일본인들이 자신에게 그렇게 무분별하게 폭행을 한 이유는 이를 통해 조선인들을 위협하기 위해서라는 것입니다.

브라운은 보기 드문 침착성과 이해력을 가진 스코틀랜드인으로 현장에서 본 바에 따라 관련 사건에 대해 다음과 같이 본인에게 이야기해 주었습니다.

가드너와 폭스는 가드너 부인과 브라운과 떨어져서 산책로로 통해진 길 왼쪽 편의 나무가 무성한 언덕으로 걸어 올라갔다가 다시 그들과 만나려 했다는 것입니다. 그는 가드너 부인과 함께 국도를 계속해서 걸어가고 있었는데, 당시 목격한 바로는 한 일본 군인이 가드너를 가슴을 밀어 가드너를 정지시키려 했는데, 가드너가 이를 물리치고 나무들 사이로 사라졌다는 것입니다. 그 후 곧장 가드너와 폭스는 그들과 만나 함께 서울로 돌아가려고 했다는 것입니다. 그때 가드너 총영사는 자신과 폭스는 일본 병정들에게 저지되어 모욕을 당한 사실을 이야기했다고 합니다.

약 15분 후 그들이 서울로 향하는 공공 도로를 한가히 걸어가고 있을 때, 한 무리의

---

4   [감교 주석] 오토리 게이스케(大鳥圭介)
5   [감교 주석] 오시마 요시마사(大島義昌)
6   [감교 주석] 오코너(N. R. O'Conor)

일본 군인들이 함성을 지르면서 언덕 아래로 그들을 향해 사방팔방 돌진해 오면서 길을 차단했기 때문에 그와 그의 동행인들은 가까스로 길을 헤치고 지나갔습니다. 그동안 벌써 그의 앞에 서 있던 한 병사를 그가 가볍게 옆으로 밀치자, 보초인 듯한 다른 병사가 그의 앞에 총을 내밀면서 알아들을 수 없는 말로 그에게 몇 마디 소리를 질렀다는 것입니다. 그런 후 그는 총 개머리판으로 모래 위에 중국어를 몇 자 썼는데, 그들의 국적에 대해 묻고자 했습니다. 가드너는 영어와 중국어로 우리는 영국인들이라고 답하였다고 합니다. 그러는 동안 가드너 부인은 문이 열려있는 가마를 탄 채로 노상으로부터 밀려서 길 옆의 물이 괴인 웅덩이로 밀려 들어갔다고 합니다. 군인들은 그 후 차차 흩어져 갔다고 합니다. 계급이 다른 여러 명의 하사관들과 적어도 한 명의 장교가 뒤늦게 도착하였으나, 그들은 질서를 잡으려는 어떠한 조치도 취하지 않았다고 합니다. 군인들도 역시 그들의 상관에 대해 무관심하였고 그들이 나타났는데도 부동자세를 취하거나 소란을 중단하지도 않았다고 합니다. 전체적으로 보아 규율이 부족하다는 인상을 주었다고 합니다.

오늘 아침 영국 순양함 "Archer"호의 장교 한 명과 수병 28명이 제물포에서 이곳으로 도착했습니다. 가드너는 이 군인들을 영사관 호위병이라고 부르고 이들에 대한 공사관 수행원의 특권을 요구했습니다. 미국 변리공사[7]의 제의로 오늘 미국, 러시아[8], 독일[9] 및 프랑스[10] 대표들간의 비공식적인 회의가 개최되었습니다. 영국 총영사의 주장을 처음부터 의심하면서 가드너와 그의 부인이 당한 모욕에 전혀 사과도 하지 않은 오시마의 불손한 서한과 이 고통스런 사건에 대한 일본 군사당국의 부실한 조사가 만장일치로 비난을 받았습니다. 이달 13일 베이징으로부터 이곳에 돌아와 자신의 직책을 또 다시 맡게 된 베베르[11] 러시아 대리공사는 이 사안에 덧붙여 다음과 같이 강조했습니다. 즉 (일본) 군인들이 자신들의 영내에 침입하려는 어떠한 불법 침입자라도 필요하다면 무력으로 저지할 권리를 가지고 있지만, 그 후 조용히 공공 도로를 걸어가고 있는 이 유럽인들을 괴롭힌 것은 엄중히 처벌받아야 한다는 것입니다. 그는 또한 외국 대표들이나 이들의 보호 임무를 맡은 수행원들에 대해 일본 군인들의 이와 유사한 모욕을 저지르는 것을 미리 막기 위해, 도쿄 주재 러시아 공사에게 가드너와 오토리 간에 교환된 서한을 송부하고, 일본 정부에 이를 알리도록 요청할 준비가 되어 있다고 합니다. 실도 르페브르도 이와

---

7   [감교 주석] 실(J. M. Sill)
8   [감교 주석] 케아르버그(P. Kehrberg)
9   [감교 주석] 크리엔(F. Krien)
10 [감교 주석] 르페브르(G. Lefèvre)
11 [감교 주석] 베베르(K. I. Weber)

유사한 조치를 취할 준비를 했습니다. 본인은 이 사건에 대해 각하에게 보고하고 이 보고의 사본을 관련 서류와 함께 도쿄 주재 독일제국 공사관에 발송할 예정이지만, 앞으로 발생할 수 있는 모든 조치는 그곳 공사의 재량에 전부 위임하고자 합니다.

　　삼가 올리는 이 보고의 사본을 도쿄 및 북경 주재 독일제국 공사관에 송부해 드립니다.

크리엔[12]

내용: 가드너 영국 총영사에게 일본 군인들이 가한 부당 행위, 첨부문서 3부

No. 52의 첨부 문서 1
첨부문서의 내용(원문)은 독일어본 440~441쪽에 수록.

No. 52의 첨부문서 2
첨부문서의 내용(원문)은 독일어본 441쪽에 수록.

No. 52의 첨부문서 3
첨부문서의 내용(원문)은 독일어본 442쪽에 수록.

---

12 [감교 주석] 크리엔(F. Krien)

조선에서의 청국과 일본

발신(생산)일	1894. 7. 19	수신(접수)일	1894. 9. 2
발신(생산)자	쉔크	수신(접수)자	카프리비
발신지 정보	베이징 주재 독일공사관	수신지 정보	베를린 정부
	No. 89		A. 8082

A. 8082 1894년 9월 6일 오전 수신

베이징, 1894년 7월 18일

No. 89

독일제국 수상 카프리비 보병장군 각하 귀하

지난 달 17일 휴가차 이곳을 떠난 바 있는 베이징 주재 러시아 공사 카시니[1]는 조선 문제의 어려움으로 인해 톈진에서 체류하며 지금까지 그곳의 러시아 영사관 내에 머물고 있었습니다. 그런데 제켄도르프[2]가 전하는 바에 의하면, 그가 현재 톈진에서 한 가옥을 빌렸다고 합니다. 이러한 상황을 볼 때, 그가 당분간 톈진에서 머물 것으로 보입니다.

동시에 청국 군대의 조선 철수에 대해 톈진 주재 독일제국 영사가 보고한 정보는 지금까지 확인된 바가 없습니다. 이에 대해 본인이 지난 달 7일(A. 84)[3] 보고드린 바 있습니다.

제켄도르프가 16일 서한으로 전한 바에 의하면, 군대 철수가 총독에 의해 결정되기는 했지만, 남작의 4일 보고(No. 81)에서 언급된 바와 같이 해상 수송상의 어려움과 기타 복잡한 문제들로 인해 지금까지 실행되지 못하고 있습니다.

쉔크

내용: 조선에서의 청국과 일본

---

1 [감교 주석] 카시니(A. P. Cassini)
2 [감교 주석] 제켄도르프(Seckendorff)
3 [원문 주석] A. 7612

조선 문제로 인한 중국과 일본 간의 분쟁

발신(생산)일	1894. 7. 20	수신(접수)일	1894. 9. 6
발신(생산)자	쉔크	수신(접수)자	카프리비
발신지 정보	베이징 주재 독일공사관	수신지 정보	베를린 정부
	No. 92		A. 8082
메모	9월 12일 런던 No. 733, 페테르부르크 No. 375, 빈 No. 480, 워싱턴 A. 62, 드레스덴 659, 칼스루에 517, 뮌헨 686, 슈투트가르트 653, 바이마르 411 외무부 장관 전달

A. 8083   1894년 9월 6일 오전 수신, 첨부문서 1부

베이징, 1894년 7월 20일

No. 92

독일제국 수상 카프리비 보병장군 각하 귀하

각하께 이달 17일 텐진 주재 독일제국 영사[1]의 보고 사본(No. 84)을 삼가 보내드립니다. 공사는 이 보고에서 평화 유지를 위해 도쿄에서 독일이 기울인 노력에 대해 리홍장[2] 총독과 논의한 바를 전달하고 있습니다. 본인은 곤란함을 겪고 있는 총독에 동감을 하면서도, 러시아, 프랑스, 미국의 태도로 볼 때, 평화를 위해 일본 정부에 공동의 조치와 압력을 행사하는 것이 가능할지 의심스러워 보일 뿐이라고 독일제국 영사에게 비밀리에 언급했습니다.

또한 첨부 문서를 보시면 이달 14일 일본 대리공사의 도발적인 서한[3]으로 이곳에서 야기된 상황이 어떠한지 파악하실 수 있을 것입니다.

총독이 기대했던 텐진 주재 영국 공사와 독일 공사의 도착에 대해 말씀드리자면, 영국 공사의 가족은 즈푸[4]에 머물고 있으며, 또한 제라르[5]는 오코너[6]와는 완전히 별개로

---

1   [감교 주석] 제켄도르프(Seckendorff)
2   [감교 주석] 리훙장(李鴻章)
3   [원문 주석] A. 7993의 첨부문서를 삼가 동봉합니다.
4   [감교 주석] 즈푸(芝罘)
5   [감교 주석] 제라르(Gérard)

톈진을 지나 즈푸로 간다고 언급했습니다. 그러나 오코너는 앞으로 얼마간은 이곳에 머물 예정입니다.

쉔크

내용: 조선 문제로 인한 중국과 일본 간의 분쟁

No. 92의 첨부문서
사본

톈진, 1894년 7월 17일

No. 84

본인은 본인에게 내려진 훈령을 실행하기 위해 어제 저녁 (리훙장)[7] 총독과 긴 협의를 한 후, 총독에게 청일 양국 간의 현 분쟁에 대한 독일의 중재 입장을 통고하였습니다. 리훙장은 감사와 감격을 표명하면서 본인에게 말하기를, 이미 자신이 이달 14일에 쉬[8] 공사의 전보 보고를 받았다고 합니다. 아울러, 그 보고에 의하면 독일제국 정부가 본인의 요청을 기반으로 도쿄 주재 독일제국 공사에게 평화를 위한 공동의 노력에 동참하도록 지시한 바 있습니다.

리훙장은 독일제국 수상께 청국에 대한 독일의 호의에 깊은 감사를 전해주도록 본인에게 요청했습니다. 그러나 조선 문제의 평화적 조정을 위한 가능성이 이달 14일 이후 거의 사라졌으며, 이로 인해 청국은 일본이 가장 무책임하고도 파렴치한 방법으로 도발한 전쟁을 무력으로 해결할 것이라고 부언해 주기를 요청했습니다. 일본 천황의 은혼식에 기념하여 청국의 황궁에서 보낸 선물에 대해 일본 천황이 감사 친서를 전달한 것을 기회로 청국 황제 측에서 일본 대리공사에게 이달 10일에 선물을 보냈습니다. 이를 통해 청국의 중앙정부는 일본과 우호 관계를 유지하고자 하는 희망을 특히 강조하고자 했습

---

6 [감교 주석] 오코너(N. R. O'Conor)
7 [감교 주석] 리훙장(李鴻章)
8 [감교 주석] 쉬징청(許景澄)

니다. 대신급이 아닌 외국 관리를 맞이하기로 황궁에서 허락한 것은 지금까지의 관례에서 이례적인 것이며, 이것은 일본 측에서 볼 때 중국이 평화를 희망한다는 것을 다른 국가들에게 솔직하고 분명하게 보여주고자 하는 목적으로 이해할 수 있습니다. 그러나 고무라가 양국 군대의 철수 후 조선의 내정 개혁에 대한 공동 참여를 제안했고, 일본 정부가 이달 14일 일본 대리공사[9]를 통해 이에 대한 답변을 총리아문에 전달했는데, 이 답변은 청국으로서는 무례하고 모욕적인 것이었습니다.

"일본 정부는 청국이 일본 정부의 제안을 계속해서 거부한다면, 관계가 단절되어도 일본정부는 이에 대해 책임을 지지 않을 것이다"라는 일본의 각서에 나타난 결론은 청국 황제를 심히 불쾌하게 했으며, 이에 따라 리훙장에게 전쟁 준비와 실행을 위한 매우 대대적인 훈령이 내려졌습니다.

그러나 총독은 여전히 조선 문제를 평화적으로 조정하려는 희망을 버리지 않고 있습니다. 그 이유는 그가 영국과 프랑스의 공사들이 톈진에 도착하는 것이 가장 빠른 시일 내에 언제인지 매우 관심을 갖고 물었으며, 평화적 해결을 위한 독일제국 공사의 조치에 대해 일본 정부가 답변을 할 경우, 그에게 이를 통고해 주도록 긴급하게 요청했기 때문입니다. 본인이 러시아의 중재 노력에 대해 리훙장에게 물었을 때, 리훙장은 카시니[10]가 동시에 조선 문제의 평화적 해결을 위해 노력하고 있다는 것을 인정하면서도 직접적인 대답은 회피했습니다.

제켄도르프

---

9 [감교 주석] 고무라 주타로(小村壽太郎)
10 [감교 주석] 카시니(A. P. Cassini)

[청국의 군대의 조선 파병 현황 및 전신선 두절에 관한 건]

발신(생산)일	1894. 7. 21	수신(접수)일	1894. 9. 6
발신(생산)자	쉔크	수신(접수)자	카프리비
발신지 정보	베이징 주재 독일공사관	수신지 정보	베를린 정부
	No. 93		A. 8084

A. 8084 1894년 9월 6일 오전 수신, 첨부문서 1부

베이징, 1894년 7월 21일

No. 93

독일제국 수상 카프리비 보병장군 각하 귀하

각하께 이달 19일 텐진 주재 독일제국 영사[1]의 보고 사본(No. 87)을 삼가 제출하고자 합니다. 이 보고는 전쟁에 대한 (리훙장)[2] 총독 주변의 분위기 변화와 10,000여 명의 청국 군대의 조선 출항 준비에 관한 사항들을 다루고 있습니다.

제켄도르프가 전한 소식에 따르면, 청국 부대가 예[3] 장군이 있는 곳에 상륙할 것이라고 합니다. 이곳은 야산 또는 아산[4]이라는 곳으로 제물포 남쪽으로 30해리 정도 떨어져 있으며, 수도권 지역과 그 남쪽 지역의 경계에 놓여 있는 곳입니다. 그 외에 서울의 북서쪽에 위치한 핑양(또는 평양)이 청국 군대의 파견지라는 소문이 있습니다.

즈푸와 상하이 그리고 조선으로의 전보 연결이 두절된 상태입니다.

본인의 일본인 동료는 현재 진행되는 상황이 위급하다고 판단하고 있습니다. 청국 정부는 중요 거점지에 대한 양도를 모두 거부하고 있다고 합니다. 이 일본인은 며칠 전부터 총리아문에 더 이상 드나들지 않고 있습니다.

일본은 조선에 대한 자신들의 계획을 광범위한 규모로 단호하게 추진할 것으로 보입니다. 이에 청국은 조선 국왕에게 개혁안을 권고하기 위해 조건부로 공동 위원회와 같은 확실한 평화적 기반을 마련하는 것에 동의한다고 표명했습니다. 그러나, 본인의 영국인

---

1 [감교 주석] 제켄도르프(Seckendorff)
2 [감교 주석] 리훙장(李鴻章)
3 [감교 주석] 예즈차오(葉志超)
4 [감교 주석] 아산(牙山)

동료의 전보에 따르면, 일본은 청국이 개혁안을 강하게 관철시켜야 하며, 또한 이러한 방향으로 일본이 이미 추진한 일들을 인정할 의무가 있다고 답했습니다.

쉔크

A. No. 93의 첨부문서

사본   톈진, 1894년 7월 19일

No. 87

   베이징 주재 독일제국 공사 쉔크 각하께,

   각하께 다음과 같이 삼가 보고하는 영광을 갖습니다. 어제부터 조선 문제에 대해 의심할 바 없이 이곳 관리들 간에는 일본과의 전쟁에 찬성하는 갑작스런 상황 변화가 일어났습니다. 고문관 무리와 이 무리 중 특히 총독에게 예 장군 부대의 조선 철수를 문제 해결을 위한 추가적인 방법으로 권고한 바 있는 데트링[5] 세관 국장이 이에 굴복했습니다.

   본인이 현재 입수한 보고에 의하면, 총독은 청국 해운회사의 선박으로 청국 장갑함의 보위 하에 10,000여 명의 군대를 샤오잔[6]와 같은 이곳 군영지에서 조선으로 해상 수송하여, Yeh 장군이 있는 아산에 상륙시키려는 계획을 갖고 있다고 합니다. 청국의 가장 큰 상선 함대가 이미 해안지대에 배치되었고, "Poochi"호, "Feng-Shun"호, "Hsing-seng"호', "Chin tung"호 및 "Lee Yüan"호 등의 선박들이 이미 다구[7]에서 이미 부대들의 승선을 준비하고 있습니다.

   완전히 확실한 정보는 아니지만, 이달 20일 군인들이 해상 수송될 것이라고 합니다. 이달 17일 이곳에 주재하는 Hsü[8] 조선 영사가 영국, 프랑스, 미국 및 러시아 대표들과 본인을 방문했는데, 조선 영토에서의 청일 양국 간의 전쟁을 미연에 방지하기 위해 관련 정부들이 모든 노력을 다해 줄 것을 조선 정부의 이름으로 요청했습니다. 본인은 관련 조치에 대해 각하께 충실히 통고해 드리고자 합니다.

제켄도르프

---

5   [감교 주석] 데트링(Detring)
6   [감교 주석] 샤오잔(小站)
7   [감교 주석] 다구(大沽)
8   [감교 주석] 서상교(徐相喬)

서울 주재 영국 영사에 대한 일본 군인들의 폭행

발신(생산)일	1894. 7. 212	수신(접수)일	1894. 9. 6
발신(생산)자	쉔크	수신(접수)자	카프리비
발신지 정보	베이징 주재 독일공사관	수신지 정보	베를린 정부
	No. 95		A. 8086

A. 8086 1894년 9월 6일 오전 수신

베이징, 1894년 7월 22일

No. 95

독일제국 수상 카프리비 보병장군 각하 귀하

이달 14일 본인의 충성어린 보고(A. 90)[1]와 관련하여 다음과 같이 재차 전보를 보내드립니다. 이 전보는 리훙장 총독에게 전달되었는데, 가드너 서울 주재 영국 대리 총영사[2]가 일본 군인들에게 피습당한 사건에 대해 다루고 있습니다.

"가드너 영국 총영사가 친구들과 함께 잠시 산책을 하던 중, 일본 군인들이 이들을 공공 도로에서 제지하고 이름과 공식 직함을 요구하자 이에 응답을 했습니다. 그러나 군인들이 이들을 50야드 끌고가 주먹으로 가격했습니다. 이후 이들이 시내로 돌아가는 길에 군인들이 이들을 둘러싸고 밀쳐냈으며, 가드너 부인의 의자를 도랑으로 빠트렸습니다. 가드너는 오토리[3]에게 서한을 보냈지만, 오토리는 조사하겠다고 간단히 답변하고 아무런 사과도 하지 않았습니다."

오토리는 관련 사실을 부인하는 것 같습니다. 오코너[4]는 오토리가 사건 당시 한 부인이 있었던 것 말고도 이에 대해 유감을 표했어야 했다고 언급하며, 이 사건을 런던에 보고했습니다.

쉔크

내용: 서울 주재 영국 영사에 대한 일본 군인들의 폭행

---

1 [원문 주석] A. 7992 첨부함.
2 [감교 주석] 가드너(C. T. Gardner)
3 [감교 주석] 오토리 게이스케(大鳥圭介)
4 [감교 주석] 오코너(N. R. O'Conor)

조선에서의 청국과 일본의 분쟁

발신(생산)일	1894. 7. 23	수신(접수)일	1894. 9. 6
발신(생산)자	쉔크	수신(접수)자	카프리비
발신지 정보	베이징 주재 독일공사관	수신지 정보	베를린 정부
	No. 97		A. 8087

A. 8087 1894년 9월 6일 오전 수신, 첨부문서 1부

베이징, 1894년 7월 23일

No. 97

독일제국 수상 카프리비 보병장군 각하 귀하

본인은 톈진에서의 전쟁 분위기에 관한 이달 19일 톈진 주재 독일제국 영사[1]의 추가 보고를 사본으로 동봉하여 각하께 삼가 보내드립니다.

쉔크

No. 97의 첨부문서
사본

톈진, 1894년 7월 19일

No. 88

어제 드린 보고 No. 87과 관련하여 각하께 다음과 같이 삼가 보고드립니다. 청일 양국 간의 조선 문제에 대한 평화적인 발전 전망은 완전히 사라졌습니다. 어제 카시니[2]와 그의 믿을만한 자문관인 데트링 세관 국장이 재차 총독에게 지금까지 일본에 대해서

---

1 [감교 주석] 제켄도르프(Seckendorff)
2 [감교 주석] 카시니(A. P. Cassini)

취해 온 신중한 태도를 버리지 말 것과 가능하면 예 장군의 지휘하에 조선에 주둔하고 있는 군대를 철수 할 것을 그에게 권고하였지만, 총독은 더 큰 규모의 병력을 아산에 파견하기로 결정했습니다. 청국 부대들의 승선이 현재까지는 이루어지지 않았지만, 본인의 어제 보고에서 언급된 청국 상선회사의 증기선들은 샤오잔[3]의 대규모 군영 근처에 있는 베이윈허[4] 유역의 신청[5] 시에 정박하며, 그곳에서 부대를 승선시킬 준비를 하고 있습니다. 그동안 북쪽으로부터, 정확히 말해 베이징 주변으로부터 수천 명의 팔기[6] 병사들이 해안 지대의 상하이 항구에 도착하여 그곳에 군영을 설치했다고 합니다. 이에 따라 외국인들은 더 이상 그곳을 출입할 수 없게 되었으며, 그때까지 그곳에 살고 있던 몇몇 가족들은 안전상의 이유로 이 지역으로 돌아왔습니다.

리훙장[7]이 조선 문제에 있어서 지금까지 보여준 신중한 태도를 버리게 된 주된 원인은, 본인이 이전의 보고서에서 언급된 바와 같이, 일본 정부의 무지하고도 모욕적인 자세라고 생각합니다. 아울러 최근 베이징으로부터 황제의 명확한 훈령이 내려왔는데, 이에 따르면 만약 일본과의 전쟁이 발발하여 불행한 결과로 끝나더라도 총독은 어떠한 책임도 질 필요가 없으며, 따라서 황제가 환영한 이 일본과의 전쟁에서 총독에게 커다란 신뢰가 주어진다는 것이었습니다. 청국의 무력 개입을 무조건 옹호하는 관리들에는 이곳 성[8] 해관감독, 창[9] 해안방위국장 그리고 총독의 개인 비서인 뤄펑루[10]가 있으며, 얼마 전부터 한네켄[11] 프로이센 중위가 매우 열정적으로 이들에 동참하고 있다고 합니다. 본인이 매우 신뢰할 만한 사람들로부터 전해 들은 바로는, 한네켄은 일본과의 전쟁에 대한 특징 사항들을 장문의 각서로 제출했으며, 이에 대한 주요점들이 최종 승인을 받았다고 합니다.

본인의 정보원이 전한 보고에 따르면, 동시에 한네켄은 어제 저녁에 열린 리훙장과의 회의에서 그와의 오랜 관계를 고려해 자신의 이전 상관인 그를 위해 자신의 직무를 수행하기로 제안했는데, 리훙장은 이를 의심없이 받아들인 것으로 보입니다.

---

3   [감교 주석] 샤오잔(小站)
4   [감교 주석] 베이윈허(北運河)
5   [감교 주석] 신청(新城)
6   [감교 주석] 팔기(八旗)
7   [감교 주석] 리훙장(李鴻章)
8   [감교 주석] 성쉬안화이(盛宣懷)
9   [감교 주석] 성쉬안화이, 뤄펑루와 함께 리훙장의 최측근이었던 장스헝(張士珩)으로 추정. 해안방위국장은 장스헝이 맡았던 톈진군기국(天津軍械局) 총판(總辦)으로 추측할 수 있음.
10   [감교 주석] 뤄펑루(羅豐祿)
11   [감교 주석] 한네켄(Hanneken)

더 나아가 본인의 경험상으로 본다면, 청국 정부는 추가적으로 6,000여 명의 병력을 파견하여 예 장군의 위태로운 상황을 지원할 계획에 있습니다.

계획을 세우고 있다고 하는데 그 중 4,000명은 제물포로 북방에 상륙시킬 것이라고 합니다.

이곳의 외국 대표들과의 협상에 대해 말씀드리자면, 협상은 매우 눈에 띄게 자주 이루어지고 있으며, 협의의 한 측에는 리홍장이 있고, 다른 한 측에는 파브로브[12] 비서관을 두고 있는 카시니[13]와 이곳의 영국 영사가 제한적으로 참여하고 있습니다.

본인에게 전달된 보고에 의하면, 오늘 세 명의 왕실 위원으로 이루어진 조선 사절단이 이곳에 도착했는데, 그들의 체류와 움직임에 대해서 추후 각하께 충실히 통고해 드리겠습니다.

제켄도르프

내용: 조선에서의 청국과 일본의 분쟁

---

12 [감교 주석] 파브로브(Pavlow)
13 [감교 주석] 카시니(A. P. Cassini)

15
청국과 일본 간의 분쟁, 가드너 사건

발신(생산)일	1894. 7. 26	수신(접수)일	1894. 9. 10
발신(생산)자	쉔크	수신(접수)자	카프리비
발신지 정보	베이징 주재 독일공사관	수신지 정보	베를린 정부
	No. 100		A. 8203

A. 8203 1894년 9월 10일 오전 수신

베이징, 1894년 7월 26일

No. 100

독일제국 수상 카프리비 보병장군 각하 귀하

이곳의 영국 동료가 언급한 바에 따르면, 일본 병사들에게 폭행당한 조선 주재 영국 대표[1]의 사건은 거의 해결되었다고 합니다. 오토리[2] 일본군 사령관, 조선 주재 공사[3] 그리고 일본 정부가 (이 사건에 대해) 사과했다고 합니다.

영국 정부는 이 사안을 마무리 짓기 위해 가드너의 보고를 기다리고 있습니다.

쉔크

내용: 청국과 일본 간의 분쟁, 가드너 사건

---

1 [감교 주석] 가드너(C. T. Gardner)
2 [감교 주석] 오시마 요시마사(大島義昌)의 오기로 보임.
3 [감교 주석] 오토리 게이스케(大鳥圭介)

16

청국과 일본 간의 분쟁, 상하이의 중립화

발신(생산)일	1894. 7. 27	수신(접수)일	1894. 9. 10
발신(생산)자	쉔크	수신(접수)자	카프리비
발신지 정보	베이징 주재 독일공사관	수신지 정보	베를린 정부
	No. 101		A. 8204

A. 8204 1894년 9월 10일 수신

베이징, 1894년 7월 27일

No. 101

독일제국 수상 카프리비 보병장군 각하 귀하

오코너[1]가 언급한 바와 같이, 일본은 청국과의 전쟁이 발발하면 상하이 항구를 중립 항구로 인정할 것이라고 영국 정부에 약속했습니다.

베이징 주재 일본 대리공사는 일본이 청국과의 전쟁 시에도 상하이를 공격하지 않을 것이라고 말하며 이를 확인시켜 주었습니다.

쉔크

내용: 청국과 일본 간의 분쟁, 상하이의 중립화

---

1 [감교 주석] 오코너(N. R. O'Conor)

조선 주재 독일제국 영사관에 송부된 전보 관련

발신(생산)일	1894. 7. 28	수신(접수)일	1894. 9. 10
발신(생산)자	렌츠	수신(접수)자	카프리비
발신지 정보	즈푸 주재 독일영사관	수신지 정보	베를린 정부
	No. 27		A. 8205
메모	연도번호 No. 518		

A. 8205 1894년 9월 10일 오전 수신

즈푸, 1894년 7월 28일

No. 27

독일제국 수상 카프리비 보병장군 각하 귀하

각하께 다음과 같이 삼가 보고드립니다. 본인은 조선의 전보선이 두절된 이유로 조선 주재 독일제국 영사관이 본인에게 서한으로 보낸 독일어 전보(No. 7)를 외무부로 전달하기 위해 영어 번역본으로 오늘 송부했습니다. 영어 번역본은 청국 전보국이 공포한 규정에 따라 필요했습니다. 본인은 전보의 독일어 본문을 아래와 같이 동일하게 첨부하고자 합니다.[1]

본인은 조선 주재 독일제국 영사관이 보낸 해당 문서가 프랑스 포함을 통해 도착했다는 사실을 정중히 알려드립니다. 본인이 들은 바로는 프랑스 포함과 영국 선박, 그리고 독일제국의 선박으로 추측되는 "일티스"[2]호가 조선(제물포)과 즈푸[3] 사이를 번갈아 운행하고 있다고 합니다.

본인은 베이징 주재 독일제국 공사관에 관련 보고를 충실히 이행했으며, 외무부로 전달될 전보와 동일한 내용이 담긴 전보가 서울에서 본인에게 도착했습니다.

렌츠

내용: 조선 주재 독일제국 영사관에 송부된 전보 관련

---

1 [원문 주석] A. 6963을 삼가 첨부합니다.
2 [감교 주석] 일티스(Iltis)
3 [감교 주석] 즈푸(芝罘)

외무부

베를린

　7일 오토리 간청함 이곳 정부 청국 요청 부대 철수 조선 거부함 일시적 전투 월요일 일본인들 궁[4] 점거 왕과의 알현 서구 열강 대표들 중재 요청[5]

크리엔

4　[감교 주석] 일본군의 경복궁 점령
5　[감교 주석] 전보 형식으로 의미 전달을 위한 기본 단어들만 나열됨.

베를린, 1894년 9월 12일   A. 8083

주재 외교관 귀중

런던 No. 733

생페테르부르크 No. 375

빈 No. 480

워싱턴 No. 62

드레스덴 No. 659

칼스루에 No. 517

뮌헨 No. 686

슈투트가르트 No. 653

바이마르 No. 411

─────────────

10. 외무부 장관

연도번호 No. 5446

본인은 청국과 일본 간의 분쟁에 관한 금년 7월 20일 베이징 주재 독일제국 공사의 보고 사본을 첨부 문서와 함께 동봉하여 삼가 송부해 드립니다.

1-4번 해당: 개인적 정보 제공
5-9번 해당: 1885년 3월 4일 훈령에 따라 통고에 대한 권한 위임

각하께 위와 동일한 사항으로 금년 7월 20일 베이징 주재 독일제국 공사의 보고 사본을 동봉하여 참고문서로서 삼가 송부해 드립니다.

18

일본의 개혁안

발신(생산)일	1894. 7. 19	수신(접수)일	1894. 9. 20
발신(생산)자	크리엔	수신(접수)자	카프리비
발신지 정보	서울 주재 독일 총영사관	수신지 정보	베를린 정부
	No. 53		A. 8510
메모	9월 23일 첨부문서 업이 런던 769, 페테르부르크 391, 로마 549, 빈 498, 워싱턴 A.66 전달 연도번호 No. 386		

A. 8510 1894년 9월 20일 오전 수신, 첨부문서 1부

서울, 1894년 7월 19일

No. 53

독일제국 수상 카프리비 보병장군 각하 귀하

각하께 이달 6일 No. 51에 이어 다음과 같이 삼가 보고드립니다. 조선 국왕은 오토리[1] 와 일본이 제안한 개혁안을 논의하기 위해 내아문 독판[2]과 2명의 내아문 협판[3]을 특명위원으로 임명했습니다.[4]

이달 10일의 제 1차 회의에서 오토리는 일련의 제안을 특명위원들에게 전하고 이들이 이 제안들을 심사숙고하도록 했습니다. 그리고 12일에는 이 제안들을 자세히 협의 또는 실행되어야 할 기한에 따라서 정리하여 위원들에게 재차 제출하였습니다. 이 제안들의 영문 번역을 동봉하여 각하께 삼가 전달해 드립니다. 이 제안들은 대체로 추천할만한 것이기는 하나 그 기한이 너무 짧습니다. 일본인들이 특히 요구하는 바는 10일 이내에 모든 개별 관리들이 특정한 권한을 가져야 하며, 이에 대해 왕궁의 부처가 개입해서는 안 된다는 것입니다. 아울러, 외아문 독판은 영향력이 강한 인물이어야 하고, 매관매직의

---

1 [감교 주석] 오토리 게이스케(大鳥圭介)
2 [감교 주석] 신정희(申正熙)
3 [감교 주석] 김종한(金宗漢), 조인승(曺寅承)
4 [감교 주석] 교정청(校正廳) 설치

남용을 근절하고, 오직 능력있는 인재만을 등용해야 한다는 것을 요구하고 있습니다. 그리고 공직 진출의 길이 확대되고 개선되어야 하며, 수도는 철도와 전신을 통해 국가의 중요 거점들과 연결되어야 합니다.

또한 6개월 이내에 불필요한 관직과 관리들을 줄이고, 행정구역 수를 축소하며, 관리들을 위한 적정한 급여를 정하고, 개인적 목적을 위해 돈을 착복하고 있는 관리들의 권력 남용을 근절시켜야 합니다. 그리고 다른 나라(즉 청국)의 간섭 없이, 조세 및 세입 징수를 위한 법령 공표, 통화 체계의 개혁, 지출 삭감, 조선정부 관리하에 해상 세관 예속 등이 이루어져야 합니다.

2년 이내에는 농토를 측정 및 평가해야 하며, 시대에 맞지 않는 법들을 철폐하고, 장교들을 제대로 훈련시키면서, 낡은 육해군 제도를 폐지시켜야 합니다. 그리고 국가 수입이 허용하는 범위 내에서 현대적 원칙 기준에 따라 군인들을 훈련시키고, 서울 및 다른 기타 도시들에 경찰서를 설치해야 합니다. 그리고 또 도처에 학교를 설립함으로써 모든 아동들이 교육을 받을 수 있게 해야 하며, 우수한 학생들을 외국으로 파견해야 합니다.

이 모든 제안들이 일본인들이 요구인지, 아니면 조언인지 이에 대해 특명위원들의 질문하자, 오토리는 이 제안들이 조언이라고 볼 수 있지만, 일정 시간 내에 수락되어야 하는 것들이라고 대답하였습니다. 특명위원들은 이것들이 조언이라면 수락하는데 기한이 정해져서는 안 된다고 분명히 언급하며, 따라서 이 제안들을 요구사항으로 여길 수밖에 없다고 말했습니다. 그리고 위원들은 국제법의 원칙에 따라 일본이 이러한 요구들을 할 권한이 없다고 했는데, 그 이유는 일본이 조선을 독립 국가로 인정하고 있으며, 어떤 나라도 독립 국가의 내정을 간섭할 수 없기 때문이라는 것입니다. (조선) 국왕은 개혁을 도입하고 잘못된 제도를 철폐하기 위해 이미 15명의 고관들로 구성된 위원회를 소집했다고 합니다. 그런데 이 개혁들이 일본 측에서 권고한 것이라는 사실이 알려진다면, (위원회) 관리들의 일이 매우 어려워지고, 조선 정부는 백성들 사이에서 신뢰를 잃게 될 것입니다.

오토리의 집요한 요구로 인해, 외아문 독판[5]은 조선 정부가 일본의 제안들을 자발적으로 채택했고, 일본 측으로부터 어떠한 강요도 없었다는 것을 서면상으로 증명했다고 합니다.

이 충성어린 보고의 사본을 베이징 및 도쿄 주재 독일제국 공사관에 송부해 드립

---

5 [감교 주석] 조병직(趙秉稷)

니다.

크리엔

내용: 일본의 개혁안, 첨부문서 1부

No. 53의 첨부문서

첨부문서의 내용(원문)은 독일어본 460~462쪽에 수록.

제물포 항구를 군사작전 지역에서 제외하려는 시도가 실패

발신(생산)일	1894. 7. 20	수신(접수)일	1894. 9. 20
발신(생산)자	크리엔	수신(접수)자	카프리비
발신지 정보	서울 주재 독일 총영사관	수신지 정보	베를린 정부
	No. 54		A. 8511
메모	연도번호 No. 388		

A. 8511 1894년 9월 20일 오전 수신

서울, 1894년 7월 20일

No. 54

독일제국 수상 카프리비 보병장군 각하 귀하

각하께 다음과 같이 삼가 보고 드리게 되어 영광입니다. 일본군이 제물포에 도착한 후로 조선 상인들과 청국 상인들이 도망쳤기 때문에 그곳 대외 교역은 완전히 부진한 상태입니다.

그 결과 이달 8일, 10일, 16일에 걸쳐 청국 대표[1]와 외아문 독판[2]을 포함한 외국 대표자 회의가 열렸으며, 이를 통해 1884년 상하이 외국인 거류지에 관한 협정 조건에 따라 제물포 항구를 군사작전 지역에서 제외시키고자 했습니다. 가드너[3] 영국 부영사는 외국 대표들에게 오토리[4]와 협정을 체결하길 제안했는데, 이 협정에 따르면 일본 군대는 일본인 거류지로부터 철수하여 제물포에서 최소한 3마일 떨어져 주둔하도록 해야 합니다. 가드너는 이를 제안한 이유는 협정으로 인해 조선 상인들이 다시 돌아오게 되면, 교역이 다시 활기를 찾게 될 것이라고 기대했기 때문입니다.

그러나 회의는 예상된 바와 같이 아무 성과도 없이 진행되었습니다.

미국 변리공사[5]는 가드너의 지지를 받은 채, 교역과 외국인 거류에 개방된 모든 항구

---

1 [감교 주석] 위안스카이(袁世凱)
2 [감교 주석] 조병직(趙秉稷)
3 [감교 주석] 가드너(C. T. Gardner)
4 [감교 주석] 오토리 게이스케(大鳥圭介)

와 관련 지역들 그리고 서울에서 제물포까지 이르는 국도를 치외법권으로 선언할 것을 제의했습니다. 그런데 위안 청국 대표는 이에 대해 조선 정부에 의해 중립으로 지정된 모든 지역들을 중립화하자고 제안했습니다. 오토리는 일본 정부로부터 오직 제물포에 관한 훈령만 받았기 때문에, 이 문제에 대한 논의는 자신의 권한 밖이라고 답했습니다. 본인은 제물포 항구의 치외법권에 관한 원래의 제안에 논의를 제한시키려 했지만 헛수고였습니다.

일본 공사가 두 번째 회의에 참여하는 것이 방해를 받자, 그는 외아문 독판에게 서한을 보내, 제물포 항구가 다음과 같은 전제 조건이라면 군사작전 지역에서 제외될 것이라 표명했습니다. 즉, 1) 일본과 무기 및 군수품의 승하선을 방해하지 않을 것, 2) 일본 거류민의 보호에 충분한 수의 일본이 일본인 거류지에 배치되도록 허용될 것 등이 그 전제 조건입니다.

그러나 이 조건들은 다른 나라 대표들에게 받아들여지지 않았습니다.

16일 회의에서 베베르[6] 러시아 공사는 외국 대표들이 제안한 청일 양국 군대의 동시 철수안이 결정적으로 거부되기도 전, 이 문제를 논의하는 것은 적절치 않다고 판단했습니다. 왜냐하면, 그 철수안이 받아들여질 것으로 기대했기 때문입니다.

본인은 많은 일본군이 제물포에 주둔하면서 외국의 교역이 타격을 받았으며, 독일도 심각하게 손해를 보았다고 오토리에게 설명했습니다. 그리고 본인은 이러한 독일의 이익이 침해되는 일이 앞으로 방지될 있도록 오토리가 이를 위한 수단과 방법을 찾아주길 희망한다고 언급했습니다. 이에 대한 적절한 수단으로서 본인은 일본군이 제물포로부터 철수해야 한다고 판단하는 바입니다.

가드너는 오전 회의에서 일본군의 제물포 주둔이 불법적이라고 지적하자, 오토리는 1882년의 협정으로 일본 정부는 조선에 군대를 파견할 권리를 획득했다고 설명했습니다. 이 협정[7]의 제 5조는 영문 번역본에 다음과 같이 규정되어 있습니다:

제 5조 – 일정한 규모의 군인이 비상사태에 대비해 일본 영사관의 수비대로 주둔해야 한다.

조선은 병영을 설치하고 이를 보수해야 한다. 일 년 후 조선의 군인 및 일반 사람들이 법을 준수한다면, 일본 대신은 위험에 대비해 더 이상 수비대가 필요하지 않다고 판단하고, 군대를 철수시켜야 한다.

---

5   [감교 주석] 실(J. M. Sill)
6   [감교 주석] 베베르(K. I. Weber)
7   [감교 주석] 제물포 조약

일본 공사의 설명에 따르면, 이 조항을 근거로 일본 정부는 약 10,000명을 조선에 파병했다고 합니다. 실제로 오토리는 일본군의 군량에 대해 관세 면제를 요구했는데, 그 이유는 이 군량이 공사관 경비를 위해 확보된 것이기 때문입니다.

본인은 이 충성어린 보고의 사본을 북경 및 도쿄 주재 독일제국 공사관에 송부해 드립니다.

크리엔

내용: 제물포 항구를 군사작전 지역에서 제외하려는 시도가 실패

관리 교체 및 개혁안

발신(생산)일	1894. 8. 9	수신(접수)일	1894. 9. 21
발신(생산)자	크리엔	수신(접수)자	카프리비
발신지 정보	서울 주재 독일 총영사관 No. 58	수신지 정보	베를린 정부 A. 8560

A. 8560 1894년 9월 21일 오전 수신

서울, 1894년 8월 9일

No. 58

독일제국 수상 카프리비 보병장군 각하 귀하

각하께 다음과 같이 삼가 보고드립니다. 최근 서울에 있는 거의 모든 조선 관청들이 소속 관리들을 교체[1]했습니다. 최근 4년간 거의 절대적인 권력을 가졌던 의정부 좌찬성 민영준[2]은 대부분의 관직을 매관했으며, 청국 대표의 압력으로 전라도의 반란세력[3]을 진압하기 위해 청국의 원조를 조선 국왕에게 요청한 바 있는데, 그는 여러 관직에서 파직되어, 자신의 여러 친인척들과 유배를 당했습니다. 이로써 민씨 일족의 권력은 붕괴되었습니다.

5개의 영향력 있는 관직은 과거 오랫동안 일본에 체류한 적이 있는 친일파 관리들로 채워졌습니다. 이와 달리 외아문 독판에는 조[4] 대신에 김윤식[5]이 임명되었습니다. 그는 이전에 이 관직을 맡은 적이 있었으나, 지나치게 청국에 우호적인 성향을 보여 7년 전 파직되고 유배를 당한 적이 있습니다. 군국기무처 회의총재[6]에는 외무총리[7] 김홍집[8]이

---

1 [감교 주석] 제1차 갑오개혁
2 [감교 주석] 민영준(閔泳駿)
3 [감교 주석] 동학농민군
4 [감교 주석] 조병직(趙秉稷)
5 [감교 주석] 김윤식(金允植)
6 [감교 주석] 군국기무처 회의총재(軍國機務處 會議總裁)
7 [감교 주석] 외무총리(外務總理). 『고종실록』 31권, 고종 31년 6월 2일(양력 7월 4일)자 기사에 따르면 김홍집을 외무총리에 임명한다는 내용이 나와 있음.

임명되었습니다.

개혁 도입을 위한 위원회[9]는 15명의 위원으로 구성되어 있으며, 일본 공사관의 영향력 아래에 놓여 있습니다. 이 위원회는 7월 27일부터 8월 4일까지 회의를 갖고, (조선) 국왕에게 허가를 받기 위해 여러 제안을 제출하였는데, 이 중 가장 중요한 사안들은 다음과 같습니다:

과거 청국을 모방해 구성되었던 의정부와 6조를 대신해, 의정부와 유럽-일본식의 전형을 따른 8아문이 새롭게 들어섰는데, 그것은 바로 내무아문, 외무아문, 탁지아문, 군무아문, 법무아문, 공무아문, 학부아문 및 농상아문입니다. 이 아문들의 수장으로 대신이 있습니다. 의정부에는 두 명의 좌, 우 정승, 각 아문에는 협판 한 명이 그리고 모든 관직에는 그 수가 정확히 정해져 있는 여러 고문과 비서들이 예정되어 있는 상태입니다.

특별 전권이 부여된 공사들이 있다는 것은 조약 상대국에게 조선이 독립된 국가라는 것을 보여줍니다.

귀족들과 평민들은 동등한 권리를 갖습니다. 노비제는 폐지되었습니다, 귀족의 미망인들에게 재혼이 허락되었습니다. 아동들의 조혼은 금지되었습니다. 남성이 혼인 가능한 연령은 20세이고 여성은 16세입니다. 관리와 장교는 직위에 있어서 동등한 서열을 갖습니다. 관복은 간략화 하였습니다. 장교들은 제복을 착용합니다. 관리들과 장교들의 수행원 규모가 줄어듭니다. 최고위 관리들도 본인이 원하는 바에 따라 도보나 말을 타고 이동할 수 있습니다. 관공서의 공문서에는 오직 조선 연호만이 사용됩니다. 가족 내 연좌제 처벌이 금지됩니다. 첩의 아들의 입양이 허용됩니다.

각 관직에 대한 업무규정이 명확히 정해져야 합니다. 재정 및 조세제도가 제대로 마련되어야 합니다. 강탈을 범하거나 타인에게 금전 차용을 강요하는 관리는 엄중하게 처벌되어야 합니다. 경찰관만이 조선인들을 체포할 수 있으며, 오직 법원만이 이들을 처벌할 수 있습니다. 모든 조선인들은 법 앞에 평등합니다.

모든 국가 수입은 탁지아문에 위임되며, 이 기관을 통해 국가의 지출이 이루어져야 합니다. 과거의 서면 심사는 폐지될 것입니다.

국가 채무는 엄격히 검토되어야 하며, 탁지아문 산하의 국가 채무국에 의해 조정되어 분할 상환되어야 합니다.

모든 관리들과 장교들의 체납 급여를 명확히 파악하여 분할 지급해야 합니다.

---

8 [감교 주석] 김홍집(金弘集)
9 [감교 주석] 군국기무처(軍國機務處)

왕궁에 주둔하고 있는 일본군에 의해 죄수처럼 끊임없이 감시를 받고 있는 조선 국왕은 이 모든 제안을 받아들였습니다.

본인은 이 충성어린 보고의 사본을 베이징 및 도쿄 주재 독일제국 공사관에 송부해 드립니다.

크리엔

내용: 관리 교체 및 개혁안

베를린, 1894년 9월 23일   A. 8510

주재 외교관 귀중   본인은 조선정부에 제출한 일본의 개혁안에 관
1. 런던 No. 769   한 금년 7월 19일 서울 주재 독일제국 영사의
2. 상트페테르부르크 No. 391   보고 사본을 동봉하여 삼가 송부해 드립니다.
3. 로마 No. 549
4. 빈 No. 498   3, 5번 (대사관 해당): 정보 제공
5. 워싱턴 No. A. 66   1, 4번: 정보 제공 및 판단에 따라 내용 활용에
                                         대한 권한 부여

연도번호 No. 5623

[제물포에서 발생한 청국 군함 사건 관련 보고 건]

발신(생산)일	1894. 9. 24	수신(접수)일	1894. 9. 27
발신(생산)자		수신(접수)자	비버슈타인
발신지 정보		수신지 정보	베를린 외무부
			A. 8743
메모	연도번호 No. 2376		

A. 8743   1894년 9월 27일 오후 수신, 첨부문서 1부

베를린, 1894년 9월 24일

비버슈타인 독일제국 외무부 장관 각하에게,

각하께 이달 2일 기밀 서한(A. 7910/J. No. 5263)이 담긴 즈푸 주재 독일제국 부영사[1]가 보낸 보고를 참고 정보로서 삼가 반송해 드립니다. 이 보고는 제물포 앞바다 청국 군함에서 발생한 사건들에 관한 것입니다.

위임으로

---

1   [감교 주석] 렌츠(Lenz)

조선의 개혁, 새로운 관제의 일람표. 알현 시 가마 문제 해결

발신(생산)일	1894. 8. 23	수신(접수)일	1894. 10. 11
발신(생산)자	크리엔	수신(접수)자	카프리비
발신지 정보	서울 주재 독일 총영사관	수신지 정보	베를린 정부
	No. 62		A. 9244
메모	연도번호 No. 500		

A. 9244 1894년 10월 11일 오후 수신, 첨부문서 1부

서울, 1894년 8월 23일

No. 62

독일제국 수상 카프리비 보병장군 각하 귀하

이달 9일 본인의 보고 No. 58과 관련하여 각하께 다음과 같이 보고를 올립니다. 조선의 개혁위원회[1]가 이달 8일부터 18일까지의 회의에서 추가적인 개혁들을 결의하였으며, 그 중요사항들은 다음과 같습니다.

"모든 부처와 관청의 사무관들은 채용 시험을 치루어야 한다. 불필요한 인력으로 간주되어 해고된 관리들은 일정기간 동안 자신들의 이전 급여를 지급받게 된다.

사법에 관한 새로운 법률이 도입될 때까지 행정 관청들이 재판권을 행사한다.

조세는 오직 현금으로 징수된다(무분별한 조치로 실행되지 못할 것으로 보임). 하급 관청들은 관할 부처로 편입된다.

통일된 도량형이 실시된다. 새로운 통화가 8월 20일부터 효력을 발생한다. 모든 건물에 번지를 붙여야 한다.

각 거주 지역의 주민들 중에서 고령자들은 선별하여, 이들의 제안을 행정관청에서 참고해 받아들이도록 한다.

일정한 수의 뛰어난 청년들을 학업 목적으로 외국으로 파견시켜야 한다.

적합한 능력을 가진 관리들이 각 도를 두루 방문하여, 개혁의 도입을 감독하고 주민

---

1   [감교 주석] 군국기무처(軍國機務處)

들의 고충을 받아들인다.

지난 10년 간 탐욕적인 관리들에게 불법적으로 빼앗긴 토지 재산은 원래의 합법적인 소유자에게 반환되어야 한다. 이와 관련하여 조사위원회는 법률상의 청구권에 대해 결정한다.

신설된 부처의 수장들이 즉시 임명되어야 한다. 여러 중앙 관직에 외국인 고문들이 배치되어야 한다.

알현 시에 외국대표들은 왕궁의 대기실까지 자신들의 가마를 사용해야 한다.

궁내부 관리들은 행정 사안들에 대해 개입해서는 안 된다.

조선 국왕은 이 모든 결정사항들을 재가하였습니다.

첨부문서로 신설된 관직 및 그 권한의 목록을 각하께 삼가 전달해 드립니다. 아울러 부록에는 독판, 협판 그리고 의정부와 아문의 고문들이 이달 15일에 임명되었다는 내용이 담겨 있습니다.

외무아문 대신에는 김윤식[2]이 임명되었고, 협판에는 수년 전 도쿄 주재 변리공사를 역임했던 김가진[3]이 임명되었습니다.

오늘자 공문서를 통해 외아문 독판은 앞으로 외국 대표자들이 알현 시에는 대기실까지 그들의 가마를 이용할 수 있다고 통고했습니다. 이로써 1893년 11월 9일 No. 65[4] 및 1894년 2월 7일 No. 14[5]를 통해 각하께 삼가 보고드린 가마 문제가 이제 해결되었습니다.

본인은 이 충성어린 보고의 사본을 베이징 및 도쿄 주재 독일제국 공사관에 송부해 드립니다.

크리엔

내용: 조선의 개혁, 새로운 관제의 일람표. 알현 시 가마 문제 해결, 첨부문서 1부

---

2 [감교 주석] 김윤식(金允植)
3 [감교 주석] 김가진(金嘉鎭)
4 [원문 주석] I 24717 위임으로 삼가 첨부됨.
5 [원문 주석] I 6728 위임으로 삼가 첨부됨.

No. 62의 첨부문서

사본

1894년 8월 20일 이후 조선 중앙 관청의 조직 편성

1) 궁내부는 16개의 부서로 나누어진다. (승선원, 경연청, 규장각, 통례원, 장악원,
   내수사, 내의원, 사옹원, 상의원, 태복시, 시강원, 내시사, 전각사, 회계사, 종정부,
   종백부 등)

중앙 관청의 조직

2) 의정부는 최고위 행정기관으로, 1명의 영의정(의장), 2명의 좌-우의정(부의장),
   10명의 고문 및 31명의 사무관으로 구성됨.

의정부는 9개의 부서로 나뉘어짐. 그 제 1 부서(군국기무처)는 총재관 1명, 부총재관
1명, 10~20명의 고문 및 3명의 사무관으로 구성. 모든 국내 사안에 대한 협의 전담.
제 2 부서는 (도찰원) 총재 1명, 고문 5명 및 10명의 사무관으로 구성. 국가의 모든 관리
들은 이 기관 산하에 있음. 기타 7개 부서들(각각 고문 1명, 2~4명의 사무관으로 구성)은
현재 관직을 맡고 있지 않은 관리들의 전체 명단을 작성하고, 봉직 중인 관리들 모두의
관위와 증명서를 심사하며, 정부의 법률과 규정의 포고 및 각 하부관청의 결정에 관한
공고를 배속함. 또한 국사를 기록하고, 정기 간행물과 기록집을 정리하며, 의정부의 회계
및 연금 규정을 담당함.

3) 내무아문(인구 통계, 전염병 조사, 의료 및 접종, 국토 측량 및 지도 제작; 교량,
   도로, 배수, 사찰, 산과 강의 봉헌물)

4) 외무아문(공사관 및 영사관, 교역 및 항해, 외교 정치, 조약 정치, 국제법, 각 개별
   국가의 법)

5) 탁지아문(관세 및 조세, 토지대장; 국가 예산, 회계 감사원, 공공 저장시설의 재고;
   화폐)

6) 법무아문(사법 관리들에 대한 감독; 민사 및 형사 재판권)

7) 학무아문(사원 및 공자와 기타의 성현들의 저서; 초등 및 중고등학교, 대학교, 연
   구소; 외국어 학교, 외국어 학술어의 번역, 강의 교재, 조선 서적의 인쇄)

8) 공무아문(우편 및 전신, 철도, 광산; 봉화, 부표, 수로 표시, 공공 건물의 건축)

9) 군무아문(궁정 경비; 육군의 보충과 편성, 해군, 무기 제조 및 보수, 무기 구입,
   군량 및 군복, 군 의료조직)

10) 농상아문(토지 개간 및 그 이용; 비단 및 차 재배, 목축, 조림, 임업 학교, 바다 및 강의 어업. 양어지 설치, 지하 조사, 비료; 산업의 장려와 건립, 측량, 조선의 상업 상황, 특허권 발급과 보호, 교과서 출판)

위 3~10에 해당하는 각 아문은 독판 1명, 협판 1명, 고문 4~9명, 사무관 14~45명으로 구성되어 있고, 4~10개의 부서를 포괄하는데(이 경우, 각 아문은 관련 사안을 처리하지만, 이를 위한 독립적인 하위 부서는 아직 존재하지 않으며, 각 아문에는 회계부서가 한 곳이 있음), 각 부서에는 고문 1명과 사무관 2~8명이 배치됨.

1894년 8월 20일 이후 조선 중앙 관청의 조직 편성

발신(생산)일	1894. 9. 30	수신(접수)일	1894. 10. 12
발신(생산)자	크리엔	수신(접수)자	카프리비
발신지 정보	서울 주재 독일 총영사관	수신지 정보	베를린 정부
	No. 62		A. 10917
메모	연도번호 No. 500		

A. 10917 1894년 9월 30일 오전 수신

서울, 1894년 10월 12일

사본

No. 75

내용: 1894년 8월 20일 이후 조선 중앙 관청의 조직 편성

각하께 다음과 같이 삼가 보고 드리게 되어 영광입니다. 최근 조선 남부의 봉기는 그 규모가 다시 커졌습니다.[1] 특히 경상도와 충청도 북부에서 봉기자들이 관리들을 몰아내거나 죽였으며, 부유한 집들을 방화로 위협하며 약탈했습니다. 일본인 노동자 6명과 일본인 장교 1명, 일반 병사 1명이 지난 달 살해되었습니다.

봉기자들은 이달 7일 수도권의 도인 경기도의 남부에 위치한 안성과 죽산을 점령하였습니다. 그 결과 오늘 조선군 4개 중대(480명)가 반란군에 대항하기 위해 이곳으로부터 출병하였습니다. 일본 군사당국은 금년 7월 23일에 노획한 레밍턴 소총과 함께 40개의 탄통을 각 조선 병사에게 반환해 주었습니다. 일본 부대가 조선군을 뒤따라 갈 것이라고 합니다.

며칠 전 오토리[2]가 본인에게 전달한 바에 의하면, 일본군은 이달 7일 압록강에 위치한 조선의 국경 도시인 의주에 도착했으며, 오는 도중 청국군과 대치한 적은 없다고 합니다. 오토리는 대략 14일 이내에 청국의 국경 도시인 지우리엔청[3] 부근에서 청일 양

---

1 [감교 주석] 동학농민군 2차 봉기
2 [감교 주석] 오토리 게이스케(大鳥圭介)
3 [감교 주석] 지우리엔청(九連城)

군의 군대가 또다시 충돌할 것으로 예상했습니다. 아울러 그는 이달 초 낙오되었던 청국 군인들이 평양 부근의 일본군 야영지에 나타나 스스로 투항했다고 언급했습니다. 이곳에서 추정한 바로는, 평양 부근의 전투에 양국은 각각 20,000여 명의 병사를 배치했습니다. 그곳 도시의 주민들이 대부분 피난을 떠났다가 다시 돌아왔는데, 그 이유는 일본군이 모든 곳에서 규율을 제대로 준수하며, 자신들이 제공받은 모든 식량과 지원에 대해 현금으로 지급해 주었기 때문입니다.

조일 양국간 동맹협약[4]이 8월 26일에 체결되고, 9월 15일 "Japan Weekly Mail"에 기사화되었는데, 조선 측은 이 협약을 비밀로 유지하고 있었습니다.

일본이 육해전에서 승리한 결과, 조선에서 일본의 위신이 높아졌습니다.

병환으로 도쿄 파견 임무에서 제외된 학무아문 박정양[5] 대신, 조선 국왕의 두 번째 아들인 17세의 이강[6] 왕자가 왕의 특별공사로 임명되었습니다. 이강 왕자는 제물포에서 일본 증기선에 승선해 일본으로 가기 위해 오늘 서울을 떠났습니다. 그는 일본 천황에게 부친(조선 국왕)의 감사 친서와 함께, 선물로서 학 두 마리와 호피 두 장을 전달할 것입니다. 이강 왕자의 희망에 따라, 본인은 그에게 도쿄 주재 독일제국 공사에게 전할 소개장을 건네주었습니다.

8일 전, 조선 국왕의 부친이 유럽 및 미국 대표들을 방문했습니다.

일본 경찰은 현재 유럽식으로 조선 경찰을 교육시키고 있습니다. 조선 국왕의 명에 따라, 외아문 독판은 재차 일본 공사를 방문해 여러 아문들을 위한 일본인 고문들을 요청했습니다.

영국 부영사와 여러 불화가 있었던 노세[7] 제물포 주재 일본 영사가 전신으로 소환 통보를 받았습니다. 힐리어[8]는 영국 정부가 가드너[9]를 교체하기 위해 자신을 복귀시켰다고 추측하고 있습니다. 어쨌든 가드너는 오토리의 개인적인 서한 외에는 일본 측으로부터 아무런 사과도 받지 못했습니다. 오토리는 서한에서 오시마[10] 장군이 가드너가 일본 군영에서 재차 겪은 불상사에 대해 유감을 표하며, 오토리 자신도 이에 유감을 느낀다고 전했습니다.

---

4 [감교 주석] 조일맹약
5 [감교 주석] 박정양(朴定陽)
6 [감교 주석] 의친왕 이강(義親王 李堈)
7 [감교 주석] 노세 다쓰고로(能勢辰五)
8 [감교 주석] 힐리어(W. C. Hillier)
9 [감교 주석] 가드너(C. T. Gardner)
10 [감교 주석] 오시마 요시마사(大島義昌)

최근 "Times"는 기사에서 러시아와 러시아의 조선 항구에 대한 요구를 일본에 경고한 바 있는데, 이 기사의 발췌문이 전보를 통해 동아시아 신문에 실렸습니다. 이 때문에 베베르[11]는 러시아가 라자레프 항구[12]나 기타 다른 항구를 획득하려고 많은 노력을 기울이고 있다는 것을 부인했습니다. 베베르에 따르면, 블라디보스토크 항구만 있어도 러시아의 모든 군사적 그리고 상업적 요구를 충족시키기에 충분하다는 것입니다. 가령, 블라디보스토크는 지난 겨울에 단지 5주 동안만 얼어붙었다고 합니다.

러시아와 미국 공사관 경비대 인력이 30명 내지 24명으로 줄어들었습니다. 이전에는 프랑스 대표부의 경비를 위해 밤낮으로 러시아 보초병이 배치되었지만, 현재는 밤 근무를 서는 보초병이 없는 상태입니다.

이달 18일 즈푸[13]에서 제물포로 들어온 독일 전함 "일티스"[14]호가 27일에 다시 제물호를 떠나 즈푸로 돌아갔는데, 즈푸에서 이달 초에 이 군함의 새로운 사령관이 취임할 예정이라고 합니다.

이 충성어린 보고의 사본을 베이징 및 도쿄 주재 독일제국 공사관에 송부해 드립니다.

크리엔

원본 : 중국 20

---

11 [감교 주석] 베베르(K. I. Weber)
12 [감교 주석] 영흥만(Port Lazareff)
13 [감교 주석] 즈푸(芝罘)
14 [감교 주석] 일티스(Iltis)

[조선의 개혁 및 동학농민군 진압에 관한 건]

발신(생산)일	1894. 10. 27	수신(접수)일	1894. 12. 22
발신(생산)자	크리엔	수신(접수)자	카프리비
발신지 정보	서울 주재 독일 총영사관	수신지 정보	베를린 정부
	No. 78		A. 11701
메모	12월 25일 런던 1100 전달		

A. 11701 1894년 12월 22일 오전 수신

서울, 1894년 10월 27일

사본

No. 78

독일제국 수상 카프리비 보병장군 각하 귀하

조선의 개혁은 수 주전부터 답보 상태에 빠져 있습니다. 위원회[1] 의원들은 서로 간에 의견 불일치 상태에 있으며, 의정부 총리대신 김홍집[2], 그리고 위원회의 여러 의원들은 자신들을 해임해 주길 재차 요청했습니다. 대원군 또한 처음에는 개혁에 동조하는 듯 보였지만, 현재는 개혁에 반대하는 입장입니다.

삼남지방 외에 강원도와 황해도와 같은 여러 지방에서 반란자[3]들이 지배하고 있습니다. 전라도에서 이들이 주요 거점 도시를 다시 점령했고, 나름의 정부를 수립하여 주민들로부터 정식으로 세금을 거두어들이고 있습니다. 1,000여 명의 정부군과 200여 명의 일본군이 이곳에서 파병된 후, 반란군들은 경기도에서 퇴각했습니다. 경상도의 주요 도시인 대구에서는 27명의 일본군이 경비대로 파견되어 주민들의 도움을 받아 6,000여 명의 동학 반란군을 진압하고, 2,000여 정의 화승총을 노획했습니다.

크리엔

---

1 [감교 주석] 군국기무처(軍國機務處)
2 [감교 주석] 김홍집(金弘集)
3 [감교 주석] 동학농민군

서울에 체류 중인 오토리

발신(생산)일	1894. 11. 6	수신(접수)일	1894. 12. 25
발신(생산)자	쉔크	수신(접수)자	호엔로에-실링스퓌르스트
발신지 정보	베이징 주재 독일공사관	수신지 정보	베를린 정부
	No. 186		A. 11878

A. 11878 1894년 12월 25일 오전 수신, 첨부문서 2부

베이징, 1894년 11월 6일

No. 186

기밀

독일제국 수상 호엔로에-실링스퓌르스트 각하 귀하

본인의 이곳 영국 동료[1]가 비밀리에 힐리어[2] 서울 주재 영국 총영사의 여러 보고를 보여주었는데, 여기에는 조선의 현 상황과 오토리[3] 조선 주재 일본 공사의 활동이 주로 나타나 있습니다.

본인은 이 중 두 가지 보고를 사본으로 삼가 제출해 드립니다. 첫 번째 보고(No. 107)의 내용은 새로운 조선의 관료직에 일본인 고문이 임명된 것과 조선의 외무대신[4]이 이 일본인 고문을 간청하도록 유도한 사람이 오토리였다는 것입니다.

두 번째 보고(No. 108)는 조선 국왕의 서자[5]가 일본에 공사로서 파견된 사실과 일본 정부가 이 서자를 조선의 왕위 계승자로 여기고 있다는 추측성 내용을 다루고 있습니다.

쉔크

내용: 서울에 체류 중인 오토리

---

1 [감교 주석] 오코너(N. R. O'Conor)
2 [감교 주석] 힐리어(W. C. Hillier)
3 [감교 주석] 오토리 게이스케(大鳥圭介)
4 [감교 주석] 김윤식(金允植)
5 [감교 주석] 의친왕 이강(義親王 李堈)

No. 186의 첨부문서 1

첨부문서의 내용(원문)은 독일어본 479~480쪽에 수록.

1894년 11월 6일 No. 186의 첨부문서 2

첨부문서의 내용(원문)은 독일어본 480~481쪽에 수록.

외무부
A편

외무부 정치 문서고
조선 관계 문서

1895년 1월 19일부터
1895년 10월 18일까지

제18권
제19권

조선 No. 1

1895년	목록	수신정보
11월 13일 서울 No. 80 −조선의 독자적인 해관 설치.		238 1월 8일
11월 30일 서울 No. 82 −일본인들을 몰아내려던 조선 국왕 부친의 음모. −법무대신 김학우 암살. −조선 내 반란과 대립왕 등장. −일본 공사 이노우에가 제안한 개혁안.		706 1월 20일
12월 20일 서울 No. 85 −일본 공사 이노우에가 조선 국왕에게 제출한 건백서에 담긴 일본의 개혁안. −모반자 박영효의 조선 국왕 알현.		1466 2월 9일
1월 22일 서울 No. 6 −조선의 독립과 개혁안 실행에 관한 조선 국왕의 선언.		2490 3월 11일
1월 30일 베이징 보고서 A. 27 −서울에서 보인 이노우에의 태도, 조선 국왕에 대한 불손한 행위, 일본 무역 에 대한 일방적인 특혜, 조선의 내부 정세, 왕의 독립 선언 등에 대한 서울 주재 영국 영사의 보고서.		2949 3월 23일
3월 12일 서울 No. 15 −반란군을 진압하기 위해 조선 남부에 파견되었던 일본군에 대한 열렬한 환영. −반란군 지도자 전봉준 체포. −일본군의 승리를 축하하기 위해 오야마 장군 사령부에 파견된 조선 대표. −조선의 대신들에 대한 암살 계획. −서울에서 발생한 러시아 수병들의 폭행 사건.		4567 4월 29일
5월 11일 "Novoye Vremya" −일본의 조선 점령에 대한 항의. −조선의 개혁 문제를 협의하기 위해 러시아, 프랑스, 독일의 대표로 구성되 는 위원회 설치를 제안.		5130 5월 11일
6월 20일 "Wiener Polit. Correspondenz" −조선의 이준용 왕자 반역죄 혐의로 체포.		6745 6월 22일

5월 23일 도쿄 A. 176 －이노우에의 조선 개혁 시도 실패. －조선 문제에 대한 러시아의 유보적인 태도. <div align="right">원문 : 중국 20</div>	7238 7월 4일
2월 25일 서울 No. 9 －청국인의 조선 내 체류에 관한 법률적 규정. －자국으로 철수한 일본인들. －조선 국왕의 고문이었던 르젠드르 장군의 일본 귀환.	4093 4월 19일
4월 29일 서울 No. 24 －반역죄 혐의로 체포된 대원군의 손자 이준용 장군. －조선의 불안정한 상황 지속.	7550 7월 10일
6월 10일 도쿄 No. 208 －유럽 주재 일본 대표들을 통해 서구 열강들이 제3국에 의해 조선을 점령할 의사가 없음을 확약해줄 경우 조선에서 즉시 군대를 철수시키겠다고 제안한 일본 정부의 의도. <div align="right">원문 : 중국 20</div>	8239 7월 26일
6월 15일 도쿄 No. 216 －일본은 조선 문제에 대해 서구 열강들과 협상할 용의가 있다고 전하는 프랑스 공사의 보고. <div align="right">원문 : 중국 20</div>	8247 7월 26일
4월 30일 서울 No. 25 －조선 정부로부터 제물포의 일본인 거류지 확장을 보장 받으려는 일본 정부의 계획에 대한 외국 대표들의 항의. (원문 : II국 (16921 참조))	7573 7월 10일
5월 15일 서울 No. 28 －반역죄 혐의로 기소된 이준용과 그의 공범들에 대한 판결. －대원군의 항의.	7070 6월 28일
7월 9일 도쿄 No. A. 237(사본) －일본 외부대신과의 대담. －이노우에의 조선 귀환. －조선 주둔 일본 예비군을 상비군으로 교체. <div align="right">원문 : 중국 20</div>	8939 8월 14일

7월 10일 도쿄 A. 238(사본) -조선의 내부 정세에 관한 "Nichi Nichi Shimbun" 기사. -조선은 독립국으로 남아 있어야 한다. -러시아가 조선을 일방적인 보호를 해서는 안 된다.(부동항 확보) -어쩌면 조선에 벨기에나 스위스 같은 지위를 제공할 수도 있다. -일본 군대의 조선 잔류. -개혁 프로그램의 지속.	8940 8월 14일
7월 11일 도쿄 No. 240(사본) -서울에서 발생한 모반사건. -반일적인 왕비와 민씨 일파가 주도권 장악. -이른바 러시아의 음모. -일본의 각료회의. -러시아와 일본의 이해관계 충돌. -"Japan Gazette" 기사. 일본에 닥칠 수 있는 위험요소 및 러시아가 조선에 정착하려 할 경우 영국이 일본에 해로운 입장에 서지 않도록 조언하는 내용. 원문 : 중국 20	8942 8월 14일
6월 27일 서울 No. 34 -조선의 행정구역 개편.	9104 8월 16일
8월 26일 "Kölnische Volks-Zeitung" -조선의 일본인들. -이노우에의 활동. -부동항 확보 및 태평양의 모든 항로와 이 부동항을 보다 안전하게 연결할 필요가 있는 러시아. 원문 : 중국 20	9430 8월 27일
7월 10일 서울 No. 39 -이른바 조선 내무대신 박영효의 모반계획(왕비 시해) -일본의 비호 하에 일본으로 도망친 박영효	9688 9월 3일
5월 13일 서울 No. 27(사본) -2개의 새로운 항구 개항에 관한 일본과 조선의 조약. -거류지 문제와 관련해 장차 일본에 주기로 약속된 특혜. 원문 : 중국 20	7071 6월 28일

6월 11일 서울 No. 30(사본) －일본으로 돌아간 일본 공사 이노우에. －조선 관리들에 대한 이노우에의 불만. －반란을 막기 위한 일본군의 잔류. －이노우에의 활동. －내각 각 부서에 배치된 고문관들. －조선 군대의 훈련. －일본인들의 위신 추락. －러시아에 대한 희망. －대신들 교체. －대원군 감금. －조선 독립 축하연. 원문 : 중국 20	8298 7월 27일
10월 10일 서울 전보 －대원군 암살.	10952 10월 11일
8월 9일 도쿄 A. 263 －조선에 대한 일본의 계획과 관련한 러시아 공사와 이토(Ito) 후작의 회담 －예비군과 교체하기 위해 일본 상비군 조선 파견. －조선 주재 일본 공사로 미우라 임명.	9927 9월 10일
10월 10일 도쿄 전보 No. 67 －"Novoye Vremya" 기사. －서울의 왕궁 습격은 변장한 일본인들에 의해 일어났음. －일본 정부는 왕궁 습격 사건을 조사하기 위해 서울에 관리 파견.	10954 10월 11일
8월 25일 도쿄 A. 273 －미우라의 조선 주재 일본 공사 임명 및 조선 개혁을 위임받은 이노우에의 일본 소환은 일본의 조선 독립 승인으로 볼 수 있음.	10693 10월 3일
10월 13일 서울 전보 No. 1 －서울에서 발생한 소요사태가 친청파에서 일으킨 것인지, 친일파에서 일으 킨 것인지에 대한 문의.	A. 10952 II
10월 14일 서울 전보 No.: －서울의 소요사태는 친일파가 일으켰으며 그들이 승리하였음.	11073 10월 15일
일본의 보고 －서울의 궁중 폭동은 대원군의 주도로 일어났음.	11174 10월 17일

10월 16일 페테르부르크 No. 381 ─"Novoye Vremya" 기사: 　조선 주재 일본 공사의 음모로 인해 혼란이 발생할 가능성이 있음.	11187 10월 18일
8월 8일 서울 No. 43 ─귀양 보냈던 전직 대신 박의 소환 내막. ─서울~제물포 간 철도 건설을 조건으로 일본이 조선에 전쟁 피해 배상금으로 300만 엔 지불 약속. ─이준용 특별사면. ─미국인 르젠드르를 황태자의 사부로 임명. ─서울에 외국인 거류지 설치 예정.	10873 10월 9일

서울의 해관 업무에 관하여

발신(생산)일	1894. 11 13	수신(접수)일	1895. 1. 8
발신(생산)자	크리엔	수신(접수)자	카프리비
발신지 정보	서울 주재 독일 총영사관	수신지 정보	베를린 정부
	No. 80		A. 238
메모	연도번호 No. 617		

A. 238 1895년 1월 8일 오전 수신

서울, 1894년 11월 13일

No. 80

독일제국 수상 카프리비 보병장군 각하 귀하

작년 가을부터 조선 해관의 총세무사 직을 맡고 있는 청국 세관장 브라운[1]은 조선의 관직을 맡으면서 조선 탁지부의 고문으로도 임명되었습니다.

1885년 이후 서울 주재 총세무사, 해관 감독관, 조선의 3개 개항장 해관 보좌관, 제물포항및 부산항 항만관리자는 청국 세관의 인력으로 충당되었습니다. 그들은 급여의 일부를 청으로부터 수령하였는데, 금액은 평균적으로 정해진 급여의 약 절반 정도 됩니다. 대신 조선 정부는 앞에서 언급한 네 명의 고위관리에게는 매월 약 300달러씩, 조수들에게는 각기 약 100에서 150달러를 수당으로 지급하였습니다. 그런데 이달 초 조선 정부는 서울 주재 일본 공사의 권유에 따라 더 이상 수당을 지원하지 못하겠다고 청에 통보하였습니다.

향후 조선 정부는 앞에서 언급한 해관 관리들의 급여를 전액 직접 지불할 예정입니다. 급여는 총세무사는 약 1,000달러, 해관 감독관은 약 500달러, 보좌관은 200에서 300달러, 두 명의 항만관리자는 150에서 200달러 정도 됩니다.

그에 따라 브라운은 가능한 한 현재의 인력을 유지하는 상태에서 조선의 독자적인 해상 관세업무를 시행해야 할 과제를 떠맡았습니다. 최근 브라운이 본인에게 전한 바에

---

1 [감교 주석] 브라운(J. M. Brown)

의하면, 그는 조선에 파견된 청국 세관원들에게 조선의 해관 관리로 전직하는 것과 청국으로 귀환하는 것 가운데 하나를 택할 수 있도록 선택권을 부여할 것이라고 합니다. 또한 조선의 해관 관리로 전직하는 자는 나중에 청국의 해관으로 복직하는 것도 허용된다고 합니다. 따라서 그는 대부분의 인력이 조선에 머무는 쪽을 선택할 것으로 기대하고 있습니다. 일부 빠져나가는 자리는 청국의 세관원들로 충원할 예정입니다.

브라운은 영국인으로, 박학다식한 지식인입니다. 제물포항과 부산항의 해관 감독관은 브라운과 같은 영국인이고, 원산의 해관 감독관은 덴마크인입니다. 보좌관들 중에는 프랑스인, 덴마크인, 이탈리아인이 각 한 명씩 있으며, 항만관리자 두 명은 독일인입니다.

본인은 본 보고서의 사본을 베이징 주재 독일제국 공사[2]에게 발송할 것입니다.

크리엔[3]

내용: 서울의 해관 업무에 관하여

---

2 [감교 주석] 쉔크(Schenck)
3 [감교 주석] 크리엔(F. Krien)

조선의 정세에 관하여

발신(생산)일	1894. 11. 30	수신(접수)일	1895. 1. 20
발신(생산)자	크리엔	수신(접수)자	카프리비
발신지 정보	서울 주재 독일 총영사관	수신지 정보	베를린 정부
	No. 32		A. 706

A. 706   1895년 1월 20일, 오전 수신

서울, 1894년 11월 30일

No. 32

독일제국 수상 카프리비 보병장군 각하 귀하

각하께 최근 이노우에[1]가 본인에게 전해준 내용을 삼가 보고 드리게 되어 영광입니다. 오토리가 이노우에에게 대원군[2]에게 속았다는 보고를 하였다고 합니다. 평양에 주둔하고 있는 청국군 진지에서 대원군이 청국의 줘[3] 장군에게 보내는 친서가 발견되었다는 것입니다. 대원군은 그 친서에서 줘 장군에게 군대를 이끌고 서울로 진격해 달라고 요청하면서, 그럴 경우 자신이 6,000명의 반란군을 동원해 당시 서울 시내 및 그 인근에 주둔하고 있는 일본군 1,000명을 몰아내겠다고 약속하였다고 합니다. 조선 국왕의 부친은 청국인들과 반란군의 도움으로 장남[4]의 아들인(조선 국왕은 대원군의 차남입니다.) 손자 이[5] 장군을 왕위에 앉힐 계획이었다고 합니다. 친서의 발각으로 인해 대원군은 이노우에 및 조선 국무대신들이 있는 자리에서 앞으로는 더 이상 정부 일에 간섭하지 않겠다고 서약해야 했습니다. 그에 따라 조선 국왕은 이달 23일, 민간부문이든 군사부문이든 정부의 모든 일에 아버지가 개입하던 관례를 폐지하였습니다. 상황이 이렇게 되자 왕비와 그 일파는 유약하고 우유부단한 왕에게 다시 커다란 영향력을 갖게 되었

---

1   [감교 주석] 이노우에 가오루(井上馨)
2   [감교 주석] 흥선대원군(興宣大院君)
3   [감교 주석] 줘바오구이(左寶貴)
4   [감교 주석] 이재면(李載冕)
5   [감교 주석] 이준용(李埈鎔)

습니다.

일본인들은 원래 백성들의 신망이 높고, 열정이 넘치며, 왕비 민씨 일족에 대한 증오심을 갖고 있는 대원군을 자신들의 목적에 이용고자 하였습니다. 그래서 오토리는 조선 국왕에게 정부의 모든 중요한 조처를 시행할 때에는 부친의 조언을 따르도록 유도했던 것입니다.

지난달 말, 법무아문 협판 김학우[6]가 자택에 침입한 10명의 조선인에 의해 살해되었습니다. 김학우는 매우 지적인 인물로, 젊은 시절 일본과 청, 블라디보스토크 등에 비교적 오래 체류하여 다양한 언어를 구사할 수 있었습니다. 그는 개혁파 인물들 가운데에서도 가장 활동적이고 믿을 만한 인물로 통했습니다. 살인범의 정체는 아직 밝혀지지 않았습니다. 하지만 일본 공사관 서기 스기무라[7]가 최근 본인에게 전해준 바에 의하면, 범행은 전직 조선 비밀경무청이 저지른 것으로 추정되며, 매우 영향력 있는 인물이 사주했을 것으로 보인다고 합니다. 그 인물은 아마도 왕의 부친일 것이라고 합니다.

반란은 최근에 다시 확산되어 황해도까지 번졌습니다. 황해도 도청소재지 해주가 반란군[8]에게 점령되었으며, 해주 판관[9]이 반란군에게 붙잡혀 고문을 당했습니다. 전라도에서는 대립왕까지 등장하여 스스로를 개남(개척된 남부지방)의 왕으로 자처하였습니다. 그는 왕의 권위를 표현하기 위해 비단옷을 입었으며, 비단으로 만든 붉은 파라솔을 앞에 내세웠습니다. 조선의 상황은 수년 전보다 더 큰 혼란에 빠져 있습니다.

특명공사로 일본에 파견되었던 이강[10] 왕자가 서울로 귀환하였습니다.

며칠 전 일본 공사가 왕을 알현하였습니다. 이노우에는 왕에게 궁중의 불안요소들을 제거하도록 권유하였습니다. 왕비[11]에게 딸린 약 800명의 궁녀 숫자를 줄일 것, 왕족들의 각종 금고를 폐기할 것, 국가의 모든 수입은 탁지부를 단일창구로 하여 들어오게 할 것, 중요한 국사를 결정하기 전 항상 관할 대신 내지 대신들 전체의 의견을 수렴할 것 등을 강력하게 권유한 것입니다. 왕은 그 모든 조언을 유념하여 시행될 수 있도록 신경 쓰겠노라고 약속하였습니다.

본인은 본 보고서의 사본을 베이징[12]과 도쿄[13] 주재 독일제국 공사에게 발송할 것입

---

6 [감교 주석] 김학우(金鶴羽)
7 [감교 주석] 스기무라 후카시(衫村濬)
8 [감교 주석] 동학농민군
9 [감교 주석] 이동화(李同和)
10 [감교 주석] 의친왕 이강(義親王 李堈)
11 [감교 주석] 명성황후(明成皇后)
12 [감교 주석] 쉔크(Schenck)

니다.

크리엔

내용: 조선의 정세에 관하여

---

13 [감교 주석] 구트슈미트(F. von Gudtschmid)

베를린 1895년 1월 25일   A. 706

주재 외교관 귀중
1. 런던 No. 81
2. 상트페테르부르크 No. 27

연도번호 No. 552

귀하에게 조선의 정세에 관한 서울 주재 독일제
국 영사의 작년 11월 30일 보고서 사본을 삼가
정보로 제공합니다.

조선의 정세

발신(생산)일	1894. 12 20	수신(접수)일	1895. 2. 9
발신(생산)자	크리엔	수신(접수)자	호엔로에-실링스퓌르스트
발신지 정보	서울 주재 독일 총영사관	수신지 정보	베를린 정부
	No. 85		A. 1466
메모	연도번호 No. 650		

A. 1466   1895년 2월 9일 오전 수신, 첨부문서 1부

서울, 1894년 12월 20일

No. 85

독일제국 수상 호엔로에-실링스퓌르스트 각하 귀하

지난 달 30일 본인의 보고와 관련하여, 전하께 지난달 21일 이노우에[1]가 조선 국왕을 알현할 때 제출한 건백서를 번역하여 첨부문서로 삼가 제출하게 되어 영광입니다.

건백서에서 일본 공사는 왕은 절대적인 통치자라는 점을 강조하였고, 따라서 왕비[2]와 대원군[3]은 정치에 개입해서는 안 된다고 하였습니다.

또 관리를 임명할 때에는 대원군의 추종자만이 아니라 능력 있는 인물들을 발탁해야 한다고 하였습니다. 대원군의 손자인 이준용[4]은 교육을 위해 외국으로 보내야 하며, 반면에 세자는 백성들의 삶을 두루 살펴보기 위해 국내를 돌아다니며 시찰해야 한다고 하였습니다. 또한 유능한 인물들을 일본에 보내 장교 훈련을 받도록 조처해야 한다고 하였습니다.

세금은 줄이고, 지출은 제한되어야 한다고도 하였습니다. 심지어 궁궐 안에서 전등을 없애고 조선이 소유하고 있는 네 척의 증기선도 폐기할 것을 요구하였습니다. 토지는 이중으로 과세하여서는 안 되며, 왕비의 금고도 폐기되어야 한다고 하였습니다.

---

1   [감교 주석] 이노우에 가오루(井上馨)
2   [감교 주석] 명성황후(明成皇后)
3   [감교 주석] 흥선대원군(興宣大院君)
4   [감교 주석] 이준용(李埈鎔)

공무아문은 다시 폐지되어야 하며, 아무 짝에도 쓸모없는 경무청 대신 새로운 경무청 제도를 만들어야 한다고 하였습니다. 매관매직 행위는 중단되어야 한다고더 하였습니다.

왕은 국무대신들과 의논한 뒤 의견을 모아 결정을 내려야 하며, 날마다 국무대신들과 협의해야 한다고 하였습니다.

내시를 비롯한 궁의 잉여인력들과 장군의 직위를 가진 사람들도 전부 물러나야 한다고 하였습니다. 최고사령관은 왕이고, 장교들에게는 적절한 급여를 주어야 한다고 하였습니다.

또한 국가 예산은 매년 확정되어야 하며, 모든 세입과 세출은 단지 탁지부를 통해서만 집행되어야 한다고 하였습니다.

왕은 조상들에게 개혁을 시행할 것이라고 보고하고, 그 사실을 백성들에게 알려야 한다고 하였습니다. 또한 개혁에 즉시 착수할 것임을 천지신명에게 맹세해야 한다고 하였습니다.

마지막으로 이노우에는 자신은 외국 관리로서 왕에게 입에는 쓰지만 몸에는 좋은 약을 주는 것이라는 말로 양해를 구하였습니다. 하지만 자신은 모든 사람에게, 심지어 일본의 천황에게도 항상 숨김없이 솔직한 태도를 취한다고 말하였습니다.

이달 1일 조선 국왕은 백성들에게 다음과 같은 칙령[5]을 선포하습니다. 일본인은 짐의 요청에 따라 반란군[6]을 진압하고 조선을 위대하고 행복하게 만들어주기 위해 온 것이니 일본인들에 대한 모든 의구심을 거두어달라는 내용이었습니다. 하지만 그와 같은 칙령을 선포하는 동시에 총리대신이나 다른 대신들의 의견을 구하지도 않고 왕비의 추종자 네 명을 새로운 협판으로 임명하였습니다. 또한 반역자 박영효[7]의 알현 요청을 단호히 거부하였습니다. 믿을 만한 조선 소식통에 의하면, 이노우에는 이러한 왕의 처사에 대해 반란자들을 진압하기 위해 충청도로 파견한 일본군 약 1,000명을 철수시켜 직접 일본으로 귀환시키겠다고 협박했다고 합니다. 그 결과 임명은 철회되었습니다. 또한 박영효는 "부마"의 직위를 되찾았고 왕의 알현도 허락받았다고 합니다. 17일, 박영효가 내부대신으로 임명되었습니다. 1884년의 폭동[8] 주모자 가운데 하나로 오랫동안 미국에 체류했던 서광범[9]은 법부대신으로 임명되었습니다. 그밖에 군부, 농상공부 대신들과 다수의 협판

---

5 [감교 주석] 홍범 14조
6 [감교 주석] 동학농민군
7 [감교 주석] 박영효(朴泳孝)
8 [감교 주석] 갑신정변(甲申政變)
9 [감교 주석] 서광범(徐光範)

들이 경질되었습니다. 5개의 장군 직위가 폐지되었고, 군대는 군부 대신의 휘하에 들어 갔습니다. 군국기무처 위원들이 모두 해임되고, 새로운 위원들이 임명되었습니다. 더 나아가 왕은 22일에는 종묘에, 그 다음날에는 천지신명 제단에 나가 자주독립을 선언하고 개혁안 도입을 맹세하였습니다. 모든 칙령에는 총리대신 김[10]의 서명이 들어 있습니다.

러시아[11]와 미국 대표[12]는, 금년 9월 그들이 최고 반역자 박[13]과 관련해 오토리[14]에게 제기했던 이의들이 이노우에 의해 완전히 무시당한 것에 분개하였습니다.

충청도에 파견된 조선 관군은 반역자 토벌전에서 여러 번 승리하였으며 반란군을 전라도 지방으로 몰아냈다고 보고하였습니다.

본인은 본 보고서의 사본을 베이징[15]과 도쿄[16] 주재 독일제국 공사에게 전달할 것입니다.

크리엔

내용: 조선의 정세, 첨부문서 1부

---

10 [감교 주석] 김홍집(金弘集)
11 [감교 주석] 베베르(K. I. Weber)
12 [감교 주석] 실(J. M. Sill)
13 [감교 주석] 박영효(朴泳孝)
14 [감교 주석] 오토리 게이스케(大鳥圭介)
15 [감교 주석] 쉔크(Schenck)
16 [감교 주석] 구트슈미트(F. von Gudtschmid)

No. 85의 첨부문서

번역

조선 국왕에게 제출한 이노우에의 건백서

1) 왕은 절대적인 통치자입니다.

2) 왕비와 대원군은 모든 정치적 개입에서 손을 떼야 합니다.

3) 다음 두 가지 사항은 바뀌어야 합니다. 첫째, 관직을 임명함에 있어 초당파적으로 처리하지 않고, 일부에게만 특혜를 주고 있는 것입니다. 즉 대원군 및 그의 장남과 친교를 맺은 사람들에게는 항상 특혜가 주어지는 반면, 참으로 재능 있는 사람들은 관직에 임명되어 국가에 봉사할 수 기회가 주어지지 않고 있습니다. 둘째, 대원군의 손자(이준용 장군)이 아직 젊은 왕족으로서 외국에 나가 지식을 넓힐 생각은 하지 않고 오로지 많은 추종자들을 모으는 데에만 모든 노력을 경주하고 있는 것입니다.

4) 군사문제에 있어, 장교들을 양성하려면 우선 유능한 인재들을 일본으로 파견하여 교육을 받도록 하여야 합니다.

5) 조세 경감. (어떠한 토지도 지방의 목적에 따라, 또는 중앙정부의 어느 부서를 위해 이중으로 과세해서는 안 됩니다.)

6) 지출 제한.

7) 공무부는 소속 관리들 가운데 단 한 사람도 일을 하지 않으므로 다른 부서에 합병하여야 합니다.

8) 경무청제도 정비. 지금까지 경무청관들은 단지 백성을 압박하는 데에만 유능했습니다.

9) 매관매직 금지. (매관매직이 존재하는 국가는 존속할 수 없습니다. 관리들이 관직을 사는 데 들인 비용을 관직에 올랐을 때 다시 회수하려 들기 때문입니다.)

10) 왕은 내각의 10개 부서 대신들과 협의한 후에 결정을 내려야 합니다. 또한 왕은 10개 부서에서 제출한 제안들에 대해 퇴임한 관리들에게 조언을 구해야 합니다.

11) 시종 퇴출. (시종은 궁중 관료의 한 범주로, 주로 왕과 왕비의 친척으로 구성되어 있으며, 항상 왕의 주변에 있습니다.)

12) 환관 퇴출.

13) 연간예산 확정.

14) 전국 8도의 조세는 탁지부를 통해서 징수해야 합니다.

15) 내각의 10개 부서 대신들은 왕의 신뢰를 얻어야 합니다. 그렇지 않을 경우 경질해 야 합니다. 왕은 날마다 대신들과 협의하여야 합니다.

16) 장군의 직위를 전부 폐지해야 합니다. 군 최고사령관은 왕입니다.

17) 장교들의 급여는 경감하지 말고 적절한 금액으로 고정시켜야 합니다.

18) 개혁조치의 시행을 조상들에게 고하고, 백성들에게 알려야 합니다. 왕은 천지신 명에게 즉시 개혁조치를 시행할 것을 맹세해야 합니다.

19) 왕비의 금고(金庫) 폐기.

20) 왕태자는 견문을 넓히고 백성들의 실상을 파악하기 위해 국내를 순찰해야 합 니다.

21) 전등 비용 지불 중지, 증기선 폐기.

22) 각 부서의 잉여인력 정리.

23) 관리들은 겸손하게 봉사해야 합니다. 하지만 조언하거나 자신의 의견을 밝히지 못하면 직무에 충실한 관리라고 할 수 없습니다.

외국 관리인 본인이 폐하에게 이런 제안을 올리는 것은 불경스러운 일입니다. 하지만 소인은 일본 천황께도 종종 솔직하고 정직하게 상소를 올리고 있습니다. 따라서 이것은 본인이 폐하께 질병을 몰아내기 위해 입에는 쓰나 몸에는 좋은 약을 드리는 것과 마찬가 지라고 할 수 있습니다.

번역: 라인스도르프[17]

---

17 [감교 주석] 라인스도르프(Reinsdorf)

04

조선의 상황. 영국 총영사 힐리어의 보고

발신(생산)일	1895. 1. 30	수신(접수)일	1895. 3. 23
발신(생산)자	쉔크	수신(접수)자	호엔로에-실링스퓌르스트
발신지 정보	베이징 주재 독일공사관	수신지 정보	베를린 정부
	No. 27		A. 2949

A. 2949 1895년 3월 23일 오전 수신, 첨부문서 2부

베이징 1895년 1월 30일

No. 27

기밀

독일제국 수상 겸 호엔로에-실링스퓌르스트 전하 귀하

이곳에 주재하고 있는 영국인 동료가 본인에게 은밀히 서울 주재 영국 총영사 힐리어[1]의 보고서 몇 개를 보여주었습니다.

그중 작년 12월 14일과 26일 보고서의 사본을 삼가 제출합니다. 첫 번째 보고서는 일본 이노우에[2]의 태도, 왕에 대한 몹시 불손한 행위, 일본 무역에 대한 일방적인 특혜 등에 대한 서울 주재 외국인들의 노골적인 불만을 담고 있습니다. 두 번째 보고서는 일본인들에 의해 비롯된 왕과 궁정의 현재 상황 및 개혁과 독립을 맹세하기 위한 왕의 종묘 행차를 보고하는 내용입니다. 하지만 왕은 마지막 순간에 행렬에서 이탈하였습니다.

쉔크[3]

내용: 조선의 상황. 영국 총영사 힐리어의 보고.

---

1 [감교 주석] 힐리어(W. C. Hillier)
2 [감교 주석] 이노우에 가오루(井上馨)
3 [감교 주석] 쉔크(Schenck)

No. 27의 첨부문서 1

첨부문서의 내용(원문)은 독일어본 499~501쪽에 수록.

No. 27의 첨부문서 2

첨부문서의 내용(원문)은 독일어본 501~504쪽에 수록.

조선의 정세에 관하여

발신(생산)일	1895. 1. 22	수신(접수)일	1895. 3. 11
발신(생산)자	크리엔	수신(접수)자	호엔로에-실링스퓌르스트
발신지 정보	서울 주재 독일 총영사관	수신지 정보	베를린 정부
	No. 6		A. 2490
메모	3월 16일 런던 277, 파리 115, 페테르부르크 102, 드레스덴 189, 카를스루에 103, 뮌헨 194, 슈투트가르트 192 및 외무부 장관에게 전달 연도번호 No. 51		

A. 2490 1895년 3월 11일 오전 수신, 첨부문서 1부

서울 1895년 1월 22일

No. 6

독일제국 수상 호엔로에-실링스퓌르스트 각하 귀하

전하께 지난달 20일 본인의 No. 85와 관련해 삼가 아래와 같이 보고 드리게 되어 영광입니다. 조선 국왕이 오랜 망설임 끝에 이달 7일 종묘에 행차하였으며, 그 이튿날 천지신명을 모시는 사당에 가서 청으로부터의 독립을 선언하고 개혁안을 도입할 것을 맹세하였다고 합니다.[1]

왕이 백성들에 발포한 칙령과 서약서의 내용은 번역하여 첨부문서로 동봉하였습니다.

왕은 칙령에서 일반적으로 자신의 많은 결함을 강조하던 이전의 선언들과는 반대로 스스로 위대한 덕을 찬양한 뒤 자주독립을 선언하고 시대에 맞는 개혁을 실행할 것을 약속하였습니다. 또한 백성들에게 자신의 계획을 지지해줄 것을 요구하였습니다.

서약서에는 열네 개의 항목이 포함되어 있습니다. 왕은 청으로부터의 자주독립을 선언하였습니다. 그리고 왕위계승을 정리할 것이며, 정부의 일을 함에 있어 대신들과 협의할 것이라고 하였습니다. 왕비를 비롯해 황태자비와 기타 척족들의 국정 개입을 거부할 것이며, 왕실의 일과 나라의 일을 분리하겠다고 하였습니다. 내각의 일과 대신들의 업무

---

1 [감교 주석] 홍범 14조

를 규정할 것이고, 법에 정해진 조세만을 징수할 것이며, 세입과 세출을 탁지부가 관리토록 하겠다고 서약하였습니다. 궁과 내각 각 부서의 지출은 최대한 줄일 것이고, 연간 예산안을 세울 것이며, 행정구역을 새로이 개편할 것이라는 내용도 들어 있습니다. 유능한 젊은이들을 외국에 보내 교육받도록 할 것이고, 군사제도를 새로 개현할 것이라고도 하였습니다. 생명과 재산을 보호하기 위한 법령들이 발포될 것이며, 관직은 차별 없이 모든 백성에게 개방될 것이라고도 하였습니다.

나라가 혼란 상태라 세입이 매우 빈약하고 개혁안을 실행에 옮기기 위해서는 돈이 절실히 필요하기 때문에 이노우에[2]가 꽤 큰 금액의 차관을 일본에서 조달하려 하였으나 아직까지는 아무 성과가 없습니다. 예상 금액은 5백만 달러로 알려져 있습니다.

조선에 거주하는 청국인들에 대한 새로운 법령이 발포되었습니다. 그 법령에 따르면 청국인들은 지방관청에 체류 신고를 하게 되어 있으며, 그들에 대한 재판 관할권이 조선에 속하게 됩니다. 또한 청국인들은 오직 조선의 수도와 세 개의 개항장에 한해 거주할 수 있습니다.

그 밖에도 경무청 관련 처벌규정과 새로운 복장 규정이 신설되었습니다.

무죄 판결을 받은 사람들은 옥에서 석방될 것이고, 이미 사망한 경우에는 그들의 이전 직위로 복권이 될 것이라고 합니다.

그에 따라 대반역자 김옥균[3]에게도 이전의 관직이 다시 인정되었습니다.

오늘 발표된 왕의 칙령에 의해서 단두형과 능지처참형을 규정한 법령은 폐지되었습니다. 앞으로 사형은 민간인의 경우에는 교수형으로, 군인의 경우에는 총살형으로 집행될 것입니다.

전라도 도청소재지를 일본군과 조선관군이 탈환하였습니다. 반역 수괴 김[4]은 체포되어 처형되었습니다. 그의 머리는 다른 반역지도자 세 명의 머리와 함께 서대문의 번화한 거리에 전시되어 있습니다.

대원군[5] 손자[6]는 일본 주재 특명전권대사로 임명되었습니다.

이곳에 주둔하고 있는 영국 해군은 며칠 전 다시 서울을 떠났습니다.

본인은 본 보고서의 사본을 베이징과 도쿄 주재 독일제국 공사에게 발송할 것입니다.

---

2 [감교 주석] 이노우에 가오루(井上馨)
3 [감교 주석] 김옥균(金玉均)
4 [감교 주석] 김개남(金開南)으로 추정
5 [감교 주석] 흥선대원군(興宣大院君)
6 [감교 주석] 이준용(李埈鎔)

크리엔

내용: 조선의 정세에 관하여, 첨부문서 1부

No. 6의 첨부문서

왕의 칙령

(부서명자; 총리대신 김홍집, 내부대신 박영효, 학부대신 박정양, 외부대신 김윤식, 탁지부대신 어윤중, 농상부대신 엄세영, 군부대신 조희연, 법부대신 서광범, 공부대신 대리 김가진)

짐은 종묘와 사당에 서약한 이후 모든 관리와 백성들에게 다음과 같이 포고하는 바이다. 이에 관리들, 학자들, 백성들은 모두 짐의 칙어를 따르도록 하라.

하늘은 짐의 선조들의 미덕을 보살피어 왕위에 오르도록 하였다. 짐의 선조들은 하늘의 명을 받들어 자손들을 지키고 후원하며, 만백성을 행복하게 하였다. 그 덕에 짐의 선조들은 그토록 오랜 세월 왕위를 이어올 수 있었다. 짐은 이 숭고한 자리에 오른 이후 항상 예로부터 이어져온 규범을 준수하였고 선조들의 정신에 입각해 통치하였다. 또한 밤낮으로 조상들의 규범을 유념하면서 마흔 살이 넘은 지금까지 항상 하늘의 뜻을 따르고자 하였다. 단언컨대 이것은 미덕이다. 시대의 요구를 고려하는 것 또한 미덕이다. 짐은 현재 여러 나라와 우호관계를 맺었으며, 그들과의 조약에서 짐의 나라가 진실로 자주적이라는 점을 명확히 하고 있다. 자주 독립은 국내 질서에 토대를 두고 있다. 짐이 나라의 자주성을 확고히 하려는 것은 시대에 뒤떨어진 악습들을 바꿔 나라를 부강하게 만들 수 있는 좋은 정부를 수립하기 위해서이다. 짐은 스스로 자문자답도 해보았고, 조정 대신들과도 협의하였다. 조정은 짐에게 개혁안과 새로운 제도의 도입을 권하였다. 그에 따라 짐은 선왕들의 제도와 여러 나라의 실태를 조사하였다. 짐은 관료제도를 개혁할 것이고, 역서를 바꿀 것이며, 군사제도를 새로이 조직할 것이며 재정 개혁을 도입할 것이다 또한 교육제도를 바꿀 것이고, 조세제도를 정비할 것이며, 산업과 농업을 새로이 장려할 것이다. 짐의 백성들의 삶을 평안하게 하고, 지위고하를 막론하고 모든 이들을 만족시키기 위해 모든 악폐와 불충분한 제도는 규모에 상관없이 폐지될 것이다.

행동의 약속에 실천이 뒤따른다면 나라는 평안해질 것이다. 짐은 길일을 택하여 종묘와 천지신명을 모신 사당으로 행차하여 (짐의 계획을 실천할 것임을) 서약하였다. 관리들과 학자들은 이 서약을 지킬 수 있도록 짐을 잘 보필하여야 한다. 짐의 나라는 낡았으나 이 명령이 이 나라를 젊어지게 만들 것이다. 백성은 나라의 근본이다. 백성이 없이는 자주도 없고, 백성이 없이는 독립도 없다. 진심을 다하여 나라와 백성을 사랑하라. 그리고 너희의 군주에게 충성을 다하라. 그리하며 짐은 모욕과 악의를 짐에게서 멀리 떼어놓는 충신을 갖고 있다고 말할 수 있을 것이다.

만약 어떤 자가 재능과 덕을 지니고 있다면 설령 천민 출신이라고 하더라도 그는 (나라의 관직에) 등용될 수 있다. 만약 어떤 자가 미련하고 교양이 없으면, 설령 지위가 있고 부유하다 해도 그것이 그를 보호하지 않을 것이다. 그러므로 늘 배움에 힘쓰도록 하라. 짐의 백성들의 생명과 재산은 짐이 지킬 것이다. 재판에 의한 판결이 내려지기 전에는 그 어떤 처벌이나 처형도 행하지 않을 것이다. 법에 정해져 있지 않은 조세나 다른 부과금은 거두지 않을 것이다. 짐의 이러한 노력을 잘 보필할지어다. 이 나라는 부유하지 않고 군대는 강하지 못하다. 짐은 이 나라에 독립과 자주가 있다고 말하고 있으나 현실은 그렇지 못하다. 이제 짐은 현실에서 독립과 자주라는 고귀한 재산을 이루고자 하며, 그에 따라 너희에게 솔직히 이 모든 것을 밝히는 바이다. 이 나라는 낡았지만 이러한 노력들이 이 나라를 젊게 만들어줄 것이다. 학자들과 관리들은 서로 격려하고 의논하며, 바위와 같이 단단하고 흔들리지 않는 충군애국의 정신을 보이도록 하라. 여러 민족의 지식을 습득하고 공모한 모든 기술들 가운데 최상의 것을 취하여 자주 독립을 위한 확고한 토대를 구축하도록 하라. 이에 짐은 선조들에게 서약한 바를 너희들에게 알리는 바다. 이제 너희들에게 말하노니, (이러한 노력에 있어) 짐을 보필하는 것은 너희에게 달려 있다.

종묘에서 올린 왕의 서약문[7]

개국 503년 12월 12일 숭고하신 조상님들의 신령 앞에 감히 다음과 같이 고합니다. 저는 어린 시절부터 지금까지 31년 동안 우리 선조들의 왕위를 지켜오는 동안 항상 경건한 마음으로 하늘을 섬기고 선조들의 모범을 열심히 따른 덕에 또한 수많은 난관을 겪으면서도 왕위를 지켜냈습니다. 어찌 감히 이것은 제가 하늘의 뜻을 잘 받든 덕이라고

---

7 [감교 주석] 홍범 14조

말하겠습니까? 그것은 선조들이 저를 보호하고 지켜주셨기 때문입니다. 우리 왕조가 이어져온 것이 503년이 되었는데, 저의 대에 와서 과거보다 훨씬 큰 변화를 보이고 있습니다. 학문이 발전하고, 우방국들이 우리에게 충정을 입증하려 애쓰고, 조정의 의견이 오직 자주독립만이 우리나라를 튼튼하게 만들 수 있다는 단 하나의 목적으로 일치되었습니다. 선조들로부터 물려받은 왕위를 지킬 수 있도록 하늘에 내려준 이 기회를 어찌 제가 놓칠 수 있겠습니까? 또한 선조들의 업적을 더욱 빛낼 수 있는 이 영광스러운 일을 어찌 제가 중단할 수 있겠습니까? 이제부터는 다른 나라에 의존하지 않고 나라를 융성하도록 이끌고 백성들의 복리를 증진하여 자주 독립의 터전을 공고하게 만들 것입니다. 생각건대 그 방도는 낡은 것에 얽매이지 않고 유흥과 오락에 빠지지 않는 것이며, 또한 선조들의 업적을 공손히 본받아 나라의 형편을 살펴 내정을 개혁하고 오랜 폐단을 바로잡는 것입니다. 이에 소자는 14개 항목의 규범을 하늘에 계신 조상님들의 신령 앞에 서약하는 바입니다. 저는 선조들의 영원불멸의 업적을 잘 이어가면서 목표에 도달할 때까지 그 규범을 어기지 않을 것이며 결코 동요하거나 후퇴하지도 않을 것입니다. 밝은 신령께서는 굽어 살피소서.

1) 청국에 의존하는 생각을 끊어버리고 자주독립의 기초를 튼튼히 세운다.
2) 왕실 규범을 제정하여 왕위 계승 및 종친과 외척의 본분을 명확히 밝힌다.
3) 짐은 정전(正殿)에 나와 업무를 보되 대신들과 의논하여 결정할 것이다. 왕비나 왕세자비, 종친이나 외척은 정사에 관여하여서는 안 된다.
4) 왕실 사무와 국정 사무는 분리하여야 한다.
5) 의정부와 각 아문의 직무와 권한을 명확하게 구분한다.
6) 조세는 법령에 규정된 바에 의해서만 징수할 수 있다.
7) 조세의 부과와 모든 경비의 지출은 탁지부에서 관할한다.
8) 왕실 비용을 솔선하여 절약함으로써 각 아문과 지방 관청의 모범이 되도록 한다.
9) 왕실 비용과 각 관청의 비용은 미리 연간 예산을 책정해 재정 기초를 튼튼히 한다.
10) 지방관청의 제도를 새로이 개정하여 지방 관리의 권한을 한정한다.
11) 나아의 총명한 젊은이들을 외국에 파견하여 교육한다.
12) 장교를 교육하고 훈련은 규정에 따라 진행하며 군사제도의 기초를 확립한다.
13) 생명과 재산을 보호하기 위한 법률을 제정한다.
14) 관리를 등용함에 있어 문벌과 혈통에 구애되지 않을 것이다.

베를린 1895년 3월 16일   A. 2490

주재 외교관 귀중

1. 런던 No. 277

2. 파리 No. 115

3. 상트페테르부르크 No. 102

4. 드레스덴 No. 189

5. 카를스루에 No. 103

6. 뮌헨 No. 194

7. 슈투트가르트 No. 192

8. 외무부 장관 귀하

연도번호 No. 1747

조선의 정세에 대한 작년 1월 22일 서울 주재 독일제국 영사의 보고서 사본을,

1-3에게는 개인적인 정보로
4-7에게는 1895년 3월 4일 포고령에 준해 활용할 수 있는 전권과 함께
삼가 전달합니다.

또한 본인은 외무부 장관 각하께 조선의 정세에 관한 작년 1월 22일 서울 주재 독일제국 영사의 보고서 사본을 삼가 참조용으로 제공하게 되어 영광입니다.

06

조선 거주 청국인에 관한 법령의 세부규정 실행, 조선의 정세

발신(생산)일	1895. 2. 25	수신(접수)일	1895. 4. 19
발신(생산)자	크리엔	수신(접수)자	호엔로에-실링스퓌르스트
발신지 정보	서울 주재 독일 총영사관	수신지 정보	베를린 정부
	No. 6		A. 4093
메모	4월 23일 런던 411, 파리 191, 페테르부르크 192에 전달 연도번호 No. 85		

A. 4093 1895년 4월 19일 수신

서울 1895년 2월 25일

No. 9

독일제국 수상 호엔로에-실링스퓌르스트 각하 귀하

전하께 지난달 22일 본인의 No. 6와 관련하여, 조선에 거주하고 있는 청국인들에 관한 법령의 시행세칙이 발표되었음을 보고 드리게 되어 영광입니다. 그에 따르면 조선에 체류하거나 정주하려는 청국인은 법령에 의해 여권을 발급받아야 하며 청국인들은 항상 여권을 몸에 지니고 다녀야 합니다. 이 규정을 지키기 않고 조선에서 체류하거나 여행하는 자, 금지된 사업에 종사하는 자, 금지된 물품을 소지하거나 수입하거나 거래하는 자는 체포되어 추방당하며 경우에 따라서는 100달러 이하의 벌금 혹은 백 대 이하의 태형에 처해집니다. 금지된 물품은 압수됩니다. 지방관청의 관리나 경무청은 정주가 허용된 청국인들의 집이나 가게를 언제든지 수색할 권리가 있습니다. 하지만 그것이 정당한 집행임을 입증하기 위해 해당 관청의 직인이 찍힌 신분증을 소지해야 합니다.

작년 7월 초 기준으로 서울에 거주했던 약 1,500명의 청국인들 가운데 약 250명이 남아 있습니다. 대부분 소상인, 수공업자, 노동자, 그리고 이곳의 유럽인이나 미국인의 하인들입니다. 현재 제물포에는 약 100여 명이 머물고 있는 반면 부산과 원산에서는 모든 청국인들이 떠났다고 합니다. 그들이 떠나간 자리에는 거의 대부분 일본인들이 들어왔습니다.

얼마 전 내각을 구성하고 있는 보수파, 중도파, 친일개혁파의 세 당파가 서로 싸우는 바람에 정부의 모든 업무가 큰 위기에 봉착했습니다. 이노우에의 설득으로 간신히 대신들은 일괄 사표 제출이라는 그들의 계획을 철회하였습니다. 현재 그들은 다시 서로를 미워하면서도 화해하였습니다.

법부협판 김학우[1]의 살해범들(1894년 11월 30일 No. 82) 가운데 한 사람과, 내무대신 박[2]과 법부대신 서[3]의 암살을 계획하고 자신들을 친청파로 지칭하며 종이로 만든 청국 옷을 제작한 일군의 조선인들이 최근에 체포되었습니다. 일본 공사를 개의치 않고 날마다 장남과 손자를 대동하고 궁에 모습을 드러냈던 대원군[4]은 이제 완전히 개인생활로 물러났습니다. 사람들은 대원군이 최근 일어난 모반에 연루되었을 것으로 짐작하고 있습니다.

의정부와 내부, 탁지부, 군부, 법부 및 농상부의 일본인 고문관들이 도착하였습니다. 하지만 그들의 급여는 당분간 일본 정부가 지급할 예정입니다.

반면 왕의 고문관이었던 르젠드르[5] 장군은 해임되었습니다. 그는 일본제일국립은행이 조선 정부에 빌려준 총 13만 달러의 차관 중에서 23,000달러를 달라는 요구를 조선 정부가 수용하자 일본으로 돌아갔습니다. 르젠드르 장군은 주로 러시아와 프랑스 대표의 지지를 받았으며 최근 몇 년 동안은 아무런 영향력이 없었습니다. 두 명의 다른 고문들 가운데 한 명인 미국인 그레이트하우스[6]는 법부로, 총세무사를 겸임하고 있던 영국인 브라운[7]은 탁지부로 배속되었습니다.

이노우에[8]는 조선 정부에 일본에서 5백만 엔의 차관을 8퍼센트의 이율로 조달하겠다고 굳게 약속했다고 합니다.

전라도와 황해도의 반란은 지난 몇 주 동안 특별한 일 없이 지나갔다고 합니다.

본인은 본 보고서의 사본을 베이징[9]과 도쿄[10] 주재 독일제국 공사에게 발송할 것입니다.

크리엔

내용: 조선 거주 청국인에 관한 법령의 세부규정 실행, 조선의 정세

---

1 [감교 주석] 김학우(金鶴羽)
2 [감교 주석] 박영효(朴泳孝)
3 [감교 주석] 서광범(徐光範)
4 [감교 주석] 흥선대원군(興宣大院君)
5 [감교 주석] 르젠드르 (C. W. Legendre)
6 [감교 주석] 그레이트하우스(C. R. Greathouse)
7 [감교 주석] 브라운(J. M. Brown)
8 [감교 주석] 이노우에 가오루(井上馨)
9 [감교 주석] 쉔크(Schenck)
10 [감교 주석] 구트슈미트(F. von Gudtschmid)

베를린 1895년 4월 23일   A. 4093

주재 외교관 귀중   조선 거주 청국인들에 관한 법령과 조선의 정
1. 런던 No. 411   세에 대한 금년 2월 25일 서울 주재 독일제국
2. 파리 No. 191   영사의 보고서 사본을 귀하에게 개인적인 정
3. 상트페테르부르크 No. 192   보로 삼가 전달합니다.
                                                              [서명]

연도번호 No. 2843

조선의 정세

발신(생산)일	1895. 3. 12	수신(접수)일	1895. 4. 29
발신(생산)자	크리엔	수신(접수)자	호엔로에-실링스퓌르스트
발신지 정보	서울 주재 독일 총영사관	수신지 정보	베를린 정부
	No. 6		A. 4567
메모	5월 4일 런던 468, 파리 215, 페테르부르크 211에 전달 연도번호 No. 113		

A. 4567 1895년 4월 29일 수신

서울 1895년 3월 12일

No. 15

독일제국 수상 겸 호엔로에-실링스퓌르스트 전하 귀하

전하께 지난달 25일 본인의 No. 9와 관련하여 삼가 다음과 같이 보고 드리게 되어 영광입니다. 반란을 진압하기 위해 조선 남부로 파견되었던 일본군대와 대규모 조선 관군이 얼마 전 서울로 귀환하였으며, 왕의 지시에 따라 군부대신[1]과 다른 관리들로부터 승리에 대한 성대한 환영과 영접을 받았다고 합니다.

일본군 사령관은 이노우에[2]에게 반란군[3] 지도자 전봉준[4]을 넘겼습니다. 원래는 전봉준의 부하가 그를 조선군에게 인도하였으나 조선군은 전봉준을 다시 놓아줄 우려가 있다 하여 일본군한테 넘겨졌던 것입니다. 일본 공사는 전봉준을 조선 당국에 넘겨주었습니다. 영사관 번역관의 보고에 의하면 반란군 지도자는 처형되지 않고 단지 구금된 상태라고 합니다. 비록 사형에 처해야 마땅한 범죄를 저질렀지만 그로 인해 개혁과 조선 독립이라는 축복 받을 결과로 이어졌기 때문이라고 합니다.

전봉준은 고부 군수[5]의 압박에 굴하지 않았다는 이유로 옥에서 비참하게 목숨을 잃은

---

1 [감교 주석] 조희연(趙羲淵)
2 [감교 주석] 이노우에 가오루(井上馨)
3 [감교 주석] 동학농민군
4 [감교 주석] 전봉준(全琫準)

아버지의 죽음을 복수하기 위해 난을 일으켰다고 밝혔습니다.

본인에게 이노우에는, 관료 계급의 비열한 태도와는 아주 대조적이었던 이 반란군 지도자의 당당하고 품위 있는 태도에 깊은 인상을 받았다고 말하였습니다.

또한 일본 공사는 충청도 지방에 은신하고 있는 동학의 "예언자"[6]가 체포되지 않는 한 반란이 완전히 소멸된 것으로 간주할 수 없다고 하였습니다. 하지만 반란과 흉작으로 인해, 또한 거의 도적이 되어버린 조선 관군들에 의해 심각한 피해를 입어 거의 폐허가 되다시피 한 전라도지방이 어느 정도 평온을 회복하고 사태가 진정되는 것을 기다릴 필요가 있다고 하였습니다. 그의 견해에 의하면 전봉준은 처형될 것이라고 합니다.

조선 국왕은, 청에서 승리한 일본군대를 인정하고 축하 인사를 전하기 위해 군무대신 조희연을 비롯해 궁내부와 농상부 관리들과 장교들 몇 명에게 오야마[7] 장군의 사령부를 방문하라는 지시를 내렸습니다. 사절단은 어제 서울을 떠나 제물포에서 일본 기선 "Satsuma Maru"호를 타고 다롄[8] 만을 향해 떠났습니다. 관리들을 포함해 대다수의 조선인은 여전히 일본이 청을 이겼다는 사실을 믿지 못하고 있습니다. 조선인들에게 그토록 높은 존경을 받고 있는 청 제국이 작고 보잘 것 없는 일본에 패배했다는 사실을 도저히 이해할 수 없는 것입니다. 하지만 청군이 조선에서 쫓겨나지 않았느냐는 말로 반박하면, 그들은 지난여름 조선에 파견된 청국인들은 병사들이 아니었다는 주장을 펼칩니다. 병무대신의 파견은 부수적으로 그런 사람들에게 그들의 견해가 잘못되었다는 것을 납득시키려는 의도도 있는 것으로 보입니다.

조선 국왕들이 굴욕적인 의식을 치르며 청 황제의 사신을 맞이하였던 서대문 밖의 작은 문[9]은 철거되었습니다.

며칠 전 일본 법무성 국장 스에마쓰 겐초[10]가 다시 서울에 도착하였습니다. 일본 정부가 조선 정부에 빌려준 수백 만 엔의 차관에 관해 이노우에와 개인적으로 의논하기 위해서라고 합니다.

일본 공사가 오늘 본인과 대화하며 전해준 바에 의하면, 대원군[11]은 작년 가을 일군의 조선인들을 매수하여 내각의 모든 대신과 협판을 죽이라는 지령을 내렸다고 합니다. 그

5　[감교 주석] 조병갑(趙秉甲)
6　[감교 주석] 최시형(崔時亨)으로 추정
7　[감교 주석] 오야마 이와오(大山巖)
8　[감교 주석] 다롄(大連)
9　[감교 주석] 영은문(迎恩門)
10　[감교 주석] 스에마쓰 겐초(末松謙澄)
11　[감교 주석] 흥선대원군(興宣大院君)

것이 불가능할 경우에는 적어도 총리대신 김홍집[12], 법부대신[13] 김학우[14], 당시 외부대신 김가진[15]만이라도 죽이라고 지시하였다고 합니다. 대원군은 그 대가로 천 냥(200엔에 해당)을 주었다고 합니다. 그런데 암살음모자들이 법부대신밖에 암살하지 못했기 때문에 대원군은 돈을 돌려달라고 요구했고, 그 문제로 다툼이 벌어지는 바람에 암살계획이 탄로났습니다. 암살자들은 얼마 전부터 구금 상태로 조사 중입니다. 현재 왕의 부친은 평온함을 유지하고 있으나, 내심 불안한 상태이기 때문에 조만간 새로운 음모를 꾸밀 것이라는 말이 돌고 있습니다.

지난달 말, 길을 가는 조선 여자를 폭행하려 했던 러시아 공사관의 술 취한 경비병들이 이곳 주민들의 분노를 야기해 잠시 소동이 벌어졌습니다.

본인은 본 보고서의 사본을 베이징과 도쿄 주재 독일제국 영사관에 발송할 것입니다.

크리엔

내용: 조선의 정세

---

12 [감교 주석] 김홍집(金弘集)
13 [감교 주석] 협판의 오기로 보임
14 [감교 주석] 김학우(金鶴羽)
15 [감교 주석] 김가진(金嘉鎭)

베를린 1895년 5월 4일   A. 4567

주재 외교관 귀중   조선의 정세에 대한 금년 3월 12일 서울 주재
1. 런던 No. 468   독일제국 영사의 보고서 사본을 귀하에게 개
2. 파리 No. 215   인적인 정보로 삼가 전달합니다.
3. 상트페테르부르크 No. 211

연도번호 No. 3172

[러시아 언론의 조선 관련 기사 보고]

발신(생산)일		수신(접수)일	1895. 5. 11
발신(생산)자		수신(접수)자	
발신지 정보		수신지 정보	베를린 외무부
			A. 5130

A. 5130 1895년 5월 11일 오후 수신

조선에 관한 "Novoye Vremya"[1] 기사

1895년 4월 29일(5월 11일)

(편집자에게 보내는 편지)

지금이 조선의 실질적 독립을 확보하고, 가능하면 조선을 이미 장악하고 있는 일본의 손아귀에서 해방시킬 조치를 취해야할 적기이다. 이러한 조치는 적극적이면서도 강력해야 한다. 그렇지 않으면 조선의 독립 선언은 허구에 그치고 말 것이다.

일본인이 조선의 권력과 재정을 장악했다는 사실은 차치하더라도, 그들은 이미 포로가 된 조선 국왕에게 철도 건설과 조선의 광물자원 이용을 양해해주도록 압박하였다는 것은 주지의 사실이다. 일본인들은 서울에 주둔하고 있는 수비대에 의지해 자신들의 방식으로 조선의 군대를 편성함으로써 조선을 개혁하려는 의도를 갖고 있다. 또한 원조를 통해 조선을 개편하여 일본의 한 지방으로 편입시키고자 애쓰는 중이다.

따라서 우리는 최대한 빨리, 기독교 선교사들이 이미 들어와 활동을 시작한 조선에서 일본이 맡고 있는 발전의 전도사 역할을 빼앗아야 한다. 조선에 개혁은 필요하다. 조선 정부는 동양에서 이미 평화수호자의 역할을 수행하고 있는 열강인 러시아, 프랑스, 독일 대표로 구성된 국제위원회의 지도하에 스스로 개혁을 시작할 수 있다.

물론 일본인은 조선에 질서를 유지할 필요가 있다는 점을 내세우며 온갖 수단을 동원해 조선에서의 군대 철수를 미루려 할 것이다.

사실 조선은 외국의 군사력에 의지하지 않고서는 수도를 유지할 수 없는 실정이다.

---

1 [감교 주석] 노보예 브례먀(Novoye Vremya)

따라서 가장 좋은 방법은 서울 주둔 일본수비대를 유럽 국가들의 연합부대로 교체하는 것이다. 병력이 그리 많이 필요하지는 않다. 왜냐하면 조선의 모든 세력들이 연합부대원들을 존중해 맞아줄 것이고, 조선인들에게는 신성불가침한 인물인 왕을 모욕했다는 이유로 증오하고 있는 일본인들처럼 대하지는 않을 것이기 때문이다.

왕은 이전에 자국민들을 보호하기 위해 서울에 진출한 유럽 열강들에게 수병을 이용해 궁을 지켜달라고 요청하였으나 거절당했다. 유럽 연합부대를 통해 궁을 보호하는 것은 왕에게는 일본인들의 침해를 막을 수 있는 명예로운 보장책이 되었을 것이다. 지금 그러한 보장이 이루어진다면 왕은 평화와 신뢰 속에 국내 개혁을 실행할 수 있을 것이고, 개혁이 제대로 이루어진다면 조선은 급속히 발전하여 부유한 나라가 것이다. 물론 그렇다고 해도 자주독립을 확고하게 유지할 수 있을 정도로 충분히 강해지지는 못할 것이다. 그렇기 때문에 현재로서는 러시아, 프랑스, 독일이 협조하여 조선의 독립을 보장해야 한다. 하지만 이 일에 청과 일본을 개입시켜서는 안 된다. 왜냐하면 두 나라는 관례적으로 조선을 두고 항상 외교적 마찰이 있었기 때문이다.

[오스트리아 언론의 조선 관련 기사 보고]

발신(생산)일		수신(접수)일	1895. 6. 22
발신(생산)자		수신(접수)자	
발신지 정보		수신지 정보	베를린 외무부
			A. 6745

A. 6745 1895년 6월 22일 오후 수신

비너 폴리티셰 코레스폰덴츠[1]

1895년 6월 20일

6월 18일 런던에서 다음과 같은 기사가 들어왔다.

이곳에 들어온 보고서는 얼마 전 조선 왕실의 한 왕자가 꾀한 모반 사건에 관한 흥미로운 내용을 담고 있다. 그 보고서에 따르면, 조선에서는 그런 일이 특별한 일이 아니기 때문에 국민들은 그런 사건이 발각돼도 일반적으로 그리 동요하지 않는다고 한다. 그럼에도 불구하고 언급된 사건은 서울에서 꽤 큰 소동을 야기했는데, 이는 왕의 친족이 왕권에 도전하는 음모를 획책했기 때문이다. 또한 모반자 이준용[2]의 체포로 인해 일련의 사건들이 벌어졌기 때문이다. 당국은 꽤 오래 전 법부협판[3] 암살범들을 심문하는 과정에서 모반 계획의 단서들을 포착했다고 한다. 게다가 암살범들이 체포된 이후 그가 보인 태도가 그에 대한 의구심을 더욱 크게 강화하였다. 이전에 그에게 일본 주재 공사 직을 제안했을 때 단호하게 거부했었는데, 암살범들이 옥에 투옥되자 갑자기 적극적으로 그 직책을 받아들이겠다고 나섰기 때문이다. 그를 조선 밖으로 내보내고 싶지 않았던 내부대신[4]은 감언이설로 그를 조선에 붙잡아두었다. 조선이 지금 몹시 어려운 상황에 처해 있으니 이준용처럼 출중한 재능을 가진 인재는 국내에 머물면서 행정 개혁에 동참해야

---

1 [감교 주석] 비너 폴리티셰 코레스폰덴츠(Wiener Politische Correspondenz)
2 [감교 주석] 이준용(李埈鎔)
3 [감교 주석] 김학우(金鶴羽)
4 [감교 주석] 박영효(朴泳孝)

할 의무가 있다고 설명한 것이다. 칭찬에 넘어간 이준용은 도쿄 주재 공사 직을 포기했다. 그런 다음 수사가 진행되었고, 이준용이 법부협판 살해에 가담했으며 왕위를 찬탈하려는 역적모의를 계획했다는 사실이 명확히 드러났다. 조선 정부는 왕의 조카를 구금해야 할 것인지를 놓고 어려운 결정을 내려야 했다. 하지만 조선 정부는 모든 중요한 사안에 일본 공사의 조언을 받았으며, 그의 조언에 따라 이준용을 구금하기로 결정하였다. 해당 관청은 일단 왕의 동의를 요청한 후 허락이 떨어지자마자 구금 조처를 시행하기로 결정하였다. 이준용은 여러 정황으로 보아 자신에 대한 수사가 진행 중인 것은 눈치챘으나 왕의 종친인 자신을 체포할 것이라고는 믿지 않았다. 그러나 어느 날 저녁 경무청 부관이 80명의 순검을 이끌고 그의 집에 나타났을 때 이준용은 너무 큰 충격을 받아 말문을 잃을 정도였다. 순검이 왕의 체포명령서를 제시하자 그제야 이준용은 목소리를 높여 왕의 종친이라는 자신의 신분을 내세우며 체포 및 구금에 항의했다. 그의 기세에 눌린 경무청 순검들이 머뭇거리자 체격이 건장한 경무청 부관이 직접 달려들어 그를 붙잡았다. 이준용은 버둥거리며 반항했지만 밖으로 끌려 나갔고, 이어서 임시로 설치된 옥으로 호송되었다. 내무대신 박영효[5]와 법부대신 서광범[6]이 행한 첫 번째 심문에서 이준용은 전임 법부협판의 암살에 가담한 사실을 극구 부인했다. 또한 그가 모반을 획책했다는 고발은 중상모략이라는 주장을 펼쳤다. 하지만 그의 혐의를 입증할 증거들이 속속 드러났고, 부인할 수 없는 증거들을 보고 그는 결국 죄를 자백할 수밖에 없었다. 결국 그는 왕의 종친이라는 지위와 귀족 신분을 박탈당했다. 이러한 일련의 사건들로 인한 소동은 체포된 이준용의 조부[7], 즉 대원군의 태도로 인해 사태가 더 악화되었다. 손자를 특히 편애하였던 대원군은 그가 체포되자 완전히 절망한 나머지 병석에서 벌떡 일어나 맨발로 임시 감방으로 사용되는 건물로 달려가 대문을 흔들며 끊임없이 크게 외쳤다. "내 손자를 돌려다오! 누가 감히 나한테서 왕자인 내 손자를 빼앗아간단 말이냐" 절망에 빠진 대원군을 자신의 궁으로 돌려보내려던 시도는 모두 실패했다. 대원군은 그를 진정시키려 왕이 보낸 사신도 만나지 않았고, 몇 시간 동안 아무 것도 먹지 않았다. 하지만 결국 그는 애손[8]의 임시 감방 옆에 그가 머물 오두막을 하나 짓는 것 말고는 다른 방도가 없었다.

---

5 [감교 주석] 독일어 원문에는 "Tscho Hoku"로 기술되어 있음. 당시 내무대신으로 이준용의 심문 및 고문을 행한 인물은 박영효(朴泳孝)였음.

6 [감교 주석] 독일어 원문에는 "Li Zaischo"로 기술되어 있음. 당시 법부대신으로 이준용의 심문 및 고문을 행한 인물은 서광범(徐光範)이었음.

7 [감교 주석] 흥선대원군(興宣大院君)

8 [감교 주석] 애손(愛孫)

10

왕자 이준용과 그의 공범들에 대한 유죄 판결

발신(생산)일	1895. 5. 15	수신(접수)일	1895. 6. 28
발신(생산)자	크리엔	수신(접수)자	호엔로에–실링스퓌르스트
발신지 정보	서울 주재 독일 총영사관	수신지 정보	베를린 정부
	No. 25		A. 7070
메모	8월 7일 런던 946, 파리 447, 페테르부르크 468, 드레스덴 474, 카를스루에 288, 뮌헨, 슈투트가르트, 바이마르 및 외무부 장관에게 전달 연도번호 No. 207		

A. 7070 1895년 6월 28일 오전 수신, 첨부문서 2부

서울 1895년 5월 15일

No. 25

독일제국 수상 겸 호엔로에–실링스퓌르스트 전하 귀하

전하께 지난달 29일 본인의 No. 24와 관련하여 삼가 다음과 같이 보고 드리게 되어 영광입니다. 이달 13일에 이준용[1] 및 그와 함께 고발된 22명의 피고에게 선고가(번역서를 동봉하였습니다) 내려졌습니다. 판결에 따라 피고들은 살인죄와 모반죄 혐의에 유죄가 확정되었습니다.

이준용과 다른 모반자들은 작년 여름 동학–반란군에게 서울을 공격할 것을 요구하였다고 합니다. 그들은 동학반란군이 서울을 공격하게 되면 폭동이 일어나 왕이 피신하게 될 것으로 기대했다고 합니다. 당시 왕의 수비대장이었던 이준용은 자신의 군대를 이끌고 도피하는 왕을 추적해 왕과 황태자를 모두 죽일 계획을 세웠다고 합니다. 그러는 동안 다른 모반자들은 총리대신[2]과 다른 여섯 명의 대신과 협판들을 죽이고 정부를 전복시킬 계획이었다고 합니다. 그 즉시 이준용이 왕위에 오르고 그의 공범들은 최고위 관직을 맡기로 되어 있었습니다. 하지만 그 계획은 실패하고 단지 법부협판 김학우[3]만 살해되

---

1 [감교 주석] 이준용(李埈鎔)
2 [감교 주석] 김홍집(金弘集)
3 [감교 주석] 김학우(金鶴羽)

었습니다.

왕자는 종신유배형 판결을 받았으나 왕에 의해 강화도 인근 교동부 10년 유배형으로 감형되었습니다. 피고인들 가운데 다섯 명은 사형을 언도받았고, 판결 당일 교수형이 집행되었습니다. 나머지 사람들은 종신형 및 5년 내지 10년의 유배형을 선고 받았습니다.

이준용은 어제 유배지로 압송되었으며 대원군[4]은 자신의 궁으로 돌아갔습니다. 백성들은 평온을 유지하고 있습니다.

정치범들을 재판하기 위해 설치된 특별재판소는 법무대신 서[5]가 의장으로, 세 명의 법무부 고위관리와 총리대신의 개인비서로 구성되었습니다.

이달 1일 대원군은 서울 주재 외국 대표들에게 동일한 내용의 서신(첨부문서 2부)를 보냈습니다. 그 서신에서 대원군은 손자에게 가해진 끔찍하고 비인간적인 행위를 맹렬히 규탄하면서 외국 대표들에게 재판심리에 배석해줄 것을 요청하였습니다. 우리는 그의 요구에 응할 수 없었습니다. 하지만 미국 공사[6]와 러시아 공사[7]는 서방국 대표들의 공동 협의에 따라 외부대신[8]에게 구두로 왕자가 고문을 당했다는 소문이 사실인지 해명을 요구하였습니다. 외부대신 김은 그들의 질문에 긍정도 부정도 할 수 없다고 답변하였습니다. 하지만 이준용이 앞으로 육체적인 징벌을 감당하지 못할 수도 있다는 우려를 표명하였습니다.

본인은 본 보고서의 사본을 베이징과 도쿄 주재 독일제국 공사에게 발송할 것입니다.

크리엔

내용: 왕자 이준용과 그의 공범들에 대한 유죄 판결, 첨부문서 2부

---

4 [감교 주석] 흥선대원군(興宣大院君)
5 [감교 주석] 서광범(徐光範)
6 [감교 주석] 실(J. M. Sill)
7 [감교 주석] 베베르(K. I. Weber)
8 [감교 주석] 김윤식(金允植)

No. 28의 첨부문서 1부

번역 사본

1) 살인모의 및 정부전복 음모 혐의로 고발된 23인의 피의자에 대한 심문이 시작되었다.

　　이준용은 작년 7월과 8월 동학도들을 동원하여 백성들을 선동하려 하였다. 박준양[9]과 이태용[10]이 이준용에게 가담하였고, 한기석[11]과 김국선[12]이 연락책이 되어 동학도들에게 서울을 공격하라는 요구를 전달하였다. 그로 인해 폭동이 발생토록 하여 왕의 도피를 유도하려는 목적이었다. 한 무리는 이준용의 군대를 이끌고 왕을 추적해 황태자와 함께 살해하고, 그동안 다른 일당은 김홍집[13], 조희연[14], 김가진[15], 김학우[16], 안경수[17], 유길준[18], 이윤용[19]을 살해한 뒤 정부를 전복하기로 하였다. 모반이 성공하면 이준용은 왕위에 오르고, 박준양과 이태용 등은 최고 관직에 오르기로 되어 있었다. 박준양은 그 계획을 정인덕[20], 박동진[21], 임진수[22], 허엽[23], 김명호[24]에게 전달한 뒤 그들에게 동학도와 긴밀하게 연락을 취할 것을 지시했다. 김국선은 고종수[25]와 심원채[26]에게 동참할 사람들을 구하라고 지시했다. 고종수는 오래 전부터 지도자들을 없애버릴 계획을 품고 있었기 때문에 즉시 김국선의 제안을 받아들여, 이준용과 박준양 편에 가담하여 열심히 추종자들을 규합하려고 노력하였다. 그는 전동석과 추가 2인을 확보하였다. 그러나 동학도들은 성공하

9　[감교 주석] 기동연(奇東衍)
10　[감교 주석] 이태용(李泰容)
11　[감교 주석] 한기석(韓祈錫)
12　[감교 주석] 김국선(金國善)
13　[감교 주석] 김홍집(金弘集)
14　[감교 주석] 조희연(趙羲淵)
15　[감교 주석] 김가진(金嘉鎭)
16　[감교 주석] 김학우(金鶴羽)
17　[감교 주석] 안경수(安駉壽)
18　[감교 주석] 유길준(俞吉濬)
19　[감교 주석] 이윤용(李允用)
20　[감교 주석] 정인덕(鄭寅德)
21　[감교 주석] 박동진(朴東鎭)
22　[감교 주석] 임진수(林璡洙)
23　[감교 주석] 허엽(許燁)
24　[감교 주석] 김명호(金明鎬)
25　[감교 주석] 고종주(高宗柱)
26　[감교 주석] 심원채(沈遠采)

지 못했고, 그들 일당도 추종자들을 확보하는 데 성공하지 못했다. 그 결과 계획들이 제대로 추진되지 못했다. 고종수는 지도자들을 살해하기로 결심하고, 전동석[27]에게 은밀히 그 일을 실행할 것을 지시했다. 조용승[28], 윤진구[29], 정조원[30]이 그들을 도와 필요한 자금을 조달하였다. 전동석은 김학우가 그다지 주위를 그다지 경계하지 않는 것을 발견하고 동지들과 함께 작년 10월 31일 저녁 8시에 그를 살해하였다. 그때 김학우 집을 방문했던 손님 2명은 그냥 달아나도록 내버려두었다.

심문 결과, 최형식[31]이 김학우에게 치명상을 입혔다는 것이 밝혀졌다. 고치홍[32], 이여익[33], 서병규[34], 이영배[35], 김한영[36], 장덕현[37], 최형순[38]이 그를 도왔다. 그들 가운데 몇 명이 2명의 친구에게 상처를 입혔고, 나머지는 손도 대지 않았다고 한다.

김국선, 김내오[39], 이내춘[40], 조용승, 정조원, 윤진구는 모반 계획을 알고는 있었으나 실제 가담하지 않았고, 그들을 돕지도 않았다.

이준용, 박준양, 이태용, 한태용, 한기석 역시 그 사실을 알고 있었으나 실제로 계획에 가담했다는 것이 입증되지 않았다.

정동석, 최홍식, 고치홍, 이여익, 서병구, 이영배, 김한영, 장덕현, 최형순, 김내오, 이내춘의 경우는 모반 계획을 알고는 있었지만 그들이 실제 가담했다는 것은 입증되지 않았다.

앞에서 상술한 내용은 전부 피의자들의 진술에서 나온 것이다. 이준용은 서병선에게 편지를 한 통 보냈다. 경무청은 정인덕과 허엽한테서 온 4통의 편지가 존재한다는 자백을 받았다. 이병휘는 그것이 모반 계획의 증거들이라고 자백하였다.

이준용, 박준양, 한기석, 임진수, 허엽, 김명호, 김국선, 고종주는 반역죄[41]에 대해 유죄

판결을 받았다. 전동석, 최형식, 고치홍, 이여익, 서병규, 이영배, 김한영, 장덕현, 최형순, 김내오, 이내춘, 조용승, 윤진구, 정조원, 고종주는 살인죄[42]에 대해 유죄 판결을 받았다.

고종주는 살인죄 외에 반역죄까지 유죄가 선고되어 가중처벌을 받았다.

박준양, 이태용, 고종주, 전동석, 최형식에게는 교수형의 처벌이 내려졌다.

이준용, 한기석, 김국선은 종신 유배형에 처해졌다.

임진수, 허엽, 김명호는 15년 유배형에 처해졌다.

고치홍, 이여익, 서병규, 이영배, 김한영, 장덕현, 최형순은 종신 유배형에 처해졌다.

이내춘, 조용승은 15년 유배형에 처해졌다.

윤진구, 정조원은 10년 유배형에 처해졌다.

안영수[43]	검사
김기룡[44]	검사
서광범	특별재판소장
이재정[45]	특별재판소 위원
조신희[46]	특별재판소 위원
장박[47]	특별재판소 위원
임대준[48]	특별재판소 위원
김기조[49]	특별재판소 서기
기동연[50]	특별재판소 서기

2) 폐하의 특사로 이준용의 종신유배형은 10년 유배형으로 감형되었다. 그는 교동부(경기도)에 머물러야 한다.

번역: 라인스도르프

---

41 [감교 주석] 적도율모반죄(賊盜律謀反罪)
42 [감교 주석] 인명율모살죄(人命律謀殺罪)
43 [감교 주석] 안영수(安寧洙), 독일어 원문에는 "Cho yong su"라고 서술됨.
44 [감교 주석] 김기룡(金基龍)
45 [감교 주석] 이재정(李在正)
46 [감교 주석] 조신희(趙臣熙)
47 [감교 주석] 장박(張博)
48 [감교 주석] 임대준(任大準)
49 [감교 주석] 김기조(金基肇)
50 [감교 주석] 기동연(奇東衍)

No. 28의 첨부문서 2부
번역
사본

대원군의 서한

1895년 5월 1일

이달 18일, 100여 명의 경무청에서 내 집에 몰려와 내 손자 이준용을 강제로 연행해 갔습니다. 그들은 손자를 가둘 특별형무소가 설치된 법부로 데려가는 도중 그를 가혹하고 잔인하게 다루었을 뿐만 아니라, 10일 전부터 온갖 방법을 동원해 괴롭히고 있습니다. 나는 서울 신문[51]을 읽어봤지만 (신문에 실린) 소문들에 과연 진실한 내용이 있는지 모르겠습니다. 그리고 나와 내 조카를 전대미문의 범죄에 연루시키기 위해 그들이 어떤 증거를 제시할지도 모르겠습니다. 날이 갈수록 우리에 대한 소문이 확산되고 있다는 사실을 알고 있습니다. 심장을 가진 사람이라면 이런 상황에 경악하지 않을 수 없을 것이며, 단 한 시간도 더 살아갈 수 없을 것입니다. 고소할 만한 최소한의 증거도 없이 우리의 명예가 이렇게 무참하게 훼손되고 있는 상황이 심히 우려되어 나는 한시바삐 진실한 증거를 제시할 것을 촉구하지 않을 수 없습니다.

모든 나라에서는 이렇게 진실 여부를 다툴 여지가 있는 사건들의 경우 최고위 관리들이 심리에 참여한다는 이야기를 들었습니다. 하여 나는 귀하에게 다른 나라 대표들과 연대해 어느 하루 날을 잡아서 다 같이 범인들을 심문하고, 나와 내 조카와 대질케 함으로써 사건의 진상을 규명해 줄 것을 요청하는 바입니다. 만약 죄가 있다면 책임을 져야 할 것이며, 만약 죄가 없다면 명명백백하게 공포되어야 할 것입니다. 이런 식의 불투명한 고발은 중단되어야 하며, (나의 손자는) 다시 광명을 볼 수 있어야 합니다. 외국 대표들께서는 제발 호의를 베푸시어, 신속한 조처를 취해주시고 나에게 답변해 주시기를 요청드립니다.

경의를 표하며, 이하응 씀

번역: 라인스도르프

---

51 [감교 주석] 한성신보(漢城新報)로 추정됨.

11

[조선의 추가 개항에 관한 건]

발신(생산)일	1895. 5. 15	수신(접수)일	1895. 6. 28
발신(생산)자	크리엔	수신(접수)자	호엔로에-실링스퓌르스트
발신지 정보	서울 주재 독일 총영사관	수신지 정보	베를린 정부
	No. 27		A. 7071

사본

A. 7071 1895년 6월 28일 오전 수신

서울 1895년 5월 13일

No. 27

독일제국 수상 겸 호엔로에-실링스퓌르스트 전하 귀하

전하께 금년 3월 30일 본인의 No. 18과 관련하여 삼가 다음과 같이 보고 드리게 되어 영광입니다. 외부대신[1]의 기밀 보고에 의하면, 이노우에[2]가 외부대신에게 두 개의 새로운 항구를 개항하는 문제에 관한 일본과 조선의 조약 초안을 송부하였다고 합니다. 그 초안에 의하면, 개항장 한 곳은 대동강 입구에 있는 진남포 또는 구진포항으로 금년 7월 22일에(조선식 날짜로는 6월 1일에) 개항하고, 그로부터 60일 뒤에 목포항이 외국과의 교역을 위해 개항할 것이라고 합니다. 비준서는 조약에 서명하고 50일 뒤에 서울에서 교환될 예정이라고 합니다.

눈여겨보아야 할 항목은 개항에 관한 모든 세부적인 내용을 규정하고 있는 조약 제2조입니다. 왜냐하면 일본인들이 그 조항을 자신들에게만 확실히 특혜를 부여하기 위해 이용할 우려가 있기 때문입니다. 배타적으로 일본인만 거류할 수 있는 지역을 설치하거나, 외국인 공동거류지에서 가장 가치 있는 토지를 다른 외국인들이 미처 그 토지의 위치나 경계선 등에 관한 정보를 알기도 전에 혹은 일본인에게만 유리한 다른 규정을 이용해 사전에 매수하는 일이 일어날 수 있습니다. 그에 따라 서방 각국의 대표들은

---

1 [감교 주석] 김윤식(金允植)
2 [감교 주석] 이노우에 가오루(井上馨)

조선 정부로 하여금 거류지에 대한 이 규정을 모든 외국 대표들과 협의해 결정하도록
애쓰고 있습니다.

앞에서 언급한 두 항구의 개항은 전라도와 평안도, 두 풍요로운 지역의 문호 개방을
의미합니다. 그렇게 될 경우 비록 세 개의 조약항은 초기에 전체적으로 약간의 손해를
입을지 모르겠으나 외국과의 교역은 전망이 밝을 것으로 예상됩니다.

본인은 본 보고서의 사본을 베이징과 도쿄 주재 독일제국 공사에게 발송할 것입니다.

크리엔
원문 : 중국 20

[이오누에의 조선 내정 개혁 시도의 실패에 관한 건]

발신(생산)일	1895. 5. 23	수신(접수)일	1895. 7. 4
발신(생산)자	구트슈미트	수신(접수)자	호엔로에-실링스퓌르스트
발신지 정보	도쿄 주재 독일 총공사관	수신지 정보	베를린 정부
	A. 176		A. 7325
메모	7월 5일 런던 759, 페테르부르크 375, 드레스덴 395, 카를스루에 242, 뮌헨 419, 슈트트가르트 395 및 외무부 장관에게 전달		

사본

A. 7325 1895년 7월 4일 오후 수신

도쿄 1895년 5월 23일

A. 176

독일제국 수상 겸 호엔로에-실링스퓌르스트 전하 귀하

조선의 정세가 작금에 이르러 다시 관심의 대상으로 부상하였습니다. 이노우에[1]의 개혁시도는 실패한 것이 확실해 보입니다. 이곳 외무성에서 고문으로 일하고 있는 이노우에의 아들[2]이 본인에게 은밀히 전해준 바에 의하면, 이노우에는 건강이 안 좋아 조만간 휴가를 받아 일본으로 돌아갈 예정이며, 시지프스의 일처럼 끝없이 되풀이되는 이 일을 다시 맡을 생각은 없는 것 같다고 합니다.

서울 주재 독일제국 영사[3]의 보고를 통해 전하께서도 이미 알고 계시다시피, 지난 몇 달 간 왕비[4]와 그 추종자들의 음모로 인해 이곳은 정치적으로 더욱 혼란스러워졌습니다. 그로 인해 일본 외부대신이 준비했던 개혁 프로그램의 실행은 거의 생각해볼 여지조차 없었습니다. 또한 조선인들이 일본인들에 대해 품고 있는 뿌리 깊은 증오심 역시 개혁 작업을 실행하는 데 심각한 장애요소였습니다. 지금까지 일본인들이 그 점을 충분

---

1 [감교 주석] 이노우에 가오루(井上馨)
2 [감교 주석] 이노우에 가쓰노스케(井上勝之助)
3 [감교 주석] 크리엔(F. Krien)
4 [감교 주석] 명성황후(明成皇后)

히 고려하지 못한 것도 명백한 사실입니다.

외무성 차관이 영국 대리공사[5]에게 상당히 솔직하게 암시한 바에 의하면, 조선 정부는 개혁 작업을 포기하고 일본군을 몇몇 해안초소의 수비대만 남기고 조선에서 철수시키는 방안을 진지하게 검토하는 듯합니다. 일본의 의중을 꽤 정확히 알고 있는 어느 지인이 어제 본인에게, 요동반도 반환이 임박해 있고 러시아에게 한 약속에 따라 조선 독립을 형식적으로뿐만 아니라 실제적으로도 존중해야 하는 "작금의 정세"를 고려해 볼 때 일본이 취할 수 있는 최선의 방도는 일정한 보장을 받고 조선에서 최대한 빨리 철수하는 것 말고는 없다고 털어놓았습니다.

조선 문제는 현재 내각에서 가장 진지한 논의 대상입니다. 각료들 대다수가 수장인 이토[6]와 함께 교토에 머물고 있습니다.

외국 언론과 일본 국내 언론은 이미 러시아가 조선 철수와 관련해 일본과 협상을 진행 중이라는 소문을 퍼뜨리고 있습니다. 하지만 아직까지 진위여부가 확인되지 않고 있습니다. 히트로보[7]의 말에 따르면, 러시아 정부는 당분간 유보적인 태도를 유지하며 상황을 지켜볼 것이라고 합니다. 이 방안은 그가 제안한 것이라고 합니다.

구트슈미트[8]

원문 : 중국 20

---

5 [감교 주석] 트렌치(P. H. Trench)
6 [감교 주석] 이토 히로부미(伊藤博文)
7 [감교 주석] 히트로보(M. A. Hitrovo)
8 [감교 주석] 구트슈미트(F. Gudtschmid)

대원군 손자의 체포, 조선 주둔 일본군, 일본에서의 조선 청년들의 교육, 반란군 지도자들의 처형

발신(생산)일	1895. 4. 29	수신(접수)일	1895. 7. 10
발신(생산)자	크리엔	수신(접수)자	호엔로에-실링스퓌르스트
발신지 정보	서울 주재 독일 총영사관 No. 24	수신지 정보	베를린 정부 A. 7550
메모	7월 13일, 런던 804, 파리 404, 페테르부르크 399, 드레스덴 411, 카를스루에 255, 뮌헨 438, 슈투트가르트 414, 바이마르 234 및 외무부 장관에게 전달 연도번호 No. 179		

A. 7550　1895년 7월 10일 오전 수신

서울 1895년 4월 29일

No. 24

독일제국 수상 겸 호엔로에-실링스퓌르스트 전하 귀하

　　전하께 지난달 12일 본인의 No. 15와 관련하여 삼가 다음과 같이 보고 드리게 되어 영광입니다. 대원군[1]의 손자 이준용[2]이 이달 19일 밤에 체포되었다고 합니다. 그는 그 전날 본인의 요청으로 일본 주재 공사 직에서 해임되었습니다. 그는 법부협판 김학우[3]에 대한 살해교사 혐의, 대신 박[4]과 서[5]를 비롯해 친일파 대신들을 살해할 목적으로 암살자를 매수한 혐의, 왕을 퇴위시키고 본인이 직접 조선의 군주가 되기 위해 동학 반란군과 모반을 공모한 혐의 등을 받고 있습니다.

　　대원군은 총애하는 손자의 체포에 크게 격분하여 옥까지 뒤쫓아 갔으며 필요하다면 무력으로라도 손자를 옥에서 꺼내려 하였습니다. 하지만 다수의 경무청 관리가 출동하는 바람에 그 계획이 실패로 돌아가자 대원군은 옥 맞은편에 있는 가옥으로 거처를 옮겼

1　[감교 주석] 홍선대원군(興宣大院君)
2　[감교 주석] 이준용(李埈鎔)
3　[감교 주석] 김학우(金鶴羽)
4　[감교 주석] 박영효(朴泳孝)
5　[감교 주석] 서광범(徐光範)

습니다. 그는 아직까지 그 집에 머물면서 폭력적인 조처에 큰 소리로 항의하며 이준용은 죄가 없다고 선언하였습니다.

이준용의 체포는 일본인 변호사 호시 토루[6]의 조언에 따른 것이라고 합니다. 그는 얼마 전 조선 법부에 법률고문관으로 초빙된 인물로서, 사건 조사를 맡은 관리들을 지원하였습니다. 호시는 극우파의 탁월한 인물로, 1893년 잠시 일본 중의원 의장을 역임하였으나 그가 속한 정당[7]의 강요로 의장직과 의석을 포기한 바 있습니다.

이준용 이외에 최근 여러 명의 전직 고위 관리들이 다시 옥에 수감되었습니다.

조선 수도의 주민들 분위기가 상당히 격앙되고 있습니다. 왜냐하면 왕의 부친에게는 여전히 많은 추종자들이 존재하고 있고 왕의 친족이 체포되는 것은 아주 이례적인 사건이기 때문입니다. 하지만 일본군이 수도를 점령하고 있는 한 폭동 발발을 우려할 필요는 없습니다.

믿을 만한 소식에 의하면, 이준용은 두 번이나 가죽 채찍으로 맞았음에도 불구하고 자신의 범죄를 인정하지 않았다고 합니다. 그와 대질한 암살자들도 이준용한테 책임을 미루던 자신들의 원래 진술을 고집하지 않았습니다. 따라서 이준용이 체포된 것은 대신들이 감히 주범인 왕의 부친을 직접 체포할 수 없었기 때문이라는 추측도 충분히 가능합니다.

세상을 떠들썩하게 만든 이 사건에 대한 책임은 대부분 일본인들에게 있습니다. 그들은 대원군의 척화사상과 무모함이 얼마나 큰 위험을 초래할 수 있는지 잘 알면서도 대원군을 왕비[8]와 그녀의 추종자들에 대항할 적대세력으로 이용할 수 있을 거라고 믿었기 때문입니다. 게다가 이노우에가 조선 국왕에게 (1884년 김옥균과 함께 다수의 조선 고위 관리들을 잔인한 방식으로 살해[9]했던) 박과 서를 고위직에 앉힐 것을 요구한 것은 필연적으로 모반을 야기할 수밖에 없었을 것입니다.

본인이 확인한 범위 내에서 말씀드리자면, 현재 서울과 그 주변에는 약 800명의 일본군이 주둔하고 있습니다. 또한 부산과 원산 개항장, 경상도 대구와 성주, 전라도 전주, 경기도 송도, 황해도 해주, 평안도 평양과 황주, 함경도 북청 등에는 약 50명에서 200명 정도의 분대가 진주하고 있습니다.

일주일 전 약 100명의 조선 청년들이 일본에서 교육을 받기 위해 서울을 떠났습니다.

---

6 [감교 주석] 호시 토루(星亨)
7 [감교 주석] 입헌자유당(立憲自由黨)
8 [감교 주석] 명성황후(明成皇后)
9 [감교 주석] 갑신정변(甲申政變) 당시 상황을 서술함

반란군[10] 수괴 전봉준[11]과 그의 동지 두 명이 얼마 전 교수형으로 처형되었습니다.
본인은 본 보고서의 사본을 도쿄[12]와 베이징[13] 주재 독일제국 공사에게 발송할 것입니다.

크리엔

내용: 대원군 손자의 체포, 조선 주둔 일본군, 일본에서의 조선 청년들의 교육, 반란
군 지도자들의 처형

---

10 [감교 주석] 동학농민군
11 [감교 주석] 전봉준(全琫準)
12 [감교 주석] 구트슈미트(F. von Gudtschmid)
13 [감교 주석] 쉔크(Schenck)

[일본의 조선 내 각종 이권 사업에 관한 건]

발신(생산)일	1895. 4. 30	수신(접수)일	1895. 7. 10
발신(생산)자	크리엔	수신(접수)자	호엔로에-실링스퓌르스트
발신지 정보	서울 주재 독일 총영사관	수신지 정보	베를린 정부
	No. 25		A. 7573
메모	II. 16921 1895년 7월 10일 오후 수신 연도번호 No. 181		

사본

A. 7573 1895년 7월 10일 오전 수신

서울 1895년 4월 30일

No. 25

독일제국 수상 겸 호엔로에-실링스퓌르스트 전하 귀하

전하께 지난달 30일 본인의 No. 18와 관련하여, 제물포와 용산 간 철도 공사는 아직 착공하지 않았다는 소식을 삼가 보고 드리게 되어 영광입니다.

알아본 바에 의하면, 일본 공사[1]가 조선 정부에 제시한 조건들이 너무 가혹하다는 이야기가 돌고 있습니다. 미국 대표와 영국 대표의 보고에 의하면, 이노우에는 왕에게 제출한 건백서에서 조선의 모든 철도에 대해서는 50년간 특허를, 조선의 모든 전신에 대해서는 25년간의 특허를 요구하였습니다. 하지만 외부대신이 본인에게 전해준 바에 의하면 이러한 요구는 서면이 아니라 구두로 제시되었다고 합니다.

또한 이노우에는 자국민들을 위해 광범위한 광산 특허권을 얻고자 애쓰고 있다고 합니다. 얼마 전 조선의 광산을 조사하기 위해 조선 관리들이 임명되었습니다.

그 외에도 제물포 주재 일본 영사와 인천부윤 간에 협정이 체결되어, 일본 공사와 조선의 외부대신[2]에게 그 내용을 심사한 뒤 허가해 달라는 요청이 올라갔습니다. 그 협정에 따르면, 일본인 거류지에 정주할 수 있는 인원이 다 찼을 경우 조선 정부는 제물포

---

1 [감교 주석] 이노우에 가오루(井上馨)
2 [감교 주석] 김윤식(金允植)

일본인거류지를 확대해야 한다고 규정되어 있는 1883년 9월 30일 일조 조약 제1항에 따라, 조선 정부는 일반 외국인 거류지 북쪽의 광대한 평지를 일본 정착민 전용 토지로 양도하여 거류지로 정비해야 합니다. 해안가 정비 및 약 500미터 길이의 방파제와 잔교 건설비는 물론이고 새로운 거류지의 도로 및 배수로, 하수구, 다리 등을 건설하는 비용도 조선 정부가 부담하기로 되어 있습니다.

수면만 해도 20만 평방미터 이상의 면적을 메워야 하므로, 정확한 평가에 의하면 공사비가 약 2백만 달러에 달할 것이라고 합니다.

토지는 오직 일본인들에게만 팔아야 합니다. 토지사용료는 2평방미터 당 1.6센트나 1.2센트 혹은 0.8센트입니다. 따라서 100평방미터를 빌릴 경우 (일반 외국인 거류지의 경우에는 20달러나 6달러, 혹은 2달러를 지불해야 하는 반면) 80센트나 60센트, 혹은 40센트를 지불하면 됩니다. 그 금액 가운데 3분의 1은 조선 정부에 귀속됩니다. 새로운 거류지로 예정된 대지 면적은 일반 외국인 거류지, 청국인 거류지, 일본인 거류지를 모두 합친 면적과 거의 비슷합니다.

대지는 일본인들의 측량에 따라 분할 될 예정이며, 이 새로운 거류지가 철도 시발역 이 된다고 합니다.

본인이 이미 1891년 2월 2일에 보고 드린 바와 같이(No. 13), 1883년 9월 30일 체결된 조약[3] 제1조의 규정은 이미 충족된 상황입니다. 왜냐하면 원래 매우 협소했던 일본인 거류지가 이미 확장되었을 뿐만 아니라, 1884년 10월 3일 조약에 의해 일본인들은 조선 과 조약을 체결한 다른 나라의 국민들과 동등한 조건으로 미활용 토지가 많이 남아 있는 일반 외국인 "거류지"에서 거주할 수도 있고 그곳의 토지소유권도 획득할 수 있기 때문 입니다.

본인이 생각하기에, 앞에서 언급한 협정의 실행은 독일과 조선이 맺은 조약[4] 제 IV조 에 위배됩니다. 그 조항에 따르면 독일제국 국민은 외국인 거류지 경계선 밖에서는 조선 미터법으로 사방 10리 이내에서만 토지나 가옥을 매입하거나 임차할 수 있다고 되어 있습니다.

일본의 이 새로운 프로젝트로 인해 독일인이 약 절반 정도를 소유하고 있는 일반 외국인 거류지 내 토지의 가치가 현저히 하락하였습니다.

미국[5], 러시아[6], 영국[7], 독일[8], 프랑스[9] 대표들은 조약에 규정돼 있는 자국민의 권리를

---

3   [감교 주석] 제물포의 일본 조계 조약(租界條約)
4   [감교 주석] 제 2차 조독수호통상조약
5   [감교 주석] 실(J. M. Sill)

침해하는 일본인의 독점권 확보 시도에 항의하는 공동각서를 외부대신에게 발송할 계획입니다.

1891년 5월 22일 전하의 훈령 No. 13(II 9941/21946)에 따라서 일본인들은 그들 거류지의 해안가 제방 축조를 다시 포기하였다는 사실을 전하께 삼가 보고 드립니다.

본인은 본 보고서의 사본을 베이징과 도쿄 주재 독일제국 공사에게 발송할 것입니다.

크리엔

---

6   [감교 주석] 베베르(K. I. Weber)
7   [감교 주석] 힐리어(W. C. Hillier)
8   [감교 주석] 크리엔(F. Krien)
9   [감교 주석] 르페브르(G. Lefèvre)

베를린 1895년 7월 13일   A. 7550

주재 외교관 귀중

1. 런던 No. 804

2. 파리 No. 401

3. 상트페테르부르크 No. 399

4. 드레스덴 No. 411

5. 카를스루에 No. 255

6. 뮌헨 No. 438

7. 슈투트가르트 No. 414

8. 바이마르 No. 234

9. 외무부 장관 귀하

연도번호 No. 5125

귀하에게 조선의 정세 및 현재까지 일본 주재 조선 공사를 역임한 자[10]의 체포에 대한 4월 29일 서울 주재 독일제국 영사의 보고서 사본을,

1–3에게는 개인적인 정보로,
4–8에게는 1885년 3월 4일 포고령에 준해 활용할 수 있는 전권과 함께,
삼가 전달합니다.

본인은 외무부 장관 각하께 상기 내용에 관한 4월 29일 서울 주재 독일제국 영사의 보고서 사본을 정보로 제공하게 되어 영광입니다.

---

10 [감교 주석] 이준용(李埈鎔)

15

[일본군의 조선 철수에 관한 풍문 보고]

발신(생산)일	1895. 6. 10	수신(접수)일	1895. 7. 26
발신(생산)자	구트슈미트	수신(접수)자	호엔로에-실링스퓌르스트
발신지 정보	도쿄 주재 독일 총공사관	수신지 정보	베를린 정부
	A. 208		A. 8239
메모	7월 27일, 런던 895, 페테르부르크 434 전달		

A. 8239 1895년 7월 26일 오전 수신

도쿄 1895년 6월 10일

A. 208

독일제국 수상 겸 호엔로에-실링스퓌르스트 전하 귀하

암호해독

러시아 공사가 풍문으로 다음과 같은 소식을 들었다고 합니다. 일본 정부는 유럽 파견 자국 대표들에게, 만약 유럽 열강이 조선을 제3의 힘을 통해 점령하지 않겠다고 확약해 준다면 일본은 조선에서 즉각 군대를 철수하겠다는 제안을 할 계획이라는 내용의 회람을 돌렸다고 합니다.

본인이 보기에 그것은 러시아의 의도에 대한 일본 정부의 불신을 드러내는 것으로, 그런 식의 진전은 없을 것으로 생각합니다. 히트로보[1]에게 본인의 생각을 전하자 그 역시 그 의견에 동의하였습니다.

구트슈미트

원문 : 중국 20

---

1 [감교 주석] 히트로보(M. A. Hitrovo)

[삼국간섭 관련 일본군의 요동 철수에 관한 건]

발신(생산)일	1895. 6. 15	수신(접수)일	1895. 7. 26
발신(생산)자	구트슈미트	수신(접수)자	호엔로에-실링스퓌르스트
발신지 정보	도쿄 주재 독일 총공사관	수신지 정보	베를린 정부
	A. 216		A. 8247
메모	7월 31일 런던 918에 전달		

사본

A. 8247　1895년 7월 26일 오전 수신

도쿄 1895년 6월 15일

A. 216

독일제국 수상 겸 호엔로에-실링스퓌르스트 전하 귀하

프랑스 공사[1]가 어제 본인에게, 지금까지 우리가 일본 정부와 협상하는 과정에서 조선 문제가 전혀 거론되지 않은 것은 참으로 이상한 일이라고 언급하였습니다. 프랑스 공사가 다양한 소식통으로부터 들은 바에 의하면, 일본 정부는 그 문제에 관해 러시아 대표[2]와 이야기하는 것은 좋지만 핵심적인 주제에 접근하는 것은 꺼리는 게 확실하다고 했습니다. 히트로보 역시 그 이유를 물어볼 생각이 없어 보이는 것을 보면 양측 모두 의도적으로 이 미묘한 사안을 회피하고 있다는 것입니다. 프랑스 공사는 또한 자국 정부로부터 아무런 훈령도 받은 바 없다면서, 파리에서는 조선 문제는 양 이해당사국들의 직접 협상에 일임해야 한다는 입장인 것 같다고 하였습니다.

본인은 아르망의 생각에 전적으로 동의하였습니다. 다만 본인은 요동반도 문제에 대해서만 협상하라는 훈령을 받았다는 점을 강조하였습니다. 조선은 공동 협상의 범위에 포함시켜서는 안 될 것으로 보입니다.

프랑스 공사는 요동반도 문제를 언급하면서 우리 양국 정부는 특별히 서두르는 기색

1　[감교 주석] 아르망(J. Harmand)
2　[감교 주석] 히트로보(M. A. Hitrovo)

은 아닌 것 같다고 말했습니다. 본인은, 만약 청국이 일본이 요구하는 배상금을 조달할 아무런 준비도 하지 않는다면 조선반도에서 일본군의 조속한 철수를 압박하는 일은 힘들어질 것이라고 말하였습니다. 또한 일본은 청국이 실제로 배상금을 지불할 것이라는 몇 가지 보장이 있어야만 이 담보를 포기할 것이라고 덧붙였습니다. 그러자 아르망은 그 점에 대해서도 본인의 의견에 동의하였습니다. 그리고 현재 청국이 러시아의 보증 하에 프랑스 은행과 체결한 1,600만 펀드 스털링[3]의 차관으로도 일본에 대한 채무를 전부 충당하지는 못할 것이라고 말했습니다. 프랑스 공사와의 추가 대담을 통해 본인은, 일본에 부당한 압력을 가하지 않는 범위 내에서 프랑스 공사의 지원을 받을 수 있을 것 같은 인상을 받았습니다.

하나 더 강조하고 싶은 것은 히트로보 역시 일본에 압박을 가할 의사가 전혀 없다는 사실입니다.

이달 5일 이후로 협상이 전혀 진행되지 않았다는 사실은 본인이 이미 다른 경로를 통해 보고 드린 바 있습니다. 우리가 새로운 훈령을 받기 전에는 외부대신과의 추가 협상은 없을 것입니다.

구트슈미트

원문 : 중국 20

---

3 [감교 주석] 펀드 스털링(Pfund Sterling)

[이노우에 가오루의 일본 귀임에 관한 건]

발신(생산)일	1895. 6. 11	수신(접수)일	1895. 7. 27
발신(생산)자	크리엔	수신(접수)자	호엔로에-실링스퓌르스트
발신지 정보	서울 주재 독일 총영사관	수신지 정보	베를린 정부
	No. 32		A. 8298
메모	7월 13일, 런던 804, 파리 404, 페테르부르크 399, 드레스덴 411, 카를스루에 255, 뮌헨 438, 슈투트가르트 414, 바이마르 234 및 외무부 장관에게 전달 연도번호 No. 179		

사본

A. 8298 1895년 7월 27일 오후 수신

서울 1895년 6월 11일

No. 32

독일제국 수상 겸 호엔로에-실링스퓌르스트 전하 귀하

전하께 일본 공사[1]가 이달 7일 서울을 떠나 일본으로 귀환하였다는 소식을 삼가 보고 드리게 되어 영광입니다. 일본 공사관 일등서기관 스기무라[2]가 대리공사 직을 맡았습니다. 이노우에는 이 문제와 관련해 외국 대표들에게 서한을 보냈는데, 거기서 자신은 일본 정부의 지령에 따라 도쿄로 돌아간다고 설명하였습니다. 외부대신[3]을 비롯해 많은 고위 관리들이 그를 배웅하러 제물포까지 나갔습니다.

이노우에는 이임인사 차 본인을 방문하였을 때 조선 관리들에 대한 불만을 강하게 토로하였습니다. 그들은 애국심도 없이 단지 개인적인 이익에만 사로잡혀 자신의 말에 전혀 귀를 기울이지 않았다고 했습니다.

어제 본인을 방문한 스기무라 역시 비슷한 이야기를 하였습니다. 특히 그는 주민들에게 아무 도움도 안 되는 한심한 규정들이 일본 공사관에 의해 만들어진 것이라는 추측이

---

1 [감교 주석] 이노우에 가오루(井上馨)
2 [감교 주석] 스기무라 후카시(杉村濬)
3 [감교 주석] 김윤식(金允植)

널리 확산되고 있는 것에 대해 이의를 제기하였습니다. 예를 들면 짧은 담뱃대 사용과 지난달 20일부터 모든 조선인들이 예전의 흰색 두루마기 대신 검정색 두루마기를 입어야 하는 등의 규정 입니다.

그는 만약 일본군이 철수할 경우 다시 전국 각지에서 소요가 발생할지도 모른다는 우려만 없다면 일본군은 경비절감을 위해 공사관 수비대만 남겨놓고 지금 당장 조선에서 철수할 것이라고 했습니다. 본인은 그의 우려가 타당하다고 생각합니다. 또한 러시아 대리공사가 전해준 바에 따르면 원산에는 600명을 수용할 수 있는 일본군 임시 막사가 설치되었다고 합니다.

이노우에는 서울 재임 기간 동안 조선인들에 대한 자신의 억압적 태도를 완화하고 현실적인 개혁이 실행되도록 노력하기보다는 항상 조선에서 일본의 우월한 지위를 확고히 구축하고 반일 세력을 무력화시키는 데 더 많은 노력을 기울였습니다. 일본인들에게만 특별한 이권을 보장하려는 그의 노력은 유럽과 미국 대표의 저항을 불러왔습니다.

현재 조선 내각의 각 부서마다 3명에서 8명에 이르는 일본 고문관들이 임명되었으며, 그들이 조선 정부를 완전히 장악하고 있습니다. 전체적으로 약 1,000명쯤 되는 2개 대대 규모의 조선군이 일본 장교와 하사관의 지휘 하에 훈련받고 있습니다. 조만간 세 번째 대대가 편성될 예정이라고 합니다. 두 명의 미국 군사교관 다이[4]와 닌스테드[5]는 왕궁에서 보초를 서는 왕궁 초병들을 관리하는 일을 하고 있습니다. 그들은 1년 전부터 군사교육 업무에서 완전히 배제되었습니다.

이노우에가 떠난 직후 이곳에서는 일본군과 고문관들이 조만간 그를 따라 일본으로 돌아갈 것이라는 소문이 돌았습니다. 일본인들이 요동반도를 포기한 이후 조선에서 일본인들의 체면이 상당히 실추되었습니다. 현재 조선인들은 러시아 대표를 일본의 학정으로부터 그들을 구해줄 구세주로 여기고 있습니다.

내각은 다시 불화에 휩싸였습니다. 총리대신 김홍집[6]이 사임하였습니다. 하지만 일반적인 기대와 달리 내부대신 박영효[7]가 아니라 학부대신 박정양[8]이 총리대신에 임명되었고, 학부대신에는 외부협판 이완용[9]이 취임하였습니다. 군부대신도 교체[10]되었습니다. 탁

---

4 [감교 주석] 다이(W. M. Dye)
5 [감교 주석] 닌스테드(F. J. H. Nienstead)
6 [감교 주석] 김홍집(金弘集)
7 [감교 주석] 박영효(朴泳孝)
8 [감교 주석] 박정양(朴定陽)
9 [감교 주석] 이완용(李完用)
10 [감교 주석] 신기선(申箕善)

지부대신[11]은 사임코자 하였으나 왕의 허락이 떨어지지 않아 현재 결정이 미뤄진 상태입니다.

지난달 21일 대원군[12]이 은밀히 자신의 궁을 떠나 손자가 감금되어 있는 곳으로 가다가 한강에서 경무청에게 저지당했습니다. 그 후 대원군은 한강 근처에 있는 여름별장[13]으로 거처를 옮겼으며, 그곳에서 엄중한 감시를 받고 있습니다.

조선의 독립을 축하하기 위한 축하연이 이달 6일 왕궁 정원에서 개최되었습니다. 축하연에는 외국 대표들을 비롯해 많은 외국인들이 초대 받았는데, 일본인들이 가장 많았습니다. 원래는 외국 대표들만 초대해 조선의 "독립"을 축하하기 위한 행사였으나 베베르[14]의 소원에 따라 다시 평화가 구축되고 청 정부가 조선에 대한 요구를 포기한 것에 대한 기쁨을 나누는 축하연으로 성격이 바뀌었습니다. 러시아 대리공사는 행사의 성격을 바꾸고자 하는 이유로 러시아는 독립국가가 아닌 나라와 조약을 체결했다는 것을 인정할 수 없기 때문이라고 했습니다.

크리엔

원문 : 중국 20

---

11 [감교 주석] 어윤중(魚允中)
12 [감교 주석] 흥선대원군(興宣大院君)
13 [감교 주석] 석파정(石坡亭)
14 [감교 주석] 베베르(K. I. Weber)

베를린 1895년 8월 1일   A. 7070

주재 외교관 귀중   이준용과 그의 공모자들에 대한 재판 과정에
1. 런던 No. 946   관한 금년 5월 15일 서울 주재 독일제국 영사
2. 파리 No. 449   의 보고서 사본을,
3. 상트페테르부르크 No. 468
4. 드레스덴 No. 474   1-3에게는 개인적인 정보로,
5. 뮌헨 No. 505   4-8에게는 1895년 3월 4일 포고령에 준해 활
6. 슈투트가르트 No. 479   용할 수 있는 전권과 함께,
7. 카를스루에 No. 288   삼가 전달합니다.
8. 바이마르 No. 249
12. 외무부 장관 귀하   또한 본인은 외무부 장관 각하께 상기 내용에
                                         관한 금년 5월 15일 서울 주재 독일제국 영사
연도번호 No. 5900   의 보고서 사본을 삼가 참조용으로 제공하게
                                         되어 영광입니다.

18

[이노우에 가오루의 일본 귀임에 관한 건]

발신(생산)일	1895. 7. 9	수신(접수)일	1895. 8. 14
발신(생산)자	구트슈미트	수신(접수)자	호엔로에-실링스퓌르스트
발신지 정보	도쿄 주재 독일 총공사관	수신지 정보	베를린 정부
	A. 237		A. 8939
메모	8월 17일, 런던 1001, 파리 72, 페테르부르크 496 전달		

사본

A. 8939   1895년 8월 14일 오후 수신

도쿄 1895년 7월 9일

A. 237

독일제국 수상 겸 호엔로에-실링스퓌르스트 전하 귀하

일본 외무대신[1]이 어제 현안들과 관련한 협의를 진행하던 중 본인에게, 이노우에[2]는 개혁 작업이 전혀 가망 없다고 생각하지는 않기 때문에 조선으로 돌아갈 것이라고 말하였습니다. 하지만 그의 서울 체류는 단지 수개월에 국한될 것이라고 하였습니다. 또한 조선에 주둔 중인 군대는 예비군 소속이라 법률상 전쟁이 끝난 뒤에는 더 이상 외국에 머물 수 없기 때문에 조만간 철수해야 한다고 하였습니다. 하지만 여러 가지 이유로 아직은 조선에 상당 기간 일본군의 주둔이 필요하기 때문에 소규모 정규 상비군이 예비 군과 교체하기 위해 조만간 조선에 파견될 것이라고 하였습니다.

구트슈미트

원문 : 중국 20

---

1   [감교 주석] 무쓰 무네미쓰(陸奧宗光)
2   [감교 주석] 이노우에 가오루(井上馨)

[조선 내정개혁에 관한 일본 언론 보도에 관한 건]

발신(생산)일	1895. 7. 10	수신(접수)일	1895. 8. 14
발신(생산)자	구트슈미트	수신(접수)자	호엔로에-실링스퓌르스트
발신지 정보	도쿄 주재 독일 총공사관	수신지 정보	베를린 정부
	A. 238		A. 8940
메모	8월 17일, 런던 1001, 파리 472, 페테르부르크 496 전달		

사본

A. 8940 1895년 8월 14일 오후 수신

도쿄 1895년 7월 10일

A. 238

독일제국 수상 겸 호엔로에-실링스퓌르스트 전하 귀하

전하께 본인이 어제 날짜로 올린 보고서(보고서 A. 237)에 담긴, 조선의 내부 정세에 관한 외무대신의 발언과 관련해 이달 7일 "Nichi Nichi Shimbun"[1]에 실려 있는 발표가 꽤 중요해 보인다는 보고를 드리게 되어 영광입니다.

신문 기사의 내용은 다음과 같습니다.:

주지하다시피 러시아는 조선에서 부동항을 확보하려는 소망을 품고 있다. 반면에 일본은 조선이 독립국가로 유지되도록 하는 것에 모든 초점을 맞추고 있다. 일본이 전쟁을 일으킨 이유도 오로지 이 목적을 수행하기 위해서였다. 만약 조선의 독립이 불가능해 다른 나라의 보호를 받아야 할 경우 일본은 러시아 단독으로 조선을 보호하는 것을 절대 용납할 수 없다. 오히려 그럴 경우 그 문제는 일본과 러시아가 공동으로 다루어야 한다. 그동안 이노우에[2]는 조선의 정세에 대한 보고에서 이 문제는 결코 절망적인 상황이 아니며 개혁 작업 역시 일본이 계속 적극적으로 지원만 해준다면 커다란 성과가 기대된다고 요약하였다. 향후 조선에 질서가 회복되면 벨기에나 스위스 같은 지위가 부여될 수도

---

1 [감교 주석] 도쿄니치니치신문(東京日日新聞)
2 [감교 주석] 이노우에 가오루(井上馨)

있다. 그럴 경우 일본은 서구 열강들에게 그것을 목표로 하는 제안을 할 수도 있다. 최근 들어 러시아 언론은 자주 일본군의 철수 필요성을 강조하고 있으나, 동아시아의 평화를 유지하기 위해서는 아직 군대 철수는 불가능한 일이라고 반박할 수 있다.

　"Nichi Nichi Shimbun"은 결론에서 조선에 대한 일본 정부의 정책은 현재 확고부동해 보인다고 언급하였습니다. 그것은 개혁 프로그램의 강력한 고수를 의미하는 것으로 볼 수 있습니다. 따라서 이노우에가 서울로 돌아간다 해도 서울 체류가 언제까지 계속될지 현재로서는 말하기 어렵습니다.

구트슈미트
원문 : 중국 20

[박영효 역모 사건 관련 보고]

발신(생산)일	1895. 7. 11	수신(접수)일	1895. 8. 14
발신(생산)자	구트슈미트	수신(접수)자	호엔로에-실링스퓌르스트
발신지 정보	도쿄 주재 독일 총공사관	수신지 정보	베를린 정부
	A. 240		A. 8942
메모	8월 17일 런던 992, 파리 468, 페테르부르크 489에 전달		

사본

A. 8942 1895년 8월 14일 오후 수신

도쿄 1895년 7월 11일

A. 240

독일제국 수상 겸 호엔로에-실링스퓌르스트 전하 귀하

며칠 전 서울의 왕궁에서 다시 역모사건이 발생하였습니다. 서울 주재 독일제국 영사[1]가 이미 사건의 전말을 전하에게 틀림없이 보고하였을 것으로 생각합니다. 이번 모반의 가장 중요한 결과는 조선과 일본의 관계에 있어 왕비[2]를 비롯해 그녀에게 충성하는 배일친청[3] 세력들인 민씨 일족이 다시 주도권을 잡았다는 점입니다.

일본 국내언론은 서울에서 벌어진 사건이 러시아의 책동 때문이라고 책임을 전가하고 있습니다. 러시아 대리공사 베베르[4]는 물론이고 특히 그의 부인이 왕비와 오래 전부터 친밀한 관계를 맺어온 점을 지적하고 있습니다.

서울에서 발생한 이번 사건으로 인한 정세 변화는 이노우에[5]와 군 수뇌부가 참여하고 있는 내각에서 협의해야 할 안건입니다. 현재로서는 각료 회의에서 어떤 결정이 내려질지 예측할 수 없습니다.

---

1 [감교 주석] 크리엔(F. Krien)
2 [감교 주석] 명성황후(明成皇后)
3 [감교 주석] 배일친청(排日親淸)
4 [감교 주석] 베베르(K. I. Weber)
5 [감교 주석] 이노우에 가오루(井上馨)

영국의 지방언론에서도 앞에서 언급한 사건을 자세히 다루고 있는데, 특히 러시아와 일본의 이해충돌 문제에 주목하고 있습니다.

"The Japan Gazette" 이달 9일 사설은 전문적인 지식을 갖고서 조선 문제를 이런 방향에서 다루고 있습니다. 사설은 현재 상황에서 일본에 닥칠 수 있는 위험요소들을 생생하게 묘사한 뒤 결론에서 러시아가 조선에 정착하려 할 경우 영국은 다른 방식으로 해를 당하지 않도록 조언하고 있습니다.

구트슈미트

원문 : 중국 20

21

조선을 23개 행정구역으로 개편

발신(생산)일	1895. 6. 27	수신(접수)일	1895. 8. 16
발신(생산)자	크리엔	수신(접수)자	호엔로에-실링스퓌르스트
발신지 정보	서울 주재 독일 총영사관	수신지 정보	베를린 정부
	No. 34		A. 9104
메모	연도번호 No. 268		

A. 9104 1895년 8월 16일 오후 수신

서울 1895년 6월 27일

No. 34

독일제국 수상 겸 호엔로에-실링스퓌르스트 전하 귀하

전하께 조선이 이달 2일과 20일 왕의 칙령을 통해 일본을 사례를 따라 23개의 부와 336개의 군으로 행정구역을 재편했다는 소식을 삼가 보고 드리게 되어 영광입니다.[1] 8개 도의 관찰사 직위와 도청 소재지는 폐지되었습니다.

이 법령은 이달 23일부터 효력이 발생합니다.

새로운 행정구역의 최고책임자가 임명되었습니다. 부윤의 연봉은 1,800엔부터 2,200엔 사이이며, 행정고문관의 연봉은 700엔부터 1,000엔 사이입니다. 하급관리들의 연봉은 120엔부터 360엔 사이로 확정되었습니다. 군수들은 급여가 결정되기 전까지 일단 종전의 급여를 그대로 받게 됩니다.

'부'가 설치된 곳은 다음과 같습니다.

서울 : 11개 군 포함
인천 : 12개 군 포함
청주 : 20개 군 포함

---

1 [감교 주석] 이십삼부제(二十三府制)

홍주 : 22개 군 포함

공주 : 27개 군 포함

전주 : 20개 군 포함

남원 : 15개 군 포함

나주 : 16개 군 포함

제주 : 3개 군 포함

진주 : 21개 군 포함

동래 : 10개 군 포함

대구 : 23개 군 포함

안동 : 16개 군 포함

광주 : 9개 군 포함

춘천 : 13개 군 포함

계성 : 13개 군 포함

해주 : 16개 군 포함

평양 : 27개 군 포함

의주 : 13개 군 포함

강계 : 6개 군 포함

함흥 : 11개 군 포함

갑산 : 2개 군 포함

경성[2] : 10개 군 포함

본인은 본 보고서의 사본을 도쿄와 베이징 주재 독일제국 공사에게 발송할 것입니다.

크리엔

내용: 조선을 23개 행정구역으로 개편

---

2 [감교 주석] 경성(鏡城)

22

[독일 언론의 조선 관련 기사 보고]

발신(생산)일		수신(접수)일	1895. 8. 27
발신(생산)자		수신(접수)자	
발신지 정보		수신지 정보	베를린 외무부
			A. 9430

A. 9430   1895년 8월 27일 오후 수신

퀼른 폴크스 차이퉁[1]
1895년 8월 26일
조선의 일본인들

서울 1895년 7월 5일

일본인들이 조선을 청국의 굴레로부터 해방시키려는 분명한 목적을 가지고 청과 전쟁을 벌인지 이제 1년이 지났다. 시모노세키 평화조약에서 당연히 조선이 독립국임이 확인되었다. 그에 따라 이제 수백 년간 청과 일본의 노리갯감이었던 이 불행한 나라가 실제로 자유롭고 독립적인 국가가 되었다는 사실을 받아들여야 한다. 하지만 일본인들은 '독립'에 관해 특이한 개념을 갖고 있다. 그래서 늑대를 피하려다 호랑이를 만난 격인 조선은 전승국 일본의 강압적인 무력에 시달리면서 그들에게 그와 같은 "독립"을 가져다준 상황을 저주하고 있다. 전국적으로 국민들이 들끓고 있으며, 왕으로부터 최하층 노예에 이르기까지 일본인들로부터 다시 해방되고자 애쓰고 있다. 그리하여 기대했던 평화가 아니라 새로운 소요사태가 일어날 게 거의 확실시된다. 모든 조짐이 거짓이 아니라면 전쟁이 발발할 가능성도 있다.

일본인들이 조선을 점령한 후 그곳에서 행한 일들을 조사해보는 것은 아주 흥미롭다. 주지하다시피, 두 명의 근대일본제국 창시자 가운데 하나이자 전년도 일본 공사였던 오토리[2]의 후임으로 이노우에[3]가 들어왔다. 이노우에 역시 조선의 "독립"에 상응해 단지

---

1   [감교 주석] 퀼른 폴크스 차이퉁(Kölnische Volks-Zeitung)

공사의 직함만 갖고 있다. 하지만 그는 일본의 총검에 의존하고 있다. 조선 전체에 일본 병사들이 꽉 차 있다. 모든 도시에 일본 수비대가 주둔하고 있으며, 수비대가 자유롭고 '독립적인' 조선에서 철수하기는커녕 지금도 계속 만주에 주둔하고 있던 병력에 의해 보강되고 있다. 러시아인들이 욕심냈던 동해안 항구 원산에는 현재 커다란 새 병영이 지어지고 있는데, 그것으로 보아 일본인들은 조선에서 곧 철수할 생각이 없는 듯하다.

일본에서 가장 중요하고 유능한 인물 가운데 하나인 이노우에는 군대에 의존하며 고요한 아침의 나라의 개혁을 시작하였다. 그는 8도를 폐지하고 조선을 18개의 부[4]로 분할하였다. 또한 왕비[5]에게 충성하며 거머리처럼 조선의 피를 빨아먹던 민씨 일파가 축출되고 일본에 충성하는 조선인들이 그 자리를 차지하였다. 몇 년 전 음모와 압박 때문에 조선에서 쫓겨난 뒤 이웃나라를 정복하기 위해 수년 동안 준비해온 일본에서 손님으로 환대받았던 자들이다. 일본은 조선에서 자신들이 세운 계획을 실행에 옮기기 위해서는 그들의 왕을 배신했던 인물들이 필요하다는 것을 알고 있었다. 아마도 일본인들은 할 수만 있다면 내각의 대신들과 부의 관찰사 자리를 일본 관리들로 채우려 했을 것이다. 하지만 그것은 '독립'의 개념에 저촉된다. 새로 임명된 대신들과 관리들은 철저히 반일적인 분위기가 지배하는 나라에서 어려운 처지에 놓일 게 분명하다. 충성스러운 조선인들은 모든 친일파를 제거하기 위해 수단방법을 가리지 않을 것이다. 친일파들은 목숨을 부지하기 위해 어디를 가든 개인적으로 고용한 경호원을 대동하고 다녀야 할 정도다. 이노우에는 서울에서의 안전을 위해 자신의 군대와 경무청을 조직하는 작업을 하고 있다. 그가 시도한 도로 확장 및 청소, 재판제도와 교도소제도 개편 등은 매우 칭찬해줄 만하다. 심지어 그는 미래의 정부 관리들을 교육할 대학을 설립할 계획까지 세우고 있다.

조선인이 게으른데다가 노동을 싫어하는 민족이라는 것은 주지의 사실이다. 이노우에는 조선인이 게으른 이유를 주름이 많고 소매가 길고 통이 넓은, 잠옷처럼 헐렁한 의복과 1미터나 되는 기다란 담뱃대 때문이라고 믿고 있다. 그래서 금년 5월 13일 자로 그런 복장과 기다란 담뱃대의 사용이 법으로 금지되었다. 하지만 그런 우스꽝스러운 규정을 만듦으로써 한 걸음 앞으로 나아가는 대신 오히려 일본인에 대한 반감만 더 커졌다. 이노우에는 개혁으로 조선 국민들과 관리들의 마음을 얻지 못했다. 왕조차도 눈앞에서

---

2 [감교 주석] 오토리 게이스케(大鳥圭介)

3 [감교 주석] 이노우에 가오루(井上馨)

4 [감교 주석] 23부(二十三府)의 오기로 보임

5 [감교 주석] 명성황후(明成皇后)

환관과 첩들이 자신의 궁에서 쫓겨나는 것을 속수무책 지켜보아야 했다. 물론 엽관을 일삼는 많은 관리들을 내각에서 쫓아낸 것은 매우 칭찬할 만한 행위이자 유익한 일로서, 나라를 위한 최선의 조치였다. 그런 불량배들이 양반과 합세하여 나라를 부패하고 가난하게 만들었기 때문이다. 오로지 돈벌이에만 급급해 이득을 얼마나 취할 것인지만 생각하다가 일본인들에 의해 가렴주구를 일삼던 자리에서 쫓겨난 자들이 점점 커지는 일본인에 대한 일반인들의 반감을 빌미삼아 주요 선동패거리를 형성하고 있다. 상황이 그런데도 일본 공사는 독립국 조선에서 자신이 마치 군주라도 되는 양 일본의 모든 적들을 제멋대로 소탕하고 있다. 조선의 진짜 왕은 그 상황을 그냥 가만히 지켜보고만 있어야 한다. 대원군의 애손이자 왕의 조카인 이준용[6]은 대역죄에 가담한 중대한 혐의로 체포되어 옥에 갇혔다. 그는 태형 30대라는 가혹한 형벌에 처해졌다. 대원군은 일본인들의 이런 가차 없는 행위에 완전히 분노하였다. 그는 아들인 왕에게 호소해 보았으나 허사였다. 이노우에에게 자신을 투옥하는 대신 젊은 왕자를 풀어달라고 호소하였으나 그것도 소용 없었다. 대원군의 요청을 들어주기는커녕 이준용의 부친까지 감금되었다. 대원군은 국민들 사이에서 큰 신망과 영향력을 갖고 있는 덕에 그들과 같은 운명에 빠지지 않은 것을 감사해야 한다. 무소불위의 일본 공사는 왕이 군주의 특권이라 할 수 있는 사면권조차 행사하지 못하도록 막았다. 이준용은 오랜 "감방생활" 후 두 명의 다른 조선 고위관리와 함께 종신유배형을 선고 받았다. 5명의 친구는 사형을 언도받았다. 전부 일본에 적대적인 민씨 일파에 속하는 마흔 명쯤 되는 대신들, 고위직 고문들, 관리들은 몇 주 동안 구금되었다가 10년에서 15년의 유배형을 언도 받았다.

일본인들은 규정을 만들어 거침없이 유럽의 영사대표들까지도 괴롭히고 있기 때문에 유럽의 대표들은 자국 정부에 항의할 필요를 느끼고 있다. 하지만 현재 왕을 꼭두각시처럼 조종하면서 조선의 실권을 쥐고 있는 일본 관리들은 아직까지는 어느 정도 공손한 태도를 유지하고 있다. 그래서 대부분의 사람들은 일본인들이 좋은 의도를 갖고 조선의 부패 개혁에 나서는 것으로 믿고 있다. 또한 지금까지 조선에는 전혀 알려지지 않은 일본인의 특성인 정직함을 믿고 있다. 하지만 유감스럽게도 행정관리들과 함께 수천 명의 일본인 모험가, 불량배, 날품팔이꾼, 상인 등이 일본 항구도시에서 조선으로 건너왔다. 자신의 나라에서는 매우 공손하고 친절했던 사람들이 이곳에 와서는 정복당한 조선인들에게 매우 오만하고 거친 태도를 보이고 있다. 일본에서 가장 하층민인 날품팔이꾼조차 자신을 작은 주인으로 여겨 조선인들이 제 앞에서 허리를 숙여야 한다고 생각하는

---

6 [감교 주석] 이준용(李埈鎔)

것이다. 이런 불량배들이 산업의 전 분야에서 조선인들을 몰아냈다. 그들은 심지어 제물포와 부산의 유럽인 "거주지"까지 밀려들어와 온갖 방법으로 유럽인들과 경쟁하려 한다. 오죽하면 그들의 최종목적이 혹시 유럽인들을 조선에서 완전히 몰아내는 것이 아닐까 의심될 정도이다.

조선인과 유럽인이 "독립국"인 이 나라에서 일본인에게 어떤 감정을 품고 있을지는 충분히 짐작할 수 있다. 실제로 일본인들 앞에는 이노우에 자신은 물론이고 그의 후계자 열두 명이 와도 극복할 수 없을 만큼 수많은 난관이 가로놓여 있다. 앞에서 언급한 바와 같이 일본인들은 왕비와 그녀를 추종하는 막강한 민씨 일파에 적개심을 품고 있는 조선인들을 돈과 약속으로 회유할 수 있을 것으로 믿었던 듯하다. 그래서 조선에서 통치를 시작하자마자 모든 대신들과 영향력이 큰 관리직들을 그런 사람들로 교체했을 것이다. 그들이 이제 일본인들의 편리한 도구가 될 것으로 믿었기 때문이다. 하지만 결과는 정반대였다.

수년 동안 일본인 덕에 생계를 유지하고 그들의 후원을 받았던 사람들이 곧바로 은밀하게 반일 세력의 우두머리인 왕비와 접촉하였을 뿐만 아니라 러시아 공사와도 연락을 취했다. 조선인들은 누구나 수백 년 동안 키워온 일본들에 대한 억누를 수 없는 복수심을 품고 있었기 때문에 기회가 닿을 때마다 그것을 폭발시켰다. 조선인들의 일치된 소망은 어떤 식으로든 일본인들로부터 다시 해방되는 것이다. 따라서 일본 상인들은 전부 조선에서 배척당할 것이다. 조선인들은 다시 조선으로 돌아온 청국 상인들 편으로 돌아설 것이고, 일본인들이 계획한 개혁들은 전부 반대할 것이다. 지방에서는 동학이라는 혁명 세력이 다시 증가하여 일본군의 새로운 출정을 요구하게 될 것이다. 사방에서 러시아가 이 게임에 참여할 것을 요구하고 있다. 만약 그렇게 된다면 북쪽 국경지방에 있는 러시아 군대를 향해 국경의 모든 문들이 개방될 것이고, 조선 국민 전체가 일본인들을 몰아내기 위해 일치단결하여 러시아의 편에 설 것이다.

이곳 사람들은, 현재 심각한 난관과 폭동, 싸움, 전쟁 등이 끝나가는 국면이 아니라 이제 비로소 시작되는 지점에 서 있다고 믿고 있다. 베이징과 유럽에서도 이러한 견해가 갈수록 힘을 얻고 있다. 조선이 일본의 관리 하에 들어가는 것을 러시아가 가만히 받아들일 것으로는 생각할 수 없다. 지도를 한 번만 들여다봐도 그 이유를 알 수 있다. 위대한 세계적 교통망인 시베리아 횡단철도가 일단 만들어지면 러시아는 일본해에 연중 어느 때나 운항할 수 있는 자유로운 항구만 필요한 게 아니라 이 항구를 중국해, 황해, 순다해[7]

---

7 [감교 주석] 순다해(Sunda-See)

등 한 마디로 태평양의 모든 바다와 자유롭고 안전하게 연결하는 방안을 모색해야 한다. 이러한 연결은 종착항으로서의 부동항 확보만큼이나 중요하다. 현재는 블라디보스토크가 종착항의 역할을 하고 있다. 그런데 블라디보스토크에서 태평양으로 나가는 방법은 오로지 일본의 수많은 섬들 사이로 이어지는 항로 하나뿐이다. 아직 일본의 수중에 들어가지 않은 유일한 수로는 일본과 조선 사이에 있는 조선 수로이다. 이 조선수로 중간에 놓여 있는 대마도 역시 일본 땅이다. 만약 일본인들이 조선에 머무르게 되면 러시아와 태평양의 연결은 완전히 일본의 통제 하에 들어간다. 러시아가 조선을 일본의 손에 넘겨주는 것이 불가능한 이유가 바로 이것이다. 마찬가지로 시베리아 횡단철도가 그들에게도 중요한 유럽 열강들이 조선 수로를 일본인들로부터 독립시키고자 하는 러시아의 계획을 지지할 수밖에 없을 것으로 예상할 수 있는 근거이기도 하다. 이곳 사람들은 러시아는 조선을 합병할 의도는 없으나 조선에서의 영향력을 확보하기 위해 일본인들을 조선에서 완전히 철수시킬 것으로 믿고 있다.

따라서 일본은 조선에서 지금 어렵고도 위험한 도박을 하고 있다. 일본의 유력 정치인 가운데 하나인 오쿠마[8]는 그 점을 알아차리고 마이니치 신문[9]에서 그런 의견을 상세히 피력하였다. 오쿠마의 견해에 따르면, 일본은 현재 양자택일의 기로에 서 있다. 즉 조약에 따라 조선의 독립을 실제로 보장하고 조선에서 철수하는 것, 즉 조선의 운명을 하늘에 맡기는 방안과 조선을 완전히 그들의 통제 하에 두거나 궁극적으로 열강의 공동보호 하에 두는 방안 가운데 하나를 선택해야 한다는 것이다. 그런데 어느 경우라도 강력한 러시아를 고려해야 하며, 그것 때문에 앞날이 크게 우려된다고 하였다.

원문 : 중국 20

8　[감교 주석] 오쿠마 시게노부(大隈重信)
9　[감교 주석] 마이니치 신문(每日新聞)

내무대신 박영효의 음모 및 망명

발신(생산)일	1895. 7. 10	수신(접수)일	1895. 9. 3
발신(생산)자	크리엔	수신(접수)자	호엔로에-실링스퓌르스트
발신지 정보	서울 주재 독일 총영사관	수신지 정보	베를린 정부
	No. 39		A. 9688
메모	9월 4일 드레스덴 547, 뮌헨 576, 슈투트가르트 550 전달 연도번호 No. 294		

A. 9688 1895년 9월 3일 오전 수신, 첨무분서 1

서울 1895년 7월 10일

No. 39

독일제국 수상 겸 호엔로에-실링스퓌르스트 전하 귀하

전하께 조선 내부대신 박영효[1]가 이달 7일 제물포에서 일본 증기선을 타고 일본으로 도망쳤다는 소식을 삼가 보고 드리게 되어 영광입니다.[2]

그 이튿날 외부대신 김[3]이 왕의 지령을 받고 구두로 본인에게 전해준 바에 의하면, 박은 항상 정부의 일에 관여하는 왕비[4]를 암살하려는 계획을 세웠다고 합니다. 그 일로 그는 6일 내무대신에서 해임되었으며 7일 새벽 (일본 공사관이 있는) 일본인 거류지에서 목격되었습니다. 그곳에서 박은 5, 6명의 공모자들과 함께 20명 이상의 일본 병사의 호위를 받으며 용산으로 도망쳤고, 거기서 일본 도강선[5]을 타고 제물포로 이동하였습니다. 조선 경무청은 일본 호위대에 대한 두려움으로 감히 그를 체포하지 못했다고 합니다.

일본 당국이 조선의 범죄자를 보호해준 것에 대해 외부대신은 대리공사 스기무라[6]에게 항의하였다고 합니다.

---

1 [감교 주석] 박영효(朴泳孝)
2 [감교 주석] 박영효(朴泳孝) 역모사건
3 [감교 주석] 김윤식(金允植)
4 [감교 주석] 명성황후(明成皇后)
5 [감교 주석] 도강선(渡江船)
6 [감교 주석] 스기무라 후카시(杉村濬)

왕비 암살 음모는 어느 일본인이 밀고하였다고 합니다.

원래는 박의 죄를 입증할 증거가 없었다고 합니다. 그래서 정부가 증거를 수중에 넣을 때까지 기다리고 있었는데, 그사이에 범죄가 저질러진 듯합니다. 박은 자신의 집을 일본인에게 빌려주었기 때문에 일본 영사의 허락이 없이는 그 집을 수색할 수 없었다고 합니다.

하지만 어제 외부대신이 번역을 동봉하여 본인에게 보내준 서신에 의하면, 확실한 증거를 확보했다고 합니다. 특이한 점은 서신에서도 언급된 바와 같이 왕이 주모자만 체포하고 다른 공모자들은 그냥 내버려두라는 명령을 내린 것입니다.

제물포에서 들어온 소식에 의하면, 이달 8일 새벽 포함 한 척이 일본 사세보[7]에서 곧바로 제물포로 왔다고 합니다. 포함 사령관은 제물포 도착 즉시 분대를 상륙시켰습니다. 이는 만약 박이 육로로 올 경우 그를 보호하기 위한 목적일 것으로 추정되고 있습니다.

이곳에서 박영효는 전혀 믿을 수 없는 인물로 통했습니다. 그는 일본 공사[8]는 물론이고 조선의 모든 당파와 어울리는 법을 잘 알고 있었습니다. 또한 그는 관직에 있는 동안 불법적인 방법으로 엄청난 부를 축적했다는 혐의도 받고 있습니다.

러시아 대리공사는 본인에게 일본인들의 이 "새로운 추태"에 대해 매우 신이 나서 이야기하였습니다.

박의 공모자들 가운데 가장 중요한 인물은 경무청 경무사와 경무관과 일본 교관을 통해 훈련받은 군대를 지휘하는 육군소령입니다.

경무청 경무사[9]는 파면되고 그의 후임으로 또 다른 유명한 친일파 안경수[10]가 임명되었습니다. 내부는 임시로 총리대신[11]의 개인비서였던 유길준[12]이 관리하고 있습니다. 법무대신 서[13]는 사의를 표명하였으나 왕이 수용하지 않았습니다.

본인은 본 보고서의 사본을 베이징과 도쿄 주재 독일제국 공사에게 발송할 것입니다.

크리엔

내용: 내무대신 박영효의 음모 및 망명

---

7 [감교 주석] 사세보(佐世保)
8 [감교 주석] 이노우에 가오루(井上馨)
9 [감교 주석] 경무사(警務使), 이규완(李圭完)
10 [감교 주석] 안경수(安馴壽)
11 [감교 주석] 김홍집(金弘集)
12 [감교 주석] 유길준(俞吉濬)
13 [감교 주석] 서광범(徐光範)

No. 39의 첨부문서
사본
번역

　　박영효는 예전에 사형을 받아 마땅한 범죄를 저질렀습니다. 하지만 시국이 불안정한 터라 정부는 특별 사면의 은전을 베풀어 이전의 직위를 되돌려주고, 내무대신이라는 중요한 자리에 임명하였습니다. 폐하께서 자비로운 마음으로 그를 다시 받아들이고 성스러운 덕으로 예전의 범죄를 문책하지 않았으니 그는 성심성의껏 폐하께서 베푸신 은덕에 보답해야 마땅했습니다. 그런데도 그는 불손한 마음을 회개하지 않은 채 안으로는 군사력을 독점하고 밖으로는 주변에 나쁜 무리들을 끌어 모았습니다. 그가 무슨 목적으로 그랬는지는 파악하기 힘듭니다. 그는 왕실에 대한 사악한 음모와 비밀스러운 계획을 세웠습니다. 명확하게 남아 있는 문건들, 수차에 걸친 비밀회동, 늘 수상쩍었던 태도 등이 그에 대한 명백한 증거입니다. 언제라도 사건이 발발할 수 있었다는(즉, 박이 자신의 계획을 실행에 옮길 수 있었다는) 사실이 드러나 더 이상 숨길 수 없는 상황이 된 것입니다. 정부는 이 불행한 사건의 심각성에 놀라 폐하에게 보고하였습니다. 폐하께서는 보고에 따라 박영효를 파면하고 그를 체포하여 심문할 계획이었으나 아직 그 칙령을 완성하여 발포하는 데에는 이르지 못했습니다. 박은 그 소식을 접하고 공모자 5, 6명을 자신의 집으로 불러 신변을 보호토록 하였습니다. 그것 또한 (그의 범죄에 대한) 명확한 증거입니다. 하지만 폐하께서는 주모자 한 명만 체포하고 공모자와 친척들은 처벌을 면하고 음모 가담자 전원을 그냥 내버려두라는 칙령을 내렸습니다.

번역: 라인스도르프

베를린 1895년 9월 4일   A. 9688

주재 외교관 귀중   귀하에게 이른바 조선의 모반[14]에 대한 서울
1. 드레스덴 No. 547   주재 독일제국 영사의 금년 7월 10일 보고서
2. 뮌헨 No. 576   사본을 1885년 3월 4일 훈령과 관련해 보고
3. 슈투트가르트 No. 550   에 대한 전권과 함께 삼가 전달합니다.

연도번호 No. 6595

---

14 [감교 주석] 박영효(朴泳孝) 역모사건

[러시아의 조선문제 관심과 미우라 고로의 조선 공사 부임 건]

발신(생산)일	1895. 8. 9	수신(접수)일	1895. 9. 10
발신(생산)자	구트슈미트	수신(접수)자	호엔로에-실링스퓌르스트
발신지 정보	도쿄 주재 독일 총공사관	수신지 정보	베를린 정부
	A. 263		A. 9927
메모	9월 12일 런던 1113, 파리 539, 페테르부르크 582 전달		

사본

A. 9927   1895년 9월 10일 오전 수신

도쿄 1895년 8월 9일

A. 263

독일제국 수상 겸 호엔로에-실링스퓌르스트 전하 귀하

　본인이 일본 외무성의 믿을 만한 지인한테 들은 바에 의하면, 러시아 공사가 최근 외무대신[1]과의 회담에서 조선 문제를 거론하면서 일본이 조선에 대해 어떤 계획을 갖고 있는지 문의하였다고 합니다. 이토[2]는 일본 정부는 이제 막 서울로 귀환한 이노우에[3]의 보고서를 받아 봐야 그의. 즉 히트로보[4]의 질문에 답변할 수 있다고 말했다고 합니다.

　러시아 동료는 본인에게 총리대신의 폐쇄적인 태도를 개탄하였습니다. 하지만 총리대신을 방문할 기회가 있을 때마다 어쨌거나 조만간 러시아와 일본의 새로운 협의 대상이 될 조선 문제에 대해 솔직하게 말해줄 것을 요청하였다고 합니다. 히트로보의 말에 의하면 이토로부터는 아직 아무런 답변도 듣지 못했다고 합니다.

　앞에서 언급한 믿을 만한 지인의 말에 의하면, 히트로보가 특히 알고자한 것은 일본으로 되돌아온 예비군을 대신해 상비군을 조선으로 파견하기로 한 최근의 결정이 정치적인 고려 하에 이루어졌느냐 하는 점이라고 합니다. 그러자 상비군의 이번 조선 파견은

1　[감교 주석] 무쓰 무네미쓰(陸奧宗光)
2　[감교 주석] 이토 히로부미(伊藤博文)
3　[감교 주석] 이노우에 가오루(井上馨)
4　[감교 주석] 히트로보(M. A. Hitrovo)

단지 예비군은 전쟁이 종료되면 본국으로 귀환해야 된다는 규정을 따른 것이라고 답변했다고 합니다. 본인이 1일에 부분적으로 보고 드린 바와 같이 이 문제와 관련해 사이온지[5]가 이미 본인에게 그런 의미라고 밝힌 바 있습니다. 따라서 본인은 지금까지도 일본이 조선에서 철수할 의사가 있다고 믿고 있습니다. 일본 정부는 조선 독립과 관련해 러시아가 작년 여름 했던 약속을 자발적으로 지켜줄 것을 바라고 있는 게 확실합니다. 러시아 동료에 대한 일본 정부의 폐쇄적인 태도를 본인은 이렇게밖에 해석할 수 없습니다.

이노우에는 서울에 단기간 체류한 뒤 일본으로 돌아올 것이 확실합니다. 그의 후임으로 벌써 퇴역 육군중장 미우라[6]가 내정되었습니다. 그는 지금까지 외교 분야에서 활약한 적은 없습니다. 따라서 단지 도쿄에서 그에게 내린 지령만 수행할 뿐, 그 어떤 독자적인 조처도 취하지 않는다는 조건하에서 그 직책을 받아들였다고 합니다.

구트슈미트

원문 : 중국 20

---

5 [감교 주석] 사이온지 긴모치(西園寺公望)
6 [감교 주석] 미우라 고로(三浦梧樓)

[미우라 고로의 조선 공사 부임 건]

발신(생산)일	1895. 8. 25	수신(접수)일	1895. 10. 3
발신(생산)자	구트슈미트	수신(접수)자	호엔로에-실링스퓌르스트
발신지 정보	도쿄 주재 독일 총공사관	수신지 정보	베를린 정부
	A. 273		A. 10693
메모	10월 5일 런던 1182, 파리 579, 페테르부르크 616 전달		

사본

A. 10693 1895년 10월 3일 오전 수신

도쿄 1895년 8월 25일

A. 273

독일제국 수상 겸 호엔로에-실링스퓌르스트 전하 귀하

전하께 조선과 관련하여 본인이 이달 9일에 올린 보고서 A. 263의 마지막 부문에서 이노우에 [1]후임으로 내정되었다고 했던 퇴역 육군중장 미우라[2]가 서울 주재 공사로 임명 되었습니다. 그의 임명 사실은 이달 21일 관보에 발표되었습니다. 그는 그 날짜에 부임할 예정입니다.

이노우에의 귀환 시점에 대해서는 아직까지 확실한 내용이 알려지지 않았습니다. 그 는 후임자의 도착을 기다리고 있는 것으로 보이며, 그의 귀환은 일단 미우라가 공사관 업무를 인계한 이후에 이루어질 것 같습니다.

단지 외교적 역할만 수행하게 될 공사를 임명한 것은 실제로 조선의 독립을 인정하는 첫 단계 조처로서, 러시아에 대한 양보로 해석할 수 있습니다. 비록 이노우에가 달랑 공사 직함 하나만 갖고 있지만, 작년 겨울 그가 조선에 파견된 목적은 분명히 그가 깊숙 이 개입한 일본을 모범으로 삼은 조선 개혁안을 실행에 옮기기 위해서였습니다. 그는 외교적인 대표라기보다는 오히려 섭정 같은 인물이었습니다. 이노우에가 자신의 파견

---

1 [감교 주석] 이노우에 가오루(井上馨)
2 [감교 주석] 미우라 고로(三浦梧樓)

목적인 개혁 작업을 완수했다고 말할 수는 없습니다. 따라서 도쿄에서 내려오는 지령만
수행하게 될 공사가 그의 자리를 대체한 것은 일본이 원래 조선에서 획득했다고 생각했
던 지위, 즉 보호자로서의 지위에서 한 발 물러섰다는 인상을 주고 있습니다.

구트슈미트
원문 : 일본 6

조선 내 정치적 사건들

발신(생산)일	1895. 8. 8	수신(접수)일	1895. 10. 9
발신(생산)자	크리엔	수신(접수)자	호엔로에−실링스퓌르스트
발신지 정보	서울 주재 독일 총영사관	수신지 정보	베를린 정부
	No. 43		A. 10873
메모	연도번호 No. 344		

A. 10873 1895년 10월 9일 오전 수신

서울 1895년 8월 8일

No. 43

독일제국 수상 겸 호엔로에−실링스퓌르스트 전하 귀하

전하께 금년 6월 11일 본인의 No. 32와 관련하여 일본 공사 이노우에[1]가 이곳에 돌아왔으며 이달 22일 공사관 업무를 다시 인수받았다는 소식을 삼가 보고 드리게 되어 영광입니다. 하지만 그의 후임으로 육군 중장 미우라[2]가 이미 임명된 것으로 보아 이노우에는 이곳에 오래 머물지는 않을 것입니다.

이곳에 도착한 직후 본인을 방문한 이노우에는 도망친 전직 내부대신 박영효[3]는 대원군[4]이 불러들인 것이었다며 내막을 자세하게 설명하였습니다. 박을 왕족으로 다시 받아들이고 대신으로 임명할 때 그가 한 역할은 단지 왕이 의견을 물었을 때 반대하지 않은 것뿐이라고 했습니다. 또한 그는 기회가 닿을 때마다 자주 왕에게 박을 조심하라고 경고했다는 말도 덧붙였습니다.

일본 공사 역시 다른 자리에서 비슷한 이야기를 하였습니다. 하지만 그의 확언은 거의 믿을 수 없었습니다. 그는 지금 왕과 조선 정부에 매우 온건하고 유화적인 태도를 취하고 있지만 이곳 사람들은 그런 태도는 도쿄로부터 내려온 지령에 따른 것으로 추측하고 있습니다.

---

1 [감교 주석] 이노우에 가오루(井上馨)
2 [감교 주석] 미우라 고로(三浦梧樓)
3 [감교 주석] 박영효(朴泳孝) 역모사건
4 [감교 주석] 홍선대원군(興宣大院君)

미국 변리공사[5]의 보고에 의하면 이노우에는 최근 왕을 알현하는 자리에서 전쟁으로 인해 조선이 입은 피해 배상금으로 3백만 엔을 약속하였다고 합니다. 하지만 그 중 2백만 엔은 서울에서 제물포 간 철도 건설에 사용해야 한다는 조건이 붙어 있다고 합니다.

금년 5월 13일 10년 유배형을 선고받은 대원군 손자 이준용[6]이(5월 15일 No. 28) 이달 초 사면되었습니다.

앞에서 언급한 도망자 박은 일본에서 다시 미국으로 떠났습니다.[7]

이노우에가 서울에 도착하기 직전 이곳에 거주하고 있던 일본인 47명이 공공질서 위반과 미풍양속 저해라는 죄목으로 일본 영사에 의해 추방되었습니다.

같은 시기에 미국인 르젠드르[8] 장군이 러시아 대표의 지원 하에 다시 임명되었습니다. 물론 황태자 사부의 직위입니다.

지난달 외부대신[9]이 외국대표들에게 조선 정부가 서울에 외국인 거류지를 만들 예정이며, 외국인의 거주를 그 거류지로 한정하고자 한다는 내용의 서한을 발송하였습니다. 또한 부산항의 절영도를 방어시설 및 해양 등부표[10], 병원, 기타 다른 공공시설물 설치를 위해 남겨놓겠다는 의사를 밝혔습니다. 이 문제에 관해서는 전하께 다시 별도의 보고를 올리도록 하겠습니다.

러시아 대리공사 베베르[11]가 멕시코로 자리를 옮겼습니다. 하지만 이임은 몇 달 후가 될 것이라고 합니다. 그의 후임으로 테헤란 주재 공사관 1등서기간 슈뻬이예르[12]가 임명되었습니다. 그는 1885년 묄렌도르프[13]에 의해 조선 정부에 러시아 군사교관[14]으로 추천되어 이곳에 온 적이 있었으나 조선 국왕에 의해 거부되었습니다.

본인은 본 보고서의 사본을 베이징과 도쿄 주재 공사에게 발송할 것입니다.

크리엔

내용: 조선 내 정치적 사건들

---

5 [감교 주석] 실(J. M. Sill)
6 [감교 주석] 이준용(李埈鎔)
7 [감교 주석] 박영효(朴泳孝)의 미국행은 잘못된 정보에 따른 오기로 보임.
8 [감교 주석] 르젠드르 (C. W. Legendre)
9 [감교 주석] 김윤식(金允植)
10 [감교 주석] 등부표(燈浮標)
11 [감교 주석] 베베르(K. I. Weber)
12 [감교 주석] 슈뻬이예르(A. Speyer)
13 [감교 주석] 묄렌도르프(P. G. Möllendorff)
14 [감교 주석] 1885년 영국의 거문도 점령 직후 서울에 도착한 슈뻬이예르(A. Speyer)는 군사고문을 러시아인으로 해야 한다고 주장함. 군사고문으로 추천받았다는 이야기는 잘못된 정보에 따른 오기로 보임.

27

[명성황후 시해사건 보고]

발신(생산)일	1895. 10. 10	수신(접수)일	1895. 10. 11
발신(생산)자	크리엔	수신(접수)자	
발신지 정보	서울 주재 독일 총영사관	수신지 정보	베를린 외무부
	No. 43		A. 10952

A. 10952 1895년 10월 11일 오전 수신

전보

서울 1895년 10월 10일 오후 2시 37분
도착 10월 11일 오전 3시 7분

암호해독

긴급사항.

대원군[1]이 일본인들에 의해 훈련받은 군인들을 이끌고 궁에 침입하여, 일본 민간인들과 함께 조선인들을 살해함.[2]

다수의 관리들과 왕비가 부상당했음.

서울은 평온함.

크리엔

---

1 [감교 주석] 흥선대원군(興宣大院君)
2 [감교 주석] 명성황후(明成皇后) 시해사건.

베를린 1895년 10월 11일   A. 10952 I

황제 폐하 전하께   (암호 전보)
───────────   서울 주재 영사가 다음과 같이 전보를
대원군에 관한 1894년 11월 30일 서   보내왔습니다.;
울 발 보고서와 1895년 최근에 보낸
보고서 A. 706을 비교해 보시기 바랍   대원군은 현재 조선 국왕의 부친입니다.
니다.

연도번호 No. 7438

28

[명성황후 시해사건 보고]

발신(생산)일	1895. 10. 10	수신(접수)일	1895. 10. 11
발신(생산)자	구트슈미트	수신(접수)자	호엔로에-실링스퓌르스트
발신지 정보	도쿄 주재 독일 총공사관	수신지 정보	베를린 정부
	No. 67		A. 10954
메모	9월 12일 런던 1113, 파리 539, 페테르부르크 582 전달		

A. 10954 1895년 10월 11일 오후 수신

전보

도쿄 1895년 10월 10일 오후 2시
도착 10월 11일, 오전 11시 37분

No. 67

암호 해독

서울 주재 러시아 대리공사가 히트로보[1]에게 발송한 전보에 의하면 변장한 일본인들이 왕비를 살해하기 위해 궁을 공격하였음.[2] 왕비의 운명은 현재 알 수 없음.

러시아와의 관계 때문에 그 사건에 매우 당황한 일본 정부는 히트로보와 연락을 취했으며, 서울 주재 러시아 대표[3]와 공동으로 사건의 진상을 조사하기 위해 외무성 고위관리를 서울로 파견함.

구트슈미트

---

1 [감교 주석] 히트로보(M. A. Hitrovo)
2 [감교 주석] 명성황후(明成皇后) 시해사건
3 [감교 주석] 베베르(K. I. Weber)

베를린 1895년 10월 13일   A. 10952 Ⅱ

서울 주재 독일 영사   암호 전보

No. 1

도쿄 발 전보(A. 10954)에 의하면 친청파   10일 전보에 대한 답변.
왕비를 제거하려는 움직임이 발생했다.   소동이 친청파에 의한 것인지, 친일파
반면에 서울 발 전보(A. 10952)는 왕비의   에 의한 것인지, 또 어느 쪽이 승리하
적인 대원군에 대한 −성공적인− 제거 움   였는지 전보로 알려주기 바람.
직임에 대해 보고하고 있다. 상기 전보가
서로 모순되는 이 문제에 대한 답을 제시
해야 한다.

베를린 1895년 10월 13일   A. 10954

주재 외교관 귀중   암호 통신
페테르부르크 No. 631

                                                  귀하에게 도쿄 주재 독일제국 공사의
연도번호 No. 7478   이달 10일 전보를 정보로 제공합니다.

베를린 1895년 10월 13일   A. 10954

주재 외교관 귀중   암호 통신
페테르부르크 No. 631

                                 귀하에게 다음 내용을 정보로 제공합니다.
연도번호 No. 7478

                                 도쿄 주재 독일제국 공사가 이달 10일 다음과 같
                                 은 내용을 전보로 알려왔습니다.

                                 "서울 주재 러시아 대리공사가 히트로보에게 발
                                 송한 전보에 의하면 변장한 일본인들이 왕비를
                                 살해하기 위해 궁을 공격하였음. 왕비의 운명은
                                 현재 알 수 없음.

                                 러시아와의 관계 때문에 그 사건에 매우 당황한
                                 일본 정부는 히트로보와 연락을 취했으며, 서울
                                 주재 러시아 대표와 공동으로 사건의 진상을 조
                                 사하기 위해 외무성 고위관리를 서울로 파견함."

                                                           마쉘[4]

---

4   [감교 주석] 마쉘(Marschell)

29

[명성황후 시해사건과 조선 내 친일 세력의 집권]

발신(생산)일	1895. 10. 14	수신(접수)일	1895. 10. 15
발신(생산)자	크리엔	수신(접수)자	호엔로에-실링스퓌르스트
발신지 정보	서울 주재 독일 총영사관	수신지 정보	베를린 정부
	No. 1		A. 11073

A. 11073 1895년 10월 15일 오전 수신

전보

서울 1895년 10월 14일 오후 12시 50분

도착: 오후 9시 10분

독일제국 영사가 외무부에 발송

No. 1

암호해독

친일파 세력이 승리했음.

크리엔

[명성황후 시해사건의 전말 요약 보고]

발신(생산)일		수신(접수)일	1895. 10. 17
발신(생산)자	구트슈미트	수신(접수)자	호엔로에–실링스퓌르스트
발신지 정보	도쿄 주재 독일 공사관	수신지 정보	베를린 정부
			A. 11174

A. 11174 1895년 10월 17일, 오후 수신

일본 공사가 참조용으로 보낸 자료

Telegram from Viscount Miura as follows:

New Corean troops, one battalion in number, being alarmed at the rumor of their punishment and disbanding, forcibly entered the Royal Palace on the morning of October 8th having taken there to Tai won kun as their head. No serious fight took place as our soldiers rendered assistance to keep order. Both the King and the Crown Prince are safe, but whereabouts of the Queen unknown.

According to later report of Viscount disturbance in Seoul lies in the dissatisfaction of the newly trained Corean soldiers, who found support in the ambition and the revengeful spirit of Taiwonkun. Japanese soldiers exerted themselves for the protection of Palace and to preserve order at urgent request of the King made to Viscount Miura. As it is represented by some that a few Japanese were implicated in the disturbance, strict investigation is being made; but even if such be the case there is no doubt that they are Soshi, who may have found their way to Corea in spite of stringent measures to prevent it and who may have obtained employment by Tai won kun.

31

조선의 소요에 대한 "Novoye Vremya" 기사

발신(생산)일	1895. 10. 16	수신(접수)일	1895. 10. 18
발신(생산)자	라돌린	수신(접수)자	호엔로에-실링스퓌르스트
발신지 정보	페테르부르크 주재 독일 대사관	수신지 정보	베를린 정부
	A. 381		A. 11187

A. 11187 1895년 10월 18일 오전 수신, 첨부문서 1부

상트페테르부르크 1895년 10월 16일

No. 381

독일제국 수상 겸 호엔로에-실링스퓌르스트 전하 귀하

전하께 오늘 "Novoye Vremya"[1]에 실린, 블라디보스토크에서 온 전보문을 번역을 동봉하여 삼가 보고 드리게 되어 영광입니다. 동아시아의 분규와 러시아의 이익을 위협하는 혼란을 예고하는 내용입니다.

널리 알려진 이 신문의 연계망을 고려할 때 이 보도는 주목할 만한 가치가 있는 듯합니다.

라돌린[2]

내용: 조선의 소요에 대한 "Novoye Vremya" 기사

---

1 [감교 주석] 노보예 브레먀(Novoye Vremya)
2 [감교 주석] 라돌린(H. F. Radolin)

No. 381의 첨부문서

번역

1895년 10월 4일 자, 16일 "Novoye Vremya"

10월 3일 블라디보스토크 발 전보

"서울 발 보도에 따르면, 조선 국왕이 조선 주둔 일본군 규모를 1개 대대 정도로 축소할 것을 요구하였다. 물론 서울에 2개 중대, 부산과 원산에 각 1개 중대를 남겨둔다는 조건이 딸려 있다. 개혁 지지파의 지원을 받고 있는 일본 변리공사 미우라는 이 요구를 거부하였다. 그는 파렴치한 방식으로 조선 정부에 대항할 음모를 꾸몄고, 극동 지역을 위험한 분규에 빠뜨릴 준비를 하였다. 러시아의 이익을 위협하는 극도의 혼란이 발생할 것으로 예상된다."

외무부
A편

외무부 정치 문서고
조선 관계 문서

1895년 10월 19일부터
1895년 12월 31일까지

제19권
제20권에서 계속

조선 No. 1

1895년	목록	수신정보
	10월 24일 페테르부르크 보고서 No. 398 -조선에서 발생한 소요사태에 대한 페테르부르크 주재 일본 공사의 우려. -서울 주재 러시아 공사로 슈뻬이예르 임명.	11483 10월 26일
	10월 30일 페테르부르크 보고서 No. 414 -조선에 대한 러시아 신문의 논평. -일본인들이 조선에 머무르면서 영국 사례를 본받아 조선을 제2의 이집트로 만들지 모른다는 우려.	11743 11월 2일
	10월 28일 도쿄 전보 No. 70 -일본은 요동에서 군대를 철수한 직후 조선에서 철수할 생각임 -이토 백작은 조선 주재 외국 대표들이 일본식으로 조직된 조선 군대를 해산하라고 요구하자 근심하고 있음. /1월 29일 서울로 보낸 전보 No. 3을 볼 것/	11582 10월 29일 11582에 첨부
	10월 30일 서울 전보 No. 2 -왕이 위태로워 보여서 러시아 공사는 조선 군부대신의 체포와 일본 군대를 동원해 조선 군대를 해산할 것을 요구함.	11652 10월 31일
	11월 2일 서울 전보 No. 3 -조선 군사제도 변경. -왕비는 이른바 러시아의 보호를 요청했음.	11794 11월 3일
	11월 5일 서울 전보 No. 4 -조선 군대는 궁궐에서 쫓겨날 것임.	11875 11월 5일
	11월 8일 서울 전보 No. 5 -일본 공사 이노우에가 서울의 궁궐을 점령하고 있는 조선 군대를 일본군으로 대체할 수 있는 전권을 달라고 외국 대표들에게 요청함.	11999 11월 9일
	11월 11일 서울로 보낸 전보 No. 4 -어느 한쪽의 편을 든다는 인상을 주지 말 것.	119991에 추가
	11월 11일 도쿄로 보낸 전보 No. 45 -독일제국 공사는 조선 군대의 해산을 목적으로 한 서류에 일체 관여하지 말 것.	11582 II/ 11999 II

11월 12 도쿄 전보 No. 71 -일본 정부는 서울 주재 우리 영사가 일본인들이 서울의 궁궐을 점령하고 정부의 상태를 10월 8일 이전으로 회복시키는 것을 요구하는 각서 작성에 참여하지 말아 달라고 요청함. /11월 16일 도쿄로 보낸 전보 47을 볼 것/	12141 11월 13일 12141에 추가
8월 8일 서울 보고서 No. 43 -귀양을 보냈던 대신 박정양을 다시 불러들임. -2백만 엔은 철도부설에 사용하라는 조건 하에 일본 측에서 조선에 3백만 엔 지불. -이준용의 사면. -미국인 르젠드르를 왕세자의 스승으로 채용. -서울에 외국인 거주지 설립.	10873 10월 9일 18권에 있음
10월 18일 페테르부르크 군사 보고서 J. No. 95/95 -조선에 주둔하게 될 경우를 대비해 아무르 지역 러시아 군대의 전력을 강화함.	11293에 추가 10월 21일
11월 5일 워싱턴으로 보낸 전보 No. 24 -동아시아 문제, 특히 조선 문제에 관한 미국 신문들의 입장에 대해 보고해 줄 것을 요청함.	11864 11월 5일
9월 30일 서울 보고서 No. 49 -이노우에가 서울을 떠남. -전임 대신 민영준 귀환. -조선 북부지방에서 발생한 폭동. -일본 특사로 이재순 임명. -궁내부 관리들의 파면.	12332 11월 17일
11월 27일 서울 전보 No. 6 -조선 왕비의 폐위 취소. -군부대신의 파면.	12720 11월 28일
10월 1일 도쿄 보고서 A. 293 -일본은 요동에서 물러난 뒤 조선에서도 병력을 철수할 것이며, 조선에 있는 일본 공사관 보호를 위해 단지 2개의 소규모 분대만 남겨놓을 예정임.	12165 11월 13일

11월 24일 프랑크푸르터 신문 ―조선 왕비 살해. ―왕당파에 대한 보고.	12607 11월 24일
11월 28일 서울 전보 No. 7 ―궁궐을 다시 점령하려던 옛 궁궐수비대의 시도 실패.	12750 11월 29일
12월 1일 서울 전보 No. 8 ―왕비 사망 사실 공식적으로 발표.	12865 12월 1일
9월 12일 서울 보고서 C. No. 46 ―미우라 일본 공사의 도착. ―대신 경질. ―조선의 학교법 공표. ―조선 주재 프랑스 대리공사로 프랑뎅 내정.	11667 10월 31일
10월 10일 도쿄 보고서 A. 303 ―조선 왕비에 대한 반란은 러시아의 영향력에 대한 반대 선언임.	12173 11월 13일
10월 15일 도쿄 보고서 A. 305 ―일본 낭인에 의한 조선 왕비 살해에 대한 사이온지의 발언. ―이들 낭인들로 대만에서 외인부대를 만들라고 조언한 독일제국 공사.	12334 11월 17일
10월 17일 도쿄 보고서 A. 307 ―조선 왕비 살해에 대한 일본 신문의 기사. ―문관과 무관을 제외한 일본인들은 정부의 허가 없이 조선이 가는 것 금지.	12335 11월 17일
11월 7일 워싱턴 보고서 No. 569 ―동아시아에서 발생한 사건들에 대한 미국 정부와 신문의 관심 부족.	12502 11월 22일
10월 21일 도쿄 보고서 A. 311 ―낭인들 이외에도 서울 주둔 일본군 일부가 왕비에 맞서는 일에 대원군과 협력하였음. ―일본 정부 또한 그 일에 관여한 것으로 보임.	12802 11월 29일
10월 22일 도쿄 보고서 A. 312 ―일본 정부가 조선의 쿠데타에 관여했다는 증거들. ―러시아 공사는 일단 서울의 새로운 상태를 인정하지 말라는 지시를 받 았음.	12803 11월 29일

10월 24일 도쿄 보고서 A. 314 -서울에서 벌어진 사건들에 관한 일본 정부의 입장에 관한 일본 반관보 　신문의 기사. -서울 특사로 임명된 이노우에. -미우라가 왕비를 제거하라는 지시를 너무 곧이곧대로 따른 것으로 보임.	12805 11월 29일
12월 6일 페테르부르크 보고서 No. 491 -일본과 조선의 관계에 대한 "Novoye Vremya" 기사. -일본의 한 사립학교에서 교육 받는 조선의 젊은이들.	13113 12월 8일
12월 14일 "St. Peterburger Herold" -조선 왕과 왕비 측에서 러시아의 보호통치를 받기 위해 애쓰고 있음.	13357 12월 14일
10월 9일 서울 보고서 No. 52 -궁중혁명의 원인에 관한 일본 공사 미우라의 의견.	12766 11월 29일
10월 18일 서울 보고서 No. 55 -궁중혁명과 왕비 폐위에 관한 조선 정부의 공식 발표. -내각이 왕에게 독자적인 왕호를 갖도록 부치김. -왕의 차남을 조약체결 국가들의 특사로 임명. -고무라를 조선 주재 일본 공사로 임명.	12767 11월 29일
10월 31일 도쿄 보고서 A. 321 -일본 정부가 로바노프에게 일본 정부의 향후 정책과 일본군의 조선 철수 　에 대해 통지함. -조선 문제에 관한 영국의 태도.	13215 12월 10일
11월 1일 도쿄 보고서 A. 322 -일본식으로 조직된 서울의 3개 대대 해산에 대한 일본 정부의 동의.	13216 12월 10일
11월 7일 도쿄 보고서 A. 325 -일본군의 조선 철수 기한 미정.	13219 12월 10일
12월 10일 "Hannoverscher Courier" -일본은 조선이 관심 있는 열강들의 공동보호통치 하에 놓이기를 원하는 　반면 러시아는 조선에서 우월적 영향력을 유지하기를 바람. /첨부문서 1, 12월 12일 암호전보, 도쿄 48/ /첨부문서 2, 12월 12일 훈령, 페테르부르크 774/	13222 12월 10일 13222 I 13222 II

11월 12일 도쿄 보고서 A. 327 −일본 정부가 그곳의 현 정부를 제거해야 한다는 서울 주재 외국 대표들의 　요구에 대한 이토 후작의 불평.	13398 12월 15일
11월 13일 도쿄 보고서 A. 328 −외부대신은 서울 주재 독일제국 공사에게 서울 주둔 일본군이 10월 8일 　이전의 상태로 환원시키고 일단 이런 목적으로 조선 궁중수비대를 해산 　시키라고 요구하는 동료들의 서한에 관여하지 말라는 지시를 내려줄 것 　을 요청함.	13399 12월 15 수신
11월 14일 도쿄 보고서 A. 330 −일본군을 활용해 10월 8일 이전의 상태로 환원하는 문제에 관해 서울 체 　류 중인 이노우에가 보여주는 애매모호한 태도.	13401 12월 15일
11월 15일 도쿄 보고서 A. 333 −앞의 보고서에서 언급된 이노우에의 태도에 대한 후속보고.	13404 12월 15일
12월 15일 "Frankfurter Zeitung" −기사: "조선의 철혈정치". −궁중혁명의 원인과 대원군.	13409 12월 15일
12월 14일 메모 −이곳 청국 공사의 전언에 따르면 조선 왕은 러시아 황제에게 러시아 군대 　를 조선에 출동시켜 줄 것을 요청했음. −러시아는 그 요청을 거절하였으나 일본에 일본군을 철수시키라고 요구함.	13353 12월 14일
11월 14일 도쿄 보고서 A. 331 −베를린 주재 일본 공사는 정부가 조선 관련 정책에 관해 독일제국 정부에 　통지하라고 보내온 전보를 전달하지 않음.	13402 12월 15일
11월 18일 도쿄 보고서 A. 335 −앞의 보고서와 동일한 내용. −조선 문제에 관한 독일의 태도.	13856 12월 29일
11월 25일 도쿄 보고서 A. 340 −서울에 체류 중인 이노우에의 애매모호한 태도. −일본은 유럽열강들로부터 조선의 혼란에 개입하기 위한 권한을 위임받기 　위해 노력하는 것으로 보임.	13860 12월 29일

10월 29일 서울 보고서 No. 56 -신임 일본 공사 고무라의 서울 도착. -유럽조약국들 공사로 임명된 왕의 차남의 유럽 순방 계획. -10월 8일과 25일에 열린 서울 주재 외국 대표 회의의 회의록.	13377 12월 15일
11월 7일 서울 보고서 No. 59 -폭동을 일으킨 군대 지휘관들의 해임. -이노우에의 서울 도착. -일본군으로 궁중수비대 대체. -미우라와 왕비 살해.	13849 12월 29일
10월 28일 도쿄 보고서 A. 317 -조선 왕비에 대한 모반에 참여한 공사 미우라 장군의 피소. -이토는 서울 주재 외국 대표들이 요구하는 3개 대대의 해산을 위험한 일로 생각하고 있음. 파면된 군인들이 소요를 촉발할 수 있기 때문임. -아오키는 베를린에서 조선에 대한 일본의 정책에 대해 전달하라는 지시를 받음.	13211 12월 10일
11월 20일 도쿄 보고서 A. 336 -베를린 주재 일본 공사가 조선에 대한 자국 정부의 정책에 대해 설명하라는 지시를 소홀히 함	13857 12월 29일
12월 14일 페테르부르크 보고서 No. 516 -조선의 개혁 상황. -조선 문제에 대한 러시아의 입장: 러시아는 조선의 독립이 확실히 유지되기를 바람.	13460 12월 16일
12월 16일 도쿄 전보 No. 72 -조선과 관련한 러시아와 일본의 협상은 현재 진행되지 않고 있음.	13472 12월 17일
12월 24일 페테르부르크 보고서 No. 530 -로바노프는 일본측에서 즉각 조선에서 철수하기를 바람. -또한 그는 일본인들로 조선 궁중수비대를 대체하는 문제에 대해서는 아는 바가 전혀 없음.	13799 12월 29일

01

[러시아의 조선 문제 무력 개입 주장과 병력 동향]

발신(생산)일	1895. 10. 18	수신(접수)일	1895. 10. 21
발신(생산)자	라우엔슈타인	수신(접수)자	
발신지 정보	페테르부르크 주재 독일 대사관	수신지 정보	베를린 외무부
			A. 11293
메모	연도번호 No. 95, 원본은 10월 26일 국방부장관에게 전달		

A. 11293 1895년 10월 21일 오전 수신

상트페테르부르크, 1895년 10월 18일

사본

이곳에서는 다시 조선에 무력 개입이 필요하다는 점을 몹시 강조하고 있습니다. 비전문가들은 러시아가 그런 목적으로 동시베리아에 주둔시키고 병력에 대해 상당히 과장된 생각을 하고 있습니다. 그동안 군부에서는 아무르 지역에 주둔하고 있는 군대의 전투태세를 강화하고, 본인이 이미 여러 차례 언급했던 방식대로 단계적이고 신중하게 아무르 지역의 방위력을 높이기 위한 조처들을 시행해 왔습니다. 현재 동시베리아 제2 전열보병여단 조직을 정비한 뒤 남우수리 지역의 전열보병대대들(현재 1대대, 5대대, 7대대, 8대대, 9대대)은 제2보병여단 휘하에 소속되었습니다. 동시베리아 제1 전열보병여단은 제4대대(아마도 서시베리아에서 차출된 대대들 가운데 하나인 듯)의 합류로 전력이 강화될 것입니다. 또한 남우수리 지역의 야전부대를 위해 동시베리아 이동식 포병병기창이 만들어집니다. 그 포병병기창은 전쟁이 발발할 경우 이동식 병기창여단으로 바뀌게 됩니다. 각각의 병기창여단은 산하에 보병, 포병용 군수품을 보급하는 병기창, 산악지대 반[1] 병기창을 거느리게 됩니다. Rjarsan에서 바이칼호 동쪽지방(Transbaikalien)으로 이동한 포병부대는 목적지에(사령부와 제1포대는 Nertschinsk에, 제2포대는 Schalopugino에) 도착하였습니다. 블라디보스토크에는 요새 헌병사령부가 설치되었습니다.

라우엔슈타인[2]

참모본부 중대장

원본 : 러시아 72

---

1 [감교 주석] 반(半)
2 [감교 주석] 라우엔슈타인(Lauenstein)

[명성황후 시해사건에 대한 주러 일본공사의 우려]

발신(생산)일	1895. 10. 24	수신(접수)일	1895. 10. 26
발신(생산)자	라돌린	수신(접수)자	호엔로에-실링스퓌르스트
발신지 정보	페테르부르크 주재 독일 대사관	수신지 정보	베를린 정부
	No. 398		A. 11483
메모	연도번호 No. 95, 원본은 10월 26일 국방부장관에게 전달		

A. 11483   1895년 10월 26일 오전 수신

상트페테르부르크, 1895년 10월 24일

No. 398

독일제국 수상 호엔로에-실링스퓌르스트 각하 귀하

암호해독

　최근에 만났을 때 의기소침해 보였던 일본 공사[1]가 조선에서 벌어지고 있는 사건들에 대해 우려를 표했습니다. 그는 (낭인이라고 불리우는) 일본 무정부주의자들이 조선의 왕비[2]를 살해함으로써 일본의 입장을 매우 난처해졌다고 말했습니다. 그는 일본 무정부주의자들이 왕의 부친[3]의 사주를 받은 것 같다고 하였습니다. 왕의 부친은 며느리를 비롯한 그녀의 일가[4]가 왕에게 미치는 영향력이 더 커지는 것을 두려워했다고 합니다.

　니시[5]는 러시아의 태도를 의심의 눈길로 지켜보고 있습니다. 그는 본인에게 현재 서울 주재 러시아 공사로 있는 베베르[6]가 새로운 공사 슈뻬이예르[7]로 교체된다고 하였습니다. 슈뻬이예르는 얼마 전 히트로보[8]와 협의하기 위해 이곳에서 도쿄로 떠났던 인물

1　[감교 주석] 니시 도쿠지로(西德二郎)
2　[감교 주석] 명성황후(明成皇后)
3　[감교 주석] 흥선대원군(興宣大院君)
4　[감교 주석] 여흥(驪興) 민씨
5　[감교 주석] 니시 도쿠지로(西德二郎)
6　[감교 주석] 베베르(K. I. Weber)
7　[감교 주석] 슈뻬이예르(A. Speyer)

입니다.

또한 아무르 지역의 총독 두코프스코이[9] 역시 조선에 대한 정부의 입장을 듣기 위해 페테르부르크로 소환되었다고 합니다.

라돌린[10]

---

8 [감교 주석] 히트로보(M. A. Hitrovo)
9 [감교 주석] 두코프스코이(Dukowskoi)
10 [감교 주석] 라돌린(H. F. von Radolin)

베를린, 1895년 10월 28일   A. 11483

주재 외교관 귀중   암호우편!
런던 No. 1249

                                        귀하에게 이달 24일 상트페테르부르크 주재 독
연도번호 No. 7804   일제국 대사의 보고 내용을 정보로 제공합니다.

03

[명성황후 시해사건 직후 일본의 대조선방침]

발신(생산)일	1895. 10. 28	수신(접수)일	1895. 10. 29
발신(생산)자	구트슈미트	수신(접수)자	
발신지 정보	도쿄 주재 독일 공사관	수신지 정보	베를린 외무부
	No. 70		A. 11582

A. 11582 1895년 10월 29일 오전 수신

전보

도쿄, 1895년 10월 28일
도착: 10월 29일 오전 6시 50분

독일제국 공사가 외무부에 발송

암호해독

No. 70

외부대신[1]이 어제 아오키[2]가 보낸 전보를 조금 전 본인에게 읽어 주었습니다. 그 전보의 내용에 따라, 일본은 요동반도에서 철수한 직후 조선에서도 자국 군대를 철수할 것이라는 사실을 삼가 각하께 보고 드립니다. 서울의 일본 공사관을 보호할 목적으로 남겨놓은 분견대[3]만 조선 정부가 직접 외국인 보호의 역할을 떠맡을 수 있을 때까지 서울에 머물 것이라고 합니다. 또한 외부대신은 일본은 조선에 대해 특별한 의도를 전혀 갖고 있지 않으며, 오히려 조선이 최대한 빨리 자립해 다른 열강들 앞에 동등하게 등장하기를

---

1 [감교 주석] 사이온지 긴모치(西園寺公望)
2 [감교 주석] 아오키 슈조(靑木周藏)
3 [감교 주석] 분견대(分遣隊)

바란다고 하였습니다.

이토[4]가 본인에게 은밀히, 현재 서울 주재 외국 대표들이 일본식으로 조직된 조선 훈련대의 해산을 요구하는 것을 우려스럽게 생각한다고 하였습니다. 만일의 경우 그로 인해 발생할 사태에 대해서는 책임질 수 없다고 하였습니다.

구트슈미트[5]

---

4   [감교 주석] 이토 히로부미(伊藤博文)
5   [감교 주석] 구트슈미트(F. Gudtschmid)

베를린, 1895년 10월 29일   A. 11582

크리엔   암호전보
서울
No. 3   그곳의 외국 대표들은 어느 나라의 대표들입니
(A. 11652^{95}와 비교)   까? - 그들이 일본식으로 조직된 조선 군대의
                            해산을 요구한다는 것이 사실입니까? 전신으로
연도번호 No. 7820   답변해 주시기 바랍니다.

[훈련대 해산에 관한 조선 주재 외교관의 견해]

발신(생산)일	1895. 10. 30	수신(접수)일	1895. 10. 31
발신(생산)자	크리엔	수신(접수)자	
발신지 정보	서울 주재 독일 총영사관	수신지 정보	베를린 외무부
	No. 70		A. 11582
메모	A. 11875와 비교할 것. 전보 No. 3에 대한 답신		

A. 11652   1895년 10월 31일 오전 수신

전보

서울, 1895년 10월 30일 오후 7시 2분
도착: 10월 31일 오전 1시 25분

암호해독

독일제국 영사가 외무부에 발송

No. 2

왕이 위태로워 보여서 러시아 …… 공사[1]가 군부대신[2]의 체포와 일본군에 의해 조직된 군대[3]의 해산을 요구하였습니다. 일본 공사[4]는 생각할 시간을 달라고 요구하면서 안전대책 마련을 약속하였습니다.

크리엔[5]

---

1 [감교 주석] 베베르(K. I. Weber)
2 [감교 주석] 안경수(安駉壽)
3 [감교 주석] 훈련대(訓鍊隊)
4 [감교 주석] 미우라 고로(三浦梧樓)
5 [감교 주석] 크리엔(F. Krien)

조선의 정치적 사건들

발신(생산)일	1895. 10. 30	수신(접수)일	1895. 10. 31
발신(생산)자	크리엔	수신(접수)자	호엔로에-실링스퓌르스트
발신지 정보	서울 주재 독일 총영사관	수신지 정보	베를린 정부
	No. 70		A. 11667
메모	A. 12332와 비교할 것. 연도번호 No. 392		

A. 11667 1895년 10월 31일 오후 수신

서울, 1895년 9월 12일

독일제국 수상 겸 호엔로에-실링스퓌르스트 각하 귀하

각하께 지난달 8일 본인의 보고서 No. 43[1]에 이어 삼가 다음과 같이 보고 드리게 되어 영광입니다. 새 일본 공사 미우라가[2] 이달 1일 이곳에 도착하였으며, 3일 이노우에[3]로부터 일본 공사관 업무를 이양 받았습니다. 이노우에는 이달 17일 서울을 떠날 예정입니다.

총리대신 박정양[4]이 내무대신에 임명되었고 그의 자리는 전직 총리대신 김홍집[5]이 물려받았습니다. 군부대신, 탁지부대신, 내부대신, 궁내부대신은 의원면직되었으며 그 자리에는 새로운 인물들이 임명되었습니다.

이달 4일, 현 왕조의 개국(1391년)[6]을 축하하기 위해 궁궐에서 만찬이 열렸습니다. 그런데 지금까지의 관례와는 달리 왕과 왕비 역시 가신들을 거느리고 연회에 참석하였습니다.

며칠 전 청국 공사관서기이자 영사였던 탕[7]이 본인을 방문하였습니다. 그는 몇 주 동안 서울과 제물포에 완전히 은둔해 지내면서 청국 외교대표부와 영사대표부의 동산을

---

1 [원문 주석] A. 10873에 삼가 첨부함.
2 [감교 주석] 미우라 고로(三浦梧樓)
3 [감교 주석] 이노우에 가오루(井上馨)
4 [감교 주석] 박정양(朴定陽)
5 [감교 주석] 김홍집(金弘集)
6 [감교 주석] 원문에 1391년으로 기재. 1392의 오기로 보임.
7 [감교 주석] 탕샤오이(唐紹儀)

은밀히 매각하였습니다. 탕은 향후 몇 년 동안은 청국과 조선이 새로운 조약을 체결할 가능성이 없다고 보고 있습니다. - 그는 지난번 전쟁에서 청국이 패배한 이유를 일차적으로 아편중독의 폐해 때문으로 보고 있습니다. 그러면서 아편중독을 뿌리 뽑기 위해서는 국민의 약 30퍼센트 정도로 추산되는 모든 아편중독자들을 천민계급으로 강등시키는 방법이 바람직하다고 하였습니다. 복식도 바꾸어야 한다고 말했습니다. 청국은 전 세계에서 남자는 긴 옷을 입고 여자는 짧은 옷을 입는 유일한 나라라고 했습니다. - 탕은 얼마 전 청국으로 돌아가기 위해 제물포로 떠났습니다.

정치적인 범죄를 저지른 혐의로 작년 여름부터 수사 받던 조선 관리들이 사면되었습니다.

지금까지 조선에는 조선 정부가 관리하는 서울 소재 영어 학교[8]와 일어 학교[9] 두 개를 제외하고는 사립학교들밖에 없었습니다. 그런데 이달 7일[10] 학교령[11]이 발포되었으며, 그 법에 따라 7[12]세부터 15세 사이 소년소녀들을 위한 국립, 공립, 사립 초등학교[13]와 중등학교[14]를 설립될 예정입니다. 국립학교는 중앙정부의, 공립학교는 지방관청의 관리를 받게 될 것입니다. 사립학교는 지방재정이나 국가재정에서 보조금을 받게 됩니다. 초등학교의 교과과정에는 체육, 읽기, 쓰기, 문체, 산수, 도덕, 지리, 조선 역사가 포함됩니다. 여자아이들의 경우 수예가 추가됩니다. 중등학교 교육과정에는 도덕, 읽기, 쓰기, 문체, 산수, 지리, 역사, 체육이 포함되며, 경우에 따라 외국 역사나 지리는 제외한 외국어가 포함됩니다. 여자아이들의 경우 수예가 추가됩니다. 학교는 학부에 소속되며, 교과서 발행과 선택은 학부에 의해 이루어집니다. 교사 급여는 한 달에 10에서 35달러[15] 사이로 확정되었습니다.

프랑스 대리위원[16]이 개인적으로 전해준 바에 의하면, 현재 휴가 차 유럽에 머물고 있는 프랑뎅[17] 위원은 수일 내로 프랑스 대리공사가 되어 이곳으로 돌아올 것이라고 합

---

8 [감교 주석] 한성영어학교(漢城英語學校)

9 [감교 주석] 한성일어학교(漢城日語學校)

10 [감교 주석] 음력 1895년 7월 19일

11 [감교 주석] 소학교령(小學校令; 칙령 제146호), 관보 제149호(음력 1895년 7월 22일) 수록

12 [감교 의견] 최저 연령은 8세임. 원문의 오류로 보임.

13 [감교 주석] 심상과(尋常科)

14 [감교 주석] 고등과(高等科)

15 [감교 주석] 조선의 통화 단위인 원(元)이었음. 관립과 공립의 소학교 교사의 월급에 대해서는 관보 제149호 (음력 1895년 7월 22일) 수록.

16 [감교 주석] 르페브르(G. Lefèvre)

17 [감교 주석] 프랑뎅 (H. Frandin)

니다.

본인은 본 보고서의 사본을 베이징과 도쿄 주재 독일제국 공사관에 보낼 것입니다.

크리엔

내용: 조선의 정치적 사건들

조선에 관한 신문 논평

발신(생산)일	1895. 10. 30	수신(접수)일	1895. 11. 2
발신(생산)자	라돌린	수신(접수)자	호엔로에-실링스퓌르스트
발신지 정보	페테르부르크 주재 독일 대사관	수신지 정보	베를린 정부
	No. 414		A. 11743
메모	11월 7일 런던 1305, 워싱턴 65에 전달		

A. 11743　1895년 11월 2일 오전 수신

상트페테르부르크, 1895년 10월 30일

No. 414

독일제국 수상 겸 호엔로에-실링스퓌르스트 각하 귀하

러시아 언론이 조선에서 들어오는 소식들에 대해 심각한 우려를 표하기 시작했습니다. 이곳 신문들은 일본인들이 조선의 안정을 회복하고 조선의 독립을 보장해야 한다는 명분을 내세워 조선에 눌러앉은 뒤, 영국의 사례를 본받아 조선을 제2의 이집트로 만들 것이라고 보도하고 있습니다. 따라서 강력하고 신속한 개입이 필요하다고 주장하고 있습니다. 이곳 언론의 분위기를 단적으로 보여주는 것이 바로 조선 문제에 대한 "Moskovskie Vedomosti"[1] 신문의 사설입니다. 그 내용은 다음과 같습니다.:

"이 문제에 관한 한 러시아는 시모노세키 조약에서 인정한 조선의 독립을 지지하고 있어 정당한 토대 위에 서 있다. 반면 일본은 조선의 독립을 침해하고 조선을 점령하려 애쓰고 있다. 따라서 어느 쪽의 입장이 옳은지 명확해진다. 게다가 러시아는 동양에서 항상 정의의 화신으로 등장했다는 사실에는 의문의 여지가 없다. 그 점 역시 러시아의 도덕적인 힘을 보여주는 것이다. 정의의 승리를 위해서라도 러시아는 결코 일본인들이 조선을 다스리는 것을 허용할 수 없다. 비록 일본 언론은 그렇게 될 거라는 어처구니없는 희망을 피력하고 있지만 우리는 일본인들의 조선 지배가 허용되지 않을 것으로 확신한다. 하지만 만약 일본이 엄청난 군사력으로 조선을 점령할 경우 벌어질 분쟁을 피하려면

1　[감교 주석] 모스코브스키 베도모스티(Moskovskij Wiadomosci)

차라리 지금 협상을 벌이는 것이 더 신중하고 올바른 선택이 될 것이다. 왜냐하면 지금은 태평양 순양함대가 다른 일에 동원되지 않고 조선과 일본 사이 해협에서 러시아의 항의를 지원하는 일에 집중할 수 있기 때문이다. 조선이 외국의 영향력 행사로 인한 정부의 위기로 신음하고 있는 바로 지금이 그런 항의가 필요한 시점이다. 조선에는 합법적인 권력이 다시 복구되어야 할 뿐만 아니라 궁궐 쿠데타가 재발되는 것을 막아야 한다. 전신으로 들어온 보고가 신뢰할 만하다면, 우리 함대는 고립되어 있는 상태는 아닐 것이다. 왜냐하면 우리 함대는 프랑스와 독일 전함들과 합동작전을 세워 함께 일본을 향해 출항한 것이기 때문이다. 설사 합동작전을 펼칠 수 있는 상황이 아니라서 러시아 단독으로 행동해야 할 경우에도 조선에서의 일본의 음모에 대한 항의가 지연되어서는 안 된다. 지금이야말로 일본인들을 제어해 그들의 탐욕을 막아야 할 때이다. 따라서 우리 외교관들이 해야 할 일은 더 이상 참사가 일어나는 것을 막기 위해 조선 문제에 대한 러시아의 영향력을 더 확보하는 것이다. 지금이 바로 그런 일을 할 때이다."

라돌린

내용: 조선에 관한 신문 논평

[훈련대 해산을 비롯한 조선의 군제 개편]

발신(생산)일	1895. 11. 2	수신(접수)일	1895. 11. 3
발신(생산)자	크리엔	수신(접수)자	
발신지 정보	서울 주재 독일 총영사관	수신지 정보	베를린 외무부
	No. 3		A. 11794
메모	A. 11652, A. 11582		

A. 11794 1895년 11월 3일 오전 수신

전보

서울, 1895년 11월 2일 오후 2시 48분
도착: 11월 3일 오전 9시 40분

독일제국 영사가 외무부에 발송

No. 3

암호해독

군사제도 변경[1]. 해임된 두 명의 사령관[2]은 도주했음. 이노우에[3]는 이곳에 있음.
일본 공사관은 왕비가 러시아의 보호를 요청했다고 주장함.

크리엔

---

1 [감교 주석] 칙령(勅令) 제169호 〈훈련대 폐지에 관한 안건[訓鍊隊廢止件]〉, 칙령 제170호 〈육군 편제 강령 (陸軍編制綱領)〉, 칙령 제171호 〈친위대 2대대 설립에 관한 안건[親衛隊二大隊設立件]〉, 칙령 제172호 〈평 양부와 전주부에 진위대 설립에 관한 안건[平壤府全州府鎭衛隊設立件]〉(『고종실록』 고종 32년(1895) 9월 13일(양력 10월 30일)으로 추정할 수 있음.

2 [감교 주석] 훈련대 폐지에 따른 제1대대장 우범선(禹範善), 제2대대장 이두황(李斗璜), 제3대대장 이진호 (李軫鎬)로 추정할 수 있음.

3 [감교 주석] 이노우에 가오루(井上馨)

08

[조선을 둘러싼 러일갈등 관련 정부 및 언론 보도를 보고할 것]

발신(생산)일	1895. 11. 5	수신(접수)일	1895. 11. 5
발신(생산)자	최고사령관	수신(접수)자	
발신지 정보	베를린 정부	수신지 정보	베이징 주재 독일공사관
	No. 24		A. 11864
메모	연도번호 No. 7976		

A. 11864 1895년 11월 5일 오전 수신

베를린, 1895년 11월 5일

사본

No. 24

암호전보

러시아와 일본의 분쟁에 관해, 특히 조선 독립 문제에 관해 그곳 정부와 주요 신문들이 취하고 있는 입장에 대해 지속적으로 보고하기 바람.

최고사령관

원본 : 중국 20

[이노우에 가오루의 조선 궁궐에서 일본군 철수 약속]

발신(생산)일	1895. 11. 5	수신(접수)일	1895. 11. 5
발신(생산)자	크리엔	수신(접수)자	호엔로에-실링스퓌르스트
발신지 정보	서울 주재 독일 총영사관	수신지 정보	베를린 정부
	No. 4		A. 11875

A. 11875 1895년 11월 5일 오후 수신

전보

서울, 1895년 11월 5일 오후 4시 45분
도착: 오후 7시 38분

독일제국 영사가 외무부에 발송

No. 4

암호해독

이노우에[1]가 궁궐에서 군대를 철수시키겠다고 약속했음.

크리엔

---

1 [감교 주석] 이노우에 가오루(井上馨)

베를린, 1895년 11월 7일   A. 11743

주재 외교관 귀중   귀하에게 조선에 관한 러시아의 신문 논평에 대
1. 런던 No. 1305   한 상트페테르부르크 주재 독일제국 대사의 지
2. 워싱턴 No. A. 65   난달 30일 보고서 사본을 삼가 개인 정보로 제
                                        공합니다.

연도번호 No. 8068   내용: 조선에 관한 신문 논평

[이노우에 가오루의 일본군 조선 궁궐 점령에 관한 전권 위임 요청]

발신(생산)일	1895. 11. 8	수신(접수)일	1895. 11. 9
발신(생산)자	크리엔	수신(접수)자	
발신지 정보	서울 주재 독일 총영사관	수신지 정보	베를린 외무부
	No. 5		A. 11999
메모	I) 11월 11일 서울 4 영사에게 발송하는 암호전보 II) 11월 11일 도쿄 45에 보내는 암호전보		

A. 11999　1895년 11월 9일 오전 수신

전보

서울, 1895년 11월 8일 오전 8시 30분

도착: 11월 9일 오전 5시 35분

독일제국 영사가 외무부에 발송

암호해독

No. 5

이노우에[1]가 외국 대표들에게 왕의 안전을 위해 일본군을 동원해 조선의 군대를 해산 시키고 궁궐을 일시적으로 점령하는 것에 대해 본국 정부에 문의해보고 서면으로 자신 에게 전권을 위임해 달라고 요청함.

크리엔

1　[감교 주석] 이노우에 가오루(井上馨)

베를린, 1895년 11월 11일   A. 11999I

주재 독일 영사 귀중   암호 전보
서울 No. 4

                                        일본의 제안에 대한 귀하의 대응에 동의합니다.
전보 No. 5에 대한 답신   여하튼 어느 한쪽의 편을 든다는 인상을 주지
                                        말기 바랍니다.

연도번호 No. 8153

베를린, 1895년 11월 11일   A. 11582 II, A. 11999 II

주재 외교관 귀중   아오키는 지금까지 이곳에서 조선에 관해 아무
도쿄 No. 45   런 성명도 발표하지 않았습니다.
A. 2040 참조   서울 주재 러시아 공사 혼자 군대 해산을 요구
                                        하였습니다.
전보 No. 70에 대한 답신   귀하는 그 문제와 관련된 각서에 관여하지 않도
                                        록 하십시오.
연도번호 No. 8152   필요한 경우 먼저 훈령을 요청하기 바랍니다.

11

[이노우에 가오루의 일본군 조선 궁궐 점령에 관한 전권 위임 요청]

발신(생산)일	1895. 11. 12	수신(접수)일	1895. 11. 13
발신(생산)자	구트슈미트	수신(접수)자	
발신지 정보	도쿄 주재 독일 공사관	수신지 정보	베를린 외무부
	No. 71		A. 12141
메모	암호전보. 11월 16일 도쿄 47에 발송		

A. 12141 1895년 11월 13일 오전 수신

전보

도쿄, 1895년 11월 12일 오후 12시 30분
도착: 11월 13일 오전 12시 17분

독일제국 공사가 외무부에 발송

암호해독

No. 71

외무장관은 서울 주재 우리 영사[1]에게 일본군이 궁궐 수비업무를 맡고, 정부를 10월 8일 이전의 상태로 되돌릴 것을 요구하는 다른 외국 대표들의 각서 작성에 참여하지 말라고 지시하였습니다.

구트슈미트[2]

---

1 [감교 주석] 크리엔(F. Krien)
2 [감교 주석] 구트슈미트(F. von Gudtschmid)

12

[이노우에 가오루의 일본군 조선 궁궐 점령에 관한 전권 위임 요청]

발신(생산)일	1895. 10. 1	수신(접수)일	1895. 11. 13
발신(생산)자	구트슈미트	수신(접수)자	호엔로에–실링스퓌르스트
발신지 정보	도쿄 주재 독일 공사관	수신지 정보	베를린 정부
	A. 293		A. 12165
메모	11월 16일 런던 1351, 파리 656, 페테르부르크 701에 전달		

A. 12165 1895년 11월 13일 오후 수신

도쿄, 1895년 10월 1일

사본

A. 293

독일제국 수상 겸 호엔로에–실링스퓌르스트 각하 귀하

본인은 어제 총리대신[1]과 1차 회담을 하였습니다. 회담은 아주 친밀한 분위기 속에서 진행되었습니다. 그때 본인은 총리대신에게 조선 문제를 어떻게 해결할 생각인지, 또 러시아 공사[2]가 문제와 관련해 최근 일본 정부에 어떤 조치를 취했는지 물어볼 수 있는 기회가 있었습니다. 그 질문을 할 때 본인은 독일은 이 문제에 특별한 관심을 갖고 있지는 않다고 말했습니다. 단지 본인이 개인적으로, 또한 일본에 파견된 외교관으로서 자연스레 이 문제가 어떻게 해결될 것인지 관심을 갖게 되어 물어보는 것임을 강조하면서 은밀한 정보를 요청하였습니다.

이토는 흔쾌히 본인의 질문에 답해주었습니다.

얼마 전 히트로보가 그에게, 일본은 작년에 러시아에게 했던 약속, 즉 조선의 독립을 존중할 것이라는 약속을 언제 지킬 것이냐, 또한 그럴 경우 조선반도의 독립은 실제로 언제 이루어지게 되느냐고 물었다고 합니다.

히트로보의 질문에 대해 이토는, 일본은 여전히 조선에서 철병하여 조선을 확실히

---

1 [감교 주석] 이토 히로부미(伊藤博文)
2 [감교 주석] 히트로보(M. A. Hitrovo)

조선인들의 손에 넘겨줄 계획이라고 답변하였다고 합니다. 또한 확실한 답변은 이노우에가 돌아온 다음에야 해줄 수 있는데, −그는 오늘 조선에서 돌아왔습니다.− 현재 그에게 해줄 수 있는 말은 요동반도에서 병력을 철수한 이후 조선에서도 일본 공사관을 보호하기 위해 제물포와 서울에 주둔시키고 있는 2개의 소규모 분대를 제외하고는 곧바로 병력 철수가 진행될 것이라고 말했다고 합니다. 그때까지는 일본이 가설해놓은 일본과 만주를 잇는 전신선을 보호하기 위해 몇 개 대대를 조선에 남겨놓을 필요가 있다고 했습니다. 만약 지금 벌써 병력을 철수시키게 되면 조선인들에 의해 전신선이 파괴될 것이고, 그로 인해 일본과 요동반도 간 연락이 끊어진다는 것입니다. 남만주에서 철수한 이후에는 일반 국제통신을 위해서도 매우 중요한 그 전신선을 조선 정부에 넘겨줄 예정인데, 그럴 경우 조선 정부는 전신선 운영을 확실히 보장해야 할 거라고 했습니다. 철수는 그 다음에 이루어질 것이라고 하였습니다. 러시아 공사는 그의 설명에 만족하였다고 합니다.

총리대신은 앞에서 언급한 내용과 관련해 조선의 모든 분규는 "가장 불행한 일"이라고 말했습니다. 자국 군대조차 제대로 운영하지 못하는 부패한 정부를 가진 나라가 일본군의 철병 이후 강한 인접국들로부터 어떻게 독립을 유지할지 전혀 예측할 수 없다고 하면서 그게 바로 미래의 문제라고 하였습니다.

이토의 발언을 통해 본인은 일본 정부가 어쨌든 앞으로 4개월에서 6개월 안에 조선에서 확실히 병력을 철수시킬 것이라는 확신을 얻었습니다.

구트슈미트
원본 : 중국 20

조선의 새로운 난관들

발신(생산)일	1895. 11. 12	수신(접수)일	1895. 11. 13
발신(생산)자	구트슈미트	수신(접수)자	호엔로에-실링스퓌르스트
발신지 정보	도쿄 주재 독일 공사관	수신지 정보	베를린 정부
	A. 303		A. 12173
메모	11월 19일 런던 1368, 파리 665, 페테르부르크 608, 드레스덴 650, 뮌헨 682, 슈투트가르트 651에 전달		

A. 12173 1895년 11월 13일 오후 수신

도쿄, 1895년 10월 10일

A. 303

독일제국 수상 겸 호엔로에-실링스퓌르스트 각하 귀하

이달 7일, 왕비[1]를 궁궐에서 쫓아내기 위해 왕의 부친 대원군[2]의 주도하에 벌어진 한밤중의 습격[3]에 대한 첫 번째 소식이 들어왔습니다. 그 후에 들어온 전보들에 의하면, 반란은 일본 공사[4]와 일본군이 적절한 시점에 개입하여 실패로 끝났습니다. 하지만 왕비의 생사여부에 관해서는 아직 알려진 바가 없습니다. 다만 두 명의 궁녀가 살해된 것은 사실입니다.

모반자들의 목표가 왕비였다는 정황으로 인해 처음부터 그 사건은 러시아의 영향력에 대한 반대선언으로 추정되었습니다.

오늘 러시아 동료[5]가 본인에게 어제 그에게 도착한 서울 주재 러시아 대리공사[6]의 전보 내용을 은밀히 알려주었습니다. 그 전보에 따르면 침입자들은 조선인이 아니라 조선인으로 변장한 일본인들이었다고 합니다. 또한 왕비의 생사여부는 아직 모른다고 합

---

1 [감교 주석] 명성황후(明成皇后)
2 [감교 주석] 흥선대원군(興宣大院君)
3 [감교 주석] 명성황후 시해사건, 을미사변
4 [감교 주석] 미우라 고로(三浦梧樓)
5 [감교 주석] 히트로보(M. A. Hitrovo)
6 [감교 주석] 슈뻬이예르(A. Speyer)

니다. 어쨌든 히트로보는 일본 정부에도 이 나쁜 소식들이 들어간 게 확실하다고 했습니다. 왜냐하면 사이온지[7]가 엊저녁에 그를 방문해 사실여부를 규명하기 위해 즉시 외무성 정무국장 고무라[8]를 서울로 파견할 계획이라고 밝혔기 때문이라고 했습니다. 고무라한테는 러시아 공사와 연락해 그의 협조 하에 이 사안을 아주 세밀하게 조사하라는 임무가 내려졌습니다. 히트로보가 그 문제와 관련해 일본 외무대신[9]에게 베베르 대리공사가 보낸 전보 내용을 전해주자 사이온지는 일본인이 암살을 시행했을 가능성을 부인하지 않았다고 합니다. 그는 어쩌면 조선에 꽤 많이 거주하고 있는 낭인들(일본인들이 골머리를 썩고 있는 유명한 정치 깡패들)이 저질렀을 가능성을 언급했습니다. 대신은 일본 정부는 이런 일을 전혀 예상하지 못했다고 합니다. 며칠 전 이곳으로 돌아온 이노우에는 서울의 상황에 대해 크게 우려하였지만, 이 새로운 돌발 사태는 전혀 예상하지 못했다고 합니다.

히트로보는 사이온지와의 면담 내용을 페테르부르크에 전보로 보고하였습니다. 그는 일본 정부가 러시아와의 관계 및 조선 문제와 관련해 러시아와 벌이게 될지도 모르는 논쟁 때문에 이 사건을 특히 곤란해 하고 있다고 믿고 있습니다. 히트로보는 일본은 불화의 불씨가 될 수 있는 모든 것을 회피하려 한다는 것을 의심하지 않고 있습니다. 따라서 그는 그 사건이 만족스러운 방식으로 해결되기를 바라고 있습니다.

구트슈미트

내용: 조선의 새로운 난관들

---

7 [감교 주석] 사이온지 긴모치(西園寺公望)
8 [감교 주석] 고무라 주타로(小村壽太郎)
9 [감교 주석] 사이온지 긴모치(西園寺公望)

베를린, 1895년 11월 16일   A. 12141

주재 외교관 귀중   암호전보

도쿄 No. 47

전보 No. 71에 대한 답신   귀하의 전보 No. 71에 따라 영사에게 신중하게
                                    처신하라는 일반 훈령이 내려갔습니다.
                                    이 점을 일본 대신들에게 전달하기 바랍니다.

연도번호 No. 8285

조선의 정치적 사건들

발신(생산)일	1895. 9. 30	수신(접수)일	1895. 11. 17
발신(생산)자	크리엔	수신(접수)자	호엔로에-실링스퓌르스트
발신지 정보	서울 주재 독일 총영사관	수신지 정보	베를린 정부
	No. 49		A. 12332
메모	연도번호 No. 421		

A. 12332 1895년 11월 17일 오후 수신

서울, 1895년 9월 30일

No. 49

독일제국 수상 겸 호엔로에-실링스퓌르스트 각하 귀하

각하께 이달 12일 본인의 보고 No. 46[1]에 이어 이노우에[2]가 조선을 떠났다는 소식을 삼가 보고 드리게 되어 영광입니다.

작년 여름 청국으로 도망친, 예전에 가장 영향력이 큰 대신이었던 민영준[3]이 조선으로 돌아왔습니다. 왕비의 또 다른 친척 민영환[4]은 워싱턴 주재 공사로 임명되었습니다.

조선의 성인은 검정색 복장을 착용해야 한다는 왕의 칙령은 다시 폐지되었습니다.[5] 이제 평민들도 원하는 색깔의 옷을 입는 것이 허용되었습니다.

북쪽 4개 지방에서 다시 폭동이 발생하였습니다. 대부분 정부의 개혁정책과 일본인들에 반대하는 세력입니다. 일본공사관 서기관 스기무라[6]가 최근 본인에게 전해준 바에 의하면, 일본 정부는 작년에 청국 군대가 버린 무기로 일부 무장한 폭도들을 진압하기 위해 군대를 파견해 달라는 왕의 거듭된 요청을 단호히 거절하였다고 합니다.

---

1 [원문 주석] A. 11667에 삼가 첨부.
2 [감교 주석] 이노우에 가오루(井上馨)
3 [감교 주석] 민영준(閔泳駿)
4 [감교 주석] 민영환(閔泳煥)
5 [감교 주석] 『고종실록』 고종 32년(1895) 8월 10일 "궁내부 대신(宮內府大臣)과 조정 관리 이하의 복장 규정을 봉칙(奉勅)하여 반포하였다" 참조
6 [감교 주석] 스기무라 후카시(杉村濬)

왕의 친척 이재순[7]이 일본 특사로 임명되었습니다. 그는 일본 황제에게 최근의 폭동 진압, 개혁안 도입, 조선의 독립 실현에 도움을 준 것에 대한 왕의 사의를 전하기 위해 수일 내로 일본으로 떠날 예정입니다.

궁내부에서는 거의 매일 수많은 관리들이 파면되고 새로운 관리들이 임명되고 있습니다. 일본 보도에 따르면, 왕과 왕비에 의해 관직들이 다시 팔리고 있습니다.

본인은 본 보고서의 사본을 베이징과 도쿄 주재 공사관에 보낼 것입니다.

크리엔

내용: 조선의 정치적 사건들

---

7 [감교 주석] 이재순(李載純)

조선 왕비의 살해 등에 관해서

발신(생산)일	1895. 10. 15	수신(접수)일	1895. 11. 17
발신(생산)자	구트슈미트	수신(접수)자	호엔로에-실링스퓌르스트
발신지 정보	도쿄 주재 독일 공사관	수신지 정보	베를린 정부
	A. 305		A. 12334
메모	도쿄로 보낸 12월 2일 훈령의 내용을 볼 것(클레메트(Klehmet), 12월 4일)		

A. 12334 1895년 11월 17일 오후 수신

도쿄, 1895년 10월 15일

A. 305

독일제국 수상 겸 호엔로에-실링스퓌르스트 각하 귀하

본인은 오늘 러시아와 프랑스 동료의 위임을 받아 외부대신[1]을 방문하였습니다. 요동 문제에서 예상되는 각서 교환의 세부적인 내용들을 협의하기 위해서였습니다. 그 자리에서 본인은 자발적으로 최근 조선에서 발생한 돌발 사건에 대해 의견을 피력하였습니다.

사이온지는 우선 범죄의 피해자가 왕비[2]라는 사실에 의문의 여지가 없는 그 범죄행위에 대해 혐오감을 토로하였습니다. 또한 애국자로서, 살인범들 가운데 일본인이 포함되어 있다는 사실에 통탄하였습니다. 약 열다섯 명의 일본 낭인이 함께 궁궐을 습격하여 범행에 가담한 것은 확실한 듯합니다. 대신은 큰 소리로 이렇게 외쳤습니다.

"유럽이 대체 우리를 어떻게 생각하겠습니까? 맨 처음에는 당시 왕위계승자였던 대공에 대해 흉악무도한 암살을 기도하고, 그 다음에는 시모노세키에서 평화회담을 진행하던 중에 리훙장[3]을 살해하려 하고, 이제 급기야 이런 유혈사태를 일으키다니? 유럽인들은 분명 우리를 야만인으로 여길 것입니다!"

본인은 후작을 진정시키기 위해 문명세계는 몇 명 무뢰한들이 저지른 범죄의 책임을

---

1   [감교 주석] 사이온지 긴모치(西園寺公望)
2   [감교 주석] 명성황후(明成皇后)
3   [감교 주석] 리훙장(李鴻章)

일본 민족 전체에 돌리지는 않을 것이라고 말했습니다. 독일을 예로 들면서, 지도층 사람들은 일본의 정당과 관계가 가까울 뿐만 아니라 낭인들이 어느 계층 사람들인지도 알고 있다고 말했습니다. 하지만 일본 정부는 이렇게 무분별하게 타락한 인간들로 인해 사회적 위험이 초래되지 않도록 그런 낭인들을 뿌리 뽑는 일에 적극적으로 나설 필요가 있다고 덧붙였습니다. 포모사[4]섬이 그런 사람들의 활동하기에 적합한 곳으로 생각된다는 말도 하였습니다. 일본 정부가 낭인들을 최대한 체포해 포모사섬으로 추방한 뒤 그곳에서 일종의 외인부대를 만들어 운영하는 것입니다. 그 외인부대를 야만적인 토착 산악원주민을 토벌하는 데 동원하면 일본 정부는 일석이조의 효과를 거둘 수 있을 것이라고 하였습니다.

사이온지는 조선 왕비의 살해를 계기로 정부가 일본의 명예를 되찾기 위해 강력하게 개입해 좋은 결과를 얻게 되기를 바란다고 답변하였습니다. 그는 또한 그 사건은 일본으로 하여금 가장 기본적인 이해관계를 인식해 조선에서 철병을 서두르도록 만드는 새롭고도 절박한 계기가 될 것이라고 하였습니다.

마지막으로 대신은, 아오키[5]에게 전보로 서울에서 일어난 최근의 사건에 대해 그에게 들어온 모든 보고를 독일 정부에 상세하게 전달하라는 지시를 내리겠다고 하였습니다.

구트슈미트

내용: 조선 왕비의 살해 등에 관해서

---

4 [감교 주석] 대만
5 [감교 주석] 아오키 슈조(靑木周藏)

16

최근 조선에서 발생한 사건들에 대한 일본 언론의 논조

발신(생산)일	1895. 10. 15	수신(접수)일	1895. 11. 17
발신(생산)자	구트슈미트	수신(접수)자	호엔로에–실링스퓌르스트
발신지 정보	도쿄 주재 독일 공사관	수신지 정보	베를린 정부
	A. 307		A. 12336

A. 12336 1895년 11월 17일 오후 수신

도쿄, 1895년 10월 17일

A. 307

독일제국 수상 겸 호엔로에–실링스퓌르스트 각하 귀하

본인이 이달 15일 보고서[1]에서 각하께 삼가 보고 드린 바 있는 대담에서 일본 외무대신이 밝힌 것과 비슷하게, 일본의 언론 역시 이구동성으로 최근 조선에서 벌어진 일련의 사건들을 매우 날카롭게 비판하고 있습니다. 반관보[2] 성격의 "Nichi Nichi Shimbun"[3]은 왕비[4] 살해의 슬픈 사실은 더 이상 의심의 여지가 없다고 설명하면서, 어제 날짜 신문에서는 지금까지 언론에서 강력하게 부인하던 가능성, 즉 왕비 살해가 일본의 정치적 모험가들에 의해 자행되었을 가능성을 인정하였습니다. 특히 신문은 살인자들이 대원군[5]과 합의 하에 행동한 것인지 아니면 독자적으로 군사 반란을 이용한 것인지에 대한 최종 판단은 현재 진행 중인 조사의 결과가 나올 때까지 유보하였습니다. 이달 14일 공포된, 군인과 관료를 제외한 일본인은 정부의 허가 없이 조선으로 가는 것을 형벌로 금지한다는 천황의 법령과 관련하여 "Nichi Nichi Shimbun"은 정부가 이미 1년 전 유사한 법령을 발포하였으나 헌법에 따라 획득해야 할 의회의 동의를 받지 못해 실행되지 못했다는 점을 지적하고 있습니다. 반관보 성격의 "Nichi Nichi Shimbun"은 그 점을 지적하면서

---

1 [원문 주석] 오늘 우편물 A. 12334와 함께
2 [감교 주석] 반관보(半官報)
3 [감교 주석] 도쿄니치니치신문(東京日日新聞)
4 [감교 주석] 명성황후(明成皇后)
5 [감교 주석] 흥선대원군(興宣大院君)

현재 벌어진 이 한심한 사건의 책임을 당시 의회 다수당[6]의 탓으로 돌리고 있습니다. 그때 일본의 정치적 모험가들인 낭인들의 이주를 애당초 막았더라면 현재 벌어진 사건들을 막을 수 있었을 것이라는 겁니다.

이곳에서는 이미 오래 전부터 일본이 조선의 상황에 직접적이고 결정적인 영향력을 행사하지도 못하는데 조선에서 벌어지는 모든 사건들의 책임이 다소간에 일본에 돌려지는 것을 매우 답답하게 여기고 있으며, 그런 상황을 오래 견딜 수는 없다고 생각하고 있습니다. 따라서 비록 왕비 살해가 조선에서 일본의 노력을 가로막는 가장 큰 장애물 하나를 제거함으로써 이곳의 소망에 부응하는 일이기는 하지만, 그것 역시 일본의 범행으로 귀결되는 것에는 일본 정부는 물론이고 일반여론까지 이중으로 불쾌해하고 있습니다.

구트슈미트

내용: 최근 조선에서 발생한 사건들에 대한 일본 언론의 논조

---

6 [감교 주석] 제2차 이토(伊藤) 내각은 의회 내 다수당인 자유당(自由黨)과 제휴함.

베를린, 1895년 11월 19일   A. 12173

주재 외교관 귀중   귀하에게 왕비에 대항하여 발생한 조선의
1. 런던 No. 1368   소요사태에 관한 지난달 10일 도쿄 주재
2. 파리 No. 665   독일제국 공사의 보고서 사본을,
3. 상트페테르부르크 No. 708
4. 드레스덴 No. 650   1-3에게는 개인적인 기밀 정보로,
5. 뮌헨 No. 682   4-6에게는 1885년 3월 4일 포고령에 준
6. 슈트트가르트 No. 651   해 활용할 수 있는 전권과 함께 삼가 전달
                                              합니다.

연도번호 No. 8365

17

[동아시아 정세에 무관심한 미국 언론과 정계]

발신(생산)일	1895. 11. 7	수신(접수)일	1895. 11. 22
발신(생산)자	틸만	수신(접수)자	호엔로에-실링스퓌르스트
발신지 정보	워싱턴 주재 독일 대사관	수신지 정보	베를린 정부
	No. 569		A. 12512

A. 12512 1895년 11월 22일 오전 수신

워싱턴, 1895년 11월 7일

사본

No. 569

독일제국 수상 겸 호엔로에-실링스퓌르스트 각하 귀하

동아시아에서 발생한 사건들은 지난 몇 달 동안 이곳에서 거의 여론의 주목을 받지 못하였습니다. 미국 언론은 전쟁으로 인한 청국의 부채 인정과 지급 및 요동반도에서의 일본군 철수를 짧은 단신으로만 처리하였습니다. 반면 영국과 베네수엘라의 국경분쟁 및 아르메니아 문제에 대해서는 몇 단락 길이의 기사로 다루었습니다.

워싱턴 주재 일본 공사[1]는 미국 정부 및 유럽 내각에 조선에 대한 일본의 의도에 대해 해명한 것 이외에도 이달 초 대통령[2]에게 자국 군주의 친서를 건넸습니다. 친서에서 일본 천황은 전쟁 기간 동안 청국에 머물던 미국 외교관 및 영사관원들이 일본의 이익을 지켜준 것에 대해 사의를 표했습니다.

미국 국무장관 올니[3]가 본인에게 전해준 바에 의하면, 쿠리노 공사는 천황의 친서를 여름휴가를 떠난 클리블랜드 대통령에게 즉시 전달하고자 하였습니다. 대통령이 워싱턴 으로 돌아올 때까지 친서를 갖고 기다리겠다는 결정을 내리기 힘들었기 때문입니다.

올니 장관이 확인해준 바에 의하면, 미국은 러시아와 일본의 분쟁 및 조선의 독립

---

1 [감교 주석] 쿠리노 신이치로(栗野愼一郎)
2 [감교 주석] 클리블랜드(S. G. Cleveland)
3 [감교 주석] 올니(R. Olney)

문제에 관해 아직 아무런 입장도 결정하지 않았다고 합니다. 상황에 대한 보고가 전무한 상태라 어떤 입장을 취해야 할지 근거가 전혀 없기 때문이라고 했습니다.

틸만[4]

원본 : 중국 20

---

4 [감교 주석] 틸만(Thielmann)

18

[프랑크푸르터 신문의 명성황후 시해사건 보도]

발신(생산)일	1895. 11. 24	수신(접수)일	1895. 11. 24
발신(생산)자		수신(접수)자	
발신지 정보		수신지 정보	베를린 외무부
			A. 12607

A. 12607 1895년 11월 24일 오후 수신

프랑크푸르터 차이퉁[1]

1895년 11월 24일

조선 왕비의 살해

요코하마, 10월 18일

　서울의 궁궐에서는 세 사람이 통치권 다툼을 벌이고 있다. 첫 번째 인물은 국왕[2] 본인
이다. 지위로 볼 때는 그가 첫 번째 역할을 수행해야 마땅하나 선량한 성품으로 인해
실제로는 맨 마지막 역할을 수행하고 있다. 왕의 나이는 47세이며, 마음은 선하나 특별한
통찰력도 없고 권위도 없다. 그 다음 인물은 왕비[3]이다. 아니 더 정확하게 말하면 왕비가
지금까지 주연을 맡아 왔다. 왕비는 42살의 비범한 여인으로, 탁월한 재능과 무궁무진한
조작 능력을 갖추었다.[4] 그녀는 주변사람들에게 투란도트보다 더 많은 진지한 수수께끼
를 제시하였고, 그러면 늘 한 명 이상이 수수께끼를 푸는 게임이 참가하였다. 얼마 전
어느 일본 신문에 캐리커처가 하나 게재되었다. 뱀장어를 붙잡으려는 호박을 그린 그림
으로, 불가능한 일을 시도하는 것에 대한 동양식 풍자였다. 호박은 일 년 동안 조선 공사
로 머물고 있는 이노우에[5]의 모습을 하고 있었으며, 뱀장어는 왕비의 모습을 하고 있었

1　[감교 주석] 프랑크푸르터 차이퉁(Frankfurter Zeitung)
2　[감교 주석] 고종(高宗)
3　[감교 주석] 명성황후(明成皇后)
4　[감교 주석] 고종(1852)과 명성황후(1851) 나이는 잘못된 정보에 따른 오류로 보임.
5　[감교 주석] 이노우에 가오루(井上馨)

외무부 정치 문서고 조선 관계 문서(1895.10.19~1895.12.31)　**231**

다. 세 번째 인물은 왕의 부친 대원군[6]으로, 그는 며느리와 끝없이 반목하고 있다. 대원군은 노회한 인물로, 고령임에도 불구하고 권력의 달콤함을 아직 잊지 못했다. 하지만 본인에게는 거의 가망이 없기 때문에 네 번째 순위에 있는 손자 이준용[7]을 권좌에 올리려 애쓰고 있다. 거대한 궁궐은 외부세계와 완전히 차단되어 있기 때문에 실상을 완벽히 파악하는 것은 불가능하다. 따라서 대원군은 왕의 친부가 아니라느니, 커다란 하렘을 소유하고 있는 왕 역시 이준용의 아버지가 아니라느니 하는 주장이 신빙성을 더해가고 있다.[8] 여하튼 이준용이라는 자는 최근 반역 혐의로 분노를 사서 종신형을 선고 받았다.[9] 한편으로는 그가 살해되었다는 소문도 돌고 있다. 이준용은 무능력한 인물로, 탈선으로 타락한 졸장부이다. 다섯 번째 인물은 연로한 대원군의 부인이다. 그녀 역시 손자의 편을 들어 계략으로 옥에서 손자를 빼내는 데 성공하였다.

바로 그들이 이 연극의 출연자들이다. 이제 그들의 행위로 넘어가보자. 1894년 여름, 조선에는 3개의 당파가 존재했다. 궁궐에 있는 민씨 일파, 국민들의 지지를 받는 동학파, 그리고 중심이 누구인지 모호한 친청파. 왕비 민씨는 가장 눈에 띄는 방식으로 무능하지는 않은 자신의 많은 척족들을 총애하였다. 그 결과 그들이 영향력이 가장 큰 궁내 관직과 조선의 권력을 차지하였다. 민씨 일가는 4개의 파벌로 나뉘어져 있는 조선 귀족, 즉 양반의 유일한 대표로서 지극히 안락한 삶을 누리고 있다. 따라서 그들은 그 어떤 변화도 원치 않았기 때문에 보수파를 형성했다. 그와 반대로 (서양의 교리와 천주교를 뜻하는 서학에 반대되는) 동양의 교리를 따르는 동학도들은 양반들에 의해 치욕스러운 수탈을 당하고 아무런 안락도 누리지 못한 하층민들의 대변자가 되었다. 그들은 대원군의 지지를 얻었다. 마지막으로 친청파는 왕의 총애를 누린 것이 확실했다. 하지만 그들은 다른 당파의 지도자들과도 가까이 지내려고 애썼다. 그런 상황에서 동학이 발발한 것이다. 조선이 청국 군대에 도움을 요청하자 이에 반발한 일본군이 조선을 보호하겠다는 명분을 내세워 황급히 달려와 전쟁이 시작되었다. 민씨 일파는 쫓겨났고 동학도는 해산되었다. 하지만 1895년 3월 대원군은 다시 동학 대변인들과 은밀한 음모를 꾸미기 시작했다. 대원군과 그의 손자에 대한 재판이 진행되었고, 두 사람은 수도 외곽에 억류되었다. 그에 따라 왕비는 행동의 자유를 얻었다. 그녀는 조선이 독립을 선언할 때 모든 직위에서 확실히 배제되었던 척족들을 다시 궁과 정부의 요직에 끌어들였을 뿐만 아니라 외국으

---

6 [감교 주석] 흥선대원군(興宣大院君)
7 [감교 주석] 이준용(李埈鎔)
8 [감교 주석] 이준용은 흥선대원군의 장남 이재면(李載冕)의 아들임. 언론기사의 오류로 파악됨.
9 [감교 주석] 이준용 옹립사건(李埈鎔 擁立事件)

로 도망쳤던 민씨 일파를 다시 불러들였다. 그리하여 9월 말에는 왕비의 척족 가운데 가장 유능한 인물인 민영준[10]이 대신의 자리에 오르기 위해 상하이에서 돌아왔다. 하지만 왕비는 동시에 새로 생긴 당파인 친일개혁파에 맞서 싸웠다, 그녀는 우선 만주에서 일본군을 방문했던 군부대신 조희연[11]과 그녀가 유난히 증오한 부마 박영효[12]를 내부무 대신의 자리에서 축출하는 데 성공했다. 박영효는 7월 초 생명의 위험을 느끼고 변장하여 서울을 탈출해 워싱턴으로 가서 다시 때가 오기를 기다렸다. 그는 나이가 아직 36세에 불과한 젊은이라 조국의 발전에 기여할 기회가 분명히 다시 올 것이다. 다른 모든 변화와 환원, 재변화는 너무 많아 일일이 거론하기 힘들다. 다만 올 한 해 동안 내각이 네 차례 이상 완전히 바뀌었다는 사실로 그 상황을 충분히 짐작할 수 있을 것이다.

왕비는 그녀의 계획 가운데 2가지를 관철시켰다. 자신의 적을 제거하고 민씨 일파를 다시 등용한 것이다. 일본인들에 맞서 러시아인들의 후원을 받으려던 세 번째 계획은 거의 실현 직전 단계까지 갔다. 하지만 왕비가 너무 많은 것을 원하는 바람에 그것이 그녀를 파멸로 이끌었다. 왕비는 여성적 간계를 부리는 데 그치지 않고 잔혹한 권력까지 수중에 넣으려 했다. 신식군대를 얻으려다가 그것 때문에 좌초했다. 현재 다양한 군대가 서울의 끔찍한 도로를 오가고 있는데, 셋은 조선의 군대이고 하나는 일본 군대이다. 게다가 상황이 위험해지면 여러 나라 공사관에서 해군들이 달려 나오고 200명이 일본 헌병까지 달려온다. 조선의 민병들 중에는 우선 해고된 병사들이 있는데, 그 숫자가 전국적으로 약 15,000명에서 100,000명 정도로 추정된다. 하지만 그들은 명목상으로는 해고되었으나 실제로는 군복을 그대로 입고 있으며, 거리를 배회하면서 재미삼아 시시때때로 위험한 소요사태를 일으키거나 불안을 야기한다. 급기야 일주일 전에는 수천 명의 인원이 군부대신 공관 앞, 어설픈 미소를 짓고 있는 돌사자 2마리가 세워져 있는 커다란 광장에 모여 밀린 임금을 달라고 요구하였다. 하지만 조선의 국고는 텅 비었기 때문에 대신은 굶주린 병사들의 대표들을 폭동 주모자로 체포토록 하였다. 하지만 왕은 인간적인 연민을 느껴 그 극빈자들을 다시 석방하라고 명령하였다. "왜냐하면 그들의 요구가 정당했기 때문이다." 둘째는 약 1,000명쯤 되는 궁궐수비대다. 그들은 교관 다이[13]와 닌스테드[14]의 지휘 하에 훈련을 받고 있다. 이 두 남자의 계급은 물론 미국에서 받은 계급을 그대로

---

10 [감교 주석] 민영준(閔泳駿)
11 [감교 주석] 조희연(趙羲淵)
12 [감교 주석] 박영효(朴泳孝)
13 [감교 주석] 다이(W. M. Dye)
14 [감교 주석] 닌스테드(F. J. H.Nienstead)

쓰고 있다. 미국의 규정은 알다시피, 잡화점 주인(General Storekeeper)라는 칭호에서 번거로운 상업적 표현을 잘라내고 간단히 장군(General)이라는 단어만 남은 것이다. 하지만 교관 다이의 경우에는 적어도 실제로 특별한 전쟁경험을 갖고 있다. 그는 10년 동안 다코타에서 뉴멕시코에 이르는 대초원을 말을 타고 누볐다. 그 후 미국 내전[15]에 참가한 다음 멕시코에서 막시밀리언[16]에 맞서 싸웠다. 이어 기분전환 삼아 이집트로 가서 베이커 파샤[17]의 수단 원정에 동참하였다. 이제 나이 70세를 앞두고 있는 그가 그동안의 자신의 성공에 자만할 것이라고 생각할 수 있다. 하지만 아니다. 만약 그가 조선을 보지 못했더라면 그는 자신의 인생이 무익했다고 생각할 것이다. 닌스테드에 관해 알려진 것은 그가 독일계 미국인이라는 사실뿐이다. 하지만 그는 자신이 독일계 혈통이라는 것을 부인한다. 그는 며칠 전부터 군부 고문으로 일하고 있다. 지난 2월부터 두 개의 신식 군대가 존재한다. 그 부대들은 독일의 반[18] 대대 시스템에 따라서 조직되었으며 각각 420명의 부대원으로 구성되었다. 훈련은 지금까지 군부 일본 고문관 구스노세[19] 육군중위가 맡았다가 그 후 우메야 와라[20] 육군소령과 무라이[21] 육군대위가 이어받았다. 그들의 노력은 기술적 측면에서 보면 찬란한 성공을 거두었다. 구스노세는 내가 만나본 일본 장교 가운데 가장 유능하고 친절한 사람이다. 그는 페테르부르크에서 콘스탄티노플에 이르기까지 유럽 전역을 여행하였고, 프랑스어를 유창하게 구사할 수 있고 독일어와 러시아어를 이해할 수 있다. 훈련대라고 불리는 이 부대의 조선인 지휘관은 성실하고 강직한 군인정신의 소유자인데, 왕비의 간계로 인해 자리에서 물러나야 했다. 유감스럽게도 그 사람의 이름을 잊어버렸다.[22] 그의 자리에는 홍계훈[23]이라는 자가 들어왔다. 명민한 왕비는 새 훈련대가 그녀의 옛날 궁궐 수비대를 능가한다는 사실을 곧바로 간파했다. 그럼에도 불구하고 왕비는 수비대를 훈련대로 대체하려는 내각의 계획을 무산시키기 위해 갖은 노력을 다했다. 수비대는 믿을 수 있는 반면 친일 성향의 신식군대는 무슨 짓을 할지 알 수 없었기 때문이다.

그 문제를 놓고 부마 박영효와 싸움이 벌어졌고 결국 박영효가 패배했다. 그러자 왕

---

15 [감교 주석] 남북전쟁
16 [감교 주석] 멕시코의 황제(재위 : 1864~1867). 본명은 요제프(F. M. Joseph)
17 [감교 주석] 베이커 파샤(B. Pascha)
18 [감교 주석] 반(半)
19 [감교 주석] 구스노세 유키히코(楠瀬幸彦)
20 [감교 주석] 우마야바라 가네모토(馬屋原務本)로 추정됨.
21 [감교 주석] 무라이 우소(村井右宗)
22 [감교 주석] 신태휴로 추정됨.
23 [감교 주석] 홍계훈(洪啓薰)

비는 자신의 전략을 바꾸었다. 훈련대를 제 편으로 끌어들이려는 시도를 한 것이다. 왕비는 자신에게 적대적인 훈련대 지도자들을 심복 장교들로 조용히 교체하려 하였다. 그런데 장교들의 경우에는 그녀의 뜻대로 움직여 주었으나 병사들은 그렇지 않았다. 그러자 왕비는 시가전을 하도록 부추겼는데, 무질서한 군인들을 해고해야 한다는 명분을 얻기 위해서였다.

하지만 훈련대는 10월 8일 봉기하여, 하루하루 복수심을 불태우며 수도에서 멀지 않은 곳에 은둔하고 있던 늙은 대원군의 집 앞으로 몰려갔다. 그때 왕의 부친은 다시 한 번 왕비와 완전히 틀어진 상태였다. 서울에서 여행길로 약 이틀 정도 떨어진 지역에서 다시 동학도들이 소요사태를 일으켰는데, 앞에서 언급한 바와 같이 동학도의 친구이자 후원자인 대원군이 그 소요에 가담하고 있다는 혐의를 받은 것이다. 왕비는 대원군을 재판에 회부하고 그의 손자[24] 역시 다시 체포할 생각이었다. 궁지에 몰린 왕의 부친은 더 이상 잃을 게 없는 처지라 단지 변혁을 통해서만 이길 수 있는 상황이었다. 그거면 충분했다. 대원군은 반란을 일으킨 훈련대의 선봉에 서서 새벽 5시에 궁궐로 쳐들어갔다. 그리고 짧은 접전을 벌인 뒤 그곳을 제압했다. 접전 당시 왕비의 심복 홍계훈과 궁내부 대신 이경직[25]과 두세 명의 여인이 죽었다. 그중 하나가 바로 왕비였다. 대원군은 큰 경기에서 빛나는 승리를 거둔 것이다. 그는 단지 궁성의 개혁을 원할 뿐, 정치에는 관여하고 싶지 않다고 선언하였다. 이것은 마치 '나는 단지 너의 목을 베고 싶을 뿐, 너의 사지는 건드리고 싶지 않다'고 말하는 것과 마찬가지였다. 왜냐하면 하루도 안 돼 내각 전체가 실각하고 완전히 새로운 내각이 들어섰기 때문이다. 왕비의 친척으로 궁내부 대신에 내정되어 있던 민영준은 혁명의 첫 번째 조짐 나타났을 때 벌써 동문으로 달려 나가 "Chung-Möng"으로 달아났다. 하지만 국민들은 왕비가 정말로 죽었다는 사실을 믿으려 하지 않았다. 왕비가 복잡한 궁중의 미로 어딘가에 숨어 있을 것으로 생각한 것이다. 그게 아니라면 아마도 즉시 공사관들로부터 해군을 불러들인 러시아 공사관에 숨어 있을 것이라고 확신했다. 왕비는 이미 기적적으로 목숨을 건진 적이 한 번 있었다. 박영효의 악명 높은 친구들이 왕비를 죽이려 했던 유명한 사건이 일어난 1884년의 일이었다.[26] 당시 한 궁녀가 왕비의 옷을 입고 왕비를 자처하고 나섰다. 그런데 이전에 왕비의 얼굴을 본 사람이 아무도 없었기 때문에 그 궁녀는 살인자들이 내린 사약을 태연하게 받아마셨고, 그 사이에 진짜 왕비는 피신했었다. 하지만 오래 걷는 것에 익숙하지 않았던

---

24 [감교 주석] 이준용(李埈鎔)
25 [감교 주석] 이경직(李耕稙)
26 [감교 주석] 갑신정변

왕비는 심복에 의해 그 옛날 당당한 여걸 해드윅 폰 에크하르트[27]가 그랬던 것처럼 3킬로미터 떨어진 곳으로 옮겨졌다. 그런 기억들 때문에 국민들은 지금 창의력이 뛰어난 여인의 죽음을 믿지 못하는 것이다. 하지만 이번에는 진짜 죽었다.

일본 신문들은 왕비의 죽음 소식을 접하고 놀라움을 금치 못했다. 일본인들로서는 왕비의 죽음으로 커다란 장애물이 제거된 것이 분명했다. 마음대로 움직여지지 않는 여자보다 남자를 조종하는 것이 훨씬 용이하기 때문이다. 그럼에도 불구하고 일본인들은 예외 없이 강력한 적이었던 이 여인의 슬픈 운명을 애도하며 범인들의 처벌을 요구하고 있다. 서울 주재 일본 공사 미우라[28]는 반란이 일어나고 한 시간 뒤인 아침 6시에 궁궐로 들어가 서로 총격전을 벌인 시위대와 훈련대 사이에 휴전을 성사시켰다. 하지만 그 이후의 사태 전개에는 관여하지 않았다. 특히 내각 붕괴는 그가 개입할 수 없는 내정문제라서 개입하지 않았다. 한 달 전부터 서울에 체류하고 있는 육군중장 미우라는 전임 이노우에와는 정반대의 인물이다. 이노우에[29]는 끊이지 않는 열정으로 독재정치를 관철하려 했던 반면 미우라는 부드러운 유화책을 쓰고 있다. 미우라는 열반[30] 신앙의 신봉자로서 고요하고 거의 신비적인 세계관을 갖고 있다. 그래서 그의 모든 지인들은 그가 조선으로 떠나기 전에야 비로소 외교적인 형식들에 대해 알려주었다. 하지만 그는 굽힐 줄 모르는 성격의 소유자이기도 하다. 그는 자신이 믿고 있는 퀴에티슴[31]를 통해 다른 사람들이 격렬한 압박을 통해 이룩한 것보다 더 많은 것을 이룩해볼 생각을 하고 있다. 그는 일본으로 돌아가는 이노우에와의 만남을 의도적으로 피했다. 정치적 스승의 역할을 하기 좋아하는 이노우에한테서 아무런 가르침도 받고 싶지 않았기 때문이다. 그는 그 점을 명확하게 밝혔다. 물론 미우라의 시스템이 성공할 것이라는 보장은 없다. 적어도 지난 한 달 간 일본의 영향력은 상당히 줄어든 것 같다. 앞에서 언급한 구스노세 육군중령 말고도 내각에는 일본인 고문관이 3명 더 있다. 첫 번째 인물은 호시 토루[32]이다. 도쿄에서 제국의회 의장을 지낸 자로, 별로 호감이 안 가는 폐쇄적 인물이다. 그 다음은 오카모토[33]로, 조선의 군부에 배속되어 있다. 마지막 인물은 사이토 슈이치로[34]로, 탁지부 소속이며 며

---

27 [감교 주석] 에크하르트(H. von Eckhard)
28 [감교 주석] 미우라 고로(三浦梧樓)
29 [감교 주석] 이노우에 가오루(井上馨)
30 [감교 주석] 독일어 원문에 '니르바나(Nirwana)'로 표기되어 있음.
31 [감교 의견] 독일어 원문에 '퀴에티슴(Quietism)'으로 표기되어 있음.
32 [감교 주석] 호시토루[星亨]
33 [감교 주석] 오카모토 류노스케(岡本 柳之助)
34 [감교 주석] 사이토 슈이치로(齋藤修一郞)

칠 전 도쿄로 귀환하였다.

반면 미국의 영향력은 점차 커지는 추세다. 서울의 장군 직위는 전부 미국인들로만 채워지고 있다. 열거를 해보자면 다이 이외에도 그레이트하우스[35] 장군과 르젠드르[36] 장군이 있다. 그레이트하우스는 미국에서 뛰어난 변리사였는데, 당시 지금은 러시아의 석유왕으로 알려진 스웨덴 사람 노벨[37]의 유명한 다이너마이트 재판에서 승소했다. 더 나아가 그는 애리조나에 있는 금광을 획득했고 샌프란시스코의 유력 신문사 '이그재미너'[38]를 설립했다. 내 기억이 정확하다면 그는 미주리 내전에 참가했다. 실제로 비상한 통찰력과 재치를 겸비한 그레이트하우스는 왕에게 가장 큰 영향력을 미치는 기쁨을 누렸다. 조선의 북서쪽 끝에 있는 평안도 지방의 금광 채굴권이 미국 회사에 돌아간 것 또한 그의 영향력 덕분이었다. 그 일은 일본인들을 몹시 불쾌하게 만들었다. 그 계획에는 그레이트하우스 말고도 제물포의 상인 스티븐슨[39]과 르젠드르까지 관여하였다. 8년 전 독일 전문가가 부분적으로 조사한 바 있는 광산들은 매장량이 몹시 풍부하나 지금까지 채굴된 양은 매우 미미했다. 이는 의도적인 것으로 보인다. 왜냐하면 광산 소유자인 조선 정부가 다른 나라가 이 자원에 크게 주목하는 것을 원치 않았기 때문이다. 몇 년 전 광산 시찰을 강행하려 했던 한 영국 선장이 살해된 적이 있다. 그때 정부는 비밀을 드러내는 것보다 살해 보상금을 지불하는 것이 더 유리하다고 생각했다. 그 다음으로는 르젠드르 장군이 있다. 원래 프랑스에서 태어났으나 미국 시민이다. 그는 과거 일본에서 근무하였으며, 1874년 제1차 포모사[40] 원정 때 사령관[41]이었다. 현재 나이는 65세이나 아직도 매우 기운이 넘치고 활기차다. 그는 정치가는 아니다. 그가 제일 좋아하는 것은 민족학 연구인데, 민족학 연구를 하면서 아주 불가능한 이론을 내세우고 있다. 그는 지난 몇 년 동안 조선 왕의 고문관을 역임하였다. 하지만 자신의 조언이 무용하다는 것을 깨닫자 사임하려 했다. 하지만 사임은 쉽지 않았다. 연봉 9,600엔인 급여를 지난 1, 2년 동안 받지 못했기 때문에 1894년 마침내 그를 퇴임시킬 방법을 찾아낼 때까지 3년 더 그 한직에 머물렀다. 그러나 이듬해 7월, 강인한 르젠드르는 다시 왕이 신임하는 신하로 인정받았다. 미국의 영향력은 더 나이가 미국 교사의 서울 초빙으로까지 이어지고 있다. 하지만

---

35 [감교 주석] 그레이트하우스(C. R. Greathouse)
36 [감교 주석] 르젠드르 (C. W. Legendre)
37 [감교 주석] 노벨(A. Nobel)
38 [감교 주석] 이그재미너(Examiner)
39 [감교 주석] 스티븐슨(Stephenson)
40 [감교 주석] 대만
41 [감교 주석] '사령관'은 정확한 명칭이 아님. 군사고문이었음.

학부대신이 아니라 이완용[42]이 취한 이 조처는 그가 실각할 경우 무효가 될 가능성이 없지 않다. 조선의 궁궐이 좋아하는 관습이 하나 있는데, 왕이 오래전 결정한 일도 어떤 이유로든 갑자기 싫어질 경우 그 일을 맡은 대신을 제물로 만드는 것이다. 즉 그 대신은 왕으로부터 전권을 부여받지 못했거나 전권을 잘못 이해했다고 선언하는 방식이다. 그런데 지금 서울의 궁궐을 장악하고 있는 세력은 한 주에 두 번씩도 바뀔 수 있기 때문에 조선에서는 대신이 되는 것이 가장 큰 기쁨은 아니다. 이완용도 이것을 경험하였다. 그는 이해력과 교양을 겸비한 인물로 몇 년 동안 워싱턴에 머물렀는데, 현재 이중으로 비난을 받고 있었다. 허락도 없이 외국인들을 조선으로 불러들인 것과 그럴 목적으로 국가의 돈을 제멋대로 엄청나게 사용했다는 비난이다.

외국 대표들, 즉 예술에 조예가 깊은 러시아 공사 베베르[43], 나이 많고 친절하고 사려 깊은 미국 공사 실[44], 쾌활한 독일 영사 크리엔[45], 상냥한 프랑스 대리공사 르페브르[46] 및 영국 공사[47] 등의 활동에 대해서는 당연히 거의 공개되지 않고 있다. 그들은 일단 일본인들에게 각종 특혜가 부여되는 것을 막는 데 활동을 집중하고 있는 것으로 보인다. 수십 년 전부터 동양에서 활약해 온 베베르가 무슨 이유로 오랫동안 대표로 활동해 온 지역을 떠나 멕시코로 전출되는지에 대해서는 온갖 억측만 돌고 있다. 언급할 만한 가치가 있는 사실은 외국 대표들 모두 부마 박[48]과 관계가 좋았다는 것이다. 이미 기술한 바와 같이 대체로 일본인들은 보호통치 초기부터 연속해서 일어난 궁중반란을 궁 안에 국한시켜 소요사태가 궁궐을 넘어가지 않도록, 혹은 1882년, 1885년, 1894년의 경우처럼 나라밖으로까지 영향을 미치지 않도록 막는 데 성공하였다. 따라서 4월에 발생한 동학도들과의 지난번 싸움 이후로 조선은 대체로 평온한 상태를 유지하였다. 하지만 다른 한편으로 불안 요소들이 여전히 잠재돼 있다는 사실을 부인할 수 없다. 또한 동학의 후견인인 늙은 대원군이 다시 정부의 우두머리 자리에 올라섰다는 사실이 조선의 안정을 유지하는 데 가장 큰 장애요인이 될 것이다. 야심만만한 외국 열강들이 조선 문제에 개입할 수 있는 근거가 주어졌기 때문이다. 그리고 그런 개입은 처음부터 곧바로 외부의 분규로 이어질 수도 있다.

---

[42] [감교 주석] 이완용(李完用)

[43] [감교 주석] 베베르(K. I. Weber)

[44] [감교 주석] 실(J. M.B. Sill)

[45] [감교 주석] 크리엔(F. Krien)

[46] [감교 주석] 르페브르(G. Lefèvre)

[47] [감교 주석] '총영사'의 잘못된 표기로 보임. 당시 서울에 주재한 영국 총영사는 힐리어(W. C. Hillier)였음.

[48] [감교 주석] 박영효(朴泳孝)

19

[왕비 폐위 조칙 철회와 군부대신 도주]

발신(생산)일	1895. 11. 27	수신(접수)일	1895. 11. 28
발신(생산)자	크리엔	수신(접수)자	
발신지 정보	서울 주재 독일 총영사관	수신지 정보	베를린 외무부
	No. 6		A. 12720

A. 12720   1895년 11월 28일 오전 수신

전보

서울, 1895년 11월 27일 오후 3시 15분

도착: 11월 28일 오전 2시 35분

독일제국 영사가 외무부에 발송

암호해독

No. 6

왕비 폐위 철회. 해임된 군부대신[1] 도주.

크리엔

---

1 [감교 주석] 안경수(安駉壽)

[옛 궁궐 수비대의 궁궐 장악 실패]

발신(생산)일	1895. 11. 28	수신(접수)일	1895. 11. 29
발신(생산)자	크리엔	수신(접수)자	
발신지 정보	서울 주재 독일 총영사관	수신지 정보	베를린 외무부
	No. 7		A. 12750

A. 12750   1895년 11월 29일 오전 수신

전보

서울, 1895년 11월 28일 6시 35분

도착: 11월 29일 오전 1시 36분

독일제국 영사가 외무부에 발송

암호해독

No. 7

28일, 옛 훈련대가 궁중을 다시 장악[1]하려 시도했으나 실패함.

크리엔

---

1   [감교 주석] 춘생문(春生門) 사건

서울의 궁중 반란

발신(생산)일	1895. 10. 9	수신(접수)일	1895. 11. 29
발신(생산)자	크리엔	수신(접수)자	호엔로에-실링스퓌르스트
발신지 정보	서울 주재 독일 총영사관	수신지 정보	베를린 정부
	No. 52		A. 12766
메모	A. 13388 참조 12월 4일 드레스덴 689, 카를스루에 412, 뮌헨 723, 슈투트가르트 630에 전달 연도번호 No. 439		

A. 12766 1895년 11월 29일 오전 수신

서울, 1895년 10월 9일

No. 52

독일제국 수상 겸 호엔로에-실링스퓌르스트 각하 귀하

어제 아침 날이 밝기 전 대원군[1]과 그의 장남[2]이 일본인들에 의해 신식교육을 받은 보병연대[3] 소속 병사 수백 명을 이끌고 궁에 무단 침입했다는 소식을 각하께 삼가 보고 드리게 되어 영광입니다. 밤사이 미국인 다이[4]와 닌스테드[5], 그리고 사바틴[6]이라는 이름의 러시아 건축가의 지휘를 받는 궁중 수비대는 침입자들이 총을 몇 방 쏘자 달아났습니다. 반란군과 함께 칼로 무장한 일본인 몇 명이 궁궐 안으로 들어갔습니다. 다양한 측면을 고려할 때 궁에 침입한 일본인의 숫자는 약 20명에서 50명 정도로 추정되는데, 왕의 부친이 고용한 것으로 보입니다. 그 일본인들은 조선인들과 합세해 왕비의 거처를 포위한 뒤 상당수의 궁녀들과 궁내부대신, 그리고 다른 궁정관리 한 명을 살해하였습니다. 궁정관리[7]는 1882년 폭동 당시 왕비를 안전하게 피신시켰던 인물입니다.

---

1 [감교 주석] 흥선대원군(興宣大院君)
2 [감교 주석] 이재면(李載冕)
3 [감교 주석] 훈련대
4 [감교 주석] 다이(W. M. Dye)
5 [감교 주석] 닌스테드(O. Nienstedt)
6 [감교 주석] 사바틴(A.Seredin-Sabatin)

왕비는 피살되었는지 어딘가로 도피했는지 정확히 알려지지 않았습니다. 본인은 어제 영국 총영사[8]와 함께 왕을 위로하고 왕과 왕비의 안부를 묻기 위해 왕을 알현하였습니다. 그 자리에서 본인은 왕비가 살인자들로부터 피신했기를 바란다고 말하였습니다.

목격자 사바틴의 믿을 만한 진술에 의하면, 일본인들은 피살된 조선 여인들의 시신을 왕비의 처소 밖으로 내던진 뒤 그에게 왕비가 어디에 있는지 물었다고 합니다. 근처에 서서 그 끔찍한 현장을 지켜본 한 일본 장교와 예닐곱 명의 일본 병사들은 만행을 막기 위한 아무런 조처도 하지 않았다고 합니다.

궁에 대한 습격은 왕비를 겨냥한 것이 분명합니다. 왕비는 지난 몇 달 동안 결정적인 영향력을 획득한 뒤 친척들에게 다시 주요 관직을 마련해주기 위해 외국에 머물고 있던 친척들을 불러들였습니다. 그녀는 또한 온갖 방법을 동원하여 일본인들이 주도하고 있는 개혁을 막으려 애썼습니다. 그로 인해 궁에서는 일본인들의 영향력 대신 러시아의 영향력이 현저히 커진 상태였습니다.

어쨌든 주목할 만한 사실은 일본인들이 그들을 자주 기만했던 대원군을 다시 지지한다는 것입니다. 또한 비록 대원군이 일본인들의 개혁은 조선에 맞지 않는다고 여러 차례 천명하였음에도 불구하고 대원군은 어제 다음과 같은 포고령을 발령하였습니다.:

"최근 들어 우리의 상황은 매우 악화되었다. 성실하고 분별 있는 인물들이 밀려나고 악인들만 등용되고 있다. 그것이 개혁해야 할 가장 중요한 사안이다. 사람들이 중도에서 멈춰버렸다. 그로 인해 500년 왕조가 하루아침에 백성들과 왕가를 위태롭게 할 수 있다. 나는 이 상황을 가만히 보고만 있을 수 없어 왕을 도와 나쁜 요소들을 제거하고 500년 왕조와 백성을 구하기 위해 궁으로 온 것이다. 그러니 백성들은 침착하게 자신의 업무에 종사하고 동요하지 말도록 하라. 나를 막으려는 자는 엄한 처벌을 받을 것이다."

앞에서 언급된, 800명의 인원으로 구성된 소위 훈련대는 자주 방약무인한 행동을 하였습니다. 작년과 올해 훈련대 군인들은 수차에 걸쳐 새 순검들을 공격하였습니다. 마지막 공격은 이달 3일 발생했는데, 그때 순검 3명이 피살되고 부상자가 다수 발생하는 바람에 순검이 업무를 중단하였습니다.

러시아 대리공사[9]의 제안에 따라 어제 오후 외국 대표들이 일본 공사관에 모여 회의를 열었습니다. 베베르가 미우라[10]에게 폭동과 폭동의 원인에 대해 무엇을 알고 있느냐

---

7 [감교 주석] 홍계훈(洪啓薰)
8 [감교 주석] 힐리어(W. C. Hillier)
9 [감교 주석] 베베르(K. I. Weber)

고 묻자 그가 다음과 같이 설명하였습니다. 훈련대 병사들과 순검들 사이에 최근 난투극이 벌어진 이후 궁에서 훈련대를 해산하고 훈련대 지휘관을 처벌할 생각을 하게 됐고, 그 문제로 군부대신[11]이 미우라를 여러 번 방문하여 논의하였지만 미우라가 군대 해산을 반대하였다고 합니다. 훈련대를 상대로 한 몇 건의 고발을 자세히 조회해본 결과 아무런 근거가 없었기 때문이라고 했습니다. 그래서 미우라는 군부대신에게 일본 장교가 훈련시킨 군대를 해산하는 것은 일본 정부에 대한 푸대접으로 간주될 것이라고 대답하였다고 합니다. 또한 조선 정부가 계획한 조처가 군인들의 귀에도 들어가는 바람에 그들이 크게 분노하였다고 합니다. 군인들은 그들에게 적대적인 궁이 자신들의 의사를 우호적으로 수용할 가능성이 없어지자 지난밤 대원군을 찾아갔다고 합니다. 대원군이 그들의 요청을 강력하게 궁에 전달하겠다고 약속했었기 때문입니다. 그 후 그들은 대원군과 함께 궁으로 몰려갔습니다. 미우라는 처음에 조선인들 간의 일에 개입하는 것을 거절하였는데, 군부대신이 거듭 요청하는 바람에 마침내 일본군 사령관에게 불필요한 유혈사태를 막으라는 지시를 내리겠다고 약속하였다고 합니다. 그는 궁을 둘러싸고 벌어진 싸움에서 불행한 사태를 맞은 사람이 소수에 불과한 것은 오로지 일본군이 현장에 있었던 덕분이라고 하였습니다.

베베르가, 어느 목격자의 보고에 의하면 칼로 무장한 일본군들이 (궁녀들 살해의) 주범이었다고 언급하자 일본 공사는 그건 있을 수 없는 일이라고 답변한 뒤, 어쨌든 자신은 아직 그 문제와 관련해 아무 것도 알지 못한다고 덧붙였습니다. 러시아 공사가 그 사건에 대한 엄정한 조사가 일본의 이익을 위해 꼭 필요해 보인다고 간곡하게 요청하자 미우라는 혹시 일본인들이 그 사건에 관여하였는지 조사해보겠다고 약속하였습니다. 계속해서 베베르가 조선 측 진술에 의하면, 조선 군인들 이외에 일본군도 궁으로 행차하는 대원군을 호위하였다더라고 하자 일본 공사는 강력하게 일본군은 절대 대원군을 수행하지 않았다고 단언하였습니다.

베베르는 이어서, 조선 왕이 반란군이 현재 자신을 감시하고 있다고 한탄하였다고 전하면서, 일본 공사에게 왕의 이런 걱정을 해소시킬 어떤 방안을 갖고 있는지 물었습니다. 그 질문에 대해 미우라는 왕이 향후 그의 호위는 훈련대에서 뽑아 조직할 것이라고 직접 발표했을 것이라고 답변하였습니다.

일본인들이 궁중 반란에 어느 정도로 개입했는지에 대한 조사를 이곳에 있는 일본

---

10 [감교 주석] 미우라 고로(三浦梧樓)
11 [감교 주석] 조희연(趙羲淵)

영사가 맡게 되었습니다.

군부대신[12]과 학부대신[13]이 체포되고, 왕의 친형[14]이 궁내부 대신에 임명되었습니다.

크리엔

내용: 서울의 궁중 반란

---

12 [감교 주석] 안경수(安駉壽)
13 [감교 주석] 이완용(李完用)
14 [감교 주석] 이재면(李載冕)

22

최근의 궁중반란[1]의 결과

발신(생산)일	1895. 10. 18	수신(접수)일	1895. 11. 29
발신(생산)자	크리엔	수신(접수)자	호엔로에-실링스퓌르스트
발신지 정보	서울 주재 독일 총영사관	수신지 정보	베를린 정부
	No. 55		A. 12767
메모	A. 13388 참조 12월 2일 워싱턴 A. 69, 런던 1446, 파리 697, 페테르부르트 739에 전달 (A. 10058/97과 비교) 연도번호 No. 454		

A. 12767   1895년 11월 29일 오전 수신

서울, 1895년 10월 18일

No. 55

독일제국 수상 겸 호엔로에-실링스퓌르스트 각하 귀하

[이달 9일 본인의 보고서 No. 52[2]와 관련하여] 외부대신[3]이 이달 8일과 11일 두 개의 서한을[두 서한 모두 번역하여 첨부문서 A와 B에 동봉하였습니다.] 이곳 대표들에게 보냈다는 소식을 각하께 삼가 보고 드리게 되어 영광입니다. 첫 번째 서한에서 외부대신은 우리에게 신식군대[4]와 순검 간의 충돌로 인해 신식군대의 해산이 거론되었다고 언급하였습니다. 그 소식을 듣고 흥분한 신식군대 군인들이 왕에게 그들의 불만을 전하기 위해 궁으로 몰려왔다는 것입니다. 하지만 왕이 그들을 진정시키는 데 성공하여 궁은 현재 평화와 안정을 유지하고 있다고 하였습니다. 두 번째 속달 편지에서 김[5]은 우리에게 왕의 조령 내용을 전해주었습니다.[6] 조령에는 왕비의 죄가 기술되어 있습니다. 왕비는 자신의

---

1   [감교 주석] 명성황후(明成皇后) 시해사건
2   [원문 주석] 오늘 우편물과 함께 A. 12766에.
3   [감교 주석] 김윤식(金允植)
4   [감교 주석] 훈련대(訓鍊隊)
5   [감교 주석] 김윤식(金允植)
6   [감교 주석] 『고종실록(高宗實錄)』 고종 32년(1895) 8월 22일.

척족들로 왕을 에워싸 왕의 시야를 흐리게 하고 백성들의 고혈을 빨았으며, 정부의 명령들을 방해하고, 관직을 거래하였다고 했습니다. 왕비의 친척들이 정사에 절대 개입하지 못하도록 하겠다는 왕의 서약에도 불구하고 그들은 왕의 행동을 감시하고 왕이 대신들과 접촉하는 것을 방해하고 군대 해산에 관한 왕의 칙령을 위조하였으며, 그로 인해 최근의 폭동이 발생하였다는 것입니다. 왕비는 왕을 떠났다고 합니다. 그로 인해, 또한 그녀가 저지른 수많은 범죄로 인해 왕비는 종묘에 받아들여질 수 없다고 합니다. 그에 따라 왕은 왕비를 폐위시켰습니다. 그녀는 왕비의 직위에서 끌어내려져 다시 평민의 신분으로 돌아갈 것이라고 합니다.

외부대신의 서한에 대한 답신으로 러시아 공사[7], 미국 공사[8], 영국 총영사[9], 프랑스 공사[10]가 이달 14일 외부대신에게 각서를 보냈습니다. 각서에서 그들은 김[11]에게, 그가 전해준 내용이 믿을 만한 목격자들의 증언과 일치하지 않는다는 점을 지적하였습니다. 목격자들의 증언에 의하면 반란군은 그들을 진정시키려 했던 그들의 지휘관을 죽인 다음 여러 방향에서 궁으로 침입하였다고 합니다. 또한 칼로 무장한 평복 차림의 인물들이 그들과 함께 침입하였는데, 그들이 군인들과 장교들의 지원을 받아 왕비의 처소를 수색하였으며, 왕비와 왕비의 궁녀 여러 명과 궁내부대신[12]을 잔인하게 살해하였다는 것입니다. 앞에서 언급한 대표들은 마지막으로 외부대신에게 이 잔혹한 행위에 대한 정확한 조사가 이루어지기 바라며, 끔찍한 범행의 주모자들을 색출해 책임을 묻기 바란다고 하였습니다.

본인은 김윤식에게 사건에 대한 이달 8일 그의 설명은 믿을 만한 목격자들이 인지한 것과 일치하지 않는다고 답변하는 것에 그쳤습니다.

러시아 공사[13]와 미국의 임시 대리공사 알렌[14] 박사는 −실[15]은 3주 전 짧은 휴가를 얻어 일본으로 떠났습니다.− 거의 매일 왕을 방문하여 현재 정권을 쥐고 있는 자들에게 맞설 것을 촉구하고 있습니다. 그들은 대원군을 필두로 새 내부협판 유길준[16], 새 군부대

---

7 [감교 주석] 베베르(K. I. Weber)
8 [감교 주석] 알렌(H. N. Allen)
9 [감교 주석] 힐리어(W. C. Hillier)
10 [감교 주석] 르페브르(G. Lefèvre)
11 [감교 주석] 김윤식(金允植)
12 [감교 주석] 이경직(李耕稙)
13 [감교 주석] 베베르(K. I. Weber)
14 [감교 주석] 알렌(H. N. Allen)
15 [감교 주석] 실(J. M. Sill)
16 [감교 주석] 유길준(俞吉濬)

신 조희연[17], 새 경무사(경찰처장) 권형진[18], 전직 농공상부 대신이자 어제 일본 공사로 임명된 김가진[19] 등을 말하며, 모두 친일파 우두머리들입니다. 그 다음으로는 총리대신 김홍집[20]과 지금까지 법부대신으로 있다가 학부대신으로 임명된 서광범[21]이 있습니다.

영국 총영사[22] 역시 왕을 자주 방문하고 있습니다.

왕의 명령에 의해 이전의 훈련대는 신식부대에 합병될 예정입니다.

폐위된 왕비에게 왕은 "세자의 동심을 고려하여" 공주 또는 후궁의 칭호와 신분을 하사하였습니다. 더 나아가 왕은 앞에서 언급된 조선 고위관리들의 압력을 받고 새로운 왕비 간택을 준비하기로 결정하였습니다. 이 마지막 명령에 대해 러시아와 미국 공사는 왕을 알현하였을 때 구두로 반대 의사를 전하였습니다.

그저께 내각은 왕에게 황제(중국어로는 Hoang-ti, 일본어로는 Ko-tei)라는 칭호를 받아줄 것을 청원하였습니다. 조선과 청에서는 단지 황제(Kaiser)만이 이 칭호를 사용하며, 일본에서는 독립국가의 왕들 역시 그렇게 표기하고 있습니다. 왕은 아직 최종 결정을 내리지 않았습니다.

전임 군부대신[23]과 학부대신[24]은 사면되었습니다. 탁지부 대신[25]과 도쿄 주재 조선 공사[26]는 의원면직되었습니다. 옛 훈련대 장교들은 거의 모두 해고되었습니다.

왕은 차남을 조약을 맺은 유럽과 미국의 공사로 임명하였습니다.

최근 서울에서 발생한 사건의 조사를 맡은 일본 외무성 정치국장 고무라[27]가 이달 15일 이곳에 도착하였으며, 그 이튿날 러시아 대리공사를 방문하였습니다. 미우라[28]는 전보로 면직을 통보받았으며, 고무라가 서울 주재 변리공사로 임명되었습니다.

이곳 일본 공사가 전해준 소식에 의하면, 일본인 13명이 이달 8일 발생한 폭동에 연루된 혐의로 체포되었습니다. 하지만 일본 살인자 단체의 우두머리는 일본으로 달아

---

17 [감교 주석] 조희연(趙羲淵)
18 [감교 주석] 권형진(權瀅鎭)
19 [감교 주석] 김가진(金嘉鎭)
20 [감교 주석] 김홍집(金弘集)
21 [감교 주석] 서광범(徐光範)
22 [감교 주석] 힐리어(W. C. Hillier)
23 [감교 주석] 조희연(趙羲淵)
24 [감교 주석] 이완용(李完用)
25 [감교 주석] 심상훈(沈相薰)
26 [감교 주석] 고영희(高永喜)
27 [감교 주석] 고무라 주타로(小村壽太郎)
28 [감교 주석] 미우라 고로(三浦梧樓)

난 듯합니다.

어제 베베르가 본인에게 말하기를, 자신은 최근에 왕이 발포한 법령들은 강요에 의한 것으로 생각한다고 외부대신에게 말했다고 합니다. 자신은 현 내각의 여러 대신들이 사건을 일으킨 장본인들일 것으로 추정하기 때문에 8일 범행에 대해 철저한 조사가 이루어지지 않는 한 그 법령의 효력을 인정할 수 없다고 말하였다고 합니다.

베베르는 일본 공사관의 책임을 입증할 수 있는 자료를 수집하느라 애쓰고 있습니다. 베베르는 일본군이 대원군을 궁까지 수행한 것은 의심의 여지가 없다고 단언하였습니다. 또한 일본 장교가 조선 신식군대 사령관을 말에서 밀어 떨어뜨렸다고 합니다.

서울 시민들은 대체로 평온을 유지하고 있으며 사건에 그다지 관심을 보이지 않고 있습니다. 왕비는 국민들 사이에 그다지 호감을 얻지 못한 반면, 왕에 대한 국민들의 신망은 높습니다.

일주일 전 장교 1명과 러시아 수병 9명, 장교 1명과 회계보조 1명과 미국 수병 15명이 공사관 수비대로 이곳에 도착하였습니다.

제물포항에는 미국 전함 2척("Yorktown"호와 "Petrel"호), 러시아 전함 2척("Koreyets"호와 "Grimaschtschi"호), 프랑스 전함 1척("Isly"호), 영국 전함 1척("Edgar"호)이 정박하고 있습니다. 일본 순양함 "Hashidate"호는 이달 11일 제물포항에 입항하였으나 잠시 체류한 뒤 다시 떠났습니다.

크리엔

내용: 최근의 궁중반란의 결과, 첨부문서 1부

사본

A

며칠 전 신식교육을 받은 부대[29]의 군인들과 순검 간에 싸움이 벌어져 순검 여러 명이 죽거나 부상당했습니다. 시중에는 그 부대가 해산되고 군인들은 다시 해고될 것이라는 소문이 파다하였습니다. 군인들은 그 소문을 듣고 흥분해 세력을 규합하였습니다. 그리고 오늘 새벽 갑자기 군인들이 궁으로 몰려가 불평과 불만을 털어놓았습니다. 그들의 행동은 도무지 이해할 수 없는 일이었습니다. 하지만 그들의 왕은 품위 있는 자세로 그들을 달래는 데 성공하여 궁에 평화와 안정을 회복하였습니다.

군부대신[30]과 경무사[31]는 왕 앞에서 그런 소동이 벌어지는 것을 막지 못한 데 대한 책임을 물어 해임되었습니다.

지금까지 우리 사이에 지속된 우호 관계를 고려할 때 귀하에게 비밀로 하는 일은 전혀 없습니다. 그에 따라 이 급보를 귀하에게 전하는 것이 본인의 의무라고 생각하여 이 서신을 보내는 바입니다.

김[32]
외부대신

B

국왕폐하께서 어제 본인에게 다음과 같은 조령을 내리셨습니다.[33]:

"짐이 옥좌에 있던 지난 32년 동안 정부에 유감스러운 일이 많았다. 민씨 가문 출신의 왕비는 자신의 척족들을 끌어들여 짐을 온통 에워싸고 짐의 정신을 제약하고 백성들의 고혈을 빨았으며, 짐의 정부의 명령들을 흐리고 혼란스럽게 만들었다. 또한 관직을 팔아

---

29 [감교 주석] 훈련대(訓鍊隊)
30 [감교 주석] 조희연(趙羲淵)
31 [감교 주석] 이윤용(李允用)
32 [감교 주석] 김윤식(金允植)
33 [감교 주석] 『高宗實錄』 고종 32년(1895) 8월 22일

먹고 직위를 거래하였다. 그리하여 탐욕과 폭정이 온 나라를 지배하고 방방곡곡에서 도적떼들이 출몰하였다. 이 왕조는 지금 최대의 위기에 직면해 있다. 짐은 이 치욕스러운 일이 그 정점에 달했음을 알고 있었다. 그런데도 짐이 처벌을 행하지 못한 것은 짐의 통찰력 부족 때문이었다. 또한 짐은 그들이 왕비의 친척임을 고려하여 관여하지 않았던 것이다.

짐이 작년 12월 종묘에 나가 왕비 친척들이 정사에 개입하는 것을 절대 허용하지 않겠노라고 맹서[34]했던 것은 그것을 시정하기 위해서였다. 짐은 민씨 일족이 이제는 바뀌어 정신 차리기를 바랐다. 하지만 그들은 구습을 버리지 못했다. 그 가문의 일족과 추종자들은 서로 합심하여 그런 행태를 지속했다. 그들은 짐의 행동을 감시하였고, 대신들과 접촉하는 것을 방해하였으며, 짐이 짐의 군대를 해산할 의도가 있다고 칙령을 조작하는 바람에 혼란을 야기하여 결국 폭동을 유발하였다. 왕비는 1882년의 경우[35]처럼 짐을 떠나 피신하였다. 짐은 사방으로 왕비의 행방을 탐문하였으나 아무런 성과도 거두지 못하였다. 따라서 그녀는 더 이상 왕비라는 칭호로 불리지 못할 뿐만 아니라 그녀가 저지른 범죄와 파렴치한 행위가 너무 많아 종묘에 입적할 수도 없다. 우리 가문의 전통을 철저히 지켜야 할 의무가 있는 짐은 이에 민비를 폐위시켜 다시 평민으로 강등하는 바이다."

폐하께서 이런 사심 없는 결단을 내린 것은 왕조와 백성을 위해서였습니다. 우리 두 나라 사이에 유지돼 온 우호관계를 고려할 때 귀하는 우리와 슬픔과 기쁨을 함께 나누는 나라입니다. 따라서 본인은 이 급보를 귀하에게 소식을 전하는 기회로 활용하고자 합니다.

김
외부대신

C
첨부문서의 내용(원문)은 독일어본 629~630쪽에 수록.

---

34 [감교 주석] 홍범 14조
35 [감교 주석] 임오군란(壬午軍亂)

23
조선에서 발생한 사건들에 대한 반관 보신문의 기사

발신(생산)일	1895. 10. 21	수신(접수)일	1895. 11. 29
발신(생산)자	구트슈미트	수신(접수)자	호엔로에-실링스퓌르스트
발신지 정보	도쿄 주재 독일 공사관	수신지 정보	베를린 정부
	A. 311		A. 12802
메모	12월 6일 런던 1472, 페테르부르크 754에 전달		

A. 12802 1895년 11월 29일 오후 수신

도쿄, 1895년 10월 21일

A. 311

독일제국 수상 겸 호엔로에-실링스퓌르스트 각하 귀하

반관보[1] "Nichi Nichi Shimbun"[2]은, 약 30명의 일본 자객들이(소위 "Soshi") 이달 8일 조선 궁궐에서 저지른 살해행위[3]에 직접 가담한 것, 현재 서울에 주둔하고 있는 일본군 일부가 대원군[4]을 궁까지 수행한 것, 더 나아가 서울의 일본 공사관이 그 모든 사건이 진행되는 동안 확실한 방관자적 태도를 보인 것은 비난을 면치 못할 일이라고 하였습니다. 이와 관련해 현재까지 공사로 있는 미우라[5]와 공사관 서기관 스기무라[6]를 즉시 소환한 것은 이곳 정부가 첫 번째로 취해야 할 꼭 필요한 조치였다고 하였습니다.

기사에서는 일본 공사가 조선에서 독자적으로 자신의 정치를 행했다고 가정하고 있는데, 이는 거의 불가능한 일이 분명합니다. 따라서 일본 정부가 그 일과 정말로 완전히 무관한지에 대한 의구심을 완전히 떨쳐버릴 수는 없습니다. 또 한 가지 고려해야 할 점은 미우라[7]를 조선 공사로 발탁한 것 자체가 처음부터 특이한 일이었다는 사실입니다.

---

1 [감교 주석] 반관보(半官報)
2 [감교 주석] 도쿄니치니치신문(東京日日新聞)
3 [감교 주석] 명성황후(明成皇后) 시해사건
4 [감교 주석] 흥선대원군(興宣大院君)
5 [감교 주석] 미우라 고로(三浦梧樓)
6 [감교 주석] 스기무라 후카시(杉村濬)
7 [감교 주석] 미우라 고로(三浦梧樓)

미우라는 예비역 육군중장으로 외교관으로서의 활동경력이 전혀 없는 인물입니다. 뿐만 아니라 그는 수년 전부터 정치 활동에서 완전히 벗어나 있었습니다. 알려진 사실들을 전부 고려해볼 때, 그는 결코 이제 막 시작하는 정치인으로서의 경력에 공명심 가득한 계획을 세우지는 않았을 것입니다. 반면에 바로 그렇기 때문에 이노우에[8]처럼 중요한 정치인보다는 여기서 언급되고 있는 까다로운 문제를 떠맡았다가 명예를 실추시킬 위험이 훨씬 적었습니다.

구트슈미트

내용: 조선에서 발생한 사건들에 대한 반관보 신문의 기사

---

8   [감교 주석] 이노우에 가오루(井上馨)

24
조선의 격변

발신(생산)일	1895. 10. 22	수신(접수)일	1895. 11. 29
발신(생산)자	구트슈미트	수신(접수)자	호엔로에-실링스퓌르스트
발신지 정보	도쿄 주재 독일 공사관	수신지 정보	베를린 정부
	A. 312		A. 12803
메모	12월 3일 런던 1453, 파리 699, 페테르부르크 741에 전달		

A. 12803 1895년 11월 29일 오후 수신

도쿄, 1895년 10월 22일

A. 312

기밀

독일제국 수상 겸 호엔로에-실링스퓌르스트 각하 귀하

서울의 격변[1]은 최소한 당분간은 일본에 과도하게 유리해지는 측면이 있기 때문에 일본 당국이 그 사건에 모종의 역할을 했다는 의심을 지울 수가 없습니다.

그렇게 의심할 만한 근거들이 없지는 않습니다.

미우라[2]를 임명한 것 자체가 특이한 조처였습니다. 반관보[3] 신문에서조차 그 사실을 두고 향후 일본은 조선 내정에 일체 개입하지 않을 계획이라는 식으로 명백하게 해석한 바 있습니다. 미우라 장군은 그 직책을 마지못해 수락하였으며, 자신은 단지 도쿄에서 내려오는 지령들만 수행하겠다는 것이 조건이었다고 설명하였습니다.

크리엔[4] 영사의 보고에서 알 수 있듯이, 궁중반란 이후 미우라가 보인 태도는 수상 쩍은데다가 애매모호하기까지 합니다. 서울에서 벌어진 사건들이 이곳에 알려진 이후 일본 정부가 보여준 태도도 적지 않게 이상했습니다. 일본 정부는 일단 일본인들이 그 범행에 가담했다는 것을 공식적으로 부인하였습니다. 정확한 보고를 받았을 것으로 예

---

1 [감교 주석] 명성황후(明成皇后) 시해사건
2 [감교 주석] 미우라 고로(三浦梧樓)
3 [감교 주석] 반관보(半官報)
4 [감교 주석] 크리엔(F. Krien)

상되는 러시아 공사[5]한테만 외부대신이 일본 낭인들(정치 폭력배들)이 가담했을 가능성을 인정하였습니다. 하지만 동시에 히트로보[6]의 중재를 통해 그 사건을 조사하기 위해 서울 주재 러시아 공사의 협력을 요청하였습니다. 정치국장 고무라[7]가 사건 조사를 위해 즉시 서울로 파견되었습니다. 그는 서울에 도착하자마자 전보를 통해 변리공사로 임명되었습니다. 반면 육군중장 미우라는 정부의 신임을 잃고 공사관 직원 전원과 같이 해임되었습니다. 그사이에 떠돌고 있는 미확인 소문에 의하면 그는 총으로 자살했다고 합니다.

사이온지[8]가 본인 앞에서 아주 격렬하게 표출했던 분노 또한 의도적이라는 인상을 주었습니다. 언론의 태도도 기이했습니다. 언론은 이제 서서히 진실을 게재하고 있으며, 범인들로 낭인을 적시함으로써 처음부터 정부를 모든 책임에서 벗어나게 하려는 시도를 하고 있습니다.

현재 이노우에[9]가 새로운 상황을 이용하기 위해 다시 조선으로 건너갈 것이라는 소문이 돌고 있습니다. 그가 서울과 도쿄를 계속 오가는 것은 최근의 사태들 이후 매우 독특한 행보로 보입니다.

본인의 러시아 동료는 지대한 관심을 갖고 그 사건을 계속 추적하고 있으며, 일주일 전부터 전신으로 페테르부르크 및 서울과 부지런히 연락을 주고받고 있습니다. 물론 그는 왕비 살해와 정부전복이 결국은 일본인들에게 아무런 도움도 되지 않을 것이라고 생각하고 있습니다. 베베르는 페테르부르크에 이와 관련된 문의를 한 뒤 로바노프[10] 제후로부터 일단 새로운 정부를 인정하지 말라는 지시를 받았다고 합니다. 하지만 그것은 무력수단에 의해 국가 최고위층 인물이 교체된 것이 아니라 단지 왕비만 제거된 것으로, 국법상 정부와 아무런 연관이 없는 사건입니다. 그럴 경우 왕은 외국의 인정을 받을 필요가 없으며 본인의 의사에 따라 대신들을 임명하거나 해임할 수 있습니다. 따라서 러시아가 자신들도 일본과 같은 정도로 조선의 내정에 개입할 권리가 있다고 생각하는 것이 아니라면 러시아가 서울의 새로운 상황을 인정하지 않음으로써 얻고자 하는 것이 무엇인지 정확히 파악하기 어렵습니다. 몇 차례 모반을 경험한 적이 있는 히트로보는, 만약 뒤에서 이 모반을 사주한 원흉이 실제로 일본 정부라면 꽤나 교모하게 실행에 옮겨

---

5 [감교 주석] 베베르(K. I. Weber)
6 [감교 주석] 히트로보(M. A. Hitrovo)
7 [감교 주석] 고무라 주타로(小村壽太郎)
8 [감교 주석] 사이온지 긴모치(西園寺公望)
9 [감교 주석] 이노우에 가오루(井上馨)
10 [감교 주석] 로바노프(A. Lobanow)

진 이 모반의 결과를 승인하고 싶지 않을 것입니다. 하지만 그는 일본인들이 기습적으로 일을 진행하였으나 이 기습작전에서 기대했던 직접적인 영향력 확대라는 결과는 거의 얻지 못할 것이라는 점을 간파한 것이 분명합니다.

구트슈미트

내용: 조선의 격변

조선의 사건에 대한 반관보 신문의 기사, 이노우에를 특사로 파견, 일본 정부의 태도에 대한 러시아 공사의 견해

발신(생산)일	1895. 10. 24	수신(접수)일	1895. 11. 29
발신(생산)자	구트슈미트	수신(접수)자	호엔로에-실링스퓌르스트
발신지 정보	도쿄 주재 독일 공사관	수신지 정보	베를린 정부
	A. 314		A. 12805
메모	12월 4일 런던 1457, 페테르부르크 744에 전달		

A. 12805 1895년 11월 29일 오후 수신

도쿄, 1895년 10월 24일

A. 314

독일제국 수상 겸 호엔로에-실링스퓌르스트 각하 귀하

어제 반관보[1] "Nichi Nichi Shimbun"[2]이 최근 서울에서 벌어진 사태에 대한 일본 정부의 입장에 대해 사설을 실었습니다.

사설은, 미우라[3]가 독단적인 행동에 나선 배경을 조선의 대[4] 일본 관계가 친일 성향의 조선인들을 고위직에 임명함으로써 좀 더 만족스러운 방향으로 나아갈 수 있을 거라는 생각에서 기인했을 거라고 설명했습니다. 하지만 대원군[5]을 비롯해 친일 성향으로 파악된 다른 인물들 역시 음모에 능한 자들이라서 근본적으로 민씨 일가의 추종자들과 그리 다르지 않았기 때문에 그 생각은 착각이었다고 했습니다. 서울에 있는 일본인들은 왕비[6]가 반일 행위를 하기로 이미 러시아와 합의했을 것으로 추측하여, 일본이 왕비보다 먼저 선수를 쳐야 한다고 확신했던 것으로 보입니다. 하지만 그런 결정은 서울이 아니라 도쿄

---

1 [감교 주석] 반관보(半官報)
2 [감교 주석] 도쿄니치니치신문(東京日日新聞)
3 [감교 주석] 미우라 고로(三浦梧樓)
4 [감교 주석] 대(對)
5 [감교 주석] 흥선대원군(興宣大院君)
6 [감교 주석] 명성황후(明成皇后)

에 있는 정부에서만 할 수 있는 정책이었다는 것입니다. 어쨌든 일본 정부는 그들의 의지나 의도에 반하여 일어난 그 사건에 전혀 관여하지 않았다고 하면서, 일본 정부의 향후 조선 정책은 전적으로 과거의 토대 위에서 움직일 것이라고 했습니다.

"Nichi Nichi Shimbun"은 이어서 그 사건에 대한 내각의 책임 문제를 거론하였습니다. 현재 이 문제에 대해 모든 정파들이 활발한 토론을 전개하고 있는 중입니다. 신문은 미우라 공사는 물론이고 그의 독자적인 행동방식을 지지했던 모든 관리들도 책임에서 자유로울 수 없으며, 내각은 천황의 결정이 내려지면 이런 행동방식에 단호한 조처를 취해야 한다고 주장했습니다. 하지만 더 나아가 내각 역시 그런 부적합한 관리를 임명한 것에 대해서는 책임을 져야 한다고 했습니다. 그 책임을 내각 전체에 지울 것인지, 총리 대신과 외무대신에게만 지울 것인지, 아니면 최종적으로 외무대신에게만 지울 것인지는 천황의 결단에 달려 있다고 하였습니다.

이런 기사들로 미루어 볼 때, 개각의 폭이 얼마나 될지는 모르겠지만 조만간 대신들의 교체가 있을 것으로 예상됩니다.

이노우에[7]는 서울의 궁에서 벌어진 사건에 대해 왕에게 천황의 조의를 전달하기 위해 내일 특사 자격으로 조선으로 떠납니다. 동시에 그는 공사 직위에서 해임되었습니다.

마지막으로 언급하지 않을 수 없는 것은 러시아 공사[8] 역시, 비록 일본 공사가 비밀 지령을 수행하는 방식이 이토의 의도에 부합하지 못했을지는 몰라도 서울에서 발생한 사건에 일본 정부가 관여했을 것으로 의심하고 있다는 사실입니다. 히트로보는 총리대신이 미우라에게 일반적인 지시로 "Débarrassez Vous de la reine(왕비를 제거하라)"라고 말했는데, 미우라가 그 말을 곧이곧대로 수행했을 것이라고 짐작하고 있습니다.

구트슈미트

내용: 조선의 사건에 대한 반관보 신문의 기사, 이노우에를 특사로 파견, 일본 정부의 태도에 대한 러시아 공사의 견해

---

7 [감교 주석] 이노우에 가오루(井上馨)
8 [감교 주석] 히트로보(M. A. Hitrovo)

외무부 정치 문서고 조선 관계 문서(1895.10.19~1895.12.31) **257**

26

[명성황후의 서거 공식 발표]

발신(생산)일	1895. 12. 1	수신(접수)일	1895. 12. 1
발신(생산)자	크리엔	수신(접수)자	호엔로에–실링스퓌르스트
발신지 정보	서울 주재 독일 총영사관	수신지 정보	베를린 정부
	No. 8		A. 12865
메모	n. S. d. 12월 2일		

A. 12865 1895년 12월 1일 오후 수신

전보

서울, 1895년 12월 1일 7시 5분

도착: 오후 7시 5분

독일제국 영사가 외무부에 발송

암호해독

No. 8

왕비의 사망을 공식적으로 발표

크리엔

베를린, 1895년 12월 2일   A. 12767

주재 외교관 귀중   귀하에게 최근 조선에서 벌어진 사건들 및
1. 워싱턴 No. A. 67   궁중반란[1]에 관한 서울 주재 독일제국 영사
2. 런던 No. 1446   의 금년 10월 18일 보고서 사본을 삼가 개인
3. 파리 No. 697   정보로 제공합니다.
4. 상트페테르부르크 No. 739

연도번호 No. 8719

베를린, 1895년 12월 2일   A. 12334

도쿄 주재 공사 귀하   암호우편!

                                          10월 15일 보고서 A. 305과 관련하여.
                                          사람들이 일본인을 야만인으로 간주할 것이
                                          라는 점을 인정한 일본 대신의 발언은, 그
                                          스스로 인정한 사실에 직면하여 그로 하여
                                          금 우리 독일제국 국민들에 관한 재판권[2]을
                                          일본인에게 넘기는 것은 매우 염려스럽고
                                          힘든 일이라는 사실을 깨닫게 만드는 계기
                                          가 된 듯합니다.
                                          따라서 향후 기회가 생기면 그 사건을 그런
                                          의미로 활용하기 바랍니다.

---

1 [감교 주석] 명성황후(明成皇后) 시해사건
2 [감교 주석] 치외법권(혹은 영사재판권)

베를린, 1895년 12월 3일   A. 12803

주재 외교관 귀중   귀하에게 최근 조선의 반란[3]에 관한 도쿄 주
1. 런던 No. 1453   재 독일제국 영사의 금년 10월 22일 보고서
2. 파리 No. 699   사본을 삼가 개인 정보로 제공합니다.
3. 상트페테르부르크 No. 741

연도번호 No. 8748

베를린, 1895년 12월 4일   A. 12766

주재 외교관 귀중   귀하에게 [조선의 궁중반란에 대한 금년 10
1. 드레스덴 No. 689   월 9일 서울 주재 독일제국 영사의] 보고서
2. 카를스루에 No. 412   사본을, 1885년 3월 4일 포고령에 준해 활용
3. 뮌헨 No. 723   할 수 있는 전권과 함께 삼가 전달합니다.
4. 슈투트가르트 No. 690
5. 외무부 장관 귀하   +   +   +

연도번호 No. 8790   또한 외무부 장관 각하께 [상기 내용과 같
                                        은] 보고서 사본을 삼가 참조용으로 제공하
                                        게 되어 영광입니다.

---

3 [감교 주석] 명성황후(明成皇后) 시해사건

베를린, 1895년 12월 4일   A. 12805

주재 외교관 귀중   귀하에게 최근 조선 사건[4]을 다룬 일본 반관
1. 런던 No. 1457   보 신문[5]의 기사에 대한 도쿄 주재 독일제국
2. 상트페테르부르크 No. 744   공사의 금년 10월 24일 보고서 사본을 삼가
                                           개인 정보로 제공합니다.

연도번호 No. 8768

베를린, 1895년 12월 6일   A. 12802

주재 외교관 귀중   귀하에게 최근 조선 사건을 다룬 일본 반관
1. 런던 No. 1472   보 신문의 기사에 대한 도쿄 주재 독일제국
2. 상트페테르부르크 No. 754   공사의 금년 10월 21일 보고서 사본을 삼
                                           가 정보로 제공합니다.

연도번호 No. 8817

---

4 [감교 주석] 명성황후(明成皇后) 시해사건
5 [감교 주석] 도쿄니치니치신문(東京日日新聞)

27

조선과 일본의 관계에 대한 "Novoye Vremya" 신문의 기사

발신(생산)일	1895. 12. 6	수신(접수)일	1895. 12. 8
발신(생산)자	라돌린	수신(접수)자	호엔로에–실링스퓌르스트
발신지 정보	페테르부르크 주재 독일 대사관	수신지 정보	베를린 정부
	No. 491		A. 13113
메모	11월 7일 런던 1305, 워싱턴 65에 전달		

A. 13113 1895년 12월 8일 오전 수신, 첨부문서 2

상트페테르부르크. 1895년 12월 6일

No. 491

독일제국 수상 겸 호엔로에–실링스퓌르스트 각하 귀하

일본의 조선 정책을 다루고 있는 지난달 13일과 25일 "Novoye Vremya"[1] 신문 사설 2개를 발췌, 번역하여 첨부문서로 동봉하여 삼가 보고 드리게 되어 영광입니다. 사설에는 교육을 위해 일본으로 파견된 젊은 조선인들에 대해 상당히 흥미로운 몇 가지 내용들이 담겨 있습니다.

라돌린

내용: 조선과 일본의 관계에 대한 "Novoye Vremya" 신문의 기사

---

1 [감교 주석] 노보예 브레먀(Novoye Vremya)

No. 491의 첨부문서 1

A. 13113

1895년 11월 25일과 13일 "Novoye Vremya" 신문 기사의 발췌 번역, No. 7080

블라디보스토크 특파원이 어제 전신으로, 요코하마에서 들어온 소식에 의하면 일본은 위험한 대륙정책을 포기하였다는 기사를 보내왔다. 바꿔 말하면 일본은 이제 조선에 대한 요구들을 포기했다는 뜻이다. 도쿄 발 오늘 우리 통신은 일본 정책이 근본적으로 방향을 바꾸었다고 설명하고 있다. 일본이 실제로 서울에서 우월한 위치를 점하게 되면, 또한 일본이 조선에서 행정을 펼치고 관청 직원들을 사전에 일본 특수학교에서 교육받게 한다면(현재 240명의 조선 젊은이들이 도쿄에서 교육받고 있다.), 일본은 아무런 위험 없이 조선인들의 손을 빌어 일본의 대륙정책을 펼치도록 한 뒤 조선에서 조용히 "Beati possidentes(복이 있는 가진 자)"의 위치를 차지하게 될 것이 확실하다. 일본은 군사적인 수단을 평화적인 방법과 행동방식으로 바꾼 것이다. 하지만 일본의 목적 자체는 전혀 달라진 것이 없다. 일본은 러시아에 대해 계속해서 날카롭고 공격적인 공세를 이어갈 것이다. 엄청난 폭리계산서를 제시하기 위해 잠시 겸손한 척하며 때를 기다리는 음흉한 일본식 방식에 속아 넘어갈 러시아 사람은 하나도 없을 것이다…….

No. 491의 첨부문서 2

1895년 11월 25일과 13일 "Novoye Vremya" 신문 기사의 발췌 번역, No. 7080

문명 발전의 단계가 다른 두 국가 간에 확고한 유대를 형성하고 그것을 공고화하기 위한 방법들 가운데 가장 오래 지속되는 것은 문화 발전 단계가 낮은 국가의 젊은이들을 문화 발전 단계가 높은 타 민족의 교육기관에서 교육하는 것이다. 일본인들은 이런 진리를 통찰하여 조선인들에게 적용시켰다. 도쿄에서 고등교육을 받고 있는 조선 젊은이의 숫자가 최근 37명 증가해 총 240명에 이른다. 교육생으로 젊은이들을 도쿄로 보내는 것이 얼마나 중요한 일인지는 그들이 서울을 떠나기 전 왕을 알현하였다는 사실에서 알 수 있다. 그 자리에서 젊은이들은 왕으로부터 조선으로 돌아온 뒤 왕을 도와 조선을 개화시키는 일을 할 수 있도록 일본에서 시간을 헛되이 보내지 말라는 경고를 들었다고 한다.

일본에서 최소 1년 반을 보내야 하는 젊은이들은 도쿄에 있는 게이오 기주쿠[2]에 들어 갔다. 게이오 기주쿠는 사립 고등교육기관으로서 Jukosow[3] 교장의 특별한 감독 하에 있다. 유코소우 교장은 가장 탁월한 일본 교육학자들 가운데 한 명으로 'Dsi-Dsi'[4]라는 일본 신문의 편집장이다. 조선 학생들이 시간을 헛되이 보내지 않았다는 것은 8월 중순에 벌써 (조선 공사관 참모실에서) 단체를 하나 결성했다는 사실로 입증된다. 단체의 설립 목적은 조선과 일본의 정신적 단결에 기여하는 것이라고 한다. 이 단체는 특별 기관지를 발간할 예정인데, 조선인들에게 일본에 대해 알려주고, 일본이 발전과정에서 거둔 성공사례들을 전해주기 위한 목적이다. 기관지는 조선으로 보내질 예정이다. 그런데 조선 남학생뿐만 아니라 여학생들도 도쿄에 등장하여 사람들의 큰 주목을 받았다. 게다가 2명의 조선 부인이 학생 신분으로 도쿄에 와서 조선 남학생들이 들어간 학교에 입학하였다. 그들은 어느 명망 있는 조선 공사의 부인과 여동생이라고 한다……

---

2 [감교 주석] 게이오 기주쿠(慶應義塾)
3 [감교 주석] 실제 게이오기주쿠의 학교장 이름은 오바타 도쿠지로(小幡篤次郞)임.
4 [감교 주석] 지지신보(時事新報)

조선 문제

발신(생산)일	1895. 10. 28	수신(접수)일	1895. 12. 10
발신(생산)자	구트슈미트	수신(접수)자	호엔로에-실링스퓌르스트
발신지 정보	도쿄 주재 독일 공사관	수신지 정보	베를린 정부
	A. 317		A. 12805
메모	(A. 204096과 비교)		

A. 13211 1895년 12월 10일 오후 수신

도쿄, 1895년 10월 28일

A. 317

독일제국 수상 겸 호엔로에-실링스퓌르스트 각하 귀하

이토[1]가 얼마 번 본인에게, 이곳 대학에서 교수로 재직하고 있는 뢴홀름[2] 박사로부터 저서를 한 권 선물 받았다고 했습니다. 은퇴한 독일제국 공사 브란트[3]가 펴낸 반일적인 내용의 책에 대해 반박하는 내용의 저서입니다. 총리대신[4]은 뢴홀름 박사의 저서 내용과 방향에 몹시 만족한다면서, 그 책이 독일과 일본 양국 관계에 긍정적인 영향을 미치게 될 것이라고 했습니다.

총리대신에게 본인도 뢴홀름 박사의 입장에 공감하고 있다는 것을 알리기 위해서 앞에서 언급한 책자를 다루고 있는 노르트도이체 알게마이네 차이퉁[5] 421호의 사설을 일본어로 번역하여 오늘 이토에게 전달하였습니다.

함께 대화를 나누던 중에 이곳에서 지금 일반인들의 관심을 끌고 있는 조선 문제도 화제에 올랐는데, 총리대신은 그에 대해 다음과 같이 말했습니다.:

---

1 [감교 주석] 이토 히로부미(伊藤博文)
2 [감교 주석] 뢴홀름(Lönholm)
3 [감교 주석] 브란트(M. Brandt)
4 [감교 주석] 이토 히로부미(伊藤博文)
5 [감교 주석] 노르트도이체 알게마이네 차이퉁(Norddeutsche Allgemeine Zeitung)

"최근 서울의 궁에서 일어난 사건[6] 직후 해임된 공사 미우라[7]는 조선 왕비 살해 혐의를 받고 있는 일본 낭인들과 함께 어제 히로시마에 도착하였습니다. 그는 상륙 직후 곧바로 체포되었으며, 지금 그곳에서 범행 가담여부를 놓고 최종 판결을 앞두고 있습니다. 정부는 그 사건을 낱낱이 밝힐 예정입니다. 그런데 공사였던 미우라는 육군중장에서 퇴역했기 때문에 일반 재판을 받게 되어 보호해줄 수가 없습니다."

이토는 계속해서 아오키[8]에게 전신으로 독일 정부에 조선에 대한 일본의 입장에 관해 해명하라는 지시를 내렸다고 했습니다. 또한 그 구체적인 내용을 사이온지[9]가 본인에게 알려줄 것이라고 했습니다.

끝으로 이토는 서울에서 전신으로 다음과 같은 보고가 들어왔다고 전해주었습니다. 즉 서울의 외국 대표들이 왕비[10]에 대한 모반에 관여했다는 이유로 일본장교에 의해 조직된 조선의 3개 보병연대[11]를 해산할 것을 요구하였다고 합니다. 이토는 일본군 철수 이후 조선 군대의 핵심이 되어야 할 이 군대가 외국 외교관들의 압박에 의해 해산된다면 아주 위험한 상황이 초래될 될 것으로 생각한다면서, 자기로서는 그런 조처로 인한 결과에 책임을 질 수 없다고 말했습니다. 현재 궁궐 수비대 역할을 맡고 있는 3개 연대는 전국적으로 흩어져 반란군을 조직하게 될 것이고, 그럴 경우 조선은 일본군이 겨우 진압해놓은 예전의 무정부상태로 돌아갈 것이라고 하였습니다. 일본 정부는 그런 상황에 대해 책임을 지고 싶지도 않고 책임을 질 수도 없다고 하였습니다.

본인은 총리대신의 발언을 경청한 뒤, 본인이 알기로 서울 주재 독일 대표[12]는 독일의 이해관계에 직접 관계되는 사안이 아닐 경우 최대한 신중한 태도를 유지하기 때문에 조선 군대의 해산을 요구하는 외교관 동료들의 행보에 동참하지 않을 것으로 예상한다고만 언급하였습니다.

공사관 사무실로 돌아와 보니 외무성 정치국장이 본인을 기다리고 있었습니다. 사이온지의 지시를 받고 본인에게 이달 26일 자로 아오키에게 보낸 전보의 내용을 은밀히 전해주기 위해서였습니다. 그는 영문으로 된 전보문을 본인에게 읽어주었습니다. 그 내

---

6 [감교 주석] 명성황후(明成皇后) 시해사건
7 [감교 주석] 미우라 고로(三浦梧樓)
8 [감교 주석] 아오키 슈조(靑木周藏)
9 [감교 주석] 사이온지 긴모치(西園寺公望)
10 [감교 주석] 명성황후(明成皇后)
11 [감교 주석] 훈련대(訓鍊隊)
12 [감교 주석] 크리엔(F. Krien)

용은 대략 다음과 같습니다.:

"공사는 독일 정부에 다음과 같은 내용을 설명해주기 바랍니다.

일본은 요동반도에서 철수하는 즉시 군대를 서울에서 철수시킬 것이다. 그때까지 군대를 서울에 주둔시키는 이유는 단지 요동과 연락하기 위해서이다. 또한 조선 정부가 외국인 보호를 자체적으로 떠맡을 수 있을 때까지는-개혁안 도입으로 그것은 조만간 실현될 수 있을 것으로 예상된다.- 서울의 공사관을 보호하기 위해 1개 분대를 남겨놓을 것이다. 그때까지 일본 정부는 조선의 내정에 관해 불간섭의 원칙을 철저히 준수할 것이다. 일본 정부는 조선에 아무런 '저의(ulterior designs)'도 갖고 있지 않으며, 오히려 최대한 빨리 조선 스스로 자신의 일을 맡을 수 있기를 바란다. 또한 일본은 조선에서 다른 조약 열강들과 똑같은 수준으로만 나설 예정이다."

앞의 선언은 총리대신이 오래 전 본인에게 밝혔던 것으로, 본인이 이달 1일 자로 보고했던(A. 239) 내용과 완전히 일치합니다. 아마도 서울의 궁에서 최근 벌어진 사건들 때문에 선언이 앞당겨진 것으로 보입니다.

오늘 이토의 발언을 들은 후 본인은, 일본 정부가 조선 왕비 살해에 아주 크게 연루되어 있을 거라고 계속 의심해야 하나 주저하고 있습니다. 하지만 서울의 중요한 직책에 아무런 지침도 내리지 않은 채 미우라처럼 정치 경험이 전무한 인물을 임명한 이유는 여전히 미해결로 남아 있습니다. 본인은 일본 정부가 조선에서 철수하기 전 서울에서 정치적 영향력을 확고하게 구축해놓을 필요성을 느꼈을 가능성이 상당히 높다고 생각하고 있습니다.

구트슈미트

내용: 조선 문제

조선 문제에 대한 러시아 공사의 의견

발신(생산)일	1895. 10. 31	수신(접수)일	1895. 12. 10
발신(생산)자	구트슈미트	수신(접수)자	호엔로에-실링스퓌르스트
발신지 정보	도쿄 주재 독일 공사관	수신지 정보	베를린 정부
	A. 321		A. 13215
메모	12월 16일 런던 1512, 페테르부르크 782에 전달		

A. 13215 1895년 12월 10일 오후 수신

도쿄, 1895년 10월 31일

A. 321

독일제국 수상 겸 호엔로에-실링스퓌르스트 각하 귀하

본인의 러시아 동료가 전해준 바에 의하면, 이달 28일 사이온지[1]가 외무성 고문을 통해 본인에게 알려준 것과 동일한 내용의 전보문을 그에게도 알려주었다고 합니다. 그 전보는 26일 페테르부르크 주재 니시[2] 공사에게 보내진 것으로, 공사에게 로바노프에게 일본의 조선 관련 정책을 설명하라는 지시를 내렸다고 합니다.

히트로보[3]는 외부대신에게 전보 내용을 알려주어 고맙다고 하면서, 다만 일본 정부가 일본군의 서울 철수 시점을 보다 자세하게 밝혀주기 바란다는 말을 덧붙였다고 합니다. 로바노프[4] 제후에게 보낸 전보에서 히트로보 공사는, 자신은 정부의 입장이 결정되기 전에 앞장서서 일을 처리할 생각이 없다고 밝혔는데, 이는 앞에서 언급된 의미로 사이온지에 대한 반감을 드러낸 것입니다.

서울에서 들어온 소식들로 인해 히트로보는 지금까지 조선에 대한 일본의 정책을 상당 부분 지지했던 영국이 최근 벌어진 일련의 사건들 이후 방향을 전환할 것이라는 믿음을 갖게 되었습니다. 히트로보는 솔즈베리[5]가 동아시아 문제에 있어서 독일, 러시아,

---

1 [감교 주석] 사이온지 긴모치(西園寺公望)
2 [감교 주석] 니시 도쿠지로(西德二郎)
3 [감교 주석] 히트로보(M. A. Hitrovo)
4 [감교 주석] 로바노프(A. Lobanow)

프랑스 3국과 다시 가까워지기 위해서 최근의 변화를 이용하는 것이 불가능하지만은 않다고 생각하고 있습니다. 왜냐하면 영국이 현재 이곳에서 하고 있는 역할은 아주 미미하기 때문입니다.

구트슈미트

내용: 조선 문제에 대한 러시아 공사의 의견

---

5   [감교 주석] 솔즈베리(The Third Marquess of Salisbury)

일본식으로 조직된 서울의 3개 보병연대 해산에 대한
일본 정부의 동의

발신(생산)일	1895. 11. 1	수신(접수)일	1895. 12. 10
발신(생산)자	구트슈미트	수신(접수)자	호엔로에-실링스퓌르스트
발신지 정보	도쿄 주재 독일 공사관	수신지 정보	베를린 정부
	A. 322		A. 13216
메모	12월 14일 런던 1508, 페테르부르크 780에 전달		

A. 13216 1895년 12월 10일 오후 수신

도쿄, 1895년 11월 1일

A. 322

독일제국 수상 겸 호엔로에-실링스퓌르스트 각하 귀하

매주 열리는 외무대신[1]과의 접견이 어제 있었습니다. 그 자리에서 외무대신은 본인에게, 서울 주재 일본 변리공사가 일본식으로 조직된 군대[2]의 해산과 관련한 다수의 외국 대표들 행동에 동참할 수 있는 권한을 부여받았다고 했습니다. 또한 그들의 행동이 공공의 안정을 해치지 않고 실행될 수 있는지 판단하는 역할도 그에게 맡겨졌다고 합니다. 사이온지는 방금 서울에 있는 고무라[3]로부터 전신 보고를 받았는데, 앞에서 언급한 군대 해산이 외국 대표들의 조언에 따라 안정을 해치지 않고 이루어졌다는 내용이었습니다. 부대 지휘관 2명은 도주하였으나 그 밖에는 아무런 돌발사건도 일어나지 않았다고 합니다.

외무대신은 본인에게 일본 정부의 결정에 대해 설명해 주었습니다. 이토[4]가 불과 며칠 전 군대 해산 조처에 대해 신중하게 숙고해 보는 것이 좋겠다고 했음에도 불구하고 일본 정부는 조선과 관련해 시행 예정인 정책에 대해 최근 서구 열강들에게 통지한 선언

---

1 [감교 주석] 사이온지 긴모치(西園寺公望)
2 [감교 주석] 훈련대(訓鍊隊)
3 [감교 주석] 고무라 주타로(小村壽太郞)
4 [감교 주석] 이토 히로부미(伊藤博文)

에 따라 이미 현재 서울에서 다른 열강들과 보조를 맞춰서 보병연대[5]의 해산을 주장하고 있다고 했습니다. 그로 인해 우려하던 결과는 다행스럽게도 아직까지 나타나지 않고 있다고 합니다. 물론 군인들이 전국적으로 흩어질 수 있는 시간이 흐른 다음 우려하던 일이 일어날 수도 있습니다.

구트슈미트

내용: 일본식으로 조직된 서울의 3개 보병연대 해산에 대한 일본 정부의 동의

---

5 [감교 주석] 훈련대(訓鍊隊)

31

오른쪽 상단: 원문 p.650

[일본군의 요동 철수에 관한 건]

발신(생산)일	1895. 11. 7	수신(접수)일	1895. 12. 10
발신(생산)자	구트슈미트	수신(접수)자	호엔로에-실링스퓌르스트
발신지 정보	도쿄 주재 독일 공사관	수신지 정보	베를린 정부
	A. 325		A. 13219
메모	12월 16일 런던 1512, 페테르부르크 782에 전달		

사본

A. 13219 1895년 12월 10일 오후 수신

도쿄, 1895년 11월 7일

A. 325

독일제국 수상 겸 호엔로에-실링스퓌르스트 각하 귀하

현재 일본 정부쪽 신문들은 일본군의 요동반도 완전 철수가 늦어도 금년 말까지는 실현될 것이라고 공공연하게 밝히고 있습니다. 더불어 우선 포모사[1] 정예부대 철수에 수송선박을 이용해야 하므로 그보다 더 빠른 철수를 기대하는 것은 불가능하다는 점을 강조하고 있습니다. 동시에 몇몇 신문들은 조선에서도 조만간 병력이 철수할 것으로 전망하고 있습니다. 하지만 그 문제에 대해서는 확정적인 내용을 거의 제시하지 못하고 있습니다. 반관보[2] "Nichi Nichi Shimbun"[3]은 어제 기사에서 조선 주둔 군대는 전신선과 병참선의 안전을 위해 꼭 필요하기 때문에 요동반도 철수가 끝날 때까지는 그대로 머물러 있을 것이라고 보도하였습니다. "Nichi Nichi Shimbun"은 얼마 전 본인이 보고한 바 있는 "Japan Daily Mail"의 정반대되는 입장의 기사는 전혀 언급하지 않음으로써 그 기사를 부정확한 기사로 간주하고 있습니다. 이것은 외무대신[4]이 외국 대표들에게 공식적으로 전달한 내용과 일치합니다.

구트슈미트

원본: 중국 20

---

1 [감교 주석] 대만
2 [감교 주석] 반관보(半官報)
3 [감교 주석] 도쿄니치니치신문(東京日日新聞)
4 [감교 주석] 사이온지 긴모치(西園寺公望)

32

[하노버 쿠리어에 게재된 조선 관련 기사]

발신(생산)일		수신(접수)일	1895. 12. 10
발신(생산)자		수신(접수)자	
발신지 정보		수신지 정보	베를린 외무부
			A. 13222
메모	Ⅰ) 12월 12일 암호전보 도쿄 48 Ⅱ) 12월 12일 훈령, 페테르부르크 774		

A. 13222 1895년 12월 10일 오후 수신

하노버 쿠리어[1]

1895년 12월 10일

러시아와 터키

페테르부르크의 정통한 소식통이 우리에게 알려온 바와 같이, 러시아가 터키에서 일을 극단까지 밀어붙이는 것, 즉 무력 개입을 계속 강하게 거부하는 주된 이유는 조선의 상황이 극단으로 치닫고 있기 때문이다. 조선에서 일본과 러시아가 서로의 권력범위를 어디까지로 한정할 것인지에 대한 합의가 이루어지지 않았다. 일본은 그 문제의 궁극적인 해결책으로 조선을 관심 있는 모든 열강의 공동 보호통치 하에 둘 것을 요구하고 있다. 하지만 러시아 정부는 전혀 그럴 생각이 없다. 러시아 정부는 조선에서 압도적인 영향력을 유지하고 싶어 하기 때문이다. 만약 양국 간에 합의가 이루어지지 않으면 일본은 그 어떤 상황에서도 조선에서 군대를 완전히 철수시키지 않을 것이다. 그럴 경우 분쟁이 발생할 우려가 있는데, 러시아는 이미 분쟁 대비를 하고 있는 게 분명하다. 따라서 이곳 정부가 자신의 힘을 분산시키려 한다면 그것은 매우 어리석은 짓이 될 것이다. 서울에서 새로운 봉기가 일어나게 되면 대폭발로 이어질 수 있다. 그런 일은 언제라도 일어날 수 있다. 서울은 생각할 수 있는 온갖 음모들이 일어날 수 있는 곳이기 때문이다.

1　[감교 주석] 하노버 쿠리어(Hannoverscher Courier)

어느 나라도, 심지어 일본조차도 그런 식의 움직임을 진압할 만큼 충분한 군사력을 소유하고 있지는 않다. 현재와 같은 상황에서 그런 움직임을 진압하는 것이 자신들의 권리하고 생각할지라도 말이다.

베를린, 1895년 12월 12일   A. 13222 I

도쿄 주재 공사 귀하   암호전보
No. 48

                                         중립을 유지하면서 조선에 대한 일본의 계획 및
연도번호 No. 8991   그에 대한 러시아 공사[2]의 태도를 지속적으로
                                         주시할 것. 결정적인 움직임이 예상될 경우 전
                                         신으로 즉시 보고할 것.

베를린, 1895년 12월 12일   A. 13222 II

페테르부르크 주재 대사 귀하   상트페테르부르크의 아주 정통한 소식통에 의
No. 774   하면, 하노버 쿠리어 신문에 러시아가 터키 문
반드시 전달!   제에서 주춤거리는 태도를 취하는 것은 조선의
긴급!   상황이 매우 긴박하게 돌아가고 있기 때문이라
                                         는 기사가 실렸다고 합니다. 일본은 조선을 관
연도번호 No. 8992   심 있는 모든 열강의 공동 보호통치 하에 두려
                                         고 애쓰는 반면 러시아는 스스로 조선반도에서
                                         우월한 영향력을 보장 받기를 원하고 있습니다.

                                         아시다시피 우리는 일본과 협상할 때 조선 문제
                                         는 되도록 거론하지 않았습니다. 하지만 현재
                                         조선 문제는 사실상 상당한 정치적 의미를 갖고
                                         있습니다. 따라서 귀하께서는 그 문제와 관련해
                                         러시아 정부의 입장과 의도를 잘 관찰하시어 그
                                         결과를 본인에게 친히 알려주시기 바랍니다.

---

2   [감교 주석] 히트로보(M. A. Hitrovo)

베를린, 1895년 12월 14일   A. 13216

주재 외교관 귀중   귀하에게 일본식으로 조직된 서울의 보병대
1. 런던 No. 1508   대[3] 해산에 관한 도쿄 주재 독일제국 공사[4]의
2. 상트페테르부르크 No. 780   지난달 1일 보고서 사본을 삼가 개인 정보로
                                  제공합니다.

연도번호 No. 9045

---

3 [감교 주석] 훈련대(訓鍊隊)
4 [감교 주석] 구트슈미트(F. von Gudtschmid)

33

[명성황후 시해사건 관련 러시아 동향]

발신(생산)일		수신(접수)일	1895. 12. 14
발신(생산)자	클레마트	수신(접수)자	
발신지 정보		수신지 정보	베를린 외무부
			A. 13353
메모	12월 18일 런던 1525, 페테르부르크 787에 전달		

A. 13353   1895년 12월 14일 오후 수신

메모

　청국 공사가 A. N. S.에게 다음과 같이 전해주었습니다. 조선 왕은 왕비[1]가 살해된 직후 곧바로 러시아 황제에게 전보로 러시아 군대를 조선에 파견해 달라고 요청하였습니다. 러시아 정부는 그런 목적에 사용할 병력을 갖고 있지 않다는 이유를 들어 이 무리한 요청을 거절하였습니다. 하지만 동시에 러시아는 일본에 조선에서 병력을 철수할 것을 요구하였습니다.

클레마트[2]

1　[감교 주석] 명성황후(明成皇后) 시해사건
2　[감교 주석] 클레마트(Klehmat)

34

[상트페테르부르크 헤럴드에 게재된 조선관련 기사]

발신(생산)일		수신(접수)일	1895. 12. 14
발신(생산)자		수신(접수)자	
발신지 정보		수신지 정보	베를린 외무부
			A. 13357

A. 13357   1895년 12월 14일 오후 수신

St. Petersburger Herold[1]

9월 28일 "Now. Wr."[2]의 블라디보스토크 발 기사는 궁중반란[3] 전 조선에서 발생한 사건들에 대한 주목할 만한 내용들을 담고 있다.

기자는 왕비[4]의 활약이 없었다면 조선은 이미 오래 전에 일본인들이 갖고 노는 공이 되었을 거라고 단언했다. 성격이 소심한 왕은 돌발사건이 일어날 때마다 넋을 잃기 때문이다. 전임 일본 공사 이노우에[5]는 왕비가 일본 지시대로 움직인 개혁파 지도자 박[6]을 실각시키기 전까지 1년 동안 사실상 조선의 군주였다. 이제 보수파가 실권을 장악하자 일본인들의 입지가 악화되었다. 하지만 이노우에는 다시 균형을 되찾을 수 있었다. 서울을 떠날 때 이노우에는 왕이 특사를 임명해 일본까지 그를 수행하도록 만드는 데 성공했다. 특사의 임무는 조선 정부의 이름으로 몇몇 열강들이 조선의 불가침성을 공격하는 데 대해 신속한 보호조치를 요청하는 것이었다. 특사로 탁지부 대신 이재순[7]이 임명되었

---

1 [감교 주석] 상트페테르부르크 헤럴드(St. Petersburger Herold)

2 [감교 주석] 노보예 브레먀(Novoye Vremya)

3 [감교 주석] 명성황후(明成皇后) 시해사건

4 [감교 주석] 명성황후(明成皇后)

5 [감교 주석] 이노우에 가오루(井上馨)

6 [감교 주석] 박영효(朴永曉)

7 [감교 주석] 독일어 원문에는 "Li-Tai-Jun"으로 표기됨. 이노우에 가오루 사임 직후 일본 특사로 임명된 인물은 시종원 경(侍從院卿) 이재순(李載純)이었음. 이재순의 러시아 행에 대해서는 알려진 바가 없음. 다만 이와 관련해서 윤치호는 1896년 1월 9일 유길준으로부터 이재순과 이학균이 "왕비 시해사건(명성황후 시해사건) 이전에 나라를 러시아에 팔아치우려고 했다"는 이야기를 일기(『윤치호 일기』 1896년 1월 9일)에 남기고 있음.

다. 하지만 그에게는 러시아로 가서 황제에게 일본인들로부터 조선을 지켜달라고 요청하라는 비밀지령이 동시에 주어졌다. 일본에 도착한 이재순은 블라디보스토크로 도주하였고, 거기서 왕의 서명과 직인을 내세우며 자신에게 전권이 부여되었음을 입증하였다. 러시아 당국은 그 사실을 즉시 외무부에 알렸고, 러시아 외무부는 조선 주재 러시아 대리공사이자 총영사 베베르[8]에게 탁지부 대신이 정말로 왕이 보낸 사신이 맞는지 문의하였다. 그런데 베베르의 답변은 실로 놀라웠다. 탁지부 대신이 제시한 서류는 위조되었다면서, 왕이 사기꾼의 즉각 송환을 요청한다고 하였다. 하지만 송환 요청은 실행되지 않았다. 러시아 외무부 당국이 이태준의 송환을 무례한 일로 생각했기 때문이다. 또한 그렇게 할 경우 극동지역에서 러시아의 위신이 크게 추락할 것으로 생각했다. 이태준은 임시로 하바로프스크에 머물고 있다. 기자는 왕이 특사를 부인한 이유를 일본 탓으로 돌리고 있다. 왕이 이노우에의 후임자인 미우라[9] 일본 변리공사한테 협박을 받은 것이 분명하다는 것이다. 하지만 왕을 비롯한 대부분의 조선인들이 러시아의 보호통치를 바라고 있는 것은 의심의 여지가 없는 듯하다. 그것은 러시아 함대 사령관 알렉세이예프[10] 해군소장이 최근 서울을 방문했을 때 특히 강하게 드러났다. 왕은 러시아 함대사령관을 마치 자신을 구하러온 구원자처럼 대했다. 하지만 러시아 함대사령관이 단지 서울에 손님으로 방문했을 뿐, 공식적으로 전권을 갖고 있지 않다는 사실을 알았을 때 매우 슬퍼하였다.

---

8 [감교 주석] 베베르(K. I. Weber)
9 [감교 주석] 미우라 고로(三浦梧樓)
10 [감교 주석] 알렉세이예프(Alexejew)

35

최근 일어난 반란[1]과 그 결과들

발신(생산)일	1895. 10. 29	수신(접수)일	1895. 12. 15
발신(생산)자	크리엔	수신(접수)자	호엔로에-실링스퓌르스트
발신지 정보	서울 주재 독일 총영사관	수신지 정보	베를린 정부
	No. 56		A. 12865
메모	(A. 13849와 비교) 첨부문서 없이 12월 19일 런던 1529, 파리 742, 페테르부르크 789, 드레스덴 713, 카를스루에 423, 뮌헨 746, 슈투트가르트 713 및 외무부 장관에게 전달 (A. 10053/97과 비교) 연도번호 No. 486		

A. 13377   1895년 12월 15일 오전 수신, 첨부문서 2부

서울, 1895년 10월 29일

No. 56

독일제국 수상 겸 호엔로에-실링스퓌르스트 각하 귀하

(이달 18일 본인의 보고서 No. 55[2]에 이어) 각하께 삼가 아래와 같이 보고 드리게 되어 영광입니다. 일본 공사 미우라[3]가 서울을 떠났고, 고무라가 일본 공사관 업무를 인계하였습니다. 또한 일본 공사관 일등서기관 스기무라[4], 통역관, 무관, 공사관 견습생, 이곳 일본 경찰 책임자, 기타 여러 공사관 직원들 및 영사관 직원들, 그리고 7명의 장교가 소환 명령을 받고 일본으로 돌아갔습니다. 일본 고문들은 재무부와 경찰 소속 2명을 제외하고는 모두 이곳을 떠났습니다. 현재 일본 공사관은 물론이고 이곳에 주둔 중인 일본군 장교 여러 명과 상당수의 일본 고문들이 왕비 살해 음모에 가담했다는 것에는 의심의 여지가 없습니다. 37명의 일본 낭인이 체포되어 일본으로 송환되었습니다.

조문사절 이노우에[5]는 내일 제물포에 도착할 예정입니다.

---

1 [감교 주석] 명성황후(明成皇后) 시해사건
2 [감교 주석] A. 12767에 삼가 첨부
3 [감교 주석] 미우라 고로(三浦梧樓)
4 [감교 주석] 스기무라 후카시(杉村濬)

유럽의 조약국들 특사로 임명된, 스물한 살의 왕의 차남 이강[6] 왕자는 일본으로 떠났습니다. 하지만 그의 수행원으로 임명된 외부협판 윤치호[7]는 아직 이곳에 머무르고 있습니다. 왕자는 조선과 조약을 체결한 순서에 따라 조약국들을 차례로 순방할 예정입니다. 따라서 맨 먼저 영국을 방문하고, 이어서 독일, 이탈리아, 러시아, 프랑스, 오스트리아-헝가리 순으로 방문할 것입니다. 순방을 떠나기 전 왕자가 본인에게 구두로 전해준 바에 의하면, 순방 기간은 약 7개월쯤으로 예상하고 있습니다. 그런데 만약 조선이 안정을 되찾으면 그는 약 2년 정도 유럽에 머물면서 공부할 예정이라고 합니다.

영국 총영사[8] 역시 얼마 전 전함 "Edgar"호의 장교 1명과 수병 15명으로 구성된 수비대를 유지하고 있습니다.

이달 23일 일본에서 돌아온 실[9]이 소집한 외국 대표들의 모임이 미국 공사관에서 열렸습니다. 실은 왕이 적들의 둘러싸여 있어 안전이 위태로울 수 있다고 했습니다. 베베르[10]는 반역자들이 정부의 권력을 행사하고 있는 지금 상황은 비정상적이라고 지적하였습니다. 따라서 이달 8일 이전의 상태로 돌아가야 하며, 반란을 일으킨 군인들은 제거되어야 한다고 말했습니다. 베베르는 군부대신[11]과 두 명의 보병대대 지휘관을 체포하고 현재의 궁중수비대를 해산하고 일본군으로 대체하는 것이 좋겠다고 제안했습니다. 미국 변리공사가 그의 말에 동조하면서 왕이 위험한 상황에 처해있기 때문에 비상조치를 취하는 것이 정당화될 수 있다고 말했습니다. 고무라[12]는 그런 조치를 취했을 때 새로운 소요사태가 발생할 수 있다고 우려를 표하면서 왕에게는 아무런 직접적인 위험도 없다고 설명하였습니다. 그리고 가능한 모든 보안조처들을 강구하겠다고 약속하였습니다. 힐리어는 군대 해산에 외국 대표들이 협력하는 것이 바람직하다고 말하면서 그 일에 동참하기를 요청하였습니다. 프랑스 위원대행[13]은 그 어떤 의견도 밝히지 않았습니다. 나중에 그는 본인에게 프랑스 정부로부터 조선의 내부 문제에 개입하지 말라는 엄격한 훈령을 받아서 그랬다고 말했습니다. 본인의 견해는 무엇이냐는 실의 질문에 본인은 현재의 상태를 유감스럽게 생각하지만 피를 흘리지 않고 앞에서 언급된 변화가 일어날

---

5 [감교 주석] 이노우에 가오루(井上馨)
6 [감교 주석] 의친왕 이강(義親王 李堈)
7 [감교 주석] 윤치호(尹致昊)
8 [감교 주석] 힐리어(W. C. Hillier)
9 [감교 주석] 실(J. M. Sill)
10 [감교 주석] 베베르(K. I. Weber)
11 [감교 주석] 당시 탁지부대신 어윤중(魚允中)이 군부대신을 겸직함.
12 [감교 주석] 고무라 주타로(小村壽太郎)
13 [감교 주석] 르페브르(G. Lefèvre)

것 같지 않다고 답변하였습니다.

첨부문서 1

첨부문서 1에서 알렌 박사가 그 자리에서 받아쓴 회의 기록의 사본을 전하에게 전달하게 되어 영광입니다.

첨부문서 2

이달 9일[14] 본인은 이미 전하에게, 8일 외국대표들의 회의가 열렸다고 보고 드린 바있습니다. 영국 총영사가 작성하여 며칠 전 본인에게 전달된 그 회의의 의사록 사본을 진하에게 삼가 전달합니다.

일본 공사[15]의 관저에서 실, 베베르, 힐리어가 긴급 회동하였습니다. 그 자리에서 일본 공사가 했던 제안에 따라 조선 내각은 왕에게 "황제(Hoang-Che)"의 칭호를 붙이려던 결정을 다시 철회하였습니다.

내년 1월 1일부터 조선에서 유럽의 태양력이 도입될 것이라고 합니다.

본인은 어제 왕을 알현하였습니다. 그때 왕의 친형[16]이 본인에게 통역관을 통해 대원군[17]은 본인의 의사에 반해 군대의 압력으로 어쩔 수 없이 궁을 습격했다고 말했습니다.

크리엔

내용: 최근 일어난 반란과 그 결과들, 첨부문서 2

---

14 [원문 주석] A. 12766에 삼가 첨부.
15 [감교 주석] 고무라 주타로(小村壽太郎)
16 [감교 주석] 이재면(李載冕)
17 [감교 주석] 흥선대원군(興宣大院君)

No. 56의 첨부문서 1

첨부문서의 내용(원문)은 독일어본 659~662쪽에 수록.

No. 56의 첨부문서 2

첨부문서의 내용(원문)은 독일어본 663~666쪽에 수록.

서울 주재 외국 대표들의 태도

발신(생산)일	1895. 11. 12	수신(접수)일	1895. 12. 15
발신(생산)자	구트슈미트	수신(접수)자	호엔로에-실링스퓌르스트
발신지 정보	도쿄 주재 독일 공사관	수신지 정보	베를린 정부
	A. 327		A. 13398
메모	12월 20일 자 훈령과 함께, 런던 1541, 페테르부르크 784에 전달		

A. 13398　1895년 12월 15일 오후 수신

　　　　　　　　　　　　　　　　　　　　　도쿄, 1895년 11월 12일

A. 327

독일제국 수상 겸 호엔로에-실링스퓌르스트 각하 귀하

　본인은 어제 기타시라카와[1] 왕자의 장례식에서 이토[2]를 만나 대화를 나누었습니다. 그 자리에서 이토는 서울 주재 외국 대표들의 태도로 인해[3] 상황이 매우 어려워졌다고 하소연하였습니다. 총리대신의 말에 따르면, 현재 외국 대표들은 일본 공사[4]에게 서울에 주둔 중인 일본군을 통해 현재의 정부를 무력으로 제거하라고 요구했다고 합니다. 총리대신은 불과 얼마 전에 열강들에게 조선에서 일본군을 철수시키고 조선 내정에 절대 개입하지 않겠다고 선언했기 때문에 그건 불가능한 일이라고 말했습니다. 만약 대원군[5]과 그 추종자들을 제거하기 위해 일본군 동원에 동의할 경우 새로운 소요사태가 일어났을 때 일본이 어쩔 수 없이 군사적으로 개입할 수밖에 없게 된다는 것입니다. 그렇게 될 경우 현재 열강들이 일본에 요구하고 있는 개입의 결과에 책임을 져야한다고 했습니다.

　본인은 이미 지난번에 후작에게 언급했던 내용, 즉 독일 대표[6]는 외교관 동료들의

1　[감교 주석] 기타시라카와노미야 요시히사(北白川宮能久)
2　[감교 주석] 이토 히로부미(伊藤博文)
3　[원문 주석] 조선에서 일어난 사건들 1에 삼가 첨부
4　[감교 주석] 고무라 주타로(小村壽太郎)
5　[감교 주석] 흥선대원군(興宣大院君)
6　[감교 주석] 크리엔(F. Krien)

행동에 가담하지 않을 것으로 생각한다고 다시 한 번 말했습니다. 본인에게 전달된 그의 보고서로 미루어 볼 때, 그는 독일의 이해관계에 관련된 사안이 아닐 경우 항상 신중하게 행동할 것이라는 확신을 갖게 되었기 때문이라고 했습니다.

구트슈미트

내용: 서울 주재 외국 대표들의 태도

조선과 관련해 공사가 외무대신과 나눈 대담

발신(생산)일	1895. 11. 13	수신(접수)일	1895. 12. 15
발신(생산)자	구트슈미트	수신(접수)자	호엔로에-실링스퓌르스트
발신지 정보	도쿄 주재 독일 공사관 A. 328	수신지 정보	베를린 정부 A. 13399
메모	12월 20일 런던 1544, 페테르부르크 797에 전달		

A. 13399 1895년 12월 15일 오후 수신

도쿄, 1895년 11월 13일

A. 328

독일제국 수상 겸 호엔로에-실링스퓌르스트 각하 귀하

전달 사항이 있으니 방문해 달라는 사이온지[1]의 요청에 따라 본인은 어제 외무성을 방문하였습니다. 사이온지 대신은 본인이 어제 이토 후작과 나눈 대화 내용을 말머리로 삼았습니다. 사이온지는 본인이 이미 각하께 보고 드린 바 있는 그 내용을 이토 후작으로 부터 직접 들었다면서 다음과 같이 말을 이었습니다.:

서울 주재 외국인들은 정부를 10월 8일[2] 이전의 상태로 되돌려놓는 일에 일본 정부가 함께해주기를 원하고 있으며, 그 첫 번째 단계로 일본군이 조선의 궁중 수비대[3]를 해산하고 그들을 대신해 현재 위험에 처해 있는 왕의 신변을 보호하는 일을 맡아달라고 요청했다는 것입니다. 사이온지는, 일본 정부는 진지하게 다른 조약국들과 협력할 생각이지만 그런 식의 행동에 동의할 수는 없다고 말했습니다. 일단 일본 정부는 현재 왕의 신변이 위험하다고 생각하지 않는다고 했습니다. 더 나아가 열강들이 정말로 일본에 군사적 개입을 요구하고 있는지 아닌지도 모르겠다고 했습니다. 오히려 일본 정부는 외국 대표들이 자국 정부의 전권위임도 없이 행동하고 있다고 추측할 만한 근거를 갖고 있다고 했습니다. 예를 들어 미국 변리공사[4]의 경우 워싱턴에서 들어온 보고에 의하면 그가 개인적인

---

1 [감교 주석] 사이온지 긴모치(西園寺公望)
2 [감교 주석] 명성황후(明成皇后) 시해사건
3 [감교 주석] 훈련대(訓鍊隊)

정치를 하는 것이 거의 확실해 보인다고 했습니다. 사이온지는 만약 열강들이 이 문제와 관련된 자신들의 소망을 널리 공표할 경우 비록 내키지는 않지만 일본 정부는 그들의 뜻을 따를 수 있다고 했습니다. 그리고 그로 인한 결과에 대한 책임을 일본이 아니라 외국 대표들이 질 경우 일본은 더 빨리 행동에 나설 수도 있다고 덧붙였습니다.

하지만 일본 정부로서는 모든 상황을 신중히 고려해 개입할 것이라고 하였습니다. 일본이 일단 조선에 대한 불간섭 원칙을 천명한 상태에서 지금 다시 조선 내정에 간섭하게 되면 일본은 물론이고 다른 열강들의 의사에 반하여 불가피하게 점령기간이 더 길어질 가능성이 매우 높기 때문이라고 했습니다. 물론 아오키[5]가 올린 보고에 따라, 그가 말한 다른 열강들에 독일은 포함시키지 않는다고 했습니다.

이런 설명에 이어 사이온지는 본인에게 "bonnes dispositions(좋은 조처)"의 새로운 증거를 보여 달라고 하였습니다. 즉 서울 주재 독일제국 영사[6]에게 전신으로 미국, 러시아[7], 영국 총영사[8]의 -프랑스 공사[9]는 방관자적 태도를 취하고 있다고 합니다- 행동에 가담하지 말라는 지시를 내려달라고 요구한 것입니다.

하지만 본인은 서울 주재 독일제국 영사관 업무는 본인의 소관사항이 아니기 때문에 서울에 그 어떤 지시도 내릴 수 없으며, 서울 주재 독일 영사가 그곳 외국 대표들의 행동에 적극적으로 참여할 것이라고 추정할 만한 아무런 근거도 갖고 있지 않다고 언급하였습니다. 그러자 대신은 이렇게 답변하였습니다. 그가 가진 정보에 따르면, 서울 주재 독일 대표는 현재 본인이 생각하는 것처럼 수동적인 입장이 아니라고 했습니다. 따라서 그가 직접 그런 무례한 요청을 할 수는 없지만 본인이 전하를 통해 크리엔에게 그런 의미의 훈령을 내려달라고 요청해 준다면 매우 고맙겠다고 말했습니다.

결국 본인은 그렇게 해보겠다고 답변하였습니다.

짐작컨대 일본 정부는 다시 조선 문제에 개입하는 것에 불만이 있다기보다는 조선 정부를 10월 8일 이전의 상태로 복원하는 것에 힘을 보태기를 원치 않는 듯합니다. 그래서 일본 정부는 갑자기 얼마 전 열강들에게 했던 선언을 거론하며 절대 불간섭의 원칙을 강조하고 있는 것입니다. 일본이 비록 10월 8일 사건을 신랄하게 비판했지만, 사이온지도 다시 강조했다시피 순수하게 정치적인 관점에서 볼 때 일본으로서는 10월 8일 이전의

---

4 [감교 주석] 실(J. M. Sill)
5 [감교 주석] 아오키 슈조(靑木周藏)
6 [감교 주석] 크리엔(F. Krien)
7 [감교 주석] 힐리어(W. C. Hillier)
8 [감교 주석] 베베르(K. I. Weber)
9 [감교 주석] 르페브르(G. Lefèvre)

정부, 즉 현재 복수심에 불타고 있는 민씨 일파의 영향력 하에 있던 예전 정부로 돌아가고 싶어할 이유가 없기 때문입니다. 오히려 일본은 가능하면 일본의 영향력을 수용할 수 있는 새 정권을 유지시키기를 원할 것입니다.

따라서 일본 정부로서는 서울 주재 외국 대표들의 태도가 불편하고 당혹스럽게 느껴지는 것이 분명합니다.

조선에서의 독일의 이익과 관련해서, 개인적으로 본인은 독일의 이익을 위해서라면 우리가 일본에 비우호적인 태도를 견지해야 할 이유를 찾을 수 없습니다. 오히려 우리는 이번 기회에 일본과 다시 정치적으로 가까워질 수 있는 기회를 가지게 될 것입니다.

구트슈미트

내용: 조선과 관련해 공사가 외무대신과 나눈 대담

서울에 체류 중인 이노우에의 특이한 행동

발신(생산)일	1895. 11. 14	수신(접수)일	1895. 12. 15
발신(생산)자	구트슈미트	수신(접수)자	호엔로에-실링스퓌르스트
발신지 정보	도쿄 주재 독일 공사관	수신지 정보	베를린 정부
	A. 330		A. 13401
메모	12월 20일 런던 1545, 페테르부르크 798에 전달		

A. 13401 1895년 12월 15일 오후 수신

도쿄, 1895년 11월 14일

A. 330

독일제국 수상 겸 호엔로에-실링스퓌르스트 각하 귀하

현재 조문사절로 서울에 머물고 있는 이노우에[1]는 서울 주재 상임대표[2]의 공식적인 정책과는 반대되는 방향으로 일하고 있는 듯합니다. 이것이 새로운 외교적 분쟁 내지 적어도 오해를 유발할 것으로 보입니다.

러시아 동료[3]가 어제 본인에게 이달 12일 그에게 전달된 로바노프[4] 제후의 전보 내용을 알려주었습니다. 그 전보에 따르면, 서울 주재 러시아 공사가 이노우에의 요청을 받고 페테르부르크에 조선 궁중 수비대를 일본군으로 대체하는 문제와 정부를 10월 8일 이전의 상태로 복원하는 문제에 대해 동의할 수 있는 전권을 달라고 요청하였다고 합니다. 로바노프는 그 요청에 따라 그에게 전권을 부여하였다고 합니다.

히트로보는 사이온지[5]의 요청에 따라 본인에 이어 12일 내각을 방문하였습니다. 그 자리에서 히트로보는 후작으로부터 베베르[6]에게 일본군에 의해 조선 궁중수비대[7]를 해

---

1 [감교 주석] 이노우에 가오루(井上馨)
2 [감교 주석] 변리공사(弁理公使). 고무라 주타로(小村壽太郎)
3 [감교 주석] 히트로보(M. A. Hitrovo)
4 [감교 주석] 로바노프(A. Lobanow)
5 [감교 주석] 사이온지 긴모치(西園寺公望)
6 [감교 주석] 베베르(K. I. Weber)
7 [감교 주석] 훈련대(訓鍊隊)

산하고 정부를 옛 상태로 복원하는 것을 촉구하지 말라는 지시를 내려달라는 요청을 받았다고 합니다. 그러자 그는 사이온지에게 대신의 제안과는 완전히 반대되는, 페테르부르크에서 온 전보의 내용을 알려주었다고 합니다. 깜짝 놀란 사이온지는 서울로 전보를 보내 일본 정부의 정책과 이노우에의 행보 간에 존재하는 명백한 모순을 밝혀낼 테니, 일단 그때까지는 자신의 제안을 없던 일로 해달라고 요청하였다고 합니다. 그럼에도 불구하고 히트로보는 전신으로 그 상황을 페테르부르크에 보고하였다고 합니다.

러시아 동료가 자신이 알려준 내용을 이용해도 좋다고 허락해 주었기 때문에 본인은 오늘 중으로 외부대신을 방문하여 은밀히 이 이상하고 난처한 상황에 대해 해명을 요청할 생각입니다.

본인과 히트로보를 불렀던 것처럼 사이온지는 영국과 프랑스, 미국의 공사도 외무성으로 불러, 각기 자국 정부에 서울 주재 외교 사절들에게 그들이 계획하고 있는 행동을 하지 말라는 훈령을 내려달라고 요청해주기를 부탁하였습니다. 어니스트 사토우[8]는 외무성 방문 직후 본인이 보낸 것과 거의 동일한 내용으로 영국 외무부에 전보를 보냈다고 어제 본인에게 털어놓았습니다.

마지막으로 언급하지 않을 수 없는 것은, 러시아 공사는 일본 정부가 겉으로는 거절하는 태도를 보이고 있지만 실은 다시 서울에 개입하기 위해 열강들이 권한을 위임해줄 것을 원하고 있다고 생각하고 있다는 것입니.

구트슈미트

내용: 서울에 체류 중인 이노우에의 특이한 행동

8　[감교 주석] 사토우(E. M. Satow)

베를린 주재 일본 공사가 전달하지 않은 조선에 관한 선언

발신(생산)일	1895. 11. 14	수신(접수)일	1895. 12. 15
발신(생산)자	구트슈미트	수신(접수)자	호엔로에-실링스퓌르스트
발신지 정보	도쿄 주재 독일 공사관 A. 331	수신지 정보	베를린 정부 A. 13402
메모	A. 13857과 비교		

A. 13402   1895년 12월 15일 오후 수신

도쿄, 1895년 11월 14일

A. 331

독일제국 수상 겸 호엔로에-실링스퓌르스트 각하 귀하

본인은 오늘 일본 외무대신[1]과 면담하는 자리에서, 본인이 접한 정보에 의하면 아오키는 베를린에서 일본의 조선 정책에 대해 아무런 통보도 하지 않았다고 말했습니다.

그러자 사이온지는 크게 놀랐습니다. 왜냐하면 아오키[2]에게 10월 25일 이미 각하께 단순한 통보가 아니라 격식을 갖춘 선언을 하라는 훈령이 내려갔기 때문입니다. 그와 관련해 10월 28일 본인이 사이온지를 만났을 때, 이미 해당 전보의 내용을 전해들은 바 있습니다. 암호담당 부서에 즉시 확인해 본 결과 전보는 10월 15일 발송되었다고 합니다. 하지만 베를린에서 반송되어 왔기 때문에 29일 다시 발송되었다는 사실이 밝혀졌습니다.

사이온지는 아오키 공사에게 즉시 지시한 대로 훈령을 이행하고 전신으로 결과를 통보하도록 하겠다고 말했습니다. 본인은 단지 아오키가 아직 성명을 전달하지 않았다는 사실을 언급했을 뿐, 아오키가 자신의 태만을 만회하도록 해달라는 소망을 피력하지는 않았습니다.

구트슈미트

내용: 베를린 주재 일본 공사가 전달하지 않은 조선에 관한 선언

---

1   [감교 주석] 사이온지 긴모치(西園寺公望)
2   [감교 주석] 아오키 슈조(靑木周藏)

이노우에의 모호한 태도

발신(생산)일	1895. 11. 15	수신(접수)일	1895. 12. 15
발신(생산)자	구트슈미트	수신(접수)자	호엔로에-실링스퓌르스트
발신지 정보	도쿄 주재 독일 공사관	수신지 정보	베를린 정부
	A. 333		A. 13404
메모	12월 20일 런던 1545, 페테르부르크 798에 전달		

A. 13404 1895년 12월 15일 오후 수신

도쿄, 1895년 11월 15일

A. 333

독일제국 수상 겸 호엔로에-실링스퓌르스트 각하 귀하

히트로보[1]가 이른바 이곳 주요 인물들의 진술과 모순되는 이노우에[2]의 서울에서의 행보에 관해 본인에게 전해준 내용은 어제 올린 보고서 A. 330에 담겨 있습니다. 그에 이어서 일본 외무대신[3]이 방금 본인이 문의한 내용에 대해 외무성 관리를 통해 러시아의 진술은 그가 예상했던 대로 사실관계에 부합하지 않는다는 답변을 전해 왔다는 것을 보고 드립니다.

이노우에는 외무대신이 전신으로 문의하자 즉시 서울 주재 열강 대표들에게 혹시 자신이 문제가 된 의혹을 살 만한 행동을 했는지 물었다고 합니다. 그러자 러시아 공사[4]는 물론이고 미국 공사[5]도 조선의 궁중수비대[6]를 일본군으로 대체하기 바란다는 발언은 이노우에가 아니라 그들이 직접 한 발언이었다는 점을 인정했다고 합니다. 이노우에는, 자신은 어떤 식으로든 정부의 결정보다 앞서나가지 않기 위해 앞에 언급된 대표들의 소망을 단박에 거절하지 않는 정도로 발언을 제한했다고 답변하였다고 합니다.

---

1 [감교 주석] 히트로보(M. A. Hitrovo)
2 [감교 주석] 이노우에 가오루(井上馨)
3 [감교 주석] 사이온지 긴모치(西園寺公望)
4 [감교 주석] 베베르(K. I. Weber)
5 [감교 주석] 실(J. M. Sill)
6 [감교 주석] 훈련대(訓鍊隊)

하지만 이로써 수수께끼 같은 모순이 모두 해결된 것은 아닙니다. 비록 베베르가 자기 정치를 위한 분위기를 조성하기 위해 그런 것 같기는 하지만, 그가 일본 측을 압박하기 위한 의도로 그처럼 어설픈 음모를 획책했다는 것은 참으로 이상한 일입니다.

그건 그렇고 사이온지[7]가 전해준 바에 따르면, 이노우에는 조문사절로서의 임무를 끝냈기 때문에 이달 17일 서울을 떠날 것이라고 합니다.

구트슈미트

내용: 이노우에의 모호한 태도

---

7 [감교 주석] 사이온지 긴모치(西園寺公望)

[프랑크푸르터 차이룽의 '조선의 철혈정치' 기사]

발신(생산)일		수신(접수)일	1895. 12. 15
발신(생산)자		수신(접수)자	호엔로에-실링스퓌르스트
발신지 정보		수신지 정보	베를린 정부
			A. 13409

A. 13409 1895년 12월 15일 오후 수신

프랑크푸르터 차이룽[1]

1895년 12월 15일

조선의 철혈정치

(우리 특파원의 보고)

상하이, 11월 2일

　유럽의 관찰자에게 조선의 유혈사건[2]은 몹시 이상해 보일 수 있다.: 하지만 조선의 역사를 아는 사람은 그것을 조선다운 사건으로 생각할 것이다. 대체 무슨 일이 일어났냐고? 왕의 부친인 대원군[3]이 유혈충돌 속에 기습하여 정적인 왕비[4]를 죽게 만든 사건이다. 조선에서는 이것이 평범한 정치적 싸움에 불과하다. 민주화된 서유럽에서는 정치적 견해차이가 투표용지에 의해 승부가 결정되는 반면, 절대왕국 조선에서는 피와 칼에 의해 승부가 결정되곤 한다. 우리의 경우 그런 일은 신의 은총을 받던 목가적인 시대의 국내정치에서 일어났고, 오늘날에는 대외적인 분쟁에서 아직 벌어지고 있다. 그런데 이른바 철혈정치를 고안해낸 아시아인들은 그 시스템을 우리보다 훨씬 더 철저하고 단호하게 사용한다. 우리 착한 유럽인들은 그런 점에서는 평생 무능한 사람들이었다.

1　[감교 주석] 프랑크푸르터 신문(Frankfurter Zeitung)
2　[감교 주석] 명성황후(明成皇后) 시해사건
3　[감교 주석] 흥선대원군(興宣大院君)
4　[감교 주석] 명성황후(明成皇后)

그래서 살인이 아니라 최근 수십 년 동안의 조선 정치사에 대해 이야기해 보도록 하겠다.

조선의 지지난 번 왕 이환[5]은 슬하에 아들이 없었다. 그래서 그의 숙부 이변[6]이 그의 뒤를 이어 왕위에 올랐다. 그런데 그 역시 수많은 여인을 거느렸음에도 불구하고 후손을 보지 못하고 1864년 세상을 떴다. 조정에서 이환의 조카를 후임 왕으로 결정하였으니, 그가 바로 현재와 왕 이희[7]이다. 왕위에 올랐을 때 그는 겨우 12살이었다. 조선에서는 12살의 나이는 정신적으로 아직 관직을 맡을 정도로 성숙하지 못했다고 생각하여 섭정위원회가 국사를 이끌도록 조치하였다. 그 섭정위원회에서 미성년자 왕의 부친 이하응[8]이 금세 엄청난 영향력을 확보할 수 있었다. 그는 "섭정" 혹은 대원군이라는 칭호를 가졌다. 섭정을 그만둔 지 이미 오래되었으나 그는 오늘날까지도 칭호를 지니고 있다. 비록 옳지 못한 일이지만 그는 실제로 아직도 왕과 함께 철혈정치를 약간 펼치려는 생각을 떨치지 못했기 때문이다. 왕의 부친은 1864년부터 1873년까지 유럽인들이 말하는 "강철 손과" 조선 사람이 말하는 "돌로 된 심장"을 가지고 섭정을 이끌었다. 특히 외국인, 즉 유럽인을 거부하는 강력한 조처들은 그의 업적이었다. 1873년 왕의 드디어 성년이 되자 부친의 섭정도 종료되었다. 왕은 유럽이 무력으로 침입하는 것이 두려워 유럽인들에게 나라를 개방하였고, 강대국들과 조약을 체결하였다. 대원군은 조상들이 피로 지켜온 정책에서 이런 식으로 궤도를 이탈하는 것에 대해 왕과 왕비[9]를 원망하였다. 특히 왕비에 대한 원망이 더 심했다. 아버지는 매우 성격이 강한데 비해 아들은 성격이 매우 유약했다. 만약 대원군이 조선의 관습에 따라 아들의 짝을 찾아줄 때 실수하지 않았더라면 그는 왕이 성년이 된 이후에도 뒤에서 아들을 조종하며 계속 통치할 수 있었을 것이다. 하지만 왕비는 여성적인 매력은 물론이고 내면에 남성의 힘과 결단력까지 갖추고 있었다. 그녀는 왕을 완전히 자신의 영향력 안으로 끌어들이는 데 성공했다. 그때부터 대원군이 물리치려는 주된 목표는 왕이 아니라 왕비였다. 왕비는 궁중에서 대원군 말고 유일한 남자였다.

물론 처음에 대원군은 조선 보수 세력의 지도자였다. 보수 세력의 지도자로서 그는 세상 사람들 앞에 등장할 기회가 별로 없었다. 조선에서는 정치세력의 지도자는 누구도

---

5 [감교 주석] 헌종(憲宗)
6 [감교 주석] 철종(哲宗)
7 [감교 주석] 고종(高宗)
8 [감교 주석] 흥선대원군(興宣大院君)
9 [감교 주석] 명성황후(明成皇后)

정치적인 신문기사를 쓰지 못한다. 그건 익명으로도 절대 안 되는 일이다. 또한 조선에는 파괴적 조약이 야기할 수 있는 국민들의 고난과 나라의 불행을 따질 수 있는 보수 야당이 존재하는 의회제도가 없다. 우리나라에서처럼 정치적인 열정이 일상적인 활동을 통해 점차 사그라지는 것이 아니라 오히려 수년 동안 활동을 못하게 억제 당했다가 한순간에 점화되는 것이다. 대원군은 9년 동안 뒤에 물러나 있어야 했다. 결국 그는 1882년 커다란 정치적 행동[10]에 나서기로 결심했다. 반역을 꾀한 것이다. 다행스럽게도 조선에서는 일반 국민은 정치에 아무 것도 관여해서는 안 된다. 따라서 조선에서 일어나는 혁명은 전부 국가의 높은 인물들에 의해서만 이루어진다. 말하자면 궁중혁명들인 것이다. 1882년 궁궐을 무장, 습격했을 때 대원군의 원래 계획은 왕을 체포하고 왕비를 살해하는 것이었다. 또한 당시 거의 통제에서 벗어나 있던 서울 주재 일본 공사관을 조선에서 추방하는 것이었다. 그 가운데 핵심은 바로 왕비였다. 그런데 그게 실패로 돌아갔다. 위험이 닥친 순간 어느 궁녀가 왕비의 옷으로 갈아입고 왕비인 척하면서 반란군들이 내린 사약을 마셔버린 것이다. 그사이에 왕비는 병사의 아내로 변장하고 왕세자와 함께 탈주하는 데 성공했다. 혁명은 실패로 끝났고, 일본인들은 엄청난 배상을 요구하였다. 하지만 그 문제와 관련된 협상이 진행되고 있을 때 청국의 위대한 부왕[11] 리훙장[12]이 압도적인 무력으로 개입하였다. 그는 청국 황제의 종주권을 근거로 내세워 대원군을 체포한 뒤 그를 청으로 압송하여 보정부에 억류하였다.

대원군이 타의에 의해 조선을 떠났음에도 불구하고 나라는 평온해지지 않았다. 1884년 다시 혁명[13]이 발발했다. 왕은 어느 환관의 등에 업혀 서울에서 도주하는 데 성공하였다. 반란군의 지도자 김옥균[14]도 도피하였다. 그는 일본으로 망명했다. 하지만 1894년 상하이로 건너갔을 때 왕이 사주한 어느 조선인[15]에게 살해당했다. 그의 시신은 조선으로 운반되었고, 그곳에서 참시되어 공개되었다.

대원군의 참여 없이 일어난 1884년 혁명 이후 왕은 악마를 악마의 왕을 통해 물리치겠다는 고상한 생각을 하게 되었다. 왕은 그 목적을 위해 대원군을 다시 조선으로 불러들였다. 한동안 조용했다. 그런데 1892년 여름 다시 활발한 움직임이 감지되었다. 이번에는 대원군이 아니라 대원군의 적들이 먼저 시작했다. 그들은 대원군을 그의 집과 함께 폭파

---

10 [감교 주석] 임오군란(壬午軍亂)
11 [감교 주석] 북양대신(北洋大臣)
12 [감교 주석] 리훙장(李鴻章)
13 [감교 주석] 갑신정변(甲申政變)
14 [감교 주석] 김옥균(金玉均)
15 [감교 주석] 홍종우(洪鍾宇)

시킬 작정이었다. 하지만 방법이 서툴러 폭발을 시도했으나 바닥이 아니라 벽이 갈라지는 정도로 그쳤다. 벽에 달라붙어 있지 않았던 대원군은 당연히 목숨을 부지하였다. 하지만 아들인 왕은 이러한 신의 섭리를 그리 달가워하지 않았다. 조선에는 이런 경우에 쓰는 격언이 있다. '오늘은 내 차례지만 내일은 네 차례다.'라는 말이다. 물론 그런 일은 항상 서서히 진행되는 법이다. 그에 대한 답변이 오기까지 2년의 시간이 걸렸다. 1894년 2월 암살계획이 발각되었다. 목표는 왕과 왕세자, 내각을 이끄는 대신들을 폭사시키는 것이었다. 조선식으로 말하자면, 그렇게 함으로써 그들의 정치적 이념을 정복하는 것이었다. 하지만 이 암살 시도 역시 실패로 돌아갔다. 여기까지가 조선의 실패한 철혈정치사이다.

그런데 올 10월 18일[16], 마침내 새로운 암살시도[17]가 성공을 거두었다. 이번에는 공수가 뒤바뀌어 대원군이 과거 가장 강한 적이었던 왕비를 노렸고, 그 암살계획이 성공한 것이다. 왕비는 죽었다.

이번 암살시도에서 특이한 점은 대원군이 일본군과 미우라 일본 공사한테 상당한 지원을 받았다는 사실이다. 이것은 다시 한 번 온 세상을 향해 일본은 표면적으로만 유럽 문화를 덧칠하고 있었다는 사실을 보여주는 나쁜 사례였다. 모든 결정적인 순간마다 문화적인 겉치레 속에 외교를 내세우지만 그 밑바탕에는 간계와 살의가 가득한 아시아적 토대가 있다는 사실이 드러난 것이다. 일본인들은 유럽식 우월함으로 인한 무운(武運) 덕분에 절반의 성공을 거두었다. 하지만 평화회담이 진행되는 동안 아직 유럽식 예의를 모르는 어느 일본인이 시모노세키 거리에서 리훙장을 향해 쏜 멍청한 총성 때문에 그 절반의 성공을 다시 놓쳐버렸다. 그때부터 일본인들이 조선에서 조용하게 큰 영향력을 확보하는 바람에 경쟁상대인 러시아는 자국의 이익을 지키기 위해 공격적인 전쟁을 치르지 않고서는 행정과 군대에서, 간단히 말해 조선 전역에서 일본인들을 다시 몰아내는 것이 힘들었을 것이다. 현재 러시아는 아주 쉬운 게임을 하고 있다. 용감한 일본 노인 미우라가 군대 전체보다 훨씬 더 러시아에 유용한 역할을 했다.

하지만 만약 지금 일본이 조선에서 쫓겨난다면 조선은 어떻게 될까? 왕은 통치할 능력이 없다. 모든 면에서 왕보다 더 나은 반쪽인 왕비는 죽었고 조선에서 유일하게 힘 있는 인물은 74세의 대원군뿐이다. 유럽이 피로 얼룩진 대원군의 두 손에 대한 보답으로 이 나라를 맡기려 들까? 우리가 보기에는 그럴 수도 없고 그러지도 않을 것 같다.

---

16 [감교 주석] 10월 8일의 오기로 보임.
17 [감교 주석] 명성황후(明成皇后) 시해사건

도덕적인 이유 때문이 아니다. 아마 그런 이유 때문은 아닐 것이다. 하지만 모든 유럽 열강은 이기심 때문에 틀림없이 이 늙은 철혈 정치인을 무력화시키라고 명령할 것이다. 그 명령이 10월 18일의 성공한 조선의 대량학살이 유럽인을 향해 되풀이될 수 있는 위험을 초래하지 않는 한 그렇게 될 것이다. 이런 방법은 이미 리홍장이 제시한 바 있다. 리홍장이 1882년에 했던 것처럼 대원군을 추방하면 된다. 이번에는 주도권을 완벽하게 러시아에 넘겨줘야 한다면 대원군을 청국이 아니라 러시아로 추방하는 것이다. 그리고 조선을 어찌 통치해야 될지 몰라 당혹해하고 있는 왕을 돕기 위해 열강들의 동아시아 주재 외교관들로 구성된 국제유럽관청을 만드는 것이다. 유럽의 어느 나라도, 물론 러시아도 포함해서, 조선을 합병할 의사는 없다. 하지만 그들의 공통 관심사는 조선이 유럽 문화에 문호를 개방하는 것이다. 따라서 위에서 제시된 방법이 약간 아시아식으로 보일지는 몰라도 가장 안전한 방법이 될 듯하다. 아시아에서는 아시아 방식으로 해야 한다!

베를린, 1895년 12월 12일   A. 13215, 13219

주재 외교관 귀중   귀하에게 동아시아 문제에 관한 금년 10월
1. 런던 No. 1512   31일과 11월 7일 도쿄 주재 독일제국 공사
2. 상트페테르부르크 No. 782   의 보고서 사본들을 개인적 정보로 제공합
                                          니다.

연도번호 No. 9092

러시아의 일본 및 조선 관계

발신(생산)일	1895. 12. 14	수신(접수)일	1895. 12. 16
발신(생산)자	라돌린	수신(접수)자	호엔로에-실링스퓌르스트
발신지 정보	페테르부르크 주재 독일 대사관	수신지 정보	베를린 정부
	No. 516		A. 13460
메모	A. 13799와 비교 12월 20일 런던 1550에 전달		

A. 13460 1895년 12월 16일 오후 수신

상트페테르부르크, 1895년 12월 14일

No. 516

독일제국 수상 겸 호엔로에-실링스퓌르스트 각하 귀하

오늘 일본 공사[1]와 대담을 나누었는데, 그 자리에서 그가 조선 문제를 거론하였습니다. 그는 얼마 전 조선에서 다시 소요사태[2]가 발발했으나 진압되었으며, 일단 시작된 개혁은 서서히 진행되고 있다고 합니다. 현재 조선과 일본의 관계는 아주 좋다고 합니다. 조선을 점령하고 있는 일본군은 조선 거주 일본인들을 보호하기 위해 당분간 더 그곳에 머물 것이라고 합니다. 공사는 일본군이 철수할 경우 다시 소요사태가 발발할 가능성이 높고, 러시아는 현재 그런 상황에서 일본군을 대신해 질서를 유지하는 데 동원할 만한 군대가 없다고 확신한다고 했습니다. 따라서 당분간 현재의 상태를 그대로 유지하는 것이 러시아의 이익에도 부합한다는 것입니다.

이런 상황은 러시아가 동아시아 군 장비를 완전히 갖추지 않는 한 계속될 것이 자명합니다. 로바노프[3] 제후와 도쿄 주재 러시아 공사는, 러시아는 당분간 조선의 독립이 보장되는 것을 지켜보는 것 이외에 다른 관심은 없다고 선언할 것이라고 합니다.

니시는 현재 그와 로바노프는 아주 좋은 관계를 유지하고 있다고 암시하였습니다.

---

1 [감교 주석] 니시 도쿠지로(西德二郎)
2 [감교 주석] 명성황후(明成皇后) 시해사건
3 [감교 주석] 로바노프(A. Lobanow)

얼마 전 새 러시아 공사[4]가 서울로 떠났으므로 조만간 조선에서 보다 상세한 보고가
페테르부르크로 올라올 것이라고 합니다.

라돌린

내용: 러시아의 일본 및 조선 관계

---

4   [감교 주석] 슈뻬이예르(A. Speyer)

43

원문 p.682

[조선 관련 러일 협상은 개최되지 않음]

발신(생산)일	1895. 12. 16	수신(접수)일	1895. 12. 17
발신(생산)자	구트슈미트	수신(접수)자	호엔로에-실링스퓌르스트
발신지 정보	도쿄 주재 독일 공사관	수신지 정보	베를린 정부
	A. 317		A. 13472
메모	II. 암호로 12월 20일 런던 1542와 페테르부르크 795에 전달 II. 암호전보로 12월 20일 베이징 68에 전달		

사본

A. 13472 1895년 12월 17일 오전 수신

전보

도쿄, 1895년 12월 16일 오전 11시 15분

도착: 12월 17일 오전 1시 45분

독일제국 공사가 외무부에 발송

암호해독

No. 72

조선에 관한 일본과 러시아의 협상은 열리지 않음. 양측 모두 망설이는 중.

구트슈미트

원문 : 중국 20

베를린, 1895년 12월 18일   A. 13353

주재 외교관 귀중   1과 2에 반드시 전달!
1. 런던 No. 1525
2. 상트페테르부르크 No. 787   중국 공사 쉬징청[1]이 구두로 다음과 같이
                                        전해주었습니다.

연도번호 No. 9174
                                        앞의 내용을 귀하에게 개인적인 정보로 제
                                        공합니다.

베를린, 1895년 12월 19일   A. 13377

주재 외교관 귀중   귀하에게 [서울에서 최근 일어난 궁중혁명[2]
1. 런던 No. 1529   과 그 결과에 관한 금년 10월 29일 서울 주
2. 파리 No. 742   재 독일제국 영사의] 보고서 사본을,
3. 상트페테르부르크 No. 789
4. 드레스덴 No. 713   1-3에게는 개인적인 정보로,
5. 카를스루에 No. 423   4-7에게는 1885년 3월 4일 훈령과 관련해
6. 뮌헨 No. 746   귀하에게 본 정보를 전달할 수 있는 전권과
7. 슈투트가르트 No. 713   함께,
8. 외무부 장관   삼가 전달합니다.

                                             +   +   +

연도번호 No. 9184
                                        본인은 [위에서 언급한 바와 같은] 보고서
                                        사본을 참조용으로 국무위원들께 삼가 제
                                        공하게 되어 영광입니다.

---

1   [감교 주석] 쉬징청(許景澄)
2   [감교 주석] 명성황후(明成皇后) 시해사건

베를린, 1895년 12월 20일   A. 13398

주재 외교관 귀중   귀하에게 조선 문제에 관한 지난달 12일
1. 런던 No. 1544   도쿄 주재 독일제국 공사의 보고서 사본을
2. 상트페테르부르크 No. 794   개인적인 정보로 제공합니다.
반드시 전달할 것!

                                            보고서 마지막 단락과 관련하여 삼가 다음
연도번호 No. 9236   과 같이 알려드립니다.
                                            서울 주재 독일제국 영사는 지난달 11일
                                            전신으로 그곳의 혼란에 절대 개입하지 말
                                            라는 훈령을 받았다고 합니다. 그사이 도쿄
                                            주재 독일제국 공사가 그 내용을 알게 되었
                                            다고 합니다.

베를린, 1895년 12월 20일   A. 13399

주재 외교관 귀중   귀하에게 조선에 관한 지난달 13일 도쿄
1. 런던 No. 1544   주재 독일제국 공사의 보고서 사본을 기밀
2. 상트페테르부르크 No. 797   정보로 삼가 제공합니다.

연도번호 No. 9241

베를린, 1895년 12월 20일   A. 13401, 13404

주재 외교관 귀중   귀하에게 조선에 있는 이노우에[3]의 애매모
1. 런던 No. 1545   호한 태도에 관한 지난달 14일과 15일 도
2. 상트페테르부르크 No. 798   쿄 주재 독일제국 공사의 두 개의 보고서
                                 사본을 개인적인 정보로 제공합니다.

연도번호 No. 9243

베를린, 1895년 12월 20일   A. 13460

주재 외교관 귀중   귀하에게 러시아의 대 일본 관계 및 대 조
1. 런던 No. 1550   선 관계에 관한 이달 14일 상트페테르부르
                                 크 주재 제국 대사의 보고서 사본을 개인적
연도번호 No. 9255   인 정보로 삼가 제공합니다.

---

3   [감교 주석] 이노우에 가오루(井上馨)

[러시아의 조선 주재 일본군 철수 요구 가능성 제기]

발신(생산)일	1895. 12. 24	수신(접수)일	1895. 12. 27
발신(생산)자	라돌린	수신(접수)자	호엔로에-실링스퓌르스트
발신지 정보	페테르부르크 주재 독일 대사관	수신지 정보	베를린 정부
	No. 530		A. 13799
메모	12월 30일 런던 1584에 전달		

A. 13799 1895년 12월 27일 오전 수신

상트페테르부르크, 1895년 12월 24일

No. 530

독일제국 수상 겸 호엔로에-실링스퓌르스트 각하 귀하

암호해독

이달 14일 보고서 No. 516[1]에 관하여.

로바노프[2]와 대담하던 중 그가 본인에게, 일본인들이 머무는 것이 질서 회복에 기여하지 못하니 최대한 빨리 조선에서 철수하라고 일본인들을 압박할 것이라고 하였습니다. 또한 로바노프는 서울 주재 외국 대표들에게 고무된 어느 일본인에 의해 실행에 옮겨질 예정인 조선 수비대[3]의 해산에 대해서는 아는 것이 전혀 없다고 했습니다. 로바노프는 그 수비대가 일본인들로 구성되어 있다고 믿고 있습니다.

라돌린

---

1 [감교 주석] A. 13460에 삼가 첨부.
2 [감교 주석] 로바노프(A. Lobanow)
3 [감교 주석] 훈련대(訓鍊隊)

45

조선의 정치적인 사건들에 관하여

발신(생산)일	1895. 11. 7	수신(접수)일	1895. 12. 29
발신(생산)자	크리엔	수신(접수)자	호엔로에-실링스퓌르스트
발신지 정보	서울 주재 독일 총영사관	수신지 정보	베를린 정부
	No. 59		A. 13849
메모	(A. 226/96과 비교) 1월 1일 런던 2, 페테르부르크 1에 전달 연도번호 No. 497		

A. 13849 1895년 12월 29일 오전 수신

서울, 1895년 11월 7일

No. 59

독일제국 수상 겸 호엔로에-실링스퓌르스트 각하 귀하

지난달 29일 본인의 보고서 No. 56[1]에 이어 각하께 삼가 다음과 같이 보고 드리게 되어 영광입니다. 반란을 일으켰다 해직된 군대의 두 지휘관은 도주하였다고 합니다. 군대 자체는 왕의 지시에 따라 재편될 예정이라고 합니다. 2개의 보병대대는 수도 경비를 맡는 친위대가 되고, 지방의 질서 유지를 책임질 보병대대가 2개 생긴다고 합니다.

일본 특사 이노우에는 의전관 나가사키 미치노리[2]와 현 도쿄 외무성 서기관이자 과거 베를린 공사관 서기관을 역임한 아들 이노우에 가쓰노스케[3]를 대동하고 지난달 31일 이곳에 도착하였습니다. 그는 그저께 오후 왕을 알현한 자리에서 애도의 뜻을 담은 일본 황제의 친서 및 황제와 황후가 보내는 선물을 전달하였습니다. 또한 일본으로 소환된 자들을 대체하기 위해 7명의 장교가 이노우에와 함께 이곳에 도착하였습니다.

러시아[4]와 미국[5], 영국 대표[6]의 제안으로 이달 5일 오전에 일본 공사관에서 외국 대표

---

1 [원문 주석] A. 13377에 삼가 첨부.
2 [감교 주석] 나가사키 쇼고(長崎省吾)
3 [감교 주석] 이노우에 가쓰노스(井上勝之助)
4 [감교 주석] 베베르(K. I. Weber)
5 [감교 주석] 실(J. M. Sill)

들의 회의가 열렸습니다. 프랑스 공사[7]는 참석하지 않았습니다. 이노우에는 반란을 일으
킨 군대[8]를 일본군을 동원해 궁에서 멀리 떼어놓을 의향이 있으나 그 전에 대원군을
궁에서 내보내는 것이 합당하다고 하였습니다. 하지만 그러기 위해서는 사전에 일본 정
부의 승인을 받아야만 한다고 했습니다. 고무라[9]는 왕의 부친[10]을 비밀리에 궁에서 내몰
고 충분한 숫자의 일본군을 궁에 잠입시켜 조선군을 유혈사태 없이 쫓아내고 군부대신
을 비롯해 내각의 다른 대신들을 체포할 수 있을 거라고 했습니다. 힐리어는 정부를
교체할 때 모든 대표들이 참석하는 것이 바람직하다고 말했습니다. 또한 그때 이곳에
파견부대를 갖고 있을 경우 각 대표가 각각 약 4명의 군인을 대동하는 것이 좋겠다고
했습니다. 그러자 실이 미국 수병들을 그런 목적으로는 이용할 수 없다고 반대하였습니
다. 미국 수병의 역할은 단지 공사관 수비에 한정되어 있다는 것입니다. 베베르는 일본
대사에게 그날 오후 왕을 알현할 때 이 문제에 대해 언급하지 말아 달라고 요청하였습니
다. 그런 말을 할 경우 대신들의 주목과 의혹을 사서 계획이 실패로 돌아갈 수도 있기
때문이라고 했습니다. 회의에서 본인은 단지 이야기를 듣기만 했습니다.

지난달 31일 일본 서기관 히오키[11]가 본인을 방문했습니다. 그는 미우라[12]가 왕비[13]에
게 크게 격노한 이유는 왕비가 러시아에 완전한 보호통치를 청원했다는 서면 증거를
갖고 있었기 때문이라는 일본 공사의 말을 전해주었습니다. 조선 왕 역시 러시아 황제에
게 서면으로 베베르를 좀 더 이곳에 머물게 해달라고 요청했다고 합니다. 김옥균 살해
자[14]는 6명의 왕비 심복들과 함께 상당한 거금을 지니고 블라디보스토크로 파견되었다고
합니다.

왕이 러시아 황제에게 베베르를 서울에 더 머물게 해달라고 청원했다는 것은 사실입
니다. 하지만 왕비가 보호통치를 계획했다는 이야기는 본인이 지금까지 확인해본 바에
의하면 근거가 없는 것으로 보입니다.

이달 1일 이노우에 가쓰노스케가 본인을 방문하였습니다. 그때 그는 미우라는 조선
의 모든 불행이 왕비와 대원군의 불화에서 비롯되었다고 확신한다고 말했습니다. 미우

---

6 [감교 주석] 힐리어(W. C. Hillier)
7 [감교 주석] 르페브르(G. Lefèvre)
8 [감교 주석] 훈련대(訓鍊隊)
9 [감교 주석] 고무라 주타로(小村壽太郎)
10 [감교 주석] 흥선대원군(興宣大院君)
11 [감교 주석] 히오키 마스(日置益)
12 [감교 주석] 미우라 고로(三浦梧樓)
13 [감교 주석] 명성황후(明成皇后)
14 [감교 주석] 홍종우(洪鍾宇)

라가 일본에 있는 친구들에게 보낸 개인 서신으로 볼 때 그는 조선은 왕비가 제거되어야만 구원될 수 있다는 확고한 신념을 갖고 있다고 했습니다. 미우라는 완전히 이성을 잃었다는 말이었습니다. 무관인 구스노세[15] 육군 중좌은 마지막 순간 주저한 듯하다고 했습니다. 왜냐하면 그는 지난달 7일 제물포로 떠났다는 것입니다. 두 번째로 나이가 많은 보병대대장 우마야바라[16] 소좌은 일본 공사가 전보로 중령의 명령 없는 일본군 동원을 거부했다는 이유로 소환명령을 내렸으나 지난달 7일 제물포로 떠났다고 합니다.

지난달 8일 이후 왕비 추종자들 가운데 일곱 명은 미국 공사관에, 두세 명은 러시아 공사관에 은신하고 있습니다.

시골로 피신했던 민씨 일파의 옛 지도자 민영준[17]이 체포되어 이곳으로 끌려왔습니다.

엊저녁 이노우에[18]에 본인에게 알려준 바에 의하면, 얼마 전 총리대신 김홍집[19]과 5시간에 걸쳐 담화를 나누었을 때 김홍집이 그 문제에 대해 조언과 의견을 물어왔다고 합니다. 이노우에는 외국 대표들과 의논해본 뒤에 답변하겠노라고 말했다고 합니다. 이노우에가 왕에게 충성을 맹세했음에도 불구하고 왕을 배신했던 것에 대해 김홍집을 비난하자, 김홍집은 자신뿐만 아니라 군부대신[20], 내부협판[21], 내각의 다른 사람들 역시 더 큰 불행을 막기 위해 어쩔 수 없이 그 일에 가담했던 거라고 답변하였다고 합니다. 주모자들은 그사이에 도주한 보병대대의 지휘관들이었다고 합니다.

본인은 본 보고서의 사본을 베이징과 도쿄 주재 독일제국 공사관에 보낼 것입니다.

크리엔

내용: 조선의 정치적인 사건들에 관하여

---

15 [감교 주석] 구스노세 유키히코(楠瀬幸彦)
16 [감교 주석] 우마야바라(馬屋原務本)
17 [감교 주석] 민영준(閔泳駿)
18 [감교 주석] 이노우에 가오루(井上馨)
19 [감교 주석] 김홍집(金弘集)
20 [감교 주석] 어윤중(魚允中)
21 [감교 주석] 유길준(俞吉濬)

조선 문제에 대한 독일의 태도

발신(생산)일	1895. 11. 18	수신(접수)일	1895. 12. 29
발신(생산)자	구트슈미트	수신(접수)자	호엔로에-실링스퓌르스트
발신지 정보	도쿄 주재 독일 공사관	수신지 정보	베를린 정부
	A. 335		A. 13856

A. 13856 1895년 12월 29일 오후 수신

도쿄, 1895년 11월 18일

A. 335

독일제국 수상 겸 호엔로에-실링스퓌르스트 각하 귀하

본인은 오늘 오전 외무대신[1]을 방문하였습니다. 훈령에 따라 서울 주재 독일제국 영
사[2]는 이미 오래 전부터 서울에서 벌어지고 있는 모든 정치적인 사안들에 대해 신중한
자세로 임하라는 지시를 받고 있다는 사실을 전해주기 위해서였습니다. 또한 대신이 본
인에게 말한 것처럼 만약 크리엔이 외국 대표들 회의에 참석하더라도 그것은 단지 현안
이 되고 있는 정치적 사안들의 내용을 직접 파악하여 베를린에 보고하기 위해 청자로서
참석한 것이라고 덧붙였습니다. 외무대신뿐만 아니라 이토[3]에게도 거듭 밝혔던 내용,
즉 독일제국 영사는 다른 외국 대표들의 행보에 적극적으로 참여하지 않을 것으로 본다
는 본인의 예상은 사실에 근거한 것이 확실하다고 단언하였습니다.

사이온지는 본인의 보고내용 및 크리엔 영사에게 내린 전하의 훈령으로 입증된 친절
한 호의에 대해 심심한 사의를 표하였습니다. 또한 우리의 회견 내용을 즉시 서울 주재
고무라 변리공사에게 전신으로 전달하겠다고 하였습니다.

끝으로 외무대신은 조선과 관련하여 10월 25일 아오키[4]에게 내려보낸 훈령[5]이 아직

---

1 [감교 주석] 사이온지 긴모치(西園寺公望)
2 [감교 주석] 크리엔(F. Krien)
3 [감교 주석] 이토 히로부미(伊藤博文)
4 [감교 주석] 아오키 슈조(青木周藏)
5 [원문 주석] A. 11582(원문 : 조선)에 삼가 첨부.

제대로 실행되지 않고 있는 수수께끼 같은 상황으로 화제를 돌렸습니다. 그는 그 문제와 관련해 오늘 중으로 베를린에서 전신 보고가 들어올 것으로 기대하고 있다고 말했습니다. 만약 보고가 들어오지 않을 경우, 오늘 저녁에 다시 한 번, 물론 14일 전보보다 더 긴급하게 급전을 보낼 것이라고 하였습니다. 또한 후작은 아주 은밀하게 최근 천황에게 그 문제에 대해 보고를 드렸는데, 폐하께서는 조선과 관련된 문제의 성명이 베를린에 전달되지 않은 것에 대해 몹시 불만을 표했다고 설명하였습니다. 천황은 그 문제의 처리 결과를 직접 보고해줄 것을 요구했다고 합니다. 따라서 대신은 아오키에게 다시 한 번 경고할 것이라고 말했습니다.

구트슈미트

내용: 조선 문제에 대한 독일의 태도

일본의 조선 정책

발신(생산)일	1895. 11. 20	수신(접수)일	1895. 12. 29
발신(생산)자	구트슈미트	수신(접수)자	호엔로에–실링스퓌르스트
발신지 정보	도쿄 주재 독일 공사관	수신지 정보	베를린 정부
	A. 336		A. 13857

A. 13857 1895년 12월 29일 오후 수신

도쿄, 1895년 11월 20일

A. 336

독일제국 수상 겸 호엔로에–실링스퓌르스트 각하 귀하

아오키[1]는 외무대신[2]이 조선과 관련해 일본 정부의 선언을 전달하지 않은 것에 대해 (이달 14일 보고서 A. 331과 비교) 재차 문의하자 이달 17일 사이온지에게 전신으로 답신을 보내왔습니다. 사이온지는 그 내용을 모토노[3] 고문을 통해 본인에게 즉시 전해주었습니다. 내용은 다음과 같습니다.

아오키 공사는 10월 30일 외무부 장관[4]과 대화할 기회가 있었다고 합니다. 그때 조선 문제에 관해 이야기를 나누던 중, 외무부 장관이 조선에서 일본군의 신속한 철수로 초래될 수 있는 결과들에 대해 우려를 표명했을 때 문제의 선언을 전달하였다고 합니다. 또한 이달 14일 그에게 도착한 훈령에 따라 이달 16일 그 선언을 정식으로 재차 전달했다고 합니다. 외무부 장관은 그때 아오키가 지난달 30일에 전했던 선언의 내용을 기억했다고 합니다.

모토노는, 아오키가 아마도 자신에게 내려온 지시를 단지 대화용으로만 사용하라는 뜻으로 판단한 나머지 독일 외무부에 그 내용을 전달할 때 일본 정부가 의도한 의미를 제대로 제시하지 못하는 실수를 범한 것 같다는 사이온지의 말을 전해주었습니다.

구트슈미트

내용: 일본의 조선 정책

---

1 [감교 주석] 아오키 슈조(靑木周藏)
2 [감교 주석] 사이온지 긴모치(西園寺公望)
3 [감교 주석] 모토노 이치로(本野 一郎)
4 [감교 주석] 비버슈타인(A. F. M. von Bieberstein)

조선에서의 이노우에의 태도

발신(생산)일	1895. 11. 25	수신(접수)일	1895. 12. 29
발신(생산)자	구트슈미트	수신(접수)자	호엔로에-실링스퓌르스트
발신지 정보	도쿄 주재 독일 공사관	수신지 정보	베를린 정부
	A. 340		A. 13860
메모	1월 2일 런던 5, 페테르부르크 3에 전달		

A. 13860 1895년 12월 29일 오후 수신

도쿄, 1895년 11월 25일

A. 340

독일제국 수상 겸 호엔로에-실링스퓌르스트 각하 귀하

오늘 도착한 서울 주재 독일제국 영사[1]의 개인 서신을 통해 본인이 다음과 같이 추정하고 있습니다. 즉 사이온지[2]의 은밀한 통보에도 불구하고 특사인 이노우에[3]는 질서 확립과 왕의 안전을 위해 일본군으로 하여금 궁중을 점령하게 하는 문제와 관련해 이달 8일 서울의 모든 외국 대표들에게 서면으로 전권을 넘겨줄 것을 요청하였다는 것입니다. 하지만 베베르[4]와 실[5], 힐리어[6]는 이전의 입장에 더 이상 아무 것도 추가할 수 없으며, 그 사실을 자국 정부에 보고하였다고 말했다고 합니다.

이노우에의 태도는 이곳 외무대신이 본인 및 본인의 동료들에게 말한 것과는 완전히 상반되는 것입니다. 따라서 서울 주재 러시아 대리공사의 안목이 옳았다는 것이 확실히 입증된 셈입니다. 또한 일본은 조선의 혼란에 다시 개입하기 위해 열강의 위임장을 얻고자 애쓰고 있다는 러시아 공사의 추측은 완전히 터무니없는 이야기는 아닌 듯합니다. 크리엔 영사의 편지로 미루어볼 때, 이노우에는 일본군을 동원해 궁중을 점령할 때 러시

---

1 [감교 주석] 크리엔(F. Krien)
2 [감교 주석] 사이온지 긴모치(西園寺公望)
3 [감교 주석] 이노우에 가오루(井上馨)
4 [감교 주석] 베베르(K. I. Weber)
5 [감교 주석] 실(J. M. Sill)
6 [감교 주석] 힐리어(W. C. Hillier)

아와 미국, 영국 대표들이 한 요구, 즉 (10월 8일)[7] 이전의 질서를 회복해달라는 요구를 들어줄 생각이 없었다는 것은 확실할 뿐만 아니라 일본의 이해관계 측면에서도 설명이 가능합니다. 본인이 이미 이전에 보고 드렸다시피, 현재 조선 내각의 구성원들이야말로 일본이 조선에 갖고 있는 거의 유일한 친구들이라는 사실을 고려할 때 그것은 그리 놀라운 일이 아닙니다.

구트슈미트

내용: 조선에서의 이노우에의 태도

---

7 [감교 주석] 명성황후(明成皇后) 시해사건

베를린, 1895년 12월 30일   A. 13799

주재 외교관 귀중   귀하에게 조선에서의 러시아의 정책에 관
1. 런던 No. 1584   한 이달 24일 상트페테르부르크 주재 독일
반드시 전달할 것!   제국 대사의 보고서 사본을 개인적인 정보
                                         로 삼가 제공합니다.

연도번호 No. 9498

외무부
A편

외무부 정치 문서고
조선 관계 문서

1896년 1월 1일부터
1896년 2월 29일까지

제20권
참조 : 제21권

조선 No. 1

1896년	목록	수신정보
1월 5일 "The New York Herald" "이노우에의 기이한 제의"라는 표제의 논설.		154 1월 5일
워싱턴 12월 16일 보고서 No. 637 조선의 내정에 개입했다고 전해지는 서울 주재 임시 미국 대표 Allen에 대한 일본 정부의 불만.		139 1월 5일
도쿄 11월 30일 보고서 A. 344 "Nichi Nichi Shimbun"의 반관반민적인 듯한 논설. 조선에서 일본의 조처는 다른 열강들, 특히 러시아를 고려할 것이다.		264 1월 8일
도쿄 12월 8일 보고서 A. 349 서울 주재 신임 러시아 대리공사 슈뻬이예르는 스스로 일본을 좋아한고 말한다. 슈뻬이예르는 조선에서 가능한 한 일본 동료와 긴밀한 관계를 유지하려고 한다. 러시아가 조선 문제로 일본과 냉랭해지려 하지 않기 때문이다.		414 1월 12일
도쿄 12월 16일 보고서 A. 356 조선과 관련해 러시아와 일본의 관계. 일본은 조선에서의 병력 철수를 계속할 것이며, 열강들이 제안하는 경우에만 조선에 개입할 것이다. 그러나 일본은 열강들의 제안을 기대하고 있다.		696 1월 20일
도쿄 12월 13일 보고서 A. 354 랴오둥 반도에서 일본군의 철수 시작. 현재 일본이 소극적인 태도를 취하고 있는 조선의 현황.		419 1월 12일
2월 14일의 "New York Herald" 서울에서 혁명 발발. 조선 왕과 왕세자는 러시아 공사관으로 피신. 이백여 명의 러시아 별동대 상륙.		1612 2월 14일
서울 11월 16일 보고서 No. 63 조선의 최근 사건들, 왕비 시해 등에 대한 조선 총리대신과 일본 공사 이노우에의 담화. 일본군의 조선 왕궁 점령 문제와 관련해 서울 주재 외국 대표들의 회의. 조선에 대한 일본의 태도와 관련해 대한 러시아 대표의 의견 표명.		226 1월 7일

서울 12월 2일 보고서 No. 65 조선 왕비의 폐위를 취소하는 칙령 공포. 모반자들이 10월 28일 조선 왕궁 습격. 조선 왕비가 10월 8일에 서거했다는 공식 발표. 이강 왕자는 유럽 조약국들을 위한 사절 사임.	700 1월 20일
서울 12월 20일 보고서 No. 66 10월 28일의 새로운 쿠데타 주동자인 농상공부협판 이범진이 러시아 공사관에 은신하고 있다. 조선 왕궁에 머무르는 미국인들도 그 쿠데타에 대해 알고 있었다. 조선 왕 스스로 그 쿠데타를 원했다. 러시아 정부는 오십 명의 일본 병사들만이 서울에 주둔하길 바란다. 러시아 정부도 같은 수의 병사들을 서울에 주둔시킬 것이다.	1235 2월 4일
2월 14일 차관보 기록 독일 주재 일본 공사의 말에 따르면, 러시아 장교 여러 명이 해군 이백여 명을 데리고 서울에 진주했다. 조선 왕은 러시아 공사관으로 피신했다.	1606 2월 14일
치푸 2월 15일 전보 No. 1 조선 왕과 왕세자가 러시아 공사관으로 피신했다. 러시아 수병 150명이 서울에 진주했으며, 조선 내각이 실각하고 조선 대신 두 명이 살해되었다.	1695 2월 16일
서울 12월 26일 보고서 No. 67 조선 왕을 알현하려던 러시아 공사에게 왕궁 출입이 거부되었다. 새로 임명된 슈뻬이예르 공사가 도착한 후에도 베베르는 러시아 "특별위원"으로서 아마 계속 조선에 머물 것이다. 러시아가 조선을 조약국들의 공동 감독 하에 두기를 원하는 듯 보이기 때문이다.	1741 2월 17일
페테르부르크 2월 6일 보고서 No. 47 로바노프의 정보에 의하면, 조선 왕비는 여전히 살아있다고 한다. — 로바노프는 일본 측이 조선에서 군대 철수를 지연시키는 것에 대해 불만을 표한다.	1410 2월 9일
도쿄 1월 13일 보고서 A. 13 이토 총리대신이 일본 귀족원에서 일본의 조선 정책에 대해 설명. 일본이 추구하는 조선 정책의 기본방침은 조선의 독립이라고 한다.	1765 2월 17일

도쿄 2월 17일 전보 No. 1 조선 왕은 여전히 러시아 공사관에 머물고 있다. 이토 자작은 조선의 독립이 실현 불가능하다고 본다. 또한 이토 자작은 이 문제에 개입할 생각은 없지만 아직은 일본군을 철수시키지 않을 것이다. 그는 무슨 일이 있어도 러시아와의 분규는 피해야 한다고 말한다.	1781 2월 18일
상트페테르부르크 2월 25일의 신문 러시아의 조선 정책에 대한 영국의 입장. 동아시아에서 부동항을 확보하려는 러시아의 노력.	2061 2월 25일
런던 2월 17일 보고서 No. 127 러시아의 조선 급습에 대한 "Times"지 기사. "Globe"지는 러시아가 중대한 양보를 하지 않는 경우에는 영국이 러시아의 조선 진지 구축을 용인하지 않을 것이라고 말한다.	1799 2월 19일
런던 2월 19일 보고서 No. 134 조선 왕이 러시아 공사관으로 피신하고 러시아 별동대가 조선에 상륙한 사건에 대해 영국 외무부 차관보가 영국 하원에서 설명	1872 2월 21일
도쿄 1월 19일 보고서 A. 19 베를린 주재 일본 공사가 작년 10월 독일제국 정부에 전달하라는 훈령을 이행하지 않았음에 대한 상세한 설명.	2040 2월 25일
페테르부르크 2월 25일 보고서 No. 89 조선 문제 및 만일의 경우 러시아의 조선 보호통치에 대한 러시아 신문의 논평.	2132 2월 28일
페테르부르크 2월 18일 보고서 No. 19 서울 주재 러시아 무관 Strelbizki 중령이 조선에서 지도를 작성하는 임무를 부여받았다.	1917 2월 22일
부쿠레슈티 2월 19일 보고서 No. 24 루마니아 왕은 히트로보 공사가 최근의 조선 사건에 개입했다고 생각한다. 히트로보 공사는 조선이 러시아의 것이 되어야 한다고 루마니아 왕에게 종종 언명했다.	1998 2월 24일
도쿄 1월 22일 보고서 A. 20 작년 10월 8일 조선 왕궁 반란에 가담한 혐의로 피소된 일본 관리들과 장교들의 무죄판결.	2041 2월 25일

도쿄 2월 23일 보고서 A. 21 작년 10월 8일 서울에서 일어난 반란 사건의 주동자로 기소된 미우라 자작의 무죄판결에 대한 "Japan Daily Mail"의 논설. 러시아 공사는 페테르부르크의 내각이 그에 대해 불만을 표할 것을 염려한다.	2042 2월 25일
도쿄 1월 24일 보고서 A. 22 서울 주재 일본 대표의 보고에 의하면, 조선 왕은 완전한 통치권을 행사하고 있으며 대원군의 포로가 아니라고 한다. 조선의 왕세자를 일본에 보낼 계획은 없다고 한다. 일본인들은 조선에서 거의 완전히 철수했다.	2043 2월 25일
도쿄 12월 31일 보고서 A. 365 일본 정부가 랴오둥 사건과 조선 문제에서 취한 태도 때문에 일본 야당이 의회에 제출한 건의서	1319 2월 6일
런던 2월 21일 보고서 No. 142 영국 하원에서의 공식적인 설명에 의하면, 영국 정부는 러시아 정부의 1886년도 약속이 여전히 유효하다고 본다. 당시 러시아 정부는 어떤 경우에도 조선의 영토를 점령하지 않겠다고 약속했다,	1954 2월 23일
도쿄 1월 18일 보고서 A. 18 러시아와 일본의 관계는 현재 우호적이다. 이토 후작은 조선과 관련해 따로 협정을 체결하지 않고도 일본과 러시아 사이에 합의가 이루어진다고 말한다.	2039 2월 25일
페테르부르크 2월 26일 보고서 No. 88 전임 러시아 공사 베베르가 조선 왕의 수석 고문으로 초빙되었고, Strelbicki 대령은 서울 주재 무관으로 임명되었다,	2150 2월 28일
리스본 2월 24일 보고서 No. 32 리스본 주재 러시아 공사의 말에 의하면, 러시아는 조선과 관련해 일본과 합의에 이르렀다.	2193 2월 29일

베를린, 1896년 1월 1일   A. 13849

주재 외교관 귀중   본인은 조선 사태와 관련한 정보를 삼가 귀
1. 런던 No. 2   하께 알려드리고자, 서울 주재 독일제국 영
2. 상트페테르부르크 No. 1   사의 작년 11월 7일 자 보고서 사본을 전달
                                  하는 바입니다.
연도번호 No. 7

베를린, 1896년 1월 2일   A. 13860

주재 외교관 귀중   본인은 조선에서 이노우에[8]가 취한 태도와
1. 런던 No. 5   관련해 삼가 귀하께 정보를 알려드리고자,
2. 상트페테르부르크 No. 3   도쿄 주재 독일제국 공사의 작년 11월 25
                                  일 자 보고서 사본을 전달하는 바입니다.
연도번호 No. 19

---

8   [감교 주석] 이노우에 가오루(井上馨)

조선 주재 미국 대표

발신(생산)일	1896. 12. 16	수신(접수)일	1896. 1. 5
발신(생산)자	빌만	수신(접수)자	호엔로에-실링스퓌르스트
발신지 정보	워싱턴 주재 독일 대사관	수신지 정보	베를린 정부
	No. 637		A. 139
메모	I. 1월 9일 런던 25, 페테르부르크 18에 전달 II. 1월 9일의 훈령 도쿄 A. 1에 발송		

A. 139 1896년 1월 5일 오전 수신

워싱턴, 1895년 12월 16일

No. 637

독일제국 수상 호엔로에-실링스퓌르스트 각하 귀하

국무부 제3부차관보 록힐[1]의 기밀 보고에 의하면, 얼마 전 일본 정부는 이곳 워싱턴 주재 일본 공사[2]를 통해 서울 주재 미국 대리공사[3]의 태도에 대해 불만을 표했습니다. 서울 주재 미국 대리공사가 조선의 내정에 간섭했다는 것이었습니다. 그 뿐만 아니라 일본 정부는 도쿄 주재 미국 대표에게도 같은 불만을 토로했습니다.

그 일을 상세히 알아본 결과, 미국 변리공사[4]가 잠시 휴가를 떠난 사이 - 전직 선교사인 - 부영사 알렌이 변리공사 권한대행 임무를 맡았던 것으로 밝혀졌습니다. 그런데 부영사 알렌이 금년 10월 러시아 대리공사 베베르[5]의 안내를 받아 영국 총영사 힐리어[6]와 함께 수차례 조선 왕궁을 방문해서 여러 가지 개혁안을 제출했다는 것입니다. 조선 왕비가 살해[7]되었을 때에도 부영사 알렌은 그런 폭력 행위에 대해서는 공식적으로 항의

---

1 [감교 주석] 록힐(W. W. Rockhill)
2 [감교 주석] 쿠리노 신이치로(栗野愼一郞)
3 [감교 주석] 알렌(H. N. Allen)
4 [감교 주석] 실(J. M. Sill)
5 [감교 주석] 베베르(K. I. Weber)
6 [감교 주석] 힐리어(W. C. Hillier)
7 [감교 주석] 명성황후(明成皇后) 시해사건

해야 한다고 생각했습니다. 나아가 알렌은 새로 구성된 조선 내각에 반대하는 공동 조치에 참여하고 새 내각을 인정하길 거부했습니다. 들리는 소문에 의하면 새 조선 내각은 일본에 우호적이라고 합니다.

조선 주재 일본공사[8]는 조선의 궁중혁명에 가담했다는 의심을 받고 있습니다. 알렌은 그 의심을 근거로 결국 일본공사에게 반대하는 입장을 취했습니다. 그리고 외국 대표단 공동회의에서 일본 대표를 제외하자는 동료들의 의견에 찬성했습니다.

이런 태도 때문에 알렌은 심한 견책을 받았으며, 올니[9] 장관으로부터 조선의 내정에 일체 개입하지 말라는 명령을 받았습니다. 올니 장관은 일본이 조선에서 하는 일에 어떤 식으로든 공공연히 적대감을 표명하지 말라고 알렌에게 지시했습니다. 또한 조선 주재 미국 대표는 워싱턴의 정치적 전통에 따라 절대 외국 대표들과의 공동 조치에 가담하지 말라는 훈령을 받았습니다. 그리고 미국 국민이 피해를 입는 경우에는, 단독으로 미국의 요구를 대리해서 조선 정부에 이의를 제기하라는 것이었습니다.

빌만[10]

내용: 조선 주재 미국 대표

---

8 [감교 주석] 미우라 고로(三浦梧樓)
9 [감교 주석] 올니(R. Olney)
10 [감교 주석] 빌만(M. von Thielmann)

02

원문 p.705

["The New York Herald"에 게재된 '이노우에의 기묘한 제안' 기사]

발신(생산)일		수신(접수)일	1896. 1. 5
발신(생산)자		수신(접수)자	
발신지 정보		수신지 정보	베를린 외무부
			A. 154

A. 154 1896년 1월 5일 오후 수신

THE NEW YORK HERALD
5. 1. 96.

COUNT INOUYE'S QUEER SUGESTION

Colonel Cockerill Reports Japan's Minister as Weary of the Burden.

LET AMERICA TAKE A HAND

The Count Thinks the United States Might Assume Guidance and Direction.

[SPECIAL CORESPONDENCE OF THE HERALD.]

SEOUL, COREA, Nov. 19, 1895.-Over a month ago the Government of Corea was turned upside down, the Queen murdered and a number of her retainers slain, and yet practically nothing has been done toward driving the usurping Tai-Won-Kun and his fellow conspirators out of the palace and restoring the rightful Order of the realm. The whole country is in a state of anarchy, for nobody knows what official to obey or to whom to pay tribute. Official changes are taking place hourly and the usurper is growing stronger and stronger.

All things are waiting upon Count Inouye, whose pledge that the status will be restored is accepted in good faith. But he is moving carefully, lest, after the restoration of the King, he finds the throne surrounded by an anti-Japanese Ministry. Foreign representatives have conferred with Count Inouye frankly and freely, and all of them have promised him their support when he begins to move in the right direction. Unless he takes some steps soon, he will have a protest from the diplomatic corps which will be likely to quicken him. Foremost in insisting upon the prompt undoing of the foul work of October 8 is our Minister, Mr. Sill.

INOUYE'S LATEST SUGGESTION.

Count Inouye, who seems to be laboring seriously and sincerely to secure for Corea some stable form of government, thereby relieving Japan of the vexatious burden which she has taken upon herself, suggested in a recent conversation that it would be an excellent thing if the United States could be induced, under the guarantee of the Powers interested in the peace of the Orient, to assume the guidance and protection of the country. He thought that the lack of selfish interest upon the part of our Government qualified it in the fullest sense to act as guardian for Corea and give to her the reform and the education which she so badly needs. He said that he fully realized the good sense and wisdom which had established upon the part of the United States the policy of non-interference in the affairs of others, but in this instance she could not be accused of meddling in foreign matters if invited by a joint Conference to kindly extend over an unhappy country a sort of guardianship which would be both humane and civilizing and in the interest of the whole world.

The jealousies of the European Powers would not permit either Japan or Russia to assume the control needed here. To leave Corea to herself meant ruin. He was satisfied that nothing would please Japan better than to see the United States exercising a disinterested guardianship over Corea, under a treaty made by all the parties in interest. Of course, this would be a simple solution to the vexed Eastern question, so far as Corea is concerned. A great field for missionary work would be opened up to the United States, and the Christianizing of Corea would be the eventual outcome of such a protectorate. Of course the United States, if besought by every nation on the face of the earth to render this Service to mankind, would decline, because her traditions would be violated. A bad example would be set up, and other foreign invitations might be accepted which would lead to unpleasant entanglements.

But the suggestion of Count Inouye, made in all sincerity, is a pleasant compliment to our Republic, and it comes because of the very fact that we are in the habit of attending to our own business, and are therefore free from the accusation of selfish and mercenary motives.

JAPAN'S POOR WORK IN COREA

Japan has placed herself naked before the world, and though she punish her assassins of the Queen and her murderous soldiers, who stormed the Corean palace and set a ruthless usurper on the throne, she cannot make herself guiltless in the eyes of the watchful world. Indeed, perhaps she is indifferent. One of her newspapers, the Nippon, of Tokio, has already declared, in advocating the recognition of the usurper's Government—made with Japanese bayonets and assassin swords—that Japan has no reason to be restrained by the action of foreign representatives in Seoul.

The *Japan Mail*, always a staunch supporter of the Japanese Government, has, I regret to see taken up a specious defence of the Japanese policy in Corea. It maintains that matters had reached such a point here that a revolution was necessary; that nothing could restrain the shrewd, indomitable Queen, or eliminate her from politics. The King was her puppet, and she was an obstacle to Japanese reforms. She could only be checked by setting both herself and the King aside and placing the Tai-Won-Kun in power. The editor holds that this was good politics, but he regrets that, owing to some irresponsible Soshi attaching themselves to the plot, the Queen, unfortunately, was butchered.

As for the Minister of the Household, the gallant Colonel Hong, of the Corean battalion, the three women of the household and a number of the palace guards, who were slain, he allows nothing. That was all incidental to the plot. The killing and burying of the Queen, by which Japan is to largely profit, was a sad accident, that's all. Editor Brinkley chides the Japanese about making such a pother over the affair, accuses them of "a national vertigo," and predicts that the Corean slaughter and revolution of October 8, 1895, will not occupy a point of salience in history so marked as many people now imagine. Alas for Japan when she yields to such malevolent advice from her professed friends! Perhaps Japan is no longer on exhibition before the world!

WHAT OF RUSSIA'S POLICY?

At this writing no foreign representative, aside from Japan, has given recognition to the usurper's Ministry but the German Consul, who is the temporary representative of Emperor William here just now. He has had friendly intercourse with some members of the new Cabinet, and it is presumed that would be transact business with them had he any to transact. The failure of Germany to reap benefits from her alliance with Russia and France in behalf of "Oriental peace", may incline her to manifest a warmer side for Japan. But what of Russia's policy?

At first it was believed that she was only waiting to see what Japan would do in the setting aright the manifest wrong which her stupid Minister and her nationals had done here. She has waited. More than a month has elapsed and Japan has not only undone nothing, but she is proceeding to avail herself of the profits and proceeds of the crimes committed in her name. Russia makes no sign, though she has never had nor will she ever have so good a pretext for inserting herself in Corea's affairs. An Ultimatum from her would send Japan out of here in rapid Order.

Her big fleet is at Chefoo, and she is sending new warships with Orders to cruise in Corean waters. Does this mean that she is waiting to amply prepare herself, or is her policy, now that she is certain of eventual possession of Liao-Tung, one of indifference to Corea? Has she concluded that, with all Manchuria in her possession, and, in the early future, a railway Stretching back of her to St. Petersburg and all Russia, she cares nothing for Japan on her Corean lee? If this change has come, what of her dread of Japan on the mainland of Asia, which was so distressing to contemplate six months ago? It may be that Russia does not care to enter her protest against the methods which Japan is employing in extending her influence over Corea, for the reason that she does not wish to raise issues which may precipitate a war on the threshold of winter, but, looking at the situation squarely from her standpoint, she is letting a great opportunity go by.

COREANS HOSTILE TO JAPAN.

Nothing can be truer than that the Coreans, as a mass, were never so hostile to Japan as they are today. They have no hostility whatever for other foreigners. There is no such spirit here as is found in the concrete China and, to a degree, in Japan. But the hatred of Japan is deep, though inexpressive, and is, I verily believe, almost ineradicable. The late assault upon the palace and the murder of the Queen have embittered thousands who were passive before. Should Russia come to Corea at this juncture she would find a welcome as I universal as that which hailed the columns of Napoleon when they entered Poland for the first time. I would not be honest did I not say this, and yet I have maintained all the while that Japan is entitled to control Corea and is better prepared to set her on the way to progress than Russia or any other Power.

The blunders of Japan in this country have simply been monstrous and inexcusable. No close observer of events in this quarter can fail to believe that England has made up her mind to abandon her almost traditional policy of interning Russia upon her own territory. The captain of the big English cruiser now at Chemulpo was here on a visit a few days ago. He declared, and I assume that he fairly represented the spirit of the English navy, that England has made a mistake in fighting Russia back upon herself in the Baltic and the Black Sea. He said that it was now realized that Russia must have an outlet upon the Pacific, and to oppose her was folly and worse. There is no alliance between England and Japan, and it may be doubted whether one is possible. There is nothing, it would seem, in the way of Russia asserting herself in this quarter, and the misguided policy of the Japanese has given her every reason for interfering that she desires. But no one has ever yet been quite able to fathom a Russian policy, and I presume her intentions towards Corea are entirely inscrutable.

THE VILLANOUS TAI-WON-KUN.

The villanous old Tai-Won-Kun goes on charging and directing affairs in the name of "Royal Parent." Sometimes he refers to himself as the "National Grand Duke." The latter title probably pleases him best, but it has less raison d'être than the former. No mouse in the paws of a cat was ever more submissive than is the poor King in the hands of the "Royal Parent." Since his appeal to the foreign representatives for protection was nullified by the refusal of Japan to join with the other Powers, upon the ground that it would violate "her policy of non-intervention," the poor King seems to have lost hope. It may have occurred to him that in view of the fact that he had seen his palace thrice invaded by Japan's troops in a little more than a decade, the policy of "non-intervention," from a Japanese point, might at least be said to have the merit of freshness, but if any such thought occurred to him he did not express it. He has been growing more wan and distressed-looking every day.

His solicitous brother, the acting Minister of the Household, remarked to a visitor only yesterday that His Majesty's health was breaking and that something should be done for him. The impression prevails that something is being "done for him," and that he is now enjoying the processes of slow poison. The other night a call was sent from the palace to an English physician; and as it was a late and urgent one, and as the gates are never opened at night after eight o'clock save upon the most important calls, the inference is that the patient within the walls is a royal one.

I regret to observe again that the tone of the press of Japan is growing more and more reprehensible in connection with this Corean affair. Even so just and honorable a journal as the Tokio *Jiji Shimpo* is burning false lights. Its character and good intentions cannot be questioned, but its Information is highly misleading. Upon the authority of a "learned Corean" in Seoul it is moved to say that the existing Government in Corea is of the highest regularity. The King, it is said, was somewhat put out by the assassination of his consort—a deplorable incident—but he is now quite reconciled, looks upon the savage incursion of his paternal guardian as a timely and friendly act, and is now devoting himself earnestly to public affairs and the study of reform policies.

It is said he now realizes that the interminable quarrel of his Queen with the Tai-Won-Kun party was a terrible incubus to his reign, and that he is more than pleased to know that she has been permanently eliminated. And this is the sort of drivel dished out to the people of Japan for the double purpose of convincing them that no very great outrage was committed upon Corea when the Queen was slain, and that no necessity now exists for setting aside the present Ministry and sending the Tai-Won-Kun into rural obscurity again.

John A. Cockerill.

조선의 정치적 사건들

발신(생산)일	1895. 11. 16	수신(접수)일	1896. 1. 7
발신(생산)자	크리엔	수신(접수)자	호엔로에–실링스퓌르스트
발신지 정보	서울 주재 독일 총영사관	수신지 정보	베를린 정부
	No. 59		A. 13849
메모	1월 10일 런던 34, 페테르부르크 29에 전달 연도번호 No. 517		

A. 226   1896년 1월 7일 오전 수신, 첨부문서 3부

서울, 1895년 11월 16일

No. 63

독일제국 수상 호엔로에–실링스퓌르스트 각하 귀하

1.

이노우에[1]와 조선 총리대신[2]의 담화에 대한 이달 7일 자 보고서 No. 59[3]에 이어, 본인은 이노우에가 알렌[4] 박사에게 전한 말을 토대로 삼가 각하께 보고 다음과 같이 드리게 되어 영광입니다.

조선 총리대신과의 담화에서 이노우에는 조선의 왕비 살해 및 폐위와 관련한 치욕적인 조령에 대해 장황하게 이야기하며 극히 분노했습니다. 그리고 왜 그 조령에 서명했는지 조선 총리대신에게 물었습니다.

김홍집은 자신을 비롯한 조선 대신들이 반동적인 군대 지휘관들의 협박을 받아 어쩔 수 없이 그 훈령에 서명할 수밖에 없었다고 답변했습니다. 김홍집 자신은 죽는 것보다는 살아서 왕에게 충성하는 편이 더 낫다고 생각했다는 것입니다. 그러자 이노우에는 반란[5]

---

1   [감교 주석] 이노우에 가오루(井上馨)

2   [감교 주석] 김홍집(金弘集)

3   [원문 주석] A. 13849 삼가 동봉.

4   [감교 주석] 알렌(H. N. Allen)

5   [감교 주석] 명성황후(明成皇后) 시해사건

이 일어나기 사흘 전 김홍집이 대원군[6] 및 스기무라[7]와 비밀 회동을 가졌다고 말했습니다. 그러니 김홍집이 (궁중반란에) 연루된 것이 확실하다는 것이었습니다. 이노우에는 대원군이 친아들 한 명을 죽였으며[8] 여러 차례 조선 왕비[9]를 시해하려 시도했고 얼마 전에는 자신이 총애하는 손자를 위해 조선 왕을 폐위하려고까지 했다고 말했습니다. 그런 잔혹한 대원군이 궁궐에 있는 상황은 끊임없이 조선 왕의 목숨에 대한 위험을 의미하니 결단코 대원군을 제거할 필요가 있다는 것이었습니다. 김홍집은 대원군이 아들[10]에게 적개심을 품고 있다는 말은 사실이 아니라고 부인했습니다. 그러나 대원군을 쉽게 제거할 수 있을 것이라고 덧붙였습니다. 김홍집은 대원군보다는 조선 군부대신을 제거하기가 더 어렵다고 말했습니다. 군부대신을 체포하면 조선 병사들이 강력하게 반발할 것이기 때문이었습니다. ― 게다가 전임 내무대신 박영효 재직 시절에 이미 조선 왕궁을 점령하려는 계획을 세운 적이 있었는데, 당시 발각되어 실패했다고 말했습니다.

조선에서는 도주한 군대 지휘관들을 끈질기게 추적할 것입니다. ― 이노우에는 그 지휘관들이 일본으로 도주하지 않도록 대비하라고 특별히 경고했습니다.

조선 총리대신은 조선 왕비를 폐위한 이유를 다음과 같이 제시했습니다. 만일 왕비의 죽음을 공표하는 경우에는, 국상을 치르고 죽음의 원인을 알리고 살인자들을 처벌해야 할 것입니다. 그렇게 되면 현재 조선 내각의 요원들도 관련될 것입니다. 그러니 그들로서는 자신들의 안위를 지키고 심문을 피하기 위해 조선 왕비의 폐위를 결정하는 훈령에 서명할 수밖에 없었던 것입니다.

그에 이어 이노우에는 최근 조선의 왕궁 수비대 병력이 배로 증강된 이유를 물었습니다. 총리대신은 조선 왕을 왕궁으로부터 납치하려는 음모를 꾸미는 자들이 있다고 답변했습니다. 게다가 몇몇 외국 대표들도 그 음모에 가담하고 있다는 것이었습니다. 조선 총리대신은 일부 조선 관리들이 미국과 러시아 공사관으로 도피했다고 말했습니다. 그 관리들 중 한 사람이 러시아 공사관에서 조선 왕에게 유럽 의복 두 벌과 함께 서한을 보냈다고 합니다. 조선 왕과 왕세자로 하여금 그 옷을 입고 러시아 공사관으로 피신하게 하려 했다는 것입니다. 그러나 대원군이 그 음모에 대한 정보를 입수하고 의복과 서한을 가로챘다고 김홍집은 말했습니다.

---

6 [감교 주석] 홍선대원군(興宣大院君)
7 [감교 주석] 스기무라 후카시(杉村濬)
8 [감교 주석] 이재선(李載先)으로 추정됨.
9 [감교 주석] 명성황후(明成皇后)
10 [감교 주석] 고종(高宗)

이노우에는 김홍집에게 그것은 터무니없는 이야기라고 일컬었습니다. 그런데도 어제 이노우에는 본인에게 조선 왕궁수비대의 전임 지휘관이었던 현흥택[11]이라는 자가 그 서한과 의복을 보냈다고 말했습니다. 그리고 그 현흥택이라는 자는 러시아 공사관이 아니라 미국 공사관에 숨어 있었다는 것이었습니다.

베베르[12]는 이 일에 대해 아무 말도 하지 않았습니다.

이달 8일 미국 변리공사[13]가 유럽 대표들의 회의를 소집했습니다. 그 자리에서 미국 변리공사는 고무라[14]와 이노우에가 외국 대표들에게 조선 왕궁을 일시적으로 점령할 수 있는 전권을 서면으로 위임 받으라는 지시를 도쿄로부터 받았다고 알렸습니다. 고무라가 전신으로 이런 지시를 받았음을 최근 미국 변리공사에게 설명했다는 것이었습니다.

그러자 러시아 대리공사와 영국 총영사[15]가 자신들은 이 문제에 대한 견해를 이미 이달 6일 구두로 밝혔다고 답변했습니다. 게다가 각자 본국 정부에 그에 대해 전보로 알렸다는 것이었습니다. 실과 르페르브[16]도 이에 대해 본국 정부에 전보로 알릴 의사가 있다고 밝혔습니다. 그밖에 "일시적"이라는 표현은, 조선 왕과 외국 대표들이 더 이상 주둔할 필요가 없다고 여기는 즉시 일본 군대가 왕궁을 떠나는 것으로 해석되었습니다. 끝으로 힐리어는 그 자리에 참석한 조약국들의 대표들이 각기 본국 정부에 일본 정부를 비난하는 보고서를 보낼 것을 제안했습니다. 그 자리에서 본인은 어떤 의견도 표명하지 않았습니다. 그러나 실이 본인의 의견을 물었을 때, 힐리어의 마지막 제안에 찬성한다고 답변했습니다.

2.

바로 그날 미국 대표가 이에 관련된 각서를 고무라에게 낭독해 주었습니다. 아울러 미국 대표는 최근 본인에게 구두로 알려준 바와 같이, 독일제국 대표[17]는 의견 표명을 거절했고 다만 각서의 마지막 사항에만 찬성했음을 분명히 강조했습니다.

이미 그 전날 이노우에는 일본 정부가 조선 왕궁을 점령하려는 의도가 없음을 시사했습니다. 또한 이노우에는 일본 군대가 조선에서 철수할 것이라고 본인에게 알렸습니다.

---

11 [감교 주석] 현흥택(玄興澤)
12 [감교 주석] 베베르(K. I. Weber)
13 [감교 주석] 실(J. M. Sill)
14 [감교 주석] 고무라 주타로(小村壽太郎)
15 [감교 주석] 힐리어(W. C. Hillier)
16 [감교 주석] 르페브르(G. Lefèvre)
17 [감교 주석] 크리엔(F. Krien)

3.

이달 12일 미국과 러시아와 영국 대표가 일본 변리공사를 방문했습니다. 힐리어가 기록한 대화 내용에 따르면, 먼저 베베르는 자신이 하는 발언의 많은 부분을 개인적인 견해로 받아들여줄 것을 당부했습니다. 그에 이어 베베르는 러시아가 조선의 가장 가까운 인접국으로서 조선의 안녕에 가장 많은 관심을 갖고 있다고 강조했습니다. 그는 자신이 십 년 전 조선 주재 러시아 대표로 임명되었을 때, 조선 왕과 왕국의 평화와 화합과 번영을 증진시키라는 지시를 받았다고 말했습니다. 그리고 자신은 이러한 지시를 수행하기 위해 부단히 노력해 왔다는 것이었습니다. 그런데 최근 15개월 동안 네 차례나 일본 공사관에 의해 조선의 안정이 교란되었다고 베베르는 말했습니다. 첫 번째는 작년 7월 일본 군대가 평화 시에 조선 왕궁을 점령[18]했을 때였고, 두 번째는 대원군에게 정권을 맡겼을 때였다는 것이었습니다.[19] 그 다음에 일본 공사관은 반란자 박영효[20]를 끌어들여 결국 지난달 8일의 사건[21]을 벌였다는 것이었습니다. 일본 지휘관들과 고문관, 현역 장교들과 병사들, 낭인과 일본 신문 통신원들도 지난달 8일의 만행을 사전에 알고서 도움을 주었다고 베베르는 말했습니다. 결코 일본 공사관 단독으로 벌인 일이 아니라는 것이었습니다. 베베르는 이노우에가 조선 왕비의 폐위를 조선 역사의 가장 어두운 단면들 중 하나로 낙인찍은 것은 당연한 처사라고 강조했습니다. 그런데 일본 공사관에 힘입어 권좌에 오른 조선 대신들이 바로 그와 관련된 조령을 작성했다는 것이었습니다. 베베르는 조선 왕비를 살해할 분명한 의도를 품고 왕궁을 습격한 외국의 구성원들이 자행한 일은 그 외국의 역사에 훨씬 더 큰 오점을 남길 것으로 여긴다고 말했습니다. 그리고 당면한 상황에서 일본 정부는 조선과 조선 왕에게 가한 불의를 최대한 보상할 의무가 있다고 덧붙였습니다. 이를 위해 일본 정부는 일차적인 조처를 취해야 하며, 다른 열강들의 이의 제기를 구실로 내세워 시간을 끌어서는 안 된다는 것이었습니다. 그것과는 별개로 베베르는 이 소식을 러시아 정부에 전보로 알렸다고 합니다. 그리고 이달 8일의 각서에 제시된 조건 하에서 조선의 질서 회복과 위험에 처한 조선 왕의 안전을 위해 일본 군대를 동원한다면 러시아 정부의 개입을 염려할 필요가 없음을 고무라에게 단언할 수 있다는 것이었습니다. 그러면 이제 일본 정부는 어떤 조처를 취할 계획이냐고 베베르는 물었습니다.

---

18 [감교 주석] 일본의 경복궁 점령사건
19 [감교 주석] 갑오개혁(甲午改革)
20 [감교 주석] 박영효(朴泳孝)
21 [감교 주석] 명성황후(明成皇后) 시해사건

그러자 고무라는 러시아 정부의 우호적인 태도를 높이 평가한다고 답변했습니다. 그러나 일본 정부는 조선 주재 외국 대표들이 각기 본국 정부의 지시에 의거해 그런 조치를 권유할 때까지는 조선 왕궁에 군대를 투입하지 않을 것이라고 강조했습니다. 그리고 고무라는 실과 힐리어에게 미국과 영국 정부가 외국 대표들이 제안한 합의안을 승인했는지 물었습니다.

이 질문에 대해 실은 그 때문에 이미 두 번이나 워싱턴에 전보를 보냈는데 아직 회답을 받지 못했다고 설명했습니다. 그러나 미국 정부가 그 조처에 찬성할 것이 예상된다고 말했습니다. 아니, 찬성할 것이라고 굳게 확신한다는 것이었습니다. 그러나 일본인들이 저지른 불의를 만회하기 위해 일본 정부가 조선에 대표를 파견한 모든 정부들, 심지어는 조선에 별로 관심도 없는 정부들의 결정을 기다린다는 것은 생각할 수도 없는 일이라고 실은 말했습니다.

그에 이어 베베르는 러시아 정부가 협상하려고 일본인들을 초대한 것이 아니라고 강조했습니다. 러시아 정부는 일본 정부에게 결단을 기대한다는 것이었습니다.

힐리어도 일본 군대가 조선 왕궁에 진입한 문제로 두 번이나 런던에 전보를 보냈다고 고무라에게 말했습니다. 처음에는 고무라가 외국 대표들의 제안에 동의했다는 내용의 전보를 보냈고, 두 번째는 이노우에뿐만 아니라 고무라도 그 조치의 필요성을 인정했음을 알렸다고 합니다. 힐리어는 두 번째 전보에 대한 답신이 오지 않았다는 사실은 영국 정부가 그에 대해 아무런 이의가 없음을 시사하는 것이라고 말했습니다. 그러나 만일 일본 정부가 대영제국 정부의 의도를 확신하고 싶으면, 도쿄 주재 영국 공사나 런던 주재 일본 대표를 통해 확인해볼 수 있을 것이라고 덧붙였습니다.

그러자 고무라는 즉각 일본 정부에 전보를 보내겠다고 선언했습니다. 실과 베베르, 힐리어의 의견에 따르면, 일본 군대가 일시적으로 조선 왕궁을 점령해서 질서를 회복하고 조선 왕의 자유를 보장하기 위해 일본 정부가 주도권을 쥐어야 한다고 알리겠다는 것이었습니다.

베베르는 현 상황의 위중함을 한 번 더 강조했습니다. 부당하게 정권을 장악한 조선 내각이 나날이 대담해지고 있다는 것이었습니다. 게다가 들리는 소문에 의하면, 조선 왕을 자유롭게 만날 수조차 없다는 것이었습니다. 베베르는 자신이 조선 왕궁에 들어가거나 조선 왕을 만나려고 하는 것을 만일 어떤 식으로든 가로막는 자가 있다면 러시아 호위병을 대동할 것이라고 말했습니다. 그러다가 만의 하나 싸움이 벌어지는 경우에는, 그런 충돌의 원인을 제거할 수 있는 힘을 가진 고무라가 책임져야 할 것이라고 덧붙였습니다.

실은 이 상황에서 지체하면 불법적인 조선 내각의 힘을 키워줄 뿐이라고 부연 설명했습니다. 그는 이미 현 내각을 인정하는 것이 바람직하다는 암시를 받았다고 했습니다. 그리고 일본 정부의 영향을 받은 외국 신문도 그런 비슷한 견해를 보도했다는 것이었습니다.

일본 당국은 현재 친일파로 구성되어 있는 조선 내각을 무너뜨릴 의향이 없습니다. 특히 조선에는 일본에 우호적인 사람들이 거의 없기 때문입니다.

베베르는 일본 정부의 태도에 매우 불만이 많습니다. 그래서 본인에게 일본 정부의 태도에 대해 이렇게 말한 적이 있습니다. '만약 일본인들이 조선의 친일파들을 희생시키려 하지 않는다면, 그 친일파들과 함께 일본인들을 조선에서 쫓아내는 일이 벌어질 수도 있을 것입니다.'

미국 변리공사는 미국 시민 모스[22]가 광산채굴권을 따내도록 도와주었던(금년 9월 28일 보고서 No. 48[23]) 후원자들을 다시 조선의 권좌에 앉히려 하고 있습니다.

힐리어는 러시아 대표와 미국 대표 뒤에 물러서 있을 수 없어서 그들과 협력하게 되었다고 본인에게 말했습니다. 그렇지 않으면 러시아 대표와 미국 대표에 대한 모든 영향력을 상실할 위험이 있기 때문이라는 것이었습니다. 힐리어는 조선 내각이 앞으로 오래 지탱할 수 없을 것이라고 말했습니다. — 이것이 영국 총영사가 취하는 행동의 실제 동기인지 현재로서는 알 수 없습니다.

오늘 이노우에는 서울을 떠나 일본으로 돌아갔습니다.

조선 내각은 몇 주 전부터 매우 조용한데, 아마 일본의 지시에 의한 것이라고 추측됩니다. 최근에 체포된 민영준[24]이 다시 석방되었습니다.

본인은 이 보고서의 사본을 베이징과 도쿄 주재 독일제국 공사관에 보낼 것입니다.

크리엔[25]

내용: 조선의 정치적 사건들, 첨부문서 3부

---

22 [감교 주석] 모스(J. R. Morse)
23 [원문 주석] II. 27668 삼가 동봉.
24 [감교 주석] 민영준(閔泳駿)
25 [감교 주석] 크리엔(F. Krien)

No. 63의 첨부문서 1

첨부문서의 내용(원문)은 독일어본 715~718쪽에 수록.

No. 63의 첨부문서 2

첨부문서의 내용(원문)은 독일어본 718쪽에 수록.

No. 63의 첨부문서 3부

첨부문서의 내용(원문)은 독일어본 718~722쪽에 수록.

조선 문제와 관련해 일본의 입장에 대한 언론 보도

발신(생산)일	1896. 11. 30	수신(접수)일	1896. 1. 8
발신(생산)자	구트슈미트	수신(접수)자	호엔로에-실링스퓌르스트
발신지 정보	도쿄 주재 독일 공사관	수신지 정보	베를린 정부
	A. 344		A. 264
메모	1월 10일 런던 35, 페테르부르크 30에 전달		

A. 264 1896년 1월 8일 오전 수신

도쿄, 1895년 11월 30일

A. 344

독일제국 수상 호엔로에-실링스퓌르스트 각하 귀하

이곳 일본의 반관보[1] "Nichi Nichi Shimbun"은 이달 29일 자 논설에서 조선의 혼란에 대한 일본의 입장을 다루고 있습니다. 본인이 들은 바에 의하면, 일본의 내각관방대신 이토 미요지[2]가 그 논설을 썼다고 합니다. 이토 미요지는 일본 총리대신[3]의 심복입니다. 그러나 이토 미요지가 이따금 독자적인 정치를 하기 때문에, 이 논설을 곧이곧대로 일본 정부의 의견 표현이라고 볼 수는 없습니다. 어쨌든 일본 정부의 측근들은 러시아를 배제하거나 혹은 러시아에 맞서서는 조선에서 그 어느 것도 성취할 수 없다는 인식에 이르렀음을 이 논설을 통해 알 수 있습니다. 그에 따라 일본이 이 사건에서 영예롭게 물러나는 유일한 방법은 러시아와의 공동 조처를 취하는 데 있을 것입니다.

"Nichi Nichi Shimbun"은 이달 27일 내지는 28일에 있었던 옛 조선 왕궁 근위대의 쿠데타 실패에 대해 언급합니다. 이것은 세 번째로 시도된 쿠데타로서 그 자체로 주목을 끄는 현상이라는 것입니다. 그와 관련해 "Nichi Nichi Shimbun"은 이노우에[4]가 조선의 수도를 뜨는 즉시 조선에서 또 다시 소요가 발생할 것이라고 확언합니다, 이것은 바로

---

1 [감교 주석] 반관보(半官報)
2 [감교 주석] 이토 미요지(伊東巳代治)
3 [감교 주석] 이토 히로부미(伊藤博文)
4 [감교 주석] 이노우에 가오루(井上馨)

조선의 질서를 유지해주고 보호해주는 도움의 손길이 절실히 필요하다는 징후라는 것입니다. 그리고 일본은 조선에 관심 있는 열강들과의 합의하에 이 이웃국가를 위한 이런 도움을 절대 거절하지 않을 것이라고 "Nichi Nichi Shimbun"은 선언합니다. 단, 조선 왕실의 구성원들 사이에서뿐만 아니라 애국심이라고는 전혀 없는 조선 당파들 사이에서도 분규와 음모가 끊임없이 난무하는 상황에 직면해서, 조선에 개입했을 경우의 결과를 완전히 예측할 수 있어야 한다는 것입니다. "Nichi Nichi Shimbun"은 일본이 이미 온갖 가능한 방법들을 동원했지만 아직까지 좋은 결실을 맺을 기미가 보이지 않는다고 말합니다. 그러므로 일본 정부는 정책을 바꾸어야 한다는 것입니다. "조선의 독립 유지"라는 구호는 매우 근사하게 들리지만, 조선인들에게는 독립에 필요한 모든 자질이 명백히 결여되어 있다는 것입니다. 그러니 조선인들 스스로 조선의 상황을 더욱 악화시킬 것이라고 "Nichi Nichi Shimbun"은 예상합니다. 그러나 만일 조선의 일본인들 거류지에서 일본의 이익을 불가피하게 보호해야 하는 일이 발생하면, 일본 정부는 – 물론 제3자로서의 권리를 고려해 – 단호하게 행동해야 한다는 것입니다. 그리고 일본은 조선과 여러모로 관계를 맺고 있기 때문에 우선적으로 조선에 개입할 자격이 있다고 "Nichi Nichi Shimbun"은 주장합니다. 그러나 마찬가지로 조선에 관심이 많은 국가들, 특히 러시아, 미국, 영국, 프랑스와의 공동 조치를 통해서만이 현재 조선을 휩쓸고 있는 난관들의 해결을 기대할 수 있다고 말합니다. 그와 동시에 조선과 가장 많은 관계를 맺은 국가들, 즉 일본이나 러시아가 당연히 주도권을 잡아야 한다는 것입니다. "Nichi Nichi Shimbun"은 이 두 나라가 동아시아의 평화 유지에 일차적으로 책임을 지고 있다고 말합니다. 그러므로 조선에서 위협적으로 움트는 재앙의 씨앗을 공동으로 제거하는 것은 이 두 나라의 임무이며, 이 문제를 지금 당장 해결해야 한다는 것입니다. 러시아와 일본 양국은 조선의 독립을 지지하지만, 조선의 독립이 실현 불가능하다는 것을 인식할 수밖에 없기 때문이라는 것입니다.

구트슈미트[5]

내용: 조선 문제와 관련해 일본의 입장에 대한 언론 보도

---

5 [감교 주석] 구트슈미트(F. Gudtschmid)

베를린, 1896년 1월 9일 A. 139 I

주재 외교관 귀중
1. 런던 No. 25
2. 상트페테르부르크 No. 18

연도번호 No. 178

본인은 조선 주재 미국 대표와 관련한 정보를 귀하께 알려드리고자, 지난해 지난달 16일 자 워싱턴 주재 독일제국 대사 보고서 사본을 삼가 전달하는 바입니다.

베를린, 1896년 1월 9일 A. 139 II

도쿄 공사관 A. No. 1
귀중

1월 9일 8시, 우편으로

연도번호 No. 183

암호우편

귀하에게 삼가 기밀정보를 알려드립니다. 워싱턴에서 받은 보고에 의하면, 일본 정부는 서울 주재 미국 대리공사의 조선 내정 개입에 대해 불만을 표했습니다. 진상 조사를 토대로, 알렌은 미국 정부로부터 엄중한 견책을 받았습니다. 조선 주재 미국 대표는 외국 대표들과의 공동 조처에 일체 참여하지 말라는 지시를 받았습니다. 만일 미국 국민의 이익이 침해되는 경우에는, 미국 대표 단독으로 조선 정부에서 미국 국민들을 대변하라는 훈령을 받았습니다.

베를린, 1896년 1월 10일   A. 226

주재 외교관 귀중   본인은 조선에서의 정치적 사건들과 관련한
1. 런던 No. 34   정보를 귀하께 알려드리고자, 작년 11월 16일
2. 상트페테르부르크 No. 29   자 서울 주재 독일제국 영사 보고서 사본을
                                        삼가 전달하는 바입니다.

연도번호 No. 211

베를린, 1896년 1월 10일   A. 264

주재 외교관 귀중   본인은 조선 문제에 대한 일본의 입장을 다루
1. 런던 No. 35   는 언론 보도와 관련해 삼가 귀하께 정보를
2. 상트페테르부르크 No. 30   알려드리고자, 작년 11월 30일 자 도쿄 주재
                                        독일제국 공사의 보고서 사본을 전달하는 바
연도번호 No. 212   입니다.

05
러시아와 조선

발신(생산)일	1896. 12. 8	수신(접수)일	1896. 1. 12
발신(생산)자	구트슈미트	수신(접수)자	호엔로에-실링스퓌르스트
발신지 정보	도쿄 주재 독일 공사관	수신지 정보	베를린 정부
	A. 349		A. 414
메모	A. 2734 참조 1월 16일 런던 53, 페테르부르크 43에 전달.		

A. 414 1896년 1월 12일 오후 수신

도쿄, 1895년 12월 8일

A. 349

독일제국 수상 호엔로에-실링스퓌르스트 각하 귀하

조선 주재 신임 러시아 대리공사이자 총영사인 슈뻬이예르[1]가 최근 유럽에서 서울로 가는 길에 이곳 일본에 도착했습니다. 슈뻬이예르는 서울 주재 일본 대표와 긴밀한 관계를 유지하며 가능한 한 일본 정부와의 합의하에 행동할 계획이라고 본인에게 말했습니다. 슈뻬이예르 개인뿐만 아니라 러시아 정부도 조선 문제에서 일본과 냉랭해질 의도가 없다는 것이었습니다. 예전에 슈뻬이예르는 5년 가까이 일본에 머무른 적이 있습니다 (1885년부터 1890년까지 일본 주재 공사관 서기관을 역임했습니다). 그 덕분에 슈뻬이예르는 자신이 일본을 좋아하게 되었다고 말했습니다. 일본 민족을 좋아하고 높이 평가한다는 것입니다. 슈뻬이예르는 자신의 이런 성향을 페테르부르크에서도 감추지 않았으며 러시아 정부도 이 점을 승인한 듯하다고 말했습니다. 그가 일본을 좋아하는 사실이 익히 알려져 있는데도 러시아 정부가 그를 서울 주재 대표로 임명했기 때문이라는 것입니다.

이달 말 슈뻬이예르는 임지에 부임할 것입니다.

구트슈미트

내용: 러시아와 조선

---

1 [감교 주석] 슈뻬이예르(A. Speyer)

원문 p.730

일본군의 조선 철수. 조선의 현재 상황

발신(생산)일	1896. 12. 13	수신(접수)일	1896. 1. 12
발신(생산)자	구트슈미트	수신(접수)자	호엔로에-실링스퓌르스트
발신지 정보	도쿄 주재 독일 공사관	수신지 정보	베를린 정부
	A. 354		A. 419
메모	A. 696 참조 1월 16일 런던 53, 페테르부르크 43에 발췌문 전달		

A. 419   1896년 1월 12일 오후 수신

도쿄, 1895년 12월 13일

A. 354

독일제국 수상 호엔로에-실링스퓌르스트 각하 귀하

원래 일본 정부는 먼저 랴오둥[1] 반도에서의 철군을 완료할 예정이었습니다. 그런 후에야 비로소 지금까지 서울과 압록강 사이의 전신선과 병참선을 점령하는 데 투입된 군대를 철수하려고 했습니다. 그런데 본인이 들은 소식에 의하면, 랴오둥 반도의 군대가 아직 완전히 철군하지 않았는데도 벌써 조선에서도 일본 군대의 철수가 시작되었습니다. 일본 정부가 조선 주둔 병력을 두 차례에 걸쳐 수송함으로써 얼마 전 천여 명의 일본 병사들이 조선을 떠났습니다,

어제 일본 외무대신이 본인에게 전해준 소식에 의하면, 지금 서울의 상황은 우려할 만한 이유가 없습니다. 또한 사이온지[2]는 현재 일본 정부가 조선에서 특별 조치를 계획하고 있지 않을 뿐만 아니라 특별 조치에 대해 다른 열강들과 협상을 진행하지도 않는다고 본인에게 설명했습니다.

구트슈미트

내용: 일본군의 조선 철수. 조선의 현재 상황

---

1 [감교 주석] 랴오둥(遼東)
2 [감교 주석] 사이온지 긴모치(西園寺公望)

베를린, 1896년 1월 16일   A. 414, 419

주재 외교관 귀중   본인은 조선에 대한 러시아 및 일본의 입장과
1. 런던 No. 53   관련해 삼가 귀하께 정보를 알려드리고자, 도
2. 상트페테르부르크 No. 43   쿄 주재 독일제국 공사의 지난달 8일 자 보고
                                           서 사본과 지난달 13일 자 보고서의 발췌문을
                                           전달하는 바입니다.
연도번호 No. 319

조선 문제에서 일본과 러시아의 관계

발신(생산)일	1896. 12. 16	수신(접수)일	1896. 1. 20
발신(생산)자	구트슈미트	수신(접수)자	호엔로에-실링스퓌르스트
발신지 정보	도쿄 주재 독일 공사관	수신지 정보	베를린 정부
	A. 356		A. 696
메모	1월 23일 런던 78, 페테르부르크 59에 전달		

A. 696 1896년 1월 20일 오전 수신

도쿄, 1895년 12월 16일

A. 356

독일제국 수상 호엔로에-실링스퓌르스트 각하 귀하

얼마 전부터 이미 일본에서는 친정부적인 기관지를 포함한 여러 신문들이 조선 문제에서 러시아와의 협력을 옹호하고 있습니다. 그 반면에 러시아와의 협력을 반대하는 언론 보도는 검열을 받습니다. 그런데도 일본 정부는 사실상 관망하는 태도를 견지하고 있습니다.

그제까지만 해도 히트로보[1]는 이와 관련한 사이온지[2]의 말이(이달 13일 보고서 A. 354 참조)[3] 사실이라고 본인에게 확인해주었습니다. 그리고 서울 주재 신임 러시아 대표 슈뻬이예르[4](슈뻬이예르는 내일 조선을 향해 배에 오를 것입니다)의 존재를 이용할 생각이 없는지 최근 사이온지에게 문의했다고 덧붙였습니다. 즉, 현재 상황에 대해 슈뻬이예르와 논의해서 어쩌면 합의에 이를 수 있지 않겠느냐고 질문했다는 것입니다. 히트로보가 페테르부르크로부터 이런 제안을 하라는 임무를 부여받은 것은 아니라고 합니다. 그러나 사이온지는 답변을 회피했다고 합니다. 이제 러시아 측에서는 일본의 결단을 기다릴 것이라고 합니다. 히트로보는 여전히 2월에 러시아로 휴가를 떠날 수 있기를 바란다

---

1 [감교 주석] 히트로보(M. A. Hitrovo)
2 [감교 주석] 사이온지 긴모치(西園寺公望)
3 [원문 주석] A. 419 삼가 동봉
4 [감교 주석] 슈뻬이예르(A. Speyer)

고 말했습니다.

　본인의 외람된 생각으로는, 일본은 조선에서의 병력 철수를 계속 진행할 것입니다. 그리고 열강들 측의 제안이 있어야만, 일본은 새로이 시작한 불간섭정책을 바꿀 것입니다. 본인은 일본 정부가 이런 제안을 기대한다고 가정할만한 이유가 충분하다고 생각합니다.

구트슈미트

　내용: 조선 문제에서 일본과 러시아의 관계

조선의 정치적 사건들

발신(생산)일	1895. 12. 2	수신(접수)일	1896. 1. 20
발신(생산)자	크리엔	수신(접수)자	호엔로에–실링스퓌르스트
발신지 정보	서울 주재 독일 총영사관	수신지 정보	베를린 정부
	No. 65		A. 700
메모	(A. 1235[96] 참조) 1월 23일 런던 79, 페테르부르크 60, 드레스덴 35, 카를스루에 19, 뮌헨 34, 슈투트가르트 36에 전달 연도번호 No. 540		

A. 700   1896년 1월 20일 오전 수신

서울, 1895년 12월 2일

No. 65

독일제국 수상 호엔로에–실링스퓌르스트 각하 귀하

지난달 16일 보고서 No. 63[1]에 이어, 본인은 지난 달 26일 조약국의 대표들이 조선 궁궐에 소환되었음을 삼가 각하께 보고 드리게 되어 영광입니다. 그 자리에서 조선 왕비의 폐위를 취소하는 왕의 조령이 공개되었습니다. 그에 이어 조선 왕은 자신이 그 조령에 서명했다고 공식적으로 조약국의 대표들에게 알렸습니다. 그리고 10월 8일의 사건[2]을 조사해서 죄 지은 자들의 책임을 물을 것이라고 말했습니다. 조약국 대표들의 최고 연장자인 실[3]이 이미 결의한 내용에 따라, 우리 모두는 10월 10일의 조령 폐지에 만족한다는 의견을 표명했습니다. 그리고 10월 10일의 조령을 결코 조선 왕이 공표한 정당한 것으로 인정하지 않았다는 개인적인 의견을 덧붙였습니다. 베베르[4]도 자신에게 그 조령은 존재하지 않은 것이나 다름없다고 선언했습니다,

러시아 대표와 미국 대표가 조선 왕의 안위를 위해 군부대신 조희연[5]을 반드시 궁궐

---

1 [원문 주석] A. 226 삼가 동봉.
2 [감교 주석] 명성황후(明成皇后) 시해사건
3 [감교 주석] 실(J. M. Sill)
4 [감교 주석] 베베르(K. I. Weber)

에서 내쳐야 한다고 거듭 주장했습니다. 바로 그날 군부대신 조희연과 법부대신은 파직되었고, 그들은 도주했습니다.

그 일이 있은 후로 서서히 긴장이 해소되는 듯 보였습니다. 그런데 지난 달 27일, 현재의 조선 내각에 반대하는 자들이 곧 조선 왕궁을 습격할 것이라는 소문이 퍼졌습니다. 본인은 이 소문을 베베르에게 들었습니다. 베베르는 당연히 조선 왕을 폭도들의 손에서 구해내야 한다고 덧붙였습니다. – 그날 밤 한 조선인이 독일제국 영사관을 찾아와 서신 한 통을 본인에게 건네주었습니다. 그 서신에는 "폭도 무리"를 섬멸하기 위한 "경호부대"가 소집되었으니 외국 대표들은 조선 왕을 보호하기 위해 궁궐로 와달라고 요청하는 내용이 쓰여 있었습니다. 이와 동일한 내용의 서신들이 미국[6], 러시아[7], 영국[8], 프랑스 대표[9]들에게도 전달되었습니다.

본인은 왕궁으로 와달라는 요청을 무시했습니다.

바로 그날 밤 조선 왕궁은 습격을 받았습니다. 습격자들은 왕궁 수비대가 자신들과 뜻을 같이할 것이라고 예상한 듯 보입니다. 그래서 약속대로 총성이 울리면 수비대 장교 한 명이 왕궁 문을 열어줄 것이라고 기대했던 것 같습니다. 그러나 왕궁 문은 열리지 않았습니다. 그러자 200여 명의 습격자들은 궁궐 벽을 넘기 시작했습니다. 그들은 대부분 옛 궁중근위대 소속의 병사들이었습니다. 왕궁 수비대는 총성 한 발 울리지 않고 아주 가볍게 그들을 퇴치했으며 장교 세 명과 병사 칠팔 명을 사로잡았습니다.

11월 28일 오후 미국 공사관에서 외국 대표들의 회의가 열렸습니다. 그 자리에서 일본 변리공사[10]는 믿을 만한 소식통을 통해 모반에 대한 소문을 들었다고 이야기했습니다. 그래서 어젯저녁 조선 군부대신 권한대행[11]에게 위험을 알리러 왕궁에 갔다는 것이었습니다. 군부대신 권한대행은 반대파의 계획에 대해 이미 알고 있었지만 실제 습격은 이삼일 후에나 있을 줄 알았다고 합니다. 새벽 세 시 무렵 조선 병사 두 명이 고무라에게 조선 왕궁을 습격하려는 계획에 대해 알리는 내용의 서신을 가져왔다고 합니다. 그 서신에는 "배신자들"을 열 명 이상 죽이지 않을 것을 확약할 테니, 일본 동포들을 안심시키고 이 일에 어떤 식으로든 개입하지 않을 것을 요청한다고 쓰여 있었다는 것입니다. 고무라

---

5   [감교 주석] 조희연(趙羲淵)
6   [감교 주석] 실(J. M. Sill)
7   [감교 주석] 베베르(K. I. Weber)
8   [감교 주석] 힐리어(W. C. Hillier)
9   [감교 주석] 르페브르(G. Lefèvre)
10 [감교 주석] 고무라 주타로(小村壽太郎)
11 [감교 주석] 어윤중(魚允中)

는 누구든 평화를 교란하려고 시도하는 즉시 일본 군대가 진압할 것이라고 위협하며 병사 한 명을 돌려보냈다고 합니다. 그러고는 아침 6시에 직접 왕궁에 가보았는데 왕궁은 다시 완벽하게 평온했다는 것입니다. — 베베르는 이 사건이 조선의 현재 상황에 대한 국민들의 깊은 불만을 명백하게 입증하는 실례가 아닐까 추측된다는 견해를 피력했습니다. —

그 후로 많은 움직임이 있었습니다. 학부대신 서광범[12]과 예전에 미국에서 오랫동안 체류한 외부협판 윤치호[13]는 은신하고 있습니다. 윤치호는 미국 선교사의 집에 머물고 있습니다. 10월 8일 전에 군부대신에 취임한 안경수[14]는 제물포에서 체포되어 서울로 이송되었습니다.

조선 왕궁이 습격 받았을 때, 외국인들 중에서 미국 군사교관 다이[15]와 닌스테드[16], 르젠드르[17] 장군, 미국선교협회 회원 세 명이 왕궁에 있었습니다. 조선 왕을 안심시키려 한다는 명목 하에 미국 선교사들 여러 명이 몇 주 전부터 궁궐에 머물고 있습니다. 일본인들과 조선인들은 미국 선교사들이 역모에 연루되었을 것이라고 의심합니다. 러시아 공사관과 미국 공사관으로 피신한 자들도 역모에 가담했다고 전해집니다. 일본 공사관 서기관 히오키[18]의 말에 따르면, 그들의 서신과 명함이 체포된 조선인들에게서 발견되었습니다. 조선 대신들이 착수한 조사 결과가 나와야 보다 상세한 내용이 밝혀질 것입니다. 일본 공사관 측에서 조사가 빨리 진행되도록 박차를 가하고 있습니다. —

어제 조선 왕은 조선 왕비[19]가 10월 8일 아침 5시와 7시 사이에 서거했음을 알리는 조령을 공식적으로 발표했습니다. 그에 이어 실이 외국 대표들의 회의를 소집했습니다. 그 자리에서 베베르는 조선 왕비가 살해된 증거를 눈으로 보지 않는 한 그 칙령을 인정할 수 없다고 선언했습니다. 자신은 다만 조선 외부대신[20]으로부터 그와 관련된 서한을 받았을 뿐이라는 것이었습니다. 그러니 더 상세한 내용을 알려달라고 외부대신에게 요청할 것이라고 베베르는 말했습니다. 실의 질문에 대해 고무라는 조선 왕비의 죽음은 의심의 여지가 없다는 견해를 표명했습니다. 그러자 다른 외국 대표들은 사흘 동안 조기

---

12 [감교 주석] 서광범(徐光範)
13 [감교 주석] 윤치호(尹致昊)
14 [감교 주석] 안경수(安駉壽)
15 [감교 주석] 다이(W. M. Dye)
16 [감교 주석] 닌스테드(F. J. H. Nienstead)
17 [감교 주석] 르젠드르 (C. W. Legendre)
18 [감교 주석] 히오키 마스(日置益)
19 [감교 주석] 명성황후(明成皇后)
20 [감교 주석] 김윤식(金允植)

를 게양하고 조선 외부대신에게 조의를 표하겠다고 말했습니다. 베베르는 자신은 결코 사흘 동안 조기를 게양하지 않을 것이라고 우리에게 알렸습니다. 그러나 조선 왕비가 러시아 공사관의 지하실에 은신하고 있다는 터무니없는 소문이 새로이 유포되는 사태를 막기 위해 자신도 조기 게양을 지시하겠다고 나중에 본인에게 말했습니다.

그 회의에서 실은 조선인 여섯 명[21]이 미국 공사관에 숨어 있다고 말했습니다. 모두들 전직 고위 관리와 장교들로서 지명수배자 명단에 오른 사람들이라는 것이었습니다. 조선 정부가 그들을 더 이상 추적하지 않겠다고 외교단에 확약하면 그들은 미국 공사관을 떠날 용의가 있다고 실은 설명했습니다. 그러자 힐리어가 조선 정부로부터 그런 보장을 받을 수 있는지 직접 시도해보라고 실에게 권유했습니다. 그 반면에 고무라는 그 조선인들을 당분간 미국 대사관에 머물게 하라고 조언했습니다. —

오늘 베베르를 제외한 외국 대표들은 조선 외부대신을 찾아가 조의를 표했습니다. 베베르는 질병으로 인해 조문하기 어렵다며 러시아 공사관 서기관 로스포포프[22]를 통해 양해를 구했습니다. 그 자리에서 외부대신은 10월 8일 조선 왕비의 시신을 본 시녀들과 내시들의 증언에 의해 왕비의 죽음이 증명되었다고 설명했습니다. —

러시아 공사관은 경계를 강화했습니다. 현재 장교 한 명과 수병 열여덟 명이 러시아 공사관을 지키고 있습니다. —

유럽 조약국들을 위한 특별공사로 임명된 이강 왕자는 현재 일본에 머물고 있습니다. 이강 왕자는 질병을 이유로 들어 사절단에서 해임시켜 줄 것을 청원했습니다. 조선 왕은 그 청원을 수락했습니다.

본인은 이 보고서의 사본을 도쿄와 베이징 주재 독일제국 공사관에 보낼 것입니다.

크리엔

내용: 서울의 정치적 사건들

---

21 [감교 주석] 이완용(李完用), 이윤용(李允用), 현흥택(玄興澤), 이하영(李夏榮), 민상호(閔商鎬) 등
22 [감교 주석] 로스포포프(Rospopoff)

베를린, 1896년 1월 23일   A. 696

주재 외교관 귀중   본인은 조선 문제와 관련한 정보를 삼가 귀하
1. 런던 No. 78   께 알려드리고자, 지난달 16일 자 도쿄 주재
2. 상트페테르부르크 No. 59   독일제국 공사 보고서 사본을 전달하는 바입
                                  니다.

연도번호 No. 444

베를린, 1896년 1월 23일   A. 700

주재 외교관 귀중   본인은 조선 문제와 관련해,
1. 런던 No. 79
2. 상트페테르부르크 No. 60   1-2는 귀하께 정보를 알려드리고자,
3. 드레스덴 No. 35   3-6은 1885년 3월 4일의 칙령을 참조해,
4. 카를스루에 No. 19
5. 뮌헨 No. 34   지난달 2일 자 서울 주재 독일제국 영사 보고
6. 슈투트가르트 No. 36   서 사본을 _____에 전달하도록 삼가 송부
                                  하는 바입니다.

연도번호 No. 447

서울의 정치적 사건들. 일본 병력 철수

발신(생산)일	1895. 12. 20	수신(접수)일	1896. 2. 4
발신(생산)자	크리엔	수신(접수)자	호엔로에-실링스퓌르스트
발신지 정보	서울 주재 독일 총영사관	수신지 정보	베를린 정부
	No. 66		A. 1235
메모	A. 1741 참조 계속 전달할 만큼 중요하지 않음 연도번호 No. 559		

A. 1235   1896년 2월 4일 오전 수신

서울, 1895년 12월 20일

No. 66

독일제국 수상 호엔로에-실링스퓌르스트 각하 귀하

이달 2일 보고서 No. 65[1]와 관련해, 본인은 믿을 만한 소식통에 따르면 지난달 28일의 쿠데타 주동자가 전직 농상공부협판 이범진[2]이었음을 삼가 각하께 보고 드리게 되어 영광입니다. 이범진은 금년 10월 8일부터 러시아 공사관에 은신하고 있었습니다. 이범진은 조선 궁중 수비대장에게 여러 통의 서한을 보내 모반에 참여하도록 설득하려 했습니다. 그런데 궁중 수비대장은 즉시 그 서한들을 군부대신에게 제출했다는 것입니다. 그런 연유로 조선 내각의 요원들은 반대파의 계획에 대해 아주 소상히 알고 있었다고 합니다.

어쨌든 미국 선교사들은 그 습격에 대해 알고 있었습니다. 그래서 군사 교관 닌스테드[3]와 마찬가지로 미국 선교사들에게도 몇 주 전부터 조선 궁궐 출입이 허용되지 않고 있습니다. 11월 27일에서 28일 밤 사이에 미국인 언더우드[4]와 캐나다인 의사 에비슨[5], 미국인 헐버트[6]가 조선 왕과 함께 있었습니다. 에비슨은 조선 왕의 주치의입니다. 언더우

---

1   [원문 주석] A. 700 삼가 동봉.
2   [감교 주석] 이범진(李範晉)
3   [감교 주석] 닌스테드(F. J. H. Nienstead)
4   [감교 주석] 언더우드(H. G. Underwood)
5   [감교 주석] 에비슨(O. R. Avison)

드와 에비슨은 미국 장로교 선교회 소속이고, 헐버트는 미국 감리교 선교회 소속입니다.

왕궁 수비대장의 보고에 따르면, 그날 밤 다이[7] 장군이 습격자들을 위해 궁궐 문을 열어줄 것을 수비대장에게 요청했다고 합니다. 그리고 조선 왕의 거처를 감시하고 모든 대신들을 체포할 것을 요구했다는 것입니다. 그러나 다이 장군은 이러한 진술을 파렴치한 중상모략이라고 말했습니다. 조선 총리대신이 다이 장군에게 조선 왕과 대신들의 신뢰를 잃었으니 왕궁을 떠나라고 조언했습니다. 그러자 다이 장군은 자신은 오로지 조선 왕이 직접 내리는 명령만 따를 뿐이라고 선언했습니다. 그러나 다이 장군은 며칠 전 군부대신의 지시에 따라 왕궁 밖에 위치한 자신의 집으로 거처를 옮겼습니다.

조선 왕은 전보다 더욱 엄중한 감시를 받고 있습니다. 조선 왕이 습격자들의 계획을 승인하고 격려했기 때문이라고 합니다.

조선 내각은 내분으로 인해 붕괴의 위기에 직면해 있었습니다. 그런데 이번에 실패로 끝난 쿠데타 덕분에 다시금 새로이 강화되었습니다.

전직 군부대신 조희연[8]이 이곳으로 돌아와 자신의 예전 직책들을 되찾으려 시도하고 있습니다.

학부대신 서광범[9]은 미국 주재 공사로 임명되었습니다.

서거한 왕비[10]의 국상을 치르라는 지시가 내렸습니다. 민영준[11]은 왕비의 장지를 준비하는 임무를 부여받고 이곳에 도착했습니다. 그러나 민영준은 이 직책을 거두어 줄 것을 청원했습니다.

조선의 서북부 지방에서 일본 병사 오백여 명이 철수했습니다. 일본 병사들은 수송선을 타고 제물포를 거쳐 일본으로 돌아갔습니다. 서울에는 약 육백여 명의 일본 보병이 주둔하고 있습니다. ― 베베르[12]는 서울에 주둔하는 일본 병사의 수를 오십 명 정도로 제한하기 위해 페테르부르크에 청원할 예정이라고 최근 구두로 본인에게 알려주었습니다. 베베르는 일본 병사와 같은 수의 러시아 병사를 서울에 주둔시킬 계획입니다.

최근 힐리어[13]는 본국 정부로부터 일본과 관련한 지시를 받았다고 본인에게 언급했습

---

6 [감교 주석] 헐버트(H. Hulbert)
7 [감교 주석] 다이(W. M. Dye)
8 [감교 주석] 조희연(趙羲淵)
9 [감교 주석] 서광범(徐光範)
10 [감교 주석] 명성황후(明成皇后)
11 [감교 주석] 민영준(閔泳駿)
12 [감교 주석] 베베르(K. I. Weber)
13 [감교 주석] 힐리어(W. C. Hillier)

니다. 일본인들이 조선을 군사적으로 점령하고 (were in military occupation of the country) 있는 동안, 조선의 안정과 질서를 유지하는 일본 정부의 책임을 약화시키거나 축소시킬 수 있는 것을 일체 피하라는 지시가 내렸다는 것입니다.

얼마 전 미국 변리공사[14]는 본국 정부로부터 분규에 휘말리지 않도록 (to keep free from entanglement) 주의하라는 훈령을 전신으로 받았다고 본인에게 말했습니다.

충청도 지방에서 소요가 다시 확산되었습니다.

본인은 이 보고서의 사본을 도쿄와 베이징 주재 독일제국 공사관에 보낼 것입니다.

크리엔

내용: 서울의 정치적 사건들. 일본 병력 철수.

---

14 [감교 주석] 실(J. M. Sill)

[일본 의회의 조선 문제 논의]

발신(생산)일	1896. 12. 31	수신(접수)일	1896. 2. 6
발신(생산)자	구트슈미트	수신(접수)자	호엔로에-실링스퓌르스트
발신지 정보	도쿄 주재 독일 공사관	수신지 정보	베를린 정부
	A. 365		A. 1319
메모	2월 10일 런던 140, 파리 71, 페테르부르크 104에 전달		

사본

A. 1319　1896년 2월 6일 오후 수신

도쿄, 1895년 12월 31일

A. 365

독일제국 수상 호엔로에-실링스퓌르스트 각하 귀하

일본 의회가 성대하게 개원한 즉시, 야당 의원들은 일본 천황 앞으로 보내는 내각 불신임안을 서둘러 의회에 제출했습니다. 이 불신임안에서 야당의원들은 랴오둥[1] 반도를 강제로 반환하게 된 실책 및 금년 10월 8일의 서울 사건[2]에 대해 강경하게 일본 정부의 책임을 물었습니다.

랴오둥 반도의 강제 반환과 관련해, 일본 정부는 세 열강의 위협적인 개입[3]이 백퍼센트 예견되었다고 답변했습니다. 그래서 열강들의 개입에 즉각 굴복하는 대신 대책을 강구해야 했다는 것입니다. 일본 정부는 어쨌든 시모노세키 평화조약 체결만은 피해야 했다고 설명했습니다. 그렇지 않으면 천황이 그 조약을 비준하고는 곧바로 조약 내용을 정면으로 반박할 수밖에 없었을 것이라고 합니다.

조선 사건과 관련해, 일본 정부는 미우라[4] 공사의 선정 과정에서 당연히 필요한 신중을 기하지 않았을 뿐더러 나중에도 미우라 공사의 활동에 대한 감독을 소홀히 했다는

1　[감교 주석] 랴오둥(遼東)
2　[감교 주석] 명성황후(明成皇后) 시해사건
3　[감교 주석] 러시아, 독일, 프랑스의 삼국간섭
4　[감교 주석] 미우라 고로(三浦梧樓)

비난을 받고 있습니다. 나아가 고작 몇몇 공사관 직원과 관리들을 해고하는 것으로 일본 정부가 조선 사건에 관여하지 않았음을 세상 사람들에게 납득시키기에는 충분하지 않다는 주장이 제기되고 있습니다. 정작 그 관리들의 임명을 책임지는 대신들은 직책을 그대로 유지하고 있다는 것입니다.

이 불신임안에 대한 심의는 정부에서 제출한 여러 안건들이 해결될 때까지 연기될 것으로 추정됩니다. 지금까지는 이 불신임안이 본회의에 상정될 가능성이 별로 없어 보입니다. 불신임안에 맨 먼저 서명한 야당 의원이 공교롭게도 그 다음날 — 이달 29일 — 국회운영위원회의 위원장으로 선출되었습니다. 그러나 이러한 상황에 지나치게 큰 의미를 부여해서는 안 될 것입니다. 수적으로 가장 우세하고 정부에 우호적인 자유당[5] (급진적인 정당)이 불필요한 다툼을 피하기 위해 처음부터 운영위원회 위원장직을 포기하겠다고 선언했기 때문입니다. 실질적으로 극히 중요한 예산위원회도 마찬가지로 이달 29일에 선출되었습니다. 이 예산위원회의 구성을 보면 정당들의 실제 영향력 판세를 더 잘 알 수 있습니다. 예산위원회에서 자유당은 정부에 우호적인 다른 의원들의 도움 없이도 절대다수를 차지하고 있습니다.

일본에서는 천황의 개원식사에 대한 답변의 형식으로 중의원과 참의원에서 특별한 토의를 거치지 않고 채택되는 발의들은 보통 충성심과 의무감을 표현하는 몇 개의 문장으로 제한됩니다.

일본 의회는 신년 연휴가 지난 다음 달 8일에야 본격적으로 의정활동을 시작할 것입니다.

구트슈미트

원본: 일본 13

---

5 [감교 주석] 자유당(自由黨)

[명성황후의 생존 가능성 제기]

발신(생산)일	1896. 2. 6	수신(접수)일	1896. 2. 9
발신(생산)자	라돌린	수신(접수)자	호엔로에-실링스퓌르스트
발신지 정보	페테르부르크 주재 독일 대사관	수신지 정보	베를린 정부
	No. 47		A. 1410
메모	I. 2월 18일의 암호훈령 도쿄 A. 5 II. 2월 20일 런던 170에 전달		

A. 1410 1896년 2월 9일 오전 수신

상트페테르부르크, 1896년 2월 6일

No. 47

독일제국 수상 호엔로에-실링스퓌르스트 각하 귀하

전문 해독

로바노프¹가 이미 서거했다고 전해진 조선 왕비²가 여전히 살아있다는 정보를 입수했다고 본인과의 대화중에 말했습니다. 게다가 서울 주재 러시아 공사³가 한 조선인으로부터 조선 왕비를 러시아 공사관에 받아달라는 요청을 극비리에 받았다는 것입니다. 후작은 청국인들이 이미 조선에서 철수했기 때문에 일본인들도 더 이상 조선에 머무를 이유가 없다고 말합니다. 그런데도 일본인들은 조선에서 철수하지 않고 시간을 끌고 있다는 것입니다.

라돌린⁴

---

1 [감교 주석] 로바노프(A. Lobanow)
2 [감교 주석] 명성황후(明成皇后)
3 [감교 주석] 슈뻬이예르(A. Speyer)
4 [감교 주석] 라돌린(H. F. von Radolin)

12

[아관파천 보고]

발신(생산)일		수신(접수)일	1896. 2. 14
발신(생산)자		수신(접수)자	
발신지 정보		수신지 정보	베를린 외무부
			A. 1606

A. 1606   1896년 2월 14일 오후 수신

    독일 주재 일본 공사는 12일 도쿄에서 발송한 전보를 오늘 받았습니다. 일본 공사의 진술에 따르면, 그 전보는 시베리아 노선에서 오래 지체되었습니다. 전보 내용에 의하면 러시아 장교 여러 명과 러시아 해군 이백여 명이 서울에 진주했습니다. 조선 왕은 러시아 공사관으로 피신했습니다. 아오키[1]는 이 사태에 대해 우려하고 있습니다. 무엇보다도 조선 왕의 성격이 유순한데다가 러시아 아무르 지역에 많은 조선인들이 있기 때문입니다.

2월 14일

---

1   [감교 주석] 아오키 슈조(靑木周藏)

["THE NEW YORK HERALD"의 아관파천 보도]

발신(생산)일		수신(접수)일	1896. 2. 14
발신(생산)자		수신(접수)자	
발신지 정보		수신지 정보	베를린 외무부
			A. 1612

A. 1612   1896년 2월 14일 오후 수신

THE NEW YORK HERALD
14. 2. 96.

["EVENING STANDARD" TELEGRAM.]

Yokohama, Feb. 13. — A revolutionary outbreak occurred in Seoul on February 11. The Premier and seven officials were murdered.

The King and Crown Prince have taken Shelter at the Russian Legation. The Tai-Won-Kun, the King's father, is also there. It is stated that the King ordered the death of the Ministers.

A Russian force of 200 men has been landed, and is guarding the Russian Legation.

———————

JAPANESE KILLED.

Corean Rebels Attack a Party of Soldiers, Russians Land at Chemulpo.

["EVENING STANDARD" TBLEGRAM.]

Yokohama, Feb. 13. —Intelligence has been received here that the rebels in Corea have killed a small party of Japanese soldiers who were protecting the telegraph lines.

A Russian force of 100 men with one gun has been landed at Chemulpo.

———————

VISCOUNT MURA'S ACQUITTAL.

["GLOBE" TBLEGRAM.]

St. Petersburg, Feb. 13. — The Novoe Vremya publishes a despatch from Yokohama announcing that the acquittal of Viscount Miura, the Japanese Minister at Seoul, who was charged with being concerned in the coup d'Etat in Corea in October last, has provoked the indignation of all honest people there, inquiry into the case having proved the viscount's complicity in the murder of the Queen of Corea and in the plot organized by the King's father.

[아관파천 발발 보고]

발신(생산)일	1896. 2. 15	수신(접수)일	1896. 2. 16
발신(생산)자	크리엔	수신(접수)자	
발신지 정보	서울 주재 독일 총영사관	수신지 정보	베를린 외무부
			A. 1695

A. 1695   1896년 2월 16일 오전 수신

독일제국 전신

베를린 중앙전신국

2월 15일 수신

전보 베를린 V국 얀타이(chefoo) 2302

번호 1. 조선 왕은 목숨이 위험한 탓에 왕세자와 함께 러시아 공사관으로 피신했다고 함. 러시아 수병 150명이 이곳에 있음. 조선 내각 실각. 조선 대신 두 명[1]이 살해됨.

크리엔

---

1   [감교 주석] 김홍집(金弘集)과 어윤중(魚允中)을 지칭하는 것으로 보임.

[아관파천 발발 보고]

발신(생산)일	1896. 2. 15	수신(접수)일	1896. 2. 16
발신(생산)자	크리엔	수신(접수)자	
발신지 정보	서울 주재 독일 총영사관	수신지 정보	베를린 외무부
			A. 1695

A. 1695 1896년 2월 16일 오전 수신

독일제국 전신

베를린 중앙전신국

2월 16일 수신

전보 베를린 V국 얀타이(chefoo) 2302

Kasan에서 재발송

번호 1. 조선 왕은 목숨이 위험한 탓에 왕세자와 함께 러시아 공사관으로 피신했다고 함. 러시아 수병 150명이 이곳에 있음. 조선 내각 실각. 조선 대신 두 명[1]이 살해됨.

크리엔

---

1 [감교 주석] 김홍집(金弘集)과 어윤중(魚允中)으로 추정

16

서울의 정치적 사건들

발신(생산)일	1896. 12. 26	수신(접수)일	1896. 2. 17
발신(생산)자	크리엔	수신(접수)자	호엔로에-실링스퓌르스트
발신지 정보	서울 주재 독일 총영사관	수신지 정보	베를린 정부
	No. 67		A. 1741
메모	(A. 3350[96] 참조) 연도번호 No. 572		

A. 1741 1896년 2월 17일 오전 수신

서울, 1895년 12월 26일

No. 67

독일제국 수상 호엔로에-실링스퓌르스트 각하 귀하

이달 20일 보고서 No. 66[1]에 이어, 본인은 러시아 대리공사[2]가 이달 21일 조선 왕에게 알현을 요청했음을 삼가 각하께 보고 드리게 되어 영광입니다. 러시아 대리공사는 알현을 허락받고 왕궁에 들어가려 했습니다. 그런데 왕궁 문을 지키는 장교들이 출입을 허용하지 않았고, 그래서 러시아 대리공사는 공사관으로 돌아갔습니다. 그 때문에 베베르는 명예회복을 요구했습니다. 즉, 왕궁 근위대장과 당직 장교가 24시간 이내에 사과하고 관보에 잘못을 알릴 것을 요구했습니다. 그 사이 베베르의 요구사항은 수용되었고, 베베르는 어제 조선 왕을 알현했습니다.

바로 그날 베베르는 "현재의 부실경제"가 지속되는 한 적어도 당분간은 조선에 머물 것이라고 본인에게 말했습니다. 그러나 공사관 업무는 며칠 후 이곳에 도착하는 슈뻬이예르[3]에게 넘겨줄 것이라고 덧붙였습니다.

힐리어[4]는 베베르가 특별위원으로 이곳 서울에 머무를 것이라고 추정했습니다. 러시

---

1 [원문 주석] A. 1235 삼가 동봉
2 [감교 주석] 베베르(K. I. Weber)
3 [감교 주석] 슈뻬이예르(A. Speyer)
4 [감교 주석] 힐리어(W. C. Hillier)

아 신문이 암시하는 내용으로 미루어 보아, 조약국들이 조선을 공동 감독하려는 계획을 세우고 있는 듯 보이기 때문이라는 것입니다. 그런데 베베르는 그런 계획에 대해 전혀 아는 바 없다고 본인에게 말했습니다. 그러나 이노우에[5]가 조선을 공동 보장하자고 예전에 한 번 말한 적이 있다고 덧붙였습니다.

금년 5월에 10년 유배형을 선고받았다가 곧 사면된 대원군[6]의 손자 이준용[7]이 연수를 목적으로 일본을 향해 떠났습니다. 들리는 소문에 의하면, 조선 왕의 둘째아들[8]도 도쿄의 군사학교에 다니기 위해 도쿄에 머물고 있다고 합니다.

본인은 이 보고서의 사본을 베이징과 도쿄 주재 독일제국 공사관에 보낼 것입니다.

크리엔

내용: 서울의 정치적 사건들

---

5 [감교 주석] 이노우에 가오루(井上馨)
6 [감교 주석] 흥선대원군(興宣大院君)
7 [감교 주석] 이준용(李埈鎔)
8 [감교 주석] 의친왕 이강(義親王李堈)

17

조선과의 관계에 대한 일본 총리대신의 발언

발신(생산)일	1896. 1. 13	수신(접수)일	1896. 2. 17
발신(생산)자	구트슈미트	수신(접수)자	호엔로에-실링스퓌르스트
발신지 정보	도쿄 주재 독일 공사관	수신지 정보	베를린 정부
	A. 13		A. 1765

A. 1765 1896년 2월 17일 오후 수신

도쿄, 1896년 1월 13일

A. 13

독일제국 수상 호엔로에-실링스퓌르스트 각하 귀하

이달 11일 일본 귀족원에서 이토[1]는 그 전날 중의원에서 했던 것과 비슷한 내용의 연설을 하고 동일한 보고서를 제출했습니다.

그 회의에서 연설을 마친 일본 총리대신이 한 귀족원 의원으로부터 조선 정책에 대한 질문을 받고 다음과 같은 의견을 표명한 사실에 주목해야 합니다.

우리 일본 정부의 정책은 조선의 독립을 유지시키려는 기본 방침을 좇고 있습니다. 그러나 이런 정책을 수행하는 과정에서 일본 정부는 그때그때마다 상황에 맞는 다양한 조처를 취해야 합니다. 더욱이 이처럼 다른 나라의 이익을 위해 노력하다 보면 일종의 한계에 부딪칠 수밖에 없습니다. 우리는 자국의 이익을 위해 최선을 다하고 있습니다. 그러나 이웃나라가 문제되는 경우에는, 먼저 앞으로의 형세 변화에 대해 매번 철저히 숙고해야 합니다. 조선과 관련한 현재까지의 정책이 장차 어떻게 변화될 것인지에 대해 지금 벌써 논의하는 것은 시기상조입니다.

구트슈미트

내용: 조선과의 관계에 대한 일본 총리대신의 발언

---

1 [감교 주석] 이토 히로부미(伊藤博文)

베를린, 1896년 2월 18일   A. 1410 I

도쿄 주재 공사 귀하   암호우편
A. No. 5

                                            귀하께 삼가 다음과 같이 알려드립니다.
2월 19일 오후 4시 우편 발송   라돌린이 이달 6일 로바노프와 나눈 담화에
Kt. 18/2   대해 보고합니다. 이 담화에서 로바노프는 이
                                            미 서거했다고 알려진 조선 왕비가 아직 살아
연도번호 No. 1029   있다는 정보를 입수했다고 말했습니다.

[아관파천 발발 이후 조선 정세]

발신(생산)일	1896. 2. 17	수신(접수)일	1896. 2. 18
발신(생산)자	구트슈미트	수신(접수)자	
발신지 정보	도쿄 주재 독일 공사관	수신지 정보	베를린 외무부
	No. 1		A. 1781
메모	전문 해독 2월 22일 런던 178, 페테르부르크 126에 전달		

A. 1781 1896년 2월 18일 오후 수신

전보

도쿄, 1896년 2월 17일 오후 11시 48분
2월 18일 오전 10시 35분 도착

독일제국 공사가 외무부에 발송

암호 해독

No. 1

서울에서 14일에 이곳 일본 정부에 보낸 보고서에 의하면, 11일의 사건들 이후 상황은 변함없습니다. 조선 왕은 러시아 공사관에서 정사를 보고, 러시아 해군의 막강한 별동대가 러시아 공사관을 경비하고 있습니다.

히트로보[1]와 이토[2]는 조선 문제 해결에 대해 미리 속단하는 일 없이 오로지 서울 주재 양국 대표 사이에서 합의를 이끌어내고자 지난 14일 동안 논의했습니다.

일본 총리대신은 현재 상황이 불투명한 탓에 조선 문제가 어떤 방향으로 해결될지

---

1 [감교 주석] 히트로보(M. A. Hitrovo)
2 [감교 주석] 이토 히로부미(伊藤博文)

아직은 확답을 줄 수 없다고 말합니다. 그러나 최근의 기습적인 사건이 있은 후로는 조선의 독립이 실제로 실현될 수 없음을 인정합니다. 일본 총리대신은 여전히 불간섭 원칙을 고수할 생각입니다. 그러나 아직은 조선에서 일본군을 철수시킬 수 없다고 단언합니다.

이토는 11일의 사건[3]으로 인해 완전히 경악했습니다. 그는 11일의 사건이 러시아 대리공사[4]의 음모에 의한 것이라고 믿고 있습니다. 그리고 무슨 일이 있어도 러시아와의 분규는 피해야 한다고 말합니다.

구트슈미트

---

3   [감교 주석] 아관파천(俄館播遷)
4   [감교 주석] 베베르(K. I. Weber)

19

러시아의 조선 급습

발신(생산)일	1896. 2. 17	수신(접수)일	1896. 2. 19
발신(생산)자	하츠펠트	수신(접수)자	호엔로에–실링스퓌르스트
발신지 정보	런던 주재 독일 대사관	수신지 정보	베를린 정부
	No. 127		A. 1781
메모	(A. 1872 참조) 문서 Kt. 1/3에 정리		

A. 1799 1896년 2월 19일 오전 수신

런던, 1896년 2월 17일

No. 127

독일제국 수상 호엔로에–실링스퓌르스트 각하 귀하

고베 주재 "Times"지 특파원이 러시아의 조선 급습에 대해 보도한 바에 따르면, 이달 10일 러시아 해군 이백 명이 야포 한 대를 가지고 제물포에 상륙해서 서울로 진군했다고 합니다. 조선 왕은 러시아 공사관으로 피신[1]했으며, 그곳에서 조선 대신들의 반역을 문책했다고 합니다. 대신 두 명[2]은 처형되었고, 나머지 대신들은 도주했다고 전해집니다. 그에 이어 일본에 적대적인 내각이 구성되었으며, 이로 인해 일본에서는 몹시 분개하고 있다고 합니다. 러시아 정부가 극구 부인하는데도, 일본에서는 러시아의 조선 보호통치가 임박했다고 믿는다는 것입니다.

이에 대해 오늘자 "Globe"지는 러시아가 다른 지역에서 영국에게 중대한 양보를 하지 않는 경우에, 영국은 러시아의 조선 진지 구축을 이대로 두고 보지 않을 것이라고 논평했습니다.

하츠펠트[3]

내용: 러시아의 조선 급습

---

1 [감교 주석] 아관파천(俄館播遷)
2 [감교 주석] 김홍집(金弘集)과 어윤중(魚允中)을 지칭하는 것으로 보임.
3 [감교 주석] 하츠펠트(Hatzfeldt)

베를린, 1896년 2월 20일 A. 1410 II

주재 외교관 귀중
런던 No. 170

연도번호 No. 1066

본인은 조선 문제와 관련한 정보를 삼가 귀하께 알려드리고자, 이달 6일 자 상트페테르부르크 주재 독일제국 대사 보고서 사본을 전달하는 바입니다.

20

[명성황후의 생존 가능성 제기]

발신(생산)일	1896. 2. 6	수신(접수)일	1896. 2. 9
발신(생산)자	라돌린	수신(접수)자	호엔로에-실링스퓌르스트
발신지 정보	페테르부르크 주재 독일 대사관	수신지 정보	베를린 정부
	No. 47		A. 1410
메모	상트페테르부르크 2월 20일 런던 170에 전달		

A. 1410 1896년 2월 9일 오전 수신

독일제국 수상 호엔로에-실링스퓌르스트 각하 귀하

　로바노프[1]가 이미 서거했다고 전해진 조선 왕비[2]가 아직 살아있다는 정보를 입수했다고 본인과의 대화중에 말했습니다. 한 조선인이 서울 주재 러시아 공사[3]에게 조선 왕비를 러시아 공사관에 받아줄 것을 극비리에 요청했다고 합니다. 로바노프는 청국인들이 이미 조선에서 철수했기 때문에 일본인들도 더 이상 조선에 머무를 이유가 없다고 말합니다. 그런데도 일본인들은 조선에서 철수하지 않고 시간을 끌고 있다는 것입니다.

라돌린

1　[감교 주석] 로바노프(A. Lobanow)
2　[감교 주석] 명성황후(明成皇后)
3　[감교 주석] 슈뻬이예르(A. Speyer)

21

러시아의 조선 급습

발신(생산)일	1896. 2. 17	수신(접수)일	1896. 2. 19
발신(생산)자	하츠펠트	수신(접수)자	호엔로에-실링스퓌르스트
발신지 정보	런던 주재 독일 대사관	수신지 정보	베를린 정부
	No. 134		A. 1872
메모	(A. 1872 참조) 문서 Kt. 1/3에 정리		

A. 1872 1896년 2월 21일 오전 수신. 첨부문서 1부

런던, 1896년 2월 19일

No. 134

독일제국 수상 호엔로에-실링스퓌르스트 각하 귀하

각하께서도 삼가 동봉한 "Times"지 기사를 통해 미루어 짐작하시겠지만, 어제 영국 하원의회에서 외무부 차관 커즌[1]은 본인이 이달 17일 보고서 No. 127[2]에서 보고 드린 내용이 근본적으로 사실임을 인정했습니다. 즉, 서울 주재 영국 총영사[3]의 보고에 의하면, 러시아 해군 백 명이 제물포에 상륙해서 서울로 진군했다고 합니다. 그 뒤를 이어 조선 왕이 러시아 공사관으로 피신[4]했다는 것입니다. 영국 총영사의 요청에 따라 영국군도 영국 공사관을 보호할 목적으로 조선에 상륙했다고 합니다. 미국이나 프랑스 측에서도 영국과 같은 조치를 취했는지는 알려지지 않았다고 합니다. 조선 왕은 지금의 정치적 상황 때문에 그런 행동을 취했다고 말한 것으로 전해집니다. 지금의 정치적 상황에서는 조선 왕 자신과 가족이 위험하기 때문이라는 것입니다.

영국의 외무부 차관[5]은 러시아의 "점령" 기간에 대한 질의에 답변할 수 없다고 설명했습니다. 그것을 "점령"이라고 인정할 만한 근거가 없기 때문이라는 것이었습니다. 그

---

1 [감교 주석] 커즌(G. Curzon)
2 [원문 주석] A. 1799 삼가 동봉.
3 [감교 주석] 힐리어(W. C. Hillier)
4 [감교 주석] 아관파천(俄館播遷)
5 [감교 주석] 커즌(G. Curzon)

때문에 러시아 정부에 대해 어떤 비난도 하지 못했다고 합니다. 끝으로 커즌 조선 왕이 러시아 공사관에 보호를 요청했다는 말이 사실일 것이라고 설명했습니다.

하츠펠트

내용: 러시아의 조선 급습

첨부문서의 내용(원문)은 독일어본 757쪽에 수록.

베를린, 1896년 2월 22일   A. 1781

주재 외교관 귀중   본인은 조선 문제와 관련한 정보를 삼가 귀
1. 런던 No. 178   하께 알려드리고자, 이달 17일 자 도쿄 주재
2. 상트페테르부르크 No. 126   독일제국 공사 전보문 사본을 전달하는 바
                                        입니다.

연도번호 No. 1116

22

[아관파천 발발 이후 조선 정세]

발신(생산)일	1896. 2. 17	수신(접수)일	1896. 2. 18
발신(생산)자	구트슈미트	수신(접수)자	
발신지 정보	도쿄 주재 독일 공사관	수신지 정보	베를린 외무부
	No. 1		A. 1781
메모	2월 22일 런던 178, 페테르부르크 126에 전달		

사본

A. 1781 1896년 2월 18일 오후 수신

도쿄

외무부 귀중

이달 14일 서울에서 이곳 일본 정부에 보낸 최근 보고서에 의하면, 이달 11일의 사건들 이후 상황은 변함없습니다. 조선 왕은 러시아 공사관에서 정사를 보고, 러시아 해군의 강력한 별동대가 러시아 공사관을 경비하고 있습니다.

히트로보[1]와 이토[2]는 조선 문제 해결에 대해 미리 속단하는 일 없이 오로지 서울 주재 양국 대표 사이에서 즉각 합의를 이끌어내고자 지난 14일 동안 논의했습니다.

일본 총리대신은 현 상황이 불투명한 탓에 현재로서는 조선 문제가 어떤 방향으로 해결될지 확답을 줄 수 없다고 말합니다. 그러나 최근의 기습적인 사건이 있은 후로는 조선의 독립이 실제로 실현될 수 없음을 인정합니다. 일본 총리대신은 여전히 불간섭 원칙을 고수할 생각입니다. 그러나 아직은 조선에서 일본군을 철수시킬 수 없다고 단언합니다.

이토는 11일의 사건[3]으로 인해 완전히 경악했습니다. 그는 11일의 사건이 러시아 대리공사의 음모에 의한 것이라 믿고 있습니다. 그리고 무슨 일이 있어도 러시아와의 분규는 피해야 한다고 말합니다.

구트슈미트

---

1 [감교 주석] 히트로보(M. A. Hitrovo)
2 [감교 주석] 이토 히로부미(伊藤博文)
3 [감교 주석] 아관파천(俄館播遷)

사본

A. 1917 1896년 2월 22일 오전 수신

상트페테르부르크, 1896년 2월 18일

연도번호 No. 19 / 96

신임 무관 슈트렐비츠키[4] 중령은 작년에 태평양 연결 철도 건설 계획을 위해 만주 정찰을 수행했으며, 지금은 러시아 참모부의 탄소 재료를 조선을 경유하여 자신이 직접 조달해 완비하라는 임무를 수행한다고 합니다.

대 참모부 대위
라우엔슈타인[5]

---

4   [감교 주석] 슈트렐비츠키(Strjelbizki)
5   [감교 주석] 라우엔슈타인(Lauenstein)

23

조선

발신(생산)일	1896. 2. 21	수신(접수)일	1896. 2. 23
발신(생산)자	하츠펠트	수신(접수)자	호엔로에-실링스퓌르스트
발신지 정보	런던 주재 독일 대사관	수신지 정보	베를린 정부
	No. 142		A. 1954
메모	2월 26일 페테르부르크 139에 전달		

A. 1954 1896년 2월 23일 오전 수신

런던, 1896년 2월 21일

No. 142

독일제국 수상 호엔로에-실링스퓌르스트 각하 귀하

1886년에 러시아 정부는 어떤 경우에도 조선 영토를 점령할 의도가 없다고 약속했습니다. 어제 영국 하원 의회에서 외무부 차관[1]은 영국 정부가 러시아의 그 약속을 여전히 유효한 것으로 본다고 설명했습니다.

하츠펠트

내용: 조선

---

1 [감교 주석] 커즌(G. Curzon)

히트로보의 조선 관련 언급 내용 보고

발신(생산)일	1896. 2. 21	수신(접수)일	1896. 2. 23
발신(생산)자	라이덴	수신(접수)자	호엔로에−실링스퓌르스트
발신지 정보	부쿠레슈티 주재 독일 대사관	수신지 정보	베를린 정부
	No. 24		A. 1998
메모	2월 26일의 직속 보고서 원본, 2월 27일 급보로 반송. vSD25/2, vSE25/2		

사본

A. 1998   1896년 2월 24일 오후 수신

부쿠레슈티, 1896년 2월 19일

No. 24

독일제국 수상 호엔로에−실링스퓌르스트 각하 귀하

　루마니아 왕께서는 히트로보[1]가 최근 조선에서 보고한 사건에 개입했다고 믿고 계십니다. 히트로보가 조선은 러시아의 것이 되어야 한다고 종종 루마니아 왕에게 언명했다고 하십니다. 독약과 살인이 히트로보의 행로를 충분히 자주 따라다녔다는 것입니다.

라이덴[2]
원본 문서 불가리아 20

1　[감교 주석] 히트로보(M. A. Hitrovo)
2　[감교 주석] 라이덴(G. Leyden)

25

[러일 관계 관련 보고]

발신(생산)일	1896. 1. 18	수신(접수)일	1896. 2. 25
발신(생산)자	구트슈미트	수신(접수)자	호엔로에-실링스퓌르스트
발신지 정보	도쿄 주재 독일 공사관 A. 18	수신지 정보	베를린 정부 A. 2039
메모	3월 4일 런던 214, 페테르부르크 159에 전달		

사본

A. 2039 1896년 2월 25일 오후 수신

도쿄, 1896년 1월 18일

A. 18

독일제국 수상 호엔로에-실링스퓌르스트 각하 귀하

러시아와 일본의 관계는 현재 정상이며 매우 우호적이라고 말할 수 있습니다. 무엇보다도 Tyrtoff 해군 중장이 얼마 전 러시아의 태평양 연합함대 최고사령부에서 해임된 사실을 그에 대한 외적인 증거라고 볼 수 있을 것입니다. 이달 20일에 Tyrtoff는 나가사키에서 함대 지휘권을 알렉세에프[1] 해군 소장에게 넘겨주고 곧바로 러시아로 돌아갈 것입니다. 본인이 들은 바에 의하면, 알렉세에프 해군 소장은 "연합함대 최고사령관"의 칭호는 부여받지 않을 것입니다.

히트로보[2]가 약 2주 전에 전보로 8개월 휴가를 신청했는데 그저께 그에 대한 승인이 떨어졌습니다. 그것 역시 러시아 정부와 일본 정부가 좋은 관계를 유지하고 있다는 또 다른 증거입니다. 히트로보는 2월 말경 휴가를 떠날 생각입니다.

어젯저녁 본인의 집에서 만찬이 있었습니다. 그 자리에서 이토[3]는 앞으로 조선 문제를 조정하는 과정에서 러시아 제국과 불화를 일으킬 일은 없을 것이라고 본인에게 말했습니다. 이렇게 추정할만한 이유가 충분하다는 것이었습니다. 이토는 러시아와 일본이

---

1 [감교 주석] 알렉세에프(Alexejew)
2 [감교 주석] 히트로보(M. A. Hitrovo)
3 [감교 주석] 이토 히로부미(伊藤博文)

조선 문제에 있어서 따로 협정을 맺을 필요 없이 서로 원만하게 협조하고 있다고 말했습니다. 본인의 러시아 동료도 이 말이 사실이라고 확인해 주었습니다.

구트슈미트
원본 문서 러시아 94

26

아오키와의 담화에 대한 베를린 주재 영국 대리공사 보고서

발신(생산)일	1896. 1. 19	수신(접수)일	1896. 2. 25
발신(생산)자	구트슈미트	수신(접수)자	호엔로에-실링스퓌르스트
발신지 정보	도쿄 주재 독일 공사관	수신지 정보	베를린 정부
	A. 19		A. 2040
메모	기밀		

A. 2040 1896년 2월 25일 오후 수신

도쿄, 1896년 1월 19일

A. 19

독일제국 수상 호엔로에-실링스퓌르스트 각하 귀하

어제 본인의 영국 동료는 영국 외무부로부터 베를린 주재 영국 대리공사 보고서 사본을 받았다고 본인에게 말했습니다. 그 보고서에서 고슬랭[1]은 조선 문제와 관련해 아오키[2]와 나눈 담화에 대해 보고했습니다. 사토우[3]의 말에 따르면, 런던 주재 일본 공사는 일본 정부로부터 일본이 조선 문제에서 앞으로 추구하려는 정책에 대해(작년 10월 28일 보고서 A. 317 참조)[4] 설명하라는 지시를 받았다고 합니다. 고슬랭은 베를린 주재 일본 공사도 일본 정부로부터 그런 지시를 받았는지 물었다고 합니다. 아오키는 자신도 물론 그런 훈령을 받았다고 대답했습니다. 그러나 아오키 자신은 현 상황에서 불확실한 설명을 하는 것은 적절치 않다고 여긴다는 것이었습니다.

본인이 각하의 작년 11월 11일 자 전보[5]를 받고 짐작했던 바와 같이, 그러므로 아오키가 일본 정부에게 아주 충실했던 것은 아닌 것 같습니다. 당시 본인은 사이온지[6]에게 그와 관련해 문의했고, 사이온지는 다시 아오키에게 문의했습니다. 그러자 아오키는 사

---

1 [감교 주석] 고슬랭(Gosselin)
2 [감교 주석] 아오키 슈조(靑木周藏)
3 [감교 주석] 사토우(E. M. Satow)
4 [원문 주석] 조선 문서 1의 A. 13211 삼가 동봉.
5 [원문 주석] 조선 문서 1의 A. 11582, A. 11599 C II 삼가 동봉.
6 [감교 주석] 사이온지 긴모치(西園寺公望)

이온지의 지시를 받은 즉시 마르샬[7] 각하께 그에 대해 설명했으며 이제 한 번 더 설명하겠다고 답변했습니다.

구트슈미트

내용: 아오키와의 담화에 대한 베를린 주재 영국 대리공사 보고서

---

7 [감교 주석] 마르샬(Marschall)

27

작년 10월 8일 서울에서의 폭동에 가담한 혐의로 피소된 일본 관리와 장교들의 무죄판결

발신(생산)일	1896. 1. 22	수신(접수)일	1896. 2. 25
발신(생산)자	구트슈미트	수신(접수)자	호엔로에-실링스퓌르스트
발신지 정보	도쿄 주재 독일 공사관 A. 20	수신지 정보	베를린 정부 A. 2041
메모	Kt. 2/3에 정리		

A. 2041 1896년 2월 25일 오후 수신

도쿄, 1896년 1월 22일

A. 20

독일제국 수상 호엔로에-실링스퓌르스트 각하 귀하

이미 알려진 바와 같이 작년 10월 8일 서울에서의 폭동[1] 때문에, 살인 및 살인 교사와 동조 혐의로 당시의 조선 주재 일본 공사 미우라[2]와 46명의 일본 관리들에 대한 형사 조사가 히로시마에서 착수되었습니다. 이들은 공사관 소속 직원 및 그 사건에 연루된 일반 관료들입니다. 또한 조선 정부의 군사고문 구스노세[3] 육군 중좌와 당시 서울 주둔 일본군 사령관 우마야바라[4] 육군 소좌, 그리고 우마야바라 휘하의 장교 여섯 명도 같은 혐의로 형사 조사를 받았습니다. 처음부터 대체로 짐작한 바와 같이, 그 소송 사건은 소극적인 결론으로 끝났습니다. 히로시마의 관할 군사재판소는 이달 15일 여덟 명의 장교에 대해 무죄판결을 내렸습니다. 무죄판결을 내린 이유는, 그들이 군부 상관이나 미우라 공사에게서 합법적인 방법으로 하달 받은 명령의 범위 안에서 행동했기 때문이라는 것입니다. 아울러 미우라 자작이 조선의 불가피한 개혁을 실행하기 위한 계획이 있음을 10월 8일 이전에 구스노세 육군 중좌에게 알린 사실이 확인되었습니다. 미우라는 그

---

1 [감교 주석] 명성황후(明成皇后) 시해사건
2 [감교 주석] 미우라 고로(三浦梧樓)
3 [감교 주석] 구스노세 유키히코(楠瀬幸彦)
4 [감교 주석] 우마야바라(馬屋原務本)

계획을 실행하는 과정에서 대원군[5]이 조선 왕궁에 입궁할 수 있도록 지원할 의도였다는 것입니다. 그래서 구스노세 중좌에게 휘하의 군대를 동원해, 그 작전을 수행하는 동안 ─ 대원군과 대원군의 심복 및 외국인들을 제외하고는 ─ 그 누구도 왕궁 밖으로 나가거나 왕궁 안으로 들어가지 못하도록 저지하라는 명령을 내렸다고 합니다. 그런데도 히로시마 지방법원에서 미우라와 일반관리 46명을 다루는 예심은 "증거 불충분을 이유로" 이달 19일 중단되었다고 합니다. 이런 결정을 내린 상세한 이유들은 아직 알려지지 않았습니다. 그러나 이런 결과는 전혀 놀라운 일이 아닙니다. 이미 말씀드린 바와 같이, 단지 살인죄만이 기소되었기 때문입니다.

이 판결은 러시아 정부에게서 일본에 대한 강력한 반감을 야기할 것입니다.

구트슈미트

내용: 작년 10월 8일 서울에서의 폭동에 가담한 혐의로 피소된 일본 관리와 장교들의 무죄판결

---

5 [감교 주석] 홍선대원군(興宣大院君)

1895년 10월 8일 서울에서 일어난 반란 사건의 주동자로 기소된 미우라에 대한 소송 중단. 러시아 공사의 의견

발신(생산)일	1896. 1. 23	수신(접수)일	1896. 2. 25
발신(생산)자	구트슈미트	수신(접수)자	호엔로에-실링스퓌르스트
발신지 정보	도쿄 주재 독일 공사관	수신지 정보	베를린 정부
	A. 21		A. 2042

A. 2042 1896년 2월 25일 오후 수신. 첨부문서 1부

도쿄, 1896년 1월 23일

A. 21

독일제국 수상 호엔로에-실링스퓌르스트 각하 귀하

어제 날짜 반관보[1] 신문 "The Japan Daily Mail"지는 "미우라[2]의 무죄선고"라는 제목의 논설을 게재했습니다. 그 논설은 누군가의 주문을 받고 작성한 것이 분명합니다. 논설 내용은 상당히 능숙하게 일본 정부를 옹호하며, 일본 정부가 작년 10월 8일 서울에서의 왕궁 폭동사건에 대한 책임에서 벗어나기 위해 (이달 22일 보고서 A. 20[3] 참조) 최선을 다했음을 증명하려고 시도합니다. 본인은 이 해당 신문 논설을 삼가 동봉하는 바입니다.

본인의 러시아 동료는 그 판결에 대해 불만을 표명했으며, 페테르부르크에서도 그에 대해 나쁜 인상을 받을 것을 우려하고 있습니다. 그런데 얼마 전 그 러시아 동료는 일본과 새로운 조약을 비준한 것을 계기로 일본의 욱일장[4]을 수여받았습니다. 또한 히트로보[5]는 최근 서울에서 입수한 정보에 의하면, 조선 왕은 국사범인 대원군[6]의 손에 놀아나는

---

1 [감교 주석] 반관보(半官報)
2 [감교 주석] 미우라 고로(三浦梧樓)
3 [원문 주석] A. 2041, 오늘 도착.
4 [감교 주석] 욱일장(旭日章)
5 [감교 주석] 히트로보(M. A. Hitrovo)
6 [감교 주석] 흥선대원군(興宣大院君)

꼭두각시임이 분명하다고 본인에게 말했습니다.

구트슈미트

내용: 1895년 10월 8일 서울에서 일어난 반란 사건의 주동자로 기소된 미우라에 대한
　　소송 중단. 러시아 공사의 의견. 첨부문서 1부

A. 21의 첨부문서
첨부문서의 내용(원문)은 독일어본 769~770쪽에 수록.

29
조선 문제에 대한 일본 외무대신의 의견 표명

발신(생산)일	1896. 1. 23	수신(접수)일	1896. 2. 25
발신(생산)자	구트슈미트	수신(접수)자	호엔로에-실링스퓌르스트
발신지 정보	도쿄 주재 독일 공사관	수신지 정보	베를린 정부
	A. 22		A. 2043

A. 2043 1896년 2월 25일 오후 수신

도쿄, 1896년 1월 24일

A. 22

독일제국 수상 호엔로에-실링스퓌르스트 각하 귀하

본인은 어제 일본 외무대신[1]을 접견한 자리에서 조선에 대한 새로운 소식이 있는지 물었습니다. 그리고 러시아 동료는 포로나 다름없는 조선 왕의 처지에 불만인 것 같다고 덧붙였습니다. 사이온지는 대략 다음과 같이 자신의 의견을 표명했습니다.

사이온지는 신뢰에 신뢰로 답하려 한다고 본인에게 말했습니다. 그리고 며칠 전 히트로보[2]가 서울 주재 러시아 대리공사의 전보를 손에 들고 자신을 찾아왔다고 알려주었습니다. 히트로보는 슈뻬이예르[3]의 전보를 사이온지에게 읽어주었는데, 그 전보에는 조선 왕에게 접근할 수 없으며 조선 왕이 대원군[4]의 포로 신세가 분명하다고 쓰여 있었다는 것입니다. 그리고 지금 조선 왕은 교육을 명분으로 내세워 왕세자를 일본에 보내라는 강요를 받고 있다고 합니다. 일본 외무대신은 이런 해괴한 소식에 대해 즉시 전보로 서울에 알아볼 것을 히트로보에게 약속했다고 합니다. 그리고 방금 고무라[5] 변리공사에게서 전신으로 문의 사항에 대한 보고를 받았는데, 러시아 공사에게 그 보고 내용을 알리기 전에 먼저 본인에게 은밀히 알려주려 한다는 것이었습니다. 즉, 고무라는 조선

---

1 [감교 주석] 사이온지 긴모치(西園寺公望)
2 [감교 주석] 히트로보(M. A. Hitrovo)
3 [감교 주석] 슈뻬이예르(A. Speyer)
4 [감교 주석] 흥선대원군(興宣大院君)
5 [감교 주석] 고무라 주타로(小村壽太郎)

왕이 현재 책임 있는 내각의 보좌를 받는 여느 군주와 같은 권한을 행사한다고 보고했다고 합니다. 그리고 여기에서 여느 군주는 일본 천황을 의미한다는 것입니다. 러시아 공사가 조선의 왕세자를 일본으로 보내려는 정보를 입수했다는 말에 대해 고무라는 즉각 외무대신에게 설명을 요청했다고 합니다. 이에 대해 외무대신은 크게 웃음을 터트렸으며, 그 소식은 순전히 날조된 것이라고 말했다고 합니다. 고무라는 슈뻬이예르가 러시아 공사관과 미국 공사관에서 숨어 지내며 조선 정부에 반대하는 음모를 꾸미는 조선인들에게서 이와 관련된 정보를 얻었을 것으로 추측한다고 합니다.

사이온지는 히트로보가 찾아오면 이런 내용을 알릴 생각입니다. 사이온지는 현재 일본과 러시아의 관계가 더 이상 바랄 나위 없이 좋다고 덧붙였습니다. 조선과 관련해서도 일본과 러시아 사이에는 전혀 우려할 만한 갈등이 없다는 것입니다. 일본군은 서울과 제물포와 부산의 안보수비대를 제외하고 모두 한반도에서 철수했으며, 러시아도 당분간 안보수비대를 유지하는 것에 대해 반대하지 않는다고 사이온지는 말합니다. 서울과 부산 사이의 병참 부대들은 지금 마침 헌병대로 대체되고 있다고 합니다. 또 참모부의 부사령관 가와카미[6] 육군 중장이 조선 군대가 몇 번의 소요를 가볍게 진압했다고 바로 전날 확인해주었다고 합니다. 그러므로 한반도 조선 왕국의 상황은 전혀 우려할 이유가 없다는 것입니다.

본인은 이 보고서의 사본을 서울에 보낼 것입니다.

구트슈미트

내용: 조선 문제에 대한 일본 외무대신의 의견 표명

---

6 [감교 주석] 가와카미 소로쿠(川上操六)

30

[상트페테르부르크 신문의 조선 기사 보고]

발신(생산)일		수신(접수)일	1896. 2. 25
발신(생산)자		수신(접수)자	
발신지 정보		수신지 정보	베를린 외무부
			A. 2061

A. 2061 1896년 2월 25일 오후 수신

상트페테르부르크 차이퉁[1]

1896년 2월 25일

러시아 언론

- [조선 그리고 영국의 우의적인 새로운 제안.] "Pet. Wed."지는 다른 일들보다 조선
의 사건들에 더 많은 주의를 기울일 것을 이미 한 번 촉구한 바 있다. 오늘자 "Pet. Wed."
지는 조선 문제의 불가피한 해결을 어떻게 구상하는지 아주 명백하게 의견을 표명한다.

"Pet. Wed."지는 내부 알력으로 분열되고 일본군의 장기 주둔으로 파괴된 조선을 더
이상 이대로 두고 볼 수 없다고 말한다. 조선의 평화가 끊임없이 위협받고 있기 때문이라
는 것이다,

"이러한 평화를 위하여, 활기차게 깨어나야 하는 동방의 건전한 발전을 위하여", 지금
의 비정상적인 사태를 종식시켜야 할 것이다. 더욱이 "조선은 실제로 독립을 유지하고
러시아는 극동지방에서, 일본해 밖에서 부동항을 확보할" 필요가 있다. 이것은 러시아가
태평양 연안에서 완수해야 하는 막중하고 시급한 과업이다.

유럽은 랴오둥[2]의 양도와 관련한 시모노세키 평화조약에 항의함으로써 러시아의 권
유를 좇아 청일전쟁의 종결에 관여했다.[3] 당시 유럽이 시모노세키 평화조약에 항의한
근본적인 이유는 일본인들이 한반도를 점령함으로써 조선의 독립을 일시적이고 형식적

---

1 [감교 주석] 상트페테르부르크 헤롤드(St. Peterburger Herold)
2 [감교 주석] 랴오둥(遼東)
3 [감교 주석] 삼국간섭

인 빈껍데기로 만드는 것을 저지하는 데 있었다. 또한 러시아가 공해상으로 자유롭게 진출하는 것을 일본인들이 무기한 봉쇄함으로써 끊임없이 국제평화를 위협하려는 것을 막으려는 이유도 있었다.

당시 이러한 관점에서 러시아는 일본을 위한 보상책으로 한반도를 일본에 양도할 수 없다고 극히 공공연히 선언했다. 그와 동시에 러시아는 러시아의 의견에 동조하는 국가들, 즉 프랑스와 독일, 스페인과 함께 이러한 형식의 조약을 받아들일 것을 일본인들에게 권유했다. 결국은 일본인들도 그 조약을 수용했다.

조선의 사건들이 장차 모종의 원인들로 인해 전반적인 평화를 위협하는 성격을 띠게 되는 경우에는, 그야말로 러시아 말고는 그 어떤 나라도 극동지역의 평화를 공고히 하는 책임을 떠맡지 않을 것이다. 이 과업은 러시아가 익히 알려진 바와 같이 시모노세키 조약 내용의 변경을 이끌어냈을 때 이미 찬란하게 실현되기 시작했다.

당시 영국인들은 우리를 방해하려 시도했지만 뜻을 이루지 못했다. 영국인들은 서울 주재 러시아 공사관을 보호하기 위해 러시아 해병 백 명이 조선에 상륙했다는 첫 소식을 들었을 때, 러시아가 조선을 탈취하려는 야욕을 품고 있다는 소문을 퍼뜨렸다. 그러나 그것은 헛수고였다. 그 전에 러시아와 청국이 만주를 관통해 태평양의 부동항까지 이르는 시베리아 철도의 부설에 합의했다는 풍문이 유포되었을 때도, 영국인들은 놀라움을 금치 못했다. 영국인들은 거기에 불만을 품고 자신들의 이익을 취하려 들었다. 그러나 그것 또한 헛수고였다.

러시아는 결코 조선을 점령하려고 한 적이 없었으며 현재도 그럴 생각이 전혀 없다. 그러나 극동지역에서의 러시아 정책은 조선 왕국의 실질적이고 완전한 독립을 보장하는 것에서 출발해야 한다.

러시아가 자유항을 소유해야 한다는 사실에 대해서는 – 대 시베리아철도 건설이나 조선의 사건들과 관련해 그 자체로 – 그 누구도 실제로 더 이상 이의를 제기하지 않는다. 러시아는 지구의 1/6을 차지하고 있다. 이런 나라가 연중 내내 얼음이 얼지 않는 완전한 자유항을 단 하나도 소유하지 못하는 상황에 만족할 수 없음은 굳이 입증할 필요조차 없다 — 이것은 누구에게나 자명한 사실이기 때문이다. 또한 유럽과 태평양을 연결하는 8,000베르스타[4] 길이의 철도가 매년 대여섯 달 동안 선박 운행이 봉쇄되는 항구를 종착지로 갖게 되는 상황도 수긍할 수 없을 것이다. 이 항구에서 대양으로 나가는 길이 전시에 적군에 의해 쉽게 봉쇄될 수 있는 사실은 차치하고라도 말이다.

---

4 번역자: 과거 러시아에서 사용하던 거리 단위. 1베르스타는 약 1.0667킬로미터에 해당한다.

러시아는 태평양 연안에 자유항을 소유할 자격이 있으며 앞으로 소유하게 될 것이다. 러시아가 빠른 시일 내로 태평양 연안에 자유항을 소유하게 되면 동쪽 지방의 공익과 평화를 위해 그만큼 더 좋을 것이다.

현재 조선의 소요사태는 청일전쟁의 궁극적인 종결을 보장하는 조건들을 시급히 마련해야 할 정도로 확산되고 심화되었다."

이 논설에서 러시아의 동아시아 정책에 대한 영국의 입장은 부정적인 논조로 간단히 예리하게 언급된다. 굳이 여러 말할 필요가 없었다. 영국이 러시아의 동아시아 정책에 대해 어떤 생각을 품고 있는지는 누구나 예상할 수 있다. 조선에서의 최근 사건과 관련해 상하이에서 2월 17일 발송한 다음과 같은 전보가 런던에 도착했다는 사실은 그만큼 더 주목할 만하다.

"최근의 서울 소요사태에 대해 보다 상세히 알아본 결과, 조선 왕궁에서의 살인행위는 대원군[5]의 모반이 사전에 발각됨으로써 야기된 사실이 밝혀졌다. 대원군은 조선 왕을 살해하기 위한 모반을 획책했다. 조선 왕은 러시아 공사관으로 피신했으며, 신임 러시아 공사 슈뻬이예르와 전임 러시아 공사 베베르에게 도움을 요청했다. 베베르는 조선 왕의 고문으로서 서울에 머물고 있었다. 조선 왕비는 이미 한 달 전부터 베베르 가족과 함께 지내고 있다. 러시아는 조선의 보호통치를 시작하기 전에 조선의 모든 정부요직에 러시아 추종자들을 앉힐 것이라고 추정된다. 그런 후에 다른 관심 있는 열강들의 행동을 기다릴 것이다. 영국은 러시아의 보호통치에 반대하지 않을 것이고, 청국은 심지어 기뻐할 것이다. 그러나 일본이 찬성할지는 불확실하다. 어쨌든 러시아는 블라디보스토크까지 철도가 연결되기 전에는 결정적인 행동을 취하지 않을 것이다. 그러나 철도가 연결된 후에는 공식적인 보호통치를 공포하고 조선 왕과 왕비의 차후 위치에 대해 어떤 식으로든 설명할 것이라고 예상된다."

"우리는 이러한 소식들이 러시아에 적대적인 영국 측에서 나온 사실을 잊어서는 안된다."위 전보문을 보도한 "Mosk Wed."지는 이런 논평을 덧붙인다.

모스크바 신문의 이런 논평은 오늘 "Now. Wr."[6]이 "Daily Chronicle"에게 한 답변과 마찬가지로 극히 자명하고 정당하게 들린다. "Daily Chronicle"은 러시아에게 새로운 우호관계를 제안했다.

"Daily Chronicle"은 급작스럽게 전례 없이 높아진 러시아의 정치적 영향력을 고찰

---

5 [감교 주석] 흥선대원군(興宣大院君)
6 [감교 주석] 노보예 브레먀(Novoye Vremya)

한 후, 영국 측으로서는 러시아와 결전을 치르던지 아니면 완전히 타협하는 수밖에 다른 도리가 없다는 결론을 내린다. 이 런던 신문은 결전을 바람직하게 여기지 않으며 "모든 국제적인 문제에서 합의"할 것을 제안한다. 그리고 영국과의 동맹이 러시아에게 엄청난 이득을 가져다 줄 것이 분명한 만큼 쉽게 러시아와 합의에 이를 수 있을 것이라고 믿는다.

"Now. Wr."는 이 "엄청난 이득"을 상세히 살펴본다. 그러나 영국의 지원이 지금의 고립된 러시아 상황보다 어떤 문제에서 더 많은 이득을 러시아에게 안겨줄 수 있는지는 명확히 짚어내지 못한다.

"무엇보다도 영국과 러시아의 동맹은 영국에 대립하거나 또는 영국과 정치적 라이벌 관계에 있는 다른 서구 열강들을 러시아가 더 이상 우호적으로 지원하지 않는다는 것을 전제로 한다. 영국과 러시아 동맹은 우리가 이집트 문제에서 영국 편에 선다는 조건 하에서만 가능하다. 그 뿐만 아니라 우리는 오스만 제국의 독립과 불가침권의 보호도 포기해야 하며, 영국과 독일 사이에서 심각한 분쟁이 발생하는 경우 중립적인 위치를 고수해서도 안 된다. 만일 중립적인 위치를 취하게 되면, 영국보다는 독일 편에 더 호의적인 상황이 될 것이다. 영국이 기독교를 믿는 오리엔트 지방과 태평양에서 우리에게 양보하는 대가에 대해 더욱 치밀하게 계산해야 할 것이다. 결국 영국의 동맹국들이 번번이 영국 외교의 전통적인 책략과 개선의 여지없는 이기주의의 희생물로 전락하는 사실은 우리 모두 잘 알고 있기 때문이다."

프랑스의 지원과 우의, 작년부터 독일이 취하는 입장, 그리고 3국동맹[7]의 나머지 두 국가의 태도는 영국과의 우호관계가 제공하는 것보다 훨씬 더 많은 이득을 러시아에 가져올 것이다. 오스트리아와 이탈리아는 자진해서 나서기보다는 독일의 충고에 따를 것이다.

"우리는 'Daily Chronicle'이 제안하는 영국과 러시아의 동맹보다 이 모든 것이 유럽의 평화 정착에 훨씬 더 많이 기여할 것이라고 믿는다. 'Daily Chronicle'이 진정으로 '러시아와의 결전'에서 영국의 승리를 믿었다면 그런 동맹을 화제에 올리지 않았을 것이라고 추정된다. 두 서구 열강 – 프랑스와 독일 – 은 러시아의 승리가 영국의 승리보다 자신들에게 훨씬 더 이로울 것을 인식하고 있다. 그런데 영국인들은 그 두 열강이 지켜보는 가운데 러시아와의 싸움을 치러야 하기 때문에, 자신들이 그 싸움에서 얻을 것이 없다는 사실을 잘 알고 있다."

---

7 [감교 주석] 1882년부터 1915년까지 독일과 오스트리아와 이탈리아 3국이 체결한 비밀방어동맹.

베를린, 1896년 2월 26일   A. 1954

상트페테르부르크 No. 139   본인은 조선에 대한 러시아의 태도와 관련해 삼
주재 대사관 귀중   가 귀하께 정보를 알려드리고자, 이달 21일 자
                                  런던 주재 독일제국 대사 보고서 사본을 전달하
연도번호 No. 1208   는 바입니다.

조선 문제에 대한 언론 발언

발신(생산)일	1896. 2. 25	수신(접수)일	1896. 2. 28
발신(생산)자	라돌린	수신(접수)자	호엔로에-실링스퓌르스트
발신지 정보	페테르부르크 주재 독일 대사관	수신지 정보	베를린 정부
	No. 89		A. 2132

A. 2132 1896년 2월 28일 오전 수신. 첨부문서 4부

상트페테르부르크, 1896년 2월 25일

No. 89

독일제국 수상 호엔로에-실링스퓌르스트 각하 귀하

본인은 조선 문제 및 러시아의 실질적인 조선 보호통치를 다루는 러시아 신문기사
몇 편의 번역문을 삼가 동봉하게 되어 영광입니다.

라돌린

내용: 조선 문제에 대한 언론 발언.

No. 89의 첨부문서

1896년 2월 24/12일 자 "Syn Otetschestwa"의 발췌 번역문. No. 40 –

러시아는 아시아의 문명을 증진시키는 사명과 역할은 차치하더라도, 러시아에 적대
적인 세력이 일본인의 모습으로 조선에 뿌리 내리는 것을 허용해서는 안 된다. 일본은
오로지 우리 함대의 자유로운 대양 진출을 봉쇄할 수 있기만을 염원한다.

러시아의 외교정책은 그렇게 되는 실책을 범해서는 안 된다. 러시아 외교정책은 다만
일시적으로 점령한다는 약속이 얼마나 덧없고 실현 불가능한 것인지 잘 알고 있기 때문

에, 일본에게 조선으로부터의 완전한 철수를 요구할 의무가 있다. 러시아는 새로운 군대의 상륙을 방지하기 위해 조선의 어전회의에서 결정적인 목소리를 내야 한다. 그런데 이것은 조선에서 러시아의 보호통치가 선포되는 경우에만 가능한 일이다. 그 밖의 것은 전부 어설픈 조치이고 어설픈 대책에 지나지 않을 것이며, 단지 새로운 분규를 초래하고 새로운 어려움을 야기할 뿐이다.

영국과 일본 측에서만 러시아의 보호통치에 반대할 것으로 예상된다. 프랑스는 항상 우리와 의견을 같이하고 있다. 독일은 우리의 정책에 동조한다는 견해를 표명했고, 오스트리아와 이탈리아는 황인종의 대륙에 직접적인 이해관계가 없다. 여왕 폐하 치하의 대영제국 정부는 러시아가 아시아에 부동항을 확보해서 자유롭게 태평양으로 진출해야 한다는 생각과 타협한 듯 보인다. 대영제국 정부는 벨푸어를[1] 통해 그런 변화에 동의한다는 뜻을 알렸다. 우리는 일본의 반대를 두려워할 필요가 없다. 일본은 우리의 앞길을 가로막는 심각한 걸림돌이 될 수 없기 때문이다.

이러한 연유에서 우리는 망설이지 말고 결단을 내려야 한다. 결국 우리는 러시아 국기의 보호 아래서 문명과 진보의 과업이 공고해지고 우리 조국의 영광이 굳건해질 곳에 러시아 국기를 게양해야 한다.

No. 89의 첨부문서

1896년 2월 24/12일 자 "Herold"[2]지의 기사 — No. 43.

조선의 사건들

상트페테르부르크, 2월 11(23)일

조선 왕이 러시아 공사관으로 피신[3]한 후, 외국 신문들은 벌써 "명목상 독립국가인 조선 왕국에 대한 러시아의 실질적인 보호통치"에 대해 언급하고 있다. 이것은 어떤 면

---

1 [감교 주석] 벨푸어(A. Balfour)
2 [감교 주석] 상트페테르부르크 헤롤드(St. Peterburger Herold)
3 [감교 주석] 아관파천(俄館播遷)

에서는 당연한 소리로 들린다. 또한 러시아 언론은 조선에 대해 점차 증대하는 러시아의 영향력에 더 많은 관심을 기울이기 위한 결정적인 대책을 촉구하고 있다. 이런 순간에 만일 영국이 이의를 제기한다 해도 사태의 진행에는 아마 별다른 영향을 미치지 않을 것이다. 오늘 우리는 "Pef. Wjed."지에서 조선 문제에 대한 독특한 견해를 접할 수 있다. "Pef. Wjed."지는 "조선의 실질적인 독립과 일본해 밖에서 러시아의 자유항 확보"를 요구한다. 러시아는 랴오둥[4] 반도를 일본에 넘겨준 것에 항의했다. 그 항의는 조선의 독립이 허상에 그치고 러시아의 자유로운 대양 진출이 봉쇄되는 사태를 저지하려는 의도에서 출발했다. 이런 점들을 고려하면, 현재 "Pef. Wjed."지의 요구와 우리 정부의 의도가 완전히 일치한다고 가정할 수 있다. 그런데 러시아는 조선을 점령할 생각이 없다고 "Pef. Wjed."지가 단언한다면, 그것은 러시아의 아시아 정책에 완전히 부합하는가. 이것은 태평양에서의 자유항 확보와 관련해 이미 무르익은 문제이다. 영국도 더 이상 이 문제에 참견하지 않을 것이다. 우리는 이 문제를 조선 문제와 연관 지어 해결할 수 있을 것이다. 모든 징후들이 사실이라면, 조선의 상황이 극도로 심각해진 후로 이 문제는 결정적인 논의의 대상이 되었다. 조선에서의 반일 감정을 고려하면, 조선 정부가 즉각 러시아의 강력한 개입, 즉 보호통치를 갈구하는 것은 당연하게 생각된다. 그러나 극동지역의 전반적인 평화를 위해서도 더 이상 조선의 혼란이 확산되지 않도록 예방하는 편이 바람직할 것이다.

예전의 소식들을 통해 알 수 있는 바와 같이, 조선에서 감소하는 일본의 영향력에 비례해 러시아의 영향력이 증대했다. 현재 일본인들의 명성은 완전히 흔들리고 있다. 그래서 일본인들은 조선 왕을 반대하는 모반을 통해 그 명성을 되찾으려 시도했다. "Now. Wr."[5]지의 상세한 보도에 따르면, 조선 왕은 1월 30일 왕궁에서 기습공격을 받았으며 가까스로 모반자들에게서 벗어났다. 오로지 러시아 공사의 도움이 있었기에, 조선 왕은 가족과 함께 러시아 대사관으로 피신할 수 있었다. 조선 왕은 제물포에서 징발된 러시아 해병의 경호를 받으며 지금까지도 러시아 대사관에 머물고 있다. 러시아 해병은 조선 수도의 질서도 바로잡고 있다. 일본인들에 대한 분노가 극에 달해서 일본인들은 이미 서울 밖에서 죽임을 당하고 있다.

---

4 [감교 주석] 랴오둥(遼東)
5 [감교 주석] 노보예 브레먀(Novoye Vremya)

No. 89의 첨부문서

1896년 2월 25/13일의 "St. Peterburger Zeitung"[6] 기사 - No. 44

("Novoye Vremya"[7]의 특별 전보문)

　블라디보스토크, 2월 10일 토요일. 서울에서 다음과 같이 보도한다. 조선의 수도에서 서로 적대적인 당파들의 끈질긴 싸움이 또 다시 극심한 소요를 야기했다. 친일파들은 조선 문제에서 러시아의 영향력이 증대되는 것에 경악했다. 그들은 러시아에게 명백히 호감을 보이는 조선 왕실에 반항해 또 다시 모반을 일으켰다. 모반자들은 조선 왕과 왕세자를 살해할 목적으로 1월 30일 왕궁을 습격했다. 조선 왕은 러시아 공사에게 도움을 요청했고, 오로지 러시아 공사의 도움이 있었기에 가족과 함께 간신히 왕궁을 탈출할 수 있었다. 제물포에서 서울에 도착한 러시아 병사들이 러시아 공사관으로 피신한 조선 왕가를 보호하고 거리의 질서를 바로잡는 데 헌신하고 있다. 일본에 대한 반감이 고조되고 있다. 조선 국민들은 일본의 음모에 극도로 분노했으며 일본인들을 서울에서 몰아내기 시작했다. 일본의 위상은 조선에서 결정적인 타격을 입었으며, 조선 정부는 전적으로 러시아의 보호통치를 요구하고 있다. 이제 러시아는 어쩔 수 없이 조선 문제에 강력하게 개입해야 하는 듯 보인다. 러시아가 지금 조선 문제에 강력하게 개입하지 않는다면, 조선의 혼란은 동아시아 전체의 평화를 위협하는 차원으로 확대될 수 있다.

No. 89의 첨부문서

1896년 2월 25/13일의 "St. Peterburger Zeitung" 기사 - No. 44

　- [조선 그리고 영국의 우의적인 새로운 제안.] "Pet. Wed."지는 다른 일들보다 조선의 사건들에 더 많은 주의를 기울일 것을 이미 한 번 촉구한 바 있다. 오늘자 "Pet. Wed."

6　[감교 주석] 상트페테르부르크 차이퉁(St. Peterburger Zeitung)
7　[감교 주석] 노보예 브레먀(Novoye Vremya)

지는 조선 문제의 불가피한 해결을 어떻게 구상하는지 아주 명백하게 의견을 표명한다.

"Pet. Wed."지는 내부 알력으로 분열되고 일본군의 장기 주둔으로 파괴된 조선을 더 이상 이대로 두고 볼 수 없다고 말한다. 조선의 평화가 끊임없이 위협받고 있기 때문이라는 것이다,

"이러한 평화를 위하여, 활기차게 깨어나야 하는 동방의 건전한 발전을 위하여", 지금의 비정상적인 사태를 종식시켜야 할 것이다. 더욱이 "조선은 실제로 독립을 유지하고 러시아는 극동지방에서, 일본해 밖에서 부동항을 확보할" 필요가 있다. 이것은 러시아가 태평양 연안에서 완수해야 하는 막중하고 시급한 과업이다.

유럽은 랴오둥[8]의 양도와 관련한 시모노세키 평화조약에 항의함으로써 러시아의 권유를 좇아 청일전쟁의 종결에 관여했다.[9] 당시 유럽이 시모노세키 평화조약에 항의한 근본적인 이유는 일본인들이 한반도를 점령함으로써 조선의 독립을 일시적이고 형식적인 빈껍데기로 만드는 것을 저지하는 데 있었다. 또한 러시아가 공해상으로 자유롭게 진출하는 것을 일본인들이 무기한 봉쇄함으로써 끊임없이 국제평화를 위협하려는 것을 막으려는 이유도 있었다.

당시 이러한 관점에서 러시아는 일본을 위한 보상책으로 한반도를 일본에 양도할 수 없다고 극히 공공연히 선언했다. 그와 동시에 러시아는 러시아의 의견에 동조하는 국가들, 즉 프랑스와 독일, 스페인과 함께 이러한 형식의 조약을 받아들일 것을 일본인들에게 권유했다. 결국은 일본인들도 그 조약을 수용했다.

조선의 사건들이 장차 모종의 원인들로 인해 전반적인 평화를 위협하는 성격을 띠게 되는 경우에는, 그야말로 러시아 말고는 그 어떤 나라도 극동지역의 평화를 공고히 하는 책임을 떠맡지 않을 것이다. 이 과업은 러시아가 익히 알려진 바와 같이 시모노세키 조약 내용의 변경을 이끌어냈을 때 이미 찬란하게 실현되기 시작했다.

당시 영국인들은 우리를 방해하려 시도했지만 뜻을 이루지 못했다. 영국인들은 서울 주재 러시아 공사관을 보호하기 위해 러시아 해병 백 명이 조선에 상륙했다는 첫 소식을 들었을 때, 러시아가 조선을 탈취하려는 야욕을 품고 있다는 소문을 퍼뜨렸다. 그러나 그것은 헛수고였다. 그 전에 러시아와 청국이 만주를 관통해 태평양의 부동항까지 이르는 시베리아 철도의 부설에 합의했다는 풍문이 유포되었을 때도, 영국인들은 놀라움을 금치 못했다. 영국인들은 거기에 불만을 품고 자신들의 이익을 취하려 들었다. 그러나

8　[감교 주석] 랴오둥(遼東)
9　[감교 주석] 삼국간섭

그것 또한 헛수고였다.

러시아는 결코 조선을 점령하려고 한 적이 없었으며 현재도 그럴 생각이 전혀 없다. 그러나 극동지역에서의 러시아 정책은 조선 왕국의 실질적이고 완전한 독립을 보장하는 것에서 출발해야 한다.

러시아가 자유항을 소유해야 한다는 사실에 대해서는 – 대 시베리아철도 건설이나 조선의 사건들과 관련해 그 자체로 – 그 누구도 실제로 더 이상 이의를 제기하지 않는다. 러시아는 지구의 1/6을 차지하고 있다. 이런 나라가 연중 내내 얼음이 얼지 않는 완전한 자유항을 단 하나도 소유하지 못하는 상황에 만족할 수 없음은 굳이 입증할 필요조차 없다 — 이것은 누구에게나 자명한 사실이기 때문이다. 또한 유럽과 태평양을 연결하는 8000베르스타[10] 길이의 철도가 매년 대여섯 달 동안 선박 운행이 봉쇄되는 항구를 종착 지로 갖게 되는 상황도 수긍할 수 없을 것이다. 이 항구에서 대양으로 나가는 길이 전시 에 적군에 의해 쉽게 봉쇄될 수 있는 사실은 차치하고라도 말이다.

러시아는 태평양 연안에 자유항을 소유할 자격이 있으며 앞으로 소유하게 될 것이다. 러시아가 빠른 시일 내로 태평양 연안에 자유항을 소유하게 되면 동쪽 지방의 공익과 평화를 위해 그만큼 더 좋을 것이다.

현재 조선의 소요사태는 청일전쟁의 궁극적인 종결을 보장하는 조건들을 시급히 마 련해야 할 정도로 확산되고 심화되었다."

이 논설에서 러시아의 동아시아 정책에 대한 영국의 입장은 부정적인 논조로 간단히 예리하게 언급된다. 굳이 여러 말할 필요가 없었다. 영국이 러시아의 동아시아 정책에 대해 어떤 생각을 품고 있는지는 누구나 예상할 수 있다. 조선에서의 최근 사건과 관련해 상하이에서 2월 17일 발송한 다음과 같은 전보가 런던에 도착했다는 사실은 그만큼 더 주목할 만하다.

"최근의 서울 소요사태에 대해 보다 상세히 알아본 결과, 조선 왕궁에서의 살인행위 는 대원군의 모반이 사전에 발각됨으로써 야기된 사실이 밝혀졌다. 대원군은 조선 왕을 살해하기 위한 모반을 획책했다. 조선 왕은 러시아 공사관으로 피신했으며, 신임 러시아 공사 슈뻬이예르와 전임 러시아 공사 베베르에게 도움을 요청했다. 베베르는 조선 왕의 고문으로서 서울에 머물고 있었다. 조선 왕비는 이미 한 달 전부터 베베르 가족과 함께 지내고 있다. 러시아는 조선의 보호통치를 시작하기 전에 조선의 모든 정부요직에 러시 아 추종자들을 앉힐 것이라고 추정된다. 그런 후에 다른 관심 있는 열강들의 행동을

---

10 [감교 주석] 과거 러시아에서 사용하던 거리 단위. 1베르스타는 약 1.0667킬로미터에 해당함.

기다릴 것이다. 영국은 러시아의 보호통치에 반대하지 않을 것이고, 청국은 심지어 기뻐할 것이다. 그러나 일본이 찬성할지는 불확실하다. 어쨌든 러시아는 블라디보스토크까지 철도가 연결되기 전에는 결정적인 행동을 취하지 않을 것이다. 그러나 철도가 연결된 후에는 공식적인 보호통치를 공포하고 조선 왕과 왕비의 차후 위치에 대해 어떤 식으로든 설명할 것이라고 예상된다."

"우리는 이러한 소식들이 러시아에 적대적인 영국 측에서 나온 사실을 잊어서는 안된다."

32

[러시아의 조선 간섭 강화 시도]

발신(생산)일	1896. 2. 26	수신(접수)일	1896. 2. 28
발신(생산)자	라돌린	수신(접수)자	호엔로에-실링스퓌르스트
발신지 정보	페테르부르크 주재 독일 대사관 No. 88	수신지 정보	베를린 정부 A. 2150

A. 2150 1896년 2월 28일 오후 수신

상트페테르부르크, 1896년 2월 26일

No. 88

독일제국 수상 호엔로에-실링스퓌르스트 각하 귀하

전문 해독

본인이 정통한 소식통으로부터 입수한 정보에 의하면, 지금까지 조선 주재 러시아 대표였던 베베르가 조선 왕의 수석 고문으로 초빙되었습니다. 그리고 슈뻬이예르[1] 공사가 조선 주재 신임 러시아 대표로 취임했습니다. 라우엔슈타인[2] 대위의 보고에 따르면, 러시아 참모부 장교 Strelbicki 대령이 서울 주재 공사관 무관에 임명되었습니다.

러시아의 보호통치가 갈수록 더 명백해지고 있습니다. 일본인들에 의해 교란된 질서를 회복하기 위해서는 그런 역할이 불가피하다는 것입니다.

만주를 통과하는 철도 건설이 전력을 다해 추진되고 있다고 합니다. 그 철도는 블라디보스토크에 이르는 러시아 간선철도와 동시에 완공될 것입니다.

라돌린

---

1 [감교 주석] 슈뻬이예르(A. Speyer)
2 [감교 주석] 라우엔슈타인(Laueustein)

최근의 조선 사건들에 대한 셰비치의 견해

발신(생산)일	1896. 2. 24	수신(접수)일	1896. 2. 29
발신(생산)자	데렌탈	수신(접수)자	호엔로에-실링스퓌르스트
발신지 정보	리스본 주재 독일 대사관	수신지 정보	베를린 정부
	No. 32		A. 2193
메모	극비, 급보로 3월 5일 런던 217, 페테르부르크 161에 전달		

A. 2193 1896년 2월 29일 오전 수신

리스본, 1896년 2월 24일

No. 32

독일제국 수상 호엔로에-실링스퓌르스트 각하 귀하

최근의 조선 사건들에 대해 논의하는 자리에서 본인의 러시아 동료는 러시아와 일본의 관계가 약 두 달 전부터 다행히도 개선되기 시작했다고 본인에게 털어놓았습니다. 러시아 동료가 알고 있는 한, 양측이 합의에 이르렀다는 것입니다. 그래서 러시아 동료는 러시아군이 제물포에 상륙해도 일본 측에서 반대하지 않을 것이라고 믿고 있습니다. 완전히 고립된 영국의 항의는 - 우리의 태도 덕분에 - 우려할 필요가 없다고 러시아 동료는 말했습니다.

도쿄 주재 전임 러시아 공사 셰비치[1]는 많은 관심을 가지고 러시아와 일본의 관계 진전을 지켜보았으며 페테르부르크에도 확실한 정보망을 가지고 있습니다. 그러므로 셰비치의 발언에 상당히 주목할 만한 가치가 있다고 생각됩니다. 그런 정보들이 각하께 어떤 가치가 있을지 판단하기는 어렵지만, 이런 연유에서 본인은 각하께 보고 드려야 한다고 믿습니다.

데렌탈[2]

내용: 최근의 조선 사건들에 대한 셰비치의 견해

---

1 [감교 주석] 셰비치(D. Y. Shevich)
2 [감교 주석] 데렌탈(Derenthal)

Auswärtiges Amt
Abth. A.

Politisches Archiv d. Auswärt. Amts

Acta

Betreffend

Korea

Vom 26. August 1894
Bis 31. Dezember 1894

Vol.: 17
conf. Vol.: 18

Politisches Archiv des Auswärtigen Amts
R 18917

KOREA. № 1.

Ber. a. Peking v. 26. 7. № A. 100. Erledigung des englisch - japanischen Zwischenfalls; Japan hat Entschuldigungen ausgesprochen wegen des Angriffs japanischer Soldaten auf den englischen Konsul Gardener in Söul.	8203 10. 9.
Ber. a. Tschifu v. 28. 7. № 27. Weiterbeförderung eines zum Brief erhaltenen Telegramms des Ks. Konsuls in Söul an das Ausw. Amt. (A. 6963)	8205 10. 9.
Ber. a. Peking v. 14. 7. № A. 88. Wunsch des Kaisers von China nach Aufrechterhaltung des Friedens; Ueberreichung eines japanischen Reformprogramms an die Koreanische Regierung; Haltung Rußlands bezüglich einer Intervention in der Berufung einer Konferenz.	7991 2. 9.
Ber. a. Peking v. 19. 7. A. 90. Angriff japanischer Soldaten auf den englischen Vertreter Gardener in Korea.	7992 2. 9.
desgl. v. 18. 7. A. 89. Eine Zurückziehung der chinesischen Truppen aus Korea hat bisher nicht stattgefunden.	8082 6. 9.
desgl. v. 20. 7. A. 92. Stellung Deutschlands im japanisch-chinesischen Konflikt wegen Korea; seine Vermittlung in Tokio. Provokatorische japanische Note an China als Antwort auf den chinesischen Vorschlag eines Zusammengehens China's u. Japan's auf Korea.	8083 6. 9.
desgl. v. 19.7. A. 91. Text der Seitens Japans an die Chinesische Regierung gerichteten schroffen Note.	7993 2. 9
Ber. a. Shanghai v. 23. 7. Da China den Hafen von Shanghai wegen des drohendes Kriegsausbruchs schließen will, so hat der englische Geschäftsträger in Tokio Schritte gethan, daß Japan sich jeder kriegerischen Aktion gegen Shanghai enthält. (Erl. v. 4. 9. u. Shanghai № 1)	7996 2. 9. ad 7996
Ber. a. Peking v. 27. 7. A. 101. Japan hat der englischen Regierung die Erklärung abgegeben, es werde im Kriegsfalle Shanghai nicht angreifen.	8204 10. 9.

Ber. a. Söul v. 10. 7. № 54. Mißlungener Versuch der fremden Vertreter in Söul, das Hafengebiet von Chemulpo von militärischen Operationen zu befreien.	8511 20. 9.
desg. v. 19. 7. № 53. Einreichung einer Uebersetzung der Korea Seitens Japan gemachten Reformvorschläge. Für die Einführung der einzelnen Reformen sind bestimmte Fristen gestellt.	8510 20. 9.
Ber. a. Söul v. 9. 8. № 58. Beamtenwechsel in Söul; Vorschläge der für die Einführung von Reformen auf Korea eingesetzten Kommission.	8560 21. 9.
Ber. a. Tientsin v. 10. 7. № 59. Unterredung des K. Konsuls in Tientsin mit dem Vicekönig Li - hung-chang über die Lage in Korea und die dadurch geschaffene Spannung zwischen China und Japan.	7983 2. 9.
Ber. a. Söul v. 23. 8. № 62. Vorschläge der Koreanischen Reformcommission. Verzeichniß der neuen Ämter. Erledigung der Tragstuhlfrage bei Audienzen. Zum Minister des Aeußern ist Kim Yun Sik, zum Viceminister Kim Ka Chin ernannt.	9244 11. 10.
Ber. a. Söul v. 12. 10. № 75. Aufstand im Süden Koreas; japanisch-koreanischer Allianzvertrag; Entsendung eines Koreanischen Spezialgesandten nach Tokio; der englische Vertreter Gardner; Der russische Vertreter Waeber bestreitet, daß Rußland Absicht auf einen koreanischen Hafen habe.	10917 30. 11.
Ber. a. Peking v. 6. 11. A. 186. Thätigkeit des japanischen Gesandten Otori in Söul bezüglich der Berufung japanischer Rathgeber nach Korea und der Entsendung des illegitimen Sohnes des Königs als Gesandten nach Japan.	11878 25. 12.
Ber. a. Söul v. 27. 10. № 78. Stocken der koreanischen Reform-Arbeiten, Rebellion im Süden von Korea (Tonghak).	11701 22. 12.

Berlin, den 28. August 1894.   zu A. 7753.

An

die Botschaften in

1. London № 688.

2. Paris № 396.

3. St. Petersburg № 358

4. Wien № 448.

J. № 5183.

Euerer pp. übersende ich anbei ergebenst
Abschrift eines Berichtes des K. Konsuls in
Tokio vom 6. v. Mts., betreffend die Lage in
Korea
zu Ihrer Information.

N. S. E

Berlin, den 28. August 1894.   zu A. 7756.

An

die Missionen in

1. London № 680

2. Paris № 390

3. St. Petersburg № 352

4. Rom(Botschaft) № 490

5. Wien № 442

6. Washington A. № 53

7. Dresden № 630

8. Karlsruhe № 497

9. München № 656

10. Stuttgart № 624

11. Weimar № 396

———————————————

12. An die Herren
    Staatsminister Exzellenzen.

J. № 5175.

Vertraulich!

Ew. p. übersende ich anbei ergebenst Abschrift eines Berichts des K. Gesandten in Tokio vom 19. v. Mts., betreffend (die Japanischen Pläne hinsichtlich Koreas)

ad 1-6: zu Ihrer vertraulichen Information.
ad 7-11: unter Bezugnahme auf den Erlaß vom 4. März 1885 mit der Ermächtigung zur vertraulichen Mittheilung.

Eueren Exzellenzen beehre ich mich anbei Abschrift eines Berichts des K. Gesandten in Tokio vom 19. v. Mts., betreffend (wie oben) zur gef. vertraulichen Kenntnißnahme zu übersenden.

N. S. E.

Berlin, den 28. August 1894.   zu A. 7757.

An

die Missionen in

1. London № 682

2. St. Petersburg № 354

3. Rom (Botschaft) № 492

4. Wien № 444

5. Washington A. № 54

6. Dresden № 632

7. Karlsruhe № 499

8. München № 658

9. Stuttgart № 626

10. Weimar № 398

11. Brüssel № 157

12. Haag № 25

13. Bern № 18

_____

14. An die Herren
    Staatsminister Exzellenzen.

J. № 5177.

Ew. p. übersende ich anbei ergebenst
Abschrift eines Berichts des K. Gesandten in
Tokio vom 19. v. Mts., betreffend (die
Koreanische Verwickelung)

ad 1-5, 11-13: zu Ihrer Information.
ad 6-10: unter Bezugnahme auf den Erlaß
vom 4. März 1885 mit der Ermächtigung zur
Mittheilung.

Eueren Exzellenzen beehre ich mich anbei
Abschrift eines Berichts des K. Gesandten in
Tokio vom 19. v. Mts., betreffend (wie oben)
zur Kenntnißnahme zu übersenden.

                          N. S. E.

Berlin, den 28. August 1894.   zu A. 7759.

An

die Missionen in

London № 683.

Euerer pp. übersende ich anbei ergebenst Abschrift eines Berichts des K. Gesandten in Tokio vom 20. v. Mts., betreffend die Vermittelung der Mächte in der koreanischen Angelegenheit, zu Ihrer Information.

J. № 5178.

N. S. E.

Berlin, den 28. August 1894.   A. 7760.

An

die Missionen in

1. London № 681

2. Paris № 391

3. St. Petersburg № 353

4. Rom (B.) № 491

5. Wien № 443

6. Dresden № 631

7. Karlsruhe № 498

8. München № 657

9. Stuttgart № 625

10. Weimar № 397

---

11. An die Herren

Staatsminister Exzellenzen.

J. № 5176.

Ew. p. übersende ich anbei ergebenst Abschrift eines Berichts des K. Gesandten in Tokio vom 21. v. Mts., betreffend die koreanische Verwickelung

ad 1-5: zu Ihrer Information.
ad 6-10: unter Bezugnahme auf den Erlaß vom 4. März 1885 mit der Ermächtigung zur Mittheilung.

Eueren Exzellenzen beehre ich mich anbei Abschrift eines Berichts des K. Gesandten in Tokio vom 21. v. Mts., betreffend (wie oben) zur gef. Kenntnißnahme zu übersenden.

N. S. E.

Berlin, den 28. August 1894.   zu A. 7761.

An

die Missionen in

1. London № 684

2. Paris № 392

3. St. Petersburg № 355

4. Rom № 493

5. Wien № 445

J. № 5179

Euerer pp. übersende ich anbei ergebenst
Abschrift eines Berichts des K. Gesandten in
Tokio vom 22. v. Mts., betreffend die
Stellungnahme Englands zu dem japanisch-
chinesischen Konflikt, zu Ihrer vertraul.
Information.

N. S. E.

Berlin, den 28. August 1894.   zu A. 7762.

An

die Botschaften in

1. London № 685

2. Paris № 393

3. St. Petersbg. № 356

4. Rom № 494

5. Wien № 446

J. № 5180

Vertraulich!

Euerer pp. übersende ich anbei ergebenst
Abschrift eines Berichts des K. Gesandten in
Tokio vom 22. v. Mts., betreffend den
koreanischen Konflikt und die Haltung
Rußlands, zu Ihrer vertraulichen Information.

N. S. E.

Berlin, den 28. August 1894.   zu A. 7763.

An

die Botschaften in

1. London № 686

2. Paris № 394

3. St. Petersbg. № 357

4. Rom № 495

5. Wien № 447

J. № 5181

Vertraulich!

Euerer pp. übersende ich anbei ergebenst Abschrift eines Berichts des K. Gesandten in Tokio vom 23. v. Mts., betreffend den koreanischen Konflikt und die Erfolglosigkeit der englischen Vermittelung, zu Ihrer vertraulichen Information.

N. S. E.

Chinesisch - Japanischer Konflikt wegen Korea.

PAAA_RZ201-018917_018 f.			
Empfänger	Caprivi	Absender	Schenk
A. 7909 pr. 30. August 1894. a. m.		Peking, den 8. Juli 1894.	
Memo	mitg. 1.9. London 699, Petersburg 359.		

A. 7909 pr. 30. August 1894. a. m.

Peking, den 8. Juli 1894.

A. № 85.

Seiner Exzellenz, dem Reichskanzler, General der Infanterie, Herrn Grafen von Caprivi.

Der interimistische russische Geschäftsträger Herr Waeber ist vorgestern von hier abgereist, um sich nach Korea zurückzubegeben. Er bemerkte dem hiesigen Japanischen Geschäftsträger Komura gegenüber, daß an Reformen in Korea auch Rußland und China interessiert seien. Graf Cassini ist noch nicht wieder hierher zurückgekehrt.

Die Chinesischen Minister sagten Herrn Komura gestern, daß Sie Gegenvorschläge in der koreanischen Angelegenheit machen würden. Übrigens ist Herr Komura nur zur Übermittelung derselben an seine Regierung ermächtigt.

Ein Telegramm, welches am 3. oder 4. dieses Monats in der Londoner Times erscheinen sollte, folgenden Wortlauts:

"Japan evidently bent gaining supremacy Korea, continues warlike preparations large scale. Summoned King Korea relinquish suzerainty China, declare independence, accept Japanese protection, dismiss Chinese Resident. Japan has answered English Russian pacific representations by sending 3000 more troops Seoul now numbering 9000"

ist, wie ich aus Tientsin höre, dem genannten Journal auf Veranlassung Li hung chang zugegangen.

Schenk.

Inhalt: Chinesisch - Japanischer Konflikt wegen Korea.

Chinesisch - Japanischer Konflikt wegen Korea. Die chinesische Flotte.

PAAA_RZ201-018917_020 ff.

Empfänger	Caprivi	Absender	Schenk
A. 7910 pr. 30. August 1894. a. m.		Peking, den 9. Juli 1894.	
Memo	Anl. Orig. in Schrb. 2. 9. R. Marinenamt mit A. 8743. 27. 9.		

A. 7910 pr. 30. August 1894. a. m. 1 Anl.

Peking, den 9. Juli 1894.

A. № 86.

Vertraulich!

Seiner Exzellenz

dem Reichskanzler, General der Infanterie

Herrn Grafen von Caprivi.

Euerer Exzellenz beehre ich mich beifolgend Abschrift eines Berichts des Kaiserlichen Vicekonsuls in Chefoo vom 5. d. Mts. (№ 28) gehorsamst vorzulegen betreffend Beobachtungen und Vorgänge an Bord der chinesischen Kriegsschiffe vor Chemulpo.

Die chinesischen Kriegsschiffe sind inzwischen nach Wei-hai-wei beziehungsweise Chefoo zurückgekehrt und die Mittheilungen des Vicekonsuls beruhen offenbar auf vertraulichen Äußerungen der an Bord dieser Kriegsschiffe befindlichen deutschen Instrukteure.

Schenk.

Inhalt: Chinesisch - Japanischer Konflikt wegen Korea. Die chinesische Flotte.

Anlage zum Bericht A. № 86 vom 9. Juli 1894.

Abschrift.

Tschifu, den 5. Juli 1894.

№ 28.

An den Kaiserlichen Gesandten

Herrn Freiherrn Schenck zu Schweinsberg

Hochwohlgeboren Peking.

Euerer Hochwohlgeboren beehre ich mich, nach mir zugegangenen Mittheilungen, folgenden vertraulichen ganz gehorsamsten Bericht zu erstatten.

Der Hauptteil des vor Chemulpo liegenden chinesischen Geschwaders, nämlich die Schiffe Chen Yuan, Tsi Yuan, Ping Yuan und Chao Yung, hat diesen Platz am 1. Juli d. J. verlassen und ist nach Weihaiwei zurückgekehrt, bei Chemulpo befinden sich zur Zeit nur noch der schwache Kreuzer Yangwei und das werthlose hölzerne Kanonenboot Tsao-Kiang. Der chinesische Kontre - Admiral und Kommandant der Chenyuan, Lin - taisan, entschloß sich, nachdem er fast eine Woche ohne Instructionen geblieben - wie es scheint auch auf Rath seiner deutschen Instructeuere Hekman und Plamberk - auf seine eigene Verantwortung nach Weihaiwei zu gehen, damit die Flotte vereinigt sei. Bei seiner Ankunft dortselbst fand er einen Befehl des General-Gouverneurs Li hung chang vor, sich nach Weihaiwei zurückzuziehen. Warum ihm dieser Befehl nicht durch ein ausgesandtes Kanonenboot übermittelt wurde, da man doch sowohl in Tientsin als auch in Weihaiwei wußte, daß die Telegraphen - Linien nach Korea unterbrochen seien, konnte mir nicht näher erklärt werden.

Die Japanische Flotte ist ebenfalls von Chemulpo verschwunden; wo dieselbe sich aufhält, ist in chinesischen Kreisen nicht bekannt; es fuhren dortselbst in der letzten Zeit nur Kanonenboote aus und ein und zu Transportfahrzeugen umgewandelte Schiffe der subventionirten japanischen Dampfergesellschaften. Kontre - Admiral Lin hätte leichtes Spiel gehabt, diese sämtlich zu vernichten und gleich die ersten Landungen zu verhindern, wagte aber, wie er den bei ihm an Bord befindlichen, deswegen befragenden deutschen Instructeuren - Hekman und Plamberk - gegenüber äußerte darum nicht etwas zu unternehmen, weil er strenge Ordre vom General - Gouverneur Li hung chang habe, die Japaner unter keinen Umständen anzugreifen; dabei bemerkte er : Die Fremden verständen nichts von chinesischer Politik, übrigens seien auch dem General-Gouverneur die Hände gebunden durch die Regierung in Peking, welche in diesem Jahre, wegen der bevorstehenden Feier des 60ten Geburtstages der Kaiserin Mutter, keinen Krieg führen wolle. Er begnügte sich mit einem Protest gegen die Landung. Die Japaner antworteten mit den harmlosesten Ausflüchten. Die Soldaten litten zu sehr an Land, sie könnten nicht Wasser genug für dieselben schaffen, die armen Leute müssten an Land gebracht werden, worauf Admiral Lin-taisan ihnen rieth, für diesen menschenfreundlichen Zweck nach dem nahen Japan zu gehen. Die gelandeten Truppen sind ungefähr 10 englische Meilen landeinwärts von Chemulpo aufgestellt worden. Die Ausschiffung ging sehr exact vor sich. Auf den japanischen Transportdampfern befinden sich Marine-Offiziere und Signalgäste.

Der Ausbruch der Feindseligkeiten hing zuweilen an einem Haare. Die japanischen Kanonenboote hatten ihre Torpedos in den Röhren fertig zum Abfeuern, und ihre Geschütze geladen, wenn sie an den chinesischen Schiffen vorüberfuhren, und auf letzteren waren die Schnellfeuerkanonen auf die Torpedos gerichtet; Die Mannschaften standen an den Geschützen. Irgend ein mißverstandenes Manöver auf einer von beiden Seiten, eine leichte Bewegung der aus ihren Röhren hinaus schauenden Torpedospitzen, und der sich bedroht glaubende Theil hätte gefeuert. Die chinesischen Schiffe waren Tag und Nacht klar zum Gefecht, die deutschen Instructeure gingen mit Wache. Die Einfahrt nach Chemulpo ist von den Japanern durch Minen gesperrt worden, ebenso Masanfu und wahrscheinlich auch der Pinyang inlet. Chinesische Matrosen haben ein 35 englische Meilen langes Telegraphen - Kabel (Linie?) von Assan-Hafen nach dem chinesischen Hauptlager gelegt. General Yeh, Befehlshaber der chinesischen Truppen in Korea, nahm in Assan 42 dort von den Japanern versenkte Minen auf und führt sie in Kisten verpackt mit sich, um sie gegen die Japaner selbst zu verwenden.

In meinem ganz gehorsamsten Berichte vom 24 Juni - № 23 - erwähnte ich bereits, wie mangelhaft es in vielen Stücken mit der Ausrüstung der chinesischen Marine stehe. Gestern (4. Juli) lief der Panzer Chenyüan ein, von Weihaiwei kommend, um Flanell für Kartuschbeutel, zur Sprengladung für Granaten, zu kaufen. 12 000 Ellen (25 000 werden gebraucht) sind in den verschiedenen deutschen und chinesischen Ladengeschäften zu hohem Preise zusammen gekauft worden, so daß augenblicklich in ganz Tschifu keine Handbreit von diesem Artikel mehr zu haben ist. Auf der Chenyüan, die heute Morgen (5. Juli) wieder nach ihrer Station zurückgegangen ist, arbeitet die Mannschaft an der Anfertigung von Kartuschbeuteln und Füllung von Granaten, was wohl sonst in keiner Marine an Bord der Schiffe selbst geschieht. Wenn der Instructeur Hekmann früher auf die Nothwendigkeit hinwies, auch für solche Sachen Vorsorge zu treffen, so antwortete man ihm: es habe keine Eile damit, es sei ja kein Krieg. Die Besatzung der Schiffe ist zu schwach. Die Chenyuan z. B. hat nur 360 Mann an Bord statt 480; eine ausgebildete Reserve fehlt gänzlich, so daß jetzt jeder einzelne Mann werthvoll ist. Geschosse scheinen genug vorhanden: 50 für jedes Geschütz.

Admiral Ting hat vorgeschlagen, daß die Flotte nach Japan gehen und die Küsten beunruhigen solle. Die japanische Flotte wäre dann genöthigt, Korea preiszugeben; die dort stehenden japanischen Truppen verlören die Verbindung mit ihrem Heimathlande und könnten leicht vernichtet werden. Die Chinesen beabsichtigen, 60 000 Mann nach Korea zu schicken.

Der deutsche Instructeur Hekmann hat zu den chinesischen Mannschaften, wenn gut geführt, alles Zutrauen, hingegen ein sehr geringes zu den Offizieren, die er größtentheils für unfähig zur Kriegsführung hält; einen von ihm gebrauchten sehr derben Ausdruck kann ich nur durch mattherzig andeuten. Wie weit seine Ansicht, daß die chinesischen Mannschaften selber ihren Führern nicht trauten und sich davonmachen würden, sobald die fremden Instructeure von Bord gingen, auf richtiger Beurtheilung beruht, mag dahin gestellt bleiben.

An fremden Kriegsschiffen lagen Ende Juni vor Chemulpo außer S. M. Kbt. Iltis, ein russisches, ein amerikanisches (Baltimore) und zwei französische. Der Kommandant der „Iltis" Graf Baudissin, war am 30. Juni in Seoul.

Zugleich mit dem chinesischen Geschwader lag vor dem eben genannten Platz der jetzt hier anwesende Zoll - Kreuzer Feihu, unter dem Kapitän Nielsen, angeblich früher Lieutenant in der Norwegischen Marine. Letzterer suchte den Kontre - Admiral Lin auf alle Weise dazu zu bewegen, ihn mit einem Theil seiner angeblich gut ausgebildeten Mannschaften an Bord zu nehmen in welchem Falle Herr Hekmann, wie er dem Admiral erklärt hat, sofort den chinesischen Dienst quittiren würde.

gez. Dr. Lenz.

Chinesisch - japanischer Konflikt wegen Korea. Japanische Vorschläge.

PAAA_RZ201-018917_033 ff.

Empfänger	Caprivi	Absender	Schenck
A. 7911 pr. 30. August 1894. a. m.		Peking, den 11. Juli 1894.	
Memo	mitg. 1. 9. London 700, Petersburg 360, Wien 455, Washington A. 56.		

A. 7911 pr. 30. August 1894. a. m. 1 Anl.

Peking, den 11. Juli 1894.

A. № 87.

Seiner Exzellenz

dem Reichskanzler, General der Infanterie

Herrn Grafen von Caprivi.

Euerer Exzellenz habe ich die Ehre, Abschrift einer Note des japanischen Auswärtigen Ministers an Herrn Komura, den hiesigen japanischen Geschäftsträger, gehorsamst vorzulegen, welche die amtlichen Vorschläge der japanischen Regierung enthält zur Beilegung der Koreanischen Differenz.

Denselben ist zuzufügen, daß die japanische Regierung sich zugleich einverstanden erklärte, die Frage der Suzeränität über Korea bei den Verhandlungen unberührt zu lassen.

Auf Grund gesprächsweiser Mittheilungen des Herrn Komura hatte ich die japanischen Vorschläge schon unter dem[1] 28. v. Mts. (A. 78) Euerer Exzellenz mitzutheilen mir erlaubt. Die anliegende Note bestätigt vollkommen die Genauigkeit der früheren vertraulichen Äußerungen meines japanischen Kollegen.

Die japanische Regierung hat sich nachträglich auch bereit erklärt, den Modus und die Zeit der Zurückziehung der Truppen aus Korea im Beginn der Verhandlungen in Erwägung zu ziehen.

Während früher von chinesischen Gegenvorschlägen die Rede war, haben vorgestern die chinesischen Minister Herrn Komura erklärt, daß sie irgend welche Vorschläge nicht diskutiren würden, bevor die Truppen aus Korea nicht zurückgezogen seien.

Diese entschiedenere Haltung der chinesischen Regierung dürfte vielleicht auf russische Einwirkung zurückzuführen sein.

---

1 A. 7434 ehrerbietigst beigefügt.

Inhalt: Chinesisch - japanischer Konflikt wegen Korea, japanische Vorschläge.

Anlage zum Bericht A. № 87 vom 11. Juli 1894.
Abschrift.

You are hereby instructed to send verbal note to Tsungli Yamen as follows: Japanese Gov-t being desirous that not only present disturbance in Corea be speedily and effectually suppressed but also in the hope that in future peace and order in Corea be placed on firm and lasting basis, so as to prevent frequent recurrence of disturbance tending to endanger amicable relation of Japan, China and Corea. Japanese Minister for Foreign Affairs proposed to Chinese Gov-t through Chinese Minister in Tokio June 16th that Japan will act conjointly with China to effect she following objects: First to suppress present revolt and to restore peace and order as speedily as possible; Secondly to appoint Joint Commission from two Governments for purpose of investigating means of reforming Corean administration and finance: Thirdly to organize an efficient Corean army for self-protection.

It is believed that Chinese Minister in Tokio has already communicated the above to his Gov-t and Japanese Gov-t is very anxious that Chinese Gov-t would without any delay answer in acquiescence to the proposal through Chinese Minister in Tokio.

Berlin, den 1. September 1894.   zu A. 7909.

An

die Botschaften in

1. London № 699.

2. St. Petersburg № 359.

J. № 5250.

Euerer pp. übersende ich anbei ergebenst Abschrift eines Berichtes des K. Gesandten in Peking vom 8. Juli d. Js., betreffend den Koreanischen Konflikt zu Ihrer _____ Information.

N. S. E.

Berlin, den 1. September1894.   zu A. 7911.

An

die Botschaften in

1. London № 700.

2. St. Petersburg № 360.

3. Wien № 455.

4. Washington A. № 56.

J. № 5255.

Euerer pp. übersende ich anbei ergebenst Abschrift eines Berichtes des K. Gesandten in Peking vom 11. Juli d. Js., betreffend den Chinesisch - Japanischen Konflikt zu Ihrer gef. Information.

N. S. E.

Berlin, den 2. September 1894.

zu A. 7910.

J. № 5263.

Vertraulich!

Der abschriftlich beifolg. Bericht des K. Vicekonsuls in Chefoo vom 5. Juli d. J., betreffend Beobachtungen u. Vorgänge an Bord der chinesischen Kriegsschiffe vor Chemulpo wird

Seiner Exzellenz

dem Staats - Sekretär des Reichsmarine - Amts, Herrn Vice - Admiral Hollmann, zur gef. vertraulichen Kenntnißnahme unter Rückerbittung ergebenst übersandt.

N. S. E.

Zur Lage in Korea. Uebersendung eines Referats in Betreff einer Unterredung mit dem General Gouverneur Li-hung chang.

PAAA_RZ201-018917_044 ff.			
Empfänger	Caprivi	Absender	Seckendorff
A. 7983 pr. 2. September 1894. a. m.		Tientsin, den 10. Juli 1894.	
Memo	J. № 701.		

A. 7983 pr. 2. September 1894. a. m. 1 Anl.

Tientsin, den 10. Juli 1894.

№ 59.

Seiner Exzellenz

dem Reichskanzler, General der Infanterie

Herrn Grafen von Caprivi.

Euerer Exzellenz habe ich die Ehre in der Anlage ein von mir verfaßtes Referat über eine mit dem General Gouverneur Li-hung-chang geführte Unterredung in Betreff der Lage in Korea und der aus derselben entspringenden augenblicklichen Spannung zwischen China und Japan zur hoch geneigten Kenntniß ganz gehorsamst zu unterbreiten.

Dem Kaiserlichen Herrn Gesandten in Peking habe ich nicht unterlassen von dem Inhalt dieses Berichtes Meldung zu erstatten.

Seckendorff.

Inhalt: Zur Lage in Korea. Uebersendung eines Referat in Betreff einer Unterredung mit dem General Gouverneur Li-hung chang.

Anlage zu Bericht № 59 vom 10. Juli 1894.

Referat über eine am 10. Juli gehabte Unterredung mit dem General-Gouverneur
Li hung chang.

Der General-Gouverneur, der mich durch den hiesigen Zolltautai um eine Unterredung hatte ersuchen lassen, brachte des Gespräch nach meinem Eintritt sofort auf die augenblickliche Lage in Korea und die durch dieselbe hervorgerufene Spannung zwischen der Japanischen und Chinesischen Regierung. Er erklärte die Situation für eine derartig ernste, dass die Aussichten für eine friedliche Beilegung der bestehenden Differenzen mit Japan nur sehr gering seien. Das Vorgehen der letzteren Macht sei ein gegen alles Völkerrecht verstoßendes und derartig aggressives, daß China, ohne an Prestige zu verlieren, keinen anderen Ausweg sehe, als den an den Haaren herbeigezogenen Streit durch die Waffen zum Austrag zu bringen.

China's Anrechte auf Korea als Mutterland seien alte und selbst in Verträgen mit fremden Mächten anerkannte. Das bewaffnete Einschreiten China's zur Unterdrückung des in Korea in Folge Bedrückung der Beamten ausgebrochenen Aufstandes sei auf ausdrücklichen Wunsch des Königs von Korea erfolgt und als das gute Recht des Kaisers von China als Souzerain Koreas ausgeübt worden. Daß dieses Recht von Japan nicht anerkannt werde, ändere an der Sache nichts. Selbst in diesem Falle würde man es China nicht verargen können, einem durch mehrhundertjährige Bande der Zuneigung und Freundschaft verbundenen Lande gegenüber das Recht der Hülfeleistung auszuüben. Als die Lage der jetzigen Chinesischen Dynastie während der großen Taiping Rebellion eine precäre gewesen und die Kaiserlichen Truppen als zu schwach angesehen werden mußten, um der damaligen Bewegung Herr zu werden, da habe auch keine andere Macht gegen die erbetene Hülfeleistung der Engländer und Franzosen Einspruch erhoben.

Die Entsendung einer sich jetzt auf circa 14 000 Mann belaufenden Truppenmacht seitens Japans, während China zur Unterdrückung nur circa 2800 Mann nach Korea entsandt habe, sei ein Beweis der kriegerischen Absichten des benachbarten Inselreiches, während die von Letzterem gemachten Vorschläge in Betreff einer gemeinsamen Reorganisation Koreas, Verwaltung der Staatseinnahmen durch eine gemischte Kommission für China unannehmbar gewesen seien.

Seine, des General - Gouverneurs der Japanischen Regierung gemachten Zusicherungen, die Chinesischen Truppen nach Unterdrückung des Aufstandes zurückzuziehen hätten der Japanischen Regierung eine genügende Garantie für seine guten Intentionen sein müssen.

Er habe auch jetzt seiner Bereitwilligkeit, dem General Yeh Befehl zu geben, zurückzukehren, Ausdruck gegeben, falls Japan gleichzeitig seine Truppen zurückziehe.

Letzteres Land weigere sich jedoch nicht nur, sondern habe dahin strebende Vermittlungsversuche Englands und Rußlands unter dem Hinweis darauf, daß Japan nicht beabsichtige, China anzugreifen, abgelehnt. Dieser Ablehnung sei dann unmittelbar eine weitere Entsendung von 4000 Mann Japanischen Truppen gefolgt.

Li hung chang meinte, daß er die Demarche der fremden Vertreter in Seoul, welche, unter Hinweis auf die innere Lage Korea's und die Handelsverhältnisse, sowohl den Japanischen Gesandten, Otori, als auch den Chinesischen Residenten Yüan um Zurückziehung der Truppen ersucht hätten, mit Freude begrüßt habe, da dies für ihn ein Beweis gewesen, daß die westländischen Mächte ein ebenso warmes Interesse an der Entwickelung Korea's nähmen, als China selbst. Wenn es ihn dabei zuerst unangenehm berührte, daß die Deutsche Vertretung in Seoul sich diesem Schritte nicht angeschlossen, so sei er auf Grund erhaltener Nachrichten des Residenten Yüan jetzt in der Lage, seiner Befriedigung Ausdruck zu geben, daß der Kaiserliche Herr Konsul in Seoul sich nachträglich dem Vorgehen der Vertreter Amerikas, Rußlands, Frankreichs und Englands angeschlossen habe.

Nach weiteren Ausführungen über China's Friedensliebe, die auf mich den Eindruck machten, als ob die ganze Situation etwas plötzlich über den General - Gouverneur hereingebrochen und er nie daran gedacht in die Lage zu kommen, statt der Defensive die Offensive ergreifen zu müssen, auf welche Letztere China wohl thatsächlich nicht vorbereitet ist, bat mich Li hung chang unter ausdrücklicher Berufung auf die großen und weitgehenden Deutschen Handelsinteressen in China und unter Hinweis auf die Unterstützung, welche er in seiner Eigenschaft als Handelssuperintendant der nördlichen Häfen zu allen Zeiten der Deutschen Industrie geleistet, auf das Dringendste die Kaiserliche Deutsche Regierung auf dem Drahtwege zu ersuchen, durch die Gesandtschaft in Tokio auf die Japanische Regierung einzuwirken, ihre Truppen aus Korea zurückzuziehen.

Li hung chang erklärte dabei, daß er sich vollkommen bewußt sei, daß derartige Ersuchen in den meisten Fällen durch die Centralregierung und Vermittlung des betreffenden Kaiserlichen Gesandten gerichtet würden, in Anbetracht des Umstandes jedoch, daß die volle Verantwortung der Koreanischen Frage auf seinen Schultern ruhe und die Mitglieder des Tsungli-Yamen nie den Muth hätten, sich den fremden Vertretern offen auszusprechen (wörtlich: das Gegessene stets in ihrem Leibe behielten!) sowie um keine Zeit zu verlieren, bitte er in diesem Falle um eine Ausnahme. Er selbst werde gleichzeitig den Chinesischen Gesandten Hsü, der sich augenblicklich in Petersburg aufhalte, mit telegraphischen Weisungen versehen, um auch seinerseits die Vermittelung des China in allen Lagen befreundet gewesenen Deutschen Reiches in der vorliegenden

Frage anzurufen. Ohne mich dem General - Gouverneur gegenüber durch irgend ein Versprechen, seinem Wunsche stattzugeben, verpflichtet zu haben, habe ich in Anbetracht der Begründung des vorliegenden Ersuchens dennoch geglaubt, dem Herrn Reichskanzler von dem Inhalt desselben Kenntniß geben zu müssen.

Tientsin, den 10. Juli 1894.
Der Kaiserliche Konsul
Frhr. von Seckendorff.

Chinesisch - Japanische Differenz wegen Korea.

PAAA_RZ201-018917_056 ff.

Empfänger	Caprivi	Absender	Schenck
A. 7991 pr. 2. September 1894. a. m.		Peking, den 14. Juli 1894.	

A. 7991 pr. 2. September 1894. a. m.

Peking, den 14. Juli 1894.

A. № 88.

Seiner Exzellenz

dem Reichskanzler, General der Infanterie

Herrn Grafen von Caprivi.

Der hiesige japanische Geschäftsträger Komura ist vorgestern vom Kaiser von China in Audienz empfangen worden, um ein eigenhändiges Dankschreiben des Kaisers von Japan zu überreichen für die Glückwünsche des Kaisers von China zur silbernen Hochzeit des japanischen Herrscherpaares.

Bisher wurden Geschäftsträger vom Kaiser von China nicht in Privataudienz empfangen. Herr Komura hatte aus eigenem Antriebe darum gebeten.

Von der politischen Lage ist dabei nicht die Rede gewesen, außer daß der Kaiser dem Wunsch der Aufrechterhaltung des Friedens zwischen beiden Ländern Ausdruck gab.

Herr Komura hält heute die Lage für kritisch wegen der fortgesetzten Weigerung der chinesischen Regierung in Verhandlungen einzutreten, bevor nicht die Truppen aus Korea zurückgezogen seien.

Inzwischen soll Herr Otori der koreanischen Regierung ein Reformprogramm in 25 Punkten überreicht, der König von Korea auch schon Kommissare ernannt haben.

Nachrichten meines englischen Kollegen zufolge hätte Rußland eine Intervention und eine Konferenz zu Dreien (Rußland, China, Japan) abgelehnt. Herr O'Conor meint, daß Graf Cassini die Konferenz zu dreien auf Herrn Hitrovo's Initiative angeregt habe.

Schenck.

Inhalt: Chinesisch - Japanische Differenz wegen Korea.

Angriff japanischer Soldaten auf den englischen Vertreter in Korea.

PAAA_RZ201-018917_060 ff.			
Empfänger	Caprivi	Absender	Schenck
A. 7992 pr. 2. September 1894. a. m.		Peking, den 19. Juli 1894.	
Memo	cf. A. 8086		

A. 7992 pr. 2. September 1894. a. m.

Peking, den 19. Juli 1894.

A. № 90.

Vertraulich!

Seiner Exzellenz

dem Reichskanzler, General der Infanterie

Herrn Grafen von Caprivi.

Der hiesige englische Gesandte sagte mir gestern: „The Japanese soldiers have assaulted Gardner" (den englischen Vertreter in Korea) „and given no apology." Die näheren Umstände fehlen noch. Herr O'Conor vermuthet, daß Herr Gardner einen von den japanischen Truppen gesperrten Weg habe gehen wollen. Der Zollkommissar soll zugegen gewesen sein. Der gegenwärtige stellvertretende englische Generalkonsul Gardner in Söul war während der Riots im Jahre 1891 Konsul in Hankow und machte sich dort durch seine energische Haltung bemerklich. Der englische Admiral, wie Herr O'Conor ganz vertraulich hinzusetzte, habe den Kommandanten des englischen Kriegsschiffs „Archer" vor Chemulpo angewiesen, Entschuldigung zu fordern und „failing reply is moving squadron to Hakodate."

Schenck.

Inhalt: Angriff japanischer Soldaten auf den englischen Vertreter in Korea.

Chinesische - japanischer Konflikt wegen Korea.

PAAA_RZ201-018917_063 ff.

Empfänger	Caprivi	Absender	Schenck
A. 7993 pr. 2. September 1894. a. m.		Peking, den 19. Juli 1894.	
Memo	mitg 4. 9. Washington A. 57, London 712, Petersburg 362, Wien 458. cf. A. 8083		

A. 7993 pr. 2. September 1894. a. m. 1 Anl.

Peking, den 19. Juli 1894.

A. № 91.

Vertraulich!

Seiner Exzellenz

dem Reichskanzler, General der Infanterie

Herrn Grafen von Caprivi.

Der hiesige Japanische Geschäftsträger, in Folge telegraphischer Instruktionen seiner Regierung, überreichte am 14. dieses Monats dem Tsungli Yamen eine Note, deren Inhalt nach dem chinesischen Text in der beifolgenden englischen Übersetzung wiedergegeben ist.

Es wird darin gesagt, daß China den japanischen Vorschlag der gemeinsamen Einführung administrativer Reformen in Korea definitiv zurückgewiesen und damit die Neigung, Verwicklungen herbeizuführen, an den Tag gelegt habe. Japan fühle sich in Folge dessen aller Verantwortlichkeiten für die Konsequenzen der Lage enthoben.

Die Chinesischen Minister zeigten sich dem Englischen Gesandten gegenüber, der sie am 16. dieses Monats besuchte, sehr aufgebracht über den feindlichen Ton der Note, welche Abbruch der Verhandlungen bedeute, genehmigten aber dennoch, daß Herr O´Conor wegen der Note in Tokio anfrage und beruhigende Versicherungen zu erhalten suche. Diese letzteren hat nun der Japanische Minister des Äußeren nicht, sondern nur ungenügende Erklärungen gegeben, wie daß China, anstatt die japanischen Vorschläge anzunehmen, immer wieder mit dem Verlangen der Zurückberufung der Truppen Japan ermüdet habe, daß es angemessen und berechtigt war, wenn Japan die Koreanische Hauptstadt besetzte, daß Korea die Japanischen Vorschläge angenommen und Japan China nicht gestatten werde zu intervenieren. Später möge China an den Reformverhandlungen

Theil nehmen.

Herr O´Conor hat sich große Mühe gegeben, freundschaftliche Verhandlungen hier wieder in Gang zu bringen und die Chinesischen Minister zur Annahme des japanischen Vorschlags einer gemischten Reform - Kommission zu bewegen. Aber seine Bemühungen waren vergeblich.

England macht gegenwärtig noch, wie mir Herr O´Conor sagt, den auch nach Herrn O´Conor´s Meinung aussichtslosen Vorschlag, daß die Japanischen Truppen nach dem Süden, die Chinesischen nach dem Norden Koreas sich zurückziehen und Söul und Chemulpo freilassen, um so Zeit zu Verhandlungen zu gewinnen.

In gemeinsamen Bemühungen im Interesse der Friedenserhaltung haben sich weder der Russische noch der Französische noch der Amerikanische Vertreter hier bisher geneigt gezeigt, und habe auch ich mich deshalb bisher zurückgehalten.

Das Tsungli Yamen hat inzwischen die Note Herrn Komura´s Li hung chang übersandt, ihm überlassend, zu thun, was er für gut finde. Offenbar soll auf die Schultern des Vizekönigs alle Verantwortlichkeit abgewälzt werden.

Aus Tientsin höre ich von gestern, daß Li hung chang die Dampfer der China Merchants Steam Navigation Company für Truppenbeförderung nach Korea zurückhalte.

Hier spricht man von 12 000 Mann Chinesischer Truppen, die in Chemulpo gelandet werden sollten.

Schenck.

Inhalt: Chinesisch - japanischer Konflikt wegen Korea.

Anlage zum Bericht A. № 91 von 19. Juli 1894.
Copy.

Frequent disturbances in Corea having their source in derangement of internal administration, the Japanese Gov^t believe it necessary to eradicate the cause of fresh disturbances by encouraging the Corean Gov^t to introduce administrative reforms, and considering that joint assistance of the Gov^{ts} of China and Japan, which have common vital interest in Corea, would best enable the Corean Gov^t to accomplish the desired reforms, the Japanese Gov^t proposed to the Chinese Gov-t such joint assistance, but the proposal was definitively rejected. Notwithstanding the good offices of the British Minister, the Chinese Gov^t continue to insist upon the retirement of Japanese troops and are not disposed to accept the views of the Japanese Gov^t. Under these circumstances, the Japanese Gov^t cannot avoid the conclusion that the Chinese Gov^t are disposed to precipitate complications, and consequently the Japanese Gov^t find themselves relieved of all responsibilities which may arise out of the situation.

Schließung des Hafens von Shanghai wegen drohenden Kriegsausbruchs zwischen China und Japan.

PAAA_RZ201-018917_072 f.			
Empfänger	Caprivi	Absender	Eiswaldt
A. 7996 pr. 2. September 1894. a. m.		Shanghai, den 23. Juli 1894.	

A. 7996 pr. 2. September 1894. a. m. 1 Anl.

Shanghai, den 23. Juli 1894.

№ 76.

Seiner Exzellenz

dem Reichskanzler, General der Infanterie

Herrn Grafen von Caprivi.

Eurer Exzellenz beehre ich mich beifolgend Abschrift eines dem Kaiserlichen Herrn Gesandten in Peking erstatteten Berichts, betreffend Schließung des Hafens von Shanghai wegen drohenden Kriegsausbruchs zwischen China und Japan zur hochgeneigten Kenntnißnahme ganz gehorsam vorzulegen.

Eiswaldt.

Betreff: Schließung des Hafens von Shanghai wegen drohenden Kriegsausbruchs zwischen China und Japan.

Anlage zum Bericht № 76 vom 23. Juli 1894.

Abschrift.

Shanghai, den 23. Juli 1894.

№ 80.

An den Kaiserlichen Gesandten, Herrn Freiherrn Schenck zu Schweinsberg, Hochwohlgeboren. Peking.

Im Auftrage Li hung chang's hat der hiesige Tautai den Seniorkonsul gestern in der Abendstunde mündlich davon in Kenntniß gesetzt, daß wegen des drohenden Ausbruchs des Kriegs mit Japan die Schließung des Hafens von Shanghai beabsichtigt sei; zu diesem Zwecke würden auf der Wusung - Barre starke Pfeiler eingerammt und nur eine schmale gerade die Durchfahrt eines Schiffes gestattende Passage offen gelassen werden; letztere selbst würde beim Herannahen einer japanischen Flotte durch Versenken bereit liegender Schiffe blockirt werden.

Da auch eine nur partielle Schließung des Hafens von Shanghai den fremden Handel schwer schädigen würde, hat der englische Generalkonsul, Mr. Hannen seine Regierung telegraphisch gebeten, eine Neutralisierung von Shanghai und Nachbarschaft zu erwirken. Über diesen Schritt habe ich, da die telegraphische Verbindung mit Peking unterbrochen, dem Herrn Reichskanzler auf dem Drahtwege berichtet.

Wie mir Herr Hannen soeben mittheilt, ist infolge seiner Demarche der britische Geschäftsträger in Tokio angewiesen worden, die japanische Regierung zu bestimmen, daß sie sich eventuell jeder kriegerischen Aktion gegen Shanghai enthält.

Der Anregung des Genannten, dem Kaiserlichen Gesandten in Tokio die Unterstützung dieses Schrittes nahe zu legen, habe ich nicht geglaubt entsprechen zu dürfen.

In den hiesigen Handelskreisen scheint übrigens das Verlangen herrschend, daß seitens der Großmächte gegen die Schließung eines Vertragshafens bei der Chinesischen Regierung formell und energisch protestirt werde.

Abschrift dieses Berichts lege ich dem Herrn Reichskanzler vor.

gez. Eiswaldt

Berlin, den 4. September 1894.

zu A. 7993.

An

die Botschaften in

1. Washington A. № 57.

2. London № 712.

3. St. Petersburg № 362.

4. Wien № 458.

J. № 5300.

Euerer pp. übersende ich anbei ergebenst Abschrift eines Berichts des K. Gesandten in Peking vom 19. Juli d. Js., betreffend den Koreanischen Konflikt zu Ihrer gef. Information.

N. d.

i. m.

Berlin, den 4. September 1894.

A. 7996.

An

das Generalkonsulat in

Shanghai A. № 1.

J. № 5306.

In Postziffern.

Den Bericht des K. Generalkonsulats - Verwesers vom 23. Juli d. J. (№ 80) habe ich erhalten. Nach der inzwischen erfolgten Erklärung Japans, Shanghai unter keinen Umständen anzugreifen, kann derselbe als erledigt betrachtet werden.

In dem Berichte ist es mir aufgefallen, daß der K. Vizekonsul eines hierher gesandten Ziffertelegramms Erwähnung thut. Es widerspricht dies den Bestimmungen über die Behandlung des Chiffrewesens, nach welchen es zu vermeiden ist, in einem Schriftstück en clair auf eine früher en chiffrer ergangene Mittheilung Bezug zu nehmen.

Ew. pp. wollen, um Kompromittirungen des Chiffrers vorzubeugen, den Vizekonsul Eiswaldt hierauf aufmerksam machen.

N. S. E.

Eine dem Britischen General - Konsul Gardner durch Japanische Soldaten zugefügte Unbill betreffend.

PAAA_RZ201-018917_081 ff.			
Empfänger	Caprivi	Absender	Krien
A. 8087 pr. 6. September 1894. a. m.		Söul, den 18. Juli 1894.	
Memo	J. № 359.		

A. 8087 pr. 6. September 1894. a. m. 3 Anl.

Söul, den 18. Juli 1894.

Kontrole № 52.

An Seine Exzellenz

den Reichskanzler, General der Infanterie

Herrn Grafen von Caprivi.

Euerer Exzellenz beehre ich mich ganz gehorsamst zu berichten, daß der hiesige Britische General - Konsul Gardner auf einem Spaziergange, den er am 15. d. Mts. mit seiner Frau, dem Dolmetscher - Eleren Fox und dem General - Zolldirektor Mc Leavy Brown unternommen hat, von Japanischen Soldaten angegriffen und mißhandelt worden ist.

Euerer Exzellenz beehre ich mich deshalb die in Folge dieses Vorfalles zwischen Herrn Gardner und dem Japanischen Gesandten gewechselten Schriftstücke in der Anlage abschriftlich ganz gehorsamst zu unterbreiten.

In seinem Schreiben vom 15. d. Mts. behauptet der Britische General - Konsul, daß er und Herr Fox auf einem Fuß-Pfade neben der von hier nach Yanghwachin führenden Straße von Japanischen Soldaten angegriffen und obwohl er auf Verlangen seinen Namen niedergeschrieben habe, ohne irgend welche Veranlassung ungefähr fünfzig Yard weit geschleppt und von den Soldaten („Japanese in military uniform" nennt sie Herr Gardner, weil er die Berechtigung der Japanischen Regierung, in Friedenszeiten Truppen nach Korea zu senden, nicht anerkennt) mit Faust-Schlägen behandelt worden seien. Darauf seien er und Herr Fox freigelassen worden und hätten sie sich mit Frau Gardner und Herrn Brown wieder vereint.

Eine Viertelstunde später seien sie jedoch auf ihrem Rückwege auf der öffentlichen Straße nochmals von einer Anzahl Japanischer Soldaten angehalten und um ihre Namen befragt worden. Dabei sei seine Frau von den Soldaten bedrängt und ihr Tragstuhl von der Straße in eine Pfütze gestoßen worden.

Diese Darstellung ist mir von Herrn Fox mündlich bestätigt worden. -

Ich darf hier ehrerbietigst erwähnen, daß Herr Gardner zwar sehr thätig und recht gescheidt, aber auch äußerst leicht erregbar ist und sehr wenig Faktgefühl besitzt. -

Der Japanische Gesandte antwortete ihm noch an demselben Abende, daß er Schritte gethan hätte, um den „angeblichen" Angriff Japanischer Soldaten zu untersuchen.

Gestern übersandte er ihm dann den Bericht des General - Majors Oshima, worin jede Schuld der Japanischen Soldaten, ebenso wie die Herrn Gardner angeblich widerfahrene Mißhandlung entschieden in Abrede gestellt wird. Die beiden Fremden wären achtlos in das Biwak eingedrungen, trotzdem ihnen die Schildwache dies wiederholt verwehrt hätte, und wären von dort hinaus geleitet worden, nachdem Herr Gardner seinen Namen aufgeschrieben hätte.

Herr Otori fügt hinzu, daß keine Dame belästigt, daß eine Dame überhaupt nicht bemerkt worden wäre.

Die Untersuchung scheint sich demnach auf die Vorgänge im Biwak selbst beschränkt zu haben.

Herr Gardner ist über die ihm zugefügte Unbill und über die unhöflichen Schreiben des Herrn Otori an ihn sehr empört und hat dem Englischen Gesandten in Peking darüber telegraphischen Bericht erstattet. Seiner Ansicht nach haben sich die Japaner gegen ihn so rücksichtslos und gewaltthätig benommen, um die Koreaner einzuschüchtern.

Herrn Brown, ein ungewöhnlich ruhiger und verständiger Schotte, erzählte mir den Vorfall, soweit er selbst dabei zugegen gewesen, folgendermaßen:

Herr Gardner und Herr Fox hätten sich von Frau Gardner und ihm selbst getrennt, um einen zur Linken des Weges liegenden bewaldeten Hügel, zu dem ein Fußpfad führt, zu überschreiten und dann wieder zu ihnen zu stoßen. Er wäre mit Frau Gardner auf der Straße weitergegangen und hätte dabei bemerkt, wie sich Herr Gardner von einem Japanischen Soldaten, der ihn an der Brust geparkt, losgerissen hätte und zwischen den Bäumen verschwunden wäre. Bald darauf wären die Herren Gardner und Fox wieder mit ihnen zusammen getroffen und sie hätten gemeinsam den Rückweg nach Söul angetreten. Der General - Konsul hätte ihnen dabei erzählt, daß er und Herr Fox von Japanischen Soldaten angehalten und mißhandelt worden wären. Etwa zehn Minuten später, während sie auf der nach Söul führenden öffentlichen Straße ruhig ihres Weges gingen, wären erhebliche Massen Japanischer Soldaten unter großen Geschrei von dem Hügel heruntergelaufen und hätten ihnen den Weg versperrt, indem sie von allen Seiten auf sie eindrängten, sodaß es ihm nur mit Mühe gelungen sei, sich und seinen Begleitern einen

Weg zu bahnen. Einen Soldaten, der sich breit vor ihn hingestellt, hätte er sanft bei Seite geschoben, worauf ein anderer, vermuthlich ein Posten, das Gewehr vor ihm ausgestreckt, ihm einige unverständliche Worte zugerufen und dann mit dem Gewehrkolben in den Sand einige Chinesische Charaktere geschrieben hätte, die er als eine Frage nach ihrer Nationalität gedeutet hätte. Herr Gardner hätte dann auf Englisch und Chinesisch geantwortet, daß sie Engländer wären. Inzwischen wäre Frau Gardner mit ihrem offenen Tragstuhle von der Straße ab-und in eine Pfütze hineingedrängt worden. Die Soldaten hätten sich dann allmählich zerstreut. - Verschiedene Unteroffiziere und mindestens ein Offizier seien während des Vorfalls hinzugekommen, hätten aber nicht die geringste Anstalt gemacht, Ordnung zu schaffen. Ebenso hätten sich die Soldaten um diese Vorgesetzten nicht gekümmert und weder bei deren Erscheinen eine strammere Haltung angenommen noch ihr Lärmen eingestellt. Das Ganze hätte den Eindruck sehr mangelhafter Disziplin gemacht. -

Heute früh trafen ein Offizier und 28 Matrosen des Englischen Kreuzers „Archer" aus Chemulpo hier ein. Herr Gardner bezeichnet die Truppen als Gesandtschaftswache und nimmt für sie die Vorrechte eines Gesandtschafts - Gefolges in Anspruch. -

Auf Veranlassung des Amerikanischen Minister - Residenten fand bei diesem heute eine formlose Versammlung der Amerikanischen, Russischen, Deutschen und Französischen Vertreter statt. Einstimmig wurden die unhöflichen Schreiben des Herrn Otori, der die Behauptungen des Britischen General - Konsuls von vornherein in Zweifel zieht und für die Herrn Gardner und dessen Frau unzweifelhaft widerfahrene Unbill kein Wort der Entschuldigung findet, ebenso die oberflächliche Untersuchung des peinlichen Vorfalles durch die Japanischen Militärbehörden, von uns verurtheilt. Der Russische Geschäftsträger, Herr Waeber, der am 13. d. Mts. von Peking hierher zurückgekehrt ist und die Geschäfte wieder übernommen hat, hob ferner hervor, daß die Soldaten zwar berechtigt wären, jedem Unbefugten das Eindringen in ihr Biwak nöthigenfalls mit Gewalt zu verwehren, daß aber die spätere Belästigung der ruhig auf öffentlicher Straße ihrer Wege ziehenden Europäer scharf zu rügen sei. Um ähnliche Insulten der fremden Vertreter oder deren Schutzbefohlenen durch Japanische Soldaten in Zukunft zu verhüten, sei er bereit, dem Russischen Gesandten in Tokio den Fall unter Einsendung des zwischen den Herren Gardner und Otori geführten Schriftwechsels vorzulegen und ihn zu ersuchen, Vorstellungen an die Japanische Regierung zu richten. Zu analogen Schritten waren Herr Sill und Herr Lefévre bereit. Ich erklärte, daß ich Euerer Exzellenz über den Vorfall Bericht erstatten und eine Abschrift davon nebst den bezüglichen Schriftstücken der Kaiserlichen Gesandtschaft zu Tokio übersenden würde, daß ich jedoch eventuelle weitere Schritte vollständig dem Ermessen des dortigen Herrn Gesandten überlassen müßte.

Abschriften dieses ganz gehorsamen Berichtes sende ich an die Kaiserlichen Gesandtschaften zu Tokio und Peking.

Krien.

Inhalt: Eine dem Britischen General - Konsul Gardner durch Japanische Soldaten zugefügte Unbill betreffend.

Anlage 1 zum Bericht № 52.
Abschrift.

Söul, Juli 15th 1894.

Sir,

I have the honour to inform you that this afternoon I went for a walk a little to the right of the Yanghwachin Rord with my wife, Mr. Mc. Leavy Brown, and my Secretary Mr. Fox.

When Mr. Fox and I were in front of a public path, we were assaulted by some Japanese in military uniform. One person spoke a little French and asked our names. I demanded his name and he gave it as Sous - Lieutenant I. Ishido.

I then gave my name and title in English and Chinese, writing them down with a protest that I yielded to force majeure. After giving my name and title, without the slightest provocation and though I stated I would yield to force majeure and do what was wished, we were dragged about 50 yards and I was all the time being struck with the fists by Japanese in military uniform.

I was then let go and I joined my wife and Mr. Brown. About a quarter of an hour afterwards, on my way home along a public road, a quantity of Japanese in military uniform rushed forward, blocked the public road, stopped me and again demanded my name. I recognized some of them as some of the men who had previously assaulted me. I yielded to force majeure and again gave my name, but in spite of that Mrs. Gardner was hustled and her chair pushed from the road into the ditch.

I have etc.
gez: Chrs. T. Gardner.

His Excellency
K. Otori
etc. etc. etc.
Söul

Abschrift.

Söul, July 15. 1894.

Sir,

Referring to your note of to-day's date respecting the assault said to have been made against you by some Japanese in military uniform, I have the honour to answer you in the first instance that I have taken immediate steps to investigate the case

I have etc.

gez: K. Otori.

Chrs. T. Gardner Esq. C. M. G.
etc. etc. etc.

Anlage 2 zum Bericht № 52.
Abschrift.

H. I. J. M.'s Legation,
Seoul, 17. July 1894.

Sir,

In reply to your note of the 15th inst. about the matter of assault said to have been committed by some Japanese in military uniform against you, you wife and two other gentlemen, I have the honour to forward you herewith the translations of the report sent me in answer to my inquiry from General Oshima in command of the Japanese Army in Corea.

He added in sending that report to me that there was no semblance of any fact that the Japanese soldiers struck any foreigners with the fist, that they have blocked the passage on the public way and that no lady was ever hustled nor her chair pushed from the road into the ditch, in fact no lady having been perceived by the soldiers

I have etc.

gez: K. Otori.

C. T. Gardner, Esq. C. M. G.
H. B. M.'s Acting Consul General
etc. etc. etc.
Seoul.

Anlage 3 zum Bericht № 52.

Abschrift.

Translation.

Report of General Oshima to Mr. Otori in regard to the complaint of Mr. Gardner, British Acting Consul General at Söul.

About six o'clock in the afternoon of the 15th instant the sentinel posted near the river in about 100 yards from the public road on the West side of Ahen Village (   ) noticed two foreigners marching toward him from the public road across the field in the south easterly direction. The sentinel, of the name of M. Maebashi, told them to stop and showed by gesture. But as the foreigners proceeded in spite of the remonstrances of the sentinel, seemingly to say that they did not understand the Japanese, the latter barred them with a rifle in hand, at the same time reporting the matter to the tent.

Meanwhile the foreigners forced aside the sentinel and entered into the bivouac.

Seeing what was going on there Corporals Asada, Machora, and Adachi also came to stop them, but they forced in.

When these foreigners got into the bivouac, they were again told by a sentinel that they were not allowed to be there, but they may be perhaps because they could not understand what the sentinel said, behaved in a heedless manner without paying a slightest attention to the remonstrances.

Lieutenant Gato then run up to them from the tent and stopped and asked them why they have entered into the bivouac.

They said that they were taking walk. Then the officer told them that no body is allowed to enter into the bivouac and asked them to go away at once. The foreigners yet refused to listen.

Thereupon came Sublieutenant Ishido and Sergeant Ishii, who, with Lieutenant Gato, made all their efforts by words and gestures to tell the foreigners to go away.

At last the foreigners were lead out of the bivouac by a guide, after having given the name hereto affixed.

My name is

Chr. T. Gardner, C. M. G.

H. M.'s Consul General

Söul.

China und Japan in Korea.

PAAA_RZ201-018917_104 ff.

Empfänger	Caprivi	Absender	Schenck
A. 8082 pr. 6. September 1894. a. m.		Peking, den 18. Juli 1894.	

A. 8082 pr. 6. September 1894. a. m.

Peking, den 18. Juli 1894.

A. № 89.

Seiner Exzellenz

dem Reichskanzler, General der Infanterie

Herrn Grafen von Caprivi.

Der hiesige Russische Gesandte Graf Cassini, der am 17. vorigen Monats mit Urlaub von hier abreiste, wegen der Koreanischen Schwierigkeit aber in Tientsin verblieb und dort bisher im Russischen Konsulat wohnte, hat sich jetzt, wie Freiherr von Seckendorff schreibt, ein Haus in Tientsin gemiethet, was auf die Absicht schließen läßt, daß er noch einige Zeit in Tientsin zu verbleiben gedenkt.

Die gleichfalls von dem Kaiserlichen Konsul in Tientsin gemeldete Nachricht von der Zurückziehung der chinesischen Truppen aus Korea, worüber ich unter dem 7. laufenden Monats (A. 84) berichtete, hat sich bisher nicht bestätigt.

Freiherr von Seckendorff schreibt unter dem 16., daß die Zurückziehung der Truppen von dem Generalgouverneur zwar beschlossen war, wegen der in seinem Bericht vom 4. (№ 81) erwähnten Verschiffungsschwierigkeiten und sonstiger hinzugetretener Komplikationen bisher aber nicht ausgeführt wurde.

Schenck.

Inhalt: China und Japan in Korea.

Chinesisch - Japanischer Konflikt wegen Korea.

PAAA_RZ201-018917_107 ff.			
Empfänger	Caprivi	Absender	Schenck
A. 8083 pr. 6. September 1894. a. m.		Peking, den 20. Juli 1894.	
Memo	mitg. 12. 9. London 733, Petersburg 375, Wien 480, Washington A. 62, Dresden 659, Karlsruhe 517, München 686, Stuttgart 653, Weimar 411, Staatsmin.		

A. 8083 pr. 6. September 1894. a. m. 1 Anl.

Peking, den 20. Juli 1894.

A. № 92.

Seiner Exzellenz

dem Reichskanzler, General der Infanterie

Herrn Grafen von Caprivi.

Euerer Exzellenz beehre ich mich Abschrift eines Berichts des Kaiserlichen Konsuls in Tientsin vom 17. dieses Monats (№ 84) gehorsamst vorzulegen, in welchem er Bericht erstattet über eine Unterredung mit dem Generalgouverneur Li hung chang, betreffend die Bemühungen Deutschlands in Tokio um Erhaltung des Friedens. Ich habe den Kaiserlichen Konsul vertraulich darauf hingewiesen, wie trotz aller Sympathie für den bedrängten Vizekönig es nur zweifelhaft erscheint, ob bei der Haltung Rußlands, Frankreichs und Amerikas es gelingen werde, gemeinsame Schritte und einen gemeinsamen Druck auf die Japanische Regierung im Interesse des Friedens zu Stande zu bringen.

Aus der Anlage ist auch der Eindruck erkennbar, welchen die provokatorische Note des Japanischen Geschäftsträgers vom 14. dieses Monats[2] hier hervorgebracht hat.

Was das von dem Vizekönig erwartete Eintreffen des Großbritannischen und Französischen Gesandten in Tientsin betrifft, so gestatte ich mir gehorsamst zu erwähnen, daß des Ersteren Familie in Chefoo verweilt und daß auch Herr Gérard davon gesprochen hat-übrigens vollkommen unabhängig von Herrn O´Conor - sich über Tiensin nach Chefoo zu begeben. Herr O´Conor bleibt aber in der nächsten Zeit jedenfalls noch hier.

Schenck.

Inhalt: Chinesisch - Japanischer Konflikt wegen Korea.

---

2 Anl. zu A. 7993 ehrerbietigst beigefügt

Anlage zum Bericht A. № 92 vom 20. Juli 1894.

Abschrift.

Tientsin, den 17. Juli 1894.

№ 84.

An den Kaiserlichen Gesandten Herrn Frhrn.

Schenck zu Schweinsberg Hochwohlgeboren Peking.

In Ausführung der mir ertheilten Instruktionen habe ich im Laufe des gestrigen Abends eine längen Unterredung mit dem Herrn Generalgouverneur gehabt und demselben von der vermittelnden Stellungnahme Deutschlands in dem gegenwärtigen Konflikt zwischen China und Japan Kenntniß gegeben. Li hung chang war augenscheinlich dankbar berührt und sagte mir, daß er bereits am 14. d. Mts. die telegraphische Benachrichtigung des Gesandten Hsü erhalten, wonach die Kaiserliche Regierung auf Grund des durch mich übermittelten Ersuchens den Kaiserlichen Gesandten in Tokio angewiesen habe, sich an gemeinsamen Friedensbemühungen zu betheiligen.

Li hung-chang bat mich für diesen Beweis des Wohlwollens Deutschlands China gegenüber dem Herrn Reichskanzler seinen tiefgefühlten Dank aussprechen, jedoch gleichzeitig hinzufügen zu wollen, daß die Aussichten für eine friedliche Beilegung der koreanischen Frage seit dem 14. d. Mts. fast gänzlich geschwunden seien, und daß China daher kaum etwas anders übrig bleiben würde, als den von Japan in der unverantwortlichsten und frivolsten Weise begonnenen Streit durch die Waffen zum Austrag zu bringen. Durch die dem japanischen Charge d'Affaires am 10. d. Mts. seitens des Kaisers von China zum Zweck der Überreichung eines Dankschreibens des Kaisers von Japan für die aus Anlaß der silbernen Hochzeit vom Chinesischen Hofe gesandten Geschenke habe man dem noch immer vorhandenen Wunsch der Centralregierung, die guten Beziehungen zu Japan aufrecht erhalten zu sehen, besonderen Ausdruck verleihen wollen. Der Empfang eines nicht mit Ministerrang versehenen Beamten einer fremden Macht sei eine Abweichung von dem bisherigen Gebrauche und hätte von Seiten Japans als das, was damit bezweckt, nämlich einen aufrichtigen und auffälligen Beweis dem ganzen Auslande gegenüber, daß China Frieden wünsche, aufgefaßt werden müssen. Statt dessen sei die dem Tsungli Yamen am 14. d. M. durch Vermittelung des japanischen Geschäftsträgers ausgehändigte Antwort der japanischen Regierung auf die Herrn Komura gemachten Propositionen in Betreff gemeinsamen Vorgehens zur Reorganisation der koreanischen Zustände nach der beiderseitigen Zurückziehung der Truppen, eine derartig schroffe und beleidigende für China, daß man es nun aufs Äußerste ankommen lassen müsse.

Der Schlußsatz der japanischen Note, „daß die japanische Regierung bei einer fortgesetzten Weigerung Chinas, auf die Vorschläge des Kabinets von Tokio einzugehen, die Verantwortung ablehnen müsse, falls es zu einem Bruche käme, „habe das äußerste Mißfallen des Kaisers erregt und seien ihm, Lihungchang, demzufolge die weitgehendsten Instruktionen zur Vorbereitung und Ausführung eines Feldzuges zugegangen.

Daß der Generalgouverneur trotzdem die Hoffnung auf eine friedliche Beilegung der Koreanischen Frage noch nicht ganz aufgegeben, schien mir aus seinen eifrigen Fragen über das demnächst erwartete Eintreffen des großbritanischen und französischen Gesandten in Tientsin sowie aus seinem dringenden Ersuchen, ihm von der Antwort der japanischen Regierung auf die seitens des Kaiserlichen Gesandten zu Gunsten einer friedlichen Beilegung gethanen Schritte bald möglich in Kenntniß setzen zu wollen, - hervorzugehen. - Auf meine Frage über mir zu Ohren gekommene russische Vermittelungsversuche antwortete Li hung chang ausweichend, obgleich er zugab, daß Graf Cassini sich gleichfalls um eine friedliche Beilegung der Koreanischen Frage bemühe.

gez. v. Seckendorff.

Chinesisch- Japanischer Konflikt in Korea.

PAAA_RZ201-018917_115 ff.			
Empfänger	Caprivi	Absender	Schenck
A. 8084 pr. 6. September 1894.		Peking, den 21. Juli 1894.	

A. 8084 pr. 6. September 1894. a. m. 1 Anl.

Peking, den 21. Juli 1894.

A. № 93.

Seiner Exzellenz

dem Reichskanzler, General der Infanterie

Herrn Grafen von Caprivi

Euerer Exzellenz beehre ich mich Abschrift eines Berichts des Kaiserlichen Konsuls in Tientsin vom 19. dieses Monats (№ 87) gehorsamst vorzulegen betreffend den Umschwung der Stimmung in der Umgebung des Vicekönigs im Sinn des Krieges und die Vorbereitungen zur Verschiffung von 10 000 Mann chinesischer Truppen nach Korea.

Den Nachrichten Freiherrn von Seckendorff's zufolge sollten diese Truppen an demselben Platz gelandet werden, wo General Yeh sich befindet, nämlich bei Ya shan oder Asan, etwa 30 Seemeilen südlich von Chemulpo an der Grenze der hauptstädtischen und der südlich an die hauptstädtische angrenzenden Provinz. Sonst hat man auch Ping Yang (oder Pjong Yang), nordwestlich von Söul, als Ziel dieser Truppensendung nennen hören.

Die telegraphische Verbindung nach Chefoo und Shanghai und andrerseits nach Korea ist unterbrochen.

Mein Japanischer Kollege erklärt die Lage fortgesetzt als kritisch. Die chinesische Regierung verweigere jede Konzession in den wichtigeren Punkten; er sei seit einer Reihe von Tagen nicht mehr auf das Tsungli Yamen gekommen.

Japan scheint entschlossen zu sein, seine Absichten in Bezug auf Korea in vollem Umfang durchzuführen. So hatte sich China bedingungsweise mit gewissen Friedensgrundlagen einverstanden erklärt, darunter einer gemischten Kommission, um dem König von Korea Reformen anzuempfehlen (to advise). Japan aber antwortete, Telegrammen meines Englischen Kollegen zufolge, daß China sich verpflichten müsse, die Reformen zu erzwingen, auch anzuerkennen, was Japan bereits in dieser Richtung gethan habe.

Schenck.

Inhalt: Chinesisch- Japanischer Konflikt in Korea.

Anlage zum Bericht A. № 93 vom 21. Juli 1894.

Abschrift.

Tientsin, den 19. Juli 1894.

№ 87.

An den Kaiserlichen Gesandten, Herrn Freiherrn Schenck zu Schweinsberg
Hochwohlgeboren, Peking.

Euer Hochwohlgeboren habe ich die Ehre ganz gehorsamst zu berichten, daß in der
Koreanischen Frage seit gestern zweifelsohne in hiesigen Beamtenkreisen ein Umschwung
zu Gunsten eines Krieges mit Japan vor sich gegangen und daß die berathende Partei-und
zu der gehört in erster Linie der hiesige Zolldirektor Detring-, welche dem
Generalgouverneur die Zurückziehung der Yeh'schen Truppen aus Korea als der weiteren
Entwicklung der Frage förderlich anempfohlen hatte, unterlegen ist.

Nach den mir vorliegenden Nachrichten beabsichtigt der Generalgouverneur auf dem
Seewege auf Schiffen der Chinesischen Küstenschiffahrts-Gesellschaft und unter
Begleitung von chinesischen Panzern 10 000 Mann Truppen aus den hiesigen Lagern und
besonders dem in Hsiao-chang nach Korea zu verschiffen, und dieselben an demselben
Platz, wo General Yeh sich befindet- Ya shan- zu landen, der größte Theil der China
Merchants Flotte soll bereits seine Fahrten zwischen den chinesischen Küstenplätzen
eingestellt haben und liegen die Schiffe „Poochi", „Feng-shun", „Hsing-seng", „Chin tung"
und „Lee Yüan" bereits in Taku mit den Vorbereitungen zur Einnahme der Truppen
beschäftigt.

Nach einer nicht ganz verbürgten Nachricht soll die Einschiffung der Soldaten am 20.
d. Mts. erfolgen. Am 17. d. Mts. stattete der hiesige Koreanische Konsul, Herr Hsü, den
Vertretern Englands, Frankreichs, Amerikas, Rußlands und mir Besuche ab, um uns im
Namen seiner Regierung zu bitten, unseren betreffenden Regierungen nochmals ans Herz
zu legen, alles zu thun, um einem Kriege auf Koreanischen Boden zwischen China und
Japan vorzubeugen, ein Schritt, welchen zu E. H. Kenntniß zu bringen ich nicht
unterlassen wollte.

gez. v. Seckendorff.

Angriff japanischer Soldaten auf den englischen Vertreter in Söul.

PAAA_RZ201-018917_122 ff.

Empfänger	Caprivi	Absender	Schenck
A. 8086 pr. 6. September 1894.		Peking, den 22. Juli 1894.	

A. 8086 pr. 6. September 1894. a. m.

Peking, den 22. Juli 1894.

A. № 95.

Seiner Exzellenz

dem Reichskanzler, General der Infanterie

Herrn Grafen von Caprivi.

Im Anschluß an meinen gehorsamsten Bericht vom 14. dies. Mon. (A. 90) beehre ich mich nachstehend das Telegramm wieder zu geben, welches dem General Gouverneur Li hung chang hinsichtlich des Angriffes japanischer Soldaten auf den Stellvertretenden englischen General-Konsul in Söul, Herrn Gardner, zugegangen ist:

„Gardner Britisch Consul while making short excursion with friends stopped on public road by Japanese soldiers, name demanded which he gave with official title, but afterwards assaulted dragged 50 yards, beaten with fists of soldiers. Afterwards when returning to city soldiers surrounded hustled party pushing Mrs. Gardner's chair into ditch. Gardner wrote Otori who replied curtly would investigate, no apology regret."

Es scheint, daß Herr Otori den Thatbestand leugnet. Herr O´Conor meint, daß es Herrn Otori leicht gewesen wäre, um so mehr als eine Dame dabei war, sein Bedauern auszudrücken und hat den Vorfall nach London gemeldet.

Schenck.

Inhalt: Angriff japanischer Soldaten auf den englischen Vertreter in Söul.

Chinesisch - Japanischer Konflikt in Korea.

PAAA_RZ201-018917_126 f.			
Empfänger	Caprivi	Absender	Schenck
A. 8087 pr. 6. September 1894. a. m.		Peking, den 23. Juli 1894.	

A. 8087 pr. 6. September 1894. a. m. 1 Anl.

Peking, den 23. Juli 1894.

A. № 97.

Seiner Exzellenz

dem Reichskanzler, General der Infanterie

Herrn Grafen von Caprivi.

Euerer Exzellenz habe ich die Ehre, einen weiteren Bericht des Kaiserlichen Konsuls in Tientsin vom 19. dieses Monats (№ 88), betreffend die kriegerische Stimmung in Tientsin, abschriftlich beifolgend gehorsamst vorzulegen.

Schenck.

Inhalt: Chinesisch - Japanischer Konflikt in Korea.

Anlage zum Bericht A. № 97 vom 23. Juli 1894.
Abschrift.

Tientsin, den 19. Juli 1894.

№ 88.

Mittels Berichts № 87 vom gestrigen Tage hatte ich die Ehre E. H. zu melden, daß die Aussichten auf eine friedliche Entwicklung der Koreanischen Frage zwischen China und Japan geschwunden und daß sich der General-Gouverneur, trotz ihm am gestrigen Tage nochmals gemachter Vorstellungen des Grafen Cassini und seines altbewährten Rathgebers, des Zolldirektors Detring, aus der bisher beobachteten Reserve Japan gegenüber vorläufig nicht herauszutreten und, wenn irgend möglich, die unter Kommando des Generals Yeh in Korea befindlichen Truppen zurückzuziehen, entschlossen, eine größere Truppenmacht nach Yashan zu werfen. Die Einschiffung der Truppen ist zwar bis zur Stunde noch nicht erfolgt, die in meinem g. g. Berichte vom gestrigen Tage erwähnten Dampfer der China Merchants's S. N. Co. liegen jedoch an der Stadt Hsin-chéng im Peihofluße in unmittelbarer Nähe von den großen Lagern von Hisao-Chang, um an dieser Stelle die Truppen einzunehmen. In der Zwischenzeit sind auch vom Norden her und zwar, wie man sagt, aus der Umgebung Pekings mehrere tausend Mann Bannerleute in Shan haikuan an der Meeresküste eingetroffen und haben dort Zeltlager bezogen. Fremden ist demzufolge ein Besuch des letzteren Platzes nicht mehr gestattet und kehren einige bisher dort wohnende Familien aus Gründen der Sicherheit hierher zurück.

Den Hauptgrund, welcher Li hung chang zu einem Aufgaben seiner bisher reservierten Haltung in der Koreanischen Frage bewogen, glaube ich bereits in früheren g. g. Berichten gekennzeichnet und auf die schroffe und fast beleidigende Attitüde der japanischen Regierung zurückgeführt zu haben. Hierzu sollen in letzter Zeit gewisse nicht mißzuverstehende Kaiserliche Weisungen aus Peking hinzugetreten sein, welche den Generalgouverneur im Falle eines unglücklichen Ausganges eines Feldzuges gegen Japan in gewisser Beziehung der Verantwortung entheben und demselben daher größeres Vertrauen zu einem wohl auch Allerhöchsten Orts nicht unwillkommenen Krieg mit Japan erfüllt haben. Zu den für ein bewaffnetes Einschreiten Chinas unbedingt plädierenden Beamten gehören der hiesige Zolltautai Sheng, der Direktor des Küstenvertheidigungs - Amtes Chang und der Privatsekretär des Generalgouverneurs, Lo feng-luh, zu denen sich seit einiger Zeit mit einem gewissen Fanatismus der Königlich preußische Lieutenant a. d. C. von Hanneken angeschlossen haben soll. Letzterer hat, wie ich von durchaus zuverlässiger Seite höre, die Grundzüge eines gegen Japan zu führenden Krieges dem G. G. in einem längeren Promemoria vorgelegt, dessen Hauptpunkte die definitive Genehmigung erlangt haben sollen.

Gleichzeitig hat Herr von Hanneken in einer gestern Abend stattgefundenen Unterredung mit Li hung chang nach Mittheilung meines Gewährsmannes dem Letzteren in Anbetracht der langjährigen Beziehungen zu seinem ehemaligen Brot -, oder wie man in China sagen würde, Reisherrn seine Dienste angeboten, die von diesem zweifelsohne acceptiert werden dürften.

Soweit ich ferner in Erfahrung gebracht, liegt es in der Absicht der chinesischen Regierung, die zweifellos prekäre Lage des General Yeh durch weitere 6000 Mann zu stärken, während 4000 Mann nördlich von Chemulpo gelandet werden sollen.

Was die hier noch immer geführten Verhandlungen mit Vertretern fremder Mächte anbetrifft, so beschränken sich dieselben in allerdings auffälliger und häufiger Weise auf

Unterredungen zwischen Li hung chang einerseits und dem Grafen Cassini resp. dessen Attaché Pavlow und dem hiesigen Großbritanischen Konsul andererseits.

Nach mir gemachten Mittheilungen ist heute eine Koreanische Mission, bestehend aus drei Königlichen Kommissaren hier eingetroffen, über deren hiesigen Aufenthalt und Schritte E. H. Kenntniß zu geben ich nicht unterlassen werde.

gez. v. Seckendorff.

Chinesisch - Japanischer Konflikt. Zwischenfall Gardner.

PAAA_RZ201-018917_133 ff.			
Empfänger	Caprivi	Absender	Schenck
A. 8203 pr. 10. September 1894. a. m.		Peking, den 26. Juli 1894.	

A. 8203 pr. 10. September 1894. a. m.

Peking, den 26. Juli 1894.

A. № 100.

Seiner Exzellenz

dem Reichskanzler, General der Infanterie

Herrn Grafen von Caprivi.

Einer Äußerung meines hiesigen Englischen Kollegen zufolge ist der Zwischenfall mit dem Englischen Vertreter Gardner in Korea, der von Japanischen Soldaten angegriffen wurde, so gut wie beigelegt. Der kommandirende japanische Offizier Herr Otori, der Japanische Gesandte in Korea, und die Japanische Regierung hätten sich entschuldigt-

Die englische Regierung warte noch auf den Bericht Gardner´s, um die Angelegenheit fallen zu lassen.

Schenck.

Inhalt: Chinesisch - Japanischer Konflikt. Zwischenfall Gardner.

Chinesisch - Japanischer Konflikt. Neutralität von Shanghai.

PAAA_RZ201-018917_136 ff.			
Empfänger	Caprivi	Absender	Schenck
A. 8204 pr. 10. September 1894.		Peking, den 27. Juli 1894.	

A. 8204 pr. 10. September 1894.

Peking, den 27. Juli 1894.

A. № 101.

Seiner Exzellenz

dem Reichskanzler, General der Infanterie

Herrn Grafen von Caprivi.

Japan hat, wie Herr O´Conor bemerkte, der Englischen Regierung die Versicherung gegeben, den Hafen von Shanghai im Falle eines Krieges mit China wie einen neutralen respektiren zu wollen.

Der hiesige Japanische Geschäftsträger bestätigte dies mit der Bemerkung, daß Japan sich verpflichtet habe, im Fall eines Krieges mit China Shanghai nicht anzugreifen.

Schenck.

Inhalt: Chinesisch - Japanischer Konflikt. Neutralität von Shanghai.

Ein für das Kaiserliche Konsulat in Korea befördertes Telegramm.

PAAA_RZ201-018917_139 ff.			
Empfänger	Caprivi	Absender	D. Lenz.
A. 8205 pr. 10. September 1894. a. m.		Tschifu, den 28. Juli 1894.	
Memo	J. № 518.		

A. 8205 pr. 10. September 1894. a. m.

Tschifu, den 28. Juli 1894.

№ 27.

An Seine Exzellenz, den Reichskanzler, General der Infanterie,
Herrn Grafen von Caprivi.

Euerer Exzellenz beehre ich mich ganz gehorsamst zu berichten, daß ich ein mir von dem Kaiserlichen Konsulat in Korea wegen Unterbrechung der dortigen Telegraphen - Linien brieflich zur Weiterbeförderung an das hohe Auswärtige Amt, und zwar im Deutschen Wortlaut übersandtes Telegramm - № 7 - am heutigen Tage in englischer Uebersetzung abgesandt habe.[3] Letztere war in Folge einer von der Kaiserlich chinesischen Telegraphen-Verwaltung erlassenen Vorschrift nöthig geworden. Den deutschen Text des Telegramms füge ich untenstehend ebenmäßig bei.

Ich darf ganz gehorsamst bemerken, daß die betreffende Sendung des Kaiserlichen Konsuls in Korea hier mit dem französischen Kanonenboot Lion ankam. Wie ich höre werden ein französisches Kanonenboot, ein englisches und wahrscheinlich auch Seiner Majestät Schiff „Iltis" abwechselnd die Verbindung zwischen Korea (Chemulpo) und Tschifu unterhalten.

Ich habe nicht verfehlt der Kaiserlichen Gesandtschaft in Peking, für welche mir ebenfalls ein Telegram gleichen Inhalts mit dem für das hohe Auswärtige Amt bestimmten, aus Söul zuging, entsprechenden Bericht zu erstatten.

D. Lenz.

Inhalt: Ein für das Kaiserliche Konsulat in Korea befördertes Telegramm.

---

3 A. 6963 ehrerbietigst beigefügt.

Auswaertig

Berlin.

Sieben Otori ersuchte hiesige Regierung China auffordern Truppen zurückziehen Korea weigerte kurzes Gefecht Montag Japaner nahmen Palast mit Koenig Audienz Vertreter Westmaechte deren Vermittelung Koenig erbat.

Krien.

Berlin, den 12. September 1894.   A. 8083.

An

die Mission in

1. London № 733.

2. St. Petersburg № 375.

3. Wien № 480.

4. Washington A. № 62.

5. Dresden № 659.

6. Karlsruhe № 517.

7. München № 686.

8. Stuttgart № 653.

9. Weimar № 411.

---

10. An die Herren

Staatsminister

Exzellenzen

J. № 5446.

Ew. p. übersende ich anbei ergebenst Abschrift eines Berichts mit Anlage des K. Gesandten in Peking···. vom 20. Juli d. Js., betreffend den chinesisch-japanischen Konflikt,

ad 1-4: zu Ihrer gef. persönlichen Information.

ad 5-9: unter Bezugnahme auf den Erlaß vom 4. März 1885 mit der Ermächtigung zur Mittheilung.

Eueren Exzellenzen beehre ich mich anbei Abschrift eines Berichts des K. Gesandten in Peking vom 20. Juli d. Js., betreffend wie oben, zur gef. Kenntnißnahme zu übersenden.

N. S. E.

Japanische Reformvorschläge.

PAAA_RZ201-018917_144 ff.

Empfänger	Caprivi	Absender	Krien
A. 8510 pr. 20. September 1894. a. m.		Seoul, den 19. Juli 1894.	
Memo	Ohne Anl. mtg. 23. 9. London 769, Petersb. 391, Rom 549, Wien 498, Washington A. 66. J. № 386.		

A. 8510 pr. 20. September 1894. a. m. 1 Anl.

Seoul, den 19. Juli 1894.

Kontrole № 53.

An Seine Exzellenz

den Reichskanzler, General der Infanterie

Herrn Grafen von Caprivi.

Euerer Exzellenz beehre ich mich im Verfolg meines Berichtes № 51 vom 6. d. Mts. ganz gehorsamst zu melden, daß der König einen Präsidenten und zwei Vize - Präsidenten des Staatsraths zu Kommissaren behufs Besprechung der Japanischen Reformvorschläge mit Herrn Otori ernannt hat.

In der ersten Sitzung vom 10. d. Mts. händigte Herr Otori den Kommissaren zur Erwägung eine Anzahl von Vorschlägen ein, die er ihnen dann am 12., geordnet nach den Fristen, in denen die einzelnen Punkte berathen beziehungsweise ausgeführt werden müßten, wiedervorlegte. In der Anlage überreiche Euerer Exzellenz ich gehorsamst eine Englische Uebersetzung derselben. Die Vorschläge sind im Allgemeinen sehr empfehlenswerth, die Fristen indeß viel zu kurz. Die Japaner verlangen besonders, daß innerhalb zehn Tagen die einzelnen Aemter ihre bestimmten Befugnisse haben sollen, in die sich das Ministerium des Königlichen Hauses nicht einmischen dürfe, daß der Präsident des Auswärtigen Amtes ein einflußreicher Mann sein soll, daß der Mißbrauch des Stellenkaufes abgeschafft und nur fähige Leute zu Beamten ernannt werden. Die öffentlichen Wege sollen verbreitert und verbessert und die Hauptstadt soll durch Eisenbahnen und Telegraphen mit den wichtigen Orten des Landes verbunden werden.

Ferner sollen innerhalb sechs Monaten die überflüssigen Aemter und Beamten abgeschafft, die Anzahl der Verwaltungsbezirke verringert, angemessene Beamten -

Gehälter festgesetzt und der von den Beamten getriebene Mißbrauch, Gelder für ihre Privatzwecke zu erheben, abgeschafft werden. Gesetze für die Erhebung von Steuern und Einnahmen sollen erlassen, das Währungssystem geändert, die Ausgaben verringert und die See - Zollämter der Koreanischen Regierung unterstellt werden, ohne daß sich ein anderer Staat (d. h. China) darein mische.

Innerhalb zweier Jahre soll das Ackerland vermessen und abgeschätzt, veraltete Gesetze abgeschafft, Offiziere herangebildet, die alten Militär -und Marine - Einrichtungen aufgehoben und, soweit die Landes-Einkünfte es zulassen, Soldaten nach modernen Grundsätzen ausgebildet auch Polizeistationen für Söul und die anderen Städte eingerichtet werden. Ferner sollen überall Schulen gegründet werden, sodaß alle Kinder erzogen werden können, und aufgeweckte Schüler nach dem Auslande geschickt werden.

Auf die Frage der Kommissare, ob dies Japanische Forderungen oder Rathschläge wären, erwiderte Herr Otori, daß es Rathschläge wären, die aber in der bestimmten Zeit angenommen werden müßten. Die Kommissare erklärten darauf, daß für die Annahme von Vorschlägen Fristen nicht gesetzt werden dürften; sie müßten die Vorschläge deshalb als Forderungen betrachten und diese zu stellen, sei Japan nach völkerrechtlichen Grundsätzen nicht berechtigt, weil Korea von Japan als ein unabhängiges Land anerkannt worden wäre, in dessen innere Angelegenheiten sich kein Staat einzumischen hätte. Der König hätte bereits behufs Einführung von Reformen und Abschaffung von Mißbräuchen eine Kommission von fünfzehn der angesehensten Würdenträger berufen. Die Arbeit dieser Beamten würde indeß bedeutend erschwert und die Koreanischen Regierung würde unter ihren Unterthanen an Ansehen verlieren, wenn es bekannt würde, daß die Reformen von Seiten Japans anbefohlen worden wären.

Auf wiederholtes Drängen Otoris hat ihm jetzt der Präsident des Auswärtigen Amtes bescheinigt, daß die Japanischen Vorschläge freiwillig und, ohne daß von Japan ein Zwang ausgeübt worden sei, von der Koreanischen Regierung angenommen worden seien.

Abschriften dieses ganz gehorsamen Berichtes sende ich an die Kaiserlichen Gesandtschaften zu Peking und Tokio.

Krien.

Inhalt: Japanische Reformvorschläge. 1 Anlage.

Anlage zum Bericht № 53.
Abschrift.

Paper presented to the three Korean Officials by Mr. Otori.

The urgent demands for putting these things into operation are made as advice by my Government, but your Government has a perfect right to take the advice or not.

Matters to be discussed within three days and to be decided and put into operation within ten days

---

I/A Reorganization of the duties and service of the several officers in the various departments.

The affairs concerning internal administration and external relations according to the old system belong to the Head Government, but the Presidents of the six departments ought to have their respective duties and responsibilities and the old custom of having one influencial man to govern and interfere with the duties of the others must be abolished.

The persons comprising the Household Department of His Majesty shall not be heard in the administration of national affairs and the organization of that department shall be distinctly separate from any departments governing the nation.

I/B The management of commercial intercourse and friendly relations with foreign nations is very important and must be carefully administered, therefore the minister of that department must be a man who has great influence and can bear heavy responsibility.

I/F The former method of selecting officers shall be abolished so that a large range may be opened for making selection of proper persons.

I/G The payment of money for official appointment is the source of corruption and must be decidedly prohibited and abolished.

I/I The custom of officers, whether high or low, hunting for money, must be prohibited by new laws.

II/F The public roads and highways must be widened and improved and railroads built between Seoul and other important places to the harbors and telegraphic lines connected between districts and commercial places in every province so that facilities for travel, transportation and communication may be afforded.

The railroads and telegraphic lines are to be discussed upon within ten days, but work on the same to be begun when materials are procured.

Matters to be discussed and put into operation within six months.

I/C In the reorganization of the different bureaus the nominal ones ought to be abolished or combined with others.

I/D The present number of the districts is too great, so they must be combined and new limits made to them so that their number will be diminished and the expenses of their administration lessened without interfering with the good of the service.

I/E The superfluous officers, whether high or low, should be dismissed.

I/H The amount of the salaries of each of the officers, high or low, shall be fixed according to modern custom and made sufficient for them to live properly.

I/J The custom of officers, whether high or low, of districts levying money for private purposes must be stopped by newly enacted laws.

II/A The receipt and disbursement of the Government must be critically settled and examined according to a regular system of accounts.

II/B The method of keeping books and accounts of receipt and disbursement must be strict, clear, correct and exact.

II/C The monetary system must be changed and definitely fixed.

II/E The unnecessary minor expenses must be diminished and ways of increasing the revenue must be sought out and examined.

II/G The Custom houses and the business in the commercial harbors of each province must be under the Government of Korea without any interfering of any other nation.

Matters to be discussed and put into operation within two years.

II/D The farming land of each province must be clearly numbered and surveyed so as to make a proper basis for taxation.

II/E Surveying the farming land so as to make a proper basis for taxation for the reformation of the national revenue.

II/F The public roads and highways must be widened and improved.

III/A The ancient laws not in accordance with modern custom must be abolished and the laws remodeled according to such new custom.

III/B The administration of justice must be changed and the law department must be just and correct.

IV/A Military officers must be educated.

IV/B The old system of navy and army must be abolished and the soldiers drilled by the modern system of tactics to the extent that the national revenue can afford.

IV/C The organization of the police force system is very important, so stations must be established in Seoul and every town and the rules for the police strictly fixed.

V/A Every branch in education must be changed and modern methods adopted and primary schools established in each district, so that all the children may be educated. V/C Bright men from among the scholars must be selected and sent to foreign countries to learn all branches of education and to acquire knowledge of arts and sciences.

———————————

Note: The above is an unofficial translation and while it may not be critically correct, it is believed to be substantially so.

Mißglückter Versuch, das Hafengebiet von Chemulpo von militärischen Operationen zu befreien.

PAAA_RZ201-018917_159 ff.			
Empfänger	Caprivi	Absender	Krien
A. 8511 pr. 20. September 1894. a. m.		Seoul, den 20. Juli 1894.	
Memo	J. № 388.		

A. 8511 pr. 20. September 1894. a. m.

Seoul, den 20. Juli 1894.

Kontrole № 54.

An Seine Exzellenz

den Reichskanzler, General der Infanterie

Herrn Grafen von Caprivi.

Euerer Exzellenz beehre ich mich ganz gehorsamst zu melden, daß seit Ankunft der Japanischen Soldaten in Chemulpo der auswärtige Handel vollständig darniederliegt, weil die Mehrzahl der Koreanischen und Chinesischen Kaufleute sich von Chemulpo geflüchtet hat.

In Folge dessen fanden am 8., 10. und 16. d. Mts. Versammlungen der fremden Vertreter, einschließlich des Chinesischen, und des Präsidenten des Auswärtigen Amtes statt, um nach Maßgabe der Vereinbarung von 1884 über die Fremden - Niederlassung von Shanghai das Hafengebiet von Chemulpo von kriegerischen Operationen zu befreien. Der Englische Vize-Konsul Gardner hat den fremden Vertretern vorgeschlagen, mit Herrn Otori ein Uebereinkommen abzuschließen, wonach die Japanischen Truppen aus der Japanischen Niederlassung zurückgezogen und mindestens drei Englische Meilen davon entfernt stationirt werden sollten, weil er hoffte, daß dann die Koreanischen Kaufleute zurückkehren und der Handel wieder aufleben würde.

Die Sitzungen verliefen, wie zu erwarten war, resultatlos.

Der Amerikanische Minister - Resident meldete, unterstützt von Herrn Gardner, einen Antrag an, alle dem Handel und dem Aufenthalt der Ausländer geöffneten Häfen und Plätze, sowie die Landstraße von Söul nach Chemulpo. für immun zu erklären, während der Chinesische Vertreter Yuan empfahl, alle von der koreanischen Regierung als neutral bezeichneten Plätze zu neutralisiren. Herr Otori erwiderte, daß die Diskussion dieser

Fragen seine Befugnisse überschritte, da er von seiner Regierung nur für den Hafen von Chemulpo mit Weisungen versehen wäre. Ich bemühte mich vergeblich, die Erörterung auf den ursprünglichen Antrag, betreffend die Immunität des Hafengebiets von Chemulpo, zu beschränken.

Da der Japanische Gesandte an der zweiten Sitzung theilzunehmen verhindert war, so sandte er an den Präsidenten ein Schreiben, worin er erklärte, daß er damit einverstanden wäre, daß der Hafen von Chemulpo von militärischen Operationen befreit würde, vorausgesetzt daß 1) der Landung und Einschiffung von Japanischen Soldaten, Waffen und Munition kein Hinderniß in den Weg gelegt würde und 2) daß eine für den Schutz der Japanischen Ansiedler genügende Anzahl Japanische Soldaten in die Japanische Niederlassung gelegt werden dürfte.

Diese Bedingungen wurden von den anderen Vertretern nicht angenommen.

In der Sitzung vom 16ten erklärte der Russische Vertreter Herr Waeber, daß es sich seines Erachtens nicht empfähle, die Frage zu diskutiren, bevor die Rathschläge der fremden Vertreter, die Chinesischen und Japanischen Truppen gleichzeitig zurückzuziehen, endgültig abgelehnt worden wären, da er immer noch hoffte, daß diese Rathschläge angenommen werden würden.

Ich erklärte Herrn Otori, daß durch die Anwesenheit zahlreicher Japanischer Truppen in Chemulpo der fremde Handel gestört und das Deutsche Interesse empfindlich geschädigt worden sei, und sprach die Hoffnung aus, daß er Mittel und Wege finden würde, diese Schädigung Deutscher Interessen in Zukunft zu vermeiden. Als ein geeignetes Mittel dazu betrachtete ich die Zurückziehung der Japanischen Truppen aus Chemulpo.

Da Herr Gardner in der vorherigen Sitzung die Anwesenheit Japanischer Truppen in Chemulpo als ungesetzlich(illegal) bezeichnet hatte, so erklärte Herr Otori, daß die Japanische Regierung durch das Uebereinkommen von 1882 das Recht erlangt hätte, Truppen nach Korea zu senden. Der bezügliche Artikel V des Uebereinkommens lautet in Englischer Uebersetzung:

5 - A certain number of soldiers shall be stationed as a guard at the Japanese Legation, to be ready in case of emergency.

Corea shall undertake to construct barracks and keep them in repair. If, after the lapse of one year, the attitude of the Corean soldiers and people shall continue law-abiding the Japanese Minister seeing no longer any need for a guard to provide against danger, shall withdraw the troops.

Auf Grund diese Artikels hat also, nach der Erklärung des Japanischen Gesandten, die Japanische Regierung etwa 10 000 Mann nach Korea geschickt. In der That fordert Herr

Otori für die Provisionen der Japanischen Truppen Zollfreiheit, weil diese Provisionen für die Gesandtschafts - Wache bestimmt seien.

Abschriften dieses ganz gehorsamen Berichtes sende ich an die Kaiserlichen Gesandtschaften zu Peking und Tokio.

Krien.

Inhalt: Mißglückter Versuch, das Hafengebiet von Chemulpo von militärischen Operationen zu befreien.

Beamten - Wechsel und Reformvorschläge.

PAAA_RZ201-018917_167 ff.

Empfänger	Caprivi	Absender	Krien
A. 8560 pr. 21. September 1894. a. m.		Söul, den 9. August 1894.	
Memo	cf. A. 9244 J. № 446.		

A. 8560 pr. 21. September 1894. a. m.

Söul, den 9. August 1894.

Kontrole № 58.

An Seine Exzellenz

den Reichskanzler, General der Infanterie

Herrn Grafen von Caprivi.

Euerer Exzellenz beehre ich mich ganz gehorsamst zu berichten, daß in der letzten Zeit fast sämmtliche Koreanische Aemter in Söul ihre Beamten gewechselt haben. Der während der letzten vier Jahre beinahe allmächtige Präsident des Staatsraths pp. Min Yong Chun, der die meisten einträglichen Posten verkaufte und der dann auf Drängen des Chinesischen Vertreters Yuan den König bestimmte gegen die Aufständischen in Chöllado Chinesische Hülfe zu erbitten, ist seiner zahlreichen Aemter enthoben und mit verschiedenen seiner Verwandten und Anhänger in die Verbannung geschickt worden. Damit ist die Macht der Sippe Min gebrochen.

Fünf einflußreiche Posten sind von Beamten besetzt worden, die sich früher längere Zeit in Japan aufgehalten haben und als Japanerfreunde gelten. Zum Präsidenten des Auswärtigen Amtes ist dagegen, an Stelle des Herrn Cho, Herr Kim Yun Sik ernannt worden, der früher diesen Posten bekleidet hatte, aber wegen seiner übergroßen Chinesenfreundlichkeit vor sieben Jahren entlassen und verbannt worden war. Zum Premier - Minister ist der „Minister" der Auswärtigen Angelegenheiten Kim Hong Jip bestellt worden.

Die aus 15 Mitgliedern zusammengesetzte und unter dem Einflusse der Japanischen Gesandtschaft stehende Kommission für die Einführung von Reformen hat in ihren Sitzungen vom 27. Juli bis zum 4. August dem Könige verschiedene Vorschläge zur Genehmigung unterbreitet, von denen die wichtigsten folgende sind:

An Stelle des früheren nach Chinesischem Muster gebildeten Staatsraths und der sechs Ministerien treten ein Staatsrath und acht nach Europäisch - Japanischem Vorbilde eingerichtete Ministerien, und zwar für die inneren Angelegenheiten, für die auswärtigen Angelegenheiten, für die Finanzen, den Krieg, die Justiz, die öffentlichen Arbeiten, den Unterricht und für Handel und Ackerbau. An der Spitze dieser Aemter steht ein verantwortlicher Minister. Für den Staatsrath sind 2 Vize-Minister, für die Ministerien ein Vize-Minister und für sämmtliche Aemter verschiedene Räthe und Sekretäre, deren Zahl genau festgesetzt ist, in Aussicht genommen.

Mit besonderen Vollmachten ausgestattete Gesandte zeigen den Vertragsmächten die Unabhängigkeit Koreas an.

Adlige und gewöhnliche Leute sind gleichberechtigt. Die Sklaverei ist abgeschafft. Die Witwen von Adligen dürfen sich wiederverheirathen. Kinder - Ehen sind verboten; das heirathsfähige Alter für Personen männlichen Geschlechts ist 20, weiblichen Geschlechts 16 Jahre. Beamte und Offiziere haben in ihren Graden gleichen Rang. Die Amtstracht wird vereinfacht; Offiziere tragen Uniform. Das große Gefolge der Beamten und Offiziere wird vermindert. Auch die höchsten Beamten dürfen nach Belieben zu Fuß gehen oder reiten. In amtlichen Schriftstücken wird nur die Koreanische Zeitrechnung gebraucht. Kein Familienmitglied darf für Verbrechen eines anderen Familienangehörigen bestraft werden. Söhne von Nebenfrauen dürfen adoptirt werden.

Geschäftsordnungen sind für die verschiedenen Aemter festzusetzen. Das Finanz- und Steuerwesen muß geordnet werden. Beamte, welche Erpressungen ausüben oder bei anderen Leuten Zwangsanleihen aufnahmen, sollen streng bestraft werden. Nur Polizeibeamte dürfen Koreaner verhaften und nur die Gerichte sie bestrafen. Vor dem Gesetze sind alle Koreaner gleich.

Alle Staatseinnahmen sind dem Finanzministerium zu überweisen, von dem aus die Staats-Ausgaben zu bestreiten sind. Die alten schriftlichen Prüfungen werden abgeschafft.

Die Staatsschulden sollen genau geprüft und von einem zum Finanzministerium gehörigen Staatsschulden - Amte geregelt und ratenweise getilgt werden.

Die rückständigen Gehälter aller Beamten und Offiziere sollen festgesetzt und in Raten bezahlt werden.

Der König, der andauernd von Japanischen Truppen im Palaste wie ein Gefangener bewacht gehalten wird, hat alle diese Vorschläge gutgeheißen.

Abschriften dieses ganz gehorsamen Berichtes sende ich an die Kaiserlichen Gesandtschaften zu Peking und Tokio.

Krien.

Inhalt: Beamten - Wechsel und Reformvorschläge.

Berlin, den 23. September 1894.   zu A. 8510.

An
die Botschaften in
1. London № 769.
2. St. Petersburg № 391.
3. Rom № 549.
4. Wien № 498.
5. Washington № A. 66.

J. № 5623.

Euerer pp. übersende ich anbei ergebenst Abschrift eines Berichts des K. Konsuls ···. in Söul···. vom 19. Juli d. Js., betreffend die der Koreanischen Regierung unterbreiteten Reformvorschläge Japans.

ad 3 u. 5.: Zu Ihrer Information.
ad 1 u. 4: Zu Ihrer Information und mit der Ermächtigung, den Inhalt nach Ihrem Ermessen zu verwerthen.

N. d. H. U. St. S.

[   ]

PAAA_RZ201-018917_176

Empfänger	Marschall von Bieberstein	Absender	[*sic.*]
A. 8743 pr. 27. September 1894. p. m.		Berlin, den 24. September 1894.	
Memo	Anl. zu A. 7910. J. № 2376.		

A. 8743 pr. 27. September 1894. p. m. 1 Anl.

Berlin, den 24. September 1894.

An den Kaiserlichen Staatssekretär

des Auswärtigen Amtes

Herrn Kammerherrn Freiherrn

Marschall von Bieberstein Exzellenz.

Euerer Exzellenz beehre ich mich beifolgend den mit dem sehr gefälligen vertraulichen Schreiben vom 2. d. Mts. - A. 7910/J. № 5263 - zugesandten Bericht des Kaiserlichen Vizekonsuls in Tschifu über Vorgänge an Bord der chinesischen Kriegsschiffe vor Chemulpo nach Kenntnißnahme mit verbindlichstem Danke ganz ergebenst zurückzusenden.

Im Auftrage

[*sic.*]

Koreanische Reformen. Verzeichniß der neuen Aemter.

PAAA_RZ201-018917_177 ff.			
Empfänger	Caprivi	Absender	Krien
A. 9244 pr. 11. Oktober 1894. p. m.		Söul, den 23. August 1894.	
Memo	J. № 500.		

A. 9244 pr. 11. Oktober 1894. p. m. 1 Anl.

Söul, den 23. August 1894.

Kontrole № 62.

An Seine Exzellenz, den Reichskanzler, General der Infanterie,
Herrn Grafen von Caprivi.

Euerer Exzellenz beehre ich mich im Verfolg meines Berichts № 58 vom 9. d. Mts. ganz gehorsamst zu melden, daß die Koreanische Reform - Kommision in ihren Sitzungen vom 8. bis zum 18. d. Mts. weitere Reformen beschlossen hat, deren wichtigere die folgenden sind:

„Die Sekretäre der Ministerien und Aemter müssen vor ihrer Anstellung Prüfungen ablegen. Die überflüssigen und dieserhalb entlassenen Beamten sollen noch eine Zeit lang ihre alten Gehälter beziehen.

Bis zur Einführung neuer Gesetze für die Justiz - Pflege werden die Verwaltungs - Behörden die Gerichtsbarkeit ausüben.

Steuern werden nur in Geld erhoben (eine unverständige Maßregel, die vermuthlich nicht durchgeführt werden wird). Die untergeordneten Behörden werden in die zuständigen Ministerien eingereiht.

Einheitliche Maße und Gewichte werden eingeführt. Die neue Geldwährung tritt am 20. August in Kraft. Alle Häuser sollen nummerirt werden.

In den einzelnen Bezirken sollen aus den ansässigen Einwohnern ältere Leute gewählt werden, deren Rath von den Verwaltungsbehörden einzuholen ist.

Eine Anzahl intelligenter junger Leute soll Studien halber ins Ausland gesandt werden.

Geeignete Beamte sollen die Provinzen bereisen, um die Einführung der Reformen zu überwachen und die Beschwerden des Volkes entgegenzunehmen.

Das von habsüchtigen Beamten während der letzten zehn Jahre den rechtmäßigen Eigenthümern widerrechtlich entzogene Grundeigenthum soll diesen wieder zurückgegeben werden. Untersuchungs - Kommissionen sollen über die Rechtsansprüche entscheiden.

Die Vorsteher der neuen Ministerien sollen ohne Verzug ernannt werden. Den verschiedenen Central - Aemtern sollen ausländische Rathgeber zugetheilt werden.

Bei Audienzen sollen die fremden Vertreter bis zu der Wartehalle des Palastes ihre Tragstühle benutzen.

Die Beamten des Hausministeriums dürfen sich in Verwaltungs - Angelegenheiten nicht einmischen.

Der König hat alle diese Beschlüsse genehmigt.

Euerer Exzellenz beehre ich mich in der Anlage ein Verzeichniß der neuerrichteten Aemter und deren Befugnisse mit dem ganz gehorsamen Hinzufügen zu überreichen, daß die Chefs, die Vize-Minister und die Räthe des Staatsraths und der Ministerien am 15. d. Mts. ernannt worden sind. - Für die Auswärtigen Angelegenheiten ist als Minister Kim Yun Sik und als Vize-Minister Kim Ka Chin, der vor einigen Jahren Minister-Resident in Tokio war, bestellt worden.

Durch amtliches Schreiben vom heutigen Tage hat der Minister des Auswärtigen die fremden Vertreter benachrichtigt, daß sie künftig bei Audienzen bis zur Wartehalle ihre Tragstühle benutzen dürfen. Damit hat die Euerer Exzellenz mittels der ehrerbietigen Berichte № 65[4] vom 9. November 1893 und № 14[5] vom 7. Februar 1894 gemeldete Tragstuhl - Frage ihre Erledigung gefunden.

Abschriften dieses ganz gehorsamen Berichtes sende ich an die Kaiserlichen Gesandtschaften zu Peking und Tokio.

Krien.

Inhalt: Koreanische Reformen. Verzeichniß der neuen Aemter. Erledigung der Tragstuhl - Frage bei Audienzen.

---

4 I. 24717 i. a. ehrerbietigst beigefügt.

5 I. 6728 i. a. ehrerbietigst beigefügt.

Anlage zum Bericht № 62.

Abschrift.

Formirung der Koreanischen Central - Behörden seit 20. August 1894.

1.) Ministerium des Königlichen Haushalts, Kung nal pu, zerfällt in 16 Abtheilungen. (Aufbewahrung des Königlichen Siegels, Aufzeichnung der Worte und Thaten Seiner Majestät; Verfassung von Erlassen etc. des Königs; Königliche Bibliothek; Königliche Musikkapelle; Königlicher Speicher; Departement für Küche, Eishäuser und Gastgeschenke; Gewänder, Leibärzte; Lektoren des Kronprinzen; Eunuchen, männliche und weibliche Palastdienerschaft; Königlicher Marstall; Königliche Gebäude; Rechnungswesen; Verehrung der Vorfahren des Königs; Verwandte des Königs.)

Organisation der Centralbehörden.

2.) Staats - Rath (Ui Chöng pu) oberstes und wichtigstes Organ der Verwaltung; mit 1. Präsidenten, 2 Vize-Präsidenten, 10 Räthen und 31 Sekretären.

Der Staats - Rath gliedert sich in 9 Abtheilungen, deren erster (Kun Kung Kiu mu cho mit 1 Präsidenten, 1 Vize-Präsidenten, 10-20 Räthen und 3 Sekretären) die Berathung der sämmtlichen inneren Angelegenheiten des Staates obliegt, deren zweiter (tochal Won, mit 1 Direktor, 5 Räthen und 10 Sekretären) die sämmtlichen Beamten des Landes unterstehen. Die übrigen 7 Abtheilungen (unter je 1 Rath und 2-4 Sekretären) führen Listen sämmtlicher Beamten die zur Zeit kein Amt bekleiden, prüfen Rang und Zeugnisse eines jeden in den Dienst Eintretenden, sorgen für Publikation von Gesetzen und Verordnungen der Regierung und Entscheidungen einzelner Behörden, schreiben die Geschichte des Landes, halten Journale und Archive in Ordnung, leiten die Staats - Raths - Kasse und regeln die Pensionirungen.

3.) Ministerium des Innern, Nae Mu A Mun, (Bevölkerungsstatistik, Seuchenpolizei, Medizinal- und Impfwesen, Landes - Vermessung und - Aufnahme; Brücken, Wege, Dränirung, Tempel, Klöster, Opfer für Berge und Flüsse.)

4.) Ministerium der Auswärtigen Angelegenheiten, Ue mu a mun, (Gesandtschaften und Konsulate, Handel und Schiffahrt, äußere Politik, Verträge, Völkerrecht, Recht der einzelnen Länder.)

5.) Finanzministerium, Takchi a mun, (Zölle und Steuern, Grundlisten; Staatsbudget, Oberrechnungskammer; Bestände der öffentlichen Speicher; Münze.)

6.) Justizministerium, Pöp mu a mun, (Aufsicht über das Justizpersonal; Civil- und

Kriminal- Gerichtsbarkeit.)

7.) Ministerium des Unterrichts, Hak mu a mun, (Tempel und Schriften des Confucius und anderer Weisen und Heiligen; Elementar, Mittel - und höhere Schulen, Universitäten, Seminare; Schulen für fremde Sprachen; Uebersetzung wissenschaftlicher Werke aus fremden Sprachen, Lehrbücher, Druck Koreanischer Bücher.)

8.) Ministerium der öffentlichen Arbeiten, Kong mu a mun, (Post und Telegraph, Eisenbahnen, Bergbau; Leuchtfeuer, Tonnen, Baken, Errichtung von öffentlichen Gebäuden.)

9.) Kriegsministerium, Kun mu a mun, (Palastgarde; Ergänzung und Zusammensetzung des Heeres, Marine, Waffen - Fabrikation und - Reparatur, Ankauf von Waffen, Militärverpflegungs- und Bekleidungswesen, Militärmedizinalwesen.)

10.) Ministerium für Landwirtschaft und Handel, Nongsang a mun, (Ur- und Nutzbarmachung von Grund und Boden; Seiden- und Thee-Cultur, Viehzucht, Waldkultur, Forstschulen, See- und Flußfischerei, Anlegung von Fischteichen, Bodenuntersuchung, Düngung; Maße und Gewichte, Hebung und Gründung von Industrien, Handelsverhältnisse in Korea, Ertheilung und Schutz von Patenten, Herausgabe von Lehrbüchern.)

Jedes der Ministerien 3-10 ist zusammengesetzt aus 1 Präsidenten, 1 Vize-Präsidenten, 4-9 Räthen und 14-45 Sekretären, und umfaßt 4-10 Abtheilungen (dabei je 1 für Erledigung von Sachen für die ein eigenes Department noch nicht besteht, und je 1 Kassenabtheilung), deren jede von 1 Rath und 2-8 Sekretären besetzt ist.

[   ]

PAAA_RZ201-018917_189 ff.

Empfänger	Caprivi	Absender	Krien
A. 10917 pr. 30. September 1894. a. m.		Seoul, den 12. Oktober 1894.	

Abschrift.

A. 10917 pr. 30. September 1894. a. m.

Seoul, den 12. Oktober 1894.

K. № 75.

Seiner Exzellenz

dem Reichskanzler, General der Infanterie

Herrn Grafen von Caprivi.

Euerer Exzellenz habe ich die Ehre ganz gehorsamst zu berichten, daß der Aufstand im Süden Koreas in der letzten Zeit wieder an Ausdehnung zugenommen hat. Namentlich im Norden der Provinzen Kyöng-sang-do und Chung-chong-do haben die Empörer Beamte verjagt oder getödtet und die wohlhabenden Einwohner gebrandschatzt. Sechs japanische Arbeiter sowie ein japanischer Offizier und ein Soldat sind von ihnen im vorigen Monat ermordet worden.

Am 7. d. Mts. haben die Aufständischen die im Süden der hauptstädtischen Provinz, Kyöng-kui-do gelegenen Bezirksorte An-song und Chuk-san eingenommen. Infolge dessen sind heute 4 Kompagnien (480 Mann) koreanische Soldaten, denen die Japanischen Militärbehörden eine Anzahl der am 23. Juli d. Js. erbeuteten Remington-Gewehre nebst je 40 Patronen zurückgegeben haben, von hier gegen die Rebellen ausgerückt. Es heißt, daß Japanische Truppen ihnen nachfolgen werden.

Vor einigen Tagen theilte mir Herr Otori mit, daß Japanische Soldaten am 7. d. Mts. in der koreanischen Grenz Stadt Ui-ju am Yalu-Flusse eingetroffen seien, ohne unterwegs Chinesische Truppen angetroffen zu haben. Er erwarte in etwa 14 Tagen einen weiteren Zusammenstoß der japanischen und chinesischen Streitkräfte bei der chinesischen Grenzstadt Kiulionchen. Herr Otori erwähnte dabei, daß sich im Anfange dieses Monats zahlreiche versprengte chinesische Soldaten im japanischen Lager bei Pyöng-Yang eingefunden hätten, um sich als Gefangene zu ergeben. In der Schlacht bei Pyöng-Yang haben sich nach hiesigen Berechnungen auf jeder Seite etwa 20 000 Mann gegenüber gestanden. Die Einwohner der Stadt, die sich zum größten Theil geflüchtet hatten, sind wieder zurückgekehrt, da die japanischen Truppen überall eine musterhafte Disciplin halten und alle ihnen gelieferten Lebensmittel und geleisteten Dienste baar bezahlen.

Der zwischen Japan und Korea am 26. August abgeschlossene, in der Zeitung „Japan Weekly Mail" vom 15. September abgedruckte Allianzvertrag ist koreanischerseits ganz geheim gehalten worden.

In Folge der Land- und Seesiege der Japaner ist deren Ansehen bei den Koreanern sehr gestiegen.

An Stelle des Unterrichtsministers Pak Chong Yang, der krankheitshalber von seiner Mission nach Tokio entbunden worden ist, ist der zweite, 17 Jahre alte Sohn des Königs Prinz Yi Kang, zum Spezial-Gesandten des Königs ernannt worden. Derselbe hat heute Söul verlassen, um sich von Chemulpo auf einem japanischen Dampfer nach Japan zu begeben. Er wird dem Kaiser von Japan ein Dankschreiben seines Vaters und als Geschenke zwei Kraniche und zwei Tigerfelle überbringen. Auf seinen Wunsch habe ich ihm ein Einführungsschreiben an den Kaiserlichen Gesandten in Tokio mitgegeben.

Vor acht Tagen stattete der Vater des Königs den europäischen und amerikanischen Vertretern Besuche ab.

Japanische Polizeibeamte bilden jetzt eine koreanische Polizei nach europäischen Muster aus. Auf Befehl des Königs hat der hiesige Minister der auswärtigen Angelegenheiten ferner den japanischen Gesandten um japanische Rathgeber für die verschiedenen Ministerium gebeten.

Der japanische Konsul Noste in Chemulpo, der mit dem dortigen englischen Vizekonsul verschiedene Zwistigkeiten hatte, ist telegraphisch abberufen worden, wie Herr Hillier annimmt, mit Rücksicht darauf, daß die britische Regierung ihn selbst so eilig auf seinen Posten zurückgesandt hat, um Herrn Gardner abzulösen. Der Letztere hat übrigens außer einer Bemerkung in einem Privatbriefe des Herrn Otori, daß General Oshima die Verdrießlichkeiten bedauerte, die Herrn Gardner in dem japanischen Lager widerfahren wären, und daß er (Herr Otori) sich diesem Bedauern anschlösse, japanischerseits keine Entschuldigung erhalten.

Da vor Kurzem ein Artikel der „Times", in dem die Japaner vor Rußland und dessen Verlangen nach einem koreanischen Hafen gewarnt werden, im Auszuge als Telegramm in ostasiatischen Zeitungen erschien, so nahm Herr Waeber mir gegenüber die Gelegenheit wahr, um alle Bestrebungen Rußlands nach Port Lazareff oder einem anderen koreanischen Hafen vollständig in Abrede zu stellen. Der Hafen von Wladiwostock genügte nach Herrn Waeber allen militärischen und kommerziellen Bedürfnissen seines Landes. Beispielsweise sei Wladiwostock im letzten Winter nur fünf Wochen lang zugefroren gewesen.

Die russischen und amerikanischen Gesandtschaftswachen sind auf 30 bezw. 24 Mann herabgesetzt worden. Während früher zur Bewachung des französischen Kommissariats Tag und Nacht ein russischer Posten gestellt wurde, ist der dortige Nachtposten jetzt eingezogen worden.

S. M. Kbt. „Iltis", das am 18. v. Mts. von Tschifu in Chemulpo eintraf, hat den letzteren Hafen am 27. v. Mts. wieder verlassen, um nach Tschifu zurückzugehen, wo der neue Kommandant des Schiffes Anfangs dieses Monats erwartet wurde.

Abschriften dieses ganz gehorsamen Berichtes sende ich an die Kaiserlichen Gesandtschaften zu Peking und Tokio.

gez. Krien.

orig. i. a. China 20

[   ]

PAAA_RZ201-018917_196 f.

Empfänger	Caprivi	Absender	Krien
A. 11701 pr. 22. Dezember 1894. a. m.		Söul, den 27. Oktober 1894.	
Memo	mtg. 25. 12. London 1100.		

Abschrift.

A. 11701 pr. 22. Dezember 1894. a. m.

Söul, den 27. Oktober 1894.

Kontr. № 78.

Seiner Exzellenz, dem Reichskanzler, Gen. d. Inf., Herrn Grafen von Caprivi.

pp.

Die koreanischen Reformen sind seit mehreren Wochen ins Stocken gerathen, die Mitglieder der Kommission sind unter einander uneinig und der Präsident, Premierminister Kim Hong Jip, sowie verschiedene Mitglieder der Kommission haben wiederholt um ihre Entlassung gebeten. Auch der Tai-ön-kun, der anfänglich den Reformen geneigt zu sein schien, hat sich jetzt dagegen ausgesprochen.

In den drei südlichen Provinzen, sowie in verschiedenen Bezirken von Kang-wön-do und Whang-hai-do herrschen die Rebellen. In der Provinz Chöl-la-do, deren Hauptstadt sie wiedererobert haben, haben sie eine Art Regierung eingesetzt und erheben von den Einwohnern regelrechte Steuern. Aus Kyöng-kui-do haben sie sich indeß zurückgezogen, nachdem etwa 1 000 Regierungstruppen und 200 japanische Soldaten von hier aus gegen sie entsandt worden sind. Bei Tai-ku, der Hauptstadt von Kyöng-sang-do, haben 27 japanische Soldaten, die zur Bewachung der dortigen Telegraphenstation abkommandirt waren, mit Hülfe der Bevölkerung ungefähr 6000 Tonghak-Rebellen zurückgeschlagen und dabei gegen 2 000 Luntengewehre erbeutet. pp.

gez. Krien.

orig. i. a. China 20.

Herr Otori in Söul.

PAAA_RZ201-018917_198 ff.

Empfänger	Fürst zu Hohenlohe - Schillingsfürst	Absender	Schenck
A. 11878 pr. 25. Dezember 1894. a. m.		Peking, den 6. November 1894.	

A. 11878 pr. 25. Dezember 1894. a. m. 2 Anl.

Peking, den 6. November 1894.

A. № 186.

Vertraulich!

Seiner Durchlaucht

dem Reichskanzler

Fürsten zu Hohenlohe - Schillingsfürst.

Mein hiesiger englischer Kollege gewährte mir vertraulich Einsicht mehrerer Berichte des englischen Generalkonsuls Hillier in Söul, welche für die gegenwärtige Lage in Korea und die Thätigkeit des dortigen japanischen Gesandten Otori charakteristisch sind.

Ich gestatte mir zwei dieser Berichte abschriftlich hier gehorsamst vorzulegen. Der eine (№ 107) betrifft die Berufung der japanischer Rathgeber in die neu kreierten koreanischen Staatsämter und die Form, in welcher Herr Otori den koreanischen Auswärtigen Minister veranlaßte, diese Rathgeber von Japan zu erbitten.

Der zweite Bericht (№ 108) handelt von der Entsendung eines illegitimen Sohnes des Königs von Korea als Gesandten nach Japan, welcher Herr Otori bzw. die Japanische Regierung als Kandidaten für den koreanischen Thron in Aussicht genommen zu haben scheint.

Schenck.

Inhalt: Herr Otori in Söul.

Anlage 1 zum Bericht A. № 186 vom 6. November 1894.

Abschrift.

Visit to the King's brother. Appointment of Japanese advisers.

H. B. M. Consulate General

Söul, 6. October 1894.

Sir,

On the 4th instant I called by invitation on the elder brother of the King who received me with much cordiality and was very outspoken on the present state of affairs. He expressed his indignation at the action of the Japanese generally, and in common with every Corean official I have met, his sympathies are entirely with the Chinese, with whom the king and his party keep up regular communication through various private channels.

He told me, amongst other items of information, that since the Japanese success at Ping Yang Mr. Otori had been pressing for the execution of the reforms proposed by the Deliberative Council and some three or four days ago had handed the Foreign Minister a draft of a Note to himself requesting him to move the Japanese Government to appoint Japanese advisers some twenty in all, to the various officies enumerated in my despatch № 106 of the 5th inst. The Foreign Minister had done his best to gain time, but M. Otori insisted on the Note being written then and there, and took it away with him.

The King's brother asked me if nothing could be done to prevent this wholesale infliction of Japanese advisers upon the Corean Government. He said M. Otori had told the Minister for Foreign Affairs that one or two foreigners would be allowed to be engaged in minor capacities, but that every department of the Government would be under Japanese direction, and he asked me if the Foreign Representatives could not protest against the non-fulfilment of the pledge given to them that in the selection of foreign advisers no preference would be given to the subjects of any nationality (see my despatch № 94 of 29th Sep.). I told his Highness that the matter was a difficult one to deal with, that it would require consideration, and that it would be impossible in any case to act on mere hearsay, but that if he would furnish me confidentially with a copy of the Note to Mr. Otori I would consult my colleagues. This Note he promised to send me, but I have not yet received it.

I saw Mr. Waeber, the Russian Charge d'Affaires, yesterday and told him of the above conversation. He said that in the absence of specific instructions he was not prepared to go further than he had already gone in protesting in common with his colleagues, against the selection of advisers from one nationality. There was no doubt that no protests in this country would prevent the Japanese from carrying out the policy they had determined on, and he thought that nothing more could be done for the moment. He was not inclined to believe that the Japanese would continue to meet with uninterrupted success in their campaign against China, and I gathered from the few cautious remarks he let fall, that while he is by no means disposed to acquiesce in all the plans of the Japanese, he prefers to await for the moment the issue of events, and to obtain more definite instructions than he has yet received.

For my own part, if I may venture to express an opinion, I believe that little good can be done by formal protests to the Corean Government. It is obvious enough, and is frankly admitted, that Japanese pressure is at the bottom of every step they take, and though it might be possible to obtain from the Minister for Foreign Affairs pledges that this or that should be done he would be forced to repudiate them unless they could be demanded with the weight of special authorisation.

> I have the honour to be, Sir,
> Your most obedient, humble servant,
> (sign.) Walter C. Hillier.
> N. K. O´Conor Esquire, CB CMG.
> Her Majesty´s Minister Peking.

Anlage 2 zum Bericht A. № 186 vom 6. November 1894.
Abschrift.

Appointment of the King´s son as special envoy to Japan.
H. B. M. Consulate General

6. Oktober 1894.

Sir,

An announcement appears in the Court Gazette of the 4th inst: cancelling the appointment of Li chün-jung as special envoy to Japan, which I reported in my despatch № 100 of the 1st inst. and substituting the Ui-Ha-Kun (the King´s son) in his place.

This son, who is a bright, intelligent youth of eighteen, is the issue of one of the King´s concubines, and has been kept very much in the background for some years past by the Queen, who dislikes him and is jealous of his superiority in every respect over her own son the Crown Prince, the latter being, as is well known mentally deficient.

Since the new order of things has prevailed in this country the young prince has emerged from the seclusion in which he was kept, and has seen a good deal of foreigners, displaying a keen appreciation of all things foreign, including sports and pastimes.

It is rumoured that the new appointment is due to the strong objections raised by the Tai Wen-Kun to any legitimate member of his family being sent to Japan and the Japanese Minister has certainly made a wise use of his opportunity. The Crown Prince is so mentally weak that it is not likely he will succeed his father, and his half-brother has always been regarded as the probable heir to the throne. He will now be feted in Japan and kept there as long as possible, where he will be imbued with Japanese ideas, and everything done to enlist his sympathies and appreciation, so that when he returns, the Japanese Government will have ready to hand a candidate for the throne moulded to their own pattern.

It is a significant fact that one of the earliest resolutions passed by the Deliberative Council was to the effect that if a man has no son by his wife but has one by a concubine, he may adopt as his legitimate son such son by his concubine, who will have all the privileges of a legitimate son, and may be appointed to office as if he had been born in lawful wedlock, the road as thus paved for the application of this rule in cases where the legitimate son is an imbecile.

I have the honour to be Sir,
Your most obedient, humble servant,
(sign.) Walter C. Hillier.
N. K. O'Conor Esquire CB. CMG.
Her Majesty's Minister Peking.

Auswärtiges Amt
Abth. A.

Politisches Archiv d. Auswärt. Amts

Acta

Betreffend

Korea

Vom 1. Januar 1895
Bis 18. Oktober 1895

Vol.: 18
conf. Vol.: 19

Politisches Archiv des Auswärtigen Amts
R 18918

KOREA. № 1.

---

6 [Die „Nowoje Wremja" über die aus: Durchgestrichen von Dritten.]

Ber. v. 23. 5. a. Tokio A. 176: Scheitern der Reformversuche des Grafen Inouye in Korea. Abwartende Haltung Rußlands bezüglich Korea's. orig. i. a. China 20	7238 4. 7.
Ber. v. 25. 2. a. Söul № 9: Gesetzliche Vorschriften bezüglich des Aufenthalts der Chinesen in Korea. Zuzug von Japanern in das Land. Rückkehr des früheren Beraters des Königs. General Le Gendre nach Japan.	4093 19. 4.
Ber. v. 29. 4. a. Söul № 24: Verhaftung des Generals I Chun - Yong, Enkels des Tai-wön-Kun, wegen Hochverraths. Fortdauer der Unruhen im Lande.	7550 10. 7.
Ber. i. Z. v. 10. 6. a. Tokio A. 208: Absicht der Japanischen Regierung durch die Vertreter in Europa die sofortige Räumung Koreas anzubieten, falls die Mächte die Nicht - Occupation des Königsreichs durch eine dritte Macht garantiren wollen. orig. i. a. China 20	8239 26. 7.
Ber. v. 15. 6. a. Tokio A. 216: Mittheilung des französischen Gesandten, daß Japan gern bereit sei, über die Koreanische Angelegenheit mit den Mächten zu verhandeln. orig. i.a. China 20	8247 26. 7.
Ber. v. 30. 4. a. Söul 25: Protest der fremden Vertreter gegen die Absicht der Japanischen Regierung von der Koreanischen Regierung die Erweiterung der japanischen Niederlassung in Chemulpo zu erwirken. orig. bei II (cf. 16921)	7573 10. 7.
Ber. v. 15. 5. a. Söul № 28: Verurtheilung des Prinzen I. Chun Yong u. seiner Mitangeklagten wegen Hochverraths. Beschwerde des Tai-wön-kun.	7070 28. 6.
Ber. v. 9. 7. a. Tokio № A. 237. (cop) Unterredung mit dem japan. Minister des Äußern. Rückkehr des Gf. Inouye nach Korea. Ersatz japan. Reserven in Korea durch Linientruppen. Urschr. i. a. China 20	8939 14. 8.

Ber. v. 10. 7. a. Tokio № A. 238. (cop) Die „Nichi Nichi Shimbun" über die Lage der koreanischen Angelegenheit. Korea müsse unabhängig bleiben. Rußland dürfe nicht einseitig Schutz ausüben (Erwerb eines eisfreien Hafens), eine Stellung wie Belgien oder die Schweiz sei vielleicht zu schaffen. Verbleiben japanischer Truppen in Korea. Festhalten am Reform - Programm. Urschr. i.a. China 20.	8940 14. 8.
Ber. v. 11. 7. a. Tokio № A. 240. (cop) Umwälzung in Söul. Die Königin und die Ming-Partei - Japan feindlich - haben die Oberhand. Angebliche russische Intriguen. Kabinetsberathungen in Japan. Interessenstreit Rußlands u. Japans. Die „Japan Gazette" über die Gefahren für Japan und Rath an England, sich schadlos zu halten wenn Rußland sich in Korea festsetzt. Urschr. i. a. China 20	8942 14. 8
Ber. v. 27. 6. a. Söul № 34. Neueintheilung Koreas in Verwaltungsbezirke.	9104 16. 8.
Kölnische Volks - Zeitung v. 26. 8. „Die Japaner in Korea." Die Thätigkeit Inouye's. Bedürfniß Rußlands nach einem eisfreien Hafen u. einer sicheren Verbindung dieses Hafens mit allen Theilen des Stillen Ozeans. orig. i. a. China 20	9430 27. 8.
Ber. v. 10. 7. a. Söul № 39. Die angebliche Verschwörung des koreanischen Ministers des Innern Pak Yong Hio (Ermordung der Königin). Seine Flucht unter japanischem Beistand.	9688 3. 9.
Ber. v. 13. 5. a. Söul № 27. (cop) Vertrag zwischen Japan und Korea betr. die Eröffnung von zwei neuen Häfen. Voraussichtliche japanische Sondervortheile betr. die Ansiedlungen. Urschr. i. a. China 20	7071 28. 6.
Ber. v. 11. 6. a. Söul № 32. (cop) Abreise des japanischen Gesandten Inouye nach Japan. Seine Unzufriedenheit mit den koreanischen Beamten. Verbleiben japanischer Soldaten, um Unruhen zu vermeiden. Die Wirksamkeit des Gfn Inouye. Rathgeber in den Ministerien. Ausbildung koreanischer Truppen. Sinken des Ansehens der Japaner Hoffnungen auf Rußland. Ministerwechsel. Festnahme des Tai-wön-kun. Feier der Unabhängigkeit Koreas. Urschr. i. a. China 20	8298 27. 7.

Tel. v. Z. aus Söul v. 10. 10. №	10952
Ermordung des Taiwönkuns.	11. 10.
Ber. a. Tokio v. 9. 8. A. 263: Unterredung des russischen Gesandten mit Marquis Ito über die Pläne Japans bezüglich Korea's, Entsendung japanischer Linientruppen dorthin zum Entsatz der Reserven, Ernennung des Vicomte Miura zum japanischen Gesandten in Korea.	9927 10. 9.
Tel. a. Tokio v. 10. 10. № 67: Die „Nowoje Wremja" über die aus[6]	10954 11. 10.
Ber. a. Tokio v. 25. 8. A. 273: In der Ernennung des Vicomte Miura zum japanischen Gesandten für Korea und der Rückberufung des mit der Durchführung der Reformen dortselbst betrauten Grafen Inouye ist die Anerkennung der Unabhängigkeit Koreas seitens Japan zu erblicken.	10693 3. 10.
Tel. n. Söul v. 13. 10. № 1: Anfrage, ob die Bewegung in Söul von chinesischer oder japanischer Partei ausging.	a 10952 II
Tel. a. Söul v. 14. 10. № : Der Putsch in Söul ging von der japanischen Partei aus, die siegreich geblieben ist.	11073 15. 10.
Japanische Mittheilung: Die Palastunruhen in Söul unter Leitung des Taiwönkun.	11174 17. 10.
Ber. a. Petersburg v. 16. 10. № 381: Die „Nowoje Wremja" über die aus Intriguen des japanischen Gesandten in Korea möglicherweise entstehenden Komplikationen.	11187 18. 10.
Ber a. Söul v. 8. 8. № 43: Rückberufung des verbannt gewesenen Minister Pak, Zahlung von 3 000 000 Yen Seitens Japans an Korea für Kriegsschäden mit der Bedingung die Eisenbahn Söul - Chemulpo zu bauen, Begnadigung des Prinzen I. Chung Yong, Aufstellung des Amerikaners Le Gendre als Erzieher des Kronprinzen, Errichtung von Fremden - Niederlassungen in Söul.	10873 9. 10.

Der Überfall des Palastes in Söul soll durch verkleidete Japaner geschehen sein, die japanische Regierung entsandt Beamte dorthin zur Vornahme der Untersuchung.

Den hiesigen Seezolldienst betreffend.

PAAA_RZ201-018918_011 ff.			
Empfänger	Caprivi	Absender	Krien
A. 238 pr. 8. Januar 1895. a. m.		Söul, den 13. November 1894.	
Memo	J. № 617.		

A. 238 pr. 8. Januar 1895. a. m.

Söul, den 13. November 1894.

Kontrl № 80.

An Seine Exzellenz den Reichskanzler

General der Infanterie

Herrn Grafen von Caprivi.

Eurer Exzellenz habe ich die Ehre, ganz gehorsamst zu berichten, daß der Chinesische Zolldirektor J. Mc - Levy Brown, der seit Herbst v. J. den Posten des Generaldirektors der Koreanischen Seezölle versieht, in Koreanische Dienste übergetreten und gleichzeitig zum Rathgeber bei dem hiesigen Finanzministerium ernannt worden ist.

Seit dem Jahre 1885 sind der Generaldirektor in Söul, die Direktoren der Seezölle und die Zollassistenten in den 3 offenen Häfen Koreas sowie die Hafenmeister in Chemulpo und Fusan den chinesischen Zolldiensten entnommen worden. Sie erhielten einen Theil ihrer Besoldung - im Durchschnitt etwa die Hälfte ihrer etatsmäßigen Bezüge aus China, während die Koreanische Regierung ihnen einen Zuschuß gewährte, der bei den vier oberen Beamten ungefähr je 300 Dollar, bei den Assistenten 100 - 150 Dollar monatlich betrug. Von Anfang dieses Monats ab hat indeß die Koreanische Regierung auf Betreiben des hiesigen Japanischen Gesandten diese Subsidien der Chinesischen Regierung abgelehnt.

Die Koreanische Regierung wird in Zukunft den genannten Zollbeamten die Gesamtbezüge, die sich bei dem Generaldirektor auf etwa 1000 bei den Zolldirektoren auf ungefähr 500, bei den Assistenten auf 200 - 300 und bei den beiden Hafenmeistern auf 150 - 200 Dollar belaufen, selbst zahlen.

Herr Brown ist demgemäß beauftragt worden, einen eigenen Koreanischen Seezolldienst, womöglich unter Beibehaltung des jetzigen Personals, einzurichten. Wie er mir vor Kurzem mittheilte, wird er den in Korea befindlichen Chinesischen Zollbeamten die Wahl lassen, ob sie in den hiesigen Zolldienst übertreten oder nach China zurückkehren wollen. Den in den Koreanischen Zolldienst übertretenden Beamten wird auch später der Rücktritt in den Chinesischen Seezolldienst offenstehen. Er erwartet deßhalb, daß sich die meisten der in Rede stehenden Beamten entschließen werden, in Korea zu bleiben. Den Ersatz der etwa ablehnenden Beamten hofft er aus dem Chinesischen Zolldienst zu erhalten.

Herr Brown, ein vielseitig gebildeter und sehr intelligenter Mann, ist Engländer. Derselben Nationalität gehören die Zolldirektoren der Häfen Chemulpo und Fusan an, der Zolldirektor in Wönsan ist ein Däne. Unter den Assistenten finden sich ein Franzose, ein Däne und ein Italiener, die beiden Hafenmeister sind Deutsche Reichsangehörige.

Eine Abschrift dieses ganz gehorsamsten Berichtes sende ich an die Kaiserliche Gesandtschaft zu Peking.

Krien.

Inhalt: den hiesigen Seezolldienst betreffend.

Die politische Lage Koreas betreffend.

PAAA_RZ201-018918_015 ff.

Empfänger	Caprivi	Absender	Krien
A. 706 pr. 20. Januar 1895. a. m.		Söul, den 30. November 1894.	
Memo	J. № 628.		

A. 706 pr. 20. Januar 1895. a. m.

Söul, den 30. November 1894.

Kontrl № 32.

An Seine Exzellenz den Reichskanzler

General der Infanterie

Herrn Grafen von Caprivi.

Eurer Exzellenz habe ich die Ehre ganz gehorsamst zu berichten, daß Graf Inouye mir neulich gesprächsweise mittheilte, Herr Otori hätte sich von dem Taiwönkun täuschen lassen. Im chinesischen Lager von Pyöngyang wäre ein eigenhändiger Brief des Letzteren an den chinesischen General Tso aufgefunden worden, worin er diesen eingeladen, mit seinen Truppen nach Söul zu kommen, und versprochen hätte, 6 000 Aufständische herbeizurufen, um 1 000 japanische Soldaten, die damals in und bei der Hauptstadt gestanden hätten, zu vertreiben. Der Vater des Königs hätte beabsichtigt, seinen Lieblingsenkel, den als General Yi bekannten Sohn des ältesten Sohnes des Taiwönkun (der König ist dessen 2ter Sohn) mit Hilfe der Chinesen und der Rebellen auf den Thron zu setzen.

In Folge dieser Enthüllungen hat der Taiwönkun in Gegenwart des Grafen Inouye und der koreanischen Staatsminister geloben müßen, sich nicht mehr in Regierungsangelegenheiten zu mischen, und der König hat ein Dekret, wonach alle Civil - und Militärsachen seinem Vater vorgelegt werden sollten, am 23. d. M. wieder aufgehoben. Unter diesen Umständen hat die Königin mit ihrem Anhange auf ihren schwachen und wankelmüthigen Gemahl wieder größeren Einfluß erlangt.

Die Japaner hatten ursprünglich gehofft, den Taiwönkun wegen seiner Beliebtheit bei dem Volke, seiner Energie und seines Hasses gegen die Königin und die Minpartei für ihre Zwecke benutzen zu können, und Herr Otori hatte deßhalb den König veranlaßt, bei allen wichtigen Regierungshandlungen den Rath seines Vaters einzuholen.

Ende vorigen Monats wurde der Vice-Justizminister Kim-Hak-U von 10 Koreanern, die in seine Wohnung eingedrungen waren, ermordet. Der Genannte war ein sehr intelligenter und sprachgewandter Mann, der sich in seiner Jugend längere Jahre in Japan, China und Wladiwostock aufgehalten hatte. Er galt als das thätigste und zuverlässigste Mitglied der Reformpartei: die Mörder sind bis jetzt nicht entdeckt worden. Wie mir der Legationssekretär Sugimura vor Kurzem mittheilte, ist indeß gegründeter Verdacht vorhanden, daß die Übelthat von ehemaligen koreanischen Geheimpolizisten verübt und von sehr einflußreicher Seite, vielleicht vom Vater des Königs selbst, angestiftet worden ist.

Der Aufruhr hat in der letzten Zeit wieder an Ausdehnung gewonnen und sich auch auf die Provinz Hanghaido erstreckt, davon Hauptstadt Haiju von den Rebellen erobert und deren Gouverneur gefangen genommen und gefoltert worden ist. In Chöllado ist ein Gegenkönig aufgetreten, der sich Fürst von Kainam (dem erschlossenen Süden) nennt und als Abzeichen seiner königlichen Würde ein rothseidenes Gewand angelegt hat und einen rothseidenen Schirm vor sich hertragen läßt. Die Lage des Landes ist zerrütteter als seit vielen Jahren.

Der Spezialgesandte des Königs, Prinz Yi - Kann, ist von Japan hierher zurückgekehrt.

Vor einigen Tagen hatte der Japanische Gesandte eine Audienz bei dem Könige. Graf Inouye empfahl dem Könige die Abschaffung der Palastunruhen, die Verminderung des Hofstaates der Königin, der ungefähr 800 weibliche Personen beträgt, sowie die Aufhebung der verschiedenen Schatzkammern der Königin und der anderen Mitglieder des königlichen Hauses. Er gab ihm außerdem den dringenden Rath, alle Einnahmen des Landes in das Finanzministerium fließen zu lassen und vor Entscheidung wichtiger Staatsangelegenheiten stets die Ansicht der Ressortminister bezw. der Gesammtheit der Staatsminister einzuholen. Der König versprach, alle diese Rathschläge zu beachten und für deren Ausführung Sorge zu tragen.

Abschriften dieses ganz gehorsamsten Berichtes sende ich an die Kaiserlichen Gesandtschaften zu Peking und Tokio.

Krien.

Inhalt: die politische Lage Koreas betreffend.

Berlin, den 25. Januar 1895.

zu A. 706.

An

die Botschaften in

1. London № 81.
2. St. Petersburg № 27.

J. № 552.

Euer pp. übersende ich anbei ergebenst Abschrift eines Berichtes des K. Konsuls in Söul vom 30. November v. J., betreffend die politische Lage in Korea zu Ihrer _____ Information.

N. d. Hrn. St. S.

Die politische Lage Korea's.

PAAA_RZ201-018918_020 ff.

Empfänger	Fürst zu Hohenlohe - Schillingsfürst	Absender	Krien
A. 1466 pr. 9. Februar 1895. a. m.		Söul, den 20. Dezember 1894.	
Memo	J. № 650.		

A. 1466 pr. 9. Februar 1895. a. m. 1 Anl.

Söul, den 20. Dezember 1894.

№ 85.

Seiner Durchlaucht

dem Herrn Reichskanzler, Fürsten zu Hohenlohe - Schillingfürst,

Prinzen von Katibor und Corvey.

Eurer Durchlaucht habe ich die Ehre im Verfolg meines Berichtes № 82 vom 30. vorigen Monats in der Anlage abschriftliche Uebersetzung des dem Könige in der Audienz vom 21. vorigen Monats von dem Grafen Inouye überreichten Memorandums ganz gehorsamst zu unterbreiten.

Der japanische Gesandte betont darin, daß der König absoluter Herrscher sei und daß sich die Königin und der Tai-wön-kun nicht in die Politik einmischen dürfen.

Bei der Besetzung der Aemter sollen fähige Leute, und nicht allein die Anhänger des Tai-wön-kun, berücksichtigt werden. Der Enkel des Letzteren, General I, solle zu seiner Ausbildung ins Ausland geschickt werden, der Kronprinz dagegen im Lande reisen, um das Volk kennen zu lernen.

Talentvolle Leute sollen nach Japan gesandt werden, um dort als Offiziere ausgebildet zu werden.

Die Steuern sollen ermäßigt, die Ausgaben beschränkt werden. Sogar das elektrische Licht im, Palaste und die vier Dampfer, welche Korea besitzt, sollen abgeschafft werden. Grundstücke dürfen nicht doppelt besteuert werden. Die Schatzkammer der Königin müsse aufgehoben werden.

Das Ministerium der öffentlichen Arbeiten solle wieder abgeschafft, statt der alten, untauglichen Polizei eine neue eingerichtet werden. Der Aemterverkauf müsse aufhören.

Der König solle seine Entscheidungen nach Einvernehmen mit den Staatsministern treffen, mit denen er täglich berathen müsse.

Die Eunuchen und die überflüßigen Hofbeamten sowie sämmtliche Generalposten sollen abgeschafft werden. Höchstkommandirender sei der König. Den Offizieren sollen angemessene Gehälter bewilligt werden.

Der Staatshaushalt müsse jährlich festgesetzt; alle Steuern und Abgaben dürfen nur von dem Finanzministerium erhoben werden.

Der König solle die Einführung der Reformen seinen Ahnen melden und dem Volke Kund thun und außerdem bei Himmel und Erde geloben, die Reformen sofort in Angriff zu nehmen.

Graf Inouye entschuldigt sich schließlich, daß er als fremder Beamter dem Könige die bittere, aber wirksame Arznei eingebe; allein er sei auch seinem eigenen Kaiser gegenüber stets freimüthig und offen aufgetreten.

Am 1. dieses Monats erließ der König eine Proklamation an das Volk, worin er dasselbe auffordert, jeden Argwohn gegen die Japaner, die auf seine Bitte gekommen wären, um die Rebellion zu unterdrücken und Korea groß und glücklich zu machen, fallen zu lassen. Gleichzeitig ernannte er aber vier neue Vize-Minister, angeblich Anhänger der Königin, ohne die Ansicht des Premier- Ministers oder der anderen Staatsminister eingeholt zu haben, und weigerte sich standhaft, den Rebellen Pak Yong Hio in Audienz zu empfangen. Nach glaubhaften Koreanischen Nachrichten hat darauf Graf Inouye gedroht, die zur Bekämpfung der Aufständischen nach der Provinz Chung-chong-do entsandten japanischen Truppen - etwa 1000 Mann - zurückzuziehen und selbst nach Japan zurückzukehren. In Folge dessen sind die Ernennungen rückgängig gemacht, Pak ist wieder als "Schwiegersohn des Königs" aufgenommen und von dem Könige in Audienz empfangen worden. Am 17. wurde der Genannte zum Minister des Innern und So Kwang Pom, ein anderer Empörer aus dem Jahre 1884, der sich lange Zeit in Amerika aufgehalten hat, zum Justizminister ernannt. Ferner wurden die Minister des Kriegs, der öffentlichen Arbeiten und für Handel und Ackerbau, sowie eine Anzahl von Vize-Ministern gewechselt, die fünf Generalposten aufgehoben und die Truppen dem Kriegsminister unterstellt, die Mitglieder der Reformkommission ihrer Funktionen enthoben und die Einsetzung einer neuen Kommission angesagt. Der König verkündete außerdem, daß er sich am 22. nach dem Ahnentempel und am Tage darauf zum Altar des Himmels und der Erde begeben würde, um sich als unabhängig zu erklären und die Einführung von Reformen zu geloben. Alle diese Verordnungen sind von dem Premier-Minister Kim gegenzeichnet.

Die Vertreter Rußlands und der Vereinigten Staaten sind ungehalten darüber, daß ihre im September dieses Jahres an Herrn Otori gerichteten Vorstellungen betreffend den Hochverräther Pak von dem Grafen Inouye gänzlich unbeachtet gelassen worden sind.

Der Befehlshaber der Koreanischen Truppen in Chung-chong-do berichtet von verschiedenen Siegen über die Empörer, die nach der Provinz Chöllado gedrängt wurden.

Abschriften dieses ganz gehorsamsten Berichtes sende ich an die Kaiserlichen Gesandtschaften zu Peking und Tokio.

Krien.

Inhalt: Die politische Lage Korea's. 1 Anlage.

Anlage zu Bericht № 85 vom 20. Dezember 1894.
Abschrift.

Uebersetzung.

Memorandum des Grafen Inouye an den König von Korea.

1) Der König ist absoluter Herrscher.

2) Die Königin und der Taiwönkun enthalten sich jeder Einmischung in die Politik.

3) In zwei Punkten muß eine Aenderung eintreten, erstens darin, daß bei Stellenbesetzungen nicht unparteiisch verfahren, sondern der Vorzug immer denen gegeben wird, die beim Taiwönkun und dessen 1. Sohn verkehren, während Leute von wirklichem Talent keine Aussichten auf Verwendung im Staatsdienst haben, und zweitens darin, daß der Enkel des Taiwönkun(General I chun yong), ein junger Mann und Verwandter des Königs, dem eine gute Carriere offen steht, sein Bestreben nur darauf richtet sich mit möglichst großem Gefolge zu umgeben, statt nach dem Ausland zu gehen und sich Kenntnisse anzueignen.

4) In militärischer Beziehung sind zur Schaffung von Offizieren zunächst fähige Leute zum Zwecke ihrer Ausbildung nach Japan zu schicken.

5) Erniedrigung der Abgaben. (kein Stück Land darf doppelt, für Lokalzwecke und für ein oder das andere Departement der Zentralregierung, besteuert werden.)

6) Beschränkung in den Ausgaben.

7) Das Ministerium der öffentlichen Arbeiten, von dessen zahlreichen Beamten keiner etwas thut, wird einem anderen Departement einverleibt.

8) Einrichtung einer Polizei, die Angestellten der bisherigen Polizei taugten nur dazu die Bevölkerung zu drücken.

9) Aufhören des Aemterverkaufs. (bei dem das Land nicht existiren kann, weil die

Beamten die für Erwerbung ihrer Stellen erwachsenen Auslagen aus ihrem Distrikt wieder einzutreiben suchen.)

10) Der König trifft seine Entscheidungen nach Berathung mit den 10 Departementschefs. Vorschläge, die von den 10 Departements ausgehen, beräth der König mit den inaktiven Beamten.

11) Abschaffung der Kammerherren. (eine Kategorie von Hofbeamten, bestehend aus Verwandten des Königs und der Königin, die beständig in der Umgebung des Königs sind.)

12) Abschaffung der Eunuchen.

13) Festsetzung eines jährlichen Etats.

14) Abgaben aus den 8 Provinzen des Landes gelangen durch das Finanzministerium zur Erhebung.

15) Die Chefs der 10 Departements genießen das Vertrauen des Königs, sonst muß ein Personalwechsel stattfinden. Tägliche Berathungen des Königs mit den Ministern.

16) Aufhebung der sämmtlichen Generalposten. Höchstkommandirender der Armee ist der König.

17) Gehälter der Offiziere fixirt auf einen angemessenen, nicht zu niedrigen Betrag.

18) Die Vornahme der Reformen wird an die Ahnen gemeldet und der Bevölkerung Kund gegeben; der König schwört bei Himmel und Erde die Reformen sofort einzuführen.

19) Aufhebung der Schatzkammer der Königin

20) Der Kronprinz reist, um Erfahrungen zu sammeln und kennen zu lernen wie das Volk lebt.

21) Aufhören der Ausgaben für elektrisches Licht; keine Dampfer mehr.

22) Arrangements betreffend überzählige Beamte in den verschiedenen Departements.

23) Die Beamten knixen und dienen, wissen aber nicht zu rathen oder eine eigne Meinung zu äußern; das ist nicht die Aufgabe loyaler Beamter.

Daß ich, ein fremder Beamter, so zu Euer Majestät rede, ist nicht ehrerbietig, ich habe aber auch, so oft ich dem Kaiser von Japan gegenüberstand, frei und offen gesprochen. Es ist als gebe ich Euer Majestät eine Medizin ein, sie ist bitter, aber ein wirksames Mittel zur Vertreibung der Krankheit.

Für die Uebersetzung
gez. Reinsdorf.

Koreanische Zustände. Berichte des englischen Generalkonsuls Hillier.

PAAA_RZ201-018918_032 ff.

Empfänger	Fürst zu Hohenlohe - Schillingsfürst	Absender	Schenck
A. 2949 pr. 23. März 1895. a. m.		Peking, den 30. Januar 1895.	

A. 2949 pr. 23. März 1895. a. m. 2 Anl.

Peking, den 30. Januar 1895.

A. № 27.

Vertraulich

An Seine Durchlaucht

den Herrn Reichskanzler

Fürsten zu Hohenlohe Schillingsfürst.

Mein hiesiger englischer Kollege hat mir vertraulich Einsicht gewährt einiger Berichte des englischen Generalkonsuls Hillier in Söul.

Zwei dieser Berichte vom 14. u. 26. Dezember v. Js. gestattete ich mir abschriftlich hier gehorsamst vorzulegen. Der eine schildert die sich bemerklich machende Unzufriedenheit der Fremden in Korea mit dem Regiment des Grafen Inouye, die rücksichtslose Behandlung des Königs und die einseitige Begünstigung des japanischen Handels. Der zweite beschäftigt sich mit der für den König und Hof durch die Japaner geschaffenen Lage und einer feierlichen Tempelprozession des Königs, um Reformen - und Unabhängigkeits - Gelübde abzulegen, der der König indessen im letzten Augenblicke sich entzogen hat.

Schenck.

Inhalt: Koreanische Zustände. Berichte des englischen Generalkonsuls Hillier.

Anlage 1 zum Bericht A. № 27 vom 30. Januar 1895.

Abschrift.

Dissatisfaction among foreigners at Count Inouye´s proceedings.

Söul, December 14. 1894.

Sir,

My colleagues the Representatives of Russia, the United States and Germany have recently been very outspoken in their criticisms of Japanese policy in this country. Mr. Waeber, the Russian Charge d´affaires, who has hitherto been extremely cautious in the expression of any opinions, now makes no secret of his disapproval of the line of action adopted by Count Inouyé, and of the utter disregard of the feelings of the King displayed by his Excellency in insisting upon the pardon and restoration to rank of the Conspirators Pak und So. He complains that not only is confusion worse confounded than it was before the Japanese took the country in hand, but that, whether intentionally or otherwise, they are really doing nothing to remedy matters.

Mr. Krien, the German Consul, who has been the ami intime of the Japanese Legation during all these troubles, and has always been credited with pro-Japanese sympathies, has now changed his front and, he tells me, has warned the Japanese Minister that universal disappointment is felt and expressed at the failure of the Japanese Legation to carry out one single practical reform. He had told Count Inouyé, he added, pretty plainly that his present line of conduct was rapidly alienating the sympathies even of those who were well wishers of Japan and were prepared, at the beginning, to acquiesce in his assumption of the position of mentor of Corea.

Mr. Sill, the United States Minister, is still more open in his criticisms. He informed me last night that he is losing all patience with Count Inouyé, whose actions he considered, betokened either utter incompetence or covered some deep design for demonstrating to the world the impossibility of reforming Corea, and thus paving the way to annexation. He was prepared, he said, to accept Count Inouyés assurances on his arrival in this country, that it was the wish and intention of the Japanese to lift the Corean Government and people out of the mire of corruption into which they had fallen, but he had now come to the conclusion, that no such intention existed. Not only no progress whatever been made in the direction of reforms, but matters were in a worse state than before, and acts of cruelty and oppression, which were due at least to Japanese instigation, were being constantly reported to him, the recital of which made his blood boil. Officials who were supposed to be opposed to Japanese supremacy, or to be in favour with the King, were thrown into prison and ruthlessly beaten or tortured while the way in which the revolutionist Pak had been thrust upon the King was a crying scandal. Mr. Sill also complained that his own dealings with the Corean Foreign Office were interfered with, and that various officials and others with whom he was in relations were now forbidden by the Japanese Minister to come near him, or to convey to him any news of what was going on. He could get nothing done by the Foreign Minister without Japanese permission, and found himself blocked at every turn by opposition which, though it was carefully veiled and would be of course denied, was certainly due to Japanese intervention. He foresaw, he said, that he was "on the edge of a row" with Count Inouyé. He had not hesitated to tell him that he disapproved of his present attitude, and was prepared to speak more plainly still, but he was disappointed at not having so far received any instructions from the State Department which would enable him to enunciate his views with the authority of his Government behind him.

The sentiments expressed by my Colleagues are echoed by every foreigner in this city. The American Missionaries in particular, who were inclined at first to welcome the Japanese as the agents of Providence for the regeneration of Corea, and to regard the war with China as a species of crusade, have now, almost without exception, completely changed their views. Missionaries who have lately returned from Ping-yang, report that the city has been practically taken possession of by Japanese traders, hundreds of whom have established themselves there, and under pretext of military exigencies, have turned the native residents out of their houses without compensation, the buildings being converted into shops. The natives, it is said, are no longer treated with the scrupulous consideration that characterized the conduct of the army on its journey northwards, and complaints of ill usage are not infrequent.

While every allowance can, and has been, made for the peculiar circumstances in which the Japanese Minister is placed, there are, it must be admitted, valid reasons for the growing objections, not only to his treatment of the King, but also to the manner in which everything is made to give way to the wants and interests of the Japanese trading community. Without entering into details, I may mention, as one cause of complaint, that the Chief Commissioner of Customs informs me that demands are continually being made for the relaxation of one Customs rule after another on various pretexts, each concession being a gain to the Japanese trader and offering opportunities for evasion of the revenue which he does not fail to avail himself of. At a time like the present, when money is so urgently needed, it would be imagined that Count Inouyé would do his best to foster and protect the revenue, but so far from this being the case he seems to ignore the interests of the Government, and to sacrifice everything to his desire to place his nationals on a footing that will enable them to keep competitors out of the field.

For my own part, while it is impossible not to share the general sentiment which I have endeavoured to describe, I fully recognise the necessity for vigorous action in this country. The position which the Japanese have made for themselves here has placed it in their power to do inestimable good if they would only act up to their professions, but I am afraid that their warmest supporters cannot yet point to a single change they have effected which does not justify the universal opinion that Japan has abolished the impalpable suzerainty of China only to replace it by a palpable and selfish dominion of her own.

I have the honor etc.

gezeichnet: Walter C. Hillier.

N. R. O´Conor Esqu. C. B., C. M. G., Her Majesty´s Minister etc. etc. etc

---

Anlage 2 zum Bericht № 27 vom 30. Januar 1895.

Abschrift.

British Consulate General, Söul, December 26. 1894.

Sir,

In my dispatch № 138 of the 5th inst. I reported that Count Inouyé had obtained a promise from the King that he would pay a visit in state to the temple to his ancestors and there make a solemn and public declaration of his independence and of his intention to carry out the series of reforms which had been dictated by the Japanese Minister.

In accordance with this undertaking an announcement appeared in the Gazette of the 21st inst. to the effect that on the following day, the occasion of the Winter Solistice, the King would pay a ceremonial visit to the temple of his ancestors, leaving the palace shortly after noon. Great preparations were made for this function which was looked forward to with special interest, as many innovations, it was said, were to be introduced into the composition of the cortège which attends the King on the occasions, the only ones, I might mention, upon which he shows himself to the outside world. This procession which has hitherto been regarded as unique in its combination of barbaric splendor, and tawdry, not to say comical, accessories, is witnessed by thousands of spectators, many of whom think nothing of taking several days journey from the country districts to see it. It is composed of hundreds of soldiers, eunuchs and palace attendants dressed in quaint and bright coloured garments, numbers of them carrying gandy flags; of cavalry clad in antique armour and mounted on diminutive ponies; of generals, statesmen and court chamberlains, some with helmets or crowns of pasteboard covered with tinsel on their heads, and all in curious costumes the fashion of which has not been changed for centuries. These officials are all mounted on ponies decked with heavy trappings upon which they are held by two attendants while a third leads the horse, and in the midst of them the King is borne aloft in a scarlet chair carried by sixty porters dressed in red, the whole combining to form a show the like of which could be witnessed nowhere else, and is an unfailing source of delight and admiration to the inhabitants of this city. All this, we were told, was to be changed. The eunuchs and palace attendants were to be suppressed, the military officials were to discard their antique costumes for uniforms of foreign pattern which the Japanese tailors were busily engaged in making, the high ministers of state were to ride on foreign saddles without being held on to their horses, and the King was to abandon his chair for a horse, which was also to be equipped in foreign fashion, while he was to be surrounded by a Japanese guard in place of his own soldiers and armour-clad cavalry. As may readily be imagined, the first appearance of the King in public since the events of last July with new surroundings and accompanied by men who were lately outlaws but are now high in office, was the subject of much talk. At the last moment however, it was arranged that the cortège should not follow the usual route through the main street of the city but should pass along a private road which leads from the back of the palace to a second palace known as the "old palace" and from thence to a further private road to the ancestral temple. This change was made, it is said, owing to the reluctance of the King to face his subjects under the altered conditions which have been forced upon him, and his objection to appear in public divested of the imposing surroundings which had been customary from time immemorial. At noon on the 22nd, when the procession had been formed and everything was ready for the start, the King was invited to take his place in the cortège, but after getting into a small chair which had been provided for him and proceeding a few yards he turned back saying that he felt too ill to go through with the ceremony. The excuse was colourable, as he is suffering from a boil on his forehead for which a foreign doctor had been attending him two or three days previously. The doctor, I may mention, is a British subject, the King having refused to accept the services of the Japanese doctors who were pressed upon him. There is little doubt that the headache was only a pretext to evade, at any rate as long as possible, an ordeal which is most repugnant to His Majesty. There are two causes assigned by the public for the abandonment of the programme, both of them possibly correct. The King was afraid, it is believed, that if he left the palace he might not be allowed to return, and his nervousness is said to have been aggravated by a dream he had the night before, in which the spirit of the founder of the family appeared to him and warned him that the step he was about to take was objected to by his ancestors, who would make it unpleasant for him, if he renounced his allegiance to China. The idea sounds of course ridiculous to westerners, but it is entirely in accord with superstitions tendencies of the Coreans, who firmly believe in the personal interest taken by the spirits of their ancestors in the actions of their descendants, and the founder of this dynasty is believed to be an especially active ghost.

Whether these stories are true or not, it is certain, that the King is extremely averse to taking the step to which Count Inouye is insisting upon his committing himself, and that his health and nerves are much shattered by his recent experiences. His cheerful spirits have left him, and both he and the queen are the victims of nervous depression which finds vent in continual fits of weeping both on his part and hers. Their low spirits are aggravated by the loneliness of their present surroundings and the general gloom which pervades the palace. Instead of being the centre, as heretofore, of a gay and bustling court composed of officials of every grade in constant readiness to obey the summons of the King and to enliven him with gossip, no one is now allowed access to him except on stated occasions, and the entrée to the palace is barred to all but those who are provided with a pass which has to be presented to the Japanese sentries at the gate for inspection before the holder is allowed to proceed. The eunuchs have all gone, with the exception of a few who act as servants, as well as most of the palace ladies, not to mention the corps de ballet numbering some two to three hundred girls, the musicians, of whom there were about the same number, and a host of others who ministered to the amusement and recreation of the royal household. Even the Queen's confidential servants are said to have been sent away and replaced by attendants chosen by the Japanese of whom the King and Queen have a profound distrust. The palace, in fact, as descried to me by an official who used to have the entrée, but is now kept out, is a prison. As such the King and Queen undoubtedly regard it, and the strain of the situation is having a prejudicial effect on their health.

While it must be admitted that an essential and primary feature of the much needed reforms which the Japanese have undertaken to enforce is the reduction of the lavish expenditure and waste that the pleasures of the royal household entailed, the wholesale manner in which this extravagance has been attacked has caused the King and Queen much unhappiness, and has been productive of great want and distress amongst the army of retainers who have hitherto ministered to their pleasures. In their desire to carry everything with a rush, and to reform Corea out of hand the Japanese authorities are considered to have displayed very little tact, thereby adding to their unpopularity which it is assuredly to their interest to diminish as much as possible,

I have the honour etc

(gez.) Walter C. Hillier.

N. R. O´ Conor Esqu. C. B., C. M. G. Her Majesty´s Minister, Peking

Die politische Lage Korea´s betreffend.

PAAA_RZ201-018918_054 ff.			
Empfänger	Fürst zu Hohenlohe - Schillingsfürst	Absender	Krien
A. 2490 pr. 11. März 1895. a. m.		Söul, den 22. Januar 1895.	
Memo	mtg. ohne Anl. 16. 3. London 277, Paris 115, Petersbg 102, Dresden 189, Karlsr. 103, München 194, Stuttg. 192, Staatsmin. J. № 51.		

A. 2490 pr. 11. März 1895. a. m. 1 Anl.

Söul, den 22. Januar 1895.

Kontrol. № 6.

Seiner Durchlaucht

dem Herrn Reichskanzler, Fürsten zu Hohenlohe - Schillingsfürst

Prinzen von Ratibor und Corvey

Eurer Durchlaucht habe ich die Ehre im Anschluß an meinen Bericht № 85 vom 20. vorigen Monats ganz gehorsamst zu melden, daß sich der König nach längerem Zögern am 7. dieses Monats zu dem Ahnentempel und am Tage darauf zu dem Altar des Himmels und der Erde begeben hat, um seine Unabhängigkeit von China zu verkünden und die Einführung von Reformen eidlich zu geloben.

In der Anlage verfehle ich nicht Eurer Durchlaucht Uebersetzung der Proklamation des Königs an sein Volk und seines Eides ehrerbietigst zu überreichen.

In der Proklamation preist er, im Gegensatz zu früheren Kundgebungen, in denen er gewöhnlich seine vielen Mängel hervorhob, seine große Tugend, erklärt seine Selbständigkeit, verspricht, zeitgemäße Reformen einzuführen, und fordert das Volk auf, ihn in seinem Vorhaben zu unterstützen.

Der Schwur enthält vierzehn Punkte. Der König verkündet seine Unabhängigkeit von China, gelobt die Thronfolge zu ordnen, bei Regierungsgeschäften die Minister zu Rathe zu ziehen, die Einmischung der Königin, der Kronprinzessin und seiner anderen Verwandten abzuweisen, Angelegenheiten des königlichen Hauses und des Staates auseinander zu halten, die Aufgaben des Staatsrathes und der Ministerien zu definiren, nur die gesetzmäßigen Abgaben erheben zu lassen und Einnahmen wie Ausgaben der Kontrolle des Finanzministeriums zu unterstellen. Die Ausgaben für den Hof und die verschiedenen Departements sollen thunlichst vermindert und ein jährliches Budget aufgestellt, die Verwaltungsbezirke neu abgegrenzt werden. Fähige junge Leute sollen zu ihrer Ausbildung ins Ausland geschickt, das Heerwesen soll neu organisiert werden. Zum Schutze von Leben und Eigenthum werden Gesetze erlassen werden; der Staatsdienst soll allen Leuten ohne Unterschied offenstehen.

Da bei den zerrütteten Zuständen des Landes die Einkünfte sehr gering sind und zur Durchführung der Reformen Geld dringend nothwendig ist, so hat Graf Inouye, bisher allerdings vergeblich, versucht, eine größere Koreanische Anleihe - man spricht von fünf Millionen Dollar- in Japan unterzubringen. -

Für die Chinesen in Korea ist eine neue Verordnung erlassen worden. Sie haben sich darnach bei den Lokalbehörden registriren zu lassen, sind der Koreanischen Gerichtsbarkeit unterworfen und dürfen sich nur in der Hauptstadt und den drei offenen Häfen aufhalten.

Ferner sind Strafbestimmungen für die Polizeibeamten und eine neue Kleiderordnung festgesetzt worden.

Unschuldig Verurtheilte sind aus den Gefängnissen zu entlassen und, wenn sie bereits gestorben sind, in ihren früheren Rang einzusetzen.

Demgemäß ist auch dem Hochverräther Kim Ok Kiun sein ehemaliger Beamten-Titel wieder zuerkannt worden.

Zufolge eines königlichen Ediktes vom heutigen Tage werden die Gesetze, welche die Strafe der Enthauptung und des Viertheilens verfügen, aufgehoben. Die Hinrichtungen werden künftig bei Civil-Personen durch Erhängen. bei Militär-Personen durch Erschießen vollzogen werden.

Die Hauptstadt der Provinz Chöl-la-do ist durch die japanischen und koreanischen Truppen zurückerobert worden. Der Gegenkönig Kim ist gefangen genommen und hingerichtet worden. Sein Kopf, sowie die Köpfe dreier anderer Rebellenführer sind jetzt auf einer belebten Straße des Westthores ausgestellt.

Der Enkel des Tai-wön-kun ist zum Außerordentlichen Gesandten und Bevollmächtigen Minister für Japan ernannt worden.

Die hier stationirt gewesenen Englischen Marine - Soldaten haben vor einigen Tagen Söul wieder verlassen.

Abschriften dieses ganz gehorsamsten Berichtes sende ich an die Kaiserlichen Gesandtschaften zu Peking und Tokio.

Krien.

Inhalt: Die politische Lage Korea's betreffend. 1 Anlage

Anlage zu Bericht № 6.

Edikt des Königs.

(Gegengezeichnet von: Kim hong chip, Premierminister, Pak hyong hyo, Minister des Innern, Pak chong yang, Minister des Erziehungswesens, Kim yun sik, Minister des Aeußern, Ö yun chung, Minister des Finanzwesens, Öm sä yong, Minister des Ackerbaus und Handels, Cho hui yon, Minister des Krieges, So kwang pom, Minister der Justizpflege, Kim ka chin, Stellvertretendem Minister der öffentlichen Arbeiten).

Nachdem ich im Vorfahrentempel und beim Altar (von Himmel und Erde) geschworen habe, erlasse ich folgende Proklamation an sämmtliche Beamte und die Bevölkerung: Beamte, Gelehrte, Volk, hört alle auf mein Wort!

Der Himmel war es, der meine Vorfahren für ihre Tugend auf den Thron erhob. Durch Befehl des Himmels waren sie dazu berufen, ihre Söhne und Enkel zu schützen und zu unterstützen, und das ganze Volk zu beglücken, die Tugend war es, die sie eine so lange Reihe von Jahren auf dem Thron erhielt. Seit ich zu meiner erhabenen Stellung gelangte, habe ich immer festgehalten an den von Alters überkommenen Vorschriften und im Geiste der Vorfahren regiert. Tag und Nacht der Satzungen der Vorfahren eingedenk, und bis jetzt, wo ich über 40 Jahre alt bin, habe ich immer gethan, wie der Himmel wollte, und wage zu sagen, daß das Tugend ist. Tugend nimmt Rücksicht auf die Erfordernisse der Zeit. Ich habe jetzt mit fremden Staaten Freundschaft geschlossen und ich halte an den Verträgen fest, um zu zeigen, daß ich wirklich unabhängig bin. Wirkliche Unabhängigkeit basirt auf Ordnung im Innern. Will ich meine Unabhängigkeit befestigen, so werde ich veraltete Mißbräuche abändern und eine gute Regierung aufrichten, mein Land reich und stark zu machen. Ich bin mit mir zu Rathe gegangen und habe mit dem Hofe überlegt (was zu thun ist). Reformen und Neueinrichtungen sind der Rath, den der Hof mir ertheilt. Ich habe daher die Satzungen der früheren Könige und die Zustände verschiedener Staaten einer Prüfung unterzogen. Ich werde das Beamtenthum reformiren, den Kalender abändern, das Militärwesen neu organisiren, Finanzreformen einführen, das Unterrichtswesen umgestalten, die Besteuerung ordnen, Industrien und Ackerbau neu beleben; alle Mißbräuche und unzulänglichen Einrichtungen, so groß oder so gering sie sein mögen, werden abgestellt werden, das Leben meiner Unterthanen zu erleichtern, Hoch und Niedrig zu befriedigen.

Es ist zum Wohle des Landes, wenn dem Versprechen der That die Ausführung folgt. Ich habe einen glückverheißenden Tag ausgesucht und mich nach dem Vorfahrentempel und zum Himmelsaltare begeben und (meine Absichten auszuführen) gelobt. Helft mir dabei, Beamte und Gelehrte; mein Land ist alt, dieser Befehl wird es verjüngen. Das Volk ist die Wurzel des Staates, keine Selbständigkeit ohne das Volk, keine Unabhängigkeit ohne das Volk. Liebe dein Land, Volk, von ganzem Herzen; sei deinem Fürsten treu ergeben; dann kann ich sagen, ich habe Leute, die Beleidigungen und Mißgunst von mir fernhalten.

Wenn Einer Talent und Tugend hat, gehört er auch der niedrigsten Klasse an, so kann er erhoben werden (zu Anstellungen im Staate): wenn Einer dumm und ungebildet ist, so schützt ihn sein Rang oder Reichthum nicht; trachtet also danach zu lernen. Das Leben und Eigenthum meiner Unterthanen werde ich schützen: keine Bestrafungen oder Hinrichtungen werden eintreten ohne vorgängiges gerichtliches Urtheil; keine nicht gesetzlich vorgesehenen Steuern oder Auflagen anderer Art werden erhoben werden. Unterstützt mich in diesen Bestrebungen. Das Land ist nicht reich, das Militär nicht stark. Wir heißen unabhängig und selbstständig, in Wirklichkeit sind wir es jedoch nicht: nun ich will jetzt in Wirklichkeit die hohen Güter der Unabhängigkeit und Selbständigkeit schaffen, und sage Euch daher offen dieses alles; unser Land ist alt, diese Bestrebungen werden es verjüngen. Gelehrte und Volk, feuert euch einander an, besprecht euch mit einander, schafft einen Geist der Königstreue und der Liebe zum Vaterland, fest und unerschütterlich wie ein Fels; macht euch die Kenntnisse der verschiedenen Völker zu eigen, nehmt das Beste an von allen Kunstfertigkeiten, schafft eine feste Grundlage für unsere Unabhängigkeit und Selbständigkeit. Ich mache Euch im Nachstehenden bekannt mit dem, was ich meinen Vorfahren geschworen habe. Ich habe jetzt zu Euch gesprochen, nun ist es an Euch, mich zu unterstützen (in meinen Bestrebungen)

Schwur des Königs im Vorfahrentempel.

Am 12. Tage des 12. Monats des Jahres 503 seit Gründung des Reiches wagt (der König) den Geistern der erhabenen Vorfahren folgendes darzulegen. Seit meiner Jugend habe ich nunmehr 31 Jahre lang, den Thron meiner Vorfahren inne, immer habe ich mit Ehrfurcht dem Himmel gedient und dem Beispiel meiner Vorfahren nachgeeifert, manche Schwierigkeiten hatte ich zu überwinden, habe aber trotzdem den Thron behauptet; ich wage zu sagen, daß ich im Stande gewesen bin, das Herz des Himmels zu befriedigen, denn meine Vorfahren haben mich beschirmt und geschützt. 503 Jahre lang ist jetzt der Thron in meiner Familie vererbt worden. Die Gegenwart zeigt die gewaltige Veränderungen gegen früher; die Wissenschaften haben sich entwickelt; befreundete Staaten trachten, uns ihre Ergebenheit zu bezeugen; die Bestrebungen der Regierungskreise sind auf ein Ziel gerichtet, auf Selbständigkeit und Unabhängigkeit, unser Land stark zu machen; wie dürfte ich eine vom Himmel geschickte Gelegenheit dazu also vorübergehen lassen, mir die von den Vorfahren ererbte Stellung zu erhalten, wie dürfte ich unterlassen, zu meinem festen

Vorsatz mich zu entschließen, neuen Glanz auf meiner Vorfahren Verdienste zu häufen. Hinfort werde ich mich nicht mehr auf andere Staaten stützen. Wenn ich das Land zu Wohlfahrt leite und das Glück des Volkes begründe, schaffe ich eine Basis, auf der Selbstständigkeit und Unabhängigkeit erstarken werden. Dessen eingedenk, werde ich mich nicht an das Alte hängen, werde mich nicht Vergnügungen und Zerstreuungen hingeben, werde ich den Bestrebungen meiner Vorfahren nacheifern, die Zustände im Lande prüfen, die Verwaltung neuorganisiren, Mißbräuche abstellen. Ich beschwöre daher 14 Punkte bei den Geistern meiner Ahnen im Himmel, ich blicke empor zu den fortlebenden Verdiensten meiner Vorfahren, ich will nicht ruhen, bis ich mein Ziel erreicht habe, und nicht wanken und weichen, mögen die erlauchten Geister gnädig auf mich herniederblicken.

1) Ich hänge nicht mehr von China ab, sondern schaffe eine sichere Basis für Selbständigkeit und Unabhängigkeit.

2) Ich werde die Erbfolge ordnen und eine Eintheilung der Verwandten von mir und der Königin vornehmen.

3) Ich werde in einem Regierungsgebäude die Regierungsgeschäfte besorgen unter Zuratheziehen meiner Minister; die Königin, die Kronprinzessin oder Verwandte von mir oder der Königin dürfen sich nicht einmischen.

4) Angelegenheiten des Königlichen Hauses und Staatsangelegenheiten werden auseinander gehalten.

5) Die Aufgaben des Staatsrathes und der verschiedenen Departements werde ich genau abgrenzen.

6) Abgaben dürfen nur, soweit das Gesetz sie vorschreibt, zur Erhebung gelangen.

7) Was an Abgaben eingeht und sämmtliche Ausgaben kontrollirt das Finanzministerium.

8) Die Ausgaben für das Königliche Haus werden eingeschränkt werden; die verschiedenen Departements und die Lokalbehörden haben diesem Beispiel zu folgen.

9) Die Ausgaben für das Königliche Haus und die verschiedenen Departements sind zunächst für ein Jahr zu berechnen, um eine Basis für Einrichtung der Finanzen zu gewinnen.

10) Neueinrichtung der Lokalbehörden und genaue Begrenzung der Macht derselben.

11) Gescheite junge Leute werden zur Ausbildung nach dem Ausland geschickt werden.

12) Offiziere werden ausgebildet, das Exercitium bestimmt, das Heerwesen fest organisirt werden.

13) Einführung von Gesetzen, zum Schutze von Leben und Eigenthum.

14) Anstellungen im Staatsdienst werden ohne Rücksicht auf Familie oder Herkunft erfolgen.

Berlin, den 16. März 1895.

A. 2490.

An

die Missionen in

1. London № 277.

2. Paris № 115.

3. St. Petersburg. № 102.

4. Dresden № 189.

5. Karlsruhe № 103.

6. München № 194.

7. Stuttgart № 192.

8. An die Herren Staatsminister
   Exzellenzen

J. № 1747.

Ew. p. übersende ich anbei ergebenst Abschrift eines Berichtes des K. Konsuls in Söul vom 22. Jan. v. J. betreffend die politische Lage in Korea,

ad 1-3: zu Ihrer Information.

ad 4-7: unter Bezugnahme auf den Erlaß vom 4. März 1895 mit der Ermächtigung zur Mittheilung.

Eurer Exzellenzen beehre ich mich anbei Abschrift eines Berichtes des K. Konsuls in Söul vom 22. Januar v. J., betreffend die politische Lage in Korea.

zur gef. Kenntnißnahme zu übersenden.

N. S. E.

Ausführungsbestimmungen zu der Verordnung über die Chinesen in Korea.
Politische Lage Koreas.

PAAA_RZ201-018918_074 ff.			
Empfänger	Prinzen von Ratibor und Corvey	Absender	Krien
A. 4093 pr. 19. April 1895.		Söul, den 25. Februar 1895.	
Memo	mtg. 23. 4. London 411, Paris 191, Petersbg. 192. J. № 85.		

A. 4093 pr. 19. April 1895.

Söul, den 25. Februar 1895.

Kontrol. № 9.

Seiner Durchlaucht

dem Herrn Reichskanzler, Fürsten zu Hohenlohe - Schillingsfürst

Prinzen von Ratibor und Corvey.

Eurer Durchlaucht habe ich die Ehre im Verfolg meines Berichtes № 6 vom 22. vorigen Monats ganz gehorsamst zu melden, daß zu der Verordnung für die Chinesen in Korea Ausführungsbestimmungen erlassen worden sind. Darnach erhält jeder Chinese, der sich in Gemäßheit der Verordnung in Korea aufhält oder niederzulassen wünscht, einen Paß, den er stets bei sich zu tragen hat. Chinesen, welche sich entgegen den Bestimmungen der Verordnung in Korea aufhalten oder reisen, oder verbotene Beschäftigungen treiben, verbotene Gegenstände mit sich führen, importiren oder damit handeln, sollen festgenommen und ausgewiesen und unter Umständen mit einer Geldbuße bis zu hundert Dollar oder körperlicher Züchtigung bis zu 100 Hieben bestraft werden. Die verbotenen Waren sollen eingezogen werden. Die Beamten der Lokalbehörden und der Polizei haben das Recht, die Häuser und die Läden der Chinesen, denen die Niederlassung gestattet ist, jederzeit zu visitiren, müssen aber zu ihrer Legitimation einen mit dem Stempel der betreffenden Behörde versehenen Ausweis bei sich führen.

Von den circa 1500 Chinesen, die sich Anfangs Juni v. J. in Söul befanden, sind etwa 250, meistens Kleinhändler, Handwerker, Arbeiter und Diener der hiesigen Europäer und Amerikaner, zurückgeblieben. In Chemulpo halten sich vielleicht 100 auf, während von Fusan und Wönsan sämmtliche Chinesen fortgezogen sein sollen. An deren Stelle sind fast überall Japaner getreten.

Vor einiger Zeit haben sich unter den Staatsministern drei Parteien gebildet, die konservative, die gemäßigte und die Japanische Reformpartei, die sich unter einander bekämpften, so daß alle Regierungsgeschäfte ins Stocken geriethen. Nur durch den Einfluß des Grafen Inouye wurden die Minister von ihrer Absicht, insgesammt ihre Entlassung zu erbitten, abgehalten. Jetzt haben sie sich äußerlich wieder mit einander ausgesöhnt.

Einer der Mörder des Vize-Justizministers Kim Hak U (Bericht № 82 vom 30. November 1894), sowie eine Anzahl Koreaner, die angeblich die Ermordung der Minister des Innern und der Justiz, Pak und so geplant und, um ihre Anhänglichkeit an China zu bekunden, sich Chinesische Kleider aus Papier angefertigt hatten, sind kürzlich verhaftet worden. Der Tai-wön-kun, der unbekümmert um den japanischen Gesandten täglich mit seinem ersten Sohne und seinem Enkel im Palast erschien, soll sich jetzt ganz in das Privatleben zurückziehen. Man vermuthet, daß er in die letzte Verschwörung verwickelt sei.

Für den Staatsrath und die Ministerien des Innern, der Finanzen, des Krieges, der Justiz und des Handels und Ackerbaues sind japanische Rathgeber eingetroffen, deren Gehälter jedoch vorläufig von der Japanischen Regierung bezahlt werden.

Dagegen ist der frühere Berather des Königs, General Le Gendre, entlassen worden und nach Japan zurückgekehrt, nachdem seine Forderungen an die Koreanische Regierung im Gesammtbetrage von 23 000 Dollar aus einer Anleihe von 130 000 Dollar, welche die erste japanische Nationalbank der hiesigen Regierung vorgestreckt hat, befriedigt worden sind. General Le Gendre, der hauptsächlich von den Russischen und Französischen Vertretern gehalten worden war, hatte in den letzten Jahren keinen Einfluß mehr. Von den beiden anderen Rathgebern ist der Amerikaner Greathouse dem Justizministerium und der Engländer Mc Leavy Brown, der gleichzeitig General - Kommissar für die Seezölle ist, dem Finanzministerium zugetheilt worden.

Graf Inouye soll der Koreanischen Regierung die Unterbringung einer achtprozentigen Anleihe von fünf Millionen Yen in Japan auf das Bestimmteste zugesichert haben.

Von der Empörung in Chöl-la-do und Wang-hai-do verlautete in den letzten Wochen nichts Besonderes.

Krien.

Inhalt: Ausführungsbestimmungen zu der Verordnung über die Chinesen in Korea.
　　　　Politische Lage Koreas.

Berlin, den 23. April 1895.   Zu A. 4093.

An

die Botschaften in

1. London № 411.

2. Paris № 191.

3. St. Petersbg. № 192.

J. № 2843.

Euer pp. übersende ich anbei ergebenst Abschrift
eines Berichtes des K. Konsuls in Söul vom 25.
Februar d. J., betreffend Vorschriften für die in
Korea sich auf haltenden der Chinesen und betr.
die politische Lage in Korea überhaupt
zu Ihrer Information.

N. d. Hrn. St. S.

Die politische Lage Koreas.

PAAA_RZ201-018918_082 ff.			
Empfänger	Fürst zu Hohenlohe - Schillingsfürst	Absender	Krien
A. 4567 pr. 29. April 1895.		Söul, den 12. März 1895.	
Memo	mitg. 4. 5. London 468, Paris 215, Petersbg. 211. J. № 113.		

A. 4567 pr. 29. April 1895.

Söul, den 12. März 1895.

Kontrol. № 15.

An Seine Durchlaucht

den Herrn Reichskanzler

Fürsten zu Hohenlohe - Schillingsfürst.

Eurer Durchlaucht habe ich die Ehre im Verfolg meines Berichtes № 9 vom 25. vorigen Monats ganz gehorsamst zu melden, daß die zur Unterdrückung der Rebellion nach dem Süden Koreas entsandten Japanischen Truppen, sowie ein großer Theil der Koreanischen Soldaten, vor Kurzem hierher zurückgekehrt und im Auftrage des Königs von dem Kriegsminister und anderen Beamten als Sieger begrüßt und feierlich empfangen worden sind.

Der Kommandant der Japanischen Truppen übergab dem Grafen Inouye den Rebellenführer Chong Pung Shun, der von seinen Anhängern den Koreanischen Truppen ausgeliefert, von diesen aber durch die Japanischen Soldaten übernommen worden war, weil zu befürchten stand, daß die ersteren ihn wieder entrinnen lassen würden. Der Japanische Gesandte hat den Chong den Koreanischen Behörden übergeben. - Nach dem Bericht des Konsulats - Linguisten soll der Rebellenführer nicht hingerichtet, sondern nur gefangen gehalten werden, weil sein Verbrechen, obwohl es an und für sich die Todesstrafe verdiente, doch die segensreichen Folgen der Reformen und der Unabhängigkeit Koreas nach sich gezogen habe.

Als Grund für seine Empörung gibt der Chong Rache für den Tod seines Vaters an, der elend im Gefängnisse umgekommen sei, weil er sich die Erpressungen des Bezirksvorstehers von Ko-Pu nicht habe gefallen lassen.

Graf Inouye sprach sich mir gegenüber sehr anerkennend über das männliche und würdige Auftreten des Rebellenführer aus, das zu dem verächtlichen Benehmen der Beamtenklasse einen wohltuenden Gegensatz bildete.

Der Japanische Gesandte theilte mir ferner mit, daß die Empörung nicht als erloschen angesehen werden könnte, solange sich der „Prophet" der Tonghak-Sekte, der sich in der Provinz Chung-chöng-do verborgen hielte, nicht gefangen genommen wäre. Es wäre aber durchaus nothwendig geworden, der erschöpften Provinz Chöl-la-do, deren Bevölkerung durch die Rebellen, durch eine Mißernte und nicht zum Mindesten durch die räuberrischen Soldaten der Koreanischen Regierung schwer geschädigt worden sei, einige Ruhe zu lassen und die weitere Entwickelung der Dinge abzuwarten. - Nach seiner Ansicht wird der P. Chong hingerichtet werden. –

Um den siegreichen Japanischen Truppen in China seine Anerkennung auszudrücken und seine Glückwünsche zu übermitteln, hat der König von Korea dem Kriegsminister Cho Hui Jou und einigen Beamten des Hausministeriums und des Ministeriums für Ackerbau und Handel, sowie verschiedenen Offizieren anbefohlen, sich in das Hauptquartier des Generals Oyama zu begeben. Die Mission hat gestern Söul verlassen, um sich von Chemulpo auf dem Japanischen Dampfer "Satsuma Maru" nach der Ta-lien(Wan)-Bucht zu begeben. Viele Koreaner, darunter auch Beamte, glauben immer noch nicht an die Siege der Japaner über die Chinesen. Sie können es nicht fassen, daß das große, bei ihnen in so hohem Ansehen stehende Chinesische Reich von dem kleinen und gering geachteten Japan geschlagen worden sein soll. Dem Einwurfe, daß doch die Chinesischen Truppen aus Korea vertrieben seien, begegnen sie mit der Behauptung, daß die im vorigen Sommer nach Korea entsandten Chinesen keine Soldaten gewesen seien. Die Sendung des Kriegsministers soll deßhalb nebenbei den Zweck verfolgen, diese Leute von der Verkehrtheit ihrer Anschauung zu überzeugen.

Die Pforte außerhalb des Westthores, an der die Koreanischen Könige die Abgesandten der Kaiser von China unter demüthigenden Ceremonieen empfangen mußten, ist niedergerissen worden.

Vor einigen Tagen traf der Präsident des Japanischen gesetzgebenden Bureaus, Suyematsu Kencho, hier wieder ein, dem Vernehmen nach, um über die Verwendung pp. des von der Japanischen Regierung der Koreanischen gewährten Darlehens von 3 Millionen Yen mit dem Grafen Inouye persönliche Rücksprache zu nehmen.

Wie mir der Japanische Gesandte heute gesprächsweise mittheilte, hatte der Tai-wön-kun im Herbst vorigen Jahres eine Anzahl Koreaner gedungen mit der Weisung, die sämmtlichen Minister und Vize-Minister, wenn dies aber nicht ausführbar wäre, wenigstens den Premier - Minister Kim Hong Jip, den Vize - Minister der Justiz, Kim Hak U und den damaligen Vize - Minister der Auswärtigen Angelegenheiten, Kim ka-chin zu ermorden. Er hätte ihnen dazu 1 000 Nyang (gleich 200 Yen) gegeben und, da es den Meuchelmördern nur gelang, den Vize - Justizminister umzubringen, sein Geld zurückverlangt. In Folge der Streitigkeiten darüber wäre der Mordplan entdeckt worden und die Mörder befänden sich seit einiger Zeit in Untersuchungshaft. Gegenwärtig verhielte sich der Vater des Königs zwar ruhig, weil er Angst hätte, allein bald würde er wieder neue Intriguen anspinnen.

Aergerliches Aufsehen und vorübergehende Aufregung unter der hiesigen Bevölkerung haben Ende vorigen Monats betrunkene Matrosen der Russischen Gesandtschaftswache verursacht, die eine auf der Straße gehende Koreanerin zu vergewaltigen versuchten.

Abschriften dieses ganz gehorsamsten Berichtes sende ich an die Kaiserlichen Gesandtschaften zu Peking und Tokio.

Krien.

Inhalt: Die politische Lage Koreas.

Berlin, den 4. Mai 1895.   zu A. 4567.

An

die Botschaften in

1. London № 468.

2. Paris № 215.

3. St. Petersbg. № 211.

J. № 3172.

Euer pp. übersende ich anbei ergebenst
Abschrift eines Berichtes des K. Konsuls für
Korea vom 12. März d. Js., betreffend die
politische Lage in Korea zu Ihrer _____
Information

N. S. E.

[   ]

PAAA_RZ201-018918_091 ff.

Empfänger	[o. A.]	Absender	[o. A.]
A. 5130 pr. 11. Mai 1895. p. m.		Novoje Vremia, 29. April (11. Mai) 1895.	

A. 5130 pr. 11. Mai 1895. p. m.

Novoje Vremia 29. April (11. Mai) 1895 über Korea

(Brief an die Redaktion)

Es wäre an der Zeit, jetzt Maßregeln zu treffen, um die wirkliche Unabhängigkeit Koreas zu sichern und nach Möglichkeit dieses Land von der bereits stattgehabten Besitzergreifung der Japaner zu befreien. Die Maßregeln müssen positive und energische sein, sonst wird die proklamirte Unabhängigkeit eine fiktive.

Bekanntlich habe die Japaner, abgesehen davon daß sie die Märkte und Finanzen Koreas beschlagnahmt haben, den gefangenen König gezwungen, ihnen die Concession zur Erbauung von Eisenbahnen zu ertheilen sowie die Ausnutzung der Mineralreichthümer des Landes. Auf ihre Garnison in Söul gestützt und auf ihre Art eine koreanische Armee formirend beabsichtigen die Japaner sich mit der Einführung von Reformen im Lande zu beschäftigen, mit Hülfe welcher sie trachten werden Korea zu bearbeiten und in eine japanische Provinz zu verwandeln.

Darum muß man so bald als möglich Japan die Rolle eines Trägers des Fortschrittes in dem Lande, wo schon die christlichen Missionäre ihr Werk begonnen haben, nehmen. Reformen sind für Korea nothwendig und mit ihrer Einführung kann sich die Koreanische Regierung selbst beschäftigen, geleitet von einer internationalen Komission aus Vertretern Rußlands, Frankreichs und Deutschlands, Mächten, welche bereits die Rolle der Beschützer des Friedens im Orient übernommen haben.

Die Japaner werden natürlich auf alle Weise den Termin der Räumung Koreas hinausschieben, sich auf die Nothwendigkeit berufend daselbst die Ordnung aufrecht zu erhalten.

Die Sachlage in Korea ist in der That eine solche, daß es bis jetzt noch unmöglich ist die Hauptstadt ohne ausländische bewaffnete Macht zu lassen. Am besten wäre es die japanische Garnison in Söul durch verbündete europäische Landungstruppen zu ersetzen. Sie brauchen nicht zahlreich zu sein, da alle innere Parteien ihnen mit der schuldigen

Achtung begegnen werden und sie nicht wie die Japaner betrachten werden, die verhaßt sind, weil sie sich an der in den Augen der Koreaner geheiligten Person des Königs vergriffen haben.

Der König hat auch früher vergebens darum gebeten, seinen Hof durch die Matrosen zu schützen, welche nach Söul zur Vertheidigung ihrer Landsleute kamen. Der Schutz durch europäische Bundestruppen wäre für den König eine ehrenvolle Garantie gegen japanische Übergriffe gewesen, jetzt würde solcher Schutz ihm Ruhe und Vertrauen in die Durchführung der innern Reformen geben. Bei einer geschickten Einführung dieser Reformen würde Korea sich schnell erholen und reich werden, aber es wird natürlich nicht stark genug werden, um seine Selbstständigkeit aufrecht erhalten zu können. Darum muß ihm seine Unabhängigkeit jetzt durch Einvernehmen Rußlands, Frankreichs und Deutschlands garantirt werden. Zur Betheiligung an diesem Werke dürfen jedoch weder China noch Japan herangezogen werden, da diese gewohnt sind Korea als den Tummelplatz ihrer diplomatischen _____ und Reibereien zu betrachten.

[   ]

PAAA_RZ201-018918_095

Empfänger	[o. A.]	Absender	[o. A.]
A. 6745 pr. 22. Juni 1895. p. m.		[o. A.]	

A. 6745 pr. 22. Juni 1895. p. m.

Wiener

Politischer Correspondent

20. 6. 95.

O. M. Man schreibt uns aus London, 18. Juni:

Hier eingelangte Berichte bringen interessante Einzelheiten über die vor einiger Zeit von einem Prinzen des königlichen Hauses in Korea angezettelte Verschwörungscomplotte. Diese gehören in diesem Lande nicht zu den Seltenheiten, so dass die Bevölkerung sich bei der Aufdeckung solcher Anschläge ziemlich gleichgültig zu verhalten pflegt. Wenn das erwähnte Ereigniss nichtsdestoweniger in Söul grosse Bewegung hervorgerufen hat, so erklärt sich dies aus dem Umstande, dass ein naher Verwandter des Königs es war, der Ränke gegen den Thron schmiedete, sowie aus den Vorkommnissen, welcher die Verhaftung des Verschwörers, des Prinzen Li Shunyo, begleiteten. Auf die Spuren seines Anschlages wurden die Behörden bei der Vernehmung jener Individuen gelenkt, welche den Viceminister der Justiz vor Längerem ermordet hatten. Prinz Li trug überdies durch sein Verhalten nach der Verhaftung dieser Mörder in hohem Maasse zur Bekräftigung des gegen ihn entstandenen Verdachtes bei. Während er nämlich vorher den ihm übertragenen Gesandtenposten in Japan entschieden abgelehnt hatte, äusserte er, nachdem die erwähnten Individuen gefänglich eingezogen worden waren, mit einem Male den lebhaften Wunsch, diese Stelle anzunehmen und sie unmittelbar anzutreten. Der Minister des Innern, Boku, der den Prinzen begreiflicherweise nicht aus dem Lande ziehen lassen wollte, griff nun zu dem Auskunfsmittel, ihn durch Schmeicheleien in Ruhe zu wiegen, indem er ihm darlegte, dass in einer schwierigen Epoche, wie Korea sie jetzt durchmacht, Persönlichkeiten von dem Ansehen und der Begabung Li's verpflichtet seien, im Lande zu bleiben und an der Verwaltungsreform mitzuarbeiten. Der Prinz liess sich durch diese Lobpreisungen bethören und verzichtete auf den Gesandtenposten in Tokio. Die Untersuchung wurde nunmehr fortgesetzt und ergab in unumstösslicher Weise, dass Li an der Ermordung des Viceministers der Justiz betheiligt war und einen Anschlag gegen den Thron geplant hatte. Die Regierung stand somit vor der schwierigen Aufgabe, einen Neffen des Königs in Untersuchungshaft bringen zu lassen. Nachdem sie, wie bei allen wichtigen Angelegenheiten, den Rath des japanischen Gesandten eingeholt hatte, entschloss sie sich zur Ausführung dieser Maassregel, für welche sie die Zustimmung des Königs verlangte und alsbald erhielt. Li witterte wohl in Folge verschiedener Anzeichen, dass etwas gegen ihn im Zuge sei, gestützt auf seine Verwandtschaft mit dem Könige glaubte er jedoch eine Verhaftung nicht befürchten zu sollen. Als nun der Vicepräsident der Polizei von Söul eines Abends in seinem Hause erschien und dasselbe durch 80 Polizisten besetzen liess, war er auf's Tiefste betroffen und fast sprachlos. Erst als einer der Polizisten den königlichen Haftbefehl vorwies, begann er mit erhobener Stimme unter Hinweis auf seine Stellung als königlicher Prinz gegen seine Verhaftung Verwahrung einzulegen, so dass die Polizisten sich einschüchtern liessen. In Folge dessen stürzte sich der Vicepräsident der Polizei, ein Mann von grosser Körperkraft auf den Prinzen, ergriff ihn und trug ihn trotz seine Sträubens förmlich hinaus, worauf Li in ein als provisorisches Gefängniss hergerichtetes Gebäude gebracht wurde. In den ersten Verhören, welchen Li durch das Mitglied des Staatsrathes, Tscho Hoku, und den Viceminister der Justiz, Li Zaischo, unterzogen wurde, leugnete er durchaus, an der Ermordung des früheren Viceministers der Justiz irgendwie betheiligt zu sein und bezeichnete die gegentheiligen Behauptungen, ebenso wie die Anklage, dass er hochverrätherische Pläne verfolgt habe, als Verleumdungen. Er muss jedoch bald von der Begründung der gegen ihn erhobenen Beschuldigungen überführt worden sein und dürfte sich, wie man vermuthet, angesichts des erdrückenden Beweismaterials zu einem Geständnisse entschlossen haben, denn er wurde seinen prinzlichen Ranges und überhaupt des adeligen Standes verlustig erklärt. Das Aufsehen, welches diese Vorgänge in Söul erregten, wurde durch das Verhalten des Grossvaters des verhafteten Prinzen, Tai-Wön-Kun, noch gesteigert. Der alte Mann, der für den Prinzen Li eine besondere Vorliebe hat, geberdete sich, als er die Verhaftung des letzteren vernahm, ganz verzweifelt. Er sprang von seinem Krankenlager auf, rannte barfuss zu dem als Gefängniss dienenden Gebäude, rüttelte an dessen Thoren und schrie ununterbrochen: „Gebt mir meinen Enkel zurück! Wer darf wagen, mir meinen Enkel, einen königlichen Prinzen, zu rauben!" Alle Versuche, den trostlosen Mann zur Rückkehr in seinen Palast zu bewegen, blieben fruchtlos. Er wies auch einen Boten, den der König zu seiner Beruhigung entsandte, ab und weigerte sich stundenlang, etwas zu geniessen, so dass nichts übrig blieb, als ihm einstweilen eine Hütte neben dem provisorischen Gefängnisse seines Lieblingsenkels zu errichten.

Verurtheilung des Prinzen Chung Yong und seiner Mitangeklagten.

PAAA_RZ201-018918_096 ff.			
Empfänger	Fürst zu Hohenlohe - Schillingsfürst	Absender	Krien
A. 7070 pr. 28. Juni 1895. a. m.		Söul, den 15. Mai 1895.	
Memo	mtg. 7. 8. London 946, Paris 447, Petersburg 468, Dresden 474, Karlsruhe 288, München 505, Stuttgart 479, Weimar 249, Staatsmin. J. № 207.		

A. 7070 pr. 28. Juni 1895. a. m. 2 Anl.

Söul, den 15. Mai 1895.

Kontrol № 25.

An Seine Durchlaucht

den Herrn Reichskanzler

Fürsten zu Hohenlohe - Schillingsfürst.

Eurer Durchlaucht beehre ich mich im Verfolg meines Berichtes № 24 vom 29. vorigen Monats ganz gehorsamst zu melden, daß am 13. dieses Monats über den Prinzen I Chün Young und 22 seiner Mitangeklagten das (in Uebersetzung anliegende) Urtheil gefällt worden ist. Die Angeklagten sind demnach der ihnen zur Last gelegten Mord - und Umsturzpläne schuldig befunden worden.

I Chün Yong und andere Verschwörer sollen im Sommer vorigen Jahres die Tonghak - Rebellen aufgefordert haben, Söul anzugreifen. Die dadurch entstehende Aufregung würde, so hofften sie, den König veranlassen zu fliehen. Der Prinz, der damals Befehlshaber der Leibwache des Königs war, sollte ihm mit seinen Truppen folgen und ihn nebst dem Kronprinzen umbringen lassen, während andere Verschwörer den Premier - Minister und sechs andere Minister und Vize - Minister ermorden und die Regierung stürzen wollten. Darauf sollte I Chün Yong den Thron besteigen und seine Gehülfen die höchsten Staatsämter übernehmen. Diese Pläne schlugen indeß fehl; nur der Vize - Justizminister Kim Hak U wurde ermordet.

Der Prinz ist zu lebenslänglicher Verbannung verurtheilt, diese Strafe aber von dem Könige auf zehnjährige Verbannung nach dem Kyo-tong-Bezirke, in der Nähe der Insel Kanghua, ermäßigt worden. Fünf der Angeklagten sind zum Tode verurtheilt und an demselben Tage gehängt, die anderen mit lebenslänglicher bezw. fünfzehn und zehnjähriger

Verbannung bestraft worden.

Der Prinz wurde gestern nach seinem Verbannungsorte abgeführt und der Tai-wön-kun kehrte in sein Palais zurück. Die Bevölkerung verhält sich ruhig.

Der zur Aburtheilung der politischen Verbrecher gebildete besondere Gerichtshof bestand aus dem Justizminister So als Vorsitzendem, drei höheren Beamten des Justizministeriums und dem Privatsekretär des Premier - Ministers.

Am 1. dieses Monats richtete der Tai-wön-kun an die hiesigen Vertreter gleichlautende Schreiben, (Anlage 2) in denen er sich über die seinem Enkel zugefügte grausame und unwürdige Behandlung bitter beklagte und die Vertreter bat, den Gerichtsverhandlungen beizuwohnen. Diesem Ersuchen konnten wir nicht entsprechen. Indeß unternahmen die Amerikanischen und Russischen Gesandten nach einer gemeinsamen Berathung der westländischen Vertreter, den Minister der Auswärtigen Angelegenheiten mündlich um Aufklärung darüber zu ersuchen, ob die Gerüchte, daß der Prinz gefoltert worden sei, begründet wären. Herr Kim erwiderte ihnen, er könnte ihre Frage weder bejahen noch verneinen, würde aber jedenfalls dafür sorgen, daß der I Chün Yong in Zukunft körperliche Züchtigungen nicht erleide.

Abschriften dieses ganz gehorsamen Berichtes sende ich an die Kaiserlichen Gesandtschaften zu Peking und Tokio.

Krien.

Inhalt: Verurtheilung des Prinzen Chung Yong und seiner Mitangeklagten. 2 Anlagen.

Anlage 1 zu Bericht № 28.
Abschrift der Uebersetzung.

1) Die Untersuchung gegen die 23 wegen Mord- und Umsturzplänen angeklagten Personen hat stattgefunden.

I Chun Yong suchte im vorigen Jahre im Juli und August die Tonghaks allenthalben in Bewegung zu setzen und die Bevölkerung aufzuregen; Pak chung yang und I täyong schlossen sich ihm an und traten mit Han Kiu Sok und Kim Kuk Son in Verbindung, um an die Tonghaks die Aufforderung gelangen zu lassen, Söul anzugreifen; die Aufregung, die dadurch entstehen würde, würde den König veranlassen zu fliehen, eine Partei sollte mit I Chun Yong's Truppen ihm folgen und ihn sammt dem Kronprinzen umbringen, während die anderen Kim Hong Jip, Cho Hui You, Kim Ka Chin, Kim Hak U, An Yong

Su, Yu Kil Chun und I Yun Yong ermorden und die Regierung stürzen sollten; dadurch sollte I Chun Yong den Thron besteigen; Pak Chun Yang, I täyong etc. sollten die höchsten Staatsämter übernehmen. Pak chun yang theilte die Pläne an Chon Yin Tok, Pak Tong Chin, Im Chin Su, Ho Hoa und Kim Myong Ho mit und hieß sie mit den Tonghak's Verbindung aufrecht zu erhalten. Kim Kuk Son hieß Ko Chong Chu und Im Won Chä Genossen zu werben. Ko Chong Chu hatte längst beabsichtigt die leitenden Männer zu stürzen, ließ sich daher sofort gern auf Kim Kuk Son's Vorschläge ein, schloß sich I Chun Yong und Pak Chun Yang an und war eifrig bemüht der Partei Anhänger zu werben; er warb Chon Tong Sok und 2 andere. Die Tonghak's reussirten aber nicht; es gelang der Partei auch nicht viele Anhänger zu erhalten, so kamen die Pläne nicht vorwärts. Ko Chong Chu beschloß die leitenden Männer zu töten und hieß Chon Tong Sok heimlich die That auszuführen. Cho Ryong Söng, Yung Chin Ka, Chöng Cho Won halfen ihnen und brachten die nöthigen Mittel zusammen. Chon Tok Sok fand aus, daß Kim Hak U nicht besonders vorsichtig war und führte mit seinen Genossen am 31. Oktober 8 Uhr Abends vorigen Jahres den Mord aus; 2 Besucher; die bei Kim Hak U Waren, ließ man entkommen.

Die Untersuchung hat ergeben, daß Chä Hyong Sik dem Kim den Todesstreich versetzte, Ko Chi Hong, I Yo Ik, So Pyong Kyu, I Yong Pä, Kim Han Yong, Chang Tok Yon und Chä Hong Sun standen ihm bei, einige von ihnen verwundeten die 2 Freunde, andere rührten ihre Hand nicht.

Kim Kuk Son, Kim Nä O, I Nä Chun, Cho Yong Sun, Chöng cho on, und Yun Chin Ku wußten um die Sache waren aber nicht zugegen, halfen auch nicht.

I Chung Yong, Pak Chun Yang, I Tä Yong und Han Kui Sok wußten ebenfalls darum, es läßt sich aber nicht nachweisen, daß sie an der Entwerfung der Pläne sich betheiligt hätten.

Von Chon Tong Sok, Chä Hong Sik, Ko Chi Hong, I Yo Ik, So Pyong Ku, I Yong Pä, Kim Han Yong, Chang Tok Hyon, Chei Hong Sun, Kim Nä O und I Nä Chung läßt sich beweisen, daß sie wußten, daß eine Rebellion geplant wurde; es läßt sich aber nicht beweisen, daß sie sich anschlossen.

Alles Vorstehende ist Ergebniß der eigenen Aussagen der Angeklagten. I Chun Yong sandte einen Brief an So Pyong Son; die Polizei erhielt ein Geständniß, 4 Briefe von Chong In Tok und Ho Hoa sind vorhanden, I Pyong Hui gestand; das sind die Beweise für die Pläne zum Umsturz.

I Chun Yong, Pak Chun Yang, Han Kui Sok, Im Chin Su, Ho Hoa, Kim Myong Ho, Kim Kuk son und Ko Chong Chu sind wegen Rebellion zu bestrafen. Chon Tong Sok, Chei Hong Sik, Ko Chi Hong, I Yo Ik, So Pyong Kyu, I Yong Pä, Kim Han Yong,

Chang Tok Hyon, Chei Hong Sun, Kim Nä O, I Nä Chun, Cho Yong Sun, Yun Chin Ku, Chong Cho On und Ko Chong Chu sind schuldig des Mordes.

Ko Chong Chu ist außerdem nach der Rebellion schuldig; er ist daher schwerer zu bestrafen.

Pak Chung Yang, I Tä Yong, Ko Chong Chu, Chun Tong Sok, Chei Hong Sik werden mit dem Tode durch Erhängen bestraft.

I Chung Yong, Han Kui Sok und Kim Kuk Son mit lebenslänglicher Verbannung.

Im Ching Su, Ho Hoa, Kim Myong Ho mit 15jähriger Verbannung.

Ko Chi Hong, I Yo Ik, So Pyong Ku, I Yong Pä, Kim Han Myong, Chang Tok Hyon und Chei Hong Sun mit lebenslänglicher Verbannung.

Nä Chung und Cho Yong Sun mit 15jähriger Verbannung.

Yun Chin Ku und Chong Cho On mit 10 jähriger Verbannung.

Cho yong su, Staatsanwalt

Kim kui Yong,   [2]

So Kwang Pom, Präsident des Spezialgerichtes

I chä chong, Mitglieder   [2]   [2]

Cho sun hui,   [2]   [2]   [2]

Chang Pak,   [2]   [2]   [2]

Im tä chun,   [2]   [2]   [2]

Kim kui cho, Sekretär des Spezialgerichtes

Kui tong kon,   [2]   [2]   [2]

2) Durch besondere Gnade Seiner Majestät ist I chung yong´s Strafe von lebenslänglicher Verbannung, in Verbannung auf 10 Jahre gemildert worden; er hat seinen Aufenthalt im Kyo Tong Distrikt (Kyong kui do) zu nehmen.

Für die Uebersetzung.
gez. Reinsdorf.

Anlage 2 zu Bericht № 28.

Uebersetzung.

Abschrift.

Brief vom Tai-won-kun.

den 1. Mai 1895.

Am 18. dieses Monats sind mehrere 100 Polizeidiener in mein Haus eingedrungen und haben meinen Enkel I Chung Yong mit Gewalt fortgeführt und auf dem ganzen Wege zum Justizministerium, wo man ein besonderes Gefängniß für ihn bereitet hatte, hart und grausam behandelt und ihn seit 10 Tagen in jeder möglichen Weise drangsalirt. Ich habe die Söul-Zeitung gelesen, ich weiß aber nicht, was an den (darin enthaltenen) Gerüchten Wahres ist und wie man Beweise erbringen will, um mich und meinen Neffen in die unerhörtesten Missethaten zu verwickeln. Ich sehe, wie täglich mehr über uns in Umlauf gesetzt wird; wer ein Herz hat, muß zu Tode erschrecken und kann keine Stunde mehr leben, wenn solche Dinge wider ihn vorgebracht werden. Wenn ich so unseren Namen unschuldig verunglimpfen sehe, ohne daß der mindeste Anhalt für die Anklage vorhanden ist, so nimmt mein Kummer überhand und ich muß darauf drängen, daß schnell die Wahrheitsbeweise vorgebracht werden.

Ich habe vernommen, daß in allen Ländern in derartigen zweifelhaften Fällen die höchsten Beamten zusammen die Untersuchung vornehmen, und bitte Sie, mit den übrigen Vertretern in Verbindung zu treten und einen Tag zu vereinbaren, an dem Sie sämmtlich die Verbrecher vorkommen und mit mir und meinem Neffen confrontiren lassen und die Sache untersuchen. Ist eine Schuld vorhanden, so muß es getragen werden, ist keine Schuld vorhanden, so muß es offenkundig werden; diese dunklen Anschuldigen müssen aufhören und (mein Enkel) das Licht der Sonne wiedersehen dürfen. Es wäre eine große Güte der sämmtlichen Herren Vertreter; ich bitte, schleunigst Schritte thun zu wollen und mir eine Antwort zugehen zu lassen.

Ergebenst gez: I ha yong

für die Uebersetzung.

gez: Reinsdorf.

PAAA_RZ201-018918_111 f.

Empfänger	Fürst zu Hohenlohe - Schillingsfürst	Absender	Krien
A. 7071 pr. 28. Juni 1895. a. m.		Söul, den 13. Mai 1895.	
Memo	Orig. Bei II		

Abschrift

A. 7071 pr. 28. Juni 1895. a. m.

Söul, den 13. Mai 1895.

C. № 27.

Seiner Durchlaucht

dem Herrn Reichskanzler

Fürsten zu Hohenlohe - Schillingsfürst.

Eurer Durchlaucht beehre ich mich im Verfolg meines ganz gehorsamen Berichtes № 18 vom 30. März d. Js. ebenmäßig zu melden, daß nach einer vertraulichen Mittheilung des Ministers der Auswärtigen Angelegenheiten, Graf Inouye ihm den Entwurf zu einem Vertrage zwischen Japan und Korea über die Eröffnung von zwei neuen Häfen eingesandt hat. Dadurch soll einer der Plätze Chinnampo oder Kuijinpo an der Mündung des Tai-tong Flusses am 22. Juli d. Js. (dem 1. des 6. Koreanischen Monats) und 60 Tage später der Hafen von Mokpo dem fremden Handel eröffnet werden. Die Ratifikationen sollen 50 Tage nach der Unterzeichnung des Vertrages in Söul ausgetauscht werden.

Bedenken erregt der zweite Artikel, der bestimmt, daß alle Einzelheiten vor Eröffnung der Häfen geregelt sein müssen. Denn es steht zu befürchten, daß die Japaner ihn benutzen werden, um sich Sondervortheile zu sichern, sei es durch Einrichtung von ausschließlich japanischen Ansiedlungen oder durch Kauf der werthvollsten Grundstücke der allgemeinen Fremdenniederlassung, bevor deren Lage und Grenzen den übrigen Ausländern bekannt sind oder durch andere den Japanern allein günstige Bestimmungen. Die Vertreter der Westmächte suchen deshalb die Koreanische Regierung zu bewegen, Regulationen für diese Ansiedlungen mit allen fremden Vertretern zu vereinbaren.

Durch die Eröffnung der genannten Häfen, welche die beiden wohlhabenden Provinzen Chöllado und Pyöngando erschließen werden, wird sich der Handel mit dem Auslande voraussichtlich heben, obwohl die drei Vertragshäfen vermuthlich in der ersten Zeit sämmtlich einigen Abbruch erleiden dürften.

Abschriften dieses ganz gehorsamen Berichtes sende ich an die Kaiserlichen Gesandtschaften zu Peking und Tokio.

gez. Krien.

Urschr. i. a. China 20

[   ]

PAAA_RZ201-018918_113 ff.

Empfänger	Fürst zu Hohenlohe - Schillingsfürst	Absender	Gutschmid
A. 7325 pr. 4. Juli 1895. p. m.		Tokio, den 23. Mai 1895.	
Memo	mitg. 5. 7. London 759, Petersburg 375, Dresden 395, Karlsruhe 242, München 419, Stuttgart 395, Staatsmin.		

Abschrift

A. 7325 pr. 4. Juli 1895. p. m.

Tokio, den 23. Mai 1895.

A. 176.

An Seine Durchlaucht

den Herrn Reichskanzler

Fürsten zu Hohenlohe - Schillingsfürst.

Im gegenwärtigen Moment steht die politische Lage in Korea wiederum im Vordergrund des Interesses. Die Reformversuche des Grafen Inouye müssen als gescheitert angesehen werden. Er selbst beabsichtigt, wie sein als Rath im hiesigen Ministerium der Auswärtigen Angelegenheiten angestellter Sohn mir vertraulich mittheilte, binnen Kurzem, zunächst mit Urlaub wegen seines leidenden Gesundheitszustandes nach Japan zurückzukehren und dürfte sich wohl kaum bereit finden lassen, die Sisyphus - Arbeit wieder aufzunehmen.

Wie Eurer Durchlaucht aus der Berichterstattung des Kaiserlichen Konsuls in Söul bekannt sein dürfte, haben die politischen Wirren daselbst in den letzten Monaten in Folge der Intriguen der Königin und ihres Anhangs dermaßen überhand genommen, daß an eine Verwirklichung des Reformprogrammes, wie solche durch den japanischen Staatsmann in die Wege geleitet werden sollte, heute kaum mehr gedacht wird. Daß auch der den Japanern entgegen getragene tiefgewurzelte Haß des Koreanischen Volkes der Durchführung des Reformwerkes ernste Hindernisse bereitet ist zwar eine bekannte, von den Japanern aber bisher nicht hinreichend gewürdigte Thatsache.

Der Vize-Minister des Aeußern hat dem englischen Geschäftsträger ziemlich unverhüllt angedeutet, daß die hiesige Regierung ernstlich mit dem Gedanken umgehe, das Reformwerk aufzugeben und die japanischen Truppen unter Zurücklassung von Garnisonen an einigen Küstenpunkten aus der Halbinsel zurückzuziehen. Auch äußerte sich eine über die Intentionen der Regierung, wie ich glaube, gut unterrichtete Persönlichkeit gegen mich gestern daher, daß unter den "jetzigen Verhältnissen", wenn er die bevorstehende Rückgabe der Halbinsel Liao-tung und die Nothwendigkeit, dem Rußland gegebenen Versprechen gemäß die Unabhängigkeit Korea´s nicht nur der Form nach sondern auch thatsächlich zu respektiren, Japan nichts Besseres thun könne, als das Königreich vorbehaltlich gewisser Garantien möglichst bald zu räumen.

Die Koreanische Angelegenheit bildet im Augenblick den Gegenstand ernster Berathungen im Kabinet, dessen Mitglieder der Mehrzahl nach mit dem Grafen Ito an der Spitze, sich noch in Kyoto befinden.

Die in der fremden und einheimischen Presse verbreiteten Gerüchte, daß Rußland wegen der Räumung Korea´s bereits mit Japan in Unterhandlungen stehe, haben sich bisher nicht bewahrheitet. Herr Hitrovo meint, seine Regierung werde vorerst eine abwartende Haltung, die auch er dringend befürworte, beobachten.

gez. von Gutschmid.

Orig. i. a. China 20

Verhaftung des Enkels des Tai-wön-kun. Japanische Truppen in Korea.
Erziehung junger Koreaner in Japan. Hinrichtung von Rebellenführern.

PAAA_RZ201-018918_116 ff.			
Empfänger	Fürst zu Hohenlohe - Schillingsfürst	Absender	Krien
A. 7550 pr. 10. Juli 1895. a. m.		Söul, den 29. April 1895.	
Memo	Mitg. 13. 7. London 804, Paris 404, Petersburg 399, Dresden 411, Karlsruhe 255, München 438, Stuttgart 414, Weimar 234, Staatsmin. J. № 179.		

A. 7550 pr. 10. Juli 1895. a. m.

Söul, den 29. April 1895.

Kontrol. № 24.

An Seine Durchlaucht

den Herrn Reichskanzler

Fürsten zu Hohenlohe - Schillingsfürst.

Eurer Durchlaucht beehre ich mich im Anschluß an meinen Bericht № 15 vom 12. vorigen Monats ganz gehorsamst zu melden, daß der Enkel des Tai-wön-kun, General I Chung-Yong in der Nacht auf den 19. dieses Monats verhaftet worden ist, nachdem er am Tage vorher auf seinen Antrag von der Stellung eines Gesandten in Japan entbunden worden war. Er wird beschuldigt, die Ermordung des Vize-Justizministers Kim-Hak-U angestiftet, behufs Ermordung der Minister Pak und So und anderer Japanerfreunde Meuchelmörder gedungen und sich, zu dem Zwecke, den König zu entthronen und sich selbst zum Herrscher über Korea ausrufen zu lassen, mit den Tonghak-Rebellen verschworen zu haben.

Der Tai-Wön-kun war über die Verhaftung seines Lieblingsenkels sehr entrüstet und folgte ihm in das Gefängniß, um ihn nöthigenfalls mit Gewalt zu befreien. Da ihm dies wegen der großen Anzahl der anwesenden Polizisten nicht gelang, so bezog er ein dem Gefängniß gegenüberliegendes Haus, wo er sich auch jetzt aufhält, protestirte laut gegen die Gewaltmaßregel und erklärte, daß der Prinz unschuldig wäre.

Die Verhaftung soll auf das Gutachten des Japanischen Advokaten Hoshi Toru hin, der vor Kurzem als Rechtsbeistand des Justizministers engagirt worden ist und der dem Koreanischen Untersuchungsbeamten zur Seite steht, vorgenommen worden sein. Hoshi, ein hervorragendes Mitglied der Radikalen Partei war im Jahre 1893 für kurze Zeit

Präsident des Japanischen Abgeordneten - Hauses, wurde dann aber von seiner eigenen Partei gezwungen, die Präsidentschaft und sein Mandat niederzulegen.

Außer dem Prinzen sind in der letzten Zeit wieder verschiedene ehemalige höhere Beamte in die Gefängnisse geliefert worden.

In der Bevölkerung der Hauptstadt zeigt sich eine gewisse Aufregung, weil der Vater des Königs noch immer viele Anhänger hat und weil der Fall, daß ein so naher Verwandter des Königs verhaftet wird, ganz außergewöhnlich ist. Doch ist der Ausbruch von Unruhen nicht zu befürchten, solange Japanische Truppen die Stadt besetzt halten.

Trotzdem der Prinz, nach glaubwürdigen Nachrichten, zweimal mit einer Leder - Peitsche geprügelt worden ist, hat er die Verbrechen, deren er beschuldigt wird, nicht eingestanden; auch haben die ihm gegenüber gestellten Meuchelmörder, ihre den Prinzen belastenden Aussagen nicht aufrecht erhalten. - Es ist daher wohl anzunehmen, daß I Chun-Yong verhaftet worden ist, weil die Minister nicht gewagt haben, den Hauptschuldigen, den Vater des Königs, selbst festnehmen zu lassen.

Die Schuld an diesen beunruhigenden Ereignissen tragen zum großen Theil die Japaner, die den Tai-wön-kun gegen die Königin und die Min-Partei benutzen zu können glaubten, obwohl sie wissen mußten, welch eine große Gefahr sie bei dessen fremdenfeindlicher Gesinnung und rücksichtslosem Vorgehen sie damit heraufbeschworen. Solange außerdem die von dem Grafen Inouye dem Könige aufgedrungenen früheren Rebellenhäupter, Pak und So (die in Gemeinschaft mit Kim Ok Kiun im Jahre 1884 eine Anzahl der höchsten Koreanischen Würdenträger in brutaler Weise niederhauen ließen) ihre einflußreichen Stellungen behalten, werden Verschwörungen unausbleiblich sein.

Soweit ich habe feststellen können, stehen jetzt in Söul und Umgegend etwa 800 Mann Japanische Truppen, ferner Detachements von 50 bis 200 Mann in den folgenden Plätzen Koreas: den offenen Häfen Fusan und Wönsan, außerdem in Tai-ku und Song-ju in Kyöng-sang-do. Chön-ju in Chölla-do, Song-do in Kyöng-kui-do, Hai-ju in Whang-hai-do, Pyöng-yang und Whang-ju in Pyöng-an-do und Puk-chöng in Ham-gyöng-do.

Vor acht Tagen verließen etwa hundert junge Koreaner Söul, um in Japan erzogen zu werden.

Der Rebellenführer Chong-Pung-Shun und zwei seiner Genossen wurden vor Kurzem durch Erhängen hingerichtet.

Abschriften dieses ganz gehorsamen Berichtes sende ich an die Kaiserlichen Gesandtschaften zu Tokio und Peking.

Krien.

Inhalt: Verhaftung des Enkels des Tai-wön-kun. Japanische Truppen in Korea.
Erziehung junger Koreaner in Japan. Hinrichtung von Rebellenführern.

PAAA_RZ201-018918_123 ff.

Empfänger	Fürst zu Hohenlohe - Schillingsfürst	Absender	Krien
A. 7573 pr. 10. Juli 1895. a. m.		Söul, den 30. April 1895.	
Memo	Abschrift II 16921. pr. 10. Juli 1895. p. m. J. № 181.		

A. 7573 pr. 10. Juli 1895. a. m.

Söul, den 30. April 1895.

Kontrol № 25.

An Seine Durchlaucht

den Herrn Reichskanzler

Fürsten zu Hohenlohe - Schillingsfürst.

Ew. Durchlaucht habe ich die Ehre im Anschluß an meinen Bericht № 18 vom 30. v. Mts. ganz gehorsamst zu melden, daß der Bau der Eisenbahn von Chemulpo nach Yongsan bisher nicht begonnen worden ist.

Dem Vernehmen nach sollen die von dem Japanischen Gesandten gestellten Bedingungen der Koreanischen Regierung als zu hart erscheinen. Nach Mittheilungen der Amerikanischen und Englischen Vertreter hat Graf Inouye in einer Denkschrift an den König auf 50 Jahre lautende Konzessionen, für sämmtliche Eisenbahnen und 25-jährige Konzessionen für sämmtliche Telegraphen des Landes verlangt. Wie mich indeß der Minister des Auswärtigen benachrichtigt, sind diese Forderungen nicht schriftlich, sondern mündlich gestellt worden.

Ferner soll Graf Inouye sich bemühen, für seine Landsleute umfangreiche Minen-Konzessionen zu erwirken. Zur Untersuchung der Bergwerke des Landes sind vor Kurzem Koreanische Beamte ernannt worden.

Zwischen dem Japanischen Konsul in Chemulpo und dem Präfekten von Inchön ist außerdem eine Vereinbarung getroffen und dem Japanischen Gesandten, sowie dem hiesigen Minister der Auswärtigen Angelegenheiten zur Prüfung und Genehmigung unterbreitet worden. Dadurch soll auf Grund des Japanisch-Koreanischen Abkommens vom 30. September 1883, dessen Artikel 1 bestimmt, daß die Koreanische Regierung die Japanische Niederlassung in Chemulpo erweitern soll, wenn diese vollständig besiedelt sein wird, eine größere Flache im Norden der Allgemeinen Fremden-Niederlassung für die ausschließliche Benutzung Japanischer Ansiedler von der Koreanischen Regierung abgetreten und für die Besiedelung hergerichtet worden. Die Kosten der Aufschüttung des Vorderufers sowie des Baues einer Seemauer von ungefähr 500 Meter Länge und einer Landungsbrücke, ferner der Straßen, Abzugskanäle, Rinnsteine und Brücken der neuen Niederlassung sollen von der Koreanischen Regierung getragen werden.

Nach einer mäßigen Schätzung würden sich die Ausgaben für diese Arbeiten auf etwa 2 Millionen Dollar belaufen, da allein eine Wasserfläche von mehr als 200,000 qm aufzufüllen sein würde.

Das Land darf nur an Japaner verkauft werden. An Grundrenten sollen 1,6 bezw. 1,2 und 0,8 Cent für je 2 qm, also 80,60 und 40 Cent pro 100 qm (gegen 20, 6 und 2 Dollar der Allgemeinen Fremden-Niederlassung) entrichtet werden, wovon ein Drittel der Koreanischen Regierung zufallen soll. Der Flächeninhalt der in Aussicht genommenen neuen Ansiedlung ist ungefähr so groß wie derjenige der Allgemeinen, Chinesischen und Japanischen Fremden-Niederlassungen zusammen genommen.

Nach den Japanischen Vermessungen zu urtheilen, soll die Eisenbahn in der neuen Ansiedlung ihren Anfangspunkt haben.

Wie ich bereits am 2. Februar 1891(№13) zu berichten die Ehre hatte, ist die Bestimmung des Artikels 1 des Uebereinkommens vom 3. September 1883 seitdem dadurch erfüllt worden, daß die ursprünglich sehr kleine Japanische Niederlassung erweitert worden ist und daß die Japaner durch das Abkommen vom 3. Oktober 1884 das Recht erlangt haben, unter denselben Bedingungen wie die Angehörigen der anderen Vertragsmächte in der Allgemeinen Fremden-Niederlassung - wo noch viele Grundstücke unbenutzt liegen-zu wohnen und Grundeigenthum zu erwerben.

Die Ausführung der in Rede stehenden Vereinbarung würde meines ehrerbietigen Erachtens gegen die Artikel IV, 4 des Deutsch-Koreanischen Vertrags verstoßen, wonach Deutsche Reichsangehörige außerhalb der Grenzen der fremden Niederlassungen, in einem Umkreis von zehn Koreanischen Li, Grundstücke oder Häuser kaufen oder miethen können.

Durch das neue Projekt würde das Grundeigenthum in der Allgemeinen Niederlassung, das fast zur Hälfte in Händen von Reichsangehörigen ist, bedeutend entwerthet werden.

Die Amerikanischen, Russischen, Großbritannischen, Deutschen und Französischen Vertreter beabsichtigen, eine gegen diese, die Vertragsrechte ihrer Landsleute verletzenden, Monopol - Bestrebungen der Japaner gerichtete gemeinsame Note an den Minister des Auswärtigen abzusenden.

In Nachachtung des hohen Erlasses №13 vom 22. Mai 1891 (II 9941/ 21946) verfehle ich nicht, Eurer Durchlaucht ehrerbietigst zu melden, daß die Japaner die Aufschüttung des Vorderufers vor ihrer Ansiedlung wieder aufgegeben haben.

Abschriften dieses ganz gehorsamen Berichtes sende ich an die Kaiserlichen Gesandtschaften zu Peking und Tokio.

gez. Krien.

Berlin, den 13. Juli 1895.   A. 7550.

An

die Missionen in

1. London № 804.

2. Paris № 401.

3. St. Petersburg. № 399.

4. Dresden № 411.

5. Karlsruhe № 255.

6. München № 438.

7. Stuttgart № 414.

8. Weimar № 234.

9. An die Herren
   Staatsminister Exzellenzen

J. № 5125.

Ew. p. übersende ich anbei ergebenst Abschrift eines Berichtes des K. Konsuls in Söul vom 29. April, betreffend die Zustände in Korea und die Verhaftung des bisherigen Koreanischen Gesandten am japanischen Hofe

ad 1-3: zu Ihrer gef. Information.

ad 4-8: unter Bezugnahme auf den Erlaß vom 4. März 1885 mit der Ermächtigung zur Mittheilung.

Eurer Exzellenzen beehre ich mich anbei Abschrift eines Berichts des K. Konsuls in Söul vom 22. April d. J., betreffend wie oben
zur gef. Kenntnißnahme zu übersenden.

                                        N. S. E.

[   ]

PAAA_RZ201-018918_130

Empfänger	Fürst zu Hohenlohe - Schillingsfürst	Absender	Gutschmid
A. 8239 pr. 26. Juli 1895. a. m.		Tokio, den 10. Juni 1895.	
Memo	Mtg. 27. 7. London 895, Petersburg 434.		

A. 8239 pr. 26. Juli 1895. a. m.

Tokio, den 10. Juni 1895.

A. 208.

Seiner Durchlaucht

dem Herrn Reichskanzler

Fürsten zu Hohenlohe - Schillingsfürst.

Entzifferung.

Der russische Gesandte hört gerüchtweise, daß die Japanische Regierung beabsichtigt, durch Zirkular an ihre Vertreter in Europa die sofortige Räumung Korea's anzubieten, falls die Mächte die Nicht-Okkupation des Königsreichs durch eine dritte Macht garantiren wollen.

Ich halte einen solchen Schritt wegen das Mißtrauens, welches derselbe in die Absichten Rußlands bekunden würde, für unwahrscheinlich, und habe Herrn Hitrowo auch gesagt. Er stimmte mir bei.

Gutschmid.

Orig. i. a. China 20

[   ]

PAAA_RZ201-018918_131 ff.

Empfänger	Fürst zu Hohenlohe - Schillingsfürst	Absender	Gutschmid
A. 8247 pr. 26. Juli 1895. a. m.		Tokio, den 15. Juni 1895.	
Memo	mtg. 31. 7. London 918.		

Abschrift

A. 8247 pr. 26. Juli 1895. a. m.

Tokio, den 15. Juni 1895.

A. 216.

Seiner Durchlaucht

dem Herrn Reichskanzler

Fürsten zu Hohenlohe - Schillingsfürst.

Der Französische Gesandte bemerkte gestern zu mir, es sei doch eigentlich sehr merkwürdig, daß in unseren bisherigen Verhandlungen mit der Japanischen Regierung die Koreanische Frage gar nicht berührt worden sei. Er habe von verschiedenen Seiten gehört, daß die Japanischen Staatsmänner sich über diese Angelegenheit gerne mit unserem russischen Collegen aussprechen würden, daß sie aber eine gewisse Scheu hatten d´aborder le sujet. Herr Hitrowo mache auch keine Miene anzufragen und auf beiden Seiten umgehe man geflissentlich diesen delikaten Punkt. Und doch sei eine Aussprache unvermeidlich. Er habe von seiner Regierung keinerlei Instruktion und glaube, daß man in Paris annehme, die Koreanische Angelegenheit müsse einer direkten Auseinandersetzung zwischen den beiden interessirten Mächten überlassen bleiben.

Ich stimmte Herrn Harmand bei, indem ich hervorhob, ich habe nur Weisung, über die Liaotung - Angelegenheit zu verhandeln. Korea scheine nicht in den Bereich der gemeinsamen Verhandlungen fallen zu sollen.

Zu der Liaotung - Frage übergehend meinte mein französischer Kollege, unsere Regierungen schienen keine besondere Eile zu haben. Ich bemerkte beiläufig, daß, wenn China keine Anstalten treffe, die nöthigen Summen zur Befriedigung der japanischen Ansprüche zu beschaffen, es eigentlich eine mißliche Sache sein würde, auf baldige Räumung der Halbinsel zu dringen. Japan müsse doch, ehe es dies Pfand aus der Hand gebe, einige Sicherheit dafür haben, daß China auch wirklich zahlen werde. Hierhin stimmte mir wieder Herr Harmand bei und gab zu, daß das jetzt von China mit französischen Bankhäusern unter russischer Garantie abgeschlossene Anlehen von 16 Millionen Pfund Sterling bei Weitem nicht seine Geldverbindlichkeit gegen Japan decken würde.

Ich habe den Eindruck gewonnen, daß ich bei den weiteren Verhandlungen bei dem französischen Gesandten insofern Unterstützung finden werde, als auch er nicht geneigt ist, auf Japan unbilligen Druck zu üben.

Im Uebrigen ist auch Herr Hitrowo, wie ich hervorheben muß, durchaus nicht gewillt, die Japaner zu drängen.

Daß seit dem 5. d. Mts. keine Verhandlung stattgefunden hat, habe ich bereits an anderer Stelle berichtet. Ehe wir nicht neue Instruktionen erhalten, wird auch eine weitere Konferenz mit dem Minister der auswärtigen Angelegenheiten nicht angesagt werden.

gez. v. Gutschmid.

Orig. i. a. China 20

[   ]

PAAA_RZ201-018918_135 ff.

Empfänger	Fürst zu Hohenlohe - Schillingsfürst	Absender	Krien
A. 8298 pr. 27. Juli 1895. p. m.		Söul, den 11. Juni 1895.	

Abschrift

A. 8298 pr. 27. Juli 1895. p. m.

Söul, den 11. Juni 1895.

Kontrol № 32.

Seiner Durchlaucht

dem Herrn Reichskanzler

Fürsten zu Hohenlohe - Schillingsfürst.

Eurer Durchlaucht beehre ich mich ganz gehorsamst zu berichten, daß der Japanische Gesandte am 7. d. Mts. Söul verlassen hat, um sich nach Japan zurückzubegeben. Als japanischer Geschäftsträger fungirt der erste Sekretär der Gesandtschaft, Sugimura. In der bezüglichen Mittheilung an die übrigen fremden Vertreter erklärt Graf Inouye, daß er auf Befehl seiner Regierung nach Tokio zurückkehre. Der Minister des Auswärtigen und eine Anzahl anderer Würdenträger begleiteten ihn nach Chemulpo.

Bei seinem Abschiedsbesuch äußerte sich Graf Inouye zu mir sehr unzufrieden über die Koreanischen Beamten. Sie besäßen keinen Patriotismus, hätten nur ihre persönliche Vortheile im Auge und hörten gar nicht auf ihn.

Herr Sugimura, der mich gestern besuchte, sprach sich in ähnlicher Weise aus. Er verwahrte sich insbesondere gegen die hier verbreitete Annahme, daß so thörichte und die Bevölkerung unnützer Weise reizende Vorschriften, wie die der kurzen Pfeifen und der schwarzen Ueberröcke, die alle Koreaner seit dem 20. v. Mts. statt der früheren weißen Röcke tragen müssen, von der Japanischen Gesandtschaft ausgegangen wären.

Die Japanischen Soldaten würden, mit Ausnahme einer Gesandtschaftswache, schon der Kostenersparniß halber, jetzt aus Korea zurückgezogen werden, wenn nicht zu befürchten stände, daß dann überall im Lande wieder Unruhen und Aufstände ausbrechen würden - eine Befürchtung, die meines Erachtens durchaus gerechtfertigt ist. Nach einer Mittheilung des Russischen Geschäftsträgers werden übrigens in Wönsan Baracken für eine Japanische Besatzung von 600 Mann gebaut.

Graf Inouye hat während seines hiesigen Aufenthalts stets mehr darnach gestrebt, das Uebergewicht Japans in Korea zu stärken und zu befestigen und seine Widersacher unschädlich zu machen, als die Koreaner mit seiner Diktatur zu versöhnen und wirkliche Reformen durchzuführen. Durch seine Bemühungen, für seine Landsleute werthvolle Sonder - Vorrechte zu erlangen, hat er den geschlossenen Widerstand der Europäischen und Amerikanischen Vertreter gegen diese Bestrebungen hervorgerufen. Das Vertrauen der Koreaner zu gewinnen, ist ihm nicht gelungen. Sogar seine besonderen Schützlinge, die Minister Pak Yong Hio und So Kwang Pom, haben sich schließlich gegen ihn gewandt.

In sämmtlichen Ministerien sind jetzt je 3 bis 8 Japanische Rathgeber angestellt, die die Regierung des Landes vollständig kontroliren. 2 Bataillone Koreanischer Soldaten - im Ganzen etwa 1 000 Mann - werden von Japanischen Offizieren und Unteroffizieren einexerzirt, ein drittes Bataillon soll demnächst formirt werden. Die beiden Amerikanischen Militär - Instrukteure Dye und Nienstead setzen im Palaste des Königs die Koreanischen Wachen aus und revidiren die dortigen Militär - Posten. Mit der Ausbildung der Truppen haben sie seit einem Jahre nichts mehr zu thun.

Gleich nach der Abreise des Grafen Inouye war hier das Gerücht verbreitet, daß ihm die Japanischen Truppen und Rathgeber binnen Kurzem folgen würden. Seitdem die Japaner die Halbinsel Liaotung haben aufgeben müssen, ist ihr Ansehen in Korea bedeutend gesunken und blickt man auf den Russischen Vertreter als auf den erhofften Erretter aus der Japanischen Zwingherrschaft.

Im Kabinet herrscht wieder große Uneinigkeit. Der Premier - Minister, Kim Hong Jip, ist zurückgetreten, aber nicht, wie allgemein erwartet wurde, durch den Minister des Innern, Pak Yong Hio, sondern durch den Unterrichtsminister, Pak Chung Yang, ersetzt werden, an dessen Stelle der Vize-Minister des Auswärtigen Amtes, I Wan Yong, getreten ist. Auch der Kriegsminister ist gewechselt worden. Der Finanzminister hat um seine Entlassung gebeten, ist indeß von dem Könige abschlägig beschieden worden.

Am 21. v. Mts. verließ der Tai-wön-kun heimlich seinen Palast, um sich zu seinem gefangen gehaltenen Enkel zu begeben, wurde aber von der Polizei auf dem Han - Flusse angehalten. Er bezog darauf sein in der Nähe des Flusses gelegenes Sommerhaus, worin er streng bewacht wird.

Zur Feier der Unabhängigkeit Koreas fand am 6. d. Mts. im alten Palaste ein Gartenfest statt, zu dem die fremden Vertreter und viele andere Ausländer, besonders Japaner, geladen waren. Auf Wunsch des Herrn Waeber waren die ursprünglichen Einladungen an die Vertreter zur Feier „der Unabhängigkeit" des Landes dahin abgeändert worden, daß das Fest aus Freude darüber, daß der Friede wieder hergestellt wäre und die Chinesische Regierung ihre Ansprüche auf Korea aufgegeben hätte, veranstaltet worden.

Der Russische Geschäftsträger hatte als Grund für die gewünschte Aenderung angeführt, er könnte nicht zugeben, daß Rußland mit einem abhängigen Staate Verträge geschlossen hätte. pp.

gez. Krien.

Urschr - i. a. China 20

Berlin, den 1. August 1895.   A. 7070.

An

die Missionen in

1. London № 946.

2. Paris № 449.

3. St. Petersburg № 468.

4. Dresden № 474.

5. München № 505.

6. Stuttgart № 479.

7. Karlsruhe № 288.

8. Weimar № 249.

12. An die Herren

Staatsminister Exzellenzen

J. № 5900.

Ew. p. übersende ich im Anschluß an den Erlaß vom 13. d. Mts. anbei ergebenst Abschrift eines Berichtes des K. Konsuls in Söul vom 15. Mai d. Js. betreffend das Strafverfahren gegen die Prinzen I. Chung Yong und seine Mitverschwörer.

ad 1-3: zu Ihrer gefl. Information.

ad 4-8: unter Bezugnahme auf den Erlaß vom 4. März 1885 mit der Ermächtigung zur Mittheilung.

Eurer Exzellenzen beehre ich mich anbei Abschrift eines Berichtes des Kaiserl. Konsuls in Söul vom 15. Mai d. J., betreffend wie oben zur gef. Kenntnißnahme zu übersenden.

N. S. E.

[   ]

PAAA_RZ201-018918_141

Empfänger	Fürst zu Hohenlohe - Schillingsfürst	Absender	Gutschmid
A. 8939 pr. 14. August 1895. p. m.		Tokio, den 9. Juli 1895.	
Memo	mitg 17. 8. London 1001, Paris 72, Petersburg 496.		

Abschrift

A. 8939 pr. 14. August 1895. p. m.

Tokio, den 9. Juli 1895.

A. 237.

Seiner Durchlaucht

dem Herrn Reichskanzler

Fürsten zu Hohenlohe - Schillingsfürst.

Der Minister der auswärtigen Angelegenheiten sagte mir gestern gelegentlich einer laufende Geschäfte betreffenden Unterredung im Vertrauen, Graf Inouye werde nun doch nach Korea zurückkehren, da er das Reformwerk nicht für ganz aussichtslos halte. Allerdings werde sein Aufenthalt in Söul sich nur auf wenige Monate beschränken. Die im Königreich stationirten Truppen sollten indessen demnächst zurückgezogen werden, da sie, als zur Reserve gehörig, gesetzmäßig nach Beendigung des Krieges nicht im Auslande Verwendung finden dürften. Mit Rücksicht darauf aber, daß mehrere Punkte noch auf längere Zeit hin eine Japanische Besatzung erheischten, werde voraussichtlich ein kleineres Detachement Linientruppen behufs Ablösung der Reserven nach Korea entsandt werden.

gez. Gutschmid.

Urschr. i. a. China 20

[ ]

PAAA_RZ201-018918_142 f.

Empfänger	Fürst zu Hohenlohe - Schillingsfürst	Absender	Gutschmid
A. 8940 pr. 14. August 1895. p. m.		Tokio, den 10. Juli 1895.	
Memo	mitg. 17. 8. London 1001, Paris 472, Petersburg 496.		

Abschrift

A. 8940 pr. 14. August 1895. p. m.

Tokio, den 10. Juli 1895.

A. 238.

Seiner Durchlaucht

dem Herrn Reichskanzler,

Fürsten zu Hohenlohe - Schillingsfürst.

Im Zusammenhang mit den Aeußerungen des interimistischen Ministers des Auswärtigen über die Verhältnisse in Korea, welche ich Eurer Durchlaucht unter dem gestrigen Tage (Bericht A. 237) zu melden die Ehre hatte, dürfte eine offiziöse Auslassung der Nichi Nichi Shimbun vom 7. d. M. über die derzeitige Lage der Koreanischen Angelegenheit nicht ohne Interesse sein.

Das Blatt führt aus, daß Rußland bekanntlich den Wunsch habe, in Korea einen eisfreien Hafen zu erhalten, Japan aber andererseits alles daran gelegen sein müsse, daß Korea ein unabhängiger Staat bleibe. Für diesen Zweck allein habe ja Japan den Krieg unternommen gehabt. Wenn die Unabhängigkeit Koreas sich als unmöglich und daher die Herstellung eines Schutzverhältnisses zu einem anderen Staat sich als nothwendig erweisen sollte, so könne doch Japan keinesfalls zulassen, daß Rußland einseitig einen solchen Schutz ausübe. Vielmehr müsse in einem solchen Fall die Angelegenheit von Japan und Rußland gemeinschaftlich behandelt werden. Einstweilen aber habe Graf Inouye seinen Bericht über die Lage in Korea dahin resümirt, daß dieselbe keineswegs aussichtslos sei, daß das Reformwerk vielmehr vollen Erfolg verspreche, wenn Japan demselben weiter ernstlich seine Unterstützung gewähre. Später könne ja, wenn in Korea Ordnung geschaffen sei, dem Lande eine Stellung ähnlich wie die Belgiens oder der Schweiz gegeben werden, und Japan könne dann einen darauf abzielenden Vorschlag den Mächten unterbreiten. Wenn die Russischen Zeitungen gegenwärtig häufig die Nothwendigkeit der

Zurückziehung der Japanischen Truppen betonten, so sei zu entgegnen, daß dies im Interesse der Aufrechterhaltung des Friedens in Ostasien noch nicht angängig sei.

Zum Schlusse bemerkt das Blatt, daß die Politik der Regierung Korea gegenüber jetzt als festgestellt gelten könne und zwar im Sinne eines energischen Festhaltens an dem Reformproramm. Graf Inouye werde daher jedenfalls zunächst wieder nach Söul gehen, wenn sich auch zur Zeit noch nicht sagen lasse, ob sein Aufenthalt dort von längerer Dauer sein werde.

gez. von Gutschmid.

Urschr. i. a. China 20

[   ]

PAAA_RZ201-018918_144 f.

Empfänger	Fürst zu Hohenlohe - Schillingsfürst	Absender	Gutschmid
A. 8942 pr. 14. August 1895. p. m.		Tokio, den 11. Juli 1895.	
Memo	mitg. 17. 8. London 992, Paris 468, Petersburg 489.		

Abschrift

A. 8942 pr. 14. August 1895. p. m.

Tokio, den 11. Juli 1895.

A. 240.

Seiner Durchlaucht

dem Herrn Reichskanzler

Fürsten zu Hohenlohe - Schillingsfürst.

Vor einigen Tagen hat am Hof von Söul wiederum eine Umwälzung stattgefunden, über welche der dortige Kaiserliche Konsul Eurer Durchlaucht zweifelsohne Meldung erstattet haben wird. Als wichtigste Folge derselben für die Beziehungen Japans zu Korea erscheint die Thatsache, daß die Königin und die ihr ergebene, japanfeindliche, China hingegen, freundlich gesinnte Min - Partei wieder die Oberhand gewonnen hat.

In der hiesigen einheimischen Presse werden die dortigen Vorgänge Russischen Intriguen zugeschrieben und dabei auf die engen Beziehungen hingewiesen, welche zwischen dem Russischen Geschäftsträger Waeber, beziehentlich seiner Gemahlin, und der Königin seit geraumer Zeit bestehen.

Die durch die Ereignisse in Söul geschaffene Lage bildet augenblicklich den Gegenstand von Kabinetsberathungen, zu denen Graf Inouye sowie hervorragende Militärs zugezogen werden, und es ist noch nicht abzusehen, welche Entschlüsse reifen werden.

In der englischen Lokalpresse werden die erwähnten Vorgänge eingehend besprochen und wird namentlich dabei auf den Interessenstreit zwischen Rußland und Japan hingewiesen.

Ein die koreanische Frage nach dieser Richtung hin behandelnder, nicht ohne Sachkenntniß geschriebener Leitartikel der Zeitung „The Japan Gazette" vom 9. d. Mts. schildert die für Japan in der gegenwärtigen Situation liegenden Gefahren in lebhaften Farben und ertheilt am Schluß England den Rath, sich, im Falle das Rußland sich in

Korea festsetzen wolle, anderweitig schadlos zu halten.

gez. von Gutschmid.

Urschr. i. a. China 20

Neueintheilung Koreas in 23 Verwaltungsbezirke.

PAAA_RZ201-018918_146 ff.

Empfänger	Fürst zu Hohenlohe - Schillingsfürst	Absender	Krien
A. 9104 pr. 16. August 1895. p. m.		Söul, den 27. Juni 1895.	
Memo	J. № 268.		

A. 9104 pr. 16. August 1895. p. m.

Söul, den 27. Juni 1895.

Kontrol. № 34.

An Seine Durchlaucht

den Herrn Reichskanzler

Fürsten zu Hohenlohe - Schillingsfürst.

Eurer Durchlaucht habe ich die Ehre ganz gehorsamst zu berichten, daß durch Dekrete des Königs vom 2. und 22. d. Mts. Korea nach Japanischem Vorbilde in 23 Präfekturen(Pu) mit 336 Kreisen (Kun) eingetheilt worden ist. Die Posten der Gouverneure der acht Provinzen und der befestigten Plätze sind aufgehoben worden.

Die Verordnung ist mit dem 23. d. Mts. in Kraft getreten.

Die Vorsteher der neuen Verwaltungsbezirke sind ernannt worden. Als jährliche Gehälter sind für die Präfekten 2200 bis 1800 Yen, für die Verwaltungsräthe 1000 bis 700 Yen, für die Unterbeamten 360 bis 120 Yen festgesetzt worden; die Kreisvorsteher beziehen bis auf weitere Bestimmungen ihre bisherigen Gehälter.

In den folgenden Plätzen sind Präfekturen eingerichtet worden:

Söul	mit	11	Kreisen.
In Chön	²	12	²
Chong ju	²	20	²
Hong ju	²	22	²
Kong ju	²	27	²
Chön ju	²	20	²
Nam Won	²	15	²
Na ju	²	16	²
Chei ju	²	3	²

Chin ju	mit	21	Kreisen
Tong nä	"	10	"
Tä ku	"	23	"
An tong	"	16	"
Kang ju	"	9	"
Chun chon	"	13	"
Kä sung	"	13	"
Hä ju	"	16	"
Pyöng yang	"	27	"
Ui ju	"	13	"
Kang kyei	"	6	"
Ham höng	"	11	"
Kap san	"	2	"
Kyong söng	"	10	"

Abschriften dieses ganz gehorsamen Berichtes sende ich an die Kaiserlichen Gesandtschaften zu Tokio und Peking.

Krien.

Inhalt: Neueintheilung Koreas in 23 Verwaltungsbezirke.

[   ]

PAAA_RZ201-018918_150 f.

Empfänger	[o. A.]	Absender	[o. A.]
A. 9430 pr. 27. 8. 1895. p. m.		Söul, 5. Juli 1895.	

A. 9430 pr. 27. 8. 1895. p. m.

Kölnische Volks-Zeitung

26. 8. 95

Die Japaner in Korea.

Söul, 5. Juli 1895.

Es ist nun gerade ein Jahr, seit die Japaner den Krieg mit China vom Zaune gebrochen haben, mit dem ausdrücklichen Zweck, Korea von dem chinesischen Joch zu befreien. Im Frieden von Shimonoseki wurde die Unabhängigkeit Korea's feierlich bestätigt, und man sollte danach annehmen, daß aus dem unglücklichen Königreiche, da jahrhundertelang der Spielball zwischen und Japan gewesen ist, wirklich ein freies, unabhängiges Land geworden sei. Die Japaner haben aber sonderbare Begriffe von „Unabhängigkeit". Korea ist einfach aus dem Regen in die Traufe gekommen, und unter der despotischen Gewalt der siegreichen Japaner schmachtend, verwünschen sie die Umstände, welche ihnen eine solche „Unabhängigkeit" gebracht haben. Es gährt im ganzen Lande; vom König herab bis zu den Sklaven herrscht nur ein Streben: sich von den Japanern wieder zu befreien, und statt des erhofften Friedens haben wir die sichere Anwartschaft auf erneute Unruhen, Aufstände, ja, wenn nicht alle Anzeichen trügen, die Anwartschaft auf Krieg.

Es ist ganz interessant zu untersuchen, was die Japaner seit der Besetzung des Landes hier geleistet haben. Bekanntlich wurde an die Stelle vorigjährigen Gesandten Japans, Otori, einer der beiden Schöpfer des modernen Mikadoreiches, der Graf Inouye gesetzt. Auch er bekleidet, der „Unabhängigkeit" Korea's entsprechend, nur den Rang eines Gesandten. Aber dieser Gesandte stützt sich auf japanische Bayonnette; das ganze Land strotzt von japanischen Soldaten, jede Stadt hat eine japanische Garnison, und augenblicklich wird dieselbe noch durch jene Truppen verstärkt, welche bisher die Mandschurei besetzt hielten. Statt das freie „unabhängige" Korea zu räumen, werden augenblicklich sogar in Gensan, dem von den Russen begehrten Seehafen an der Ostküste, neue große Casernen gebaut, was nicht danach aussieht, als ob die Japaner Korea bald zu räumen gedächten.

Gestützt auf die Armee, begann Inouye, unzweifelhaft einer der bedeutendsten und tüchtigsten Männer Japans, die Reformierung des Landes der Morgenruhe. Er schaffte die acht Provinzen ab, und theilte das Königreich in 18 Präfecturen ein; die der Königin treu ergebenen Mitglieder der Familie Min, welche Korea bisher wie Blutegel ausgesogen hatten, werden verjagt, und an ihre Stelle den Japanern ergebene Koreaner gesetzt; ergeben deshalb, weil sie in frühern Jahren Intriguen und Erpressungen halber aus Korea verjagt wurden, und in Japan, das sich seit Jahren auf die Eroberung des Nachbarlandes vorbereitet hat, gastfreie Aufnahme gefunden haben. Wußte doch Japan, daß es solcher ihrem eigenen König abtrünniger Koreaner bedurfte, um seine Pläne dort auszuführen. Am liebsten hätte es wohl die Minister- und Präfecten-Posten durch japanische Beamten besetzt, doch hätte dies gegen die „Unabhängigkeit" verstoßen. Die neuen Minister und Beamten haben natürlich in dem durch und durch japanfeindlichen Lande eine schwierige Stellung, und die loyalen Koreaner finden kein Mittel zu schlecht, um alle Japanfreunde bei Seite zu schaffen. Um ihr Leben zu sichern, müssen diese durch eigene japanische Leibgarden bewacht und überallhin begleitet werden. Inzwischen arbeitet Inouye an der Organisirung einer eigenen Armee und eines Polizei-Corps für die Sicherheit in der Hauptstadt. Sehr anerkennenswerth sind seine Arbeiten zur Erbreiterung und Reinigung der Straßen, Reorganisirung der Gerichte und des Gefängnißwesens, ja er beschäftigt sich sogar mit dem Plan der Errichtung einer Universität, in welcher die Erziehung der zukünftigen Regierungs-Beamten erfolgen soll.

Die Koreaner sind bekanntlich ein träges, aller Arbeit abholdes Volk, und Inouye glaubte, die Ursachen dieser Trägheit wären die faltenreichen, schlafrockartigen Gewänder mit langen, weiten Aermeln sowie die Tabakspfeifen mit meterlangen Pfeifenstielen. Vom 13. Mai d. J. an wurde das Tragen dieser Gewände und der Gebrauch der langen Pfeifenstiele gesetzlich verboten. Statt damit einen Schritt vorwärts zu machen, hat Inouye die Bevölkerung durch diese lächerlichen Maßregeln noch mehr gegen die Japaner erbittert. Er blieb mit seien Reformen auch nicht beim Volke und bei den Beamten stehen; selbst der König mußte sich dazu bequemen, daß unter seinen Augen die Eunuchen und Kebsweiber seines Palastes entfernt wurden, allerdings eine sehr lobenswerthe Handlung, eben so nützlich und zum Besten des Landes, wie das Betreiben der vielen Aemterjäger und subalternen Beamten aus den Ministerien. Dieses Gesindel hat zu der Verlotterung und Verarmung des Landes im Verein mit den Adeligen am meisten beigetragen; nur auf Erwerb bedacht, auf welche Weise er auch gewonnen werden mag, und nun von den Japanern von ihren Raub- und Sangposten vertrieben, bilden sie die Hauptagitatoren in der immer steigenden Unzufriedenheit gegen die Japaner. Gleichzeitig räumt der kaiserlich japanische Gesandte in dem unabhängigen Korea auch mit allen Feinden Japan's eigenmächtig auf, als wäre er der Herrscher; der angestammte König hat bloß stille zu sitzen und zuzusehen. Unter dem Vorgeben, daß der Lieblingsenkel des Tai-won-kun und Neffe des Königs, Namens Li, an einem Hochverrath betheiligt war, wurde er festgenommen und in's Gefängniß geworfen, ja man scheute sich nicht, dem Prinzen dreißig Stockschläge verabfolgen zu lassen! Der Tai-won-kun gerieth über dieses rücksichtslose Vorgehen der Japaner ganz außer sich; vergeblich wandte er sich an seinen Sohn, den König; vergeblich erbot er sich Inouye gegenüber, an Stelle des jungen Prinzen in's Gefängniß zu gehen, falls nur dieser befreit würde. Statt seine Bitte zu erfüllen, wurde auch noch der Vater des Prinzen eingesteckt, und der Tai-won-kun hat es nur seiner großen Popularität und seinem Einfluß beim Volke zu danken, daß ihm nicht dasselbe Schicksal zu Theil wurde. Selbst die Prärogative des Souverains, das Begnadigungsrecht, wurde dem König von dem allgewaltigen japanischen Gesandten verweigert. Prinz Li wurde nach langem „Sitzen" mit zwei andern hochgestellten Koreanern lebenslänglich verbannt, über fünf seiner Freunde wurde das Todesurtheil ausgesprochen und gegen vierzig Minister, hohe Räthe und Beamte, durchwegs der Japan feindlichen Min-Familie angehörig, wurden nach mehrwöchentlicher Untersuchungshaft auf zehn bis fünfzehn Jahre verbannt.

Ja, die Japaner scheuen sich nicht, selbst den europäischen Consular-Vertretern Vorschriften zu machen und sie zu belästigen, so daß diese sich veranlaßt sahen, bei ihren Regierungen zu protestiren. Immerhin zeigen die japanischen Beamten, welche heute die Drähte der Drahtpuppe „König" ziehen und die wahren Machthaber des Landes sind, noch eine gewisse Höflichkeit in ihrem Benehmen, und im allgemeinen glaubt man auch an ihre guten Absichten in Bezug auf die Besserung der verlotterten Zustände hier, sowie an ihre Ehrlichkeit, eine bisher in Korea ganz unbekannte Eigenschaft. Leider sind aber mit den Verwaltungsbeamten Tausende von Abenteurern, Hallunken, Kulis, Händlern usw. aus den japanischen Hafenstädten nach Korea gekommen, und so höflich und freundlich sie in ihrem eigenen Lande zu sein pflegen, so herrisch und roh benehmen sie sich hier den unterworfenen Koreanern gegenüber. Der niedrigste japanische Kuli betrachtet sich als ein kleiner Herr, vor dem die Koreaner sich beugen müssen. Dieses Gesindel hat die Koreaner aus einer ganzen Reihe von Erwerbszweigen verdrängt, ja es hat sich sogar in Chemulpo und Futschan auf den europäischen „Settlements" eingenistet und trachtet in jeder Weise, auch den Europäern Concurrenz zu machen, wohl mit dem Endzweck, sie ganz aus Korea zu verdrängen.

Man kann sich denken, welche Gefühle Koreaner wie Europäer in dem „unabhängigen"

Lande gegenüber den Japanern hegen. Thatsächlich werden den letztern alle möglichen Schwierigkeiten in den Weg gelegt, und Graf Inouye steht einer Aufgabe gegenüber, die weder er noch ein Dutzend seiner Nachfolger wird bewältigen können. Wohl hatten sich die Japaner, wie erwähnt, durch Geld und Versprechungen der Beihülfe aller der Königin und der allmächtigen Familie der Min feindlich gesinnten Koreaner versichert. Kaum hatten sie die Herrschaft in Korea angetreten, so wurden alle Minister- und einflußreichen Beamten-Posten mit solchen Elementen besetzt, in der Ueberzeugung, daß dieselben nun auch gefügige Werkzeuge der Japaner sein würden. Aber das Gegentheil trat ein.

Dieselben Menschen, welche jahrelang von den Japanern gefüttert, bezahlt und unterstützt wurden, traten im Geheimen sofort mit dem Haupte der japanfeindlichen Partei, der Königin, in Verbindung, und nicht nur das, sie knüpften Beziehungen mit dem russischen Gesandten an. Die Koreaner hegen eben gegen die Japaner einen seit Jahrhunderten genährten unbezwingbaren Racenhaß, den sie bei allen Gelegenheiten bethätigen. Ihr einiziger Wunsch ist es, sich auf irgend eine Weise von den Japanern wieder zu befreien. Deshalb werden alle japanischen Kaufleute in Korea boycottirt, deshalb wenden sich die Koreaner den wieder in ihr Land zurückgekehrten chinesischen Kaufleuten zu, deshalb der Wiederstand gegen alle von den Japanern geplanten Reformen, deshalb das erneuerte Anschwellen der revolutionairen Tonghak-Banden in den Provinzen, welche einen neuen Feldzug der japanischen Truppen erfordern werden. Von allen Seiten wird das Einschreiten Russlands herbeigewünscht, und sollte es dazu kommen, so würden den an der Nordgrenze stehenden russischen Truppen alle Thore geöffnet werden, das ganze Volk würde sich einmüthig auf die Seite der Russen stellen, um die Japaner zu verjagen.

Man ist hier überzeugt, daß man sich nicht am Ende, sondern erst am Anfang der ernsten Schwierigkeiten, Aufstände, Kämpfe und Kriege befindet, und von Europa wie von Peking sind diese Ansichten bestätigt worden. Es ist nicht einzusehen wie Russland es zugeben konnte, daß Korea unter japanischer Verwaltung bleibe. Ein Blick auf die Karte genügt, um dies zu erklären. Ist die große Weltverkehrslinie, die transsibirische Eisenbahn, ein Mal hergestellt, so bedarf Rußland nicht nur eines eisfreien, das ganze Jahr zugänglichen und offenen Hafens im japanischen Meere, es muß auch für eine freie, sichere Verbindung dieses Hafens mit dem chinesischen Meere, dem Gelben Meere und der Sunda-See, kurz mit allein Theilen des Stillen Oceans Sorge getragen werden, eine Verbindung, die gerade so wichtig ist, wie der eisfreie Endhafen. Von diesem Hafen, gegenwärtig Wladiwostock, führen die Schifffahrtslinien nach dem Stillen Ocean nun durchwegs zwischen dem japanischen Inselreiche hindurch, und die einzige noch nicht in Händen der Japaner befindliche Waffenstraße ist die Koreastraße, welche zwischen Japan und Korea liegt. Die mitten in dieser Koreastraße liegenden Tsuchima-Inseln sind ebenfalls in japanischem Besitz, und blieben die Japaner in Korea, so würden die russischen Verbindungen mit dem Stillen Ocean gänzlich von den Japanern beherrscht werden. Deshalb ist es geradezu eine Unmöglichkeit, daß Rußland Korea in japanischen Händen läßt, und deshalb ist es auch mit Gewißheit anzunehmen, daß die europäischen Mächte, für welche die transsibirische Weltverkehrslinie ebenfalls von der größten Bedeutung ist, Rußland in seinen Absichten unterstützen werden, die Koreastraße von den Japanern unabhängig zu machen. Man ist hier überzeugt, daß Rußland keine Annexion Korea's beabsichtigt, aber sich den Einfluß in Korea sichern und die vollständige Räumung dieses Landes von Seiten der Japaner durchsetzen wird.

Japan hat also in Korea ein schweres und gefährliches Spiel. Graf Okuma, einer der bedeutendsten Politiker Japans, hat dies erkannt und in dem Blatte Mainishi Shimbun näher ausgeführt. Seiner Meinung nach steht Japan vor der Alternative, Korea die vertragsmäßige Unabhängigkeit thatsächlich zu gewähren und es zu räumen, d. h. seinem Schicksal zu überlassen, oder Korea vollständig unter seine Controle zu bringen, oder endlich es unter den gemeinsamen Schutz der Mächte zu stellen. In jedem Falle hat es mit dem mächtigen Rußland zu rechnen, und gerade aus diesem Grunde sieht man der Zukunft mit Bangen entgegen.

Orig. i. a. China 20

Verschwörung und flucht des Minister des Innern Pak Yong Hio.

PAAA_RZ201-018918_152 ff.

Empfänger	Fürst zu Hohenlohe - Schillingsfürst	Absender	Krien
A. 9688 pr. 3. September 1895. a. m.		Söul, den 10. Juli 1895.	
Memo	mtg. 4. 9. Dresden 547, München 576, Stuttgart 550. J. № 294.		

A. 9688 pr. 3. September 1895. a. m. 1 Anl.

Söul, den 10. Juli 1895.

Kontrol № 39.

An Seine Durchlaucht

den Herrn Reichskanzler

Fürsten zu Hohenlohe - Schillingsfürst.

Eurer Durchlaucht beehre ich mich ganz gehorsamst zu berichten, daß der Minister des Innern, Pak Yong Hio, am 7. d. Mts. von hier nach Chemulpo und von dort auf einem Japanischen Transportdampfer nach Japan geflohen ist.

Wie mir am nächsten Tage der Minister der Auswärtigen Angelegenheiten, Herr Kim, im Auftrage des Königs mündlich mittheilte, hat Pak die Ermordung der Königin, die sich stets in Regierungsgeschäfte einmischte, geplant. Er wäre deßhalb am 6. von seinem Posten entsetzt und sei am 7. früh in der Japanischen Ansiedlung (wo sich auch die Japanische Gesandtschaft befindet) gesehen worden. Von dort wäre er mit fünf oder sechs Mitverschworenen, von mehr als zwanzig Japanischen Soldaten begleitet, nach Yongsan geflüchtet wo ihn ein Japanischer Flußdampfer aufgenommen und nach Chemulpo gebracht hätte. Die Koreanischen Polizisten hätten aus Furcht vor der militärischen Eskorte nicht gewagt, Pak zu ergreifen.

Wegen dieses einem Koreanischen Verbrecher von den Japanischen Behörden gewährten Schutzes hätte er sich bei dem Geschäfsträger Sugimura beschwert.

Die Verschwörung sei von einem Japaner verrathen worden.

Eigentliche Beweise für die Schuld des Pak wären nicht vorhanden, wenn die Regierung gewartet hätte, bis sie die Beweise in Händen hätte, dann wäre das Verbrechen wahrscheinlich inzwischen begangen worden. Pak hätte sein Haus an einen Japaner vermiethet und ohne Erlaubniß des japanischen Konsuls hätte man dasselbe nicht durchsuchen können.

Gestern übersandte mir der Minister indessen das in Uebersetzung anliegende Schriftstück, worin er von klaren schriftlichen Beweisen spricht. Sonderbarer Weise hat der König, wie auch in diesem Schriftstück erwähnt wird, den Befehl gegeben, nur den Rädelsführer Pak festzunehmen, die anderen Verschworenen aber in Ruhe zu lassen.

Nach Mittheilungen aus Chemulpo traf dort am 8. d. Mts. früh ein von Sasebo direkt kommendes Japanisches Kanonenboot ein, dessen Kommandant ohne Verzug ein Detachement landen ließ, wie man hier annimmt, zum Schutze Pak´s, falls dieser über Land kommen sollte.

Pak Yong Hio galt hier als durchaus unzuverlässig; er hatte es verstanden, sich sowohl mit der Japanischen Gesandtschaft als auch mit allen Koreanischen Parteien zu überwerfen. Auch wird er beschuldigt, sich während seiner Amtsführung auf unerlaubte Weise sehr erheblich bereichert zu haben.

Der Russische Geschäftsträger äußerte sich zu mir sehr erfreut über diese „neue Blamage" der Japaner.[7]

Von seinen Mitverschwörern sind die hauptsächlichsten der Vize-Polizeipräfekt und ein Major, der das von Japanischen Instrukteuren ausgebildete Bataillon kommandirte.

Der Polizei - Präfekt ist abgesetzt worden. Als sein Nachfolger ist ein anderer bekannter Japanerfreund, An-King Su, ernannt worden. Das Ministerium des Innern verwaltet provisorisch der frühere Privatsekretär des Premier-Ministers, Yu Kil Chun. Der Justizminister So hat um seinen Abschied gebeten, ist aber von dem Könige abschlägig beschieden worden.

Abschriften dieses ganz gehorsamen Berichtes sende ich an die Kaiserlichen Gesandtschaften zu Peking und Tokio.[8]

Krien.

Inhalt: Verschwörung und flucht des Minister des Innern Pak Yong Hio. 1 Anlage.

---

7 [Der Russische Geschäftsträger ··· der Japaner.: Durchgestrichen von Dritten.]
8 [Abschriften ··· Peking und Tokio.: Durchgestrichen von Dritten.]

Anlage zu Bericht № 39.

Abschrift.

Uebersetzung.

Pak Yong hyo hatte sich früher eines todeswürdigen Verbrechens schuldig gemacht, in Zeiten voll Unruhen für die Regierung fand er jedoch gnädige Verzeihung, sein Rank wurde ihm wiedergegeben und er nahm die wichtige Stellung eines Ministers das Innern ein. Daß seine Majestät ihn in Gnaden wieder aufnahm und in heiliger Tugend nicht nach seinem alten Verbrechen fragte, dafür hätte er sich jedenfalls dankbar zu erweisen streben müssen, statt dessen aber änderte Yong hyo seinen unglückseligen Sinn nicht, nach Innen riß er die militärische Gewalt an sich, nach Außen schaarte er schlechte Menschen um sich, und es ist schwer abzusehen, worauf er ausging. Er trug sich mit verwerflichen Anschlägen und geheimen Pläne gegen Obere; klare schriftliche Dokumente, geheime Zusammenkünfte und sein immer verdächtiges und sonderbares Verhalten sind deutliche Beweise dafür, die Sache kam an den Tag und ließ sich nicht vertuschen, jeden Augenblick konnte ein Ausbruch erfolgen (d. h. konnte Pak seine Pläne auszuführen suchen); meine Regierung sah mit Schrecken die Wichtigkeit des unseligen Ereignisses und richtete an Seine Majestät einen Bericht, wonach Seine Majestät den Pak Yong Hio seiner Stellung enthob und ihn festnehmen und eine Untersuchung gegen ihn einleiten zu lassen beabsichtigte; ehe die betreffenden Befehle jedoch ausgefertigt werden konnten erhielt (Pak) Kunde, nahm 5 oder 6 seiner Mitverschworenen zu sich und brachte sich in Sicherheit; auch das ist ein deutlicher Beweis (für seine Schuld); Seine Majestät hat jedoch anbefohlen nur den einen Rädelsführer festzunehmen und abzusehen von einer Bestrafung der Mitschuldigen und Verwandten, und die Verschworenen alle in Ruhe zu lassen.

Für die Uebersetzung

gez: Reinsdorf.

Berlin, den 4. September 1895.   A. 9688.

An

die Königlichen Missionen in

1. Dresden № 547.

2. München № 576.

3. Stuttgart № 550.

J. № 6595.

Ew. p. übersende ich anbei ergebenst Abschrift eines Berichts des K. Konsuls in Söul vom 10. Juli d. J., betreffend eine angebliche Verschwörung daselbst unter Bezugnahme auf den Erlaß vom 4. März 1885 mit der Ermächtigung zur Mittheilung.

N. S. E.

PAAA_RZ201-018918_162 ff.

Empfänger	Fürst zu Hohenlohe - Schillingsfürst	Absender	Gutschmid
A. 9927 pr. 10. September 1895. a. m.		Tokio, den 9. August 1895.	
Memo	mtg. 12. 9. London 1113, Paris 539, Petersburg 582.		

Abschrift

A. 9927 pr. 10. September 1895. a. m.

Tokio, den 9. August 1895.

A. 263.

An Seine Durchlaucht

den Herrn Reichskanzler

Fürsten zu Hohenlohe - Schillingsfürst.

Der russische Gesandte hat, wie ich von einer Vertrauensperson im Ministerium der Auswärtigen Angelegenheiten erfahre, vor Kurzem in einer Unterredung mit dem Ministerpräsidenten die koreanische Frage gesprächsweise berührt und gefragt, mit welchen Plänen Japan sich bezüglich dieses Königsreichs trage. Marquis Ito habe erwidert, die Regierung müsse zunächst die Berichte des eben erst nach Söul zurückgekehrten Grafen Inouye abwarten, ehe sie ihm, Hitrowo, auf seine Fragen Antwort geben könne.

Mein russischer Kollege beklagt sich mir gegenüber über die Verschlossenheit des Ministerpräsidenten, dem er gelegentlich eines Besuches Gelegenheit habe geben wollen, sich offen über die Koreanische Frage, die doch über kurz oder lang den Gegenstand erneuter Verhandlungen zwischen Rußland und Japan bilden werde, auszusprechen. Es sei, so meint Herr Hitrowo, aus dem Marquis Ito absolut nichts herauszubringen.

Von meinem Eingangs erwähnten Gewährsmann höre ich, daß Herr Hitrowo u. A. gefragt hat, ob die jüngst angeordnete Entsendung von Linientruppen nach Korea zum Ersatz der nach Japan zurückbeorderten Reserven auf neuere Entschlüsse der japanischen Regierung von politischer Tragweite zurückzuführen sei. Es ist ihm geantwortet worden, daß dieser Maßregel keinerlei Bedeutung beizumessen sei, da es sich einfach darum handele, die gesetzlich vorgeschriebene Rückkehr der Reserven in die Heimath nach beendigtem Kriege zu ermöglichen. In diesem Sinne hatte sich bereits Marquis Saionji, wie ich 1. Zt. zu berichten nicht unterlassen habe, gegen mich mit Bezug auf diese

Angelegenheit geäußert und glaube ich auch jetzt noch, daß Japan beabsichtigt, sich aus Korea zurückzuziehen. Die hiesige Regierung wünscht offenbar unaufgefordert die Rußland im vergangenen Sommer hinsichtlich der Unabhängigkeit des Königreiches gemachten Zusagen zu erfüllen. Nur auf diese Weise vermag ich mir ihre Zurückhaltung gegen meinen russischen Kollegen zu erklären.

Es ist sicher, daß Graf Inouye nach nur kurzem Aufenthalt in Söul definitiv nach Japan zurückkehren wird. Zu seinem Nachfolger ist bereits der Generalleutnant a. D. Vicomte Miura designirt, welcher bisher nicht in diplomatischer Eigenschaft verwendet worden ist und den ihm angetragenen Posten nur unter der Bedingung angenommen haben soll, daß er einfach die ihm aus Tokio zugehenden Befehle auszuführen habe, ohne irgendwie selbstständig aufzutreten.

gez. Gutschmid.

Original i. a. China 20

[   ]

PAAA_RZ201-018918_165 f.

Empfänger	Fürst zu Hohenlohe - Schillingsfürst	Absender	Gutschmid
A. 10693 pr. 3. Oktober 1895. a. m.		Tokio, den 25. August 1895.	
Memo	mtg. 5. 10. London 1182, Paris 579, Petersbg. 616.		

Abschrift

A. 10693 pr. 3. Oktober 1895. a. m.

Tokio, den 25. August 1895.

A. 273.

An Seine Durchlaucht

den Herrn Reichskanzler

Fürsten zu Hohenlohe - Schillingsfürst.

Der am Schluß meines gehorsamsten Berichts A. 263 vom 9. d. M., betreffend Korea, als wahrscheinlicher Nachfolger des Grafen Inouye bezeichnete Generalleutnant a. D. Vicomte Miura ist nunmehr zum Gesandten am Hofe von Söul ernannt und seine Ernennung im Amtsblatt vom 21. d. M. publizirt worden. Der Genannte wird sich in diesen Tagen auf seinen Posten begeben.

Ueber den Zeitpunkt der Rückkehr des Grafen Inouye verlautet noch nichts Bestimmtes; derselbe wird indessen voraussichtlich die Ankunft seines Nachfolgers abwarten und seine Rückreise erst antreten, nachdem er den Vicomte Miura mit den Geschäften vertraut gemacht hat.

Die Ernennung eines Gesandten, welchem nur die eigentlichen diplomatischen Funktionen obliegen werden, darf wohl als ein erster Schritt zur thatsächlichen Anerkennung der Unabhängigkeit Koreas und somit als ein Zugeständniß an Rußland angesehen werden. Denn obschon Graf Inouye amtlich nur den Charakter eines Gesandten innehatte, so war doch der ausgesprochene Zweck seiner Sendung nach Korea im vergangenen Winter, tief eingreifende Reformen nach Japanischem Vorbild einzuführen. Er war mehr Regent als diplomatischer Vertreter. Daß er den Zweck seiner Mission erfüllt, d. h. das Reformwerk durchgeführt hätte, läßt sich nicht behaupten. Seine Ersetzung durch einen Gesandten, welcher ausschließlich die ihm aus Tokio zugehenden Instruktionen auszuführen hat, muß daher im Lichte eines Rückzugs von der Stellung, welche Japan ursprünglich in Korea einzunehmen gedachte und die auf ein Protektorat hinauslief, erscheinen.

gez. v. Gutschmid.

Orig. i. a. Japan 6

Politische Vorgänge in Korea.

PAAA_RZ201-018918_167 ff.			
Empfänger	Fürst zu Hohenlohe - Schillingsfürst	Absender	Krien
A. 10873 pr. 9. Oktober 1895. a. m.		Söul, den 8. August 1895.	
Memo	J. № 344.		

A. 10873 pr. 9. Oktober 1895. a. m.

Söul, den 8. August 1895.

Kontrol. № 43.

An Seine Durchlaucht

den Herrn Reichskanzler

Fürsten zu Hohenlohe - Schillingsfürst.

Eurer Durchlaucht beehre ich mich im Anschluß an meinen Bericht № 32 vom 11. Juni d. J. ganz gehorsamst zu melden, daß der Japanische Gesandte Graf Inouye hierher zurückgekehrt ist und am 22. v. Mts. die Gesandtschafts-Geschäfte wieder übernommen hat. Er wird indeß nicht lange mehr hier bleiben, weil sein Nachfolger, Generalleutnant Vicomte Miura, bereits ernannt worden ist.

Bei dem Besuche, den Graf Inouye mir bald nach seiner Ankunft machte, setzte er mir des Weiteren auseinander, daß der entflohene frühere Minister des Innern, Pak Yong Hio, seiner Zeit von dem Tai-wön-kun herbeigerufen worden wäre. Er selbst hätte mit der Wiederaufnahme des Pak in die Königliche Familie und mit dessen Anstellung als Minister nur insoweit etwas zu thun gehabt, als er dem Könige auf Befragen erwidert hätte, daß seinerseits Einwendungen gegen diese Maßnahmen nicht vorlägen; dagegen hätte er öfters Gelegenheit genommen, den König vor Pak zu warnen.

In ähnlicher Weise hat sich der Japanische Gesandte auch an anderer Stelle geäußert, mit seinen Versicherungen aber wenig Glauben gefunden. Er tritt jetzt dem Könige und der Regierung von Korea gegenüber sehr gemäßigt und versöhnlich auf und man nimmt hier an, daß ihm diese Haltung von Tokio vorgeschrieben worden sei.

Nach einer Mittheilung des Amerikanischen Minister - Residenten hat Graf Inouye bei seiner letzten Audienz dem Könige als Entschädigung für die Verheerungen, die der Krieg in Korea angerichtet hat, drei Millionen Yen zugesagt, jedoch mit der Bedingung, daß davon zwei Millionen auf den Bau der Eisenbahn von Söul nach Chemulpo verwendet werden sollen.

Der am 13. Mai d. J. zu zehnjähriger Verbannung verurtheilte Enkel des Tai-wön-kun, Prinz I Chun Yong (Bericht № 28 vom 15. desselben Monats) ist Anfangs dieses Monats begnadigt worden.

Der vorerwähnte Flüchtling Pak ist von Japan nach Amerika weitergereist.

Kurz vor der Ankunft des Grafen Inouye in Söul wurden 47 hier ansässige Japaner von ihrem Konsul wegen Verstoßes gegen die öffentliche Ordnung oder gegen die guten Sitten aus Korea ausgewiesen.

Zu derselben Zeit wurde der Amerikanische General Le Gendre mit Unterstützung des Russischen Vertreters wieder angestellt, und zwar als Erzieher des Kronprinzen.

Im vorigen Monate richtete der Minister der Auswärtigen Angelegenheiten an die fremden Vertreter Schreiben, worin er ihnen den Wunsch der Koreanischen Regierung ausdrückte, in Söul Fremden - Niederlassungen, auf welche die Ausländer beschränkt sein sollen, einzurichten und die Hirschinsel (Deer Island) im Hafen von Fusan für die Anlage von Befestigungen und die Errichtung von Leuchtfeuern, Hospitälern und anderen gemeinnützigen Anstalten zu reservieren. Eurer Durchlaucht werde ich nicht verfehlen über diese Frage gesondert zu berichten.

Der Russischen Geschäftsträger, Waeber, ist nach Mexico versetzt worden, seine Abreise soll indessen erst in einigen Monaten erfolgen. Als sein Nachfolger wird der 1te Legationssekretär in Teheran, Herr Schpeyer, genannt, der im Jahre 1885 auf Veranlassung des Herrn von Möllendorff von Tokio hierher gekommen war, um der Koreanischen Regierung Russische Militär - Instrukteure anzubieten - ein Anerbieten, das jedoch von dem Könige abgelehnt wurde.

Abschriften dieses ganz gehorsamen Berichtes sende ich an die Kaiserliche Gesandtschaft zu Tokio und Peking.

Krien.

Inhalt: Politische Vorgänge in Korea.

[   ]

PAAA_RZ201-018918_174

Empfänger	Auswärtiges Amt in Berlin	Absender	Krien
A. 10952 pr. 11. October 1895. a. m.		Söul, den 10. Oktober 1895.	

A. 10952 pr. 11. October 1895. a. m.

Telegramm.

Söul, den 10. Oktober 1895,   2 Uhr 37 Min. p. m.
Ankunft 11. 10.   3 Uhr 7 Min. a. m.

Der K. Konsul an Auswärtiges Amt.

Entzifferung.

Dringend

Taiwonkun in Palast mit von Japanern ausgebildeten Soldaten japanischen Zivilisten und Koreaner ermordet.

mehrere Beamte und Hofdame Königin verschwunden

Söul ruhig.

Krien.

Berlin, den 11. Oktober 1895.

A. 10952. I

Seiner Majestät dem Kaiser

Über den Taiwonkun zu vergl.
zuletzt A. 706 / 95,
Bericht aus Söul vom 30. CI. 94

Telegramm in Ziffern
Der Konsul in Söul telegraphirt:
„ins. aus Eingang"
Der Taiwonkun ist der Vater des
gegenwärtigen Königs von Korea.
N. S. E.

[   ]

PAAA_RZ201-018918_177 f.

Empfänger	Auswärtiges Amt in Berlin	Absender	Gutschmid
A. 10954 pr. 11. Oktober 1895. p. m.		Tokio, den 10. Oktober 1895.	

A. 10954 pr. 11. Oktober 1895. p. m.

Telegramm.

Tokio, den 10. Oktober 1895, 2 Uhr - Min. n. m.
Ankunft 11. 10.   11 ² 37 ² . v. m.

Der. K. Gesandte an Auswärtiges Amt.

Entzifferung.

№ 67.

Laut Telegrammes russischen Geschäftsträgers Söul an Herrn Hitrowo geschah Angriff
auf Palast durch verkleidete Japaner zum Zweck Königin zu ermorden, deren Schicksal
noch unbekannt.

Japanische Regierung über Vorfall mit Rücksicht auf Rußland sehr betroffen, hat sich
mit Herrn Hitrowo in Verbindung gesetzt und entsendet hohe Beamte des Ministeriums
der auswärtigen Angelegenheiten nach Söul, um in Gemeinschaft mit dortigem russischem
Vertreter Angelegenheit zu untersuchen.

Gutschmid.

Berlin, den 13. Oktober 1895. A. 10952. II

German Consul
Söul
№ 1.

Pr. n.

Nach dem Telegr. aus Tokio (A. 10954) ist eine Bewegung gegen die chinesisch gesinnte Königin erfolgt. Nach dem Telegr. aus Söul (A. 10952) dagegen würde es sich um eine - erfolgreiche - Bewegung gegen den Taiwonkun, den Gegner der Königin handeln. Das obige Telegr. soll diesen anscheinenden Widerspruch aufklären.

Telegramm in Ziffern
Antwort auf Telegramm vom 10. drahten Sie, ob Bewegung von chinesischer oder japanischer Partei ausging und welche siegreich.

N. S. E.

Berlin, den 13. Oktober 1895. A. 10954.

Botschafter
Petersburg № 631.

J. № 7478.

In Postziffern
Zu Ew. pp. gefl. Information: Der Kais. Gesandte in Tokio hat unter dem 10. d. M. Folgendes hierher telegraphirt: „(ins. aus Eingang)"

m

Reinkonzept.

Berlin, den 13. Oktober 1895.

zu A. 10954.

Botschafter

Petersburg № 631.

Postziffern.

Zu Ew. p. gef. Information.

    Der K. Gesandte in Tokio hat unter dem 10.

J. № 7478.

d. Mts. Folgendes hierher telegraphirt: „Laut Telegramms russischen Geschäftsträgers in Söul an Herrn Hitrowo geschah Angriff auf Palast durch verkleidete Japaner zum Zweck Königin zu ermorden, deren Schicksal noch unbekannt.

    Japanische Regierung über Vorfall mit Rücksicht auf Rußland sehr betroffen, hat sich mit Herrn Hitrowo in Verbindung gesetzt und entsendet hohe Beamte des Ministeriums der Auswärtigen Angelegenheiten nach Söul, um in Gemeinschaft mit dortigem russischem Vertreter Angelegenheit zu untersuchen."

gez. Marschell.

[   ]

PAAA_RZ201-018918_186

Empfänger	Auswärtiges Amt in Berlin	Absender	Krien
A. 11073 pr. 15. Oktober 1895. a. m.		Söul, den 14. Oktober 1895.	

A. 11073 pr. 15. Oktober 1895. a. m.

Telegramm.

Söul, den 14. Oktober 1895. 12 Uhr 50 Min. n. m.

Ankunft: 9 ^{2} 10 ^{2} n. m.

Der K. Konsul an Auswärtiges Amt.

Entzifferung.

№ 1.

Bewegung von japanischer Partei die siegreich.

Krien.

[   ]

PAAA_RZ201-018918_188 f.

Empfänger	[o. A.]	Absender	[o. A.]
A. 11174 pr. 17. Oktober 1895. p. m.		[o. A.]	

A. 11174 pr. 17. Oktober 1895. p. m.

Vom japanichen Gesandten zur Kenntnisnahme

Telegram from Viscount Miura as follows:

New Corean troops, one battalion in number, being alarmed at the rumor of their punishment and disbanding, forcibly entered the Royal Palace on the morning of October 8th having taken there to Tai won kun as their head. No serious fight took place as our soldiers rendered assistance to keep order. Both the King and the Crown Prince are safe, but whereabouts of the Queen unknown.

According to later report of Viscount disturbance in Seoul lies in the dissatisfaction of the newly trained Corean soldiers, who found support in the ambition and the revengeful spirit of Taiwonkun. Japanese soldiers exerted themselves for the protection of Palace and to preserve order at urgent request of the King made to Viscount Miura. As it is represented by some that a few Japanese were implicated in the disturbance, strict investigation is being made; but even if such be the case there is no doubt that they are Soshi, who may have found their way to Corea in spite of stringent measures to prevent it and who may have obtained employment by Tai won kun.

Die Nowoje Wremja über die Unruhen in Korea.

PAAA_RZ201-018918_190 f.			
Empfänger	Fürst zu Hohenlohe - Schillingsfürst	Absender	Radolin
A. 11187 pr. 18. Oktober 1895. a. m.		St. Petersburg, den 16. Oktober 1895.	

A. 11187 pr. 18. Oktober 1895. a. m. 1 Anl.

St. Petersburg, den 16. Oktober 1895.

№ 381.

Seiner Durchlaucht

dem Herrn Reichskanzler

Fürsten zu Hohenlohe - Schillingsfürst.

Eurer Durchlaucht beehre ich mich beifolgend Uebersetzung einer in der heutigen Nummer der Nowoje Wremja erschienenen telegraphischen Meldung aus Wladiwostock gehorsamst vorzulegen, welche im äußersten Osten Komplikationen und für die russischen Interessen gefährliche Unordnungen voraussagt.

Bei den bekannten Beziehungen des Blattes erscheint diese Nachricht bemerkenswerth.

Radolin.

Inhalt: Die Nowoje Wremja über die Unruhen in Korea.

Anlage zum Bericht № 381.

Uebersetzung

„Nowoje Wremja" vom 4. / 16. Oktober 1895.

Spezialtelegramm aus Wladiwostock 3. Oktober.

Aus Söul meldet man, daß der König eine Einschränkung der Zahl der in Korea befindlichen japanischen Truppen bis auf ein Bataillon gefordert habe und zwar unter der Bedingung, daß zwei Companien in Söul und je eine in Fusan und in Gensan gelassen werden. Der japanische Minister - Resident Miura, welcher von der Partei der Anhänger der Reformen unterstützt wird, hat es kategorisch abgelehnt, dieser Forderung nachzukommen. Er intriguirt in schamloser Weise gegen die Regierung und bereitet für den äußersten Osten gefährliche Complikationen vor. Die Entstehung außerordentlicher für die russischen Interessen gefährlicher Unordnungen läßt sich erwarten."

Auswärtiges Amt
Abth. A.

Politisches Archiv d. Auswärt. Amts

Acta

Betreffend

Korea

Vom 19. Oktober 1895
Bis 31. Dezember 1895

Vol.: 19
conf. Vol.: 20

Politisches Archiv des Auswärtigen Amts
R 18919

KOREA. № 1.

Inhaltsverzeichniß.

Tel. a. Tokio v. 12. 11. № 71: Die japanische Regierung bittet, daß sich unser Konsul in Söul nicht an Schritten betheilige, welche darauf ausgehen, daß die Japaner den dortigen Palast besetzen und den Regierungszustand vor dem 8. Oktober wiederherstellen. /: s. Tel. i. Z. v. 16. 11. n. Tokio 47/	12141. 13. 11. ad 12141.
Ber. a. Söul v. 8. 8. № 43: Rückberufung des verbannt gewesenen Ministers Pak, Zahlung von 3 000 000 Yen Seitens Japans an Korea mit der Bedingung 2 Millionen zu Eisenbahnbauten zu verwenden, Begnadigung des Prinzen I Chun Yong, Anstellung des Amerikaners Le Gendre als Erzieher des Kronprinzen, Errichtung von Fremden-Niederlassungen in Söul.	10873. 9. 10. in Band 18
Mil. Bericht a. Petersburg v. 18. 10. J. № 95. 95.: Verstärkung der Truppen Rußlands im Amurgebiet angesichts der Nothwendigkeit eines Einschreitens in Korea.	ad 11293. 21. 10.
Tel. n. Washington v. 5. 11. № 24: Ersuchen um Berichterstattung über die Stellung amerikanischer Zeitungen zur ostasiatischen Frage, speziell bezüglich Korea's.	11864. 5. 11.
Ber. a. Söul v. 30. 9. № 49: Abreise des Grafen Inouye aus Korea, Rückkehr des Exministers Min Yong-Chun, Unruhen in den Nordprovinzen Koreas, Ernennung I Chä-Sun's zum Spezialgesandten für Japan, Beamten-Absetzungen im Ministerium des Kgl. Hauses.	12332. 17. 11.
Tel. a. Söul v. 27. 11. № 6: Aufhebung der Degradirung der Königin von Korea, Entlassung des Kriegsministers.	12720. 28. 11.
Ber. a. Tokio v. 1. 10. A. 293: Japan wird nach der Räumung von Liaotung auch seine Truppen aus Korea zurückziehen und nur 2 kleine Detachements zum Schutz der japanischen Gesandtschaft dort belassen.	12165. 13. 11.
Frankfurter Zeitung v. 24. 11.: Die Ermordung der Königin von Korea. - Angaben über die Hof-Parteien.	12607. 24. 11.
Tel. a. Söul v. 28. 11. № 7: Mißglückter Versuch der früheren Palastwache, den Palast wiederzuerobern.	12750. 29. 11.
Desgl. v. 1. 12. № 8: Amtliche Verkündigung des Todes der Königin.	12865. 1. 12.

Ber. a. Söul v. 12. 9. C. № 46: Eintreffen des japanischen Gesandten Miura, Minister-Veränderungen, Erlaß eines Schulgesetzes in Korea, bevorstehende Ernennung des H. Frandin zum französischen Geschäftsträger für Korea.	11667. 31. 10.
Ber. a. Tokio v. 10. 10. A. 303: Der Putsch gegen die Königin von Korea ist ein gegen russischen Einfluß gerichtetes Pronunciamiento.	12173. 13. 11.
Desgl. v. 15. 10. A. 305: Marquis Saionji über die Ermordung der Königin von Korea durch japanische Soshis, Vorschlag des K. Gesandten aus den Letzteren in Formosa eine Art Fremdenlegion zu bilden.	12334. 17. 11.
Desgl. v. 17. 10. A 307: Die japanische Presse über die Ermordung der Königin von Korea. Erlaß einer Verordnung, wonach es den Japanern, abgesehen von Militär- und Civilbeamten, ohne Regierungserlaubniß verboten ist, nach Korea zu gehen.	12336. 17. 11.
Ber. a. Washington v. 7. 11. № 569: Geringes Interesse der amerikanischen Regierung und Presse an den Vorgängen in Ostasien.	12502. 22. 11.
Ber a. Tokio v. 21. 10. A. 311: Außer den Soshis hat noch eine Abtheilung der in Söul stationirten japanischen Truppen mit dem Tai-Wön-Kun gegen die Königin gemeinschaftliche Sache gemacht. Auch die japanische Regierung selbst scheint betheiligt zu sein.	12802. 29. 11.
Desgl. v. 22. 10. A. 312: Indicien für die Betheiligung der japanischen Regierung an dem Putsch in Söul. Der russische Gesandte ist angewiesen, den neuen Zustand in Söul zunächst nicht anzuerkennen.	12803. 29. 11.
Desgl. v. 24. 10. A. 314: Offiziöse Japanische Preßäußerung über die Stellung der Japanischen Regierung zu den Vorgängen in Söul; Spezialmission des Grafen Inouye dorthin; Vicomte Miura scheint die Weisung, sich der Königin zu entledigen, zu wörtlich befolgt zu haben.	12805. 29. 11.
Ber. a. Petersburg v. 6. 12. № 491: Artikel der „Nowoje Wremja" über japanisch-koreanische Beziehungen. Erziehung koreanischer junger Leute in einer japanischen Privatschule.	13113. 8. 12.

St. Petersburger Herold v. 14. 12.: Angebliches Anstreben des russischen Protektorats Seitens der Königin und des Königs von Korea.	13357. 14. 12.
Ber. a. Söul v. 9. 10. № 52: Äußerungen des japanischen Gesandten Miura über die Ursachen der Palastrevolution.	12766. 29. 11.
Ber. a. Söul v. 18. 10. № 55: Koreanische amtliche Darstellung der Palastrevolution u. Degradirung der Königin; das Cabinet hat den König zur Annahme des Titels eines selbstständigen Königs veranlassen wollen; Ernennung des 2ten Sohnes des Königs zum Gesandten für die Vertragsmächte; Bestellung des Herrn Komura zum japanischen Vertreter für Korea.	12767. 29. 11.
Ber. a. Tokio v. 31. 10. A. 321: Die japanische Regierung hat dem Fürsten Lobanow Mittheilung über die von ihr beabsichtigte Politik gemacht, auch über die Räumung Korea's durch die Japaner. Englands Haltung in der koreanischen Frage.	13215. 10. 12.
Desgl. v. 1. 11. A. 322: Zustimmung der japanischen Regierung zur Auflösung der 3 japanisch organisirten Bataillone in Söul.	13216. 10. 12.
Ber. a. Tokio v. 7. 11. A 325: Unbestimmtheit des Termins für die Zurückziehung der japanischen Truppen aus Korea.	13219. 10. 12.
Hannoverscher Courier v. 10. 12.: Japan wünscht, daß Korea unter ein gemeinschaftliches Protektorat der interessirten Mächte gestellt werde, wogegen Rußland den überwiegenden Einfluß in Korea behalten will. / Ang. 1 Tel. i. Z. 12. 12. Tokio 48 / / Ang. 2 Erl. v. 12. 12. Petersburg 774 /	13222. 10. 12. 13222 I 13222 II
Ber. a. Tokio v. 12. 11. A. 327: Klage des Marquis Ito über die Forderung der fremden Vertreter in Söul, daß die japanischen Truppen die dortige gegenwärtige Regierung beseitigen sollten.	13398. 15. 12.

Desgl. v. 13. 11. A. 328: Der Minister des Äußern bittet, der K. Konsul in Söul möge angewiesen werden, sich von den Schritten seiner Collegen fernzuhalten, welche fordern, die japanischen Truppen möchten in Söul den Zustand vor dem 8. Oktober wiederherstellen und zu diesem Zwecke zunächst die koreanische Palastwache beseitigen.	13399. 15. 12.
Ber. a. Tokio v. 14. 11. A. 330: Zweideutige Haltung des Grafen Inouye in Söul in der Frage der Wiederherstellung des Zustandes vor dem 8. Oktober durch japanische Truppen.	13401. 15. 12.
Ber. a. Tokio v. 15. 11. A. 333: Weiteres bezüglich der im vorstehenden Bericht erwähnten Haltung des Grafen Inouye.	13404. 15. 12.
Frankfurter Zeitung v. 15. 12.: Artikel, überschrieben: „Koreanische Blut- und Eisenpolitik." - Ursachen der Palastrevolution und der Taiwönkun.	13409. 15. 12.
Aufzeichnung v. 14. 12.: Nach Mittheilung des hiesigen chinesischen Gesandten hat der König von Korea den Zaren gebeten, russische Truppen in Korea einrücken zu lassen. Rußland habe abgelehnt, aber Japan aufgefordert, die japanischen Truppen zurückzuziehen.	13353. 14. 12.
Ber. a. Tokio v. 14. 11. A. 331: Der japanische Gesandte in Berlin hat unterlassen, der K. Regierung Mittheilung von einem Telegramm seiner Regierung über die Politik in Bezug auf Korea zu machen.	13402. 15. 12.
Desgl. v. 18. 11. A. 335: Gleicher Inhalt wie vorstehend. - Deutschlands Haltung in der koreanischen Frage.	13856. 29. 12.
Ber. a. Tokio v. 25. 11. A. 340: Die zweideutige Haltung des Grafen Inouye in Söul. Japan scheint darauf hinzuarbeiten, von den europäischen Mächten ein Mandat zum Eingreifen in die koreanischen Wirren zu erhalten.	13860. 29. 12.
Ber. a. Söul v. 29. 10. № 56: Eintreffen des neuen Japanischen Gesandten Komura in Söul; beabsichtigte Reise des zum Gesandten für die europäischen Vertragsstaaten ernannten 2ten Sohnes des Königs nach Europa; Protokolle über die Sitzungen der fremden Vertreter in Söul am 8ten und 25sten Oktober.	13377. 15. 12.

Ber. a. Söul v. 7. 11. № 59: Entlassung der Commandeure der aufrührischen Bataillone, Eintreffen des Grafen Inouye in Söul, Ersetzung der koreanischen Palastwache durch eine japanische, Vicomte Miura und die Ermordung der Königin.	13849. 29. 12.
Ber. a. Tokio v. 28. 10. A. 317: Der an der Verschwörung gegen die Königin von Korea betheiligt gewesene Gesandte, General Miura, wird unter Anklage gestellt. Marquis Ito hält die von den fremden Vertretern in Söul geforderte Auflösung der 3 Bataillone für bedenklich, da die entlassenen Soldaten im Lande Unruhe stiften würden. Vicomte Aoki wird beauftragt, in Berlin eine Mittheilung über die Politik Japans gegenüber Korea zu machen.	13211. 10. 12.
Ber. a. Tokio v. 20. 11. A. 336: Die vom japanischen Gesandten in Berlin angeblich unterlassene Mittheilung eines Telegramms seiner Regierung über koreanische Politik.	13857. 29. 12.
Ber. a. Petersburg v. 14. 12. № 516: Stand der Reformen in Korea. Stellung Rußlands zur koreanischen Frage; es wünscht die Unabhängigkeit Koreas gesichert zu sehen.	13460. 16. 12.
Tel. a. Tokio v. 16. 12. № 72: Russisch-japanische Verhandlungen bezüglich Korea´s finden gegenwärtig nicht statt.	13472. 17. 12.
Ber. a. Petersburg v. 24. 12. № 530: Fürst Lobanow wünscht die baldige Räumung Korea´s Seitens der Japaner und weiß angeblich von der geplanten Entwaffnung der koreanischen Leibwache durch die Japaner nichts.	13799. 29. 12.

[   ]

PAAA_RZ201-018919_017 f.

Empfänger	[o. A.]	Absender	Lauenstein
A. 11293 pr. 21. Oktober 1895. a. m.		St. Petersburg, den 18. Oktober 1895.	
Memo	J. № 95. 95. orig. 26. 10. Kriegsminister		

Abschrift.

ad A. 11293 pr. 21. Oktober 1895. a. m.

St. Petersburg, den 18. Oktober 1895.

Neuerdings spricht man hier mit erhöhtem Nachdruck von der Nothwendigkeit eines bewaffneten Einschreitens in Korea. Über die Streitkräfte, welche Rußland zu diesem Zweck in Ostsibirien zur Verfügung stehen, herrschen dabei in den nicht fachmännischen Kreisen meistens ziemlich übertriebene Vorstellungen. Inzwischen setzt die Militär-Verwaltung ihre Maßnahmen zur Erhöhung der Schlagfertigkeit der Truppen im Amur-Bezirk und zur Verstärkung der dortigen Wehrmacht in der bereits mehrfach von mir gekennzeichneten Art -schrittweise und behutsam- fort. Es wird jetzt der Stab einer zweiten ostsibirischen Linienbrigade formirt, in deren Verband die im Süd-Ussurigebiet befindlichen Linien-bataillone (: z. Z. № № 1, 5, 7, 8 und 9:) treten. Die 1. ostsibirische Linienbrigade wird durch den Hinzutritt eines vierten Bataillons (: wahrscheinlich eines der aus Westsibirien herangezogenen Bataillone:) verstärkt. Für die Feldtruppen im Süd-Ussurigebiet wird ein ostsibirischer fliegender Artilleriepark gebildet; derselbe entwickelt sich im Kriegsfall zu einer fliegenden Park-Brigade, welche je einen Park mit Infanterie und mit Artillerie-Munition sowie einen Gebirgs-Halbpark umfaßt. Die aus Rjarsan nach Transbaikalien verlegte Artillerie-Abtheilung ist am Bestimmungsort (Stab und 1. Batterie Nertschinsk, 2. Batterie Schalopugino) eingetroffen. In Wladiwostok ist ein Festungs-Gendarmerie-Commando errichtet.

gez. Lauenstein.

Hauptmann im Großen Generalstabe.

orig. i. a. Rußland 72.

[   ]

PAAA_RZ201-018919_019 ff.

Empfänger	Fürst zu Hohenlohe - Schillingsfürst	Absender	Radolin
A. 11483 pr. 26. Oktober 1895. a. m.		St. Petersburg, den 24. Oktober 1895.	
Memo	Entzifferung.		

A. 11483 pr. 26. Oktober 1895. a. m.

St. Petersburg, den 24. Oktober 1895.

№ 398.

Seiner Durchlaucht

dem Herrn Reichskanzler

Fürsten zu Hohenlohe - Schillingsfürst.

Der japanische Gesandte, den ich in letzter Zeit gedrückt fand, ist besorgt über die Vorgänge in Korea und meinte der Umstand erschwere die Lage für Japan sehr, daß japanische Nihilisten (Soshi genannt) die Königin von Korea scheinbar auf Anstiften des Vaters des Königs, der den zu mächtigen Einfluß seiner Schwiegertochter und deren Familie auf den König fürchtete, ermordet haben.

Graf Nissi beobachtet mit Mißtrauen die Haltung Rußlands und sagte mir, der bisherige russische Gesandte in Söul Waeber werde durch neuen Gesandten Speyer ersetzt, der kürzlich von hier nach Tokio abgereist sei, um zunächst mit Hitrowo sich ins Einvernehmen zu setzen.

Gleichzeitig sei auch der Generalgouverneur des Amur-Gebiets Dukowskoi nach St. Petersburg berufen, um sich wegen weiteren Verhaltens Korea gegenüber mit der Kaiserlichen Regierung zu verständigen.

Radolin.

Berlin, den 28. Oktober 1895.   A. 11483.

An
Botschafter
London № 1249.

J. № 7804.

In Postziffern!
Zu Euerer pp gefl. Information; der Ks.
Botschafter in St. Petersburg berichtet unter
dem 24 d. M:

      Im Vorgang am bis N. r. J.
         N. S. E.

[   ]

PAAA_RZ201-018919_023 ff.

Empfänger	Auswärtiges Amt in Berlin	Absender	Gutschmid
A. 11582 pr. 29. Oktober 1895. a. m.		Tokio, den 28. Oktober 1895.	

A. 11582 pr. 29. Oktober 1895. a. m.

Telegramm.

Tokio, den 28. Oktober 1895.
Ankunft: 29. 10. 6 Uhr 50 Min. Vm.

Der K. Gesandte an Auswärtiges Amt.

Entzifferung.

№ 70.

Minister der auswärtigen Angelegenheiten hat mir soeben ⋯⋯. gestriges Telegramm an Vicomte Aoki vorgelesen, wonach Letzterer Eurer Durchlaucht erklären soll, daß Japan alsbald nach Räumung von Liaotung seine Truppen aus Korea zurückziehen wird. Nur das zum Schutz der Gesandtschaft in Söul befindliche Detachement soll dort verbleiben, bis Koreanische Regierung selbst den Schutz der Fremden in die Hand nehmen kann. Japan hege keine besonderen Absichten auf Korea, wünsche vielmehr das Land baldigst sich selbst zu überlassen und pari passu vor den anderen Mächten dort aufzutreten.

Graf Ito theilt mir vertraulich mit, daß er der von den fremden Vertretern in Söul jetzt verlangten Auflösung der japanisch organisirten koreanischen Bataillone mit Besorgniß entgegensehe und eintretenden Falls die Verantwortung für die Folgen ablehne.

Gutschmid.

Berlin, den 29. Oktober 1895.   A. 11582.

Krien.   Tel i Ziff.
Söul № 3   Ist es wahr daß dortige fremde Vertreter -
cfr. A. 11652   eventuel welche? - die Auflösung der japanisch
                                organisirten koreanischen Bataillone verlangen?
J. № 7820.   Drahtantwort.

PAAA_RZ201-018919_027			
Empfänger	Auswärtiges Amt in Berlin	Absender	Krien
A. 11652 pr. 31. October 1895. a. m.		Seoul, den 30. Oktober 1895.	
Memo	cfr. A. 11875 Antwort auf Telegramm № 3.		

A. 11652 pr. 31. October 1895. a. m.

Telegramm.

Seoul, den 30. Oktober 1895. 7 Uhr 2 Min. Nm.
Ankunft: 31. 10.   1 ″ 25 ″ Vm.

Der K. Konsul an Auswärtiges Amt.

Entzifferung.

№ 2.

Wegen anscheinender Gefährdung Königs forderte Russischer Vertreter Verhaftung Kriegsministers, Entwaffnung der Bataillone durch japanische Truppen. Japanischer Vertreter erbat Bedenkzeit Versprechen Sicherheitsmaßnahmen.

Krien.

Politische Vorgänge in Korea.

PAAA_RZ201-018919_028 ff.			
Empfänger	Fürst zu Hohenlohe - Schillingsfürst	Absender	Krien
A. 11667 pr. 31. Oktober 1895. p. m.		Söul, den 12. September 1895.	
Memo	cfr A. 12332 J. № 392.		

A. 11667 pr. 31. Oktober 1895. p. m.

Söul, den 12. September 1895.

Kontrol. № 46.

An Seine Durchlaucht

den Herrn Reichskanzler

Fürsten zu Hohenlohe - Schillingsfürst.

Euer Durchlaucht beehre ich mich im Anschluß an meinen ganz gehorsamen Bericht № 43 vom 8. v. Mts.[9] ebenmäßig zu melden, daß der neue Japanische Gesandte Vicomte Miura am 1. d. Mts. hier eingetroffen und am 3. die Geschäfte der Japanischen Gesandtschaft von dem Grafen Inouye übernommen hat. Der Letztere will am 17. d. Mts. Söul verlassen.

Der Premier-Minister Pak Chong Yang ist zum Minister des Innern ernannt worden. An seine Stelle ist der vormalige Premier-Minister Kim Hong Jip getreten. Die Minister des Krieges, der Finanzen, des Innern und des Königlichen Hauses sind auf ihren Antrag entlassen und ihre Posten neu besetzt worden.

Am 4. d. Mts. fand zur Feier der Gründung der gegenwärtigen Dynastie (im Jahre 1391) im Königlichen Palaste eine Abendunterhaltung statt, bei der, abweichend von dem bisherigen Gebrauche, auch der König und die Königin mit ihrem Hofstaate zugegen waren. -

Vor einigen Tagen besuchte mich der frühere Chinesische Legations-Sekretär und Konsul Tong, der sich hier und in Chemulpo mehrere Wochen ganz zurückgezogen aufgehalten und das Mobiliar der diplomatischen und konsularischen Vertretungen seines Landes unter der Hand verkauft hat. Herr Tong glaubt nicht, daß in den nächsten Jahren

---

9 A. 10873 ehrerb. beigefügt.

zwischen China und Korea ein neuer Vertrag abgeschlossen werden wird. -Die Chinesischen Niederlagen in dem letzten Kriege schreibt er in erster Linie dem Laster des Opiumrauchens zu. Um dieses auszurotten, würde es sich seines Erachtens empfehlen, alle Opiumraucher, die er auf dreißig Prozent der Bevölkerung schätzt, in die verachteten Volksklassen zu versetzen. Auch die Kleidung müsse geändert werden. China sei das einzige Land der Welt, wo die Männer lange und die Frauen kurze Kleider trügen. - Herr Tong ist kürzlich nach Chemulpo abgereist, um sich von dort nach China zurückzubegeben.

Die wegen politischer Vergehen seit dem Sommer vorigen Jahres verfolgten Koreanischen Beamten sind begnadigt worden.

Während bisher in Korea, abgesehen von einer Englischen und zwei Japanischen Schulen in Söul, die von der Koreanischen Regierung unterhalten werden, nur Privatschulen bestanden, ist am 7. d. Mts. ein Schulgesetz erlassen worden, wonach Staats-, öffentliche Bezirks, - und Privat- Elementar- und Mittel-Schulen für Knaben und Mädchen im Alter von 7 bis 15 Jahren eingerichtet werden sollen. Die Staatsschulen werden von der Central-Regierung, die Bezirksschulen von den Präfekturen und Kreisen unterhalten werden, die Privatschulen aus Bezirks- oder Staatsmitteln Zuschüsse erhalten. Der Lehrplan der Elementarschulen umfaßt Turnen, Lesen, Schreiben, Stil, Rechnen, gutes Betragen, Geographie und Geschichte von Korea, und für Mädchen noch weibliche Handarbeiten; der Lehrplan der Mittelschulen gutes Betragen, Lesen, Schreiben, Stil, Rechnen, Geographie und Geschichte, Turnen, eventuell, unter Weglassung von Geschichte und Geographie des Auslandes, fremde Sprachen; für Mädchen außerdem weibliche Handarbeiten. Das Schulwesen untersteht dem Unterrichts-Ministerium, von dem die Lehrbücher herausgegeben oder ausgewählt werden. Das Gehalt der Lehrer ist auf monatlich 10 bis 35 Dollar festgesetzt worden.

Nach einer Privatmittheilung des stellvertretenden Französischen Kommissars wird der bisherige Kommissar Frandin, der sich gegenwärtig in Europa auf Urlaub befindet, binnen Kurzem als Französischer Geschäftsträger hierher zurückkehren.

Abschriften dieses ganz gehorsamen Berichtes sende ich an die Kaiserlichen Gesandtschaften zu Peking und Tokio.

Krien.

Inhalt: Politische Vorgänge in Korea.

Preßstimmen über Korea.

PAAA_RZ201-018919_034 ff.

Empfänger	Fürst zu Hohenlohe - Schillingsfürst	Absender	Radolin
A. 11743 pr. 2. November 1895. a. m.		St. Petersburg, den 30. Oktober 1895.	
Memo	mtg. 7. 11. London 1305, Washington, A. 65.		

A. 11743 pr. 2. November 1895. a. m.

St. Petersburg, den 30. Oktober 1895.

№ 414.

Seiner Durchlaucht

dem Herrn Reichskanzler

Fürsten zu Hohenlohe - Schillingsfürst.

Die russische Presse beginnt sich lebhaft über die Nachrichten aus Korea zu beunruhigen. Die Japaner, so führen die Blätter aus, würden unter dem Vorwande, in Korea die Ruhe herzustellen und die Unabhängigkeit des Landes zu garantiren, sich dort festsetzen und nach englischen Vorbilde ein zweites Egypten schaffen. Energisches und schnelles Einschreiten sei daher dringend geboten. Besonders charakteristisch für die Stimmung der Presse ist nachfolgende Auslassung der Moskowskija Wjedomosti über die Koreanische

Frage:

„Rußland steht in dieser Frage auf streng legalem Boden, indem es für die Unabhängigkeit Korea's, die durch den Vertrag von Shimonoseki anerkannt wird, eintritt. Japan strebt dagegen, die Unabhängigkeit Korea's zu verletzen und von ihm Besitz zu nehmen. Daraus geht schon hervor, auf welcher Seite das Recht liegt. Übrigens kann darüber gar kein Zweifel bestehen, da Rußland im Orient stets als die Verkörperung der Gerechtigkeits-Idee erschienen ist, was auch seine moralische Macht erklärt. Damit die Gerechtigkeit triumphire, kann Rußland nicht zulassen, daß die Japaner in Korea wirthschaften, und wir sind trotz der trügerischen Hoffnungen der japanischen Presse überzeugt, daß es die Herrschaft der Japaner dort auch nicht zulassen wird. Doch um Verwickelungen zu vermeiden, wenn Korea von bedeutenden japanischen Truppenkräften occupirt wird, wird es richtiger und vorsorglicher sein, schon jetzt zu handeln, so lange unsere im Stillen Ocean kreuzende Flotte nicht von anderen Zwecken in Anspruch genommen wird und sich in den koreanischen und japanischen Gewässern zur Unterstützung des Protestes Rußlands concentriren kann. Ein solcher Protest ist eben jetzt erforderlich, da Korea unter der Regierungskrise seufzt, die von auswärtigen Einflüssen hervorgerufen ist. Die gesetzmäßige Gewalt muß dort wieder hergestellt und gleichzeitig muß der Wiederholung einer Palastrevolution vorgebeugt werden. Wenn die vorliegenden telegraphischen Meldungen Glauben verdienen, so wird unsere Flotte nicht isolirt bleiben, da sie gemeinsam mit den Geschwadern Frankreichs und Deutschlands operirt und zusammen mit ihnen nach Japan ausgelaufen ist. Doch selbst wenn von einer Cooperation keine Rede sein könnte, wenn Rußland allein handeln müßte, auch dann dürfte ein Protest gegen die japanischen Intriguen in Korea nicht hinausgeschoben werden. Es ist an der Zeit, die Japaner zu bändigen, ihre Habsucht einzudämmen. Sodann wird es Sache unserer Diplomaten sein, Rußland dort ferneren Einfluß auf die koreanischen Angelegenheiten zu sichern, um Wiederholungen von weiteren Katastrophen unmöglich zu machen. Es ist an der Zeit zu handeln."

Radolin.

Inhalt: Preßstimmen über Korea.

[   ]

PAAA_RZ201-018919_039

Empfänger	Auswärtiges Amt in Berlin	Absender	Krien
A. 11794 pr. 3. November 1895. a. m.		Seoul, den 2. November 1895.	
Memo	A. 11652, A. 11582		

A. 11794 pr. 3. November 1895. a. m.

Telegramm.

Seoul, den 2. November 1895. 2 Uhr 48 Min. Nm.
Ankunft: 3. 11.   9 Uhr 40 Min. Vm.

Der K. Konsul an Auswärtiges Amt.

Entzifferung.

№ 3.

Die Bataillone umgeformt zwei Kommandant entlassen entfliehen Inouye hier
japanische Gesandtschaft behauptet Königin hätte russisches Protektorat erbeten.

Krien.

[   ]

PAAA_RZ201-018919_040

Empfänger	[o. A.]	Absender	Marschall
A. 11864 pr. 5. November 1895. a. m.		Berlin, den 5. November 1895.	

Memo	J. № 7976.
	e. o. A. 11864.

Abschrift

ad A. 11864

A. 11864 pr. 5. November 1895. a. m.

Berlin, den 5. November 1895.

Botschafter Washington

№ 24.

Telegramm in Ziffern.

Bitte fortlaufende Berichterstattung über Stellung welche dortige Regierung und hauptsächliche Zeitungen gegenüber dem russisch-japanischen Streit und speciell in der Frage der Unabhängigkeit Koreas einnehmen.

gez. Marschall.

orig. i. a. China 20

[   ]

PAAA_RZ201-018919_041

Empfänger	Auswärtiges Amt in Berlin	Absender	Krien
A. 11875 pr. 5. November 1895. p. m.		Söul, den 5. November 1895.	
Memo	n. S. D. 9. 11.		

A. 11875 pr. 5. November 1895. p. m.

Telegramm.

Söul, den 5. November 1895. 4 Uhr 45 Min. p. m.
Ankunft: 7 Uhr 38 Min. p. m.

Der K. Konsul an Auswärtiges Amt.

Entzifferung.

№ 4.

Herr Inouye verspricht die Bataillone aus Palast entfernen.

Krien.

Berlin, den 7. November 1895.   zu A. 11743.

An
die Botschaften in
1. London № 1305.
2. Washington № A. 65.

J. № 8068.

Euerer pp übersende ich anbei ergebenst
Abschrift eines Berichts des Ks. Botschafters
in St. Petersburg vom 30. v. Mts., betreffend
russische Preßstimmen über Korea,

zu Ihrer gefl. Information.

N. S. E.

[   ]

PAAA_RZ201-018919_044

Empfänger	Auswärtiges Amt in Berlin	Absender	Krien
A. 11999 pr. 9. November 1895. a. m.		Söul, den 8. November 1895.	
Memo	I) 1. Tel. i. Z. 11. 11. an Kons. Söul 4. II) Tel. i. Z. 11. 11. Tokio 45.		

A. 11999 pr. 9. November 1895. a. m.

Telegramm.

Söul, den 8. November 1895. 8 Uhr 30 Min. a. m.
Ankunft: 9. 11.   5 Uhr 35 Min. a. m.

Der K. Konsul an Auswärtiges Amt.

Entzifferung.

№ 5.

Herr Inouye erbat schriftliche Ermächtigung der fremden Vertreter Behufs Sicherheit des Königs die Bataillone durch japanische Truppen entfernen Palast temporär besetzen wurde an heimische Regierungen verwiesen.

Krien.

Berlin, den 11. November 1895.

Zu A. 11999 I

German Consul
Söul № 4.

Antwort auf Telegramm № 5.

J. № 8153.

Telegramm in Ziffern.

Einverstanden mit Ihrer Behandlung japanischen Antrags. Vermeiden Sie überhaupt Anschein von Partheinahme nach irgend welcher Seite.

N. S. E.

Berlin, den 11. November 1895.

A. 11582 II / A. 11999 II

Gesandter
Tokio № 45

cfr A. 2040

Antwort auf Telegramm № 70.

J. № 8152.

Telegramm in Ziffern.

Aoki hat wegen Korea hier bisher nichts erklärt. Entwaffnung Bataillone nur von russischem Vertreter in Söul gefordert.

Enthalten Sie sich von Betheiligung an bezüglichen Schriten und erbitten Sie nöthigenfalls zunächst Instruktion.

N. S. E.

[   ]

PAAA_RZ201-018919_047

Empfänger	Auswärtiges Amt in Berlin.	Absender	Gutschmid
A. 12141 pr. 13. November 1895. a. m.		Tokio, den 12. November 1895.	
Memo	s. Tel. i. Z. 16. 11. n. Tokio 47.		

A. 12141 pr. 13. November 1895. a. m.

Telegramm.

Tokio, den 12. November 1895.   12 Uhr 30 Min. p. m.
Ankunft: 13. 11.   12 Uhr 17 Min. a. m.

Der K. Gesandte an Auswärtiges Amt.

Entzifferung.

№ 71.

Minister der auswärtigen Angelegenheiten bittet, unseren Konsul in Söul anzuweisen sich nicht an Schriften der übrigen Vertreter zu betheiligen, welche verlangen, daß japanische Truppen Palast-Wache übernehmen und der Regierungszustand vor dem 8. Oktober wiederhergestellt werde.

Gutschmid.

[   ]

PAAA_RZ201-018919_048 ff.

Empfänger	Fürst zu Hohenlohe - Schillingsfürst	Absender	Gutschmid
A. 12165 pr. 13. November 1895. p. m.		Tokio, den 1. Oktober 1895.	
Memo	mtg. 16. 11. London 1351, Paris 656, Petersburg 701.		

Abschrift.

A. 12165 pr. 13. November 1895. p. m.

Tokio, den 1. Oktober 1895.

A. 293.

Seiner Durchlaucht

dem Herrn Reichskanzler

Fürsten zu Hohenlohe - Schillingsfürst.

Im Laufe der ersten Unterredung, die ich gestern mit dem Minister-Präsidenten hatte und die einen durchaus intimen Charakter trug, nahm ich Gelegenheit, denselben zu fragen, wie er sich die Lösung der koreanischen Frage denke und ob mein russischer Kollege in dieser Richtung letzthin irgendwelche Schritte bei der hiesigen Regierung gethan habe. Ich unterließ nicht, bei Stellung der Frage gleich zu bemerken, daß Deutschland kein eigenes Interesse an der Sache habe und ich nur als Privatmann und wegen des natürlichen Interesses, welches die in Japan accreditirten fremden Diplomaten an der Lösung dieses Problems nehmen müßten, ihn um ganz vertrauliche Information bitte.

Marquis Ito ging bereitwilligst auf den Gegenstand ein und sprach sich etwa in folgender Weise aus:

Vor Kurzem habe Herr Hitrovo ihn gefragt, wann Japan das Rußland im vergangenen Jahre gegebene Versprechen, die Unabhängigkeit Korea's respektiren zu wollen, zu erfüllen gedenke und wann demnach die Unabhängigkeit des Halbinsel-Königreichs eine Thatsache sein werde.

Er, der Minister-Präsident, habe geantwortet: Japan beabsichtige nach wie vor, Korea zu räumen und es gewissermaßen sich selbst zu überlassen. Wenn er ihm, Hitrovo, eine definitive Antwort auch erst nach der Rückkehr des Grafen Inouyé, die unmittelbar bevorstehe - er ist heute aus Korea hier eingetroffen - ertheilen könne, so sei er doch schon jetzt in der Lage, ihm zu sagen, daß die Zurückziehung der japanischen Truppen bis auf zwei kleine für den Schutz der japanischen Gesandtschaft erforderliche, in Chemulpo und Söul zu stationirende Detachements unmittelbar nach Räumung der Liao-Tung-Halbinsel erfolgen solle. Bis dahin sei es unumgänglich nothwendig, einige Bataillone dort zu belassen, um die von Japan errichteten Telegraphenlinien zu beschützen, welche die Verbindung zwischen Japan und der Mandschurei herstellten. Zöge man die Truppen schon jetzt zurück, so sei es so gut wie sicher, daß die Telegraphenlinien von den Koreanern sofort zerstört werden und damit die Kommunikationen zwischen Japan und Liao-tung unterbrochen würden. Nach Evakuation der südlichen Mandschurei würden die Telegraphenlinien, die auch für den allgemeinen internationalen Verkehr von großer Bedeutung seien, der koreanischen Regierung übergeben werden und würde letztere gewisse Garantieen für ihre Unterhaltung zu bieten haben. Hiernach würde die Räumung in's Werk gesetzt werden. Der russische Gesandte habe sich mit dieser Erklärung scheinbar zufrieden gegeben.

Im Allgemeinen bemerkte der Minister-Präsident, an vorstehende Mittheilung anknüpfend, die ganze koreanische Komplikation sei ''a most unfortunate affair''; es sei gar nicht abzusehen, wie das Land mit seiner korrumpirten Regierung, welche nicht einmal über ein Heer zu verfügen habe, seine Unabhängigkeit nach Zurückziehung der japanischen Truppen gegenüber seinem mächtigen Nachbar aufrecht erhalten solle; dies sei eben ein Problem der Zukunft.

Ich habe aus den Äußerungen des Marquis Ito die Überzeugung gewonnen, daß die Räumung Korea's, jedenfalls innerhalb der nächsten 4 bis 6 Monate, bei der japanischen Regierung beschlossene Sache ist.

gez. Gutschmid.

orig. i. a. China 20

Neue Koreanische Schwierigkeit.

PAAA_RZ201-018919_051 ff.

Empfänger	Fürst zu Hohenlohe - Schillingsfürst	Absender	Gutschmid
A. 12173 pr. 13. November 1895. p. m.		Tokio, den 10. Oktober 1895.	
Memo	mtg 19. 11. London 1368, Paris 665, Petersburg 608, Dresden 650, München 682, Stuttgart 651.		

A. 12173 pr. 13. November 1895. p. m.

Tokio, den 10. Oktober 1895.

A. 303.

An Seine Durchlaucht

den Herrn Reichskanzler

Fürsten zu Hohenlohe - Schillingsfürst.

Am 7. d. M. trafen hier die ersten Nachrichten über den nächtlichen Angriff ein, der behufs Beseitigung der Königin auf den Palast in Söul unter der Führung des Tai Wön Kun, Vaters des Königs, stattgefunden hat. Nach späteren Telegrammen war der Putsch, dank dem noch rechtzeitigen Dazwischentreten des Japanischen Gesandten und Japanischer Truppen mißglückt, jedoch war über das Schicksal der Königin selbst noch nichts bekannt. Thatsache war nur, daß zwei Hofdamen ermordet worden waren.

Der Umstand, daß die Person der Königin das Ziel der Verschwörer war, ließ von vornherein darauf schließen, daß es sich um ein gegen den Russischen Einfluß gerichtetes Pronunciamiento handelte.

Im engsten Vertrauen theilte mir heute mein Russischer Kollege den Inhalt eines ihm gestern zugegangenen Telegramms des Russischen Geschäftsträgers in Söul mit, Inhalts dessen die Eindringlinge nicht Koreaner, sondern als Koreaner verkleidete Japaner gewesen seien und daß über das Schicksal der Königin noch Ungewißheit herrsche. Jedenfalls seien, so fuhr Herr Hitrovo fort, auch der Japanischen Regierung beunruhigende Nachrichten zugegangen. Denn Marquis Saionji habe ihn noch gestern Abend aufgesucht und ihm mitgetheilt, er beabsichtige behufs Aufklärung des Sachverhalts umgehends den Chef der politischen Abtheilung des Auswärtigen Amts, Herrn Komura, nach Söul zu entsenden, welcher den Auftrag erhalten solle, sich mit dem Russischen Vertreter in Verbindung zu setzen und mit dessen Unterstützung die Angelegenheit auf das

Eingehendste zu untersuchen. Als er, Hitrovo, hierauf dem Minister des Äußern von dem Inhalt des Telegramms des Geschäftsträgers Waeber Kenntniß gegeben, habe Marquis Saionji die Möglichkeit, daß Japaner das Attentat ausgeführt hätten, nicht abgeleugnet und dazu bemerkt, daß es wahrscheinlich Soshis (: unter diesem Namen gehen die bekannten politischen Raufbolde, an denen Japan krankt:) gewesen seien, von denen sich eine große Anzahl in Korea aufhalte. Der Minister hätte weiter bemerkt, daß der Regierung die Sache um so unerwarteter gekommen sei, als der erst vor einigen Tagen hierher zurückgekehrte Graf Inouye die beruhigendsten Versicherungen über die Lage in Söul gegeben und nichts diesen neuen Zwischenfall habe erwarten lassen.

Herr Hitrovo hat den Inhalt seiner Besprechung mit Marquis Saionji nach Petersburg telegraphirt und glaubt, daß der hiesigen Regierung der Vorfall namentlich mit Rücksicht auf ihre Beziehungen zu Rußland und die noch nicht erfolgte Auseinandersetzung mit dieser Macht in der Koreanischen Frage besonders peinlich sei. An dem ernsten Willen Japans, jeden Anlaß zu Mißhelligkeiten zu vermeiden, zweifelt mein Russischer Kollege nicht und hofft daher auch, daß die Angelegenheit in befriedigender Weise ihre Erledigung finden wird.

Gutschmid.

Inhalt: Neue Koreanische Schwierigkeit.

Berlin, den 16. November 1895.   A. 12141.

Gesandter   Telegramm in Ziffern.
Tokio № 47.   Konsul hat bereits in Folge Ihres Telegramms
                                   № 70 allgemeine Weisung sich zurückzuhalten.
Antwort auf Telegramm № 71.   Theilen Sie dies japanischem Minister mit.

J. № 8285.   N. S. E.

Politische Ereignisse in Korea.

PAAA_RZ201-018919_059 ff.			
Empfänger	Fürst zu Hohenlohe - Schillingsfürst	Absender	Krien
A. 12332 pr. 17. November 1895. p. m.		Söul, den 30. September 1895.	
Memo	J. № 421.		

A. 12332 pr. 17. November 1895. p. m.

Söul, den 30. September 1895.

Kontrol № 49.

An Seine Durchlaucht

den Herrn Reichskanzler

Fürsten zu Hohenlohe - Schillingsfürst.

Euer Durchlaucht habe ich die Ehre im Anschluß an meinen Bericht № 46 vom 12. d. Mts.[10] ganz gehorsamst zu melden, daß Graf Inouye Korea verlassen hat.

Der früher einflußreichste Minister Min Yong-Chun, der sich im Sommer vorigen Jahres nach China geflüchtet hatte, ist nach Korea zurückgekehrt. Ein anderer Verwandter der Königin, Min Yong-Huan, ist zum Koreanischen Gesandten in Washington ernannt worden.

Die Verordnung des Königs, wonach erwachsene Koreaner schwarze Oberröcke zu tragen hatten, ist wieder aufgehoben worden. Auch den Privatleuten ist es jetzt gestattet, Kleider von beliebiger Farbe zu tragen.

In den vier nördlichen Provinzen sind wieder Unruhen ausgebrochen. Die Bewegung richtet sich hauptsächlich gegen die Reformen der Regierung und gegen die Japaner. Wie mir der Japanische Legations-Sekretär Sugimura neulich mittheilte, hat seine Regierung die wiederholten Bitten des Königs, gegen die Aufständischen, die zum Theil mit den von den Chinesischen Soldaten im vorigen Jahre weggeworfenen Gewehren bewaffnet sind, Japanische Truppen zu entsenden, auf das Bestimmteste abgelehnt.

Ein Verwandter des Königs, I Chä-Sun, ist zum Spezial-Gesandten für Japan ernannt worden. Er soll sich in den nächsten Tagen nach Tokio begeben, um dem Kaiser von Japan für dessen Hülfe bei Unterdrückung des letzten Aufstandes, für die Einführung von

---

10 A. 11667 ehrerb. beigef.

Reformen und die Erwirkung der Unabhängigkeit von Korea den Dank des Königs abzustatten.

Im Ministerium des Königlichen Hauses werden fast täglich zahlreiche Beamte abgesetzt und neue angestellt. Nach Japanischen Angaben werden die Ämter von dem Könige und der Königin wieder verkauft.

Abschriften dieses ganz gehorsamen Berichtes sende ich an die Kaiserlichen Gesandtschaften zu Peking und Tokio.

Krien.

Inhalt: Politische Ereignisse in Korea.

Die Ermordung der Königin von Korea etc.

PAAA_RZ201-018919_063 ff.			
Empfänger	Fürst zu Hohenlohe - Schillingsfürst	Absender	Gutschmid
A. 12334 pr. 17. November 1895. p. m.		Tokio, den 15. Oktober 1895.	
Memo	s. Dekret auf der Angabe nach Tokio v. 2. 12.		

A. 12334 pr. 17. November 1895. p. m.

Tokio, den 15. Oktober 1895.

A. 305.

An Seine Durchlaucht

den Herrn Reichskanzler

Fürsten zu Hohenlohe - Schillingsfürst.

Der Minister der Auswärtigen Angelegenheiten, welchen ich heute aufsuchte, um mit ihm, gleichzeitig im Namen meines Russischen und Französischen Kollegen, gewisse Einzelheiten hinsichtlich des in Aussicht genommenen Notenaustausches in der Liao-tung-Frage zu besprechen, benutzte diesen Anlaß, um unaufgefordert sich über den neuesten Koreanischen Zwischenfall auszulassen.

Marquis Saionji drückte zunächst seinen Abscheu über das Verbrechen aus, dessen Opfer, wie jetzt kaum noch bezweifelt werden könne, die Königin gewesen sei und gab seinem patriotischen Schmerz darüber Ausdruck, daß Japaner sich unter den Mördern befunden hätten. Es scheine sicher, daß etwa 15 Japanische Raufbolde (Soshis) in den Palast miteingedrungen und sich an der That betheiligt hätten. „Was wird", so rief der Minister aus, „Europa von uns denken? Erst das abscheuliche Attentat auf den damaligen Großfürsten Thronfolger, dann der Mordversuch auf Li Hung Chang gelegentlich der Friedensunterhandlungen in Shimonoseki und jetzt diese Blutthat? Man wird und für Wilde halten!"

Ich suchte den Marquis einigermaßen zu beruhigen, indem ich bemerkte, daß die civilisirte Welt sicherlich nicht der gesammten Japanischen Nation das Verbrechen einiger Verruchter zur Last legen werde. Man sei z. B. in Deutschland mit dem Japanischen Parteiwesen in den leitenden Kreisen ganz gut vertraut und wisse auch, zu welcher Klasse die Soshis gehörten. Aber allerdings erscheine es mir dringend geboten, daß die Japanische Regierung die soziale Gefahr, welche in diesen verkommenen und verblendeten

Menschen liege, endlich ernstlich in's Auge fasse und den energischen Versuch mache, sie auszurotten. Mit schiene die Insel Formosa ein sehr geeignetes Feld für die Thätigkeit dieser Menschen. Die Regierung möge doch alle Soshis, deren sie habhaft werden könne, nach Formosa deportiren, sie dort militärisch als eine Art Fremdenlegion organisiren und zur Bekämpfung, beziehentlich Ausrottung der wilden einheimischen Gebirgsstämme verwerthen. Damit würde sie dann ein doppeltes Ziel erreichen.

Marquis Saionji sprach in Erwiderung die Hoffnung aus, daß die Ermordung der Königin von Korea das Gute haben werde, der Regierung den Muth zu geben, energisch einzugreifen, schon um den guten Namen Japans zu retten. Im Übrigen werde der Vorfall nur einen neuen, dringenden Anlaß für Japan bilden, sich unter Wahrung seiner wesentlichsten Interessen mit der Räumung des Halbinselkönigreichs zu beeilen.

Zum Schluß bemerkte der Minister, er lasse dem Vicomte Aoki alle ihm über das letzte Ereigniß in Söul gemachten Meldungen mit dem Auftrag telegraphisch zugehen, der Deutschen Regierung ausführliche Mittheilungen darüber zu machen.

Gutschmid.

Inhalt: Die Ermordung der Königin von Korea etc.

Äußerungen der Japanischen Presse über die jüngsten Vorgänge in Korea.

PAAA_RZ201-018919_070 ff.			
Empfänger	Fürst zu Hohenlohe - Schillingsfürst	Absender	Gutschmid
A. 12336 pr. 17. November 1895. p. m.		Tokio, den 17. Oktober 1895.	

A. 12336 pr. 17. November 1895. p. m.

Tokio, den 17. Oktober 1895.

A. 307.

An Seine Durchlaucht

den Herrn Reichskanzler

Fürsten zu Hohenlohe - Schillingsfürst.

Ähnlich wie der hiesige Minister des Auswärtigen sich in der Unterredung äußerte, über welche ich unter dem 15. d. M.[11] zu berichten die Ehre hatte, verurtheilt auch die Japanische Presse die jüngsten Vorgänge in Korea einstimmig und auf das Schärfste. Die offiziöse Nichi Nichi Shimbun, welche erklärt, daß an der traurigen Thatsache der Ermordung der Königin kaum noch ein Zweifel möglich sei, giebt zugleich in ihrer gestrigen Ausgabe die bisher von der Presse emphatisch geleugnete Möglichkeit, ja Wahrscheinlichkeit zu, daß die That von Japanischen politischen Abenteurern verübt worden sei. Ein entgültiges Urtheil über die Thäterschaft, wie insbesondere auch über die Frage, ob die Mörder im Einverständniß mit dem Tai-Wön-Kun gehandelt oder die militärische Revolte auf eigene Faust benutzt haben, reservirt die Zeitung bis zum Bekanntwerden der Resultate der jetzt eingeleiteten Untersuchung. Anknüpfend an die Thatsache einer unter dem 14. d. M. publicirten Kaiserlichen Verordnung, welche den Japanern, abgesehen von Militär- und Civilbeamten bei Strafe verbietet, sich ohne Regierungserlaubniß nach Korea zu begeben, erinnert die genannte Zeitung daran, daß die Regierung bereits vor Jahresfrist etwa eine ähnliche Verordnung erlassen, dieselbe aber, da der Landtag seine verfassungsmäßig nothwendige Genehmigung versagt habe, nicht habe aufrecht erhalten können. Das offiziöse Organ macht im Hinblick hierauf die damalige Majorität des Landtags direkt für die gegenwärtigen beklagenswerthen Vorgänge verantwortlich, welche vermieden worden wären, wenn man den Zuzug des Gesindels

---

11 A. 12334 mit heutiger Post.

hiesiger politischer Abenteurer von vorneherein abgeschnitten hätte.

Man beginnt es hier schon seit geraumer Zeit als drückend und auf die Dauer unhaltbar zu empfinden, daß die Verantwortlichkeit für alle Vorgänge in Korea mehr oder weniger auf Japan zurückfällt, ohne daß Letzteres einen direkten und entscheidenden Einfluß auf die dortigen Verhältnisse auszuüben im Stande ist. Daß nun auch die Ermordung der Königin auf Japanische Thäterschaft zurückgeführt werden muß, ist daher zweifelsohne der Japanischen Regierung sowohl, wie der öffentlichen Meinung doppelt unangenehm, so sehr auch das Resultat der Beseitigung eines der Haupthindernisse für die Japanischen Bestrebungen in Korea den hiesigen Wünschen entsprechen mag.

Gutschmid.

Inhalt: Äußerungen der Japanischen Presse über die jüngsten Vorgänge in Korea.

Berlin, den 19. November 1895.   A. 12173.

An

die Missionen in

1. London № 1368.

2. Paris № 665.

3. St. Petersburg № 708.

4. Dresden № 650.

5. München № 682.

6. Stuttgart № 651.

J. № 8365.

Eur. p übersende ich anbei ergebenst Abschrift eines Berichts des Ks. Gesandten in Tokio vom 10. v. Mts., betreffend die gegen die Person der Königin gerichteten Unruhen in Korea

ad 1 - 3: zu Ihrer gefl. vertrl. Information.

ad 4 - 6: unter Bezugnahme auf den Erlaß vom 4. März 1885 mit der Ermächtigung zur vertraulichen Mittheilung.

N. S. E.

[   ]

PAAA_RZ201-018919_077 f.

Empfänger	Fürst zu Hohenlohe - Schillingsfürst	Absender	Thielmann
A. 12512 pr. 22. November 1895. a. m.		Washington, den 7. November 1895.	

Abschrift.

A. 12512 pr. 22. November 1895. a. m.

Washington, den 7. November 1895.

№ 569.

Seiner Durchlaucht

dem Herrn Reichskanzler

Fürsten zu Hohenlohe - Schillingsfürst.

Die Vorgänge in Ost-Asien haben das hiesige öffentliche Interesse innerhalb der letzten Monate nur in sehr geringem Maße wachgerufen und die amerikanische Presse hat die Aufnahme und Bezahlung der chinesischen Kriegsschuld sowie die Zurückziehung der japanischen Truppen von der Liao-tung Halb-Insel nur in kurzen Notizen abgefertigt, während sie gleichzeitig spaltenlange Artikel über den englisch-venezolanischen Grenzstreit und über die Armenische Frage brachte.

Außer einer an die hiesige Regierung wie an die europäischen Kabinette ergangenen Erklärung über Japan's Absichten in Korea, hat der hiesige Gesandte zu Anfang dieses Monats dem Präsidenten noch ein Handschreiben seines Souveräns überreicht, in welchem der Kaiserliche Dank für den während des Krieges von den amerikanischen diplomatischen und konsularischen Beamten in China gewährten Schutz japanischer Interessen abgestattet wird.

Wie mir Staats-Sekretär Olney erzählte, hatte der Gesandte Kurino dieses Kaiserliche Schreiben unverzüglich beim Präsidenten Cleveland in seinem Sommeraufenthalt abgeben wollen und sich nur schwer bestimmen lassen, damit bis zur Rückkehr des Präsidenten nach Washington zu warten.

Herr Olney versicherte, daß die Regierung der Vereinigten Staaten zu dem russisch-japanischen Streit und zur Frage der Unabhängigkeit Korea's bisher keine Stellung genommen habe, da ihr beim gänzlichen Mangel an Berichten über die Sachlage jeder Anhalt dazu fehle.

gez. Thielmann.

orig. i. a. China 20

PAAA_RZ201-018919_079 f.

Empfänger	[o. A.]	Absender	[o. A.]
A. 12607 pr. 24. November 1895. p. m.		W. Yokohama, 18. October.	

A. 12607 pr. 24. November 1895. p. m.

Frankfurter Zeitung

24. 11. 95.

Die Ermordung der Königin von Korea.

W. Yokohama, 18. October.

Am Hofe von Söul machen sich drei Generationen die Herrschaft streitig. Da ist zunächst der König Li selbst, der Kraft seiner Stellung die erste Rolle spielen sollte, indessen in Folge seiner Gutmütigkeit thatsächlich die letzte spielt. Er ist etwa 47 Jahre alt, meint es recht gut, hat aber weder besondere Einsicht noch Autorität. Da ist ferner, oder richtiger war die Königin, der bislang die Hauptrolle zufiel. Ein außerordentlich Weib, ungefähr 42jährig, von großen Gaben und unerschöpflicher Erfindung, die ihrer Umgebung mehr Räthsel aufgegeben hat als Turandot und ebenso ernsthafte, da auch immer ein Kopf oder mehrere dabei den Spieleinsatz bildeten. Vor Kurzem erschien in einem japanischen Blatte eine Karikatur, welche einen Kürbis darstellte, der einen Aal festzuhalten sucht, eine im Osten populäre Hyperbel für ein unmögliches Beginnen: Der Kürbis trug die Züge des Grafen Inouye, der ein Jahr lang japanischer Gesandter in Korea war, und der Aal die Züge der Königin. Da ist drittens der Tai-wön-Kun, der Vater des Königs, der mit seiner Schwiegertochter in ewiger Fehde lebte. Ein durchtriebener Mann, für den trotz seines Alters die Macht ihre Süßigkeit noch nicht verloren hat. Da er indessen für sich selber wenig Aussicht hat, sucht er № 4 der Liste, seinen Enkel Li-Shun-yo auf den Thron zu heben. Da es bei der strengen Abschließung des ungeheuren Palastes gegen die Außenwelt unmöglich ist, den wahren Verhältnissen auf den Grund zu kommen, so findet die Behauptung viel Glauben, der Tai-wön-Kun sei gar nicht der richtige Vater des Königs und dieser wiederum, der einen großen Harem hält, sei nicht der des Li-Shun-yo. Dieser war jedenfalls in letzter Zeit wegen einer Verschwörung in

Ungnade und zu lebenslänglichem Gefängniß verurtheilt, auch hieß es einmal, er sei ermordet worden. Li-Shun-yo ist übrigens ein unfähiger, durch Ausschweifungen entnervter Weichling. Da ist fünftens die betagte Gemahlin des Tai-wön-Kun, die ebenfalls für ihren Enkel Partei ergriff und erfolgreich für dessen Entlassung aus dem Gefängniß intriguirte.

Dies die dramatis personae, nun zu ihren Thaten. Im Sommer 1894 gab es drei Parteien in Korea: die Ming am Hofe, die Tomhak im Volke und die chinesische Partei mit schwankendem Schwerpunkt. Die Königin, eine Ming, begünstigte in der auffälligsten Weise ihre zahlreiche, nicht unfähige Sippe, die dann im Besitz der einflußreichsten Hofämter und überhaupt der Macht im Lande war. Die Ming befanden sich als die einzigen Vertreter der Yang-pang, des starken, in vier Hauptlager gespaltenen koreanischen Adels, äußerst wohl und wünschten keine Veränderung, bildeten also die konservative Partei. Die Tomhakto-Anhänger der östlichen Lehre (im Gegensatz zu sye-hak, westliche Lehre-Katholizismus) machten sich dagegen zu den Wortführern des niederen Volkes, das von dem Adel in der schändlichsten Weise ausgebeutet ward und sich keineswegs wohl befand, und gewannen für sich den Tai-won-Kun. Die chinesische Partei endlich erfreute sich des Wohlwollens, soviel ersichtlich, des Königs selber, jedoch machten auch die andern Parteihäupter Versuche, sich ihr zu nähern. Nun brach der Ausstand der Tomhak los, die chinesischen Truppen wurden zu Hilfe gerufen, gegen diese eilten die japanischen zum Schutz des Landes herbei und der Krieg begann. Die Ming wurden verjagt und die Tomhak zerstreut. Im März 1895 scheint jedoch der Tai-wön-Kun wieder geheime Zettelungen mit den Wortführern begonnen zu haben, der Prozeß ward ihm und seinem Enkel gemacht und beide außerhalb der Hauptstadt internirt. Hiernach hatte die Königin die Hände frei und begann, ihre Verwandten, die bei der Unabhängigkeitserklärung Koreas ausdrücklich von allen Stellen ausgeschlossen wurden, wieder allmählich zu Hof- und Regierungsposten heranzuziehen und die ins Ausland geflüchteten Ming zurückzurufen. So kam Ende September Ming Chon hun, der fähigste ihrer Sippgenossen, von Shanghai zurück, um ein Ministerportefeuille zu erhalten. Zu gleicher Zeit aber wandte die Königin sich gegen die nunmehr entstandene neue Partei, die japanfreundliche Reformrichtung, und es gelang ihr zuerst, den Kriegsminister Jo-chun, der die japanische Armee in der Mandschurei besuchte und dann den Minister des Innern, den ihr besonders verhaßten Prinz Pak-Jong-Ho zu verdrängen. Der Prinz floh Anfangs Juli mit Lebensgefahr in Verkleidung aus Söul und begab sich nach Washington, dort seine Zeit abwartend. Er ist noch jung, erst 36, und gewiß berufen, in der Entwicklung seines Heimathlandes noch nützlich zu wirken. Es würde zu viel sein, alle die anderen Veränderungen und Rück- und Wiederveränderungen einzeln zu verfolgen, man kann sich nur Vorstellung davon aus den Thatsachen machen, daß in diesem einen Jahr das Kabinet nicht weniger als viermal mehr oder weniger vollständig umgegossen wurde.

Zwei ihrer Pläne hatte die Königin durchgesetzt, die Entfernung ihrer Feinde und die Wiedereinsetzung der Min; ein dritter, an den Russen gegen die Japaner eine Stütze zu gewinnen, war ebenfalls nahe der Verwirklichung, allein sie erstrebte zu viel und das war ihr Verderben. Nicht zufrieden mit den Künsten weiblicher Intrigue, wollte sie auch die rohe Gewalt in ihren Dienst zwingen, sie suchte die neuen Truppen zu gewinnen und daran scheiterte sie. Gegenwärtig treten viererlei Truppen das schlechte Pflaster von Söul, dreierlei koreanische und eine Abtheilung japanische, wozu in kritischen Augenblicken noch die Marinetruppen der verschiedenen Gesandtschaften und außerdem 200 japanische Gensdarmen kommen. Von der einheimischen Miliz sind zunächst die alten, entlassenen Soldaten zu nennen, deren Zahl verschieden von 15,000-100,000 im ganzen Lande geschätzt wird. Dem Namen nach sind sie entlassen, in Wirklichkeit aber haben sie ihre Uniform beibehalten, treiben sich lungernd in den Straßen herum und verursachen aus Noth und Langweile von Zeit zu Zeit gefährliche Aufläufe und Unruhen. So rotteten sich einige Tausend erst vor einer Woche auf dem großen, von zwei albern lächelnden Löwen in Stein überragten Schloßplatze vor dem Palast des Kriegsministers zusammen und verlangten ihren rückständigen Lohn. Die Schatzkammer von Korea aber ist leer und deshalb ließ der Minister die Sprecher der hungernden Soldaten als Rädelsführer bei einem Aufruhr verhaften. Der König fühlte jedoch menschlich und gebot, die Aermsten wieder freizulassen, „denn sie seien in ihrem Rechte gewesen". Zweitens die Palastwache, etwa 1000 Mann stark, gedrillt und geleitet von General Dye und Oberst Nienstedt. Dieser beiden Herren Rang ist zwar made in America und man kennt das amerikanische Rezept, nach dem ein General Store Keper die unbequemen kommerziellen Worte abschneidet und der General bleibt übrig, allein Dye wenigstens hat in der That eine ganz außergewöhnliche Kriegserfahrung. Zehn Jahre lang war er im Sattel auf den Prärien von Dacota bis nach Neumexiko; dann kämpfte er den amerikanischen Rebellionskrieg mit, dann in Mexiko gegen Maximilian, folgte darauf zur Abwechselung nach Egypten und machte den Sudanfeldzug Baker Paschas mit. Nun sollte der bald Siebzigjährige auf seinen Lorbeeren, denkt man, ausruhen, aber nein, sein Leben däucht ihm unnütz, wenn er nicht auch Korea gesehen habe. Von Nienstedt ist nur bekannt, daß er ein Deutschamerikaner ist, der sein Deutschthum verleugnet: Er ist seit ein paar Tagen Berather des Kriegsministeriums. Ferner gib es seit dem Februar zwei moderne Bataillone, die nach dem deutschen Halb-Bataillonssystem ausgebildet sind, jedes zu 420 Mann. Die Ausbildung leitete der bisherige japanische Berather des Kriegsministeriums, Oberstlieutenant Kusunose, später Major Umeya-Wara und Hauptmann Murai, und ihre Bemühungen waren vom glänzendsten

Erfolg gekrönt, insofern technisches Können in Betracht kommt. Kusunose ist überhaupt einer der fähigsten und liebenswürdigsten japanischen Offiziere, die mir vorgekommen sind. Er hat in ganz Europa gereist, von Petersburg bis Konstantinopel, spricht vorzüglich französisch und versteht deutsch und russisch. Der koreanische Befehlshaber dieser Kurentai genannten Truppe, eine biedere, gerade Soldatennatur - seinen Namen habe ich leider vergessen - mußte den Intriguen der Königin weichen, die einen gewissen Ko-Kei-kun an seine Stelle setzte. Die scharfsichtige Königin hatte nämlich rasch erkannt, daß die neuen Kurentai ihrer alten Palastwache unendlich überlegen sind, trachtete aber nichtsdestoweniger zuerst mit aller Macht danach, den Plan des Kabinets, die Wache durch die Kurentai zu ersetzen, zu vereiteln, weil sie ihrer Wache gewiß war, dagegen von den neuen, japanfreundlichen Truppen nur Uebles besorgte.

Darüber kam auch der Streit mit Prinz Pak, in dem der Prinz den Kürzeren zog. Dann änderte die Königin ihre Taktik. Sie versuchte, die Kurentai sich geneigt zu machen und die ihr feindlichen Führer durch ergebene Offiziere sanft hinauszudrängen. Mit den Offizieren gelang es ihr, nicht aber mit den Soldaten. Da stiftete sie Straßenkämpfe an, um sagen zu können, so unordentliches Militär solle man entlassen.

Die Kurentai aber empörten sich am 8. Oktober und zogen vor das Haus des alten Tai-wön-Kun, der unweit der Hauptstadt in Einsamkeit seine Tage rachebrütend dahinschleppte. Der König-Vater war seinerseits mit der Königin einmal wieder ganz besonders zerfallen. Zwei Tagereisen nördlich von Söul waren nämlich neue Tomhak-Unruhen ausgebrochen. Der Tai-wön-Kun, der, wie oben erzählt, Freund und Beschützer der Tomhak ist, wurde beschuldigt, dabei seine Hand im Spiele zu haben. Die Königin dachte, ihm den Prozeß zu machen und auch seinen Enkel auf's Neue zu verhaften. Man sieht, der so in die Enge getriebene König-Vater hatte nichts mehr zu verlieren und durch einen Wechsel blos zu gewinnen. Genug, er begab sich an die Spitze der meuternden Kurentai, drang um 5 Uhr Morgens in den Palast und machte nach einem kurzen Handgemenge sich zum Herrn der Lage. Bei dem Handgemenge fiel der Günstling der Königin, Ko-kei-kun, der Hausminister Li Koshoku und zwei oder drei Damen. Eine davon war die Königin. Der Tai-wön-Kun hatte sein hohes Spiel glänzend gewonnen. Er erklärte nun, er wolle lediglich den Hof reformiren, sich aber im Uebrigen um Politik nicht kümmern. Wie wenn Jemand sagte: Ich will dir blos die Halsader aufschneiden, deine anderen Glieder aber nicht berühren. Es dauerte denn auch kaum einen Tag, da war das ganze Ministerium gestürzt und ein völlig neues auf den Beinen. Ming Ei-chun, der Verwandte der Königin, der Hausminister hatte werden sollen, war schon beim ersten Zeichen der Revolution nach dem Ostthor und von da nach Chung-Möng entflohen. Von der Königin aber will das Volk es nicht recht glauben, daß sie wirklich gefallen sei; sie verberge sich irgendwo in dem weitschichtigen Palastlabyrinthe oder, wie Viele versichern, in der russischen Botschaft, die ja auch sofort allein von den Gesandtschaften Marinesoldaten zu ihrem Schutze herbeirief. Schon einmal ist die Königin wunderbar dem Tode entronnen, im Jahre 1884, als die berüchtigten Freunde Pak's den bekannten Mordanfall auf sie machten. Damals zog eine Dienerin die Kleider ihrer Herrin an, gab sich für die Königin aus, deren Gesicht ja kein Mann je zu sehen bekommen, und trank ruhig und gefaßt den Giftbecher, den die Mörder ihr entgegenstreckten. Die wirkliche Königin aber entrann, und zwar ward sie, langen Gehens ungewohnt, von einem besonders willfährigen Anhänger wie einst die herrische Hadwig von Eckehard getragen, - drei Kilometer weit. Nach solchen Erinnerungen ist es für das Volk schwer, nun an den Tod des erfindungsreichen Weibes zu glauben. Sie ist nun aber wirklich todt.

Die japanischen Blätter haben sich bei der Nachricht von dem Tode der Königin wundervoll benommen. Kein Zweifel, für die Japaner ist mit ihr ein großer Stein des Anstoßes aus dem Wege geräumt worden, da mit einem Manne eher fertig zu werden ist als mit einem Weibe, das man nicht recht fassen kann. Trotzdem beklagen die Japaner ohne Ausnahme das traurige Schicksal ihrer mächtigen Feindin und dringen auf Bestrafung der Thäter. Im Uebrigen hat Miura, des Mikado Gesandter in Söul, sich eine Stunde nach der Revolte, um 6 Uhr Morgens in den Palast begeben und die Ruhe zwischen Wache und Kuruntai, die Schüsse miteinander wechselten, wiederhergestellt, sonst aber der Entwickelung der Dinge, insonderheit dem Ministersturze, als einer inneren Angelegenheit, in die er sich nicht zu mischen habe, freien Lauf gelassen. Generallieutenant Vicomte Miura, der seit einem Monat sich in Söul befindet, ist das gerade Gegentheil seines Vorgängers, des Grafen Inouye, der mit herrischer Energie eine Politik der Diktatur durchzusetzen gesucht, während Miura versöhnliche Milde befürwortet. Miura ist ein Anhänger des Nirwanaglaubens und Freund einer stillen, fast mystischen Weltanschauung, dem alle seine Bekannten, bevor er nach Korea ging, erst Unterricht in den diplomatischen Formen geben wollten. Er ist aber auch ein Mann von unbeugsamer Eigenart und denkt, mit seinem Quietismus komme er gerade so weit, als Andere mit ungestümem Drängen. Einer Begegnung mit dem zurückkehrenden Inouye wich er absichtlich aus, weil er keine Belehrungen von dem Grafen, der gern den politischen Schulmeister spielt, annehmen wollte. Er hat dies selbst ausdrücklich erklärt. Man kann nun allerdings nicht finden, daß der Erfolg für Miura's System spreche, wenigstens scheint der japanische Einfluß in einem Monat ziemlich abgenommen zu haben. Außer dem erwähnten Oberstlieutenant Kusunose sind drei japanische Rathgeber des Kabinets, Hoshi Toru, früher Reichstagspräsident in Tokyo, ein verschlossener, wenig sympathischer Jurist, ferner Okamoto, dem koreanischen Kriegsministerium beigeordnet, und Suito Shuichiro, wie ich glaube, vom Finanzdepartement, in den letzten Tagen nach Tokyo zurückgekehrt.

Dagegen ist amerikanischer Einfluß im Wachsen. Der ganze Bestand an Generälen in Söul wird allein von den Vereinigten Staaten bestritten. Außer Dye sind da zu nennen General Greathouse und General Legendre. Clarence Greathouse war ein hervorragender Patentanwalt in der Union, der seiner Zeit den berühmten Dynamitprozeß des jetzt als russischen Petroleumkönigs bekannten Schweden Nobel gewann, ferner Goldminen in Arizona erwarb und den „Examiner", ein bedeutendes Blatt in San Francisco, gründete und den Bürgerkrieg, wenn ich mich recht erinnere, in Missouri mitmachte. Greathouse erfreut sich des größten Einflusses beim König, wie er in der That ein außerordentlich hellblickender und gewandter Mann ist, und seinem Wirken wird es zugeschrieben, daß eine Gold-Minenkonzession in Phyöng-an-do, der nordwestlichsten Provinz, an eine amerikanische Gesellschaft vergeben wurde, ein Vorgehen, daß die Japaner gewaltig verdrießt. Bei dem Unternehmen sollen außer Greathouse selbst der Kaufmann Stephenson in Chemulpo und Legendre betheiligt sein. Die vor acht Jahren auch von den deutschen Experten theilweise untersuchten Minen sind sehr reich, wurden aber bisher sehr ungenügend ausgebeutet, wie es scheint, absichtlich, weil die Regierung, die Besitzerin der Minen, nicht wünschte, daß die Aufmerksamkeit des Auslandes zu stark auf diese Schätze gelenkt wurde. Ein englischer Kapitän, der eine Besichtigung der Minen erzwingen wollte, wurde vor Jahren ermordet: die Regierung hielt es für vortheilhafter, eine Abfindungssumme für den Mord zu zahlen, als ihr Geheimniß preiszugeben. Sodann General Legendre, Franzose von Geburt, aber Bürger der Union. Früher war er in japanischen Diensten und hatte ein Kommando bei jenem ersten Zuge gegen Formosa 1874. Er ist jetzt 65 Jahre alt, aber noch sehr frisch und lebendig. Ein Staatsmann ist er nicht. Am liebsten beschäftigt er sich mit ethnologischen Untersuchungen, bei denen er die unmöglichsten Theorien aufstellt. Er war schon einmal einige Jahre Berather des Königs von Korea, da er aber die Nutzlosigkeit seiner Rathschläge erkannte, wollte er sich zurückziehen. Das war aber nicht so leicht, denn sein Gehalt, 9600 Yen jährlich, war seit ein oder zwei Jahren nicht ausbezahlt worden, so blieb er weitere drei Jahre in seiner Sinecure, bis man schließlich Ende 1894 die Mittel fand, den General abzusetzen. Allein der Juli des folgenden Jahres sah den unverwüstlichen Legendre schon wieder als Vertrauensmann des Königs. Der Einfluß der Vereinigten Staaten zeigt sich ferner in der Berufung amerikanischer Lehrer nach Söul, doch ist es nicht unmöglich, daß diese Maßregel, die auf Li-kan-yo, den Unterrichtsminister zurückgeht, mit dessen Sturz zu nichte wird. Der koreanische Hof hat nämlich die angenehme Gewohnheit, wenn irgend eine längst beschlossene Sache aus irgend einem Grund ihm plötzlich zuwider wird, den betreffenden Minister zum Sündenbock zu machen und zu erklären, derselbe habe gar keine Ermächtigung von der Krone gehabt oder eine solche mißverstanden. Da nun die Hofparteien in Söul womöglich zweimal die Woche wechseln, so gibt es reinere Freuden, als Minister in Korea zu sein. Dies hat denn auch Li-kan-yo erfahren, ein verständiger, gebildeter Mann, der mehrere Jahre in Washington war und dem nun der doppelte Vorwurf ins Gesicht geschleudert wird, er habe ohne Erlaubniß Fremde ins Land gerufen und habe zu diesem Zwecke unerhörter Weise Staatsgelder eigenmächtig verwandt.

Von der Thätigkeit der auswärtigen Vertreter, des kunstsinnigen russischen Gesandten Waeber, des alten und freundlich-bedächtigen amerikanischen Ministers Sill, des frohgemuthen deutschen Konsuls Kiehn und des jovialen französischen Geschäftsträgers Lefèbre sowie des englischen Gesandten dringt naturgemäß wenig in die Oeffentlichkeit. Sie scheinen sich darauf zu beschränken, einstweilen zu verhindern, daß den Japanern Sondervortheile eingeräumt werden. Weshalb eigentlich Herr Waeber, der seit Jahrzehnten im Osten thätig ist, von seinem langvertretenen Wirkungskreise nach Mexico versetzt wird, darüber gibt es blos unbestimmte Vermuthungen. Erwähnenswerth ist, daß die auswärtigen Vertreter alle mit Prinz Pak gut standen. Im Allgemeinen ist es den Japanern seit dem Beginn ihrer Schutzherrschaft gelungen, die geschilderten, unablässig aufeinander folgenden Palastumwälzungen zu lokalisiren und zu verhindern, daß derartige Unruhen über das Weichbild der Hauptstadt oder gar, wie 1882, 1885 und 1894, die Grenzen des Landes hinaus wirkten, und so ist im Allgemeinen seit den letzten Gefechten mit den Tomhak im April die Entwicklung Koreas friedlich gewesen. Man kann sich jedoch auf der anderen Seite nicht verhehlen, daß die Elemente der Beunruhigung fortwährend noch in der Luft liegen, und die Thatsache, daß gerade der Gönner der Tomhak, der alte Toi-wön-Kun, nun an die Spitze der Regierung gelangt ist, dürfte am wenigsten geeignet sein, das Gefühl der Sicherheit zu verstärken. So ist beständig für ehrgeizige fremde Mächte ein Anhalt zum Einschreiten gegeben, der bei der ersten Gelegenheit zu äußeren Verwicklungen führen kann.

[   ]

PAAA_RZ201-018919_081

Empfänger	Auswärtiges Amt in Berlin	Absender	Krien
A. 12720 pr. 28. November 1895. a. m.		Söul, den 27. November 1895.	

A. 12720 pr. 28. November 1895. a. m.

Telegramm.

Söul, den 27. November 1895. 3 Uhr 15 Min. Nm.
Ankunft: 28. 11.   2 Uhr 35 Min. Vm.

Der K. Konsul an Auswärtiges Amt.

Entzifferung.

№ 6.

Degradirung der Königin aufgehoben Kriegsminister entlassen entflohen.

Krien.

[   ]

PAAA_RZ201-018919_082

Empfänger	Auswärtiges Amt in Berlin	Absender	Krien
A. 12750 pr. 29. November 1895. a. m.		Söul, den 28. November 1895.	

A. 12750 pr. 29. November 1895. a. m.

Telegramm.

Söul, den 28. November 1895. 6 Uhr 35 Min. m.
Ankunft: 29. 11.   1 Uhr 36 Min. a. m.

Der K. Konsul an Auswärtiges Amt.

Entzifferung.

№ 7.

28ten mißglückt Versuch der früheren Palastwache Palast wieder zu nehmen.

Krien.

Palast-Revolution in Söul.

PAAA_RZ201-018919_083 ff.

Empfänger	Fürst zu Hohenlohe - Schillingsfürst	Absender	Krien
A. 12766 pr. 29. November 1895. a. m.		Söul, den 9. Oktober 1895.	
Memo	cfr A. 13388 mitg. 4. 12. n. Dresden 689, Karlsruhe 412, München 723, Stuttgart 690. J. № 439.		

A. 12766 pr. 29. November 1895. a. m.

Söul, den 9. Oktober 1895.

Kontrol № 52.

An Seine Durchlaucht, den Herrn Reichskanzler
Fürsten zu Hohenlohe - Schillingsfürst.

Euer Durchlaucht beehre ich mich ganz gehorsamst zu berichten, daß gestern früh vor Tagesanbruch der Tai-wön-kun und sein ältester Sohn in Begleitung von einigen hundert Soldaten des neuen von Japanern ausgebildeten Infanterie-Regiments gewaltsam in den Palast eindrangen. Die Leibwache des Königs, die während der Nacht von den Amerikanern Dye und Nienstead und einem Russischen Architekten Namens Sabatin überwacht wird, floh, nachdem die Angreifer einige Schüsse abgefeuert hatten. Mit den meuterischen Truppen kam eine Anzahl - nach verschiedenen Schätzungen zwanzig bis fünfzig - mit Schwertern bewaffneter Japaner, die vermuthlich von dem Vater des Königs gedungen waren, in die Palastgründe, umringten im Verein mit Koreanern die Wohnung der Königin und ermordeten mehrere Hofdamen, sowie den Minister des Königlichen Hauses und einen anderen Hofbeamten, der bei dem Aufruhr im Jahre 1882 die Königin in Sicherheit gebracht hatte.

Ob die Letztere getödtet worden ist oder sich hat flüchten können, ist zweifelhaft. Der König, dem ich mit meinem Britischen Kollegen gestern meine Aufwartung machte, um ihm meine Sympathieen zu bezeugen und mich nach seinem und der Königin Befinden zu erkundigen, drückte die Hoffnung aus, daß seine Gemahlin den Mördern entkommen sei.

Nach den glaubhaften Angaben des Augenzeugen Sabatin haben Japaner die Körper der ermordeten Koreanischen Frauen aus den Gemächern der Königin hinausgeworfen und ihn selbst gefragt, wo die Königin wäre. Ein Japanischer Offizier und sechs bis sieben Japanische Soldaten, die in der Nähe standen und die Greuel mitansahen, haben nichts gethan, um dieselben zu verhüten.

Der Anschlag ist ohne Zweifel gegen die Königin gerichtet gewesen, die in den letzten Monaten maßgebenden Einfluß erlangt und ihre Verwandten mit der Absicht, ihnen wieder die einträglichsten Beamtenposten zu verschaffen, vom Auslande zurückberufen hatte und auf jede Weise bestrebt war, die von den Japanern eingeleiteten Reformen zu verhindern. Dabei war der Russische Einfluß bei Hofe auf Kosten des Japanischen bedeutend gestiegen.

Auffallend ist es immerhin, daß die Japaner sich wiederum auf den Tai-wön-kun stützen, der sie so oft getäuscht hat, und daß dieser, obwohl er verschiedentlich erklärt hat, daß die Japanischen Reformen für Korea nicht paßten, gestern die nachstehende Proklamation erlassen hat:

„Neuerdings haben sich die Zustände bei uns recht schlimm gestaltet; die ehrlichen und gescheidten Leute sind auf die Seite gedrängt, nur Bösewichter werden angestellt; das ist die hauptsächlichste Reform. Man ist halbwegs stehen geblieben. Die fünfhundertjährige Dynastie kann dadurch eines Morgens die Bevölkerung und die Königliche Familie gefährden. Ich kann dabei nicht ruhig zusehen und bin nach dem Palaste gekommen, um dem Könige zu helfen, die schlechten Elemente zu entfernen, und die fünfhundertjährige Dynastie und das Volk zu retten. Bleibt Ihr ruhig bei Euren Geschäften und kommt nicht in Aufregung. Wer mich hindert, wird streng bestraft werden."

Das erwähnte aus 800 Mann bestehende sogenannte Lehr-Regiment hat sich öfter als zügellos gezeigt. Im vorigen wie in diesem Jahr haben dessen Mannschaften verschiedene Male die neuen Polizisten angegriffen, zuletzt am 3. d. Mts. wo drei der Letzteren getödtet und mehrere verwundet wurden, sodaß die Polizei den Dienst einstellte.

Auf Veranlassung des Russischen Geschäftsträgers fand gestern Nachmittag bei dem Japanischen Gesandten eine Versammlung der fremden Vertreter statt. Auf die Frage des Herrn Waeber, was ihm von dem Aufruhr und dessen Ursachen bekannt wäre, erklärte Vicomte Miura: Seit der letzten Prügelei zwischen Soldaten des Regiments und Polizisten hätte man im Palaste beabsichtigt, dasselbe zu entwaffnen und dessen Kommandeur zu bestrafen, der Kriegsminister hätte ihn dieserhalb verschiedentlich besucht, wäre aber bei ihm auf Widerstand gestoßen, zumal da einige gegen das Regiment erhobene Anschuldigungen sich bei näherer Erkundigung als grundlos herausgestellt hätten. Er hätte daher dem Minister erwidert, daß die Auflösung des von Japanischen Offizieren ausgebildeten Regiments als eine unfreundliche Handlung gegen die Japanische Regierung angesehen werden würde. Auch den Soldaten wäre die von der Koreanischen Regierung geplante Maßregel zu Ohren gekommen und hätte bei ihnen große Erbitterung hervorgerufen. Da sie bei der feindlichen Gesinnung der Maßregel der Mitglieder des Hofes auf eine günstige Aufnahme ihrer Vorstellungen nicht hoffen konnten, so hätten sie sich in der letzten Nacht an den Tai-wön-kun gewandt, der ihnen versprochen hätte, ihren Bitten im Palaste Nachdruck zu verleihen. Sie wären dann mit diesem in den Palast eingerückt. Eine Einmischung in die Händel der Koreaner hätte er (Vicomte Miura) abgelehnt, auf wiederholtes Ersuchen des Kriegsministers sich jedoch schließlich bereit erklärt, den Kommandanten der Japanischen Truppen anzuweisen, unnützes Blutvergießen zu verhindern. Die Thatsache, daß bei dem Kampfe um den Palast so wenige Unglücksfälle vorgefallen wären, sei einzig und allein der Anwesenheit der Japanischen Truppen zu verdanken.

Auf die Bemerkung des Herrn Waeber, daß nach dem Berichte eines Augenzeugen mit Schwertern bewaffnete Japaner die Hauptübelthäter (bei der Ermordung der Hofdamen) gewesen seien, erwiderte der Japanische Gesandte, daß dies ganz unwahrscheinlich und daß ihm jedenfalls nichts daran bekannt geworden sei. Auf die dringende Vorstellung des Russischen Vertreters, daß eine strenge Untersuchung des Falles im Interesse Japans unbedingt geboten erschiene, versprach Vicomte Miura, die Untersuchung über eine etwaige Betheiligung seiner Landsleute an dem Aufruhr einleiten zu lassen. Auf die weitere Bemerkung des Herrn Waeber, daß nach Koreanischen Aussagen neben Koreanischen Soldaten auch Japanische Truppen den Tai-wön-kun auf dem Zuge nach dem Palaste eskortirt hätten, erklärte der Japanische Gesandte mit aller Bestimmtheit, daß kein Japanischer Soldat den Tai-wön-kun begleitet hätte.

Herr Waeber theilte dann dem Japanischen Gesandten mit, daß der König sich ihm gegenüber beklagt hätte, daß die aufrührerischen Truppen ihn jetzt bewachten, und fragte ihn, was er zu thun gedächte, um den König von dieser Sorge zu befreien. Vicomte Miura erwiderte darauf, der König habe wahrscheinlich schon selbst den Befehl erlassen, daß in Zukunft seine Leibwache aus dem Lehr-Regimente gebildet werden solle.

Mit der Untersuchung, in wie weit sich Japaner bei der Palast-Revolution betheiligt haben, ist der hiesige Japanische Konsul beauftragt worden.

Die Minister des Krieges und des Unterrichts sind verhaftet, zum Minister des Königlichen Hauses ist der ältere Bruder des Königs ernannt worden.

Krien.

Inhalt: Palast-Revolution in Söul.

Folgen der neulichen Palast-Revolution.

PAAA_RZ201-018919_093 ff.

Empfänger	Fürst zu Hohenlohe - Schillingsfürst	Absender	Krien
A. 12767 pr. 29. November 1895. a. m.		Söul, den 18. Oktober 1895.	
Memo	cfr. A. 13388, cfr A. 10058/97 mitg. 2. 12. n. Washington A. 69, London 1446, Paris 697, Petersburg 739. J. № 454.		

A. 12767 pr. 29. November 1895. a. m.

Kontrol № 55.

Söul, den 18. Oktober 1895.

An Seine Durchlaucht

den Herrn Reichskanzler

Fürsten zu Hohenlohe - Schillingsfürst.

Euer Durchlaucht habe ich im Verfolg meines ganz gehorsamen Berichtes № 52 vom
9. d. Mts.[12] zu melden die Ehre, daß der Minister der Auswärtigen Angelegenheiten am
8. und 11. d. Mts. die beiden in der Anlage unter A und B in Übersetzung enthaltenen
zwei Schreiben an die hiesigen Vertreter gerichtet hat. In dem ersten Schreiben theilt uns
der Minister mit, daß in Folge des Zusammenstoßes zwischen Soldaten des neuen
Regiments und der Polizei die Rede davon gewesen wäre, das Regiment aufzulösen.
Darüber aufgeregt, seien Soldaten des Regiments in den Palast gedrungen, um ihre
Beschwerden dem Könige vorzutragen. Diesem sei es jedoch gelungen, sie zu beruhigen,
und Friede und Ruhe herrschten im Palaste. Mittels der zweiten Depesche theilt uns Herr
Kim ein Edikt des Königs mit, worin die Königin beschuldigt wird, den König mit
Mitgliedern ihrer Familie umgeben, seine Einsicht getrübt, das Volk ausgesogen, seine
Regierungsverordnungen hintertrieben und mit Ämtern und Titeln gehandelt zu haben.
Trotz seines eidlichen Gelöbnisses, den Verwandten der Königin keine Einmischung in die
Regierung zu gestalten, hätten dieselben doch seine Handlungen überwacht, seinen
Verkehr mit den Staatsministern verhindert und ein Edikt über die Entwaffnung des
Heeres gefälscht, wodurch der neuliche Aufruhr entstanden sei. Die Königin habe ihn
verlassen. Deßwegen und wegen ihrer zahlreichen Verbrechen könnte sie in den Tempel
seiner Vorfahren nicht aufgenommen werden. Er stoße sie deßhalb vom Throne, entziehe

---

12 A. 12766 mit heutiger Post.

ihr den Rang einer Königin und lasse sie wieder unter das Volk zurücktreten.

In Erwiderung auf diese Schreiben haben die Vertreter Rußlands, Amerikas, Großbritanniens und Frankreichs am 14. d. Mts. eine Note an den Minister der Auswärtigen Angelegenheiten gerichtet. Sie machen darin Herrn Kim darauf aufmerksam, daß seine Mittheilungen mit den Zeugnissen glaubwürdiger Augenzeugen nicht übereinstimmten. Darnach seien meuterische Soldaten, nachdem sie ihren Kommandanten, der sie zu beruhigen versuchte, getödtet hätten, von verschiedenen Seiten in den Palast eingebrochen. Mit ihnen seien mit Schwertern bewaffnete Leute in Civilkleidung eingedrungen, die, unterstützt von Soldaten und Offizieren, die Gemächer der Königin durchsucht und diese, sowie verschiedene ihrer Hofdamen und den Minister des Königlichen Hauses auf brutale Weise ermordet hätten. Die genannten Vertreter sprechen dem Minister schließlich die Erwartung aus, daß diese Greuelthaten genau untersucht und sowohl die Anstifter des abscheulichen Verbrechens als auch die Thäter herausgefunden und zur Verantwortung gezogen werden würden.

Ich habe mich darauf beschränkt, Herrn Kim zu erwidern, daß seine Darstellung der Ereignisse vom 8. d. Mts. mit den Wahrnehmungen glaubwürdiger Augenzeugen nicht in Einklang zu bringen seien.

Der Russische Vertreter und der interimistische Geschäftsträger der Vereinigten Staaten, Dr. Allen - Herr Sill hat vor drei Wochen einen kurzen Urlaub nach Japan angetreten - besuchen den König fast täglich, um ihn zum Widerstande gegen die jetzigen Machthaber zu ermuthigen. Dies sind in erster Linie, außer dem Tai-wön-kun, der neue Vizeminister des Innern Yu Kil-Chun, der neue Kriegsminister Cho Hui-Yon, der neue Polizei-Präsident Kwon Yong-Chin und der frühere Minister für Ackerbau, Handel und öffentliche Arbeiten, Kim Ka-Chin, der gestern zum Gesandten für Japan ernannt worden ist, sämmtliche Häupter der japanischen Partei, sodann der Premierminister Kim Hong-Jip und der zum Unterrichtsminister ernannte bisherige Justizminister So Kwang-Pom.

Auch der Britische General-Konsul macht dem Könige öfters seine Aufwartung.

Durch eine königliche Verordnung soll die frühere Leibgarde dem neuen Regimente einverleibt werden.

Der verstoßenen Königin hat der König "mit Rücksicht auf die kindlichen Gefühle des Kronprinzen" den Titel und den Rang einer Königlichen Prinzessin oder Nebenfrau verliehen. Ferner hat der König unter dem Drucke der vorstehend genannten Koreanischen Würdenträger bestimmt, daß Vorbereitungen zur Wahl einer neuen Königin getroffen werden sollen. Gegen die letzte Verordnung haben die Russischen und Amerikanischen Vertreter bei dem Könige mündlich Protest eingelegt.

Vorgestern hat das Kabinet dem Könige das Gesuch unterbreitet, den Titel Hoang-chei

(Chinesisch: Hoang-ti, Japanisch: Ko-tei), womit im Koreanischen und Chinesischen nur die Kaiser, im Japanischen auch die Könige selbstständiger Staaten bezeichnet werden, anzunehmen. Eine Entscheidung des Monarchen ist jedoch bis jetzt nicht erfolgt.

Die früheren Minister des Krieges und des Unterrichts sind begnadigt, der Finanzminister und der Koreanische Gesandte in Tokio auf ihren Antrag von ihren Posten enthoben worden. Fast sämmtliche Offiziere der alten Leibwache sind entlassen worden.

Zum Gesandten für die Europäischen und Amerikanischen Vertragsmächte hat der König seinen zweiten Sohn ernannt.

Der mit der Untersuchung der neulichen Vorfälle in Söul beauftragte Vorsteher der politischen Abtheilung des Japanischen Auswärtigen Amtes, Herr Komura, traf am 15. d. Mts. hier ein und stattete am nächsten Tage dem Russischen Geschäftsträger seinen Besuch ab. Vicomte Miura ist telegraphisch abberufen und Herr Komura zum Minister-Residenten in Söul bestellt worden.

Nach einer Mittheilung des hiesigen Japanischen Konsuls sind 13 in dem Aufruhr vom 8ten d. Mts. verwickelte Japaner festgenommen worden. Der Anführer der Japanischen Mörderbande scheint indeß nach Japan entkommen zu sein.

Gestern erzählte mir Herr Waeber, daß er dem Minister des Auswärtigen erklärt hätte, er müsse die in letzter Zeit von dem Könige erlassenen Dekrete als erzwungen betrachten und könne ihre Gültigkeit nicht anerkennen, solange die Übelthaten vom 8ten, als deren Urheber er verschiedene Mitglieder des gegenwärtigen Kabinets ansähe, nicht gründlich untersucht worden seien.

Herr Waeber ist eifrig bemüht, mehr die Japanische Gesandtschaft belastendes Material zu sammeln. Nach seiner Behauptung steht es außer Zweifel, daß Japanische Truppen den Tai-wön-kun bis zum Palaste begleitet haben; auch soll der Kommandant des neuen Koreanischen Regiments von einem Japanischen Offizier vom Pferde gehauen worden sein.

Die Bevölkerung von Söul verhält sich im Ganzen ruhig und theilnahmslos. Die Königin genoß wenig Sympathieen unter dem Volke. Der König dagegen ist sehr beliebt.

Vor einer Woche kamen 1 Offizier und 9 Russische Matrosen, sowie 1 Offizier, 1 Zahlmeister-Gehülfe und 15 Amerikanische Marinesoldaten als Gesandtschaftswachen hier an.

Im Hafen von Chemulpo liegen 2 Amerikanische Kriegsschiffe (Yorktown und Petrel), zwei Russische (Koreyets und Grimaschtschi). ein Französisches (Isly) und ein Englisches (Edgar). Der Japanische Kreuzer Hashidate traf am 11. d. Mts. dort ein, ging aber nach kurzem Aufenthalt wieder fort.

Krien.

Inhalt: Folgen der neulichen Palast-Revolution. 1 Anlage.

Abschrift.

A.

Vor einigen Tagen geriethen die Soldaten des modern ausgebildeten Regiments und die Polizisten aneinander, wobei mehrere Polizisten getödtet resp. verwundet wurden; in der Stadt war laut davon die Rede, das Regiment sollte aufgelöst werden und den Soldaten die Waffen wieder abgenommen werden. Der Soldaten bemächtigte sich darüber große Aufregung und es fanden Zusammenrottungen statt; plötzlich heute früh drangen diese Soldaten in den Palast ein und brachten ihre Klagen und Beschwerden vor; ihr Betragen war ganz unverständlich. Es gelang jedoch Seiner Majestät, sie durch würdevolles Auftreten zu beschwichtigen, und Friede und Ruhe herrschen im Palast.

Der Kriegsminister und der Polizei-Direktor sind abgesetzt worden zur Strafe dafür, daß sie nicht zu verhindern vermocht haben, daß solche Auftritte vor Seiner Majestät sich abspielten.

Bei dem freundschaftlichen Verhältniß, das bisher zwischen uns bestanden hat, giebt es nichts, daß nicht auch Euer Hochwohlgeboren berührte, ich hielt es daher für meine Pflicht, diese Depesche an Euer Hochwohlgeboren zu richten, und ergreife auch diese Gelegenheit etc.

gez: Kim.
Minister der Auswärtigen
Angelegenheiten.

B.

Von Seiner Majestät dem König ist mir gestern ein Edikt folgenden Inhalts zugegangen:

„Die 32 Jahre, die ich den Thron innehabe, hat die Regierung manches zu wünschen übrig gelassen; die Königin, der Familie Min entsprossen, hat die Mitglieder ihrer Familie herangezogen, mich von allen Seiten damit umgeben, meinen Verstand beschränkt, das Volk ausgesogen, meine Regierungsverordnungen getrübt und verwirrt, Ämter verkauft, mit Titeln gehandelt, Habsucht und Tyrannei herrschen im ganzen Lande, allenthalben traten Diebesbanden auf. Die Dynastie schwebt in größter Gefahr; ich wußte, daß die Schändlichkeiten den höchsten Punkt erreicht hatten; daß ich nicht strafend einschreiten konnte, ist ein Mangel an Einsicht von mir, auch ließ ich mich abhalten durch Rücksichtnahme darauf, daß es Verwandte von ihr waren.

Um Abhilfe zu schaffen, gelobte ich letztes Jahr im 12ten Monat im Ahnentempel eidlich, den Verwandten der Königin keine Einmischung in die Regierung zu gestatten, ich hoffte die Min-Familie würde sich nunmehr ändern und zur Besinnung kommen; sie ließ aber nicht von ihren alten Schandthaten, die Mitglieder der Familie und ihr Anhang hielten zu einander und brachten einander vorwärts, sie überwachten meine Handlungen, verhinderten meinen Verkehr mit den Staatsministern, fälschten ein Edikt, daß ich beabsichtige meine Armee aufzulösen, und riefen diese Verwirrung hervor, aus der der Aufruhr hervorging. Sie hat mich verlassen und hält sich verborgen, gerade wie im Jahre 1882, ich habe Nachforschungen angestellt, diese haben jedoch zu keinem Resultate geführt, sie kann daher nicht nur nicht mehr als Königin bezeichnet werden, ihr Verbrechen und ihre Schändlichkeiten sind so zahlreich, daß sie nicht in den Tempel der Vorfahren Aufnahme finden kann. Ich muß durchaus die Traditionen meines Hauses hochhalten, stoße daher die Königin aus der Familie Min vom Throne und lasse sie wieder unter das Volk zurücktreten."

Zu dieser selbstlosen Handlung hat sich Seine Majestät der König im Interesse der Dynastie und des Volkes entschlossen. Da bei den freundschaftlichen Beziehungen, die zwischen uns bestehen, Euer Hochwohlgeboren Kummer und Freude mit uns theilen, beehre ich mich, diese Depesche an Sie zu richten und benutze auch diese Gelegenheit etc.

gez: Kim.
Minister der Auswärtigen
Angelegenheiten.

C.

Söul, October 14th 1895.

Monsieur le Ministre,

I have had the honour to receive Your Excellency´s despatches of the 8th and 11th instant regarding the entry of certain dissatisfied soldiers into the Palace on the morning of the 8th inst., and also informing me of the action taken in reference to His Majesty´s consort, who is said to be in hiding.

Your Excellency must be aware that statements supported by the testimony of credible eyewitnesses and universally believed to be true, are current in the city which are not in accord with the contents of your first despatch as regards the course of events on the 8th, and in particular give an account of the fate of Her Majesty totally different from that entertained in your second despatch. These allegations, briefly stated, are that several bands of dissatisfied soldiers who, as a preliminary step, had killed their commanding officer outside the palace gate, while he was endeavouring to reduce them to order, broke into the palace accompanied by a number of men, also armed but in plain clothes, about daylight on the 8th, entering from several points, that the men in plain clothes, supported by a body of soldiers in uniform with officers in command of them, made for the Queen´s apartments which they ransacked, and having found Her Majesty, brutally murdered her and several of her ladies and attendants, the Minister of the Household being also killed by the assassins.

For the sake of the safety of His Majesty and the Royal family and of the future peace and welfare of Korea -my concern and solicitude for which Your Excellency does not exaggerate -I trust you are also able to inform me that the allegations I have mentioned, of the truth of which no one expresses the slightest doubt, are being thoroughly and formally investigated, and that the instigators as well as the perpetrators of the foul crime believed to have been committed are being traced and brought to justice.

Offiziöse Preßäußerung über die Vorgänge in Korea.

PAAA_RZ201-018919_112 ff.

Empfänger	Fürst zu Hohenlohe - Schillingsfürst	Absender	Gutschmid
A. 12802 pr. 29. November 1895. p. m.		Tokio, den 21. Oktober 1895.	
Memo	mtg. 6. 12. London 1472, Petersbg. 754.		

A. 12802 pr. 29. November 1895. p. m.

Tokio, den 21. Oktober 1895.

A. 311.

An Seine Durchlaucht

den Herrn Reichskanzler

Fürsten zu Hohenlohe - Schillingsfürst.

Die offiziöse Nichi-Nichi-Zeitung giebt jetzt nicht nur die direkte Betheiligung von etwa 30 Japanischen Bravo's (: sogenannte soshi :) an den am 8. d. M. im Koreanischen Königspalast begangenen Mordthaten zu, sondern konstatirt sogar bedauernd, daß eine Abtheilung der zur Zeit in Söul stationirten Japanischen Truppen mit Tai-Wön-Kun gemeinsame Sache gemacht und denselben bis in den Hof des Palastes begleitet habe, sowie ferner, daß selbst der dortigen Japanischen Gesandtschaft der Vorwurf einer gewissen Konnivenz in Bezug auf die ganze Angelegenheit gemacht werden zu müssen scheine. Mit Rücksicht hierauf sei die sofortige Abberufung des bisherigen Gesandten Vicomte Miura sowohl, wie des Legations-Sekretärs Sugimura die erste und nothwendigste Maßregel gewesen, welche der hiesigen Regierung sich aufgedrängt habe.

Es liegt auf der Hand, daß die darin liegende Annahme, der Gesandte habe in Korea eine gewagte Politik auf eigene Faust getrieben, an einer erheblichen Unwahrscheinlichkeit leidet. Der Zweifel erscheint daher nicht gänzlich ausgeschlossen, ob die hiesige Regierung selbst in der Sache wirklich völlig reine Hand habe. Es ist dabei in Betracht zu ziehen, daß die Wahl des Vicomte Miura zum Gesandten in Korea von vorneherein auffallend erscheinen mußte. Der Genannte, ein Generallieutenant a. D., der nie diplomatisch thätig war und seit Jahren dem politischen Leben völlig fern stand, hatte, nach Allem, was man über ihn weiß, keinerlei ehrgeizige Pläne bezüglich einer nun noch zu beginnenden staatsmännischen Laufbahn. Dagegen war grade aus diesem Grunde für ihn die Gefahr, durch die Übernahme einer heikelen Action der hier in Rede stehenden

Art kompromittirt zu werden, eine weit weniger schwerwiegende, als für einen Staatsmann von der Stellung und Bedeutung des Grafen Inouyé.

Gutschmid.

Inhalt: Offiziöse Preßäußerung über die Vorgänge in Korea.

Die Umwälzung in Korea.

PAAA_RZ201-018919_116 ff.			
Empfänger	Fürst zu Hohenlohe - Schillingsfürst	Absender	Gutschmid
A. 12803 pr. 29. November 1895. p. m.		Tokio, den 22. Oktober 1895.	
Memo	mtg. 3. 12. London 1453, Paris 699, Petersbg 741.		

A. 12803 pr. 29. November 1895. p. m.

Tokio, den 22. Oktober 1895.

A. 312. Vertraulich.

An Seine Durchlaucht, den Herrn Reichskanzler,

Fürsten zu Hohenlohe - Schillingsfürst.

Die Umwälzung in Söul scheint in so hohem Grade -wenigstens für den Augenblick- den Japanischen Interessen zu Gute kommen zu sollen, daß man sich des Verdachtes nicht erwehren kann, daß das amtliche Japan dabei die Hand im Spiele gehabt hat.

An Verdachtsmomenten fehlt es nicht.

Schon die Ernennung des Vicomte Miura war ein eigenthümlicher Schritt und wurde, auch von der offiziösen Presse, in ostentativer Weise dahin ausgelegt, daß Japan sich in Zukunft jeder Einmischung in die inneren Angelegenheiten Korea's zu enthalten gedenke. Der General nahm auch den Posten scheinbar nur widerwillig an und erklärte, die Bedingung gestellt zu haben, daß er nur direkt von Tokio kommende Befehle ausführen wolle.

Die Haltung des Vicomte Miura nach der Palastumwälzung ist, wie dieselbe nach der Berichterstattung des Konsuls Krien erscheint, jedenfalls verdächtig und zweideutig gewesen. Nicht minder auffallend war das Verhalten der hiesigen Regierung nach Bekanntwerden der Vorgänge in Söul. Zuerst wurde die Betheiligung von Japanern an dem Verbrechen offiziell in Abrede gestellt und nur dem Russischen Gesandten gegenüber, den man naturgemäß für genau informirt hielt, gab der Minister des Äußern die Möglichkeit der Betheiligung Japanischer Soshis (: politischer Raufbolde :) zu, erbat sich auch zugleich durch Herrn Hitrovo's Vermittlung die Mitwirkung des Russischen Vertreters in Söul, um die Angelegenheit zu untersuchen. Herr Komura, Direktor der politischen Abtheilung wurde umgehends zu diesem Zweck nach Söul entsandt und, kaum dort angelangt, telegraphisch zum Ministerresidenten ernannt, während Generallieutenant

Miura nebst dem gesammten Japanischen Gesandtschaftspersonal mit allen äußeren Zeichen der Ungnade abberufen wurde. Er soll sich inzwischen, einem bis jetzt noch nicht bestätigten Gerücht zu Folge, erschossen haben.

Die Entrüstung, welche Marquis Saionji mir gegenüber in so drastischer Weise zur Schau trug, hatte gleichfalls etwas Gesuchtes; ebenso auffallend war die Haltung der Presse, die erst allmählich den wahren Sachverhalt veröffentlichte und durch Bezeichnung der Soshis als der Attentäter von vorneherein die Regierung von jeder Verantwortlichkeit für das Verbrechen freizusprechen versuchte.

Jetzt heißt es, daß Graf Inouyé abermals nach Korea gehen und versuchen soll, aus der neuen Situation Nutzen zu ziehen. Seine wiederholten Reisen zwischen Söul und Tokio erscheinen nach den letzten Vorgängen übrigens auch in einem eigenthümlichen Lichte.

Mein Russischer Kollege, der die Angelegenheit mit gespanntem Interesse verfolgt und seit acht Tagen in lebhaftem telegraphischen Verkehr mit Petersburg und Söul steht, meint zwar, daß den Japanern die Ermordung der Königin und die Umwälzung in der Regierung schließlich doch nichts nutzen werde. Herr Waeber habe auf eine diesbezügliche Anfrage in Petersburg vom Fürsten Lobanow die Weisung erhalten, die neue Regierung für's Erste nicht anzuerkennen. Da es sich aber nicht um einen durch gewaltsame Mittel herbeigeführten Wechsel in der Person des Staatsoberhauptes, sondern nur um die Beseitigung der Königin handelt, die staatsrechtlich mit der Regierung gar nichts zu thun hat und der Souverän füglich seine Minister nach eigenem Gutdünken ernennen oder absetzen kann, ohne hierfür einer Anerkennung auswärtiger Mächte zu bedürfen, so ist nicht recht abzusehen, was Rußland durch eine Nichtanerkennung des neuen Zustandes in Söul bezweckt -es sei denn, daß es sich in gleichem Grade wie Japan für berechtigt hält, in die inneren Verhältnisse des Halbinselkönigreichs einzugreifen. Herr Hitrovo, der selbst einige Erfahrung in Verschwörungen hat, will die Folgen des Putsches in Söul, der, wenn die Japanische Regierung wirklich die intellektuelle Urheberin desselben gewesen sein sollte, von ihr nicht ohne Geschick in's Werk gesetzt worden ist, nicht gelten lassen. Er wird aber doch zu der Einsicht gelangen müssen, daß die Japaner einen Coup ausgeführt haben, gegen dessen unmittelbare, den diesseitigen Einfluß fördernde Folgen sich wenig wird ausrichten lassen.

Gutschmid.

Inhalt: Die Umwälzung in Korea.

Offiziöse Preßäußerung über die Vorgänge in Korea. Entsendung des Grafen Inouyé in Specialmission. Ansicht des Russischen Gesandten über die Haltung der Japanischen Regierung.

PAAA_RZ201-018919_124 ff.			
Empfänger	Fürsten zu Hohenlohe - Schillingsfürst	Absender	Gutschmid
A. 12805 pr. 29. November 1895. p. m.		Tokio, den 24. Oktober 1895.	
Memo	mtg. 4. 12. London 1457, Petersbg 744.		

A. 12805 pr. 29. November 1895. p. m.

Tokio, den 24. Oktober 1895.

A. 314.

An Seine Durchlaucht

den Herrn Reichskanzler

Fürsten zu Hohenlohe - Schillingsfürst.

Die offiziöse hiesige Zeitung Nichi-Nichi-Shimbun bringt in ihrer gestrigen Ausgabe einen für die Stellungnahme der Japanischen Regierung zu den jüngsten Vorgängen in Söul charakteristischen Leitartikel.

Das Blatt führt aus, Vicomte Miura sei bei seinem eigenmächtigen Vorgehen offenbar von dem Gedanken geleitet worden, das Verhältniß Korea's zu Japan könne dadurch zu einem befriedigenderen gestaltet werden, daß japanfreundliche Koreaner als Beamte an die leitenden Stellen gebracht würden. Dies sei ein Irrthum, denn Tai-Wön-Kun sowohl, wie die anderen dafür ins Auge gefaßten Persönlichkeiten seien gleichfalls Intriganten und im Grunde von den Anhängern der Ming-Familie nicht so sehr verschieden. Die Japanischen Kreise in Söul schienen die Überzeugung gehabt zu haben, daß man der Königin, von der man angenommen habe, daß sie zu einem Einverständniß mit Rußland über ein Vorgehen gegen Japan gekommen sei, japanischerseits zuvorkommen müsse. Aber eine solche Politik hätte nicht in Söul, sondern nur seitens der Regierung in Tokio beschlossen werden können. Die Letztere müsse und werde nun Alles thun, um die Angelegenheit zu sühnen und das verlorene Vertrauen wieder zu gewinnen. Jedenfalls sei dieselbe gänzlich unbetheiligt bei der Action, die ohne ihren Willen und gegen ihre Absichten erfolgt sei. Ihre künftige Politik gegen Korea werde sich ganz auf der früheren Basis bewegen.

Sodann geht die Zeitung auf die von den Blättern aller Parteifärbungen zur Zeit lebhaft ventilirte und energisch bejahte Frage der inneren Verantwortlichkeit des Kabinets für die in Rede stehenden Vorgänge ein. Sie erklärt, der Gesandte Miura sowohl, wie sämmtliche Beamte, welche ihn bei seiner eigenmächtigen Handlungsweise unterstützt hätten, seien schuldig und das Kabinet müsse gegen dieselben nach Einholung der Kaiserlichen Entschließung einschreiten. Weiter aber sei auch das Staatsministerium für verantwortlich zu erklären, welches die Ernennung derartig ungeeigneter Beamter veranlaßt habe. Von der Entschließung des Kaisers werde es abhängen, ob derselbe das Kabinet in seiner Gesammtheit oder nur den Minister-Präsidenten und den Minister des Auswärtigen oder endlich nur den Letzteren für die Angelegenheit verantwortlich machen wolle.

Nach diesen Äußerungen dürfte einem Ministerwechsel von größerem oder geringerem Umfange für die nächste Zeit mit Wahrscheinlichkeit entgegengesehen werden.

Graf Inouyé geht morgen als außerordentlicher Abgesandter nach Korea, um dem König das Beileid des Mikado über die Vorgänge im Palast zu Söul auszudrücken. Von seiner Stellung als Gesandter ist er gleichzeitig entbunden worden.

Zum Schluß darf ich nicht unerwähnt lassen, daß auch der Russische Gesandte den Verdacht hegt, daß die Japanische Regierung bei den Vorgängen in Söul die Hand im Spiele gehabt habe, wenn auch die Art und Weise, wie der Gesandte seine geheimen Instruktionen ausgeführt habe, nicht den Intentionen des Marquis Ito entsprochen haben werde. Herr Hitrovo meint, der Ministerpräsident dürfte dem Vicomte Miura als allgemeine Instruktion die Weisung ertheilt haben: ²Débarrassez Vous de la reine², einen Wink, den Letzterer allerdings allzu wörtlich befolgt habe.

Gutschmid.

Inhalt: Offiziöse Preßäußerung über die Vorgänge in Korea. Entsendung des Grafen Inouyé in Specialmission. Ansicht des Russischen Gesandten über die Haltung der Japanischen Regierung.

[   ]

PAAA_RZ201-018919_132

Empfänger	Auswärtiges Amt in Berlin	Absender	Krien
A. 12865 pr. 1. December 1895. p. m.		Seoul, den 1. Dezember 1895.	
Memo	n. S. d. 2. 12.		

A. 12865 pr. 1. December 1895. p. m.

Telegramm.

Seoul, den 1. Dezember 1895. 7 Uhr 5 Min. m.
Ankunft: 7 Uhr 5 Min. Nm.

Der K. Konsul an Auswärtiges Amt.

Entzifferung.

№ 8.

Tod der Königin amtlich verkündigt.

Krien.

Berlin, den 2. December 1895.   zu A. 12767.

An

die Botschaften in

1. Washington № A. 67.

2. London № 1446.

3. Paris № 697.

4. St. Petersburg № 739.

J. № 8719.

Euerer pp. übersende ich anbei ergebenst
Abschrift eines Berichts des Ks. Konsulats
in Söul vom 18. Oktober d. J., betreffend
die neuesten Vorgänge auf Korea und die
Palastrevolution,

    zu Ihrer gefl. Information.

        N. S. E.

Berlin, den 2. Dezember 1895.   A. 12334.

An Gesandten Tokio

Postziffern!

Mit Bezug auf Bericht A. 305 vom 15. Oktober.

Die Bemerkungen des japanischen Ministers, der anerkennt, daß man seine Landsleute für Wilde halten werde, hätten Anlaß gegeben, ihm bemerklich zu machen, wie bedenklich und schwierig es, angesichts der von ihm selbst zugestandenen Thatsachen, sein müsse, Japanern die Ausübung der Gerichtsbarkeit über unsere Reichsangehörigen zu überlassen.

Bitte, den Vorgang noch nachträglich bei sich bietender Gelegenheit in diesem Sinne zu verwerthen.

N. S. E.

Berlin, den 3. December 1895.   zu A. 12803.

An

die Botschaften in

1. London № 1453.

2. Paris № 699.

3. St. Petersburg № 741.

J. № 8748.

Euerer pp. übersende ich anbei ergebenst Abschrift eines Berichts des Ks. Gesandten in Tokio vom 22. Oktb. d. J., betreffend die Umwälzung in Korea,

zu Ihrer gefl. Information.

N. S. E.

Berlin, den 4. December 1895.   A. 12766.

An

die Königlichen Missionen in

1. Dresden № 689.

2. Karlsruhe № 412.

3. München № 723.

4. Stuttgart № 690.

5. An die Herren

Staatsminister Excellenzen.

J. № 8790.

Eur. p übersende ich anbei ergebenst Abschrift eines Berichts des Ks. Konsulats in Söul vom 9. Oktb. d. J., betreffend die dortige Palastrevolution, unter Bezugnahme auf den Erlaß vom 4. März 1885 mit der Ermächtigung zur Mittheilung.

+   +   +

Eueren Excellenzen beehre ich mich anbei Abschrift eines Berichts [wie oben] zur gef. Kenntnißnahme zu übersenden.

N. S. E.

Berlin, den 4. December 1895.   zu A. 12805.

An

die Botschaften in

1. London № 1457.

2. St. Petersburg № 744.

J. № 8768.

Euerer pp übersende ich anbei ergebenst Abschrift eines Berichts des Ks. Gesandten in Tokio vom 24. Oktb. d. J., betreffend offiziöse japanische Preßäußerungen über die Vorgänge auf Korea

zu Ihrer gefl. Information.

N. S. E.

Berlin, den 6. December 1895.   zu A. 12802.

An
die Botschaften in
1. London № 1472.
2. St. Petersburg № 754.

J. № 8717.

Euerer pp übersende ich anbei ergebenst
Abschrift eines Berichts des Ks. Gesandten in
Tokio vom 21. Oktb. d. J., betreffend offiziöse
japanische Preßäußerungen über die Vorgänge
in Korea
                zu Ihrer gefl. Information.
                        N. S. E.

Artikel der Nowoje Wremja über japanisch-koreanische Verhältnisse.

PAAA_RZ201-018919_141

Empfänger	Fürst zu Hohenlohe - Schillingsfürst	Absender	Radolin
A. 13113 pr. 8. Dezember 1895. a. m.		St. Petersburg, den 6. Dezember 1895.	

A. 13113 pr. 8. Dezember 1895. a. m. 2 Anl.

St. Petersburg, den 6. Dezember 1895.

№ 491.

Seiner Durchlaucht

dem Herrn Reichskanzler

Fürsten zu Hohenlohe - Schillingsfürst.

Euerer Durchlaucht beehre ich mich in den Anlagen auszugsweise Übersetzung zweier in der Nowoje Wremja vom 25 / 13 v. Mts. erschienener Artikel gehorsamst vorzulegen, welche sich mit der japanischen Politik Korea gegenüber beschäftigen. Sie enthalten einige nicht uninteressante Angaben über die zur Ausbildung nach Japan geschickten jungen Koreaner.

Radolin.

Inhalt: Artikel der Nowoje Wremja über japanisch-koreanische Verhältnisse.

Anlage zum Bericht № 491.

A. 13113.

Auszugsweise Übersetzung aus der Nowoje Wremja vom 25 / 13 November 1895. № 7080.

Den Nachrichten aus Yokohama zufolge hat Japan, wie unser Correspondent aus Wladiwostok uns gestern telegraphirte, auf die gefährliche Kontinentalpolitik verzichtet, mit anderen Worten gesagt, es hat die Ansprüche auf Korea aufgegeben. Unsere heutige

Correspondenz aus Tokio erklärt diesen Umschwung in der japanischen Politik. Es steht außer allem Zweifel, daß wenn Japan in Söul faktisch prädominiren wird, wenn Japan in Korea die Administration liefern und das Personal derselben vorher bei sich in Spezialschulen unterrichten wird (gegenwärtig werden in Tokio 240 junge Koreaner unterrichtet), so wird Japan mit den Händen der Koreaner selbst, ohne jede Gefahr für sich, seine Kontinentalpolitik machen und bescheiden und still in Korea die Lage der "Beati possidentes" einnehmen. Die militärischen Mittel hat Japan durch friedliche Wege und Handlungsweisen ersetzt, seine Ziele aber hat es in Nichts geändert. Rußland gegenüber fährt die Politik Japans fort, eine schroff aggressive zu sein und das japanische bescheidene liebkosende Wesen, welches die Umstände abzuwarten versteht, um eine Wucherrechnung für seine zeitweilige Bescheidenheit zur Bezahlung vorzulegen, wird in Rußland durchaus Niemanden betrügen···.

Anlage zum Bericht № 491.

Auszugsweise Übersetzung aus der Nowoje Wremja vom 25 / 13 November 1895. № 7080.

.. Eines der allerdauerhaftesten Mittel um ein festes Band zwischen zwei Nationen die auf verschiedenen Stufen der Civilisation stehen, herzustellen und zu befestigen, ist die Erziehung der jungen Generation eines Volkes von geringerer Kultur in den Lehranstalten eines anderen Volkes von höherer Kultur. Diese Wahrheit sehen die Japaner ein und wenden dieselbe gegenüber den Koreanern an. Die Zahl der jungen Koreaner, welche eine höhere Bildung in Tokio erhalten, hat sich in letzter Zeit um 37 Mann vermehrt, so daß die Gesammtzahl derselben 240 Mann beträgt. Welche Bedeutung man dem Umstande beilegt, daß man sie nach Tokio zur Erziehung schickt, geht daraus hervor, daß sie vor der Abreise von Söul vom Könige empfangen wurden, welcher sie ermahnt hatte, die Zeit in Japan nicht umsonst zu verlieren, um nach der Rückkehr nach Korea im Stande zu sein, ihm in Sachen der Civilisirung Koreas zu helfen.

In Tokio sind diese jungen Leute, die in Japan nicht weniger wie 1 1/2 Jahre zuzubringen haben, in Keio Gidsuk untergebracht worden. Letzteres ist eine höhere Privatschule, welche unter einer besonderen Aufsicht ihres Direktors Herrn Jukosow steht, der zu den hervorragendsten japanischen Pädagogen gehört und Redakteur des Blattes „Dsi-Dsi", der japanischen Times ist. Daß die koreanischen Studenten ihre Zeit nicht verlieren, wird schon dadurch bewiesen, daß sie um die Mitte des Monats August (in der Stabs-Wohnung der koreanischen Gesandtschaft) einen Verein gegründet haben, welcher den Zweck hat, zur geistigen Einigung Koreas mit Japan beizutragen. Dieser Verein schickt sich an ein besonderes Organ herauszugeben, welches der Bekanntschaft der Koreaner mit Japan und dessen Erfolgen auf den Wegen des Fortschrittes gewidmet ist. Exemplare dieses Blattes werden nach Korea gesandt werden. Es sind jedoch nicht bloß koreanische Studenten sondern auch Studentinnen in Tokio erschienen und haben große Sensation gemacht, zumal zwei koreanische Damen, welche als Studentinnen nach Tokio gekommen sind und in derselben höheren Schule Aufnahme gefunden haben, wo auch die koreanischen Studenten untergebracht worden sind, die Frau und die Schwester eines ansehnlichen koreanischen Gesandten sind···.

Die Koreanische Frage.

PAAA_RZ201-018919_148 ff.

Empfänger	Fürst zu Hohenlohe - Schillingsfürst	Absender	Gutschmid
A. 13211 pr. 10. Dezember 1895. p. m.		Tokio, den 28. Oktober 1895.	
Memo	cfr. A. 2040[96]		

A. 13211 pr. 10. Dezember 1895. p. m.

Tokio, den 28. Oktober 1895.

A. 317.

An Seine Durchlaucht

den Herrn Reichskanzler

Fürsten zu Hohenlohe - Schillingsfürst.

Marquis Ito hatte mir vor Kurzem mitgetheilt, der Professor an der hiesigen Universität, Dr. Lönholm, habe ihm ein Exemplar einer Schrift überreicht, die er als Entgegnung auf die Japan feindliche Veröffentlichung des Kaiserlichen Gesandten a. D., Herrn von Brandt, abgefaßt habe. Der Minister-Präsident hatte sich bei jener Gelegenheit sehr befriedigt über Inhalt und Tendenz der Lönholm´schen Broschüre geäußert und bemerkt, dieselbe werde einen wohlthätigen Einfluß auf die Deutsch-Japanischen Beziehungen üben.

Um dem Premier-Minister meine Sympathie mit den Bestrebungen des Dr. Lönholm zu erkennen zu geben, hatte ich die Japanische Übersetzung eines der erwähnten Schrift gewidmeten, in der Nummer 421 der Norddeutschen Allgemeinen Zeitung veröffentlichten Leitartikels angeordnet, welche ich dem Marquis Ito heute persönlich überbrachte.

Im Laufe unserer Unterredung wurde auch die das allgemeine Interesse hier gegenwärtig absorbirende Koreanische Frage berührt, über welche der Minister-Präsident sich in folgender Weise äußerte:

Der unmittelbar nach den letzten Vorgängen im Palast von Söul des Dienstes entlassene Gesandte, Vicomte Miura, sei vorgestern gleichzeitig mit den der Ermordung der Königin von Korea beschuldigten Japanischen Bravos (Soshis) in Hiroshima eingetroffen; er sei unmittelbar nach seiner Landung arretirt worden und solle jetzt dort wegen seiner Theilhaberschaft an dem Verbrechen abgeurtheilt werden. Die Regierung wolle, daß volles Licht über die Angelegenheit verbreitet werde und könne daher auch den bisherigen Gesandten, der, da er Generallieutenant a. D. sei, der gewöhnlichen Gerichtsbarkeit unterliege, nicht schonen.

Vicomte Aoki sei, so fuhr Marquis Ito fort, auf telegraphischem Wege beauftragt worden, bei der Regierung Seiner Majestät des Kaisers und Königs eine Erklärung hinsichtlich der Stellung Japans zu Korea abzugeben, über welche Marquis Saionji mir Mittheilungen machen werde.

Er habe soeben, so schloß Marquis Ito seine Mittheilungen, aus Söul die telegraphische Meldung erhalten, daß die dortigen fremden Vertreter die Auflösung der von Japanischen Offizieren organisirten drei Koreanischen Bataillone verlangten, weil diese sich an der Verschwörung gegen die Königin betheiligt hätten. Er würde es für höchst gefährlich halten, wenn diese Truppe, welche den Kern eines Koreanischen Heeres nach Abzug der Japaner zu bilden bestimmt sei, auf das Drängen der fremden Diplomaten hin aufgelöst würde und müßte seinerseits die Verantwortung für die Folgen einer derartigen Maßregel ablehnen. Die Mannschaften der drei Bataillone, welchen jetzt der Schutz des Königspalastes anvertraut sei, würden sich über das Land verstreuen, zweifelsohne Aufstände organisiren und in dem Halbinselkönigreich von Neuem anarchische Zustände schaffen, welche die Japanischen Truppen eben erst bemeistert hätten. Die Japanische Regierung wolle und könne hierfür die Verantwortung nicht übernehmen.

Ich verhielt mich den Auslassungen des Ministerpräsidenten gegenüber zuhörend und bemerkte nur, ich glaube nicht, daß unser Vertreter in Söul sich den Schritten seiner Kollegen wegen Auflösung der Koreanischen Bataillone angeschlossen hätte, da derselbe sich in allen Deutsche Interessen nicht direkt berührenden Angelegenheiten meines Wissens die größte Zurückhaltung auferlege.

Nach der Gesandtschaftskanzlei zurückgekehrt, fand ich daselbst den Direktor der politischen Abtheilung des Auswärtigen Amtes vor, welcher im Auftrag des Marquis Saionji erschienen war, um mir von einem am 26. d. M. an den Vicomte Aoki abgelassenen Telegramm vertraulich Kenntniß zu geben, dessen Englischer Text er mir vorlas. Dasselbe lautete etwa folgendermaßen:

„Der Gesandte solle der Deutschen Regierung erklären, daß Japan unmittelbar nach Räumung der Halbinsel Liao-tung seine Truppen aus Korea zurückziehen werde, die es bis dahin nur zu dem Zwecke dort belasse, um seine Kommunikationen mit Liao-tung zu sichern. Zum Schutz der Gesandtschaft in Söul solle an letzterem Platze ein Detachement verbleiben, bis die Koreanische Regierung - was in Folge der eingeleiteten Reformen hoffentlich sehr bald der Fall sein werde - den Schutz der Fremden selbst in die Hand nehmen könne. Inzwischen werde die Japanische Regierung hinsichtlich der inneren Verwaltung Korea´s das Princip absoluter Nichtintervention befolgen. Sie habe keinerlei

„ulterior designs" auf Korea, wünsche vielmehr das Land baldigst sich selbst zu überlassen und wolle in Korea überhaupt fortan nur auf gleicher Linie mit den übrigen Vertragsmächten auftreten."

Die vorstehende Deklaration deckt sich durchaus mit den Mittheilungen, welche der Minister-Präsident mir bereits vor geraumer Zeit gemacht hat und über welche ich unter dem 1. d. M. (A. 293) zu berichten die Ehre hatte. Sie ist wahrscheinlich durch die letzten Vorgänge am Hofe von Söul beschleunigt worden.

Nach den heutigen Äußerungen des Marquis Ito hege ich Bedenken, meinen Verdacht über die Mitschuld der Japanischen Regierung an der Ermordung der Königin in seinem ganzen Umfang aufrechtzuerhalten; die Thatsache jedoch, daß ein in der Politik gänzlich unerfahrener Mann wie Miura für den wichtigen Posten in Söul ausersehen wurde, ohne ihn, wie es scheint, mit sehr genauen Verhaltungsmaßregeln zu versehen, bleibt nach wie vor unerklärt. Daß die Japanische Regierung das Bedürfniß gefühlt hat, ihren politischen Einfluß in Söul einigermaßen zu sichern, vordem sie Korea militärisch räumt, erscheint mir überdies in hohem Grade wahrscheinlich.

Gutschmid.

Inhalt: Die Koreanische Frage.

Äußerungen des Russischen Gesandten über die Koreanische Frage.

PAAA_RZ201-018919_160 ff.

Empfänger	Fürst zu Hohenlohe - Schillingsfürst	Absender	Gutschmid
A. 13215. pr. 10. Dezember 1895. p. m.		Tokio, den 31. Oktober 1895.	
Memo	Mitg. 16. 12. London 1512, Petersburg 782.		

A. 13215. pr. 10. Dezember 1895. p. m.

Tokio, den 31. Oktober 1895.

A. 321.

An Seine Durchlaucht

den Herrn Reichskanzler

Fürsten zu Hohenlohe - Schillingsfürst.

Mein Russischer Kollege theilt mir mit, daß auch ihm am 28. d. M. der Marquis Saionji durch einen Rath des Ministeriums der Auswärtigen Angelegenheiten von einem mit dem mir mitgetheilten identischen Telegramm Kenntniß gegeben habe, welches am 26ten an den Gesandten Nishi in Petersburg gerichtet worden sei und in welchem Letzterer beauftragt wird, dem Fürsten Lobanow die Politik Japans hinsichtlich Korea´s darzulegen.

Herr Hitrovo hat dem Minister des Äußern für die Mittheilung der Depesche danken lassen und hinzugefügt, er hätte nur gewünscht, die Japanische Regierung hätte sich hinsichtlich des Zeitpunktes für die Zurückziehung der Japanischen Truppen aus Söul etwas präziser ausgedrückt. In einem Telegramm an den Fürsten Lobanow hat der Gesandte gemeldet, daß er sich, ohne der Entscheidung seiner Regierung irgendwie vorgreifen zu wollen, in dem vorgedachten Sinne gegen den Marquis Saionji geäußert habe.

Nachrichten aus Söul bestärken Herrn Hitrovo in dem Glauben, daß England, welches bisher die Japanische Politik jenem Lande gegenüber bis zu einem gewissen Grade unterstützt habe, nach den jüngsten Ereignissen eine Schwenkung vornehmen werde. Er hält es nicht für ausgeschlossen, daß Lord Salisbury die letzte Wendung benutzen werde, um sich in der Ostasiatischen Frage den drei Mächten, Deutschland, Rußland und Frankreich, wieder zu nähern; denn die Rolle, die England gegenwärtig hier spiele, sei doch eine klägliche.

Gutschmid.

Inhalt: Äußerungen des Russischen Gesandten über die Koreanische Frage.

Zustimmung der Japanischen Regierung zur Auflösung der 3 japanisch organisirten Bataillone in Söul.

PAAA_RZ201-018919_164 ff.			
Empfänger	Fürst zu Hohenlohe - Schillingsfürst	Absender	Gutschmid
A. 13216 pr. 10. Dezember 1895. p. m.		Tokio, den 1. November 1895.	
Memo	mtg. 14. 12. London 1508, Petersburg 780.		

A. 13216 pr. 10. Dezember 1895. p. m.

Tokio, den 1. November 1895.

A. 322.

An Seine Durchlaucht, den Herrn Reichskanzler,

Fürsten zu Hohenlohe - Schillingsfürst.

Gelegentlich des gestrigen Wochenempfanges theilte mir der Minister der Auswärtigen Angelegenheiten mit, der Japanische Minister-Resident in Söul sei ermächtigt worden, sich den Schritten mehrerer der fremden Vertreter behufs Auflösung der drei japanisch organisirten Bataillone anzuschließen. Es sei ihm dabei überlassen worden zu beurtheilen, ob die Maßregel auch ohne Gefährdung der öffentlichen Ruhe durchgeführt werden könne. Er, Marquis Saionji, habe soeben eine Drahtmeldung des Herrn Komura aus Söul erhalten, inhaltlich welcher die Auflösung der genannten Truppe dem Rathe der fremden Vertreter gemäß erfolgt sei, ohne Ruhestörungen zu verursachen. Zwei der Bataillonschefs seien entflohen. Sonst habe sich kein Zwischenfall ereignet.

Der Minister erläuterte mir den Entschluß der hiesigen Regierung, die Auflösung der Bataillone trotz der gewichtigen Bedenken, welche namentlich Marquis Ito gegen diese Maßregel noch vor wenigen Tagen geltend gemacht hatte, dahin, daß ihr nach ihrer letzten Deklaration an die Mächte hinsichtlich der Politik, welche sie mit Bezug auf Korea zu befolgen gedenke, daran gelegen gewesen sei, schon jetzt in Söul in Übereinstimmung mit den anderen Mächten aufzutreten. Die befürchteten Folgen seien zum Glück bis jetzt nicht eingetreten, obschon sie sich nach einiger Zeit, wenn die Soldaten erst über das Land verstreut sein würden, doch noch bemerkbar machen könnten.

Gutschmid.

Inhalt: Zustimmung der Japanischen Regierung zur Auflösung der 3 japanisch organisirten Bataillone in Söul.

[   ]

PAAA_RZ201-018919_168 f.

Empfänger	Fürst zu Hohenlohe - Schillingsfürst	Absender	Gutschmid
A. 13219 pr. 10. Dezember 1895. p. m.		Tokio, den 7. November 1895.	
Memo	mtg. 16. 12. London 1512, Petersburg 782.		

Abschrift.

A. 13219 pr. 10. Dezember 1895. p. m.

Tokio, den 7. November 1895.

A. 325.

An seine Durchlaucht, den Herrn Reichskanzler,
Fürsten zu Hohenlohe - Schillingsfürst.

Die der hiesigen Regierung nahestehenden japanischen Blätter geben jetzt öffentlich bekannt, daß die gänzliche Räumung der Halbinsel Liao-tung seitens der japanischen Truppen bis spätestens Ende dieses Jahres bewirkt werden solle. Erläuternd wird hervorgehoben, daß es nicht möglich sei, einen früheren Zeitpunkt hierfür in´s Auge zu fassen, da die Transportschiffe zunächst für die Zurückbeförderung der Garde-Division von Formosa verwendet werden müßten. Gleichzeitig lassen einige Zeitungen durchblicken, daß auch aus Korea die Truppen in Bälde zurückgezogen werden würden. Doch lauten die Angaben hierüber weniger bestimmt, und die offiziöse Zeitung Nichi-Nichi erklärte gestern, daß die in Korea stationirten Truppen dort jedenfalls bis zur Beendigung der Evakuirung von Lia-tung belassen werden müßten, da sie zur Sicherung der Telegraphen- und Etappenlinien unbedingt nothwendig seien. Sie bezeichnet daher die kürzlich von mir gemeldete gegentheilige Äußerung der ²Japan Daily Mail², insofern sie den erwähnten Gesichtspunkt unberücksichtigt lasse, als ungenau. Dies stimmt mit den fremden Vertretern gemachten amtlichen Mittheilungen des Ministers der auswärtigen Angelegenheiten überein.

gez. v. Gutschmid.
orig. i. a. China 20

[   ]

PAAA_RZ201-018919_170

Empfänger	[o. A.]	Absender	[o. A.]
A. 13222 pr. 10. Dezember 1895. p. m.		[o. A.]	
Memo	I) Tel. i. Z. 12. 12. Tokio 48.		
	II) Erl. 12. 12. Petersburg 774.		

A. 13222 pr. 10. Dezember 1895. p. m.

Hannoverscher Courier

10. 12. 95.

Rußland und die Türkei.

Wie uns von sehr gut unterrichteter Seite aus Petersburg versichert wird, liegt der Hauptgrund für die fortwährend betonte Abneigung Rußlands, die Dinge in der Türkei zum Äußersten zu treiben, d. h. mit Waffengewalt einzuschreiten, in der Zuspitzung der Verhältnisse in Korea. Es ist keine Verständigung mit Japan über die Begrenzung der gegenseitigen Machtsphäre dort getroffen. Japan verlangt als endgültige Lösung dieser Angelegenheit, Korea solle unter ein gemeinschaftliches Protectorat aller interessirten Mächte gestellt werden, was der russischen Regierung ganz und gar nicht paßt, weil sie sich einen überwiegenden Einfluß in Korea halten will. Kommt nun keine Einigung zu Stande, so wird Japan unter keinen Umständen seine Truppen aus Korea vollständig zurückziehen, und daraus können sich Verwickelungen ergeben, denen gegenüber Rußland gerüstet sein muß. Es würde daher mehr als thöricht sein, wenn die hiesige Regierung ihre Kräfte zersplittern wollte. Der Anlaß zu einer Explosion wäre aber da, sowie ein neuer Aufstand in Söul ausbricht, was sich jeden Tag ereignen kann, da sich dort alle möglichen Intriguen abspielen. Kein Land, selbst Japan nicht ausgenommen, besitzt indeß eine genügende Militärmacht in Korea, um derartige Bewegungen niederzuhalten, selbst wenn es sich unter den augenblicklichen Umständen dazu für berechtigt halten sollte.

Berlin, den 12. Dezember 1895.   A. 13222. I.

Gesandter   Telegramm in Ziffern.
Tokio № 48.
                                   Bitte Bestrebungen Japans bezüglich Koreas und
                                   Haltung russischen Gesandten dazu unter Wahrung
J. № 8991.   eigener Neutralität fortlaufend im Auge zu behalten
                                   und darüber zu berichten, u. zw. wenn entscheidende
                                   Schritte in Aussicht stehen, drahtlich.
                                                          N. S. E.

Berlin, den 12. Dezember 1895.   A. 13222 II.

Botschafter   Dem Hannoverschen Courier wird „von sehr gut
Petersburg № 774   unterrichteter Seite" aus St. Petersburg versichert, daß
                                   die Zurückhaltung Rußlands gegenüber den Dingen
Sicher!   in der Türkei ihre Hauptursache in der Zuspitzung
Eilt!   der koreanischen Verhältnisse habe. Japan strebe die
                                   Unterstellung Koreas unter ein gemeinschaftliches
J. № 8992.   Protektorat aller interessirten Mächte an, während
                                   Rußland sich selbst den überwiegenden Einfluß auf
                                   der Halbinsel sichern wolle.

                                       Nachdem in der That die koreanische Frage, deren
                                   Berührung wir bekanntlich bei den gemeinschaftlichen
                                   Verhandlungen mit Japan sorgfältig vermieden haben,
                                   unter   den   gegenwärtigen   Verhältnissen   eine
                                   allgemeinere politische Bedeutung erlangt hat, bitte ich
                                   Euere pp. erg., über die in Bezug darauf bei der
                                   russischen Regierung bestehenden Anschauungen und
                                   Absichten gefl. Beobachtungen anstellen und Ihre
                                   Wahrnehmungen mir mittheilen zu wollen.
                                                          N. S. E.

Berlin, den 14. Dezember 1895.

zu A. 13216.

An
die Botschaften in
1. London № 1508.
2. St. Petersburg № 780.

J. № 9045.

Euerer pp. übersende ich anbei ergebenst
Abschrift eines Berichts des Ks. Gesandten in
Tokio vom 1. v. Mts, betreffend die Auflösung
der japanisch organisirten Bataillone in Söul,
zu Ihrer gefl. Information.

N. S. E.

[   ]

PAAA_RZ201-018919_175

Empfänger	[o. A.]	Absender	Klehmat
A. 13353 pr. 14. Dezember 1895. p. m.		[o. A.]	
Memo	mitg. 18. 12. n. London 1525, Petersburg 787.		

A. 13353 pr. 14. Dezember 1895. p. m.

Vermerk.

Der chinesische Gesandte hat dem Herrn A. N. S. mitgetheilt, der König von Korea habe gleich nach der Ermordung der Königin an den russischen Kaiser telegraphirt und ihn gebeten, russische Truppen in das Land einrücken zu lassen. Die russische Regierung habe dies Ansinnen mit der Begründung abgelehnt, daß ihr keine Streitkräfte dafür zur Verfügung stünden, gleichzeitig aber das Verlangen an Japan gestellt, daß auch die japanischen Truppen das Land verließen.

Klehmat.

PAAA_RZ201-018919_176

Empfänger	[o. A.]	Absender	[o. A.]
A. 13357 pr. 14. Dezember 1895. p. m.		[o. A.]	

A. 13357 pr. 14. Dezember 1895. p. m.

St. Petersburger Herold

14. 12. 95.

Ein Wladiwostoker Bericht der „Now. Wr." vom 28. September enthält eine bemerkenswerthe Mittheilung über die Vorgänge in Korea vor der Palast-Revolution.

Ohne die Thatkraft der Königin, versichert der Berichterstatter, wäre Korea längst ein Spielball in den Händen der Japaner gewesen, da der kleinmüthige König bei jedem Zwischenfall den Kopf verlor. Der frühere japanische Gesandte Inouye war im Laufe eines Jahres der eigentliche Herrscher Koreas, bis die Königin den Führer der Reformpartei, Pak, der Japan in die Hände arbeitete, zu Fall brachte. Als nun die conservative Partei ans Ruder kam, verschlimmerte sich die Lage der Japaner, doch Graf Inouye wußte das Gleichgewicht wieder herzustellen. Beim Verlassen Söuls setzte er durch, daß der König mit ihm einen außerordentlichen Botschafter nach Japan reisen ließ, der im Namen der koreanischen Regierung um schleunigen Schutz gegen die von einigen Mächten ausgehenden Angriffe auf die Integrität Koreas bitten sollte. Für diese Misston wurde der Schatzmeister Li-Tai-Jun ausgewählt, ihm aber auch gleichzeitig die geheime Weisung ertheilt, nach Rußland zu flüchten und den Weißen Zaren um Schutz gegen die Japaner, sowie um ein russisches Protectorat zu bitten. In Japan angelangt, entfloh der Schatzmeister nach Wladiwostok, wo er mit der Unterschrift und dem Siegel seines Königs versehene Vollmachten vorwies. Die russischen Autoritäten setzten davon unverzüglich das Ministerium des Aeußern in Kenntniß, welches seinerseits beim russischen Geschäftsträger in Korea, Generalconsul Waeber, anfragte, ob der Schatzmeister thatsächlich vom König geschickt sei. Hierauf erfolgte die überraschende Antwort, die vom Schatzmeister vorgelegten Vollmachten seien gefälscht, und der König verlange die sofortige Auslieferung des Betrügers. Dieser Forderung wurde aber nicht Folge gegeben, da das auswärtige Ressort die Auslieferung Li-Tai-Juns für tactlos und für das Prestige Rußlands im fernen Orient durchaus schädlich anerkannte. Li-Tai-Jun bleibt vorläufig in

Chabarowsk. Der Bericht führt die Verleugnung des Abgesandten durch den König auf japanischen Einfluß zurück. Offenbar war der König vom japanischen Minister-Residenten Miura, dem Nachfolger Inouyes, eingeschüchtert worden. Es soll aber zweifellos sein, daß der König und die meisten Koreaner ein russisches Protectorat herbeisehnen. Besonders scharf trat das bei dem jüngsten Besuch des Chefs des russischen Geschwaders, Contre-Admiral Alexejew, in Söul hervor. Der König betrachtete ihn gleichsam als seiner Befreier und war äußerst betrübt, als sich herausstellte, daß der russische Admiral nur als Gast in Söul weilte und keine officiellen Vollmachten besaß.

Die neuliche Revolte und deren Folgen.

PAAA_RZ201-018919_177 ff.

Empfänger	Fürst zu Hohenlohe - Schillingsfürst	Absender	Krien
A. 13377 pr. 15. Dezember 1895. a. m.		Söul, den 29. Oktober 1895.	
Memo	Ohne Anl. mit 19. 12. London 1529, Paris 742, Petersbg 789, Dresden 713, Karlsruhe 423, München 746, Stuttgart 713, Staatsmin. J. № 486.		

A. 13377 pr. 15. Dezember 1895. a. m. 2 Anl.

Söul, den 29. Oktober 1895.

Kontrol № 56.

An Seine Durchlaucht

den Herrn Reichskanzler

Fürsten zu Hohenlohe - Schillingsfürst.

Euer Durchlaucht beehre ich mich im Verfolg meines Berichtes № 55 vom 18. d. Mts.[13] ganz gehorsamst zu melden, daß der Japanische Gesandte Vicomte Miura Söul verlassen und Herr Komura die Geschäfte der Japanischen Gesandtschaft übernommen hat. Ferner sind der Japanische erste Sekretär Sugimura, der Gesandtschafts-Dolmetscher, der Militär-Attaché, ein Konsulats-Eleve, der Chef der hiesigen Japanischen Polizei und verschiedene andere Gesandtschafts- und Konsulatsbeamte und sieben Offiziere abberufen worden und nach Japan zurückgekehrt. Sämmtliche Japanische Rathgeber, außer zweien - für das Finanzministerium und für die Polizei - sind von hier abgereist. Es steht jetzt außer Zweifel, daß sowohl die Japanische Gesandtschaft als auch die Mehrzahl der Offiziere der hier stationirten Japanischen Truppen und eine Anzahl Japanischer Rathgeber in das Komplott, die Königin zu ermorden, verwickelt sind. Siebenunddreißig Japanische Soshi sind verhaftet und nach Japan geschickt worden.

Der Kondolenz-Botschafter Graf Inouye wird morgen in Chemulpo erwartet.

Der zum Spezial-Gesandten für die Europäischen Vertragsstaaten ernannte einundzwanzigjährige zweite Sohn des Königs - von einer Konkubine - Prinz Yi Kang ist nach Japan gereist; der zu seinem Begleiter bestimmte Vize-Minister der Auswärtigen

---

13 A. 12767 ehrerbiet. beigefügt.

Angelegenheiten, Yun Chi-ho, weilt jedoch noch hier. Der Prinz will die Vertragsstaaten nach der Zeitfolge, in der die Verträge mit Korea abgeschlossen worden sind, besuchen, und zwar zuerst England, dann Deutschland, Italien, Rußland, Frankreich und Österreich-Ungarn. Wie mir der Prinz vor seiner Abreise mündlich mittheilte, sind für die Tour sieben Monate in Aussicht genommen, doch will er, wenn dann hier wieder Ruhe herrscht, noch etwa zwei Jahre in Europa bleiben, um zu studiren.

Auch der Britische General-Konsul hat kürzlich eine Wache, bestehend aus einem Offizier und 15 Marinesoldaten von dem Kriegsschiffe „Edgar" erhalten.[14]

Am 25. d. Mts. fand eine von Herrn Sill, der von Japan zurückgekehrt ist, berufene Versammlung der fremden Vertreter in der Amerikanischen Gesandtschaft statt. Herr Sill erklärte, daß die Sicherheit des Königs, der in den Händen seiner Feinde sei, gefährdet wäre. Herr Waeber betonte, daß die Lage eine anormale wäre, weil Empörer die Regierungsgewalt ausübten; der Zustand vor dem 8ten d. Mts. müßte wieder hergestellt und die meuterischen Soldaten müßten entfernt werden. Er empfahl, den Kriegsminister und die beiden Bataillons-Kommandeure zu verhaften und die jetzige Palastwache durch Japanische Truppen zu entwaffnen. Der Amerikanische Minister-Resident pflichtete ihm bei und hob hervor, daß wegen der gefährlichen Lage, in der sich der König befände, Ausnahms-Maßregeln gerechtfertigt erschienen. Herr Komura befürchtete von diesen Maßnahmen neue Unruhen, erklärte, daß keine unmittelbare Gefahr für den König vorhanden sei, und versprach, alle möglichen Sicherheitsmaßregeln zu treffen. Herr Hillier hielt ein Zusammenwirken der fremden Vertreter bei der Entwaffnung der Truppen für empfehlenswerth und wünschte dabei zugegen zu sein. Der Französische stellvertretende Kommissar enthielt sich jeder Meinungsäußerung, wie er mir später mittheilte, weil er von seiner Regierung strenge Weisungen habe, sich in die inneren Angelegenheiten Koreas nicht einzumischen. Ich selbst erwiderte Herrn Sill auf seine Frage nach meiner Ansicht, daß ich den gegenwärtigen Zustand bedauerte, aber nicht wüßte, wie die vorgeschlagene Änderung desselben ohne blutige Folgen herbeizuführen wäre.

Anlage 1

In der Anlage 1 beehre Euer Durchlaucht ich mich Abschrift eines Protokolls der Sitzung, welches Herr Dr. Allen sogleich niedergeschrieben hat, ganz gehorsamst zu überreichen.[15]

---

14 [Auch der Britische ⋯ erhalten.: Durchgestrichen von Dritten.]

15 [In der Anlage 1 beehre Euer Durchlaucht ich mich Abschrift eines Protokolls der Sitzung, welches Herr Dr. Allen sogleich niedergeschrieben hat, ganz gehorsamst zu überreichen.: Durchgestrichen von Dritten.]

Anlage 2

Gleichzeitig verfehle ich nicht Euer Durchlaucht eine Abschrift des von dem Britischen General-Konsul verfaßten und mir vor einigen Tagen übermittelten Protokolls über die Sitzung der fremden Vertreter am 8., worüber ich am 9. d. Mts.[16] zu berichten die Ehre hatte, ebenmäßig zu unterbreiten.[17]

Auf die dringenden Vorstellungen der Herrn Sill, Waeber und Hillier bei dem Japanischen Vertreter hat auf dessen Veranlassung das Koreanische Kabinet den Beschluß, dem König die Würde eines „Hoang-chei" anzutragen, wieder rückgängig gemacht.

Vom 1. Januar nächsten Jahres ab soll in Korea das Europäische Sonnenjahr eingeführt werden.

Als ich gestern den König besuchte, benutzte dessen älterer Bruder die Gelegenheit, mir durch den Koreanischen Linguisten sagen zu lassen, daß der Tai-wön-kun wider seinen Willen und von den Truppen gezwungen in den Palast eingezogen wäre.

Krien.

Inhalt: Die neuliche Revolte und deren Folgen. 2 Anlagen.

Anlage 1 zu Bericht № 56.
Abschrift.

Diplomatic Meeting, United States Legation, Söul, October 25th 1895.

Present: Messrs. Sill, Komura, Waeber, Hillier, Krien, Lefèvre.

Mr. Sill: I have been absent during the recent dreadful occurrence. I am not as well posted as are the rest of you; I know that some of my colleagues feel greatly concerned for the safety of the King, who is now in the hands of his enemies and under strict duress. He is being moved about from place to place and is in great fear for his personal safety. He is in great danger from those who have taken the life of the Queen; I have therefore asked you to come together to see, if there is anything that we can do in regard to this very important matter.

---

16 A. 12766 ehrerbiet. beigefügt.
17 [Gleichzeitig verfehle ⋯ zu unterbreiten.: Durchgestrichen von Dritten.]

Mr. Hillier being asked for an expression deferred to Mr. Komura.

Mr. Komura: I have just come to Söul and am not well acquainted with the true state of affairs. If any one else will suggest as to safety of King, I will be glad to consider it.

Mr. Waeber: It is an anomalous situation, revolution on the 8th, still the culprits are in power. The only thing to do is to restore things as they were before the 8th, when peace and good order prevailed.

Mr. Hillier: On the 8th, I believe, Viscount Miura stated, that he agreed it was not right for the mutineers to be in charge of palace and he would suggest their removal. May I ask Mr. Komura if that was done?

Mr. Komura: I am not aware that he made any such recommendation.

Mr. Waeber: Then if he did not do so, cannot something be done now.

Mr. Komura: The first thing we desire is the tranquility of City and power of throne. I wish to ask, if guards are removed from palace, can peace of City be secured.

Mr. Hillier: It depends on how guard is removed. I am sure it would please the King. Question is how can it be done.

Mr. Waeber: There is peace in the city, row was in palace. There is danger of further trouble in palace. I think it unwise to leave these people in possession of what they took by force of Arms. I should say remove them gradually, already many of them have run away. Yesterday we saw many less than formerly.

Mr. Hillier: There might be a conflict when change takes place.

Mr. Waeber: Send them in first without Arms, take away Arms from those sent out, and thus avoid conflict on streets.

Mr. Sill: Does it not seem that this is a perilous position for King, he is in hands of murderers of Queen. Any motive leading to assassination of Queen might lead to removal of King and Prince. We feel that any advice from your Legation (to Komura) would be heeded. Cannot you do something to relieve this intense strain, it seems as though even some arbitrary measure would now be sanctioned. I hear Count Inouye is coming, but in meantime I hope you may suggest some safe course.

Mr. Komura: I am ready to do all I can for peace and safety of King, will consider any proposals made.

Mr. Waeber: It is no secret that the head of present movement is made up of a few, perhaps the chief is the Minister of War, when he is taken away, the removal of the soldiers will be very easy.

Mr. Sill repeated his former remarks.

Mr. Komura: If we remove the present Minister of War, the guards will make trouble.

Mr. Hillier: As an instance, I hear that last night guard went to Cabinet and told them to carry out certain measures or we will compel you. There is therefore danger in removing guard.

Mr. Sill: If Mr. Komura would read the riot act to him it would give him a pause. I have great confidence in your (Komura) powers.

Mr. Waeber: This Minister of War is threatening all the other officers. If Mr. Komura uses a firm hand and shows 30 bayonets, these 300 or 400 soldiers will run away, but it must be a firm hand. Cho was in this attack and is still left in supreme power, while no investigations have been made.

Mr. Komura: I am willing to do all I can to preserve the peace of the palace, and will consider any suggestion.

Mr. Waeber: I should say then, at once arrest the Minister of War, that will bring things to a settlement and greatly help matters.

Mr. Hillier: Is he in the palace all the while?

Mr. Waeber: He is out and in.

Mr. Sill: Is that one person so in power that upon his removal the military would fall to pieces?

Mr. Waeber: There are two Majors O Pum-Sung and Ye Tah-Whang who act under this Cho.

Mr. Sill: Count Inouye's coming may make them desperate, a serious disturbance may be imminent. Get this man out on some pretext. Arbitrary measures are needed. Arrest him, then your (Komura's) soldiers outside can prevent others going in.

Mr. Waeber: I should say take Cho and the two majors, then march 50 men in one gate and order men at other gate to lay down arms and go to barracks etc. till all gone.

Mr. Waeber: Another Question is as to the fate and remains of the Queen; is she dead? If so, where is she buried? Koreans have told me where she is buried in palace. I am not able to vouch for what they told me, but generally believe it; especially among the soldiers, and one of them explained to me, where she is buried.

Mr. Sill: It is necessary to find out her actual fate.

Mr. Waeber: Owing to Cho and his friends, all investigations are kept back.

Mr. Hillier: Then we come back to original question, nothing can be done, till this Cho and his guard is removed.

Mr. Waeber: The talk of moving King doubtless has some relation to the Queen's remains.

Mr. Hillier: King does not want to move, but wants the guard moved.

Mr. Waeber: There is danger from presence of Tai-won-kun in palace, but if guards are removed his power will be very small.

Mr. Sill: (To Mr. Komura) Does any of this seem possible to you? Can't you apprehend these 2 or 3 that we speak of, let a few of your soldiers superintend the charge and then prevent the King's falling victim to same fate as so cruelly fell the Queen.

(No reply)

Mr. Krien being asked said, he regretted the state of affairs, but saw no remedy without danger of conflict.

Mr. Waeber: There is no danger. With 50 soldiers I could do it myself.

Mr. Hillier: So could I. The Representatives might be present at the occasion; but it rests with Mr. Komura to decide, if it is possible.

Mr. Komura: I want to do this peacefully and it can be done in time. We cannot do it quickly without force.

Mr. Hillier: Delay is dangerous.

Mr. Komura: I will take every precaution to see that nothing occurs in the meantime.

Mr. Sill: They are desperate, alluded to abyss and Sampson and temple. They may prefer to kill and die altogether. Precautions must be taken to prevent this.

Mr. Hillier: I can understand that Mr. Komura may not be ready to act offhand, perhaps you may be willing to consider and inform us of your decision.

Mr. Komura: Yes.

Mr. Sill: Can you not decide and let us know, say, to-morrow?

Mr. Komura: There is no immediate danger, meantime I will take every precaution.

Mr. Sill: Do I express the views of my colleagues, that we would not object to any arbitrary measures, that might be made for the satisfactory settlement of the case, of course limited?

(asked an expression)

Mr. Hillier: I will be glad to hear of Mr. Komura's decision and I will be glad to cooperate with him for the common safety, which would be better than any independent action.

Mr. Komura: I will let you know when I am ready.

Mr. Hillier: Meantime we are to rest on Mr. Komura's assurance that he will take all precautions to prevent any harm to His Majesty.

Adjournment suggested, Mr. Sill undertook to call a new meeting upon receiving word of readiness from Mr. Komura.

Anlage 2 zu Bericht № 56.

Abschrift.

Meeting of Foreign Representatives at Japanese Legation, Söul, October 8th 1895.

The Foreign Representatives met at the Japanese Legation on the afternoon of October 8th, at the invitation of Viscount Miura, to hear from His Excellency what information he could give regarding the events which had occurred in the palace that morning. There were present, in addition to Viscount Miura and Messrs. Sugimura and Hioki, secretaries of the Japanese Legation, Messrs. Waeber (Russia), Allen (United States), Hillier (Great Britain), Krien (Germany) and Lefèvre (France).

Viscount Miura stated that he had already made some observations on this subject in the morning to Messrs. Waeber and Allen, but with the permission of his audience, he would recommence at the beginning of what he had to say. With past events in Corea, with which he was not personally acquainted, he did not propose to deal, but he would state that on his arrival in Söul, a few weeks ago, he discovered that dissatisfaction was entertained by the Tai-won-kun at the conduct of affairs in the capital − a fact that was also mentioned to him by His Majesty in person − He had not therefore called on the Tai-won-kun, and had not hitherto made his acquaintance. Last week, as his hearers were probably aware, disputes had occurred between the troops drilled by Japanese Officers and the police.

The Minister of War had called upon him with reference to this matter, and had asked for the assistance of Japanese police in maintaining peace between the disputants. Nothing, however, had been arranged. On the previous morning, (October 7th) the Japanese adviser to the police Department had called at the Legation and reported that some 300 soldiers had assembled outside the police barracks the day before threatening the police, but when the latter opened the barrack gates, the soldiers promptly dispersed.

At the same time the Minister of War had again called to ask for the aid of Japanese soldiers in dispersing the Corean soldiers, whose attitude towards the police was far from peaceful. The company which was specially indicated as aggressive was company № 2. Now he, Viscount Miura, had an independent report about company № 2. The threatening attitude of this company had been reported on the morning of the 7th instant to a Lieutenant of the Japanese guard stationed in barracks near the palace, who had gone himself to the police station and found no soldiers at all in front of it. He then visited the Corean barracks, and found company № 2 all in their quarters.

The Viscount mentioned these facts to show that the story of a demonstration by the soldiers was untrue. The origin of the charge against them and of their unpopularity was traceable to the jealousy of them entertained by the palace guard. The Minister of War had informed him that His Majesty wished to disband these Japanese-drilled Corean troops and asked his advice. He had replied that, while His Majesty was a free agent, it would not be right in his, Viscount Miura's, opinion, to disband the men on such frivolous pretexts and such action would be regarded as an act of discourtesy towards the Japanese Government who had authorized the drilling of the force by their officers at the request of the Corean Government.

His Excellency went on to say that he had heard that yesterday morning (the 7th) the police had been jeering at some of the Japanese drilled soldiers and told them that the force would be disbanded the next morning; that the men had returned to barracks and informed their comrades; that they then went off in a body to the Tai-won-kun begging him to appeal for redress and that the latter had informed them that he would intercede on their behalf with the King, if they would accompany him into the palace. At dawn that morning he had been roused by a messenger from the palace who told him that a collision seemed imminent between the Japanese drilled soldiers on the one hand and the King's body-guard and the police on the other, and asked for the assistance of Japanese Troops. The order for them to be called out was given, and he went himself to the palace very shortly afterwards accompanied by Mr. Sugimura. On arrival at the gate he found the Japanese troops drawn up close by and order already restored. These soldiers had been strictly warned to avoid conflict, if possible, and the shots which had been fired had been exchanged between the palace-guard and the Japanese-drilled Corean troops, - which fired first His Excellency could not say - The Japanese troops, he might add, arrived a little too late on the scene to prevent the Corean troops from getting into the palace. He had now placed his colleagues in possession of all he knew in regard to this affair.

Mr. Waeber, speaking for himself and his colleagues, asked Viscount Miura whether he could give any information regarding the escort of the Tai-won-kun by Japanese troops which had been testified to by many eye-witnesses.

Viscount Miura replied that there were no Japanese soldiers with the Tai-won-kun, and in answer to a suggestion that there were no Corean police in the palace to come into conflict with the soldiers, he stated that the police were stationed at the palace gates.

Mr. Waeber then informed Viscount Miura that it had also been stated that some fifty or sixty Japanese in civilian dress armed with swords were assisting in the disturbances in the palace.

Viscount Miura replied that it was possible that a few of the grooms and servants in attendance on the Japanese officers of the guard who were allowed to carry swords might have accompanied their respective masters into the palace. There were also some Americans and Europeans who had gone into the palace at daylight. Possibly these grooms, like the foreigners, had made their way in to see what was going on, but had certainly taken no part in the disturbances.

Mr. Waeber replied, and was confirmed in his statement by Dr. Allen, that he had himself seen some twenty or thirty Japanese civilians in the palace some in foreign, some in Japanese dress, all of them were armed with swords, and added, in response to a rejoinder from Viscount Miura, that they might still be grooms with possibly a few of the Japanese advisers and students attached to them, that it had been asserted by an eye-witnesses that these Japanese civilians had dragged out Ladies from the Queen's apartments, had thrown them roughly down into a courtyard seven feet below, and had killed three or four of them, while a Japanese civilian had stood in the middle of the courtyard directing the proceedings, at least two Japanese officers in uniform were also present, the gates were guarded by Japanese soldiers, and a company of Japanese-drilled Corean soldiers were formed up in the courtyard - were these men, who announced that they were looking for the Queen, Japanese grooms? The men who committed the murders and illtreated the women were certainly Japanese, not Coreans.

Viscount Miura replied that he had it on the authority of Japanese officers and soldiers that no outrages of the kind alleged even occurred, and their word was certainly more worthy of credence than that of Coreans who were notoriously addicted to spreading absurd rumours.

Mr. Waeber informed His Excellency that the eye-witnesses was a European, not a Corean, whose testimony was unimpeachable, and could not but be believed, while as to the assertion that no outrages had been committed, the dead bodies of the women which had been seen by scores of people were a sufficient proof of its inaccuracy.

Viscount Miura considered that the Japanese troops sent in to restore order had performed their duty in a very tolerable manner, and so long as he received no evidence to the contrary, he should continue to believe their statement and discredit any others.

Mr. Waeber reminded His Excellency that the object of this meeting was the interchange of views. He had told His Excellency what information he and his colleagues had received, and he thought that Viscount Miura should make further investigations.

Viscount Miura agreed, but said that the story of outrages by Japanese seemed to him most improbable, and, on the face of it, it was incredible that the alleged perpetrators should ask a foreigner where the Queen was, he was still unable to believe the story.

Mr. Waeber rejoined that, on the contrary, considering who the foreigner was it was a natural question to ask him - The man who had directed the proceedings had been carefully noted and accurately described. He and Dr. Allen had met a man in the palace answering to this description and could probably identify him.

Viscount Miura said that the matter should be investigated in conjunction with the Corean Government and was reminded that the accusation was brought against Japanese, not Coreans. It was to the interest of the Japanese Government that this matter should be sifted to the bottom, as also the statement deposed to by eye-witnesses, that the Tai-won-kun was escorted by Japanese troops. These charges were too serious to be allowed to pass with a simple denial. The Japanese Government had incurred serious responsibilities by putting troops in motion, and the matter ought not to be let drop. His Excellency replied that the troops were put in motion at the request of the King and the War Minister, and every precaution was taken. The fact that only ten or twelve casualties occurred spoke but for the discipline maintained. Further enquires should however be made.

Mr. Waeber then went on to say that the King had requested Dr. Allen and himself to try and get the Japanese-drilled guard removed from the palace. Did Viscount Miura think it right or wise that the King should be guarded by mutineers? His Excellency had it in his power to remedy this improper state of thing, if he chose.

Viscount Miura said that he did not think it proper, but the affair was none of his business. He could advise, but not control, and he had no objection to advising their removal.

The meeting terminated with a reminder to His Excellency of the two points into which it was considered full investigation should be made

1. The outrages committed by Japanese civilians,

2. The escort of the Tai-won-kun by Japanese troops.

Haltung der fremden Vertreter in Söul.

PAAA_RZ201-018919_204 ff.			
Empfänger	Fürst zu Hohenlohe - Schillingsfürst	Absender	Gutschmid
A. 13398 pr. 15. Dezember 1895. p. m.		Tokio, den 12. November 1895.	
Memo	mtg. m. Erl. v. 20. 12. London 1541, Petersburg 794.		

A. 13398 pr. 15. Dezember 1895. p. m.

Tokio, den 12. November 1895.

A. 327.

An Seine Durchlaucht

den Herrn Reichskanzler

Fürsten zu Hohenlohe - Schillingsfürst.

Marquis Ito, mit welchem ich gestern bei der Bestattung des Prinzen Kitashirakawa zusammentraf, klagte mir im Laufe einer Unterredung seine Noth über die Haltung der fremden Vertreter in Söul.[18] Jetzt, so äußerte sich der Ministerpräsident, stellten die Herren an den Japanischen Gesandten das Ansinnen, die gegenwärtige Regierung durch die in Söul stationirten Japanischen Truppen gewaltsam zu beseitigen. Er könne unmöglich hierzu die Hand bieten, nachdem Japan erst ganz kürzlich den Mächten erklärt habe, daß es schon von jetzt ab, also vor Zurückziehung seiner Truppen aus Korea, sich jeder Einmischung in die inneren Angelegenheiten des Königreichs zu enthalten beabsichtige. Gäbe er seine Zustimmung zur Verwendung der Japanischen Truppen behufs Beseitigung des Tai-Wön-Kun und seines Anhangs, so werde Japan gezwungen sein, im Falle des Ausbruches neuer Unruhen abermals militärisch einzugreifen und jedenfalls für die Folgen des jetzt verlangten Eingreifens verantwortlich gemacht werden.

Ich wiederholte dem Marquis die ihm schon bei einem früheren Anlaß gemachte Bemerkung, daß ich nicht glaubte, daß der Deutsche Vertreter sich dem Vorgehen seiner Kollegen anschlösse, da ich aus seinen zu meiner Kenntniß gelangenden Berichten an Euere Durchlaucht die Überzeugung gewonnen hätte, daß er sich in allen Deutsche Interessen nicht berührenden Fragen nach wie vor die größte Zurückhaltung auferlege.

Gutschmid.

Inhalt: Haltung der fremden Vertreter in Söul.

---

18 Vorgänge i. a. Korea 1 ehrerbietigst beigefügt.

Unterredung des Gesandten mit dem Minister des Äußern, betreffend Korea.

PAAA_RZ201-018919_208 ff.			
Empfänger	Fürst zu Hohenlohe - Schillingsfürst	Absender	Gutschmid
A. 13399 pr. 15. Dezember 1895. p. m.		Tokio, den 13. November 1895.	
Memo	mtg. 20. 12. London 1544, Petersburg 797.		

A. 13399 pr. 15. Dezember 1895. p. m.

Tokio, den 13. November 1895.

A. 328.

An Seine Durchlaucht

den Herrn Reichskanzler

Fürsten zu Hohenlohe - Schillingsfürst.

Einem Ersuchen des Marquis Saionji, ihn behufs Entgegennahme einer Mittheilung zu besuchen, entsprechend begab ich mich gestern auf das Ministerium der Auswärtigen Angelegenheiten.

Der Minister leitete die Unterredung mit einem Hinweis auf mein anderweit berichtetes gestriges Gespräch mit Marquis Ito, von welchem letzterer ihm Mittheilung gemacht, ein und fuhr dann etwa folgendermaßen fort:

Die fremden Vertreter in Söul verlangten jetzt die Mitwirkung der Japanischen Regierung behufs Wiederherstellung des Zustandes vor dem 8. Oktober und forderten als ersten Schritt hierzu, daß die Japanischen Truppen die Koreanische Palastwache entwaffneten und an ihrer Stelle den Schutz des Königs, der jetzt in persönlicher Gefahr schwebe, übernähmen. Die Kaiserliche Regierung, so ernstlich sie bestrebt sei, mit den anderen Vertragsmächten Hand in Hand zu gehen, vermöge doch nicht, zu einem derartigen Vorgehen ihre Zustimmung zu geben. Zunächst theile sie nicht die Ansicht, daß die Person des Königs gefährdet sei und ferner wisse sie gar nicht, ob die Mächte von Japan militärisches Eingreifen wirklich verlangten. Sie habe vielmehr Grund zu der Vermuthung, daß die fremden Vertreter ohne Ermächtigung handelten. Bezüglich des Amerikanischen Ministerresidenten sei er, der Minister, nach den ihm aus Washington vorliegenden Nachrichten sogar ziemlich sicher, daß derselbe persönliche Politik treibe. Sollten die Mächte direkt einen diesbezüglichen Wunsch verlautbaren lassen, so würde die Japanische Regierung allerdings, wenn auch ungern, demselben willfahren. Sie würde dies um so eher thun können, als die Verantwortung für die Folgen dann nicht auf Japan, sondern auf die Mächte zurückfallen würde.

Schwere Bedenken gegen jede Einmischung machten sich indessen bei der Regierung unter allen Umständen geltend. Denn wenn Japan, welches eben erst das Princip der Nichtintervention in Korea verkündet habe, jetzt abermals in die inneren Angelegenheiten des Landes eingreife, so sei es sehr leicht möglich, daß die Occupation, entgegen den Wünschen Japans sowohl als gewisser anderer Mächte, zu denen er jedoch nach ihm vorliegenden Meldungen des Vicomte Aoki Deutschland nicht rechne, sich nothgedrungener Weise in die Länge ziehen werde.

Im Anschluß an die vorstehende Auseinandersetzung bat mich Marquis Saionji, ihm einen neuen Beweis meiner „bonnes dispositions" zu geben, indem ich den Kaiserlichen Konsul in Söul telegraphisch ersuchte, sich den Schritten des Amerikanischen, Russischen und Englischen Vertreters - der Französische halte sich abseits - fernerhin nicht anzuschließen.

Auf meine Bemerkung, daß das Kaiserliche Konsulat in Söul nicht zu meinem Ressort gehöre, ich daher auch dorthin keine Weisungen ergehen lassen könne und ich überdies keinen Grund zu der Annahme hätte, daß unser Konsul sich an den Schritten seiner Kollegen aktiv betheilige, erwiderte der Minister, nach seinen Informationen verhalte sich unser Vertreter gegenwärtig nicht ganz so passiv, wie ich glaubte. Er würde mir daher zu großem Dank verpflichtet sein, obgleich er es kaum wage, eine so unbescheidene Bitte zu äußern, wenn ich Euere Durchlaucht um Ertheilung von Instruktionen an Herrn Krien in dem gewünschten Sinne angehen wollte.

Dies sagte ich schließlich zu.

Vielleicht ist es nicht sowohl der Widerwille der hiesigen Regierung, von Neuem in die Koreanischen Angelegenheiten einzugreifen als vielmehr ihre Unlust, zur Wiederherstellung des Regierungszustandes vor dem 8. Oktober die Hand zu bieten, welche sie plötzlich das Princip absoluter Nichtintervention unter Berufung auf ihre den Mächten kürzlich abgegebene Erklärung hervorkehren läßt. Denn wenn Japan auch, wie übrigens Marquis Saionji von Neuem mit Nachdruck betonte, die Vorgänge vom 8. Oktober auf das Schärfste verurtheilt, so hat es doch vom rein politischen Gesichtspunkt aus keinen Anlaß, die Wiedereinsetzung der Japan feindlichen, unter dem Einfluß der jetzt nach Rache dürstenden Minfamilie stehenden Regierung, wie diese vor dem mehrerwähnten Datum bestand, herbeizuwünschen; möchte vielmehr, wenn es nur dürfte, für die Erhaltung des neuen, Japanischen Einflüssen zugänglichen Régimes wirken.

Daß demnach der Regierung die Haltung der fremden Vertreter in Söul ungelegen kommt und sie in Verlegenheit setzt, liegt auf der Hand.

Was die Deutschen Interessen in Korea betrifft, so vermag ich persönlich und ganz unmaßgeblicher Weise nicht abzusehen, warum dieselben eine Japan unfreundliche Haltung erheischen sollten. Wir haben hier vielmehr eine neue Gelegenheit, uns Japan wieder politisch zu nähern.

Gutschmid.

Inhalt: Unterredung des Gesandten mit dem Minister des Äußern, betreffend Korea.

Eigenthümliches Vorgehen des in Söul befindlichen Grafen Inouyé.

PAAA_RZ201-018919_218 ff.			
Empfänger	Fürst zu Hohenlohe - Schillingsfürst	Absender	Gutschmid
A. 13401 pr. 15. Dezember 1895. p. m.		Tokio, den 14. November 1895.	
Memo	mtg. 20. 12. London 1545, Petersbg. 798.		

A. 13401 pr. 15. Dezember 1895. p. m.

Tokio, den 14. November 1895.

A. 330.

An Seine Durchlaucht

den Herrn Reichskanzler

Fürsten zu Hohenlohe - Schillingsfürst.

Graf Inouyé, welcher sich zur Zeit als Condolenzbotschafter in Söul befindet, scheint dort in einer der offiziellen Politik des ständigen Vertreters entgegengesetzten Richtung zu arbeiten und neue diplomatische Verwickelungen oder wenigstens Mißverständnisse herbeiführen zu wollen.

Mein Russischer Kollege theilte mir gestern den Inhalt eines ihm am 12. d. M. zugegangenen Telegramms des Fürsten Lobanow mit, wonach der Russische Vertreter in Söul auf Bitten des Grafen Inouyé in Petersburg um die Ermächtigung nachgesucht habe, zu der Ersetzung der Koreanischen Palastwache durch Japanische Truppen und zur Wiederherstellung des Regierungszustandes vor dem 8. Oktober seine Einwilligung zu geben. Fürst Lobanow habe die erbetene Vollmacht ertheilt.

Als er, Hitrovo, daher am 12., einer Aufforderung des Marquis Saionji entsprechend, sehr bald nach mir auf dem Ministerium erschienen und von dem Marquis angegangen worden sei, Herrn Waeber mit Weisungen versehen zu lassen, damit derselbe nicht ferner auf die Entwaffnung der Koreanischen Leibgarde durch Japanische Truppen und die Wiederherstellung des alten Zustandes dringe, habe er dem Minister das mit des Letzteren Antrage in vollem Widerspruch stehende Telegramm aus Petersburg vorgelesen. Marquis Saionji habe unbegrenztes Erstaunen hierüber an den Tag gelegt und ihn gebeten, seinem Antrag nicht Statt zu geben, bis er, der Minister, durch telegraphische Rückfrage in Söul den offenbaren Widerspruch, der zwischen der Politik der Japanischen Regierung und dem Auftreten des Grafen Inouyé bestehe, aufgeklärt habe. Herr Hitrovo hat nichts destoweniger sofort eine Drahtmeldung über die Sachlage nach Petersburg abgehen lassen.

Da mein Russischer Kollege mich ermächtigt hat, von seiner Mittheilung Gebrauch zu machen, so gedachte ich im Laufe des heutigen Tages den Minister der Auswärtigen Angelegenheiten aufzusuchen, um ihn in vertraulicher Weise um Aufklärung über dieses sonderbare Imbroglio zu bitten.

Die Gesandten Englands, Frankreichs und der Vereinigten Staaten sind in gleicher Weise wie Herr Hitrovo und ich von Marquis Saionji am 12. ersucht worden, ihre Regierungen um Ertheilung von Instruktionen an ihre Vertreter in Söul zu bitten, damit diese sich weiterer Schritte in der gedachten Richtung enthielten. Sir Ernest Satow hat, wie er mir gestern anvertraute, umgehends und beinahe in wörtlicher Übereinstimmung mit mir an das Foreign Office telegraphirt.

Nicht unerwähnt darf ich zum Schluß lassen, daß der Russische Gesandte vermuthet, die Japanische Regierung hoffe trotz ihrer ostensibel ablehnenden Haltung doch auf ein Mandat der Mächte, um in Söul von Neuem einzuschreiten.

Gutschmid.

Inhalt: Eigenthümliches Vorgehen des in Söul befindlichen Grafen Inouyé.

Nichterfolgte Deklaration des Japanischen Gesandten in Berlin, betreffend Korea.

PAAA_RZ201-018919_225 f.			
Empfänger	Fürst zu Hohenlohe - Schillingsfürst	Absender	Gutschmid
A. 13402 pr. 15. Dezember 1895. p. m.		Tokio, den 14. November 1895.	
Memo	cf. A. 13857		

A. 13402 pr. 15. Dezember 1895. p. m.

Tokio, den 14. November 1895.

A. 331.

An Seine Durchlaucht, den Herrn Reichskanzler,
Fürsten zu Hohenlohe - Schillingsfürst.

Im Laufe einer heutigen Unterredung mit dem Minister der Auswärtigen Angelegenheiten erwähnte ich, daß nach meinen Informationen Vicomte Aoki in Berlin hinsichtlich der Japanischen Politik Korea gegenüber keinerlei Mittheilung gemacht habe.

Marquis Saionji war hierüber sehr erstaunt, da Vicomte Aoki unter dem 25. Oktober, wie er mir am 28. desselben Monats unter Verlesung des bezüglichen Telegramms habe eröffnen lassen, beauftragt worden sei, Euerer Durchlaucht hinsichtlich Korea's nicht sowohl eine Mittheilung als vielmehr eine förmliche Deklaration zu machen.

Bei sofort angeordneter Nachforschung im Chiffrirbüreau ergab sich, daß das Telegramm am 25. Oktober abgelassen und am 29. in Folge einer Reklamation aus Berlin wiederholt worden war.

Marquis Saionji wollte den Gesandten sofort auffordern, über die Erledigung des ihm gewordenen Auftrags Drahtmeldung zu erstatten. Ich meinerseits habe mich darauf beschränkt, einfach auf die Thatsache der Nichtabgabe der Deklaration hinzuweisen, ohne damit den Wunsch zu verbinden, daß Vicomte Aoki aufgefordert werden möge, das Versäumte nachzuholen.

Gutschmid.

Inhalt: Nichterfolgte Deklaration des Japanischen Gesandten in Berlin, betreffend Korea.

Die angeblich zweideutige Haltung des Grafen Inouyé.

PAAA_RZ201-018919_227 ff.			
Empfänger	Fürst zu Hohenlohe - Schillingfürst	Absender	Gutschmid
A. 13404 pr. 15. Dezember 1895. p. m.		Tokio, den 15. November 1895.	
Memo	mtg. 20. 12. London 1545, Petersbg. 798.		

A. 13404 pr. 15. Dezember 1895. p. m.

Tokio, den 15. November 1895.

A 333.

An Seine Durchlaucht

den Herrn Reichskanzler

Fürsten zu Hohenlohe - Schillingfürst.

Im Anschluß an meinen gehorsamsten Bericht vom gestrigen Tage A. 330,[19] betreffend die Mittheilung Herrn Hitrovo's über eine angebliche im Widerspruch mit den Äußerungen hiesiger maßgebendster Persönlichkeiten stehende Haltung des Grafen Inouyé in Söul, unterlasse ich nicht zu melden, daß der Minister der Auswärtigen Angelegenheiten mir soeben durch einen Beamten des Ministeriums in Beantwortung meiner gestrigen bezüglichen Anfrage sagen ließ, daß die Russische Darstellung, wie er nicht anders erwartet habe, den thatsächlichen Verhältnissen nicht entspreche.

Graf Inouyé habe auf die an ihn ergangene telegraphische Anfrage sofort die Vertreter der Mächte in Söul befragt, ob er zu der in Frage stehenden Insinuation Anlaß gegeben habe. Sowohl der Russische wie der Amerikanische Vertreter hätten ihm zugeben müssen, daß die Initiative zu dem Wunsche eines Ersatzes der Koreanischen Palastwache durch Japanische Truppen nicht von ihm, dem Grafen Inouyé, sondern von ihnen selbst ausgegangen sei. Er für seine Person habe sich darauf beschränkt, dem Wunsche der erwähnten Herren nicht direkt ablehnend gegenüberzutreten, ohne irgendwie der Entschließung seiner Regierung zu präjudiciren.

Die Lösung des räthselhaften Widerspruchs ist damit noch nicht gegeben, denn wenn es auch den Anschein hat, als ob Herr Waeber versucht habe, für seine eigene Politik Stimmung zu machen, so bleibt es doch auffallend, daß er eine so plumpe Intrigue

---

19 A. 13401 mit heutiger Post.

gesponnen haben sollte, um im Interesse seiner Absichten einen Druck auszuüben.

Graf Inouyé wird übrigens, wie mir Marquis Saionji mittheilte, Söul am 17. d. M. verlassen, da seine Mission als Condolenzbotschafter als beendigt anzusehen ist.

Gutschmid.

Inhalt: Die angeblich zweideutige Haltung des Grafen Inouyé.

PAAA_RZ201-018919_231

Empfänger	[o. A.]	Absender	[o. A.]
A. 13409 pr. 15. Dezember 1895 p. m.		[o. A.]	

A. 13409 pr. 15. Dezember 1895 p. m.

Frankfurter Zeitung
15. 12. 95.

Koreanische Blut- und Eisen-Politik.
(Von unserem Spezialberichterstatter.)

K Shanghai, 2. Nov.

Die blutigen Ereignisse in Korea mögen einem europäischen Betrachter ganz außerordentlich erscheinen; wer die Geschichte Koreas kennt, wird sie einfach nur - koreanisch finden. Was ist geschehen? Des Königs Vater, der Tai Wen Kun, hat seine politische Gegnerin, die Königin, in einem blutigen Ueberfall ermorden lassen. Das ist nichts als die gewöhnliche Form des politischen Kampfes in Korea. Politische Meinungsdifferenzen, die in dem demokratisirten West-Europa durch den Stimmzettel erledigt werden, pflegen in dem absoluten Königreich Korea durch Blut und Eisen gelöst zu werden, ganz wie es in den idyllischen Zeiten von Gottes Gnaden bei uns in Fragen der inneren Politik geschah und in äußeren Streitigkeiten heute noch geschieht, nur daß die Asiaten, welche ja doch sozusagen die Blut- und Eisenpolitik erfunden haben - unsere besten Europäer sind darin zeitlebens Stümper geblieben - das System weit gründlicher und konsequenter handhaben als wir.

Also sprechen wir nicht von Mord und Todtschlag, sondern von der politischen Geschichte Koreas in den letzten Jahrzehnten.

Der vorletzte König von Korea, Li Hwan, hatte keine Kinder. Es folgte ihm auf dem Thron sein Onkel Li Ping. Auch dieser gnädigste Herr und König starb, trotz zahlreicher Frauen, die er hatte, kinderlos im Jahre 1864. Der Kronrath bestimmte als seinen Nachfolger Li Hwan's Neffen, den gegenwärtigen König Li Hsi. Dieser war zu jener Zeit erst zwölf Jahre alt. Selbst in Korea ist man der Ansicht, daß mit dem Amt der Verstand noch nicht zu zwölf Jahren kommt, und so wurde ein Regentschaftsrath mit der Führung der Regierungsgeschäfte betraut, in welchem alsbald der Vater des minorennen Königs, Li Hsia Ying, einen überwiegenden Einfluß zu gewinnen verstand. Er führte den Titel „Regent" oder Tai Wen Kun, der ihm, nachdem die Regentschaft längst aufgehört hat, noch bis auf den heutigen Tag geblieben ist, da er thatsächlich, wenn auch nicht berechtigt, sich immer noch von dem Gedanken, ein bischen mit Blut und Eisen mitzuregieren, nicht hat trennen können. Von 1864 bis 1873 führte des Königs Vater die Regentschaft mit eiserner Hand, wie man in Europa sagen würde, „mit eisernen Eingeweiden und einem steinernen Herzen", wie man in Korea von ihm gesagt hat. Insbesonders die scharfen Maßregeln gegen die Fremden, die Europäer, waren sein Werk. Im Jahre 1873 war die Minderjährigkeit des Königs beendet und damit die Regentschaft des Vaters erloschen. Der König eröffnete, unter dem Eindruck europäischen Machtaufgebots, das Land den Europäern und schloß mit den Großmächten Verträge ab. Der Tai Wen Kun grollte ob dieses Abfalls von den blutbespritzten Wegen der Väter dem Könige und insbesondere der Königin. So energisch der Charakter des Vaters, so schwachmüthig ist der des Sohnes. Der Tai Wen Kun hätte, auch nach Beendigung der Minorität des Königs, hinter der Wand weiter regieren können, wenn er nicht die Unvorsichtigkeit begangen hätte, seinem Sohne, nach koreanischer Sitte, eine Frau zu erwählen, welche, baar aller weiblichen Reize, die Kraft und Entschiedenheit des Mannes in ihrem Innern barg. Ihr gelang es, den König vollständig unter ihren Einfluß zu bringen, und so war es nicht der König, sondern die Königin, gegen welche, als den einzigen Mann am Hofe außer ihm, der Tai Wen Kun seither seine Thätigkeit richtete.

Er wurde natürlich zunächst Führer der konservativen Partei in Korea. Als solcher hatte er wenig Gelegenheit, vor die Augen der großen Welt zu treten. In Korea schreibt man, wenn man politischer Parteiführer ist, keine politischen Zeitungsartikel, nicht einmal anonym, auch gibt es hier kein Parlament, wo man als konservative Opposition die Noth des Volkes und das Elend des Landes, im Zusammenhang mit den verderblichen Verträgen darlegen könnte. Die politische Leidenschaft wird nicht, wie bei uns, durch tägliche Thätigkeit abgestumpft, sondern vielmehr durch jahrelange gezwungene Unthätigkeit erst so recht entzündet. Neun Jahre lang mußte der Tai Wen Kun still sitzen. Im Jahre 1882 endlich entschloß er sich zu einer großen politischen Aktion. Er zettelte eine Revolution an - in Korea, wo das Volk Gott sei Dank nichts dreinzureden hat, in die Politik, bleiben solche Revolutionen auf die höchsten und allerhöchsten Persönlichkeiten des Staates beschränkt, sind also Palastrevolutionen. Was der Tai Wen Kun mit seinem bewaffneten Ueberfall 1882 plante, war nichts Anderes, als den König gefangen zu nehmen und die Königin zu ermorden, nebenbei auch die japanische Gesandtschaft in Söul, die damals mitliberalisirte, aus dem Lande hinauszuwerfen. Die

Hauptsache betraf die Königin, aber gerade diese mislang. Eine Hofdame hatte im Moment der Gefahr die Kleider der Königin angezogen und als vermeintliche Königin das ihr von den Revolutionären dargebotene Gift ausgetrunken. Die Königin hatte sich inzwischen, als Weib eines Soldaten verkleidet, mitsammt dem Kronprinzen glücklich geflüchtet. Die Revolution war mißglückt. Die Japaner forderten großartige Genugthuung. Während aber die diesbezüglichen Unterterhandlungen noch im Gange waren, griff mit überlegener Gand der große chinesische Vice-könig Li Hung Tschang ein, nahm, auf Grund der Suzeränität des Kaisers von China, den Tai Wen Kun gefangen und ließ ihn nach China transportiren, wo er in Pauting Fu festgehalten wurde.

Trotz der unfreiwilligen Abwesenheit des Tai Wen Kun wurde es nicht ruhig im Lande. Im Jahre 1884 brach wieder eine Revolution aus. Dem König gelang es, auf dem Rücken eines Eunuchen aus der Hauptstadt zu entkommen. Der Führer der aufrührerischen Bewegung Kim Ok Kiun entkam gleichfalls. Er flüchtete nach Japan. Als er aber 1894 sich nach Shanghai herüberwagte, wurde er von einem Koreaner, wie man sagt, auf eigene Veranlassung des Königs ermordet, sein Leichnam nach Korea überführt und dort auf heimathlicher Erde mißhandelt und öffentlich ausgestellt.

Nach der, ohne Mitwirkung des Tai Wen Kun, durchgeführten Revolution von 1884, kam der König auf die sublime Idee, den Teufel durch Beelzebub auszutreiben, zu welchem Zwecke er den Tai Wen Kun wieder nach Korea zurückberief. Eine Zeit lang herrschte Ruhe. Im Sommer 1892 wurde es wieder lebendig. Diesmal fing nicht der Tai Wen Kun, sondern dessen Gegner an. Sie wollten ihn in seinem Hause in die Luft sprengen. Aber ungeschickter Weise riß das Explosiv, statt den Boden, nur die Wand des Zimmers auf, und der Tai Wen Kun, der natürlich nicht an der Wand hing, blieb am Leben, ohne daß übrigens der Sohn, der König, sich über diese göttliche Fügung besonders erfreut gezeigt hätte. In Korea heißt es in dieser Beziehung: Heute mir, morgen Dir, aber immer nur langsam voran. Zwei Jahre dauerte es, bis die Antwort kam. Im Februar 1894 wurde ein Attentat entdeckt, dessen Zweck es war, den König, den Kronprinz und die leitenden Minister in die Luft zu sprengen, womit deren politische Ideen, koreanisch gesprochen, besiegt gewesen wären. Aber auch dieses Attentat mißlang. Soweit die Geschichte der mißglückten koreanischen Blut- und Eisenstücke.

Am 18. October d. J. kam die glückliche Fortsetzung. Diesmal hatte es der Abwechslung halber der Tai Wen Kun wieder auf die Königin, seine alte und stärkste Gegnerin, abgesehen, und das Attentat gelang. Die Königin ist todt.

Das Sonderbarste an diesem Attentat ist, daß der Tai Wen Kun dabei die hilfreiche Mitwirkung japanischer Soldaten und des japanischen Gesandten Miura gefunden hat. Das war ein böser Streich, der wieder einmal aller Welt zeigt, wie oberflächlich aufgetüncht die europäische Kultur in Japan ist. In allen entscheidenden Momenten kommt unter dem diplomatisirenden Kulturfirniß der asiatische Untergrund von Intrigue und Blutgier hervor. Den halben Erfolg des ihrer europäischen Ueberlegenheit geschuldeten Kriegsglücks haben die Japaner wieder verscherzt durch den albernen Pistolenschuß, den ein von europäischer Höflichkeit noch unberührter Japaner während der Friedensverhandlungen in den Straßen von Schimonoseki gegen Li Hu Tschang abfeuerte. Seither haben die Japaner im Stillen in Korea großen Einfluß erobert, und es wäre dem rivalisirenden Rußland sicherlich schwer geworden, sie aus der Verwaltung, der Armee, kurz aus ganz Corea wieder hinauszutreiben, schwer, ohne einen Offensivkrieg um egoistischer Interessen Willen. Jetzt hat Rußland leichtes Spiel. Der wackere Alt-Japaner Miura hat ihm mehr genützt, als eine ganze Armee.

Wenn nun aber Japan aus Korea hinausgetrieben wird, was soll dann mit Korea geschehen? Der König ist unfähig zu regieren; seine in jedem Sinn bessere Hälfte, die Königin, ist todt, und die einzige kräftige Individualität in Korea ist der 74jährige Tai Wen Kun. Will Europa dessen blutbefleckten Händen zum Lohn gewissermaßen das Land preisgeben? Uns scheint, das kann nicht sein und wird nicht sein. Nicht der moralischen Gründe wegen, nein, wahrlich nicht, aber der Egoismus schon muß es allen europäischen Mächten gebieten, diesen alten, Europa feindlichen Blut- und Eisen-Politiker unschädlich zu machen, wenn es nicht Gefahr laufen will, daß das gelungene koreanische Massacre vom 18. Oktober auch demnächst an europäischem Blut und Fleisch wiederholt wird. Nach dieser Richtung hin hat den Weg Li Hung Tschang schon gezeigt. Man thue, so wie er 1882, man deportire den Tai Wen Kun, und wenn diesmal durchaus Rußland die Ehren der Initiative zufallen sollten, dann deportire man ihn, statt nach China z. B. nach Rußland. Da der regierende König sich selbst nicht zu helfen weiß, so gebe man ihm zur Hilfe eine internationale europäische Behörde, die von den Großmächten, aus der Reihe ihrer ostasiatischen Diplomaten, zusammenzusetzen wäre. Keine europäische Macht, auch Rußland nicht (?), hat den Wunsch, Korea zu annektiren. Alle haben aber das gemeinsame Interesse, daß Korea der europäischen Kultur erschlossen werde, und dazu scheint uns wenigstens der angegebene Weg am sichersten hinzuführen, wenn er auch zur Hälfte ein bischen asiatisch aussieht. Aber en Asie comme en Asie!

Berlin, den 16. Dezember 1895.   zu A. 13215 u. 13219.

An   Euerer pp. übersende ich anbei ergebenst
die Botschaften in   Abschriften zweier Berichte des K. Gesandten in
1. London № 1512.   Tokio vom 31. Oktober und 7. November d. J.,
2. St. Petersburg № 782.   betreffend die ostasiatischen Angelegenheiten,
                                                     zu Ihrer gefl. Information.
J. № 9092.   N. d. Hrn. St. S.

Verhältniß Rußlands zu Japan und Korea.

PAAA_RZ201-018919_234 ff.			
Empfänger	Fürst zu Hohenlohe - Schillingsfürst	Absender	Radolin
A. 13460 pr. 16. Dezember 1895. p. m.		St. Petersburg, den 14. Dezember 1895.	
Memo	cfr A. 13799 mtg. 20. 12. London 1550.		

A. 13460 pr. 16. Dezember 1895. p. m.

St. Petersburg, den 14. Dezember 1895.

№ 516.

Seiner Durchlaucht

dem Herrn Reichskanzler

Fürsten zu Hohenlohe - Schillingsfürst.

Der Japanische Gesandte berührte heute im Laufe eines Gespräches die Koreanische Frage und theilte mir mit, daß nachdem kürzlich dort weitere Unruhen gewesen, dieselben beseitigt seien. Die begonnenen Reformen würden langsam fortgesetzt. Das Verhältniß von Korea zu Japan sei ein ganz gutes. Die Japanischen Besatzungen blieben voraussichtlich einstweilen noch da, um die Japanischen Ansiedler zu schützen. - Rußland scheine gegen diese zeitweilige Okkupation nichts einzuwenden, weil es wohl zur Überzeugung gekommen sei, daß ohne die Anwesenheit der Japanischen Besatzung leicht weitere Unruhen ausbrechen könnten, Rußland aber momentan keine Truppen zur Verfügung habe, um gegebenenfalls die Japaner zu ersetzen und statt ihrer Ordnung zu halten. Also liege es im Interesse Rußlands den gegenwärtigen Zustand vorläufig nicht zu ändern.

Es verstehe sich von selbst, daß dies nur so lange dauern würde, als Rußland seine ostasiatischen Rüstungen nicht vollendet habe. Einstweilen sprächen sich Fürst Lobanow und der russische Vertreter in Tokio dahin aus, daß Rußland kein anderes Interesse dort habe, als die Unabhängigkeit von Korea gesichert zu sehen.

Herr Nitti deutete mir an, daß augenblicklich ein recht gutes Verhältniß zwischen ihm und dem Fürsten Lobanow bestehe. Nachdem vor Kurzem ein neuer russischer Gesandter nach Söul abgereist sei, würden wohl in einiger Zeit nähere Berichte aus Korea in Petersburg einlaufen.

Radolin.

Inhalt: Verhältniß Rußlands zu Japan und Korea.

[   ]

PAAA_RZ201-018919_238

Empfänger	Auswärtiges Amt in Berlin	Absender	Gutschmid
A. 13472 pr. 17. Dezember 1895 a. m.		Tokio, den 16. Dezember 1895.	
Memo	II mtg. i. Z. v. 20. 12. n. London 1542, Petersburg 795. II Tel. i. Z. v. 20. 12. Peking 68.		

Abschrift.

A. 13472 pr. 17. Dezember 1895 a. m.

Telegramm.

Tokio, den 16. Dezember 1895. 11 Uhr 15 Min. a. m.
Ankunft: 17. 12.   1 Uhr 45 Min. a. m.

Der K. Gesandte an Auswärtiges Amt.

Entzifferung.

№ 72.

pp.

Verhandlungen zwischen Japan und Rußland wegen Korea finden nicht statt, beide Theile verhalten sich abwartend.

gez. Gutschmid.

orig. i. a. China 20

Berlin, den 18. Dezember 1895.   A. 13353.

An

Botschafter

1. London № 1525.

2. St. Petersburg № 787.

Sicher!

J. № 9174.

Der chinesische Gesandte Hsü Ching Cheng hat
hier mündlich mitgetheilt,
[inser. aus dem Eingang et perg.:]
Vorstehendes zu Euerer pp gefl. Information.

N. S. E.

Berlin, den 19. December 1895.   A. 13377.

An

die Missionen in

1. London № 1529.

2. Paris № 742.

3. St. Petersburg № 789.

4. Dresden № 713.

5. Karlsruhe № 423.

6. München № 746.

7. Stuttgart № 713.

8. An die Herren

Staatsminister Excellenzen.

J. № 9184.

Eur. p. übersende ich anbei ergebenst Abschrift
eines Berichts des Kais. Consuls in Söul vom
29. Oktober d. Js., betreffend die neuliche
Palastrevolution daselbst und deren Folgen
ad 1 - 3: zu Ihrer gefälligen Information.
ad 4 - 7: unter Bezugnahme auf den Erlaß vom
4. März 1885 mit der Ermächtigung zur ＿＿＿＿
Mittheilung.

+   +   +

Eueren Excellenzen beehre ich mich anbei
Abschrift eines Berichts des [wie oben]
zur gefälligen Kenntnißnahme zu übersenden.

N. S. E.

Berlin, den 20. Dezember 1895.   A. 13398.

An

Botschafter

1. London № 1544.

2. St. Petersburg № 794.

Sicher!

J. № 9236.

Euerer pp. beehre ich mich anbei Abschrift eines Berichts des Kais. Gesandten in Tokio vom 12. v. Mts., betreffend die Koreanischen Angelegenheiten, zu Ihrer gefl. Information zu übersenden.

Mit Bezug auf den letzten Absatz des Berichts bemerke ich erg., daß der Kais. Konsul in Söul unter dem 11. v. Mts. telegraphisch noch ausdrückliche Anweisung erhalten hat, sich jeder Partheinahme bei den dortigen Wirren zu enthalten. Der Kais. Gesandte in Tokio ist hiervon inzwischen in Kenntniß gesetzt worden.

N. S. E.

Berlin, den 20. December 1895.   zu A. 13399.

An

die Botschaften in

1. London № 1544.

2. St. Petersburg № 797.

J. № 9241.

Euerer pp. übersende ich anbei ergebenst Abschrift eines Berichts des Kais. Gesandten in Tokio vom 13. v. Mts., betreffend Korea, zu Ihrer gefälligen vertraulichen Information.

N. S. E.

Berlin, den 20. Dezember 1895.

zu A. 13401/13404.

1. London № 1545.
2. St. Petersburg № 798.

J. № 9243.

Euerer pp. übersende ich anbei ergebenst
Abschrift zweier Berichte des Kais. Gesandten
in Tokio von 14. und 15. v. Mts., beide die
angeblich zweideutige Haltung des Grafen
Inouyé in Korea betreffend,
zu Ihrer gefälligen Information.

N. S. E.

Berlin, den 20. Dezember 1895.

zu A. 13460.

An
die Botschaft in
London № 1550.

J. № 9255.

Euerer pp. übersende ich anbei ergebenst
Abschrift eines Berichts des Kais. Botschafters
in St. Petersburg vom 14. d. Mts., betreffend
Rußlands Verhältniß zu Japan und Korea,
zu Ihrer gefälligen Information.

N. S. E.

PAAA_RZ201-018919_246 f.

Empfänger	Fürst zu Hohenlohe - Schillingsfürst	Absender	Radolin
A. 13799 pr. 27. Dezember 1895. a. m.		St. Petersburg, den 24. Dezember 1895.	
Memo	mitg 30. 12. n. London 1584.		

A. 13799 pr. 27. Dezember 1895. a. m.

St. Petersburg, den 24. Dezember 1895.

№ 530.

Seiner Durchlaucht

dem Herrn Reichskanzler

Fürsten zu Hohenlohe - Schillingsfürst.

Entzifferung.

Zu Bericht № 516 vom 14. d. M.[20]

In einem Gespräch, sagte mir Fürst Lobanow, daß er die Japaner drängen müsse, Korea baldigst zu räumen, da die Anwesenheit derselben nicht zur Wiederherstellung der Ordnung beitragen. Er fügte hinzu, daß er nichts von einer durch fremde Vertreter in Seoul angeregten von Japanern auszuführenden Entwaffnung der koreanischen Leibwache - die, wie er glaube, aus Japanern bestehe - wisse.

Radolin.

---

20 A. 13460 gehor. beigef.

Politische Vorgänge in Korea.

PAAA_RZ201-018919_248 ff.			
Empfänger	Fürst zu Hohenlohe - Schillingsfürst	Absender	Krien
A. 13849 pr. 29. Dezember 1895. a. m.		Söul, den 7. November 1895.	
Memo	cfr. A. 226/96 mtg. 1. 1. nach London 2, Petersbg 1. J. № 497.		

A. 13849 pr. 29. Dezember 1895. a. m.

Söul, den 7. November 1895.

Kntrl. № 59.

An Seine Durchlaucht

den Reichskanzler

Fürsten zu Hohenlohe - Schillingsfürst.

Euerer Durchlaucht beehre ich mich im Anschluß an meinen Bericht № 56[21] vom 29. v. Mts. ganz gehorsamst zu melden, daß die beiden Kommandeure der aufrührerischen Bataillone entlassen worden und geflohen sind. Das Regiment selbst soll nach einer Verordnung des Königs umformirt werden. An seine Stelle sollen 2 Bataillone Gardetruppen, denen der Schutz der Hauptstadt obliegt, und 2 Bataillone Schutztruppen treten, die für die Aufrechterhaltung der Ordnung in den Provinzen zu sorgen haben.

Der Japanische Specialbotschafter, Graf Inouye, ist in Begleitung des Ceremonienmeisters Nagasaki Michinori und seines Sohnes, des Secretärs im Auswärtigen Amte zu Tokio, Inouye Katsunosuke, früheren Legationssecretärs in Berlin, am 31. v. M. hier angekommen und hat in der ihm vorgestern Nachmittag ertheilten Audienz dem Könige ein eigenhändiges Schreiben des Kaisers von Japan mit dessen Sympathiebezeugungen, sowie einige Geschenke des Kaisers und der Kaiserin überreicht. Mit dem Grafen Inouye kamen ferner 7 Offizere als Ersatz für die nach Japan zurückberufenen.

Auf Veranlassung der Russischen, Amerikanischen und Englischen Vertreter fand am Vormittage des 5. d. Mts. in der Japanischen Gesandtschaft eine Sitzung der fremden

---

21 A. 13377 ehrerb. beigefügt.

Vertreter - mit Ausnahme des Französischen - statt. Graf Inouye erklärte sich bereit, die meuterischen Bataillone durch Japanische Truppen aus dem Palaste entfernen zu lassen, hielt es aber für angezeigt, vorher den Taiwönkun von dort fortzuschaffen. Er müßte aber dazu zuvörderst Weisungen seiner Regierung einholen. Herr Komura glaubte im Stande zu sein, den Vater des Königs ohne Aufsehen aus dem Palaste zu entfernen und dort eine genügende Anzahl Japanischer Soldaten einzuschmuggeln, die dann später die Koreanischen Truppen ohne Blutvergießen entwaffnen und den Kriegsminister, sowie andere Mitglieder des Cabinets verhaften könnten. Herr Hillier hielt die Anwesenheit sämmtlicher Vertreter bei der "Änderung der Regierung" und zwar, soweit sie hier Detachements haben, mit etwa je 4 Soldaten, für empfehlenswerth. Herr Sill erklärte dagegen, daß er die Amerikanischen Marinesoldaten dazu nicht verwenden könnte, weil diese nur für die Bewachung seiner Gesandtschaft bestimmt seien. Herr Waeber bat den Japanischen Botschafter, bei der am Nachmittage stattfindenden Audienz zu dem Könige nicht von Geschäften zu reden, da dies die Aufmerksamkeit und den Verdacht der Kabinetsmitglieder erregen und den Plan vereiteln könnte. Ich habe der Versammlung lediglich als Zuhörer beigewohnt.

Bei einem Besuche, den mir der Japanische Legationssecretär Hioki am 31. v. Mts. abstattete, erklärte er mir, Vicomte Miura wäre gegen die Königin so erbittert gewesen, weil er schriftliche Beweise gehabt hätte, daß sie ein Russisches Protectorat über Korea nachgesucht hätte. Zu diesem Zwecke hätte auch der König an den Kaiser von Rußland die schriftliche Bitte gerichtet, Herrn Waeber noch weiter hier zu belassen. Auch sei der Mörder von Kim Ok Kiun nebst 6 anderen Vertrauten der Königin, mit großen Geldmitteln ausgerüstet, nach Wladivostock entsandt worden.

Daß der König sich wegen des ferneren Verbleibens des Herrn Waeber in Söul an den Kaiser von Rußland gewandt hat, ist richtig. Dagegen scheinen die Angaben über die Protectoratspläne der Königin nach meinen bisherigen Ermittelungen nicht begründet zu sein.

Am 1. d. Mts. besuchte mich Herr Inouye Katsunosuke und theilte mir dabei mit, Vicomte Miura sei der Überzeugung gewesen, daß alles Unheil Koreas von der Feindschaft zwischen der Königin und dem Taiwönkun herrührte. Aus Privatbriefen an seine Freunde in Japan zu schließen, habe er die fixe Idee gehabt, daß das Königreich nur dadurch gerettet werden könnte, daß die Königin unschädlich gemacht würde. Er müsse ganz von Sinnen gewesen sein. Der Militärattaché, Oberstlieutenant Kasunosé, hätte anscheinend im letzten Augenblicke Bedenken gehabt, denn er sei am 7. v. Mts. nach Chemulpo gereist, von dem Gesandten aber telegraphisch zurückgerufen worden, weil der nächstältere Offizier, Bataillons-Kommandeur Major Mayabara, sich geweigert hätte, ohne den Befehl des Oberstlieutenants die Japanischen Truppen marschiren zu lassen.

In der Amerikanischen Gesandtschaft halten sich sieben, in der Russischen 2 oder 3 Anhänger der Königin seit dem 8. v. M. verborgen.

Das frühere Haupt der Minpartei, Min Yong chun, der sich in's Inland geflüchtet hatte, ist verhaftet und hierher gebracht worden.

Gestern Abend theilte mir Graf Inouye mit, daß er kurz vorher eine fünfstündige Unterredung mit dem Premierminister Kim Hong jip gehabt hätte, der ihn um seinen Rath und um seine Ansicht über die Sachlage gebeten hätte. Er hätte demselben erwiedert, daß er sich zuvor mit den fremden Vertretern in's Einvernehmen setzen müßte. Auf seine heftigen Vorwürfe, daß der Premierminister trotz seiner früheren Loyalitätsversicherungen dem Könige die Treue gebrochen, hätte ihm Herr Kim erwiedert, daß er sowohl wie der Kriegsminister und der Viceminister des Innern und die anderen Mitglieder des Cabinets sich gezwungen der Bewegung angeschlossen hätten, um noch größeres Unheil zu verhüten. Die Hauptübelthäter seien die inzwischen entflohenen Bataillonskommandeure gewesen.

Abschriften dieses ganz gehorsamsten Berichtes sende ich an die Kaiserlichen Gesandtschaften zu Peking und Tokio.

Krien.

Inhalt: Politische Vorgänge in Korea.

Haltung Deutschlands in der Koreanischen Frage.

PAAA_RZ201-018919_252 ff.

Empfänger	Fürst zu Hohenlohe - Schillingsfürst	Absender	Gutschmid
A. 13856 pr. 29. Dezember 1895. p. m.		Tokio, den 18. November 1895.	

A. 13856 pr. 29. Dezember 1895. p. m.

Tokio, den 18. November 1895.

A 335.

An Seine Durchlaucht

den Herrn Reichskanzler

Fürsten zu Hohenlohe - Schillingsfürst.

Am heutigen Vormittag besuchte ich den Minister der Auswärtigen Angelegenheiten, um demselben auftragsgemäß mitzutheilen, daß unser Konsul in Söul bereits seit längerer Zeit Weisung habe, sich in allen dort auftauchenden politischen Fragen Zurückhaltung aufzuerlegen. Ich fügte hinzu, daß wenn Herr Krien, wie er, der Minister, mir gesagt, an den Berathungen der fremden Vertreter Theil nehme, dies nur als Zuhörer geschehe, um ihn in den Stand zu setzen, über die schwebenden politischen Fragen auf Grund eigener Wahrnehmungen nach Berlin zu berichten. Meine ihm sowohl wie dem Marquis Ito gegenüber wiederholt ausgesprochenen Zweifel, daß der Kaiserliche Konsul sich an den Schritten der übrigen fremden Vertreter aktiv betheilige, seien demnach, wie ich mich konstatiren zu können freue, thatsächlich begründet gewesen.

Marquis Saionji sprach mir seinen wärmsten Dank für meine Mittheilung sowie für das durch Euerer Durchlaucht Instruktionen an den Konsul Krien bewiesene freundliche Entgegenkommen aus und erklärte, den Inhalt unserer Entrevüe sofort dem Minister-Residenten Komura nach Söul telegraphisch übermitteln zu wollen.

Zum Schluß kam der Minister auf die ihm noch immer räthselhaft erscheinende Nichtausführung des dem Vicomte Aoki am 25. Oktober gewordenen Auftrages[22] hinsichtlich Korea's durch den Letzteren zu sprechen. Er erwarte im Laufe des heutigen Tages eine Drahtmeldung aus Berlin und werde, falls dieselbe ausbleibe, heute Abend nochmals und zwar noch dringender als am 14. telegraphiren. Erläuternd bemerkte hierzu

---

22 A. 11582 i. a. Korea 1ehrerbietigst beigefügt.

der Marquis im engsten Vertrauen, er habe neulich dem Kaiser über die Sache Vortrag gehalten und habe sich Seine Majestät Höchstlich sehr mißfällig darüber geäußert, daß die fragliche Deklaration hinsichtlich Korea's grade in Berlin nicht abgegeben worden sei. Der Kaiser habe Immediatbericht über Erledigung der Angelegenheit gefordert; daher müsse er Vicomte Aoki von Neuem mahnen.

Gutschmid.

Inhalt: Haltung Deutschlands in der Koreanischen Frage.

Japan´s Politik gegenüber Korea.

PAAA_RZ201-018919_256 ff.

Empfänger	Fürst zu Hohenlohe - Schillingsfürst	Absender	Gutschmid
A. 13857 pr. 29. December 1895. p. m.		Tokio, den 20. November 1895.	

A. 13857 pr. 29. December 1895. p. m.

Tokio, den 20. November 1895.

A. 336.

An Seine Durchlaucht

den Herrn Reichskanzler

Fürsten zu Hohenlohe - Schillingsfürst.

Vicomte Aoki hat auf die Rückfrage des Ministers der Auswärtigen Angelegenheiten wegen Nichtabgabe einer Deklaration der hiesigen Regierung betreffs Korea´s (: cfr. s. pl. Bericht A. 331 vom 14. d. M.:)[23] unter dem 17. d. M. eine am gestrigen Tage hier eingegangene Drahtmeldung an Marquis Saionji gerichtet, deren Inhalt mir Letzterer umgehends durch den Rath Motono mittheilen ließ. Sie hat etwa folgenden Wortlaut:

Er, der Gesandte, habe am 30. Oktober den Herrn Staatssekretär des Auswärtigen Amts zu sprechen Gelegenheit gefunden und als Seine Excellenz im Laufe eines die Koreanische Frage betreffenden Gesprächs Bedenken über die möglichen Folgen einer zu beschleunigten Zurückziehung der Japanischen Truppen aus dem Königreich geäußert, die fragliche Deklaration abgegeben. Auf Grund der unter dem 14. d. M. an ihn ergangenen Weisungen habe er am 16. d. M. die Deklaration in förmlicherer Weise wiederholt. Der Herr Staatsekretär habe sich bei dieser Gelegenheit seiner, des Vicomte Aoki, Mittheilung vom 30. v. M. erinnert.

Herr Monoto fügte im Auftrag des Marquis Saionji hinzu, daß Vicomte Aoki wahrscheinlich den Fehler begangen haben werde, den ihm gewordenen Auftrag ursprünglich nur gesprächsweise zu verwerthen, sodaß im Auswärtigen Amt seiner Mittheilung nicht die von der Japanischen Regierung beabsichtigte Bedeutung beigelegt worden sei.

Gutschmid.

Inhalt: Japan´s Politik gegenüber Korea.

---

23 A. 13402 ehrerbietigst beigefügt.

Die Haltung des Grafen Inouyé in Korea.

PAAA_RZ201-018919_260 ff.

Empfänger	Fürst zu Hohenlohe - Schillingsfürst	Absender	Gutschmid
A. 13860 pr. 29. Dezember 1895. p. m.		Tokio, den 25. November 1895.	
Memo	met. mtg. 2. 1. London 5, Petersb. 3.		

A. 13860 pr. 29. Dezember 1895. p. m.

Tokio, den 25. November 1895.

A. 340.

An Seine Durchlaucht

den Herrn Reichskanzler

Fürsten zu Hohenlohe - Schillingsfürst.

Aus einem heute erhaltenen Privatschreiben des Kaiserlichen Konsuls in Söul ersehe ich, daß, entgegen den diesbezüglichen vertraulichen Mittheilungen des Marquis Saionji der Botschafter Graf Inouyé dennoch am 8. d. M. eine schriftliche Ermächtigung sämmtlicher fremden Vertreter in Söul, den Palast behufs Herstellung der Ordnung und Sicherheit des Königs durch Japanische Truppen besetzen zu lassen, nachgesucht hatte, von den Herren Waeber, Sill und Hillier aber bedeutet worden war, daß sie ihrer früheren Erklärung nichts zuzusetzen und daß sie an ihre Regierungen berichtet hätten.

Daß diese Haltung des Grafen Inouyé in grellem Widerspruch zu den von dem hiesigen Minister der Auswärtigen Angelegenheiten bei mir und meinen Kollegen gestellten Anträgen steht und daß demnach die Version des Russischen Geschäftsträgers in Söul die richtige ist, bedarf keiner weiteren Ausführung. Auch scheint jetzt die Vermuthung des Russischen Gesandten, daß Japan auf ein Mandat der Mächte, in die Koreanischen Wirren von Neuem einzugreifen hinarbeitet, nicht unbegründet. Richtig und vom Standpunkte der Japanischen Interessen auch erklärlich ist nach dem Schreiben des Konsuls Krien nur, daß Graf Inouyé bei Besetzung des Palastes durch Japanische Truppen nicht geneigt war, die Forderung der Vertreter Rußlands, Amerikas und Englands, die frühere Ordnung (: also den Zustand vor dem 8. Oktober :) herzustellen, zu erfüllen. Dies ist auch, wie ich bereits früher auszuführen die Ehre gehabt habe, nicht zu verwundern, wenn man bedenkt, daß die Mitglieder des jetzigen Koreanischen Kabinets nahezu die einzigen Freunde sind, die Japan dort hat.

Gutschmid.

Inhalt: Die Haltung des Grafen Inouyé in Korea.

Berlin, den 30. Dezember 1895.   A. 13799.

An
Botschafter
London № 1584.
Sicher!

J. № 9498.

Euerer pp. beehre ich mich anbei Abschrift
eines Berichts des Kais. Botschafters in St.
Petersburg vom 24. d. M., betr. Rußlands Politik
in Korea,
zu Ihrer gefl. Information zu übersenden.

                          N. S. E.

Auswärtiges Amt
Abth. A.

Politisches Archiv d. Auswärt. Amts

Acta

Betreffend

Korea

Vom 1. Januar 1896
Bis 29. Februar 1896

Vol.: 20
conf. Vol.: 21

Politisches Archiv des Auswärtigen Amts
R 18920

KOREA. № 1.

Desgl. v. 20. 12. № 66: Der Anstifter des neuen Putsches vom 28. Oktober, Handelsminister I Pom Chin, hält sich in der Russischen Gesandtschaft verborgen, auch haben die im Königspalast weilenden Amerikaner darum gewußt. Dem König selbst ist der Putsch erwünscht gewesen. Die russische Regierung wünscht, daß nur 50 japanische Soldaten in Söul bleiben und sie wird dort die gleiche Anzahl stationiren.	1235. 4. 2.
Aufzeichnung des Herrn Unterstaatssekretärs v. 14. 2.: Nach Mittheilung des hiesigen japanischen Gesandten sind mehrere russische Offiziere mit 200 Marinesoldaten in Söul eingerückt, der König habe sich auf die russische Gesandtschaft geflüchtet.	1606. 14. 2.
Tel. a. Chifu (Söul?) v. 15. 2. № 1: Der König und der Kronprinz von Korea haben sich in die russische Gesandtschaft geflüchtet, 150 russische Mastrosen sind in Söul eingerückt, das Cabinet ist gestürzt, zwei Minister ermordet.	1695. 16. 2.
Ber. a. Söul v. 26. 12. № 67: Dem russischen Gesandten, welcher sich zur Audienz in den Palast begeben wollte, ist der Eintritt verweigert. Herr Waeber wird auch nach Eintreffen des neuernannten Gesandten Speyer vielleicht als russischer „Kommissar" in Korea bleiben, da Rußland zu wünschen scheine, Korea unter gemeinsame Kontrolle der Vertragsmächte zu stellen.	1741. 17. 2.
Ber. a. Petersburg v. 6. 2. № 47: Nach Mittheilung des Fürsten Lobanow soll die Königin von Korea noch am Leben sein. - Der Fürst beklagt sich über die Verzögerung der Räumung Korea's Seitens Japan.	1410. 9. 2.
Ber. a. Tokio v. 13. 1. A. 13: Erklärungen des Ministerpräsidenten Ito im japanischen Herrenhaus bezüglich der Politik Japans gegenüber Korea: der Grundgedanke derselben sei die Unabhängigkeit Korea's	1765. 17. 2.
Tel. a. Tokio v. 17. 2. № 1: Der König von Korea hält sich noch immer in der russischen Gesandtschaft auf. - Vicomte Ito hält die Unabhängigkeit Koreas für undurchführbar, will auch dort nicht interveniren, wird aber die japanischen Truppen noch nicht zurückziehen. Ein Konflikt mit Rußland soll unter allen Umständen vermieden werden.	1781. 18. 2.

St. Petersburger Zeitung v. 25. 2.: Stellung Englands zur russischen Politik in Bezug auf Korea. Streben Rußlands nach Erlangung eines eisfreien Hafens in Ostasien.	2061. 25. 2.
Ber. a. London v. 17. 2. № 127: Die „Times" über den russischen coup de main in Korea. Der „Globe" sagt, England könne nicht dulden, daß Rußland sich in Korea festsetze, wenn es nicht bedeutende Konzessionen gewähre.	1799. 19. 2.
Desgl. v. 19. 2. № 134: Erklärungen des parlamentarischen Unterstaatssekretär des Äußern im englischen Unterhause über die Flucht des Königs in die russische Gesandtschaft und die Landung eines russischen Detachements.	1874. 21. 2.
Ber. a. Tokio v. 19. 1. A. 19: Weiteres über Nichtausführung einer Instruktion, welche der japanische Gesandte in Berlin im Oktober v. J. zur Übermittelung an die Kaiserliche Regierung erhalten hatte.	2040. 25. 2.
Ber. a. Petersburg v. 25. 2. № 89: Russische Preßstimmen über die koreanische Frage und das eventuelle Protektorat Rußlands über Korea.	2132. 28. 2.
Mil. Ber. a. Petersburg v. 18. 2. № 19: Der russische Militär-Attaché in Söul, Oberstlieutenant Strjelbizki ist mit kartographischen Aufnahmen in Korea beauftragt.	1917. 22. 2.
Ber. a. Bukarest v. 19. 2. № 24: Der König von Rumänien meint, bei den letzten Vorgängen in Korea habe der Gesandte Hitrowo seine Hand im Spiele gehabt, der ihm oft dargelegt habe, Korea müsse russisch werden.	1998. 24. 2.
Ber. a. Tokio v. 22. 1. A. 20: Freisprechung der wegen Theilnahme an der Palastrevolution am 8. Oktober v. J. angeklagten japanischen Beamten und Offiziere.	2041. 25. 2.
Ber. a. Tokio v. 23. 2. A. 21: Artikel der „Japan Daily Mail" über die Freisprechung des Vicomte Miura von der Urheberschaft an dem Putsch in Söul am 8. Oktober v. J. Der russische Gesandte befürchtet, daß das Petersburger Kabinet darüber verstimmt sein könnte.	2042. 25. 2.

Desgl. v. 24. 1. A. 22: Nach Mittheilung des japanischen Vertreters in Söul übt der König von Korea volle Regierungsgewalt aus und sei nicht Gefangener des Taiwönkun. Die Absicht, den Kronprinzen von Korea nach Japan zu entsenden, bestehe nicht. Korea ist von den Japanern fast gänzlich geräumt.	2043. 25. 2.
Desgl. v. 31. 12. A. 365: Adresse der Oppositionspartei im japanischen Landtag wegen der Haltung der Regierung in der Liaotung-Angelegenheit und in der koreanischen Frage.	1319. 6. 2.
Ber. a. London v. 21. 2. № 142: Nach amtlicher Erklärung im Unterhause sieht die englische Regierung das von der russischen Regierung i. J. 1886 abgegebene Versprechen, koreanisches Gebiet unter keinen Umständen zu besetzen, noch als bindend an.	1954. 23. 2.
Ber. a. Tokio v. 18. 1. A. 18: Die russisch-japanischen Beziehungen sind zur Zeit freundliche; Marquis Ito meint, bezüglich Koreas herrsche, ohne daß Abmachungen getroffen seien, zwischen beiden Ländern Einvernehmen.	2039. 25. 2.
Ber. a. Petersburg v. 26. 2. № 88: Der ehemalige russische Gesandte Waeber ist zum Berather des Königs von Korea als dessen Kabinetschef berufen worden, Oberst Strelbicki ist zum Militär-Attaché in Söul ernannt.	2150. 28. 2.
Ber. a. Lissabon v. 24. 2. № 32: Nach Mittheilung des russischen Gesandten in Lissabon ist Rußland mit Japan zu einer Verständigung über Korea gelangt.	2193. 29. 2.

Berlin, den 1. Januar 1896.

zu A. 13849.

An

die Botschaften in

1. London № 2.

2. St. Petersburg № 1.

J. № 7.

Euerer pp. übersende ich anbei ergebenst Abschrift eines Berichts des Kais. Consuls in Söul vom 7. November v. J., betreffend die Vorgänge in Korea, zu Ihrer gefälligen Information.

N. S. E.

Berlin, den 2. Januar 1896.

zu A. 13860.

An
die Botschaften in
1. London № 5.
2. St. Petersburg № 3.

J. № 19.

Euerer pp. übersende ich anbei ergebenst
Abschrift eines Berichts des Kais. Gesandten in
Tokio vom 25. November v. Js., betreffend die
Haltung des Grafen Inouyé in Korea,
zu Ihrer gefälligen Information.

N. S. E.

Die amerikanische Vertretung in Korea.

PAAA_RZ201-018920_016 ff.

Empfänger	Fürst zu Hohenlohe - Schillingsfürst	Absender	Wielmann
A. 139 pr. 5. Januar 1896. a. m.		Washington, D. C., den 16. Dezember 1895.	
Memo	I mtg. 9. 1. n. London 25, Petersbg. 18 II Erl. v. 9. 1. nach Tokio A. 1		

A. 139 pr. 5. Januar 1896. a. m.

Washington, D. C., den 16. Dezember 1895.

№ 637.

An Seine Durchlaucht

den Herrn Reichskanzler

Fürsten zu Hohenlohe - Schillingsfürst.

Nach einer vertraulichen Mittheilung des dritten Hülfs-Staats-Sekretärs Herrn Rockhill hatte die japanische Regierung sowohl durch ihren hiesigen Gesandten, als auch dem amerikanischen Vertreter in Tokio gegenüber, vor Kurzem die Haltung des amerikanischen Geschäftsträgers in Seoul und dessen Einmischung in koreanische innere Angelegenheiten zum Gegenstand einer Beschwerde gemacht.

Eine Untersuchung der Angelegenheit ergab, daß der mit der Vertretung des auf kurze Zeit beurlaubten amerikanischen Minister-Residenten betraute Deputy Consul General, Horace N. Allen, - ein früherer Missionar, - sich im Oktober d. J. unter Führung des russischen Geschäftsträgers Herrn Waeber und in Begleitung des englischen General-Konsuls Hillier zu verschiedenen Malen ins Palais begeben und daselbst allerhand Reform-Vorschläge vorgebracht hatte; auch nach Ermordung der Königin von Korea hat er geglaubt, gegen diesen Gewaltakt amtlich Protest erheben zu sollen. Weiter hatte er sich seinen Collegen zu einem gemeinsamen Schritt gegen das neu formirte koreanische Cabinet, welchem japanfreundliche Gesinnungen nachgesagt wurden, angeschlossen und hatte sich geweigert, dasselbe anzuerkennen.

Endlich hatte er gegen den japanischen Gesandten in Korea auf Grund des gegen ihn erhobenen Verdachts der Betheiligung an der Palastrevolution Stellung genommen und war mit seinen Collegen dahin übereingekommen, den japanischen Vertreter von den gemeinsamen Berathungen des Konsular-Korps auszuschließen.

Wegen dieses Verhaltens ist Herr Allen nunmehr scharf gemaßregelt und ihm von dem Staats-Sekretär Olney bedeutet worden, sich jeglicher Einmischung in innere koreanische Angelegenheiten sowie jeder offenkundigen Feindschaft gegen die dortigen Japanischen Bestrebungen zu enthalten: Weiterhin ist die amerikanische Vertretung in Korea angewiesen worden, den Traditionen der hiesigen Politik getreu sich aller und jeglicher gemeinsamer Schritte mit den Vertretern auswärtiger Mächte zu enthalten und da, wo die geschädigten Interessen amerikanischer Staatsangehöriger in Frage kommen, gesondert und lediglich in Vertretung der amerikanischen Forderungen bei der koreanischen Regierung vorstellig zu werden.

Wielmann.

Inhalt: Die amerikanische Vertretung in Korea.

PAAA_RZ201-018920_020 f.

Empfänger	[o. A.]	Absender	John A. Cockerill
A. 154. pr. 5. Januar 1896. p. m.		[o. A.]	

A. 154. pr. 5. Januar 1896. p. m.

THE NEW YORK HERALD
5. 1. 96.

COUNT INOUYE'S QUEER SUGESTION

Colonel Cockerill Reports Japan's Minister as Weary of the Burden.

LET AMERICA TAKE A HAND

The Count Thinks the United States Might Assume Guidance and Direction.

[SPECIAL CORESPONDENCE OF THE HERALD.]

SEOUL, COREA, Nov. 19, 1895.-Over a month ago the Government of Corea was turned upside down, the Queen murdered and a number of her retainers slain, and yet practically nothing has been done toward driving the usurping Tai-Won-Kun and his fellow conspirators out of the palace and restoring the rightful Order of the realm. The whole country is in a state of anarchy, for nobody knows what official to obey or to whom to pay tribute. Official changes are taking place hourly and the usurper is growing stronger and stronger.

All things are waiting upon Count Inouye, whose pledge that the status will be restored is accepted in good faith. But he is moving carefully, lest, after the restoration of the King, he finds the throne surrounded by an anti-Japanese Ministry. Foreign representatives have conferred with Count Inouye frankly and freely, and all of them have promised him their support when he begins to move in the right direction. Unless he takes some steps soon, he will have a protest from the diplomatic corps which will be likely to quicken him. Foremost in insisting upon the prompt undoing of the foul work of October 8 is our

Minister, Mr. Sill.

INOUYE'S LATEST SUGGESTION.

Count Inouye, who seems to be laboring seriously and sincerely to secure for Corea some stable form of government, thereby relieving Japan of the vexatious burden which she has taken upon herself, suggested in a recent conversation that it would be an excellent thing if the United States could be induced, under the guarantee of the Powers interested in the peace of the Orient, to assume the guidance and protection of the country. He thought that the lack of selfish interest upon the part of our Government qualified it in the fullest sense to act as guardian for Corea and give to her the reform and the education which she so badly needs. He said that he fully realized the good sense and wisdom which had established upon the part of the United States the policy of non-interference in the affairs of others, but in this instance she could not be accused of meddling in foreign matters if invited by a joint Conference to kindly extend over an unhappy country a sort of guardianship which would be both humane and civilizing and in the interest of the whole world.

The jealousies of the European Powers would not permit either Japan or Russia to assume the control needed here. To leave Corea to herself meant ruin. He was satisfied that nothing would please Japan better than to see the United States exercising a disinterested guardianship over Corea, under a treaty made by all the parties in interest. Of course, this would be a simple solution to the vexed Eastern question, so far as Corea is concerned. A great field for missionary work would be opened up to the United States, and the Christianizing of Corea would be the eventual outcome of such a protectorate. Of course the United States, if besought by every nation on the face of the earth to render this Service to mankind, would decline, because her traditions would be violated. A bad example would be set up, and other foreign invitations might be accepted which would lead to unpleasant entanglements.

But the suggestion of Count Inouye, made in all sincerity, is a pleasant compliment to our Republic, and it comes because of the very fact that we are in the habit of attending to our own business, and are therefore free from the accusation of selfish and mercenary motives.

JAPAN'S POOR WORK IN COREA

Japan has placed herself naked before the world, and though she punish her assassins of the Queen and her murderous soldiers, who stormed the Corean palace and set a ruthless usurper on the throne, she cannot make herself guiltless in the eyes of the watchful world. Indeed, perhaps she is indifferent. One of her newspapers, the Nippon, of Tokio, has already declared, in advocating the recognition of the usurper's Government

—made with Japanese bayonets and assassin swords—that Japan has no reason to be restrained by the action of foreign representatives in Seoul.

The *Japan Mail*, always a staunch supporter of the Japanese Government, has, I regret to see taken up a specious defence of the Japanese policy in Corea. It maintains that matters had reached such a point here that a revolution was necessary; that nothing could restrain the shrewd, indomitable Queen, or eliminate her from politics. The King was her puppet, and she was an obstacle to Japanese reforms. She could only be checked by setting both herself and the King aside and placing the Tai-Won-Kun in power. The editor holds that this was good politics, but he regrets that, owing to some irresponsible Soshi attaching themselves to the plot, the Queen, unfortunately, was butchered.

As for the Minister of the Household, the gallant Colonel Hong, of the Corean battalion, the three women of the household and a number of the palace guards, who were slain, he allows nothing. That was all incidental to the plot. The killing and burying of the Queen, by which Japan is to largely profit, was a sad accident, that's all. Editor Brinkley chides the Japanese about making such a pother over the affair, accuses them of "a national vertigo," and predicts that the Corean slaughter and revolution of October 8, 1895, will not occupy a point of salience in history so marked as many people now imagine. Alas for Japan when she yields to such malevolent advice from her professed friends! Perhaps Japan is no longer on exhibition before the world!

WHAT OF RUSSIA'S POLICY?

At this writing no foreign representative, aside from Japan, has given recognition to the usurper's Ministry but the German Consul, who is the temporary representative of Emperor William here just now. He has had friendly intercourse with some members of the new Cabinet, and it is presumed that would be transact business with them had he any to transact. The failure of Germany to reap benefits from her alliance with Russia and France in behalf of "Oriental peace", may incline her to manifest a warmer side for Japan. But what of Russia's policy?

At first it was believed that she was only waiting to see what Japan would do in the setting aright the manifest wrong which her stupid Minister and her nationals had done here. She has waited. More than a month has elapsed and Japan has not only undone nothing, but she is proceeding to avail herself of the profits and proceeds of the crimes committed in her name. Russia makes no sign, though she has never had nor will she ever have so good a pretext for inserting herself in Corea's affairs. An Ultimatum from her would send Japan out of here in rapid Order.

Her big fleet is at Chefoo, and she is sending new warships with Orders to cruise in Corean waters. Does this mean that she is waiting to amply prepare herself, or is her policy, now that she is certain of eventual possession of Liao-Tung, one of indifference to Corea? Has she concluded that, with all Manchuria in her possession, and, in the early future, a railway Stretching back of her to St. Petersburg and all Russia, she cares nothing for Japan on her Corean lee? If this change has come, what of her dread of Japan on the mainland of Asia, which was so distressing to contemplate six months ago? It may be that Russia does not care to enter her protest against the methods which Japan is employing in extending her influence over Corea, for the reason that she does not wish to raise issues which may precipitate a war on the threshold of winter, but, looking at the situation squarely from her standpoint, she is letting a great opportunity go by.

COREANS HOSTILE TO JAPAN.

Nothing can be truer than that the Coreans, as a mass, were never so hostile to Japan as they are today. They have no hostility whatever for other foreigners. There is no such spirit here as is found in the concrete China and, to a degree, in Japan. But the hatred of Japan is deep, though inexpressive, and is, I verily believe, almost ineradicable. The late assault upon the palace and the murder of the Queen have embittered thousands who were passive before. Should Russia come to Corea at this juncture she would find a welcome as I universal as that which hailed the columns of Napoleon when they entered Poland for the first time. I would not be honest did I not say this, and yet I have maintained all the while that Japan is entitled to control Corea and is better prepared to set her on the way to progress than Russia or any other Power.

The blunders of Japan in this country have simply been monstrous and inexcusable. No close observer of events in this quarter can fail to believe that England has made up her mind to abandon her almost traditional policy of interning Russia upon her own territory. The captain of the big English cruiser now at Chemulpo was here on a visit a few days ago. He declared, and I assume that he fairly represented the spirit of the English navy, that England has made a mistake in fighting Russia back upon herself in the Baltic and the Black Sea. He said that it was now realized that Russia must have an outlet upon the Pacific, and to oppose her was folly and worse. There is no alliance between England and Japan, and it may be doubted whether one is possible. There is nothing, it would seem, in the way of Russia asserting herself in this quarter, and the misguided policy of the Japanese has given her every reason for interfering that she desires. But no one has ever yet been quite able to fathom a Russian policy, and I presume her intentions towards Corea are entirely inscrutable.

THE VILLANOUS TAI-WON-KUN.

The villanous old Tai-Won-Kun goes on charging and directing affairs in the name of "Royal Parent." Sometimes he refers to himself as the "National Grand Duke." The latter title probably pleases him best, but it has less raison d'être than the former. No mouse in the paws of a cat was ever more submissive than is the poor King in the hands of the "Royal Parent." Since his appeal to the foreign representatives for protection was nullified by the refusal of Japan to join with the other Powers, upon the ground that it would violate "her policy of non-intervention," the poor King seems to have lost hope. It may have occurred to him that in view of the fact that he had seen his palace thrice invaded by Japan's troops in a little more than a decade, the policy of "non-intervention," from a Japanese point, might at least be said to have the merit of freshness, but if any such thought occurred to him he did not express it. He has been growing more wan and distressed-looking every day.

His solicitous brother, the acting Minister of the Household, remarked to a visitor only yesterday that His Majesty's health was breaking and that something should be done for him. The impression prevails that something is being "done for him," and that he is now enjoying the processes of slow poison. The other night a call was sent from the palace to an English physician; and as it was a late and urgent one, and as the gates are never opened at night after eight o'clock save upon the most important calls, the inference is that the patient within the walls is a royal one.

I regret to observe again that the tone of the press of Japan is growing more and more reprehensible in connection with this Corean affair. Even so just and honorable a journal as the Tokio *Jiji Shimpo* is burning false lights. Its character and good intentions cannot be questioned, but its Information is highly misleading. Upon the authority of a "learned Corean" in Seoul it is moved to say that the existing Government in Corea is of the highest regularity. The King, it is said, was somewhat put out by the assassination of his consort—a deplorable incident—but he is now quite reconciled, looks upon the savage incursion of his paternal guardian as a timely and friendly act, and is now devoting himself earnestly to public affairs and the study of reform policies.

It is said he now realizes that the interminable quarrel of his Queen with the Tai-Won-Kun party was a terrible incubus to his reign, and that he is more than pleased to know that she has been permanently eliminated. And this is the sort of drivel dished out to the people of Japan for the double purpose of convincing them that no very great outrage was committed upon Corea when the Queen was slain, and that no necessity now exists for setting aside the present Ministry and sending the Tai-Won-Kun into rural obscurity again.

John A. Cockerill.

Betreffend politische Ereignisse in Korea.

PAAA_RZ201-018920_022 ff.

Empfänger	Fürst zu Hohenlohe - Schillingsfürst	Absender	Krien
A. 226 pr. 7. Januar 1896. a. m.		Söul, den 16. November 1895.	
Memo	mtg. 10. 1. n. London 34, Petersbg 29. J. № 517.		

A. 226 pr. 7. Januar 1896. a. m. 3 Anl.

Söul, den 16. November 1895.

Kntrl. № 63.

An Seine Durchlaucht

den Herrn Reichskanzler

Fürsten zu Hohenlohe - Schillingsfürst.

1.

Eurer Durchlaucht beehre ich mich im Anschluß an meinen Bericht № 59[24] vom 7. d. M. über eine Unterredung zwischen dem Grafen Inouye und dem koreanischen Premierminister auf Grund von Mittheilungen des Ersteren an Dr. Allen Nachstehendes gehorsamst zu berichten.

Graf Inouye verweilte darin mit größter Entrüstung bei der Ermordung der Königin und den schimpflichen Decreten über ihre Absetzung und fragte den Premierminister, warum er dieselben unterzeichnet habe.

Herr Kim erwiederte ihm, daß er und die anderen Mitglieder des Cabinets durch Drohungen der Commandanten der aufrührerischen Bataillone dazu gezwungen worden seien. Er sei der Ansicht gewesen, daß er lebend dem Könige besser dienen könnte als todt. Graf Inouye eröffnete ihm dann, daß er (Kim) drei Tage vor der Revolte mit dem Taiwönkun und Herrn Sugimura eine geheime Berathung gehabt habe, daß seine Mitschuld (an der Palastrevolte) also feststehe. Der Umstand, daß der blutdürstige Taiwönkun, der einen seiner Söhne getödtet, verschiedene Male die Königin zu ermorden und noch vor Kurzem den König zu Gunsten seines Lieblingsenkels zu entthronen versucht habe, im Palaste anwesend sei, bilde eine beständige Gefahr für das Leben des

---

24 A. 13849 ehrerbietigst beigefügt.

Königs, und seine Entfernung sei durchaus geboten. Herr Kim stellte in Abrede, daß der Taiwönkun seinem Sohne feindlich gesinnt sei, setzte aber hinzu, daß dessen Entfernung leicht bewerkstelligt werden könnte. Schwerer sei die des Kriegsministers, dessen Verhaftung sich die Soldaten gewaltsam widersetzen würden. - Der Plan, den Palast zu besetzen, sei übrigens schon zur Zeit des früheren Ministers des Inneren, Pak Yong hio, gefaßt, damals aber entdeckt und vereitelt worden.

Die geflüchteten Bataillons-Commandandeure würden in Korea eifrig verfolgt. - Graf Inouye ließ dieselben darauf in sehr bezeichnender Weise warnen, nach Japan zu fliehen.

Für die Degradirung der Königin gab der Premierminister folgenden Grund an: Wenn der Tod der Königin verkündet worden wäre, so hätte eine allgemeine Landestrauer angeordnet und die Ursache ihres Todes bekannt gemacht und die Mörder hätten bestraft werden müssen. Dadurch wären auch die Mitglieder des bestehenden Cabinets betroffen worden. Sie hätten deßhalb den die Absetzung der Königin verfügenden Erlaß unterzeichnen müssen, um sich selbst zu retten und eine Untersuchung zu verhüten.

Graf Inouye fragte dann, warum in letzter Zeit die Palastwachen verdoppelt worden seien, und erhielt zur Antwort, daß ein Complott den König aus dem Palaste zu entführen, im Werke sei. Auch einige der fremden Vertreter seien dabei betheiligt. Gewisse koreanische Beamte hätten sich in die Amerikanischen und Russischen Gesandtschaften geflüchtet. Von einem dieser Leute sei aus der Russischen Gesandtschaft ein Brief nebst zwei Europäischen Anzügen an den König abgesandt worden. Dieser und der Kronprinz hätten die Kleider anlegen und in die Russische Gesandtschaft flüchten sollen. Die Sendung sei aber von dem Taiwönkun, dem der Anschlag hinterbracht worden wäre, abgefaßt worden.

Obgleich Graf Inouye Herrn Kim gegenüber diese Erzählung als eine thörichte Fabel bezeichnet hat, erklärte er mir gestern, daß der Brief und die Kleider von einem gewissen Hon In tek, früherem Commandanten der alten Palastwache, abgeschickt worden wären. Der Genannte hielte sich jedoch nicht in der Russischen, sondern in der Amerikanischen Gesandtschaft verborgen.

Herr Waeber hat sich über die Angelegenheit nicht ausgesprochen.

Am 8. d. M. berief der Amerikanische Ministerresident die Europäischen Vertreter zu einer Sitzung und theilte ihnen mit, Herr Komura hätte ihm kurz vorher erklärt, daß er und Graf Inouye von Tokio telegraphisch angewiesen worden seien, eine schriftliche Ermächtigung der fremden Vertreter zu der zeitweiligen Besetzung des Palastes einzuholen.

Der Russische Geschäftsträger und der Englische Generalkonsul erwiederten darauf, daß sie bereits am 6. ihre Ansicht über die Frage mündlich abgegeben und außerdem an ihre Regierungen telegraphirt hätten. Herr Sill und Herr Lefévre erklärten sich bereit, an ihre Regierungen zu telegraphiren. Der Ausdruck „temporary" wurde außerdem in der Sitzung dahin erläutert, daß die Besetzung des Palastes mit Japanischen Truppen aufhören solle, sobald deren Anwesenheit von dem Könige und den fremden Vertretern nicht mehr für nothwendig gehalten würde. Herr Hillier schlug schließlich vor, die Japanische Regierung an die Regierungen der anwesenden Vertreter der Vertragsmächte zu verweisen. Ich enthielt mich jeder Meinungsäußerung, erklärte jedoch auf Befragen des Herrn Sill meine Zustimmung zu dem letzten Vorschlage des Herrn Hillier.

2.

Der Vertreter der Vereinigten Staaten hat Herrn Komura an demselben Tage ein diesbezügliches Memorandum vorgelesen, dabei jedoch, wie er mir vor Kurzem mündlich mittheilte, ausdrücklich hervorgehoben, daß ich abgelehnt hätte, meine Meinung abzugeben, und nur dem Schlußsatze der Denkschrift beigetreten wäre.

Bereits am Tage vorher hatte mir Graf Inouye angedeutet, daß seine Regierung nicht geneigt wäre, den Palast besetzen zu lassen. Auch theilte er mir mit, daß die Japanische Truppen aus Korea zurückgezogen werden würden.

3.

Am 12. d. M. besuchten die Amerikanischen, Russischen und Englischen Vertreter den Japanischen Ministerresidenten. Nach dem von Herrn Hillier über die Sitzung aufgezeichneten Protocoll bemerkte Herr Waeber zunächst, daß viele seiner Äußerungen als seine private Ansicht aufgefaßt werden müßten, und betonte dann, daß Rußland als der nächste Nachbarstaat Koreas an dessen Wohlergehen das größte Interesse nähme. Als er vor zehn Jahren zum Russischen Vertreter ernannt worden wäre, sei er angewiesen worden, Frieden und Eintracht und die Wohlfahrt des Königs und des Königreichs zu fördern. Diese Weisungen auszuführen, sei er stets bemüht gewesen. Die Ruhe des Landes wäre jedoch in den letzten 15 Monaten viermal durch die Japanische Gesandtschaft gestört worden: zuerst im Juli v. J., als Japanische Truppen in Friedenszeiten den Palast eingenommen hätten, sodann durch die Einsetzung des Taiwönkun in die Regierungsgewalt, ferner durch die Einführung des Rebellen Pak Yong hio und schließlich am 8. v. M. Bei der letzten Gelegenheit seien die Greuelthaten verübt worden mit Wissen und unter Beihilfe Japanischer Instructeure und Rathgeber, Japanischer activer Offiziere und Soldaten, von soshi's und Japanischen Zeitungscorrespondenten und nicht zum Mindesten der Japanischen Gesandtschaft. Die Absetzung der Königin sei von dem Grafen Inouye mit Recht als eines der schwärzesten Blätter in der Geschichte Koreas gebrandmarkt worden. Das bezügliche Decret sei indeß von Koreanischen Ministern ausgegangen, die durch die Japanische Gesandtschaft zur Macht gelangt seien. Ihm schiene aber der von Angehörigen eines fremden Staates, mit der deutlichen Absicht die Königin zu ermorden, auf den Palast ausgeführte Angriff einen noch größeren Schandfleck in der Geschichte dieses Staates zu bilden. Unter den vorliegenden Umständen sei die Japanische Regierung geradezu verpflichtet, das Unrecht, das sie dem Lande und dem Könige zugefügt hätte, nach Möglichkeit wieder gut zu machen. Die Japanische Regierung hätte dazu den ersten Schritt zu thun und nicht aus angeblicher Besorgniß vor dem Einspruch andrer Mächte damit zu warten. Gelichwohl hätte er an seine Regierung telegraphirt und könnte Herrn Komura versichern, daß von der Russischen Regierung keine Verwickelungen zu befürchten seien, wenn Japanische Truppen unter den in dem Memorandum von 8. d. M. vorgesehenen Einschränkungen zur Herstellung der Ordnung und für die bedrohte Sicherheit des Königs verwandt würden. Welche Maßnahmen beabsichtigte nun die Japanische Regierung zu treffen?

Herr Komura erwiederte darauf, daß er die freundliche Haltung der Russischen Regierung hochschätzte, daß seine Regierung jedoch den Palast nicht besetzen lassen würde, bis dieser Schritt von den hiesigen fremden Vertretern auf Grund von Weisungen ihrer Regierungen empfohlen worden sei, und fragte die Herren Sill und Hillier, ob ihre Regierungen das vorgeschlagene Arrangement gebilligt hätten.

Herr Sill erklärte darauf, daß er deßwegen zweimal nach Washington telegraphirt hätte, ohne einen Bescheid zu erhalten; er schlösse daraus, ja er wäre der festen Überzeugung, daß seine Regierung mit der Maßregel einverstanden sei. Er könne sich aber nicht denken, daß die Japanische Regierung die Entschlüsse aller, auch der weniger interessirten, in Korea vertretenen Regierungen abwartete, um ein Unrecht gutzumachen, für welches Japaner verantwortlich seien.

Herr Waeber hob dann noch hervor, daß die Russische Regierung die Japaner nicht eingeladen hätte zu handeln, sondern von dieser die Initiative erwartete.

Herr Hillier theilte Herrn Komura mit, daß er wegen des Einrückens von Japanischen Truppen in den Palast ebenfalls zweimal nach London telegraphirt hätte, und zwar zuerst, daß der Vorschlag von den fremden Vertretern gemacht und von Herrn Komura gebilligt worden sei, und dann, daß sowohl Graf Inouye wie Herr Komura die Nothwendigkeit des Schrittes anerkannt hätten. Die Thatsache, daß er auf das zweite Telegramm keine Antwort erhalten hätte, deutete darauf hin, daß seine Regierung keine Einwendungen erheben würde. Wenn aber die Japanische Regierung sich über die Absicht der Großbritannischen Regierung vergewissern wollte, so könnte sie das durch den Englischen Gesandten in Tokio oder durch ihren eignen Vertreter in London thun.

Herr Komura erklärte darauf, er würde sofort an seine Regierung telegraphiren, daß nach der Meinung der Herren Sill, Waeber und Hillier die Japanische Regierung die Initiative ergreifen solle, um durch zeitweilige Besetzung des Palastes mit Japanischen Truppen die Ordnung wiederherzustellen und die Freiheit des Königs zu sichern.

Herr Waeber betonte nochmals die große Gefahr der gegenwärtigen Lage. Das Cabinet, das sich die Regierungsgewalt angemaßt hätte, würde von Tag zu Tage kecker. Es heiße sogar, daß der freie Zutritt zu dem Könige verschlossen werden sollte. Er (Herr Waeber) würde, wenn irgend ein Versuch gemacht werden sollte, ihn zu hindern, den Palast zu betreten oder den König zu sehen, eine Eskorte von Russischen Matrosen mitnehmen, und die Verantwortung für einen etwaigen Zusammenstoß würde Herrn Komura treffen, der die Macht hätte, die Ursachen eines solchen Zusammenstoßes wegzuräumen.

Herr Sill fügte hinzu, saß jeder Verzug das ungesetzmäßige Cabinet kräftigte, es wären ihm bereits Andeutungen gemacht worden, daß es sich empfehlen würde, das jetzige Ministerium anzuerkennen. Eine ähnliche Ansicht hätte auch eine von der Japanischen Regierung inspirirte fremde Zeitung in Japan ausgesprochen.

Die Japanischen Behörden sind nicht gewillt, das jetzige aus Japanerfreunden bestehende Ministerium zu stürzen, zumal da Japan in Korea sehr wenige Freunde hat.

Herr Waeber ist über die Haltung der Japanischen Regierung sehr unmüthig; er äußerte mit Bezug darauf zu mir: Wenn die Japaner ihre hiesigen Freunde nicht opfern wollten, so könnte es sich vielleicht ereignen, daß sie mit diesen zusammen aus Korea hinausgejagt würden.

Der Amerikanische Ministerresident sucht seine Freunde, die seinem Landsmann Morse die Bergwerksconcession verschafft haben (Bericht № 48[25] vom 28. Sept. d. J.),[26] wieder an's Ruder zu bringen.

Herr Hillier gab mir als Grund seines Zusammenwirkens mit den Russischen und Amerikanischen Vertretern an, daß er hinter ihnen nicht zurückstehen könnte, weil er sonst Gefahr liefe, allen Einfluß an sie zu verlieren. Das Cabinet könne sich nicht lange mehr halten. Ich lasse dahingestellt, ob dies die wirklichen Beweggründe des Britischen Generalkonsuls sind.

Graf Inouye hat heute Söul verlassen, um nach Japan zurückzukehren.

Das Cabinet verhält sich, vermuthlich auf Japanische Weisungen, seit einigen Wochen sehr ruhig. Der neulich verhaftete Min Yong chun ist wieder freigelassen worden.

Abschriften dieses ganz gehorsamsten Berichtes sende ich an die Kaiserlichen

---

25 II 27668 ehrerbietigst beigefügt.
26 [Bericht № 48* vom 28. Sept. d. J.: Durchgestrichen von Dritten.]

Gesandtschaften zu Peking und Tokio.

Krien.

Inhalt: betreffend politische Ereignisse in Korea. 3 Anlagen

Abschrift.

Anlage 1 zu Bericht № 63.

Memorandum.

Summary of conversation between Count Inouye and Corean Prime Minister.

The Prime Minister called upon Count Inouye in the forenoon of November 6th and had an interview with His Excellency which lasted for several hours. The following is the substance of the conversation as communicated verbally by Count Inouye to the Foreign Representatives.

The Prime Minister Commenced the conversation by informing Count Inouye that he had asked for an interview in order to select His Excellency's advice with reference to the present situation. He was informed by Count Inouye that the was not ready to give advice with he had heard the Prime Minister's account of the recent events and the circumstances that led up to them, and had had the opportunity of consulting with the representatives of the Treaty Powers. From the facts that had come to his knowledge he could not but express his strong condemnation of the enormity of the outrages that had been committed and he failed to find words strong enough to describe his disapprobation of the assassination of the Queen and the indecent and outrageous decrees with reference to her degradation that had subsequently been issued and subscribed to by the Prime Minister and the other members of the Cabinet. These outrages formed the blackest page in Corean history, they were regarded with horror by the civilized world and they reduced Cored to the level of the most barbarous nation in existence. He would like to be informed why it was that the Prime Minister had put his real to these infamous decrees.

The Prime Minister replied that he had subscribed to them under compulsion and threats that he would be killed, if he did not. He did all he could to prevent their issue, but the threats of the officers in command of the troops had been so alarming that he was constrained to obey their demands, as were also the Minister of War and the other members of the Cabinet.

Count Inouye reminded the Prime Minister that, when he last accepted office, he made the strangest profession to himself of his loyalty and devotion to the King, the Queen and his country and had asserted that he was ready to lay down his life in their cause. Was the Prime Minister prepared to say that he had acted up to these professions? If as was apparent, he knew some days beforehand what was going to happen, why did he take no steps to prevent in and why did he not appeal to the Foreign Representations? These was undeniable evidence that he, the Tai-won-kun and Mr. Sugimura, the Secretary of the Japanese Legation, were in personal conclave three days before the revolution took place. The fact that he was implicated was therefore established, he still held the position up Prime Minister, and what did he propose to do to repair the mischief that had been done?

The Prime Minister's reply to the charge of disloyalty was that he conceived that he could serve the King better, if he was alive than if he were dead, and in answer to a suggestion from Count Inouye that the presence of the Tai-won-kun in the palace was a standing menace to the life of the King and that he ought consequently to be removed, the Prime Minister denied that the Tai-won -kun was an enemy of the King. He asserted, on the contrary, that the Tai-won-kun wished his son well and had no desire to harm his Majesty.

Count Inouye rejoined that his statement was handy consistent with the part history of the Tai-won-kun, wo had killed one of his sons, had tried several times to kill the Queen and was known to have endeavoured recently to depose the King in favour of his favourite grandson. His bloodthirsty tendencies were further emphasized by his wholesale massacre of Christians in part years, and his predilections in favour of his grandson were a menace to the King's life. If he had killed one son, he would not stick at killing another, and in Count Inouye's opinion he should be got out of the Palace as soon as possible.

The Prime Minister said that as far as the removal of the Tai-won-kun was concerned, it could be effected by a way he knew of, if it was considered essential. When asked whether or not the War Minister could also be removed, he said that this was much more difficult. As a matter of fact, the War Minister was the victim of compulsion just as much as he was himself. He had been forced by the officers in command of the troops to accept the post of War Minister on the 8th entirely against his will, but the officers and soldiers were loyal to him, not as much perhaps from personal devotion as from a regard for their own safety. They feared that the arrest of the War Minister would be their deathblow, and would accordingly resist his arrest to the utmost and would certainly show fight, if the attempt were made. He went on to say that the plot for getting possession of the Palace was arranged in the time of Pak' Yong-hio, the fugitive Minister of Home Affairs. It fell through then owing to Pak's complicity coming to light during Count Inouye's absence in Japan. Count Inouye then returned to Corea, and they were afraid to act while he remained in the country, but the scheme was seething all the time and, when he was succeeded by Viscount Miura, the ringleaders thought they saw their opportunity. They began by fomenting trouble between soldiers and the police and followed it up by spreading stories about the disbandment of the troops, who were finally persuaded to invade the Palace. It was then that the present War Minister was introduced and was forced under threats of his life to accept office. When asked what was being done to effect the arrest of the principal officers of the guard who had absconded, the Prime Minister said that the country was being searched for them, but so far no trace of them had been discovered. He was informed by Count Inouye that the police were on the watch for them in Japan and they would be arrested, if they landed at a Japanese port.

The Prime Minister then proceeded to exonerate, more or less, all the other members of the present Cabinet, who, he declared, had acted under threats from the mutinous officer. He explained that the reason why the decree had been issued deposing the Queen and refraining from acknowledging that the was dead was owing to the fact that, if her death had been proclaimed, national mourning would have to be adopted, the course of her death announced, and the murderers punished. This would have implicated the Ministers who had been forced to throw in their lot with the mutineers, and in order to save themselves and burkean enquiry, they had subscribed to the decree ordering her deposition and disgrace.

Count Inouye then asked why the Palace guard had recently been doubled and the Prime Minister said that this was due to a suspicion that a plot was on foot to remove the King from the Palace in which certain of the Foreign Representatives were concerned. It was known that same Corean officials had taken refuge in the United States and Russian Legations, and a letter had been sent to the King from some refugee in the Russian Legation accompanied by a present containing two suits of European clothes in which the King was asked to dress himself and the Crown Prince and make his escape to the Russian Legation. The letter and the clothes came into the possession of the Tai-won-kun who suspected a design on the part of Russia and other Powers to create further complications by removing the King and Crown Prince from native control.

Count Inouye characterised this story as a silly fable and told the Prime Minister that his statements were at variance with those supplied him by the Foreign Representatives in whose version he had every confidence.

When pressed for advice by the Prime Minister, His Excellency replied that he was not prepared with advice for the moment. He would first consult the Foreign Representatives who were in possession of the true facts of the case, and he could place no credence in what the Prime Minister had told him.

November 8th 1895.

Abschrift.

Anlage 2 zu Bericht № 63.

Memorandum prepared by Messrs. Sill, Waeber Hillier, Krien and Lefèvre on November 8th and read to Count Inouye and Mr. Komura the same evening by Mr. Sill.

We have already expressed our verbal opinion that the removal of the present guard ant the temporary occupation of the Palace by Japanese troops, until a new guard approved by His Majesty can be formed, is essential to the safety of the King and the peace of the city. The word "temporary" was interpreted to mean: The occupation of the Palace shall cease, as soon as the presence of the Japanese guard is not considered necessary by the King and the Foreign Representatives.

The Foreign Representatives have already telegraphed their governments on this subject. Would it not therefore be well for the Japanese government to refer to the several Foreign governments concerned for their opinion?

Abschrift.

Anlage 3 zu Bericht № 63.

Memorandum of a conversation that took place at an interview at the Japanese Legation on November 12th 1895.

Mosses. Sill and Waeber, accompanied by Mr. Hillier, called by appointment upon Mr. Komura on the mourning of November 12th.

Mr. Sill explained that the visit had reference to the present situation, and as Mr. Waeber had, he believed, same remarks of a personal nation to offer, he would request him to open the conversation.

Mr. Waeber then observed that much of what he proposed to say he would with to be regarded as the expression of his private opinion as the expression of his private opinion, In the first place he might remark that Russia being the nearest neighbor of Corea, her interest in the welfare of this country was naturally as great as, if not greater, than that of any other Power. Ten years ago he was appointed His Russian Majesty's Representative at Söul, and the instructions which he carried with him were, in general terms, to do everything in his power to promote peace and harmony and to further the best interests of the King and his dominion. To the best of his ability he had always tried to act up to their instructions, and he would like to point out that this peace and harmony, the maintenance of which was on object of solicitude on no less than four occasions within the last fifteen months. It was greatly disturbed last July when the palace was taken by Japanese troops during a time of peace, it was disturbed a second time when the Tai-won-kun was taken from his seclusion and placed in power. He Mr. Waeber, had warned Mr. Ootari at the time of the danger of bringing the Tai-won-kun forward and employing force in the introduction of reforms, and Count Inouye had ultimately come to the same conclusion. The tranquility of the country was invaded a third time where Pak-Yong-hio, who could not possibly be a persona grata with the King or the government, and whose arrival in the country caused great excitement, was forced into office. On that occasion both Mr. Sill and Mr. Waeber had pointed out to Mr. Otari the danger of the steps, and subsequent events proved the correctness of their prognostications, for Pak had ended his career by being convicted of treason for the second time. The events of the 8th October constituted the fourth invasion of the tranquility of the country. On this occasion the acts perpetrated were committed with the knowledge and assistance of Japanese instructions and advisers, of Japanese military officers on the active list, of Japanese soldiers serving with their regiment, of soshi , and of Japanese newspaper correspondents, while last, but by no means least, the Japanese Legation itself was implicated. Count Inouye had recently communicated to the Foreign Representatives through Dr. Allen purport of a conversation he held with the Prime Minister, in which Count Inouye, speaking of the decree deposing the queen, characterized the act as one of the blackest pages in Corean history. The queen was degraded, Mr. Waeber might point out, by Corean ministers who had been brought into power by the Japanese Legation and were still in office. It seemed to him that the attack on the palace by the subjects of a foreign nation, with the distinct intention of murdering the Queen, whether the murder was actually perpetrated or not, was perhaps a blacker spot on the history of that nationality than the degradation of the Queen which Count Inouye so strongly and justly condemned. He might also call attention to the fact that nothing had yet been done towards holding an enquiry into these atrocities.

He had referred to these various occasions on which the peace and tranquility of the country had been disturbed because, unfortunately, there disturbances were caused by action taken by the Japanese Legation. It was for this reason that, where Count Inouye came a few days ago to the Russian Legation and said that his government were not disposed to put their troops in nation with the object of restoring peace and tranquility, unless specially requested to do so, Mr. Waeber pointed out to his Excellency that, having regard to past history, and still more to recent events, he thought the Japanese government were under an obligation to take the initiative in putting matters straight. They were also bound, he thought, to redress the wrong done to the country, and especially to the King who had lost his consort. All the governments of the world would look to Japan to take the first step in knighting these wrongs, and would receive with surprise a request to invite the Japanese government to take action and to assure it that its action would be approved. Meanwhile, however, Mr. Waeber had telegraphed to his government to the effect that at an interview with same of the Foreign Representatives it was pointed out that the safety of the King and the restoration of peace and order could only be effected by the adoption of strong measures that the necessity of the adoption of same measures was universally admitted, and that it was proposed that Japanese troops should enter the palace, under certain conditions, to protect the King. Since the dispatch of the telegram Mr. Komura had stated that his government hesitated to take strong measures for fear of complications with foreign Powers. Mr. Komura that he had received a telegram from his government informing him that it would acquiesce in any steps that might be taken, under the limitations agreed to, for the restoration of order. In other words, to meet the hesitation to move expressed by the Japanese government, lest objections should be raised to the movement of Japanese troops, he would assure Mr. Komura that if the Japanese troops were moved in manner and with the limitations to which Mr. Waeber had already agreed, no complication need be feared so far as the Russian government was concerned. The manner in which the restoration of order and the security of the King's person were to be brought about had been generally laid down in the memorandum above referred to, and subsequently amplified by Mr. Sill in an interview with Mr. Komura. In conclusion he would observe that in everything he had said he desired to convey to Mr. Komura that his prominent with was to see the maintenance of peace, order and tranquility secured and the authority of the King upheld. It now became his duty to ask Mr. Komura what steps the Japanese government intended to take in this direction, and he hoped his colleagues would join him in his request. The situation was critical, matters were not by any means quiet, and every day's inaction increased the danger.

In reply Mr. Komura said that he highly appreciated the friendly attitude displayed by the government of Russia and its readiness to support measures for restoring order and recurring the safety of the King. He had already told his colleagues that the Japanese Government was not disposed to place its troops in the palace until the Foreign

Representatives in Söul recommended that step under instructions from their respective governments. He would now ask Mr. Sill and Mr. Hillier whether or no their respective governments had approved of this arrangement.

Mr. Sill replied that he had twice telegraphed to his government to the effect that he and all his colleagues strongly recommended the use of force, if necessary, to secure the restoration of order and the safety of the King, thus giving the United States governments the opportunity of checking his action if they thought it incorrect. In doing so he felt that no instructions would be required, as silence would mean approval but later on, in his endeavour to meet the fullest requirements, and at the urgent request of Mr. Komura, he telegraphed again and asked for an answer. He might not receive a direct answer, but he felt sure that his government trust to his discretion. Indeed, he might say positively that he had no doubt of the approval of the proposed action by his government. He added that he considered the Japanese government were going for in requiring a request to act from every Treaty Power. Surely Mr. Komura did not mean to say that his government was waiting for an answer from all the governments represented in Corea before it would take action.

Mr. Komura replied that this was the fact, to which Mr. Sill rejoined that in that case it never would act. He could not believe it possible that the Japanese government was seriously expecting an authorization from all the foreign Powers to redress a wrong for which Japanese were responsible.

Mr. Waeber here interposed with the observation that this would be completely turning the tables. It was the duty of Japan to retrieve the situation and not to sit with folded hands until she was solicited to take action by more or less disinterested Powers. He reminded Mr. Komura that the Russian government had not invited the Japanese government to act, but had said, that there would be no complications as far as Russia was concerned, if Japan did what she was in duty bound to do.

Mr. Sill also stated that he had not asked his government to invite Japan to take action.

Mr. Hillier informed Mr. Komura that he was more or less in a similar position to Mr. Sill. He had telegraphed twice to the Secretary of State with reference to the entry of Japanese troops the palace. The first time to say that it had been suggested to the Japanese Minister by the Foreign Representatives and approved of by Mr. Komura, and the second time to say that Count Inouye and Mr. Komura were agreed as to the necessity for this step, which Mr. Komura felt fairly assumed would not meet with resistance. The fact that no reply had been received to the second telegram, which had been dispatched a week ago, was in Mr. Hillier's opinion, a sufficiently strong indication that Her Majesty's government were prepared to acquiesce in an arrangement which had been approved of by all the Foreign Representatives. If the Japanese government wished to ascertain the view of the British government on this matter the obvious course to be pursued, in Mr. Hillier's judgment, was for the Japanese government to ascertain that opinion through the British Minister at Tokio or the Japanese Minister in London. It would be somewhat irregular for Mr. Hillier in Corea to solicit an opinion on behalf of the Japanese government with a British Representative in Tokio to whom they could apply, the more that Mr. Hillier's opinion was already known to the British Foreign Office.

Mr. Komura said that under these circumstanced he would at once telegraph the purport of the conversation to his government. He would say, if his colleagues approved, that Messrs. Sill, Waeber and Hillier had expressed the opinion that the Japanese government should take the initiative in restoring order and securing the safety and liberty of the king by the temporary occupation of the palace by Japanese troops. He added that by the word "temporary" he understood, that the occupation of the palace shall cease as soon as the presence of the Japanese guard is not considered necessary by the King on the Foreign Representatives.

The Wording of the telegram being assented to, Mr. Waeber once more pointed out the great danger of the present situation. The usurping cabinet were getting bolder every day, believing that the inaction of the Japanese government was being acquiesced in by the Representatives of the other Powers and that they were now secure from interference. It was freely stated that measures would shortly be adopted to prevent access to the King at all, and Mr. Waeber wished Mr. Komura to know that, if any attempt was made to prevent him from entering the palace on from seeing the King, he would take in a guard of Russian sailors and the responsibility of any conflict arising from it would rest with Mr. Komura, as it would be caused by circumstances which he had the power to prevent.

Mr. Sill also urged that every day's inaction strengthened the present usurping Cabinet, as people in the street were saying that the foreign Powers could or would not do anything to help the King. A message had actually reached him a day or two ago brought by a person in the confidence of the Cabinet, suggesting that it would be advisable that the past should be buried and the present Cabinet endorsed and sustained. This idea found, he might add, an echo in the utterances of a foreign journal in Japan which was supposed to represent the opinion of the Japanese government. He once more urged emphatically the danger of delay.

November 12th 1895.

Preßäußerung über die Stellung Japans zu der Koreanischen Frage.

PAAA_RZ201-018920_063 ff.

Empfänger	Fürst zu Hohenlohe - Schillingsfürst	Absender	Gutschmid
A. 264 pr. 8. Januar 1896 a. m.		Tokio, den 30. November 1895.	
Memo	mtg. 10. 1. n. London 35, Petersbg. 30.		

A. 264 pr. 8. Januar 1896 a. m.

Tokio, den 30. November 1895.

A. 344.

An Seine Durchlaucht

den Herrn Reichskanzler

Fürsten zu Hohenlohe - Schillingsfürst.

Bezüglich der Stellung Japans den Koreanischen Verwicklungen gegenüber enthält die offiziöse hiesige Zeitung Nichi-Nichi-Shimbun vom 29. d. M. einen Leitartikel, welcher, wie ich höre, der Feder des Chef-Sekretärs des Kabinets, Baron Miyoji Ito, des Vertrauensmanns des Ministerpräsidenten, entstammt. Da dieser Herr zuweilen etwas eigene Politik treibt, so kann man in dem Artikel nicht ohne Weiteres eine Meinungsäußerung der Regierung selbst erblicken. Immerhin ergiebt sich aus demselben, daß man hier in der Regierung nahe stehenden Kreisen zu der Erkenntniß gelangt ist, Japan könne ohne oder gar gegen Rußland in Korea nichts erreichen, und demgemäß das einzige Mittel, sich mit Ehren aus der Sache zu ziehen, in einem gemeinsamen Vorgehen mit Rußland findet.

Das Blatt konstatirt zunächst anknüpfend an den verunglückten Putsch der alten königlichen Leibgarde vom 27. bezw. 28. d. M., die damit zum dritten Mal wiederholte und allerdings auffallende Erscheinung, daß, sobald Graf Inouyé der Koreanischen Hauptstadt den Rücken kehre, auch der Skandal daselbst wieder losgehe. Die Zeitung erblickt darin ein Zeichen dafür, daß Korea schützender und ordnender Hülfe dringend bedürfe und erklärt, daß Japan an sich auch gar nicht abgeneigt sei, dem Nachbarlande diese Hülfe in Übereinstimmung mit den interessirten Mächten zu gewähren, wenn nur nicht Angesichts der stets erneuten Streitigkeiten und Intriguen zwischen den Gliedern der Königlichen Familie sowohl, wie zwischen den jeden patriotischen Empfindens baren Koreanischen Parteiungen das Ende des hierzu nöthigen Eingreifens so gänzlich unabsehbar sei. Japan habe bereits alle erdenklichen Mittel angewendet und doch sei bisher noch nicht die Spur eines günstigen Erfolges zu verzeichnen. Die Japanische Regierung müsse daher ihre Politik ändern. Die Parole: „Aufrechterhaltung der Unabhängigkeit Koreas" klinge sehr schön, aber es fehle den Koreanern offenbar an allen zur Unabhängigkeit nöthigen Eigenschaften. Daher sei zu erwarten, daß dieselben die Verhältnisse ihres Landes nur in immer größere Zerrüttung bringen werden. Sollte sich dann einmal die Nothwendigkeit ergeben, zum Schutz der Japanischen Interessen in den dortigen Niederlassungen einzuschreiten, so werde die Regierung allerdings mit Entschiedenheit und Energie - selbstverständlich unter Berücksichtigung der Rechte Dritter - handeln müssen. Wenn aber Japan auch wegen der Vielfältigkeit seiner Beziehungen zu Korea in erster Linie zu einem Eingreifen daselbst berufen sei, so sei doch eine Lösung der daselbst herrschenden Schwierigkeiten nur von einem gemeinsamen Vorgehen mit denjenigen Ländern zu erwarten, welche gleichfalls erhebliche Interessen in Korea zu vertreten hätten, vor Allen also mit Rußland, Amerika, England und Frankreich. Naturgemäß falle dabei den meistbetheiligten Ländern, also entweder Japan oder Rußland, die Initiative zu. Aufgabe dieser beiden Länder, welche in erster Linie die Verantwortung für die Aufrechterhaltung des Friedens in Ostasien trügen, sei es, gemeinsam das von Korea her drohende Unheil im Keime zu ersticken. Die nächste Frage aber sei die, was zu thun sei, jetzt, da man erkennen müsse, daß die von Rußland sowohl, wie von Japan angestrebte Unabhängigkeit Korea sich als unrealisirbar erweise.

Gutschmid.

Inhalt: Preßäußerung über die Stellung Japans zu der Koreanischen Frage.

Berlin, den 9. Januar 1896.

zu A. 139 I.

An

die Botschaften in

1. London № 25.

2. St. Petersburg № 18.

Euerer pp. übersende ich anbei ergebenst Abschrift
eines Berichts des Kais. Botschafters in Washington
vom 16. v. Mts. u. Js., betreffend die amerikanische
Vertretung in Korea,

J. № 178.

zu Ihrer gefälligen Information.

N. S. E.

Berlin, den 9. Januar 1896.   zu A. 139II.

An

Gesandten

Tokio A. № 1.

J. № 183.

Postziffern.

Zu Euerer pp. gef. vertraulichen Information. Nach Bericht aus Washington hat die Japanische Regierung sich über Einmischung des Amerikanischen Geschäftstrågers in Seoul in Coreanische innere Angelegenheiten beschwert. Auf Grund angestellter Untersuchung ist Herr Allen von seiner Regierung streng gemaßregelt und die Amerikanische Vertretung in Corea angewiesen worden, sich aller gemeinsamen Schritte mit den Vertretern auswärtiger Mächte zu enthalten und, soweit geschädigte Interessen Amerikanischer Staatangehöriger in Frage kommen, für diese gesondert bei der Coreanischen Regierung einzutreten.

N. S. E.

Berlin, den 10. Januar 1896.   zu A. 226.

An

die Botschaften in

1. London № 34.

2. St. Petersburg № 29.

J. № 211.

Euerer pp. übersende ich anbei ergebenst
Abschrift eines Berichts des Kais. Consuls in
Söul vom 16. November v. Js., betreffend
die politischen Ereignisse in Korea,
zu Ihrer gefälligen Information.

N. S. E.

Berlin, den 10. Januar 1896.   zu A. 264.

An

die Botschaften in

1. London № 35

2. St. Petersburg № 30

J. № 212.

Euerer pp. übersende ich anbei ergebenst
Abschrift eines Berichts des Kais. Gesandten
in Tokio vom 30. November v. Js.,
betreffend Preßäußerungen über die Stellung
Japans zur Koreanischen Frage,
zu Ihrer gefälligen Information.

N. S. E.

Rußland und Korea.

PAAA_RZ201-018920_076 ff.

Empfänger	Fürst zu Hohenlohe - Schillingsfürst	Absender	Gutschmid
A. 414 pr. 12. Januar 1896. p. m.		Tokio, den 8. Dezember 1895.	
Memo	cfr A. 2734 mtg. 16. 1. London 53, Petersb. 43.		

A. 414 pr. 12. Januar 1896. p. m.

Tokio, den 8. Dezember 1895.

A. 349.

An Seine Durchlaucht, den Herrn Reichskanzler,
Fürsten zu Hohenlohe - Schillingsfürst.

Der vor Kurzem auf dem Wege nach Söul aus Europa hier eingetroffene neue Russische Geschäftsträger und Generalkonsul für Korea, Herr von Speyer, sagt mir, er habe die Absicht, soweit irgend thunlich in Übereinstimmung mit der Japanischen Regierung zu handeln und in Fühlung mit dem Japanischen Vertreter in Söul zu bleiben. Es läge ihm persönlich ebenso wie seiner Regierung fern, Japan in der Koreanischen Frage brüskiren zu wollen. Sein früherer nahezu fünfjähriger Aufenthalt in Japan (: er war von 1885 bis 1890 hier Legationssekretär:) habe ihn zu einem Japanophilen gemacht, er liebe und schätze die Japanische Nation. Aus dieser seiner Gesinnung habe er in Petersburg auch kein Hehl gemacht, seine Regierung billige dieselbe offenbar, da sie ihn trotz seiner ihr bekannten Hinneigung zu Japan zu ihrem Vertreter in Söul ernannt habe.
Herr von Speyer wird sich Ende dieses Monats auf seinen Posten begeben.

Gutschmid.

Inhalt: Rußland und Korea.

Zurückziehung der Japanischen Truppen aus Korea. Momentane Lage daselbst.

PAAA_RZ201-018920_080 ff.

Empfänger	Fürst zu Hohenlohe - Schillingsfürst	Absender	Gutschmid
A. 419 pr. 12. Januar 1896. p. m.		Tokio, den 13. Dezember 1895.	
Memo	cfr A. 696 Auszug mtg. 16. 1. London 53, Petersb. 43.		

A. 419 pr. 12. Januar 1896. p. m.

Tokio, den 13. Dezember 1895.

A. 354.

An Seine Durchlaucht
den Herrn Reichskanzler Fürsten zu Hohenlohe - Schillingsfürst.

Obwohl die Räumung der Halbinsel Liaotung noch nicht vollständig durchgeführt ist, hat doch, wie ich höre, die Japanische Regierung mit der, eigentlich erst für den Zeitpunkt der Beendigung der gedachten Räumung ins Auge gefaßten Zurückziehung der bisher zur Besetzung der Telegraphen- und Etappenlinien zwischen Söul und dem Yalu-Fluß verwendeten Truppen bereits begonnen. Zwei Transporte der Letzteren mit insgesamt etwa 1000 Mann haben Korea vor Kurzem verlassen.

Die Lage in Söul giebt dem hiesigen Minister des Auswärtigen, wie er mir gestern mittheilte, augenblicklich zu keinerlei Befürchtungen Anlaß. Auch erklärte mir Marquis Saionji, daß die Japanische Regierung zur Zeit weder ihrerseits in Korea irgendwelche besonderen Schritte vorhabe, noch mit anderen Mächten über solche in Verhandlung stehe.

Gutschmid.

Inhalt: Zurückziehung der Japanischen Truppen aus Korea. Momentane Lage daselbst.

Berlin, den 16. Januar 1896.   zu A. 414. / 419.

An

die Botschaften in

1. London № 53.

2. St. Petersburg № 43.

J. № 319.

Euerer pp. übersend ich anbei ergebenst
Abschrift eines Berichts des Kais. Gesandten
in Tokio vom 8. v. Mts. u. Js., nebst Auszug
eines Berichts desselben vom 13. v. Mts. u.
Js., betreffend Rußlands u. Japans Stellung
bezüglich Koreas,

zu Ihrer gefälligen Information.

N. S. E.

Japanisch-Russische Beziehungen in der Koreanischen Frage.

PAAA_RZ201-018920_084 ff.

Empfänger	Fürst zu Hohenlohe - Schillingsfürst	Absender	Gutschmid
A. 696 pr. 20. Januar 1896. a. m.		Tokio, den 16. Dezember 1895.	
Memo	mtg. 23. 1. n. London 78, Petersburg 59.		

A. 696 pr. 20. Januar 1896. a. m.

Tokio, den 16. Dezember 1895.

A. 356.

An Seine Durchlaucht

den Herrn Reichskanzler

Fürsten zu Hohenlohe - Schillingsfürst.

Obwohl seit einiger Zeit bereits mehrere Japanische Zeitungen, auch die der Regierung näherstehenden Organe, ein Zusammengehen mit Rußland in der Koreanischen Frage befürworten und gegentheilige Preßäußerung von der Censur geahndet werden, so verhält sich doch thatsächlich die Japanische Regierung abwartend.

Herr Hitrovo bestätigte mir noch vorgestern eine diesbezügliche Äußerung des Marquis Saionji (: cfr. s. pl. Bericht A. 354 vom 13. d. M.)[27] [28] und fügte hinzu, er habe kürzlich, indessen ohne Auftrag aus Petersburg, den Minister gefragt, ob er nicht die Anwesenheit des neuen Russischen Vertreters in Söul, Herrn von Speyer (: welcher sich morgen nach Korea einschifft :) benutzen wolle, um mit demselben die Lage zu besprechen und womöglich eine Übereinstimmung der Anschauungen zu erzielen. Marquis Saionji habe jedoch ausweichend geantwortet. Rußland werde nun seinerseits die Initiative Japans abwarten. Er hoffe noch immer, im Februar einen Urlaub nach Rußland antreten zu können.

Meines unmaßgeblichen Dafürhaltens wird Japan mit der Räumung Korea's fortfahren und seine neu inaugurirte Politik der Nichtintervention nur dann ändern, wenn die Mächte ihrerseits hierzu die Anregung geben sollten. Daß die hiesige Regierung Letzteres hofft, glaube ich allerdings annehmen zu dürfen.

Gutschmid.

Inhalt: Japanisch-Russische Beziehungen in der Koreanischen Frage.

---

27 A. 419 ehrerbietigst beigefügt.

28 [: cfr. s. pl. - 13. d. M.: Durchgestrichen von Dritten.]

Politische Ereignisse in Söul.

PAAA_RZ201-018920_088 ff.			
Empfänger	Fürst zu Hohenlohe - Schillingsfürst	Absender	Krien
A. 700 pr. 20. Januar 1896. a. m.		Söul, den 2. Dezember 1895.	
Memo	cfr. A. 1235[96] mtg. 23. 1. London 79, Petersb. 60, Dresden 35, Karlsruhe 19, München 34, Stuttgart 36. J. № 540.		

A. 700 pr. 20. Januar 1896. a. m.

Söul, den 2. Dezember 1895.

Kontrol № 65.

An Seine Durchlaucht, den Herrn Reichskanzler,

Fürsten zu Hohenlohe - Schillingsfürst.

Euer Durchlaucht habe ich die Ehre im Verfolg meines ganz gehorsamen Berichtes № 63 vom 16. v. Mts.[29] ebenmäßig zu melden, daß die Vertreter der Vertragsmächte am 26. v. Mts. in den Palast berufen wurden, wo ihnen ein die Degradirung der Königin aufhebendes Edikt des Königs vorgelegt wurde. In der sich daran anschließenden Audienz verkündete uns der König, daß er das Edikt unterzeichnet hätte und daß die Vorgänge am 8. Oktober untersucht und die Schuldigen zur Rechenschaft gezogen werden würden. In Gemäßheit eines Beschlusses, den wir nach Vorlegung des Königlichen Erlasses gefaßt hatten, sprach der Doyen der Vertreter, Herr Sill, dem Könige unsere Befriedigung über die Aufhebung des Dekrets vom 10. Oktober aus und setzte für sich selbst hinzu, daß er dasselbe als vom Könige herstammend und zu Recht bestehend nie anerkannt hätte. Auch Herr Waeber erklärte, daß jenes Dekret für ihn nicht existirt hätte.

An demselben Tage waren der Kriegsminister, Cho Hui-Yon, dessen Entfernung aus dem Palaste die Russischen und Amerikanischen Vertreter wiederholt als für die Sicherheit des Königs durchaus nothwendig bezeichnet hatten, sowie der Polizei-Präsident entlassen worden und geflohen.

Es schien demnach, als ob die Spannung der Lage sich allmählich lösen würde. Da

---

29 A. 226 ehrerbietigst beigefügt.

verlauteten am 27. v. Mts. Gerüchte von einem bevorstehenden Angriffe von Gegnern des bestehenden Kabinets auf den Palast. Herr Waeber, der mir diese Gerüchte mittheilte, fügte hinzu, daß der Versuch, den König aus den Händen der Rebellen zu befreien, ja ganz natürlich wäre. - In der darauffolgenden Nacht gab ein Koreaner auf dem Konsulate ein Schreiben an mich ab, worin erklärt wurde, daß Mannschaften der „Schutztruppe" sich versammelt hätten, um die „Aufrührerbande" zu vernichten, und die Vertreter gebeten wurden, nach dem Palast zu kommen, um den König zu schützen. Gleichlautende Schreiben wurden den Amerikanischen, Russischen, Britischen und Französischen Vertretern überbracht.

Ich habe das Ersuchen, in den Palast zu kommen, unbeachtet gelassen.

Der Angriff erfolgte in derselben Nacht. Es scheint, als ob die Angreifer erwartet hätten, daß die Palastwache mit ihnen gemeinsame Sache machen und ihnen auf die mit einem Offizier der Wache verabredeten Signalschüsse die Thore öffnen würde. Als dies nicht geschah, schickten sich etwa 200 Mann, zum größten Theil Soldaten der früheren Palastgarde, an, über die Mauer zu klettern, wurden aber mit leichter Mühe und ohne daß ein Schuß fiel zurückgeworfen, wobei 3 ihrer Offiziere und 7 oder 8 Mann gefangen genommen wurden.

In einer Sitzung der fremden Vertreter, die am Nachmittage des 28. November in der Amerikanischen Gesandtschaft stattfand, erzählte der Japanische Minister-Resident, daß er sich auf glaubwürdige Gerüchte von der Verschwörung am vorhergehenden Abende in den Palast begeben hätte, um den stellvertretenden Kriegsminister zu warnen; daß dieser zwar von den Plänen der Gegenpartei unterrichtet gewesen wäre, aber den Angriff erst einige Tage später erwartet hätte. Etwa um 3 Uhr Nachts hätten zwei Koreanische Soldaten ihm (Herrn Komura) einen Brief überbracht, worin er von dem beabsichtigten Angriffe auf den Palast benachrichtigt und unter der Versicherung, daß nicht mehr als zehn der „Verräther" getödtet werden würden, gebeten wurde, seine Landsleute zu beruhigen und ihnen jeden Eingriff in das Unternehmen zu untersagen. Er habe darauf den einen Soldaten sofort zurückgeschickt mit der Drohung, daß Versuche, die Ruhe zu stören unverzüglich durch Japanische Truppen unterdrückt werden würden. Als er sich dann um 6 Uhr Morgens selbst in den Palast begeben, hätte dort wieder vollkommene Ruhe geherrscht. - Herr Waeber sprach die Ansicht aus, daß das Ganze vermuthlich nur eine Demonstration gewesen wäre, welche die tiefgehende Unzufriedenheit der Bevölkerung mit den bestehenden Verhältnissen deutlich erwiese. -

Seitdem sind zahlreiche Verhaftungen vorgenommen worden. Der Unterrichtsminister, So Kwang-Pom, und der Vize-Minister der Auswärtigen Angelegenheiten, Cho Hui-Yon, die früher lange Zeit in Amerika gelebt haben, halten sich verborgen, Letzterer in dem

Hause eines Amerikanischen Missionars. Herr An Kiong-Su, der vor dem 8ten Oktober den Posten des Kriegsministers bekleidete, ist in Chemulpo festgenommen und hierher gebracht worden.

Im Palaste befanden sich zur Zeit des Angriffs von Ausländern die Amerikanischen Militär-Instrukteure Dye und Nienstead, der General Le Gendre und drei Mitglieder Amerikanischer Missionsgesellschaften. Seit mehreren Wochen verweilen verschiedene Amerikanische Missionare, angeblich zur Beruhigung des Königs, in dem Palais. Sie werden von Japanern und Koreanern beschuldigt, in das Komplott verwickelt zu sein. Auch die Flüchtlinge in der Russischen und Amerikanischen Gesandtschaft sollen dabei betheiligt sein. Nach einer Mittheilung des Japanischen Legationssekretärs Hioki sind bei den verhafteten Koreanern Briefe und Visitenkarten derselben gefunden worden. Näheres wird wohl die von den Koreanischen Ministern eingeleitete Untersuchung ergeben, die von der Japanischen Gesandtschaft mit großem Eifer betrieben wird. –

Gestern wurde der am 8. Oktober in den Morgenstunden zwischen 5 und 7 Uhr erfolgte Tod der Königin durch Dekret des Königs amtlich verkündet. In Folge dessen berief Herr Sill eine Versammlung der fremden Vertreter, in der Herr Waeber erklärte, daß er das Dekret nicht anerkennen könnte, solange ihm keine Beweise für die Ermordung der Königin geliefert wären. Er würde sich deßhalb darauf beschränken, dem Minister der Auswärtigen Angelegenheiten den Empfang des bezüglichen Schreibens zu bestätigen, und ihn um nähere Mittheilungen ersuchen. Nachdem Herr Komura auf Befragen des Herrn Sill die Ansicht ausgesprochen, daß über den Tod der Königin kein Zweifel obwalte, erklärten die anderen Vertreter, daß sie ihre Flaggen für drei Tage auf halben Mast setzen und dem Minister des Auswärtigen ihr Beileid ausdrücken würden. Herr Waeber theilte uns darauf mit, daß er seine Flagge während dieser drei Tage überhaupt nicht wehen lassen würde. Später äußerte er indessen zu mir, daß er ebenfalls die Trauerflagge heißen würde, um dem thörichten Gerüchte, daß die Königin sich in dem Keller seiner Gesandtschaft verborgen hielte, nicht neue Nahrung zu geben.

In derselben Sitzung erwähnte Herr Sill, daß die in der Amerikanischen Gesandtschaft verborgenen sechs Koreaner, sämmtlich frühere hohe Beamte und Offiziere, auf die Liste der zu Verhaftenden gesetzt worden seien und daß sie bereit wären, die Gesandtschaft zu verlassen, wenn die Koreanische Regierung dem diplomatischen Corps die Zusicherung geben wollte, daß sie nicht weiter belästigt werden würden. Herr Hillier empfahl ihm darauf, zunächst selbst zu versuchen, ob er die Garantie nicht erlangen könnte, während Herr Komura ihm rieth, die Leute vorläufig zu behalten. -

Bei dem Kondolenz-Besuche, welchen die fremden Vertreter mit Ausnahme des Herrn Waeber, der seine Abwesenheit durch den Legationssekretär Rospopoff mit Krankheit entschuldigen ließ, dem Minister der Auswärtigen Angelegenheiten heute abstatteten, erklärte dieser, daß der Tod der Königin durch Zeugnisse von Hofdamen und Eunuchen, welche die Leiche am 8. Oktober gesehen hätten, erwiesen sei. –

Die Russische Gesandtschaftswache ist verstärkt worden und besteht jetzt aus einem Offizier und 18 Matrosen. –

Der zum Spezial-Gesandten für die Europäischen Vertragsmächte ernannte Prinz Yi Kang, der gegenwärtig in Japan weilt, hat, angeblich Krankheitshalber (krankheitshalber ?), die Enthebung von der Mission nachgesucht und von dem Könige erhalten.

(Abschriften dieses ganz gehorsamen Berichtes sende ich an die Kaiserlichen Gesandtschaften zu Tokio und Peking.)

Krien.

Inhalt: Politische Ereignisse in Söul.

Berlin, den 23. Januar 1896.   zu A. 696.

An

die Botschaften in

1. London № 78.

2. St. Petersburg № 59.

J. № 444.

Euerer pp. übersende ich anbei ergebenst
Abschrift eines Berichts des K. Gesandten in
Tokio vom 16. v. Mts., betreffend die
Koreanische Frage,

zu Ihrer gefl. Information.

N. S. E.

Berlin, den 23. Januar 1896.   A. 700.

An

die Missionen in

1. London № 79.

2. St. Petersburg № 60.

3. Dresden № 35.

4. Karlsruhe № 19.

5. München № 34.

6. Stuttgart № 36.

J. № 447.

Eur. p. übersende ich anbei ergebenst
Abschrift eines Berichts des K. Konsuls
in Söul vom 2. v. Mts., betreffend die
Koreanischen Angelegenheiten,
ad 1-2: zu Ihrer gefl. Information.
ad 3-6: unter Bezugnahme auf den Erlaß
vom 4. März 1885 mit der Ermächtigung
zur ------ Mittheilung.

                                    N. S. E.

Politische Vorgänge in Söul. Zurückziehung Japanischer Truppen.

PAAA_RZ201-018920_101 ff.

Empfänger	Fürst zu Hohenlohe - Schillingsfürst	Absender	Krien
A. 1235 pr. 4. Februar 1896. a. m.		Söul, den 20. Dezember 1895.	
Memo	cfr A. 1741 // zu weiterer Mittheilung nicht wichtig genug z. d. A. Kt 8/II // J. № 559.		

A. 1235 pr. 4. Februar 1896. a. m.

Söul, den 20. Dezember 1895.

Kontrol № 66.

An Seine Durchlaucht

den Herrn Reichskanzler

Fürsten zu Hohenlohe - Schillingsfürst.

Euer Durchlaucht beehre ich mich im Anschluß an meinen Bericht № 65 vom 2. d. Mts.[30] ganz gehorsamst zu melden, daß nach glaubwürdigen Nachrichten der Anstifter des Putsches vom 28. v. Mts. der frühere Handelsminister I Pom Chin ist, der sich seit dem 8. Oktober d. J. in der Russischen Gesandtschaft verborgen hielt. Verschiedene Briefe, die er an den Kommandanten der Palastwache gerichtet hätte, um ihn für das Komplott zu gewinnen, wären von diesem sofort an den Kriegsminister abgeliefert worden. Die Mitglieder des Kabinets wären deßhalb vollständig in die Pläne der Gegenpartei eingeweiht gewesen.

Den Amerikanischen Missionaren, die jedenfalls um den Anschlag gewußt haben, wird, ebenso wie dem Militärinstrukteur Nienstead, seit einigen Wochen der Eintritt in den Palast nicht mehr gestattet. In der Nacht vom 27. zum 28. November befanden sich bei dem Könige ein Amerikaner, Underwood, und ein Kanadier, Dr. Avison, Leibarzt des Königs, beide von der Amerikanischen Presbyterianer-Mission und ein Amerikaner Hulbert von der Amerikanischen Methodisten-Mission.

Nach einem Berichte des Kommandanten der Palastwache soll General Dye denselben in jener Nacht aufgefordert haben, den Angreifern die Palastthore zu öffnen, das Gemach des Königs zu bewachen und alle Kabinetsminister zu verhaften. Der General bezeichnete indeß diese Angaben als freche Verleumdungen. Da ihm der Premier-Minister darauf rieth,

---

30 A. 700 ehrerb. beigefügt.

den Palast zu verlassen, weil der König und die Minister kein Vertrauen mehr zu ihm hätten, erklärte er, daß er nur auf den persönlichen Befehl des Königs gehen würde. Seit einigen Tagen hat er jedoch, auf eine Weisung des Kriegsministers, seine außerhalb des Palastes gelegene Wohnung wieder bezogen.

Der König wird jetzt strenger bewacht als vorher, da er die Pläne der Angreifer gebilligt und ermuthigt haben soll.

Durch den verunglückten Putsch ist das Kabinet, welches bereits wegen innerer Zwietracht zu zerfallen drohte, wieder neu gestärkt worden.

Der frühere Kriegsminister Cho Hui-Yon ist hierher zurückgekehrt und versucht, seinen alten Posten wieder zu erlangen.

Der Unterrichtsminister So Kwang-Pom ist zum Gesandten für Amerika ernannt worden.

Für die verstorbene Königin ist eine allgemeine Landestrauer angeordnet worden. Min Yong Chun ist mit der Herstellung ihres Grabes beauftragt worden und hier eingetroffen, hat jedoch um Enthebung von diesem Amte gebeten.

Aus den nordwestlichen Provinzen Koreas sind etwa 500 Japanische Soldaten zurückgezogen und über Chemulpo auf Transportdampfern nach Japan zurückgeschickt worden. In Söul stehen etwa 600 Japanische Infanteristen. - Wie mir Herr Waeber neulich gesprächsweise mittheilte, will er in Petersburg dafür wirken, daß in Söul nicht mehr als 50 Japanische Soldaten zugelassen und daß eine gleiche Anzahl Russischer Truppen hier stationirt werden.

Herr Hillier erwähnte vor Kurzem mir gegenüber, daß er von seiner Regierung angewiesen worden sei, Alles zu vermeiden, was die volle Verantwortung der Japanischen Regierung für die Aufrechterhaltung von Ruhe und Ordnung in Korea, solange die Japaner das Land militärisch besetzt hielten, (were in military occupation of the country) abschwächen oder vermindern könnte.

Der Amerikanische Minister-Resident äußerte vor einiger Zeit zu mir, er habe von seiner Regierung telegraphische Instruktionen erhalten, sich von Verwicklungen frei zu halten (to keep free from entanglement).

In der Provinz Chung-Chöng-do haben die Unruhen neuerdings einen größeren Umfang genommen.

Abschriften dieses ganz gehorsamen Berichtes sende ich an die Kaiserlichen Gesandtschaften zu Tokio und Peking.

Krien.

Inhalt: Politische Vorgänge in Söul. Zurückziehung Japanischer Truppen.

[   ]

PAAA_RZ201-018920_108 ff.

Empfänger	Fürst zu Hohenlohe - Schillingsfürst	Absender	Gutschmid
A. 1319 pr. 6. Februar 1896. p. m.		Tokio, den 31. Dezember 1895.	
Memo	mtg. 10. 2. London 140, Paris 71, Petersburg 104.		

Abschrift.

A. 1319 pr. 6. Februar 1896. p. m.

Tokio, den 31. Dezember 1895.

A. 365.

Seiner Durchlaucht

dem Herrn Reichskanzler

Fürsten zu Hohenlohe - Schillingsfürst.

Mitglieder der Japanischen Oppositionsparteien haben sich beeilt, sofort nach der feierlichen Eröffnung des Landtags einen auf ein Mißtrauensvotum gegen das Kabinet abzielenden Entwurf einer Adresse an den Thron auf den Tisch des Abgeordnetenhauses niederzulegen, in welchem die Regierung für den in der erzwungenen Rückgabe der Halbinsel Liaotung liegenden Mißerfolg sowohl, wie für die Vorgänge in Söul vom 8. Oktober d. J. in heftigen Ausdrücken verantwortlich gemacht wird.

In ersterer Beziehung heißt es, die Regierung habe die drohende Einmischung der drei Mächte unbedingt voraussehen und statt derselben ohne Weiteres nachzugeben, ihre Gegenmaßregeln treffen, jedenfalls aber es vermeiden müssen, den Friedensvertrag von Shimonoseki in einer Weise abzuschließen, daß der Kaiser genöthigt worden sei, sich mit dem Inhalt dieses Vertrages schon so kurze Zeit nach der Ratificirung desselben in Widerspruch zu setzen.

Bezüglich der Koreanischen Ereignisse wird der Regierung der Vorwurf gemacht, sie habe es bei der Wahl des Gesandten Miura an der nöthigen Vorsicht und nachher an der erforderlichen Beaufsichtigung der Thätigkeit desselben fehlen lassen. Ferner wird behauptet, um die Welt von der Nichtbetheiligung der Japanischen Regierung an den genannten Vorgängen zu überzeugen, könne es nicht genügen, daß nur einige gesandtschaftliche und andere Beamte entlassen würden, während die für die Ernennung dieser Beamten verantwortlichen Minister in ihren Stellungen verblieben.

Es hat bisher nicht den Anschein, daß es der Opposition gelingen werde, diese Adresse, deren Berathung vermuthlich bis nach Erledigung der Regierungsvorlagen hinausgeschoben werden wird, zum Beschluß des Hauses zu erheben. Zwar ist merkwürdiger Weise am folgenden Tage - den 29. d. M. - die Wahl des Präsidenten für die Kommissions-Sitzung des Hauses gerade auf denjenigen oppositionellen Abgeordneten gefallen, welcher die oben erwähnte Adresse als erster unterzeichnet hat. Doch dürfte diesem Umstand eine allzu große Bedeutung nicht beizumessen sein, da die numerisch stärkste, regierungsfreundliche Partei der Jiyu-to (Radikalen) von vorneherein, um unnütze Streitigkeiten zu vermeiden, auf den Kommissions-Präsidentenposten verzichten zu wollen erklärt hatte. Ein besseres Bild von dem wirklichen Einfluß der Parteien giebt die Zusammensetzung der gleichfalls am 29. d. M. gewählten und praktisch äußerst wichtigen Budget-Kommission. In dieser gebietet die Jiyu-to allein schon, auch ohne den Zuzug anderer regierungsfreundlicher Elemente, über die absolute Majorität.

Die in beiden Häusern in Beantwortung der Thronrede ohne besondere Diskussion angenommenen Adressen beschränken sich in der hier üblichen Weise, auf wenige, Loyalität und Pflichtbewußtsein zum Ausdruck bringende Sätze.

Der Landtag wird nach den Neujahrsfeiertagen, am 8. k. M., seine eigentliche Thätigkeit beginnen.

gez. v. Gutschmid.

orig. i. a. Japan 13

[   ]

PAAA_RZ201-018920_111 f.

Empfänger	Fürst zu Hohenlohe - Schillingsfürst	Absender	Radolin
A. 1410 pr. 9. Februar 1896. a. m.		St. Petersburg, den 6. Februar 1896.	
Memo	I. Erl. i. Z. v. 18. 2. Tokio A. 5. II. Umst. mtg. 20. 2. London 170.		

A. 1410 pr. 9. Februar 1896. a. m.

St. Petersburg, den 6. Februar 1896.

№ 47.

Seiner Durchlaucht

dem Herrn Reichskanzler

Fürsten zu Hohenlohe - Schillingsfürst.

Entzifferung.

Fürst Lobanow sagt mir gesprächsweise, daß seinen Nachrichten zufolge die todtgesagte Königin von Korea noch lebt. Der Russische Gesandte in Söul wäre sogar von einem Koreaner geheimnißvoll gebeten worden, der Königin Aufnahme in der Russischen Gesandtschaft zu geben. Der Fürst meint, daß die Japaner doch ziemlich saumselig in der Räumung von Korea seien. Ihr längeres Verbleiben daselbst hätte keinen Grund mehr, da auch die Chinesen das Land geräumt hätten.

Radolin.

[   ]

PAAA_RZ201-018920_114

Empfänger	[o. A.]	Absender	[o. A.]
A. 1606 pr. 14. Februar 1896. p. m.		[o. A.]	

A. 1606 pr. 14. Februar 1896. p. m.

Der Japanische Gesandte hat heute Telegramm aus Tokio vom 12. erhalten, das nach seiner Angabe auf der Sibirischen Linie lange aufgehalten worden ist; danach sind mehrere Russische Offiziere und etwa 200 russische Marinetruppen in Söul eingerückt. Der König hat sich auf die russische Gesandtschaft geflüchtet. H. Aoki ist besorgt über diese Angelegenheit, namentlich wegen des nachgiebigen Charakters des Königs und weil auf dem Russischen Amurgebiet so viele Koreaner sich befinden.

N. S. E.

14. 2.

[   ]

PAAA_RZ201-018920_116

Empfänger	[o. A.]	Absender	[o. A.]
A. 1612 pr. 14. Februar 1896. p. m.		[o. A.]	

A. 1612 pr. 14. Februar 1896. p. m.

THE NEW YORK HERALD
14. 2. 96.

["EVENING STANDARD" TELEGRAM.]

Yokohama, Feb. 13. − A revolutionary outbreak occurred in Seoul on February 11. The Premier and seven officials were murdered.

The King and Crown Prince have taken Shelter at the Russian Legation. The Tai-Won-Kun, the King's father, is also there. It is stated that the King ordered the death of the Ministers.

A Russian force of 200 men has been landed, and is guarding the Russian Legation.

JAPANESE KILLED.

Corean Rebels Attack a Party of Soldiers, Russians Land at Chemulpo.

["EVENING STANDARD" TBLEGRAM.]

Yokohama, Feb. 13. −Intelligence has been received here that the rebels in Corea have killed a small party of Japanese soldiers who were protecting the telegraph lines.

A Russian force of 100 men with one gun has been landed at Chemulpo.

VISCOUNT MURA'S ACQUITTAL.

["GLOBE" TBLEGRAM.]

St. Petersburg, Feb. 13. − The Novoe Vremya publishes a despatch from Yokohama announcing that the acquittal of Viscount Miura, the Japanese Minister at Seoul, who was charged with being concerned in the coup d'Etat in Corea in October last, has provoked the indignation of all honest people there, inquiry into the case having proved the viscount's complicity in the murder of the Queen of Corea and in the plot organized by the King's father.

[   ]

PAAA_RZ201-018920_117

Empfänger	Berlin Haupt-Telegraphenamt	Absender	Klein
A. 1695 pr. 16. Februar 1896. a. m.		[o. A.]	

A. 1695 pr. 16. Februar 1896. a. m.

Telegraphie des Deutschen Reiches.
Berlin Haupt-Telegraphenamt.

Aufgenommen von Pbg, den 15. 2.
Te + Berlin V chefoo 2302 24. 25. 15 1 45 p am pr

Nummer eins König flüchtete mit Kronprinz in russische Legation angeblich wegen Lebensgefahr 150 russische Matrosen hier Kabinet gestürzt zwei Minister ermordet.

Krien.

[   ]

PAAA_RZ201-018920_119

Empfänger	Berlin Haupt-Telegraphenamt	Absender	Klein
A. 1695 pr. 16. Februar 1896. a. m.		[o. A.]	

A. 1695 pr. 16. Februar 1896. a. m.

Telegraphie des Deutschen Reiches.
Berlin Haupt-Telegraphenamt.

Aufgenommen von P, den 16. 2.
Telegram. b de chefoo 2302 24. 25. 15 1 45 p am pr
Wiederholung na nr 97 aus Kasan

Nummer eins König flüchtete mit Kronprinz in russische Legation angeblich wegen Lebensgefahr 150 russische Matrosen hier Kabinet gestürzt zwei Minister ermordet.

Krien.

Politische Ereignisse in Söul.

PAAA_RZ201-018920_121 ff.			
Empfänger	Fürst zu Hohenlohe - Schillingsfürst	Absender	Krien
A. 1741 pr. 17. Februar 1896. a. m.		Söul, den 26. Dezember 1895.	
Memo	cf A. 3350[96] J. № 572.		

A. 1741 pr. 17. Februar 1896. a. m.

Söul, den 26. Dezember 1895.

Kontrol № 67.

An Seine Durchlaucht

den Herrn Reichskanzler

Fürsten zu Hohenlohe - Schillingsfürst.

Euer Durchlaucht beehre ich mich im Anschluß an meinen Bericht № 66 vom 20. d. Mts.[31] ganz gehorsamst zu melden, daß der Russische Geschäftsträger, als er am 21. d. Mts. zu einer ihm auf sein Gesuch bewilligten Audienz bei dem Könige in den Palast gehen wolle, von dem Offizier der Thorwache nicht eingelassen wurde und deßhalb in die Gesandtschaft zurückkehrte. Die von Herrn Waeber in Folge dessen verlangte Genugthuung, nämlich Abbitte des Kommandanten der Palastgarde und des wachhabenden Offiziers binnen vierundzwanzig Stunden und Bekanntmachung der Sühne in der amtlichen Zeitung, hat er inzwischen erhalten. Die Audienz fand gestern statt.

An demselben Tage theilte mir Herr Waeber mit, daß er vorläufig in Korea bleiben würde, solange wenigstens, wie die „jetzige Mißwirthschaft" anhielte. Die Gesandtschaftsgeschäfte würde er jedoch Herrn Speyer, der in einigen Tagen hier erwartet wird, übergeben.

Herr Hillier sprach mir gegenüber die Vermuthung aus, daß Herr Waeber als Russischer Kommissar hier bleiben würde; denn aus Andeutungen in heimischen Zeitungen zu schließen, schiene es, als ob die Absicht bestände, Korea unter die gemeinsame Kontrolle der Vertragsmächte zu stellen. Herr Waeber sagte mir indessen, daß ihm von einer solchen Absicht nichts bekannt sei. Graf Inouye hätte allerdings früher einmal von einer

---

31 A. 1235 ehrerbietigst beigefügt.

gemeinsamen Garantie gesprochen.

Der im Mai d. J. zu zehnjähriger Verbannung verurtheilte und bald darauf begnadigte Enkel des Tai-wön-kun, I Chung Yong, begiebt sich zu seiner Ausbildung nach Japan. Auch der zweite Sohn des Königs soll dem Vernehmen nach in Tokio bleiben, um die dortige Militärschule zu besuchen.

Abschriften dieses ganz gehorsamen Berichtes sende ich an die Kaiserlichen Gesandtschaften zu Peking und Tokio.

Krien.

Inhalt: Politische Ereignisse in Söul.

Äußerungen des Ministerpräsidenten über die Beziehungen Japans zu Korea.

PAAA_RZ201-018920_125 ff.

Empfänger	Fürst zu Hohenlohe - Schillingsfürst	Absender	Gutschmid
A. 1765 pr. 17. Februar 1896. p. m.		Tokio, den 13. Januar 1896.	

A. 1765 pr. 17. Februar 1896. p. m.

Tokio, den 13. Januar 1896.

A. 13.

An Seine Durchlaucht

den Herrn Reichskanzler

Fürsten zu Hohenlohe - Schillingsfürst.

Marquis Ito hat am 11. d. M. im Herrenhause eine ähnliche Rede gehalten wie Tags zuvor im Abgeordnetenhaus und dabei dasselbe Blaubuch überreicht.

Hervorzuheben ist aus dieser Sitzung, daß der Ministerpräsident, nach Beendigung seines Vortrags von einem Herrenhausmitglied wegen der Koreanischen Politik interpellirt, sich in folgender Weise äußerte:

Die Politik der Regierung gehe ihrem Grundgedanken nach auf die Aufrechterhaltung der Unabhängigkeit Koreas. Bei Ausführung dieser Politik müsse sie indessen den jeweiligen Umständen entsprechend je zu verschiedenen Maßnahmen greifen. Solche Bestrebungen im Interesse eines andern Landes müßten übrigens auch eine gewisse Grenze haben. Für das Interesse des eigenen Landes müsse man bis zum Äußersten gehen; handele es sich aber um ein Nachbarland, so sei die künftige Gestaltung der Verhältnisse erst jedesmal reiflich in Erwägung zu ziehen. Es sei vorzeitig, sich jetzt schon darüber zu äußern, ob die Zukunft möglicher Weise eine Änderung der bisherigen Politik in Bezug auf Korea mit sich bringen werde oder nicht.

v. Gutschmid.

Inhalt: Äußerungen des Ministerpräsidenten über die Beziehungen Japans zu Korea.

Berlin, den 18. Februar 1896.   A. 1410 I.

An Gesandten
Tokio A. № 5.

J. № 1029.

Postziffern.

Zu Ihrer gefl. Information:

Fürst Radolin berichtet unterm 6. d. M. über
ein Gespräch mit Fürst Lobanow, in dem dieser
gesagt hatte, daß nach seinen Nachrichten die
todt gesagte Königin von Korea noch lebe:

„inser. aus Eingang"

[   ]

PAAA_RZ201-018920_130 ff.

Empfänger	Auswärtiges Amt in Berlin	Absender	Gutschmid
A. 1781 pr. 18. Februar 1896. p. m.		Tokio, den 17. Februar 1896.	
Memo	Umst. mtg. 22. 2., London 178, Petersburg 126.		

A. 1781 pr. 18. Februar 1896. p. m.

Telegramm.

Tokio, den 17. Februar 1896. 11 Uhr 48 Min. p. m.
Ankunft: 18. 2.   10 Uhr 35 Min. a. m.

Der K. Gesandte an Auswärtiges Amt.

Entzifferung.

№ 1.

Nach den letzten der Regierung zugegangenen Meldungen aus Söul vom 14. ist Lage seit Ereignissen vom 11. unverändert. König regiert von der russischen Gesandtschaft aus, welche von einem starken Detachement russischer Marinesoldaten bewacht wird.

Besprechungen der letzten 14 Tage zwischen Herrn Hitrowo und Graf Ito bezweckten nur Herstellung einer Verständigung zwischen den beiderseitigen Vertretern in Söul für den Augenblick, ohne der Lösung der koreanischen Frage zu präjudiciren.

Ministerpräsident sagt mir, daß er bindende Zusagen in letzterer Richtung wegen Unklarheit der Situation noch nicht geben kann, erkennt aber nach dem letzten Coup an, daß Unabhängigkeit Korea's thatsächlich undurchführbar ist. Er will auch jetzt am Prinzip der Nichtintervention festhalten, erklärt indessen, die japanischen Truppen aus Korea noch nicht zurückziehen zu können.

Graf Ito ist durch Vorgänge vom 11ten vollständig überrascht worden und glaubt, daß dieselben auf Intrigue des russischen Geschäftsträgers zurückzuführen sind. Conflict mit Rußland soll unter allen Umständen vermieden werden.

Gutschmid.

Russischer Handstreich in Korea.

PAAA_RZ201-018920_134 ff.

Empfänger	Fürst zu Hohenlohe - Schillingsfürst	Absender	Hatzfeldt
A. 1799 pr. 19 Februar 1896. a. m.		London, den 17. Februar 1896.	
Memo	cfr. A. 1872 Z. d. A. Kt. 1. 3.		

A. 1799 pr. 19 Februar 1896. a. m.

London, den 17. Februar 1896.

№ 127.

An Seine Durchlaucht den Herrn Reichskanzler Fürsten zu Hohenlohe - Schillingsfürst.

Der Spezial-Korrespondent der „Times" in Kobe meldet über den russischen coup de main in Korea, daß am 10. d. M. 200 russische Marinesoldaten mit einem Feldgeschütz in Chemulpo gelandet und nach Söul marschirt seien. Der König habe sich in die russische Gesandtschaft geflüchtet und von dort aus seine Minister des Verraths bezichtigt. Zwei derselben seien hingerichtet worden, die andern entflohen. Daraufhin sei ein anti-japanisches Ministerium ernannt worden. In Japan herrsche hierüber große Entrüstung und trotz der gegentheiligen Versicherungen der russischen Regierung glaube man dort an ein bevorstehendes russisches Protektorat über Korea.

Der heutige „Globe" bemerkt hierzu, daß England sich die Festsetzung Rußlands auf Korea nicht gefallen lassen dürfe, falls ihm nicht von Rußland bedeutende Concessionen auf anderen Gebieten gemacht würden.

Hatzfeldt.

Inhalt: № 127. London, den 17. Februar 1896. Russischer Handstreich in Korea.

Berlin, den 20. Februar 1896.   zu A. 1410 II.

An
die Botschaft in
London № 170.

J. № 1066.

Euerer pp. übersende ich anbei ergebenst
Abschrift eines Berichts des Kais. Botschafters
in St. Petersburg vom 6. d. Mts., betreffend die
Koreanische Frage,
zu Ihrer gefälligen Information.

N. S. E.

[   ]

PAAA_RZ201-018920_138

Empfänger	Fürst zu Hohenlohe - Schillingsfürst	Absender	Radolin
A. 1410 pr. 9. Februar 1896. a. m.		St. Petersburg	
Memo	In nachst. Umstllg. mtg. 20. 2. London 170.		

Abschrift.

A. 1410 pr. 9. Februar 1896. a. m.

St. Petersburg.

Seiner Durchlaucht

dem Herrn Reichskanzler

Fürsten zu Hohenlohe - Schillingsfürst.

Gesprächsweise theilt mir Fürst Lobanow mit, daß nach den ihm zugegangenen Nachrichten die todtgesagte Königin von Korea noch lebe. Ein Koreaner habe den russischen Gesandten in Söul geheimnißvoll gebeten, die Königin in der russischen Gesandtschaft aufzunehmen. Fürst Lobanow meint, die Japaner seien doch sehr saumselig in der Räumung von Korea. Ihr längeres Verbleiben daselbst entbehre jeden Grundes, da auch die Chinesen Korea evakuirt hätten.

gez: Radolin.

Russischer Handstreich in Korea.

PAAA_RZ201-018920_140 ff.			
Empfänger	Fürst zu Hohenlohe - Schillingsfürst	Absender	Hatzfeldt
A. 1872 pr. 21. Februar 1896. a. m.		London, den 19. Februar 1896.	

A. 1872 pr. 21. Februar 1896. a. m. 1 Anl.

London, den 19. Februar 1896.

№ 134.

An Seine Durchlaucht

den Herrn Reichskanzler

Fürsten zu Hohenlohe - Schillingsfürst.

In der gestrigen Sitzung des Unterhauses bestätigte, wie Euere Durchlaucht aus dem gehorsamst beigefügten Ausschnitt aus der „Times" hochgeneigtest ersehen wollen, der parlamentarische Unterstaatssekretär des Äußern Mr. Curzon im Wesentlichen die bereits in meinem Bericht № 127 vom 17. d. M.[32] gemeldete Nachricht, daß nach einem Berichte des englischen Generalkonsuls in Seoul eine russische Marine-Abtheilung von 100 Mann in Chemulpo gelandet und nach Seoul marschirt sei und daß der König von Korea darauf in der russischen Gesandtschaft Zuflucht genommen habe. Auf Ersuchen des Generalkonsuls sei auch ein englisches Corps zum Schutze der britischen Gesandtschaft gelandet worden. Ob ein Gleiches von Seiten Amerikas oder Frankreichs geschehen sei, sei nicht bekannt. Der König von Korea habe als Grund für seine Handlungsweise die gegenwärtige politische Lage und die darin für seine Person und seine Familie liegende Gefahr angegeben.

Eine fernere Anfrage über die Dauer der russischen „Besetzung" erklärte der Regierungsvertreter nicht beantworten zu können, weil kein Grund für die Annahme vorliege, daß es eine „Besetzung" sei. Bei der Russischen Regierung seien dieserhalb keine Vorstellungen gemacht worden. Zum Schluß erklärte Mr. Curzon, er halte es für wahr, daß der König von Korea um Schutz in der russischen Gesandtschaft nachgesucht habe.

Hatzfeldt.

Inhalt: № 134. London, den 19. Februar 1896. Russischer Handstreich in Korea.

---

32 A. 1799 ehrerb. beigefügt.

THE TIMES, WENDNESDAY, FEBRUARY 19, 1896.

RUSSIA AND KOREA.

Mr. GRIFFITH BOSCAWEN (Kent, Tunbridge). — I beg to ask the Under-Secretary of State for Foreign Affairs whether the Foreign Office has any Information as to the alleged lauding of a Russian force at Chemulpo, in Korea, and whether it is true that this force has marched up to Seoul and that the King of Korea is at present at the Russian Legation; whether British, American, and French forces have been landed and have proceeded to Seoul; and whether the Russian Minister has stated that the King of Korea asked for Russian protection in consequence of recent disturbances at Seoul, and, if not, what was the occasion for the landing of their forces.

Mr. CURZON. — Her Majesty's Consul-General at Seoul has reported that 100 sailors were landed at Chemulpo from a Russian man-of-war and proceeded to Seoul on the 10th, and that the King of Korea took refuge in the Russian Legation on the 11th. A British guard was subsequently landed at the request of the Consul-General for the protection of the British Legation. We have no information of any American or French forces having been landed. We have heard that the reason given by the King for his action was the political situation in Seoul and the consequent danger to himself and family.

Mr. T. G. BOWLES. — Can the right hon. gentleman say what the number of the British guard is, how long the Russian occupation is expected to last, and whether any communication has been made to the Russian Government with respect to it?

Mr. CURZON. — I have no information as to the number of the British guard, but, if the hon. gentleman desires, I will obtain it for him. I cannot answer as to the duration of the Russian occupation, because I see no reason to believe that it is an occupation, and, so far as I know, no representation has been addressed to the Russian Government on the matter.

Mr. GRIFFITH BOSCAWEN. — Will the right hon. gentleman say whether it is true that the King of Korea asked for Russian protection?

Mr. CURZON. — I presume it is so far true that the King of Korea asked for the protection and refuge of the Russian Legation in Seoul. Beyond that I have no information.

Berlin, den 22. Februar 1896.

zu A. 1781.

An

die Botschaften in

1. London № 178.

2. St. Petersburg № 126.

J. № 1116.

Euerer pp. übersende ich anbei ergebenst Abschrift eines Telegramms des Kais. Gesandten in Tokio vom 17. d. Mts., betreffend die koreanische Frage, zu Ihrer gefälligen Information.

N. S. E.

[   ]

PAAA_RZ201-018920_146 f.

Empfänger	Auswärtiges Amt in Berlin	Absender	Gutschmid
A. 1781 p. 18. Februar 1896. p. m.		Tokio	
Memo	In nachst. Umstllg. mtg. 22. 2. London 178, Petersburg 126.		

Abschrift

A. 1781 p. 18. Februar 1896. p. m.

Tokio.

An das Auswärtige Amt.

Die letzten der hiesigen Regierung aus Söul zugegangenen Meldungen vom 14. d. M. gehen dahin, daß die Lage seit den Ereignissen vom 11. d. M. unverändert ist. Der König regiert aus der russischen Gesandtschaft, die durch ein starkes Detachement russischer Marine-Soldaten bewacht wird.

Die Unterredungen in den letzten 14 Tagen zwischen Graf Ito und Herrn Hitrowo bezweckten nur Herstellung einer augenblicklichen Verständigung unter den beiderseitigen Vertretern in Söul, ohne der Lösung der koreanischen Frage zu präjudiciren.

Der Minister-Präsident sagt mir, er könne bindende Zusagen in letzterer Richtung wegen der Unklarheit der Situation zur Zeit nicht geben, sieht aber nach dem letzten Coup ein, daß die Unabhängigkeit Koreas thatsächlich undurchführbar ist. Am Prinzip der Nichtintervention will er auch jetzt festhalten, erklärt indessen, die japanischen Truppen aus Korea noch nicht zurückziehen zu können.

Die Vorgänge vom 11. d. M. haben Graf Ito vollständig überrascht und glaubt er, daß dieselben den Intriguen des russischen Geschäftsträgers zuzuschreiben sind. Einem Konflikte mit Rußland soll unter allen Umständen aus dem Wege gegangen werden.

gez. Gutschmid.

Abschrift
ad A. 1917 pr. 22. 2. 96. a. m.

St. Petersburg, den 18. Februar 1896.

J. № 19/96.

    Der neuernannte Militär-Attaché für Korea, Oberstleutnant Strjelbizki, soll im vorigen Jahr Rekognoszierungen in der Mandschurai für den geplanten Bau einer Verbindungsbahn nach dem Stillen Ozean ausgeführt haben und ist, wie man sagt, jetzt beauftragt, dass Karbonmaterial des russischen Generalstabes über Korea durch eigene Aufnahmen zu vervollständigen

gez. Lauenstein
Hauptmann im großen Generalstab.

orig. i. a. Rußland 72.

Korea.

PAAA_RZ201-018920_149 f.

Empfänger	Fürst zu Hohenlohe - Schillingsfürst	Absender	Hatzfeldt
A. 1954 pr. 23. Februar 1896. a. m.		London, den 21. Februar 1896.	
Memo	mtg. 26. 2. n. Petersbg 139.		

A. 1954 pr. 23. Februar 1896. a. m.

London, den 21. Februar 1896.

№ 142.

An Seine Durchlaucht

den Herrn Reichskanzler

Fürsten zu Hohenlohe - Schillingsfürst.

In der gestrigen Unterhaussitzung erklärte der parlamentarische Unterstaatssekretär für die auswärtigen Angelegenheiten, die Großbritannische Regierung sehe das von der Russischen Regierung im Jahre 1886 abgegebene Versprechen, Koreanisches Gebiet unter keinen Umständen besetzten zu wollen, noch als bindend an.

Hatzfeldt.

Inhalt: № 142. London, den 21. Februar 1896. Korea.

[   ]

PAAA_RZ201-018920_151

Empfänger	Fürst zu Hohenlohe - Schillingsfürst	Absender	Graf Leyden
A. 1998 pr. 24. Februar 1896. p. m.		Bukarest, den 19. Februar 1896.	
Memo	Orig. mit Immed. Ber. v. 26. 2., Zck. 27. 2.		

Abschrift.

A. 1998 pr. 24. Februar 1896. p. m.

Bukarest, den 19. Februar 1896.

№ 24.

Seiner Durchlaucht

dem Herrn Reichskanzler

Fürsten zu Hohenlohe - Schillingsfürst.

pp.   In den jüngst gemeldeten Vorgängen in Corea glaubt Seine Majestät die Hand des Herrn Hitrowo zu erkennen, der Ihm oft dargelegt habe, daß Corea russisch werden müsse. Gift und Mord hätten häufig genug Hitrowos Wege verfolgen lassen.   pp.

gez. Graf Leyden.

Orig. i. a. Bulgar. 20

PAAA_RZ201-018920_152 f.

Empfänger	Fürst zu Hohenlohe - Schillingsfürst	Absender	Gutschmid
A. 2039 pr. 25. Februar 1896. p. m.		Tokio, den 18. Januar 1896.	
Memo	mtg. 4. 3. London 214, Peterbg. 159.		

Abschrift.

A. 2039 pr. 25. Februar 1896. p. m.

Tokio, den 18. Januar 1896.

A. 18.

Seiner Durchlaucht

dem Herrn Reichskanzler

Fürsten zu Hohenlohe - Schillingsfürst.

Die Russisch-Japanischen Beziehungen können augenblicklich als normale und durchaus freundschaftliche bezeichnet werden. Als äußerer Beleg hierfür dürfte zunächst die kürzlich erfolgte Entbindung des Vice-Admirals Tyrtoff vom Oberkommando des Vereinigten Russischen Geschwaders im Stillen Meer angesehen werden. Herr Tyrtoff wird am 20. d. M. in Nagasaki das Kommando des Geschwaders an den Konteradmiral Alexejew, der den Titel eines „Oberkommandirenden des Vereinigten Geschwaders", wie ich höre, nicht beibehalten wird, abgeben und sodann direkt nach Rußland zurückkehren.

Ein weiterer Beweis für die guten Beziehungen beider Regierungen zu einander ist ferner darin zu erblicken, daß Herr Hitrovo vorgestern einen vor etwa 14 Tagen telegraphisch erbetenen achtmonatlichen Urlaub erhalten hat, den er gegen Ende Februar anzutreten gedenkt.

Schließlich theilte mir gestern Abend Marquis Ito gelegentlich eines Diners bei mir mit, er habe guten Grund zu der Annahme, daß die Regelung der Koreanischen Frage fernerhin keinen Anlaß zu Mißhelligkeiten mit dem Zarenreich bieten werde; es herrsche in dieser Angelegenheit gegenseitiges gutes Einvernehmen, ohne daß jedoch irgend welche Abmachungen getroffen worden wären. Letzteres bestätigt mir auch mein Russischer Kollege.

gez. v. Gutschmid.

Orig. i. a. Rußland 94

Bericht des Englischen Geschäftsträgers in Berlin über eine Unterredung mit Vicomte Aoki.

PAAA_RZ201-018920_154 ff.			
Empfänger	Fürst zu Hohenlohe - Schillingsfürst	Absender	Gutschmid
A. 2040 pr. 25. Februar 1896. p. m.		Tokio, den 19. Januar 1896.	

A. 2040 pr. 25. Februar 1896. p. m.

Tokio, den 19. Januar 1896.

A. 19.

Vertraulich.

An Seine Durchlaucht

den Herrn Reichskanzler

Fürsten zu Hohenlohe - Schillingsfürst.

Meinem Britischen Kollegen ist, wie er mir gestern mittheilte, von dem Foreign Office Abschrift eines Berichtes des Englischen Geschäftsträgers in Berlin übersandt worden, in welchem Mr. Gosselin über eine Unterredung mit Vicomte Aoki, betreffend die Koreanische Frage, Meldung erstattet. Unter Anderem habe, so erzählte Sir Ernest Satow, Herr Gosselin den Japanischen Gesandten gefragt, ob er ebenso wie sein Kollege in London von seiner Regierung angewiesen worden sei, eine Erklärung bezüglich der Politik abzugeben, die Japan fortan in der Koreanischen Frage zu befolgen gedenke (: cfr. s. pl. Bericht A. 317 vom 28. Oktober v. J. :)[33]. Vicomte Aoki habe erwidert, eine derartige Instruktion sei ihm allerdings zugegangen, er halte es indessen für inopportun, die fragliche Deklaration im gegenwärtigen Moment zu machen.

Hiernach hätte, wie ich schon seiner Zeit nach Empfang des hohen Telegramms Euerer Durchlaucht vom 11. November v. J.[34] vermuthete, Vicomte Aoki seiner Regierung gegenüber nicht ganz ehrlich gehandelt, als er auf die indirekt von mir veranlaßte Anfrage des Marquis Saionji antwortete, er habe Seiner Excellenz dem Freiherrn von Marschall die bezügliche Erklärung alsbald nach Eingang seiner Instruktionen gemacht und dieselbe

---

33 A. 13211 i. a. Corea 1 ehrerbietigst beigefügt.

34 A. 11582 i. a. Corea 1.

   A. 11599 C II ehrerb. beigefügt.

nunmehr wiederholt.

Gutschmid.

Inhalt: Bericht des Englischen Geschäftsträgers in Berlin über eine Unterredung mit Vicomte Aoki.

Freisprechung der wegen Theilnahme an der Emeute in Söul vom 8. October
v. J. angeklagten Japanischen Beamten und Offiziere.

PAAA_RZ201-018920_158 ff.			
Empfänger	Fürst zu Hohenlohe - Schillingsfürst	Absender	Gutschmid
A. 2041 pr. 25. Februar 1896. p. m.		Tokio, den 22. Januar 1896.	
Memo	Z. d. A. Kt. 2. 3.		

A. 2041 pr. 25. Februar 1896. p. m.

Tokio, den 22. Januar 1896.

A. 20.

An Seine Durchlaucht

den Herrn Reichskanzler

Fürsten zu Hohenlohe - Schillingsfürst.

Anläßlich der Emeute in Söul vom 8. October v. J. war seinerzeit gegen den damaligen
Japanischen Gesandten in Korea, Vicomte Miura und 46 theils zum Personal der
Gesandtschaft gehörige, theils sonst in die Angelegenheit verwickelte Civilbeamte, sowie
gegen den militärischen Rathgeber der Koreanischen Regierung Oberstlieutenant Kusunose
und den damaligen Befehlshaber der in Söul stationirten Japanischen Truppen, Major
Mayabara und sechs unter seinem Kommando stehende Offiziere bekanntlich eine
strafrechtliche Untersuchung wegen Mordes, beziehungsweise Anstiftung und Beihülfe zu
demselben in Hiroshima eingeleitet worden. Das Verfahren hat, wie von vornherein
ziemlich allgemein angenommen wurde, zu einem negativen Ergebniß geführt. Bezüglich
der acht Offiziere hat das zuständige Militärgericht in Hiroshima am 15. d. M. ein
freisprechendes Urtheil gefällt, welches im Wesentlichen damit begründet wird, daß
dieselben lediglich innerhalb ihrer, theils von ihren militärischen Vorgesetzten, theils von
dem Gesandten Miura legaler Weise erhaltenen Instructionen gehandelt hätten. Dabei wird
festgestellt, daß dem Oberstlieutnant Kusunose vom Vicomte Miura vor dem 8. October
mitgetheilt worden sei, er beabsichtige den Tai Wön-kun bei seinem Vorhaben zwecks
Herbeiführung nothwendiger Reformen den Zutritt zu dem Palast des Königs zu erzwingen
zu unterstützen, und er ertheile daher dem Oberstlieutenant den Befehl, durch seine
Truppen zu verhindern, daß während der fraglichen Action irgend eine Person - von Tai
Wön-kun und seinen Leuten, sowie von Ausländern abgesehen - den Palast verlasse oder

sich in denselben begebe. Trotzdem ist auch gegenüber dem Vicomte Miura und den 46 anderen Civilbeamten die beim Landgericht in Hiroshima eingeleitete Voruntersuchung „wegen mangelnden Beweises", wie es heißt, am 19. d. M. eingestellt worden. Des Näheren sind die Gründe dieser Entscheidung noch nicht bekannt gegeben, aber das Resultat ist nicht zu verwundern, da, wie bemerkt, die Anschuldigung lediglich auf Mord gerichtet war.

Bei der Russischen Regierung dürften diese gerichtlichen Entscheidungen eine starke Verstimmung gegen Japan hervorrufen.

Gutschmid.

Inhalt: Freisprechung der wegen Theilnahme an der Emeute in Söul vom 8. October v. J. angeklagten Japanischen Beamten und Offiziere.

Einstellung des Verfahrens gegen Vicomte Miura wegen Urheberschaft an dem Putsch in Söul vom 8. Oktober 1895. Äußerung des Russischen Gesandten.

PAAA_RZ201-018920_164 ff.			
Empfänger	Fürst zu Hohenlohe - Schillingsfürst	Absender	Gutschmid
A. 2042 pr. 25. Februar 1896. p. m.		Tokio, den 23. Januar 1896.	

A. 2042 pr. 25. Februar 1896. p. m. 1 Anl.

Tokio, den 23. Januar 1896.

A. 21.

An Seine Durchlaucht

den Herrn Reichskanzler

Fürsten zu Hohenlohe - Schillingsfürst.

Die offiziöse Zeitung „The Japan Daily Mail" veröffentlicht in ihrer gestrigen Ausgabe einen „Viscount Miura's Acquittal" überschriebenen, offenbar bestellten Leitartikel, in welchem in nicht ungeschickter Weise zu Gunsten der Japanischen Regierung plädirt und nachzuweisen versucht wird, daß ihrerseits Alles geschehen sei, um sie jeder weiteren Verantwortung in der Angelegenheit der Palast-Emeute in Söul am 8. Oktober v. J. zu überheben (: cfr. s. pl. Bericht A. 20^{35} vom 22. d. M. :). Euerer Durchlaucht gestatte ich mir die in Rede stehende Zeitungsauslassung in einem Ausschnitt hierneben zu überreichen.

Mein Russischer Kollege, welcher übrigens kürzlich aus Anlaß des Austausches der Ratifikationen des neuen Vertrages mit Japan mit dem Großkreuz des Ordens der Aufgehenden Sonne dekorirt worden ist, äußert sich über das dénoument verstimmt und befürchtet einen üblen Eindruck davon in Petersburg. Auch bemerkte Herr Hitrovo zu mir, nach seinen letzten Informationen aus Söul könne kein Zweifel darüber obwalten, daß der König Staatsgefangener und eine Puppe in den Händen des Tai Wön-Kun sei.

Gutschmid.

Inhalt: Einstellung des Verfahrens gegen Vicomte Miura wegen Urheberschaft an dem Putsch in Söul vom 8. Oktober 1895. Äußerung des Russischen Gesandten. 1 Anlage.

---

35 A. 2041, heutiger Eingang.

Anlage zu Bericht A. 21 vom 23. Januar 1896.

The Japan Daily Mail.
YOKOHAMA, WEDNESDAY, JANUARY 22, 1896.

VISCOUNT MIURA'S ACQUITTAL.

Lieut.-General Viscount Miura, formerly Japanese Representative at the Court of Korea, has been acquitted of the Charge preferred against him by the Public Procurator at Hiroshima. It appears that the case was not carried farther than the preliminary inquiry, which means that the evidence produced was not sufficient to justify the public arraignment of the prisoner before a court of law. We are consequently unable to speak accurately either of the charge or of the testimony, for the proceedings in preliminary investigations are not published. From the first it seemed more than doubtful that Viscount Miura could be found guilty of a criminal offence. He had unquestionably defied the instructions given to him by his Government, and by employing the military force at his disposal to promote an unlawful *coup d'état*, had caused serious diplomatic complications and brought his country into disrepute, But such acts are not criminal, nor can an ordinary law court take cognizance of them. Their punishment rests with the Administration. Hence Viscount MIURA'S instant recall and his summary dismissal from office seemed to represent the limits of the penalty to which he was properly liable. The Japanese Government, however, thought differently. In their eyes it appeared absolutely necessary that all available judicial processes should be employed to establish either the existence or absence of a legal Connection between Viscount MIURA'S conduct and the shocking incident that lent such a sinister character to the *coup d'état* assisted by him. Acting on that belief, criminal proceedings were instituted against him by the Public Procurator. An impression prevailed at one time that the accusation might extend even to treason, since, in flagrant abuse of the powers delegated to him, he had employed the country's forces in a manner calculated to endanger public peace and good order. But that form of charge was evidently deemed unwarrantable, and in the end, as we understand, the Hiroshima law court was invited to consider only whether the aid lent by the Minister to the *coup d'état* did not constitute him an accessory to the murder of the QUEEN. To establish that, evidence must have been forthcoming that Her Majesty's death either had formed part of the original Programme, as submitted to Viscount Miura, or should have been anticipated as a result of the methods employed in carrying out that programme. It is easy to see that such evidence could scarcely be procurable. In point of fact, even in the heat of excitement caused by the first receipt of the extraordinary news from Söul, no one acquainted with Viscount MIURA's character believed for an instant that he had been privy, in any sense, to the murder of the QUEEN, and even those unacquainted with him saw clearly that he could never have deliberately consented to associate a barbarous and heinous act with a *coup d'état* undertaken nominally in the cause of civilized progress. Thus his acquittal seems entirely consonant with the dictates of justice. Care should be taken, however, to distinguish between a criminal tribunal's pronouncement and Administrative condonation. Viscount Miura cannot be shown to have committed a crime punishable by fine or imprisonment, but it certainly has been shown that he was privy to the *coup d'état* of October 8th, and that he assisted it as effectively as possible. Count INOUYE's policy was to convert the QUEEN's influence into a factor of progress. Viscount Miura was instructed to pursue that policy. But, after brief observation of Korean affairs, he concluded that the QUEEN must be deposed and the Tai WŎN-KUN restored to power. Without Consulting the Government in Tokyo—doubtless because he knew well that any expression of such views would evoke a peremptory veto—he proceeded to carry out his own policy, and, what is more, he contrived that no explicit information of the occurrences of October 8th should reach Tokyo officially for several days. More contumacious disregard of instructions it would be difficult to conceive, yet, as we have already stated more than once, there is no difficulty in conceiving that Viscount MIURA'S actions were prompted throughout by a genuine desire to further the cause of progress. He had many evidences before him that the QUEEN'S recovery of power meant simply a rapid relapse into all the old abuses, and he may easily have been persuaded that her overthrow was essential to the interests of civilization as well as of Korean independence. Some writers seen unable to view the affair in any light save that of the QUEEN'S brutal murder, as though the whole programme centered upon that one incident, or incident. But if the murder be ruled out of the account, there remains nothing of a shocking character; nothing for which history can not furnish innumerable parallels. In the same way, we now find writers so superficial that they seek to pervert the abortive judicial proceedings at Hiroshima into proof that Viscount MIURA had the authority of the Tokyo Cabinet for his acts in Söul; thus committing themselves to the strange theory that because a law court can discover no evidence to convict a man of committing a certain crime, he must therefore have been instructed by his Government to commit that crime. The simple fact is that the attempt to prove Viscount MIURA a criminal has failed, and he remains nothing more than a very reckless diplomatic blunderer. Deprivation of office and permanent retirement from public life are the only penalties that can be inflicted for such an offence, and their infliction definitely dissociates the Japanese Government from all participation in the acts of its agent.

Äußerungen des Japanischen Ministers der Auswärtigen Angelegenheiten über die Koreanische Frage.

PAAA_RZ201-018920_170 ff.			
Empfänger	Fürst zu Hohenlohe - Schillingsfürst	Absender	Gutschmid
A. 2043 pr. 25. Februar 1896. p. m.		Tokio, den 24. Januar 1896.	

A. 2043 pr. 25. Februar 1896. p. m.

Tokio, den 24. Januar 1896.

A. 22.

An Seine Durchlaucht

den Herrn Reichskanzler

Fürsten zu Hohenlohe - Schillingsfürst.

Als ich den Minister der Auswärtigen Angelegenheiten gelegentlich seines gestrigen Empfanges fragte, ob Neues über Korea vorliege und im Vertrauen hinzufügte, mein Russischer Kollege scheine mit der Lage, in welcher sich der König befinde und die sehr derjenigen eines Gefangenen ähnele, unzufrieden zu sein, ließ sich Marquis Saionji etwa in folgender Weise vernehmen:

Er wolle Vertrauen mit Vertrauen erwidern und mir mittheilen, daß Herr Hitrovo ihn vor einigen Tagen, mit einem Telegramm des Russischen Geschäftsträgers in Söul in der Hand, aufgesucht, und ihm aus der Depesche des Herrn von Speyer vorgelesen habe, der König sei unnahbar und offenbar ein Gefangener in den Händen des Tai Wön-Kun; man wolle ihn jetzt zwingen, den Kronprinzen, ostensibel behufs seiner Erziehung, nach Japan zu schicken. Er, der Minister, habe Herrn Hitrovo sofortige telegraphische Nachfrage in Söul über diese sonderbar lautenden Nachrichten versprochen und soeben von dem Ministerresidenten Komura die geforderte Drahtmeldung erhalten, deren Inhalt er mir jetzt, ehe noch der Russische Gesandte davon Kenntniß erhalte, im Vertrauen mittheilen wolle. Herr Komura melde nämlich, daß der König von Korea gegenwärtig genau dieselben Machtbefugnisse habe und ausübe, wie irgend ein anderer Souverän, dem ein verantwortliches Kabinet zur Seite stehe, womit wohl der Mikado gemeint sein sollte. Über die dem Russischen Gesandten zugegangene Nachricht der beabsichtigten Entsendung des Kronprinzen nach Japan habe er umgehends den Minister des Äußern interpellirt, der laut aufgelacht und die Nachricht als eine reine Erfindung bezeichnet habe.

Er, Komura, vermuthe, daß Herr von Speyer seine diesbezügliche Information von Koreanern erhalten habe, die sich als Flüchtlinge in der Russischen und Amerikanischen Gesandtschaft versteckt hielten und Intriguen gegen die Regierung spönnen.

Marquis Saionji, der Vorstehendes Herrn Hitrovo, dessen Besuch er erwartete, mittheilen wollte, fügte hinzu, daß die Beziehungen Japans zu Rußland gegenwärtig nichts zu wünschen übrig ließen und daß auch hinsichtlich Korea's keinerlei Mißhelligkeiten zwischen beiden Regierungen zu befürchten seien. Die Japanischen Truppen hätten das Halbinselkönigreich bis auf die Sicherungsbesetzungen in Söul, Chemulpo und Fusan, gegen deren einstweilige Beibehaltung ja auch Rußland nichts einzuwenden habe, geräumt und die Etappentruppen zwischen Söul und Fusan würden gerade in diesem Moment durch Gendarme ersetzt. Einige aufständische Bewegungen seien letzthin von den Koreanischen Truppen, wie ihm der Vice-Chef des Generalstabs, Generallieutenant Kawakami, noch Tags zuvor bestätigt habe, mit Leichtigkeit niedergeworfen worden. Die Lage im Halbinselkönigreich gebe ihm demnach zu keinerlei Besorgnissen Anlaß.

Abschrift dieses Berichts geht nach Söul.

v. Gutschmid.

Inhalt: Äußerungen des Japanischen Ministers der Auswärtigen Angelegenheiten über die Koreanische Frage.

PAAA_RZ201-018920_177 f.

Empfänger	[o. A.]	Absender	[o. A.]
A. 2061 pr. 25. Februar 1896. p. m.		[o. A.]	

A. 2061 pr. 25. Februar 1896. p. m.

St. Petersburger Zeitung
25. 2. 96.

Russische Presse.

– [Korea und ein neues Angebot der englischen Freundschaft.] Die „Pet. Wed.", die schon einmal dazu aufgefordert haben, den Ereignissen in Korea mehr als anderen Dingen Aufmerksamkeit zu schenken, sprechen sich heute recht klar darüber aus, wie sie sich die nothwendige Lösung der koreanischen Frage denken.

Das von inneren Zwistigkeiten zerrissene, durch die lange Anwesenheit der japanischen Armee ruinirte Korea könne in seinem jetzigen Zustande nicht mehr geduldet werden, da es eine ständige Drohung für den Frieden bilde.

„Im Interesse dieses Friedens, im Interesse der gesunden Entwicklung des zum Leben zu erweckenden Ostens, müßte man dieser abnormen Sachlage ein Ende machen. Hierzu ist es erforderlich, „daß Korea faktisch unabhängig sei und Russland im fernen Osten, außerhalb des Japanischen Meeres, einen eisfreien Hafen erwerbe". Die Verwirklichung dieses ist die große und unaufschiebbare Aufgabe Russlands an den Ufern des Stillen Oceans.

Als auf die Einladung Russlands Europa an der Entscheidung des japanisch-chinesischen Streites Antheil nahm, indem es gegen die auf die Abtretung Ljav-Tongs bezügliche Bestimmung des Friedens von Simonosaki protestirte, lag das Wesen dieses Protestes gerade darin, daß die Japaner verhindert werden sollten, durch die Besetzung der Halbinsel die Unabhängigkeit Koreas zu einer leeren und außerdem zeitweiligen Formalität zu machen, Russland den freien Zugang zum offenen Ocean auf unbestimmte Zeit zu versperren und durch das alles eine ständige Drohung für die internationale Ruhe zu schaffen.

Russland hat damals ganz offen erklärt, daß es ihm von diesem Gesichtspunkte aus unmöglich erscheine, Japan als territoriale Remuneration die erwähnte Halbinsel zu überlassen. Gleichzeitig mit den ihm beitretenden Staaten, Frankreich, Deutschland und Spanien, rieth es den Japanern, den Vertrag in jener Form zu acceptiren, in der er auch schließlich endgiltig angenommen wurde.

Wenn infolge irgend welcher Ursachen die Ereignisse in Korea nunmehr einen die allgemeine Ruhe bedrohenden Charakter annehmen, so hat auch jetzt niemand anders als gerade Russland die Festigung des Friedens im fernen Osten auf sich zu nehmen, jene Aufgabe, die es so glänzend zu verwirklichen begann, als es die allbekannten Abänderungen des Vertrages von Simonosaki zu Wege brachte.

Unnützerweise haben daher die Engländer, die damals vergeblich uns zu stören trachteten, ein Gerede von den räuberischen Absichten Russlands gegen Korea erhoben, als sie die erste Nachricht davon erhielten, daß zum Schutze der russischen Gesandtschaft in Söul 100 russische Matrosen an's Land gegangen seien; unnützerweise haben sie auch schon früher, als das Gerücht von dem russisch-chinesischen Uebereinkommen auftauchte, nach welchem die Sibirische Bahn durch die Mandschurei zu einem eisfreien Hafen des Stillen Oceans geführt werden sollte, ihrem Erstaunen Ausdruck gegeben, unwillig zu werden versucht und sich bereit gezeigt, daraus Vortheil zu ziehen.

Niemals hat Russland sich angeschickt, Korea in Besitz zu nehmen und schickt sich auch nicht dazu an, aber die Sicherung der wirklichen und vollen Unabhängigkeit dieses Königreichs muß der russischen Politik im fernen Osten zu Grunde liegen.

Die Fragen der Nothwendigkeit eines offenen russischen Hafens ist, wie man sie auch betrachte - an und für sich, in Verbindung mit dem Bau der Großen Sibirischen Eisenbahn oder in Verbindung mit den koreanischen Angelegenheiten - eigentlich für Niemanden mehr eine Frage. Man braucht es nicht zu beweisen - denn Jedem ist es klar - daß es für einen Staat, welcher den sechsten Theil des Erdballs umfaßt, ebenso unmöglich ist, sich nicht damit zufrieden zu geben, daß er keinen einzigen niemals zufrierenden, völlig offenen Hafen besitze, wie er sich damit versöhnen kann, daß der 8000 Werst lange, Europa mit dem Stillen Ocean verbindende Schienenweg zu seinem Endpunkte einen Hafen habe, der alljährlich mehrere Monate lang für die Schifffahrt geschlossen ist, ganz abgesehen davon, daß der aus diesem Hafen zum Ocean führende Weg zur Kriegszeit leicht vom Feinde versperrt werden kann.

Russland ist dazu berufen, einen offenen Hafen am Stillen Ocean zu besitzen und es wird ihn besitzen; je eher das geschieht, desto besser für das Allgemeinwohl und für die allgemeine Ruhe im Osten.

Die jetzigen Unruhen in Korea haben einen solchen Umfang erreicht, solch einen Charakter angenommen, daß sie die Schaffung von Bedingungen erfordern, welche die endgiltige Beendigung des japanisch-chinesischen Streites garantiren."

In dem vorliegenden Artikel ist die Stellungnahme Englands zur russischen Politik in Ostasien kurz und scharf abweisend berührt worden. Viele Worte waren auch nicht nöthig, weiß es doch Jeder, mit welchen Gesinnungen Englands die russische Politik in Asien zu rechnen hat. Um so bemerkenswerther ist es, daß in London folgendes am 17. Februar in Shanghai aufgegebene Telegramm über die letzten Ereignisse in Korea eingetroffen ist:

„Aus den genaueren Nachrichten über die letzten Unruhen in Söul ist ersichtlich, daß die Mordthaten im Schlosse durch die vorzeitige Entdeckung der Verschwörung des Taiwankun, welche die Ermordung des Königs zum Zweck hatte, hervorgerufen worden sind. Der König floh in die russische Gesandtschaft und bat den neuen Gesandten Herrn Speyer und seinen Vorgänger Herren Weber, der als Rathgeber des Königs in Söul verblieben ist, um Schutz. Die Königin lebt bereits seit einem Monat in der Familie des Herrn Weber. Vor der Errichtung des Protektorats über Korea wird Russland, wie man annimmt, alle wichtigen Regierungsposten mit seinen Anhängern besetzen und dann die Handlungen der übrigen interessirten Mächte abwarten. England wird sich dem russischen Protektorat nicht widersetzen und China wird sich sogar darüber freuen; Japans Zustimmung ist jedoch zweifelhaft. Vor Eröffnung der Verbindung mit Wladiwostok wird jedoch keine entscheidende Handlung vorgenommen werden. Dann aber muß man die Verkündigung des formellen Protektorats und irgend eine Erklärung über die künftige Stellung des Königs und der Königin erwarten."

„Man darf nicht vergessen," bemerken hierzu die „Mosk. Wed.", der wir die Depesche entnehmen, „daß diese Mittheilungen aus Russland feindlichen englischen Quellen stammen."

Diese Bemerkung des Moskauer Blattes erscheint uns ebenso selbstverständlich und berechtigt, wie eine Antwort, welche die „Now. Wr." heute dem „Daily Chronicle" ertheilt, der mit neuen Liebesanträgen Russland gegenübergetreten ist.

Der „Daily Chronicle" hat nach einer Betrachtung über den plötzlich und unerhört gestiegenen politischen Einfluß Russlands den Schluß gezogen, daß England nichts übrig bleibe, als einen Entscheidungskampf oder eine volle Vereinbarung mit Russland. Der Kampf erscheint dem Londoner Blatte unerwünscht und so schlägt es denn ein „Uebereinkommen in allen internationalen Fragen" vor und glaubt, daß sich das um so leichter erreichen ließe, als ein Bund mit England Russland ungeheure Vortheile bringen müsse.

Diese „ungeheuren Vortheile" beleuchtet die „Now. Wr." und kann absolut nicht finden, in welcher Frage Englands Unterstützung Russland mehr Gewinn bringen könne, als seine jetzige isolirte Lage.

„Der englisch-russische Bund setzt vor allem voraus, daß Russland andere Westmächte, die sich im Gegensatze oder in einem politischen Rivalitätsverhältnisse zu England befinden, nicht mehr wohlwollend unterstütze. Er ist nur unter der Bedingung denkbar, daß wir in der egyptischen Frage die Partei Englands ergreifen, daß Beschützung der Unabhängigkeit und Integrität des Osmanischen Reiches entsagen und im Falle eines ernsten Zusammenstoßes zwischen England und Deutschland nicht eine neutrale Stellung einnehmen, welche eher der letzteren Macht, als der ersteren wohlgesinnt wäre. Um einen solchen Preis jene Konzessionen zu erkaufen, welche England uns im Stillen Ocean und im christlichen Orient machen kann, wäre gar zu wenig berechnend, da es allen gut bekannt ist, daß Englands Verbündete schließlich stets die Opfer der traditionellen Tücke und des unverbesserlichen Egoismus der britischen Diplomatie werden."

Die Freundschaft und Unterstützung Frankreichs, die Stellung, welche Deutschland seit dem vorigen Jahre genommen habe, und das Verhalten der beiden anderen Dreibundmächte folgten, brächten Russland weit mehr Gewinn, als die britische Freundschaft es vermöchte:

„Wir glauben, daß alles das die Festigkeit des europäischen Friedens weit mehr sichert, als der von dem „Daily Chronicle" vorgeschlagene englisch-russische Bund, den er, wie wir annehmen, nicht auf das Tapet gebracht hätte, wenn er ernstlich an einen Erfolg Englands im „Entscheidungskampfe mit Russland" glaubte. Die Engländer wissen es, daß sie bei einem solchen Kampfe nichts gewönnen, da sie ihn vor den Augen zweier Westmächte - Frankreichs und Deutschalands - führen müßten, welche es erkennen, daß der Sieg Russlands ihnen weit vortheilhafter sein könnte, als der Englands."

Berlin, den 26. Februar 1896.

zu A. 1954.

An
die Botschaft in
St. Petersburg № 139.

J. № 1208.

Euerer pp. übersende ich anbei ergebenst
Abschrift eines Berichts des K. Botschafters in
London vom 21. d. Mts., betreffend Rußlands
Stellung zu Korea,
zu Ihrer gefl. Information.

N. d. Hrn. St. S.

Preßstimmen zur Coreanischen Frage.

PAAA_RZ201-018920_180 f.			
Empfänger	Fürst zu Hohenlohe - Schillingsfürst	Absender	Radolin
A. 2132 pr. 28. Februar 1896. a. m.		St. Petersburg, den 25. Februar 1896.	

A. 2132 pr. 28. Februar 1896. a. m. 4 Anl.

St. Petersburg, den 25. Februar 1896.

№ 89.

Seiner Durchlaucht

dem Herrn Reichskanzler

Fürsten zu Hohenlohe - Schillingsfürst.

Euerer Durchlaucht beehre ich mich einige Artikel von russischen Zeitungen in der Übersetzung einzureichen, welche die Coreanische Frage und das faktische Protektorat Rußlands über Corea behandeln.

Radolin.

Inhalt: Preßstimmen zur Coreanischen Frage.

Anlage zum Bericht № 89.

Auszugsweise Übersetzung aus dem Ssyn Otetschestwa 24. 12.
vom Februar 1896. № 40. –

Abgesehen von seinem Berufe und seiner Rolle eines Civilisators Asiens, darf Rußland nicht zulassen, daß in Corea eine ihm feindliche Kraft in der Person Japans, welches einzig und allein nur davon träumt und daran denkt, wie unserer Flotte der freie Ausgang ins Meer zu versperren wäre, Wurzel fasse.

Die russische Diplomatie ist nicht berechtigt, einen solchen Fehler zu machen und da sie weiß, wie ephemer und unerfüllbar alle Versicherungen der zeitweiligen Occupation sind, so ist sie verpflichtet, von Japan eine absolute Räumung Koreas zu fordern. Zur

Verhütung aber einer neuen Truppenlandung muß Rußlands Stimme im Rathe des Königs von Korea eine entscheidende sein; dies ist aber nur in dem Falle möglich, wenn in Korea das russische Protektorat proklamirt werden wird. Alles Übrige wird nur ein halber Schritt und eine halbe Maßregel sein und wird nur neue Verwickelungen nach sich ziehen und neue Schwierigkeiten schaffen.

Einen Widerstand können wir nur von Seiten Englands und Japans erwarten. Frankreich geht mit uns stets Hand in Hand. Deutschland hat seine Solidarität mit unserer Politik bekundet, Österreich und Italien haben keine direkten Interessen auf dem gelben Kontinent. Die Regierung Ihrer Majestät der Königin von Großbritannien hat sich ihrerseits, wie es scheint, mit dem Bewußtsein ausgesöhnt, daß Rußland einen nicht zufrierenden Hafen in Asien und einen freien Ausgang in den Stillen Ocean haben muß. Durch den Mund des Lord Balfour hat dieselbe zu einem solchen Wechsel auch ihre Zustimmung ertheilt. Vor dem Widerstande Japans aber brauchen wir uns nicht zu fürchten, da es keine ernsten Hindernisse uns zu schaffen vermag.

Aus diesem Grund dürften wir mit der Entscheidung nicht zögern. Wir müssen schließlich die russische Flagge dort hissen, wo unter deren Schutze die Sache der Civilisation und des Fortschritts sowie die Größe unserer Heimath befestigt werden wird.

Anlage zum Bericht № 89.

Ausschnitt aus dem „Herold' vom 24. 12. Februar 1896. - № 43.

Zu den Vorgängen auf Korea.

St. Petersburg, 11. (23) Februar.

Wenn auswärtige Blätter, nachdem der König von Korea in der russischen Gesandtschaft Zuflucht gefunden, bereits von einem „factischen Protectorat Rußlands über das nominell unabhängige Königreich Korea" sprechen, so erscheint das in gewisser Hinsicht berechtigt und die russische Presse drängt auch zu entschiedenen Maßnahmen, um dem wachsenden Einfluß Rußlands auf Korea noch mehr Gewicht zu geben. Eine etwaige Einsprache Englands in diesem Moment würde wohl wenig Einfluß auf den Gang der Ereignisse ausüben. Einer besonderen Ansicht über die koreanische Frage begegnen wir heute in den „Pet. Wjed" die eine „factische Unabhängigkeit Koreas und Erwerbung eines offenen Hafens außerhalb des Japanischen Meeres durch Rußland" fordern. In Betracht gezogen, daß Rußlands Protest gegen die Ueberlassung der Halbinsel Liaotong an Japan durch die Absicht hervorgerufen war, zu verhindern, daß die Unabhängigkeit Koreas eine fictive und der freie Zugang zum Ocean für Rußland verschlossen werde, so kann wohl angenommen werden, daß diese Forderungen des Blattes und die Intentionen unserer Regierung in diesem Moment sich decken. Entspricht es doch völlig der russischen Politik in Asien, wenn die „Pet. Wjed." versichern, Rußland denke nicht an eine Besitzergreifung Koreas. Was die Erwerbung eines offenen Hafens am Stillen Ocean betrifft, so ist das eine bereits reife Frage, in welcher auch England nicht mehr dreinreden wird und die im Zusammenhang mit der koreanischen Frage gelöst werden könnte. Täuschen nicht alle Anzeichen, so ist diese Frage definitiv auf die Tagesordnung gesetzt, nachdem die Lage auf Korea eine im höchsten Grade ernste geworden ist. Angesichts der antijapanischen Strömung auf Korea erscheint es verständlich, daß die dortige Regierung eine sofortige energische Intervention, ja ein Protectorat Rußlands herbeisehnt. Aber auch im Interesse des allgemeinen Friedens im fernen Osten wäre es geboten, einer weiteren Ausbreitung der koreanischen Wirren vorzubeugen.

Wie schon frühere Meldungen erkennen ließen, wuchs der russische Einfluß auf Korea in demselben Maße, als der japanische abnahm. Heute ist das Ansehen der Japaner völlig erschüttert, daher versuchten sie ihm durch eine Verschwörung gegen den König auf die Beine zu helfen. Nach einer erklärenden Meldung der „Now. Wr." wurde der König am 30. Januar im Palast überfallen und entging den Verschwörern mit genauer Noth. Nur mit Hilfe des russischen Gesandten gelang es ihm sammt seiner Familie die russische Botschaft zu erreichen, wo er noch jetzt unter der Bewachung der aus Chemulpo requirirten russischen Marinesoldaten weilt, die auch die Ordnung in der Hauptstadt aufrecht halten. Die Erbitterung gegen die Japaner soll so groß sein, daß sie außerhalb Söuls bereits niedergemacht werden.

Anlage zum Bericht № 89.

Ausschnitt aus der St. Peterburger Zeitung vom 25 / 13 Februar 96 - № 44.

(Spezial-Telegramm der „Nowoje Wremja".)

Wladiwostok, Sonnabend, 10. Februar. Aus Söul wird berichtet: Der hartnäckige Kampf zwischen den einander feindlich gesinnten Parteien hat in der Hauptstadt Koreas abermals heftige Unruhen veranlaßt. Die Anhänger Japans, erschreckt durch den stets wachsenden Einfluß Russlands auf die koreanischen Angelegenheiten, haben sich wiederum gegen die koreanische Königsfamilie, die offenbar zu Russland neigt, verschworen. Um den König und Thronfolger zu tödten, überfielen die Verschwörer am 30. Januar den Palast, aus dem sich der König nebst Familie nur mit Hilfe der vom russischen Gesandten erbetenen Unterstützung mit großer Mühe retten konnte. Die aus Tschemulpo in Söul eingetroffenen Truppen dienen zum Schutz der in die russische Gesandtschaft geflüchteten Königsfamilie und zur Aufrechterhaltung der Ordnung in den Straßen. Die Erregung gegen Japan wächst; das Volk ist durch die japanischen Intriguen auf das Höchste erbittert und beginnt mit der Vertreibung der der Japaner aus Söul. Das Prestige Japans in Korea ist definitiv geschädigt und die Regierung verlangt durchaus nach dem russischen Protektorate. Ein energisches Eingreifen Russlands in die koreanischen Angelegenheiten erscheint unvermeidlich; unterläßt Russland solches, so können die koreanischen Unruhen Dimensionen annehmen, die für den Frieden des ganzen Ostens gefährlich sind.

Anlage zum Bericht № 89. (der folgende Artikel ist identisch mit S.100ff.)

Ausschnitt aus der St. Peterburger Zeitung vom 25 / 13 Februar 1896 - № 44.

– [Korea und ein neues Angebot der englischen Freundschaft.] Die „Pet. Wed.", die schon einmal dazu aufgefordert haben, den Ereignissen in Korea mehr als anderen Dingen Aufmerksamkeit zu schenken, sprechen sich heute recht klar darüber aus, wie sie sich die nothwendige Lösung der koreanischen Frage denken.

Das von inneren Zwistigkeiten zerrissene, durch die lange Anwesenheit der japanischen Armee ruinirte Korea könne in seinem jetzigen Zustande nicht mehr geduldet werden, da es eine ständige Drohung für den Frieden bilde.

„Im Interesse dieses Friedens, im Interesse der gesunden Entwicklung des zum Leben zu erweckenden Ostens, müßte man dieser abnormen Sachlage ein Ende machen. Hierzu ist es erforderlich, „daß Korea faktisch unabhängig sei und Russland im fernen Osten, außerhalb des Japanischen Meeres, einen eisfreien Hafen erwerbe". Die Verwirklichung dieses ist die große und unaufschiebbare Aufgabe Russlands an den Ufern des Stillen Oceans.

Als auf die Einladung Russlands Europa an der Entscheidung des japanisch- chinesischen Streites Antheil nahm, indem es gegen die auf die Abtretung Ljav-Tongs bezügliche Bestimmung des Friedens von Simonosaki protestirte, lag das Wesen dieses Protestes gerade darin, daß die Japaner verhindert werden sollten, durch die Besetzung der Halbinsel die Unabhängigkeit Koreas zu einer leeren und außerdem zeitweiligen Formalität zu machen, Russland den freien Zugang zum offenen Ocean auf unbestimmte Zeit zu versperren und durch das alles eine ständige Drohung für die internationale Ruhe zu schaffen.

Russland hat damals ganz offen erklärt, daß es ihm von diesem Gesichtspunkte aus unmöglich erscheine, Japan als territoriale Remuneration die erwähnte Halbinsel zu überlassen. Gleichzeitig mit den ihm beitretenden Staaten, Frankreich, Deutschland und Spanien, rieth es den Japanern, den Vertrag in jener Form zu acceptiren, in der er auch schließlich endgiltig angenommen wurde.

Wenn infolge irgend welcher Ursachen die Ereignisse in Korea nunmehr einen die allgemeine Ruhe bedrohenden Charakter annehmen, so hat auch jetzt niemand anders als gerade Russland die Festigung des Friedens im fernen Osten auf sich zu nehmen, jene Aufgabe, die es so glänzend zu verwirklichen begann, als es die allbekannten Abänderungen des Vertrages von Simonosaki zu Wege brachte.

Unnützerweise haben daher die Engländer, die damals vergeblich uns zu stören trachteten, ein Gerede von den räuberischen Absichten Russlands gegen Korea erhoben, als sie die erste Nachricht davon erhielten, daß zum Schutze der russischen Gesandtschaft in Söul 100 russische Matrosen an's Land gegangen seien; unnützerweise haben sie auch schon früher, als das Gerücht von dem russisch-chinesischen Uebereinkommen auftauchte, nach welchem die Sibirische Bahn durch die Mandschurei zu einem eisfreien Hafen des Stillen Oceans geführt werden sollte, ihrem Erstaunen Ausdruck gegeben, unwillig zu werden versucht und sich bereit gezeigt, daraus Vortheil zu ziehen.

Niemals hat Russland sich angeschickt, Korea in Besitz zu nehmen und schickt sich auch nicht dazu an, aber die Sicherung der wirklichen und vollen Unabhängigkeit dieses Königreichs muß der russischen Politik im fernen Osten zu Grunde liegen.

Die Fragen der Nothwendigkeit eines offenen russischen Hafens ist, wie man sie auch betrachte - an und für sich, in Verbindung mit dem Bau der Großen Sibirischen Eisenbahn oder in Verbindung mit den koreanischen Angelegenheiten - eigentlich für Niemanden mehr eine Frage. Man braucht es nicht zu beweisen - denn Jedem ist es klar - daß es für einen Staat, welcher den sechsten Theil des Erdballs umfaßt, ebenso unmöglich ist, sich nicht damit zufrieden zu geben, daß er keinen einzigen niemals zufrierenden, völlig offenen Hafen besitze, wie er sich damit versöhnen kann, daß der 8000 Werst lange, Europa mit dem Stillen Ocean verbindende Schienenweg zu seinem Endpunkte einen Hafen habe, der alljährlich mehrere Monate lang für die Schifffahrt geschlossen ist, ganz abgesehen davon, daß der aus diesem Hafen zum Ocean führende Weg zur Kriegszeit leicht vom Feinde versperrt werden kann.

Russland ist dazu berufen, einen offenen Hafen am Stillen Ocean zu besitzen und es wird ihn besitzen; je eher das geschieht, desto besser für das Allgemeinwohl und für die allgemeine Ruhe im Osten.

Die jetzigen Unruhen in Korea haben einen solchen Umfang erreicht, solch einen Charakter angenommen, daß sie die Schaffung von Bedingungen erfordern, welche die endgiltige Beendigung des japanisch-chinesischen Streites garantiren."

In dem vorliegenden Artikel ist die Stellungnahme Englands zur russischen Politik in Ostasien kurz und scharf abweisend berührt worden. Viele Worte waren auch nicht nöthig, weiß es doch Jeder, mit welchen Gesinnungen Englands die russische Politik in Asien zu rechnen hat. Um so bemerkenswerther ist es, daß in London folgendes am 17. Februar in Shanghai aufgegebene Telegramm über die letzten Ereignisse in Korea eingetroffen ist:

„Aus den genaueren Nachrichten über die letzten Unruhen in Söul ist ersichtlich, daß die Mordthaten im Schlosse durch die vorzeitige Entdeckung der Verschwörung des Taiwankun, welche die Ermordung des Königs zum Zweck hatte, hervorgerufen worden sind. Der König floh in die russische Gesandtschaft und bat den neuen Gesandten Herrn Speyer und seinen Vorgänger Herren Weber, der als Rathgeber des Königs in Söul verblieben ist, um Schutz. Die Königin lebt bereits seit einem Monat in der Familie des Herrn Weber. Vor der Errichtung des Protektorats über Korea wird Russland, wie man annimmt, alle wichtigen Regierungsposten mit seinen Anhängern besetzen und dann die Handlungen der übrigen interessirten Mächte abwarten. England wird sich dem russischen Protektorat nicht widersetzen und China wird sich sogar darüber freuen; Japans Zustimmung ist jedoch zweifelhaft. Vor Eröffnung der Verbindung mit Wladiwostok wird jedoch keine entscheidende Handlung vorgenommen werden. Dann aber muß man die Verkündigung des formellen Protektorats und irgend eine Erklärung über die künftige Stellung des Königs und der Königin erwarten."

„Man darf nicht vergessen," bemerken hierzu die „Mosk. Wed.", der wir die Depesche entnehmen, „daß diese Mittheilungen aus Russland feindlichen englischen Quellen stammen."

[   ]

PAAA_RZ201-018920_188 f.

Empfänger	Fürst zu Hohenlohe - Schillingsfürst	Absender	Radolin
A. 2150 pr. 28. Februar 1896. p. m.		St. Petersburg, den 26. Februar 1896.	

A. 2150 pr. 28. Februar 1896. p. m.

St. Petersburg, den 26. Februar 1896.

№ 88.

Seiner Durchlaucht

dem Herrn Reichskanzler

Fürsten zu Hohenlohe - Schillingsfürst.

Entzifferung.

Wie ich von gut unterrichteter Quelle höre, ist der bisherige russische Vertreter in Korea Waeber, welcher durch den Gesandten Speyer ersetzt worden ist, zum Berather des Königs von Korea als dessen Cabinetschef berufen worden. Oberst Strelbicki, russischer Generalstabs-Offizier, über den Hauptmann Lauenstein berichtet, wurde zum Militärattaché in Söul ernannt.

Das russische Protektorat accentuiert sich mehr und mehr, und wird der Posten als nothwendig bezeichnet, um Ordnung wiederherzustellen, die durch die Japaner gestört worden sei.

Der Bau der Eisenbahn durch die Mandschurei soll nach Kräften gefördert werden, so daß er gleichzeitig mit der russischen Hauptbahn nach Wladiwostok fertig werde.

Radolin.

Ansichten des Herrn Schevitch über die letzten Vorgänge in Korea.

PAAA_RZ201-018920_190 ff.

Empfänger	Fürst zu Hohenlohe - Schillingsfürst	Absender	Derenthal
A. 2193 pr. 29. Februar 1896. a. m.		Lissabon, den 24. Februar 1896.	
Memo	durch Depeschenkasten. mtg. 5. 3. London 217, Petersburg 161.		

A. 2193 pr. 29. Februar 1896. a. m.

Lissabon, den 24. Februar 1896.

№ 32.

Ganz vertraulich.

Seiner Durchlaucht

dem Herrn Reichskanzler

Fürsten zu Hohenlohe - Schillingsfürst.

Bei gelegentlicher Besprechung der neuesten Vorgänge in Korea vertraute mein russischer Kollege mir an, in den Beziehungen Rußlands zu Japan sei seit etwa zwei Monaten eine erfreuliche Besserung eingetreten. Soviel er wisse, sei man zu einer Verständigung gelangt. Er glaubt daher, daß die russische Truppenlandung in Chemulpo japanischerseits keinem Widerstand begegnen werde. Einen Einspruch des absolut isolirten England habe man, so meinte er, - Dank unserer Haltung - nicht zu befürchten.

Da Herr Schevitch als ehemaliger russischer Gesandter in Tokio die Entwickelung der Beziehungen Rußlands zu Japan mit großem Interesse verfolgt und auch in Petersburg gute Informationsquellen besitzt, scheinen mir seine Äußerungen einige Beachtung zu verdienen. Ich glaube daher dieselben nicht ungemeldet lassen zu sollen, ohne beurtheilen zu können, welchen Werth dergleichen Nachrichten für Euere Durchlaucht haben können.

Derenthal.

Inhalt: Bericht № 32. Ansichten des Herrn Schevitch über die letzten Vorgänge in Korea.

연구 참여자

[연구책임자] 김재혁 : 출판위원장·독일어권문화연구소장·고려대학교 독어독문학과 교수

[공동연구원] 김용현 : 출판위원·고려대학교 독어독문학과 교수
　　　　　　 Kneider, H.-A. : 출판위원·한국외국어대학교 독일어학과&통번역대학원 교수
　　　　　　 이도길 : 출판위원·고려대학교 민족문화연구원 HK 교수
　　　　　　 배항섭 : 출판위원·성균관대학교 동아시아학술원 교수
　　　　　　 유진영 : 출판위원·고려대학교 독일어권문화연구소 연구교수

[전임연구원] 한승훈 : 고려대학교 독일어권문화연구소 연구교수
　　　　　　 이정린 : 고려대학교 독일어권문화연구소 연구교수

[번역]　　　 한상민 : 한국외국어대학교 독일학과 전임연구원 (R18917)
　　　　　　 강명순 : 고려대학교 독일어권문화연구소 연구원 (R18918, R18919)
　　　　　　 김인순 : 고려대학교 독일어권문화연구소 연구원 (R18920)

[보조연구원] 김형근 : 고려대학교 대학원 한국사학과 박사수료
　　　　　　 박진홍 : 고려대학교 대학원 한국사학과 박사수료
　　　　　　 박진우 : 고려대학교 대학원 독어독문학과 석사과정
　　　　　　 서진세 : 고려대학교 대학원 독어독문학과 석사과정
　　　　　　 이홍균 : 고려대학교 독어독문학과 학사과정
　　　　　　 정지원 : 고려대학교 독어독문학과 학사과정
　　　　　　 박지수 : 고려대학교 독어독문학과 학사과정
　　　　　　 박성수 : 고려대학교 한국사학과 학사과정
　　　　　　 이원준 : 고려대학교 한국사학과 학사과정

[탈초·교정] Seifener, Ch. : 고려대학교 독어독문학과 부교수
　　　　　　 Wagenschütz, S. : 동덕여자대학교 독일어과 외국인 교수
　　　　　　 Kelpin, M. : 고려대학교 독어독문학과 외국인 교수

1874~1910

독일외교문서 한국편 6

2020년 4월 29일 초판 1쇄 펴냄

옮긴이 고려대학교 독일어권문화연구소
발행인 김흥국
발행처 보고사

책임편집 황효은
표지디자인 손정자

등록 1990년 12월 13일 제6-0429호
주소 경기도 파주시 회동길 337-15 보고사 2층
전화 031-955-9797(대표), 02-922-5120~1(편집), 02-922-2246(영업)
팩스 02-922-6990
메일 kanapub3@naver.com / bogosabooks@naver.com
http://www.bogosabooks.co.kr

ISBN 979-11-5516-995-7 94340
      979-11-5516-904-9 (세트)
ⓒ 고려대학교 독일어권문화연구소, 2020

정가 50,000원